世界贸易组织教程

谢 新 饶光明 蒋兴红 张宝均 主 编

经济科学出版社

图书在版编目（CIP）数据

世界贸易组织教程/谢新等主编 . —北京：经济科学出版社，2014.8
ISBN 978 - 7 - 5141 - 4881 - 7

Ⅰ. ①世… Ⅱ. ①谢… Ⅲ. ①世界贸易组织 – 教材 Ⅳ. ①F743

中国版本图书馆 CIP 数据核字（2014）第 172037 号

责任编辑：段　钢
责任校对：郑淑艳
责任印制：邱　天

世界贸易组织教程

谢　新　饶光明　蒋兴红　张宝均　主　编

经济科学出版社出版、发行　新华书店经销
社址：北京市海淀区阜成路甲 28 号　邮编：100142
总编部电话：010 - 88191217　发行部电话：010 - 88191522
网址：www.esp.com.cn
电子邮件：esp@ esp.com.cn
天猫网店：经济科学出版社旗舰店
网址：http://jjkxcbs.tmall.com
北京万友印刷有限公司印装
787×1092　16 开　29 印张　750000 字
2014 年 8 月第 1 版　2014 年 8 月第 1 次印刷
ISBN 978 - 7 - 5141 - 4881 - 7　定价：55.00 元
（图书出现印装问题，本社负责调换。电话：010 - 88191502）
（版权所有　翻印必究）

编写组成员

戴佩华　胡伟辉　黄　潇　蒋兴红
饶光明　王　静　王美英　谢汉峰
谢　新　尹元福　岳树梅　张宝均

前　言

经历了漫长的十五年复关谈判之路，中国于2001年成功加入世界贸易组织（WTO，简称世贸组织）。在十五年的谈判过程中，对中国需要达到的加入世贸组织标准要求越来越高，中国希望加入世贸组织的决心也越来越大。中国需要世界市场，需要在市场化制度设计上和世界接轨，也需要强化进口的竞争压力来推动市场化的进程，提升企业的竞争力。随着发展水平的逐步提高，全国上下对上述需求的认识不断提高，能够利用WTO所提供机会的能力也不断上升。

加入WTO后，首要任务是理解WTO，普及WTO相关知识，并与WTO接轨。加入世贸组织后亮丽的经济发展和贸易增长显示，中国比较好地迈出了进入WTO后的第一步——了解WTO规则，适应WTO要求，建设一个更加开放、更具竞争性的对外贸易体系。这是举国努力的结果，作为其中一个重要组成部分，WTO研究及教育工作者做出了自己应有的贡献。

光阴荏苒，转眼加入世贸组织已13个年头。在此期间，中国的经济发展和对外开放水平大幅提高，成为世界第二大经济体、第一大贸易国，同时，也成为国外贸易保护政策的最大受害者，特别是2008年的金融危机之后，遭遇的贸易壁垒更是显著上升。中国已经到了需要转变角色的时刻，需要从一个多边贸易规则的学习者、吸收者、适应者，转变成为一个积极参与者、创新应用者和改革推动者。

尽管中国自身的贸易体制改革还要继续，相关的国内规制还需进一步完善，但是加入世贸组织以来已经完成的贸易自由化措施以及在WTO框架下所遭遇的国外贸易保护主义政策要求中国不再仰视WTO及其规则，需要迈出WTO之旅第二步，积极利用现有的规则，保护和扩大国家利益；并适时适度迈向第三步，影响和推动现有规则的不断优化，以及新规划的形成。走好第二步需要做好三个方面的工作：更加合理地设计与贸易相关的政策和制度；更积极地应对不符合WTO规则的指控；更有效地应对保护主义措施。

要做好这三个方面的工作，首先需要正确理解贸易政策是通过哪些渠道服务不同国家的利益，把握驱动贸易政策的不同因素及其在成员方具体贸易政策行为中的体现。这样才能避免被国外的贸易保护主义行为所误导，制定符合本国国家利益的贸易政策；同时，实事求是地正确理解国外贸易保护主义的动机、制度基础及其自身的逻辑，制定务实有效的应对措施。本书力求从理论和实践两个方面为正确理解上述问题提供分析和解释。

在正确理解成员方贸易政策动机的基础之上，还需要正确认识WTO的两个重要特性及其形成原因：一是WTO全体成员方的集体视角不同于成员方个体视角；二是WTO的目标是更自由的贸易而不是完全自由的贸易。

WTO所追求的成员方集体福利最大化与教科书上所讲的一个国家（地区）内部追求国民福利最大化之间存在几点本质性差异，由此决定了完全市场化的方式不应是WTO解决问题所遵循的一般原则。

首先，WTO规则所约束的对象主要是代表国家和地区的政府，而不是企业或个人。国家（或者代表国家的政府）不是完全竞争市场中原子型的参与者，其行为具有外部性和战略性，会影响到其他国家的利益和行为。因此，虽然WTO和多边贸易合作的基础是市场化条件下自由竞争所带来的资源配置优化，但是市场化并不是一个WTO一般性原则，而是成员方通过谈判明确划定其具体适用领域的协议要求。原则上，多数情况下市场化符合成员方整体利益，但是成员方整体利益和个体利益之间并不是完全一致的，WTO在重复博弈的框架下通过对违规行为的授权制裁寻求整体利益和个体利益之间最大限度的一致性，但这种一致性是有条件的、有局限性的。例如，WTO协定中规定了合法的救济措施；《服务贸易总协定》规定了对于政府所提供服务的豁免；WTO执行的是公平竞争原则，而不是自由竞争原则；WTO充分考虑到处在不同发展阶段国家的不同需求，"以符合不同经济发展水平下各自需要的方式，加强采取各种相应的措施"。

其次，WTO规则并不是严格意义上的法律，因为WTO没有警察、监狱等强制执行机构，WTO通过授权成员方对违规者进行经济制裁实现的强制性是有限的，这种制裁并不总能阻止和终止违规行为。

最后，因为WTO不是国家之上的权力机构，所以无法实行具有实质意义的转移支付，对有违公平的市场化结果进行补偿。因此，贸易协议的互惠性成为必需，追求完全自由的贸易不具现实意义，寻求更好的合作机制和不断深化互惠的市场开放是努力的方向。

WTO寻求减少而不是消除贸易壁垒，其原因是多重的。一是由于很多生产

前　言

活动具有外部性，因而完全自由的贸易政策在各国和地区之间形成的利益分配不一定是公平合理的，甚至也可能是非效率的，而WTO缺乏对这种结果通过转移支付进行再分配的能力，更无力防止可能发生的非效率现象。二是WTO尊重各国和地区拥有自己决定国（地区）内收入分配目标的权利，而贸易自由化对于国（地区）内收入分配的影响并不是中性的。三是发展水平不同的国家和地区面对国际竞争，由于调整能力的不同，其调整成本及可能获益的方向和程度也不尽相同。四是需要考虑国际贸易对环境健康、社会文化目标，以及国家（地区）安全带来的影响。

虽然现阶段WTO并不寻求完全消除贸易壁垒，但是目前的贸易壁垒过多，需要努力实现更加自由的贸易是各成员方之间的共识。有些壁垒是在WTO框架之下明确允许的，有些是处于灰色地带，需要在WTO协议的执行过程中逐步明确澄清的，当然也有少数是明显违规的。尽可能地减少这些壁垒，在共赢的前提下实现越来越开放的贸易合作，就需要对不同成员方不愿完全放弃贸易壁垒的原因和关注重点有一个现实的理解，需要深入认识WTO制度设计特点和其局限性。

因此，本书除了对WTO的组织结构、制度设计和主要协议的条款内容作了介绍和解释之外，还从如下四个方面对WTO进行了分析：首先解释了国际贸易政策的驱动因素和作用渠道，并在此基础之上说明了WTO的思想理论基础，突出了WTO是既合作又博弈的产物这样一个根本属性；其次分析了各主要协议形成过程中的重要利益冲突和驱动力量；再次陈述了各协议主要成就和仍然存在的问题，并对WTO成立之后主要贸易摩擦进行了总结和分析；最后对中国加入世贸组织协议内容和加入世贸组织后的表现进行了系统分析。

无论是WTO框架下的贸易合作还是贸易合作中所出现的政策冲突，都受经济利益的驱使。本书以国际贸易理论为基础对WTO进行分析，考察在各项协议形成和执行过程中所反映的成员方的经济利益，将对WTO条文的解释延伸到对条文背后经济利益的描述，以期加深对WTO的理解，务实地对待贸易伙伴的市场干预行为。希望以此尽绵薄之力推动更加理性地思考中国的经济利益所在，更加准确地理解贸易伙伴的行为规律，变被动为主动，积极地应对在WTO框架下所出现的问题、推动WTO的改革；同时，更加合理地思考多边贸易规则之外的双边和区域性贸易政策合作。

书中第一章WTO与贸易政策中的合作博弈及第七章服务贸易总协定由谢新撰写，第二章WTO规则框架及主要原则由蒋兴红撰写，第三章关税和贸易总协定（GATT）由谢汉峰撰写，第四章国际货物贸易关税协议由胡伟辉（第一、二、三节）、王美英（第四节）合写，第五章国际货物贸易非关税协议由王美英（第一、二节）和戴佩华（第三、四、五、六节）合写，第六章国际货物贸易救济措施协议由张宝均撰写，饶光明负责撰写第八章与贸易相关的知识产权协议（TRIPs）、第十一章WTO新议题Ⅰ：WTO多边贸易体制与气候变化和第十二章WTO新议题Ⅱ，第九章WTO的运作机制由岳树梅撰写，第十章WTO争端分析由王静撰写，第十三章WTO新议题Ⅲ由尹元福撰写，第十四章中国与WTO由黄潇撰写。蒋兴红在本书的写作过程中做了大量的组织和协调工作。

感谢教育部双语教学示范课程项目为本书的出版及写作过程中的学术研究和交流活动所提供的资助。

谢新

2014年6月

目　　录

第一章　WTO 与贸易政策中的合作博弈 ··· 1
　本章要点 ·· 1
　第一节　国际贸易合作机制的产生 ·· 1
　　一、GATT 的历史背景 ·· 1
　　二、GATT 取得的成就 ·· 3
　第二节　国际贸易合作机制的发展 ·· 5
　　一、从 GATT 到 WTO ·· 5
　　二、WTO 及其成就 ·· 6
　第三节　经济理论和贸易政策博弈 ·· 10
　　一、传统的国际贸易理论 ··· 11
　　二、新兴的国际贸易理论 ··· 14
　第四节　贸易政策中的"囚徒困境"和合作博弈 ································· 18
　　一、贸易政策中的"囚徒困境" ··· 18
　　二、WTO 框架下的贸易政策合作 ··· 19
　第五节　案例 ·· 21

第二章　WTO 规则框架及主要原则 ··· 24
　本章要点 ·· 24
　第一节　WTO 规则框架及其分类 ··· 24
　　一、WTO 规则的框架 ·· 24
　　二、WTO 贸易规则分类 ·· 26
　第二节　WTO 协定与协议的结构 ··· 27
　　一、贸易协定的结构 ··· 28
　　二、贸易协议的结构 ··· 28
　第三节　WTO 的主要原则 ··· 29
　　一、非歧视性原则（Non-discrimination） ·· 30

二、贸易自由化原则（Freer Trade） ……………………………… 38
三、可预见性原则（Predictability） ……………………………… 45
四、公平贸易原则（Promoting Fair Competition） ……………… 47
五、鼓励发展和经济改革原则（Encouraging Development and Economic Reform） ……………………………………………… 50

第三章 关税和贸易总协定（GATT） ……………………………… 52

本章要点 …………………………………………………………… 52
第一节 达成多边协议的动因 ……………………………………… 52
第二节 1994年关贸总协定的结构 ………………………………… 54
   一、概述 ……………………………………………………… 54
   二、目的 ……………………………………………………… 54
   三、第一部分：关贸总协定的核心 ………………………… 55
   四、第二部分：非关税贸易壁垒的规则 …………………… 57
   五、第三部分：区域贸易协定和关税重新谈判 …………… 62
   六、第四部分：贸易与发展 ………………………………… 63
第三节 关贸总协定中的重要问题（1948～1994年） …………… 64
   一、关贸总协定的总体成就 ………………………………… 64
   二、非关税壁垒的扩散 ……………………………………… 66
   三、农业部门 ………………………………………………… 68
   四、纺织工业和多纤维协议 ………………………………… 70
   五、关贸总协定争端解决机制 ……………………………… 72
   六、结语 ……………………………………………………… 73
第四节 案例 ………………………………………………………… 74

第四章 国际货物贸易关税协议 …………………………………… 79

本章要点 …………………………………………………………… 79
第一节 《农业协议》 ……………………………………………… 79
   一、《农业协议》产生的背景 ……………………………… 79
   二、《农业协议》的主要内容 ……………………………… 80
   三、《农业协议》的积极作用及局限性 …………………… 86
   四、关于农产品贸易的案例 ………………………………… 88
第二节 《纺织品与服装协议》 …………………………………… 91
   一、《纺织品与服装协议》产生的背景 …………………… 92
   二、《纺织品与服装协议》的主要内容 …………………… 93

目 录

　　三、《纺织品与服装协议》的积极作用与局限性 …………………… 96
　　四、关于纺织品、服装贸易的案例 ………………………………… 98
第三节　《民用航空器贸易协议》 ……………………………………… 100
　　一、《民用航空器贸易协议》产生的背景 …………………………… 101
　　二、《民用航空器贸易协议》的主要内容 …………………………… 101
　　三、对《民用航空器贸易协议》的简评 ……………………………… 103
　　四、关于民用航空器生产补贴的案例 ……………………………… 103
第四节　《信息技术协议》 ………………………………………………… 105
　　一、《信息技术协议》产生的背景 …………………………………… 106
　　二、《信息技术协议》的主要内容 …………………………………… 106
　　三、加入 ITA 对我国信息技术产业发展的利弊分析 ……………… 109

第五章　国际货物贸易非关税协议 …………………………………… 113

本章要点 ……………………………………………………………………… 113
第一节　《技术性贸易壁垒协议》 ……………………………………… 113
　　一、《技术性贸易壁垒协议》产生的背景 …………………………… 113
　　二、《技术性贸易壁垒协议》的内容框架 …………………………… 115
　　三、《技术性贸易壁垒协议》遵循的原则 …………………………… 116
　　四、《技术性贸易壁垒协议》的主要内容 …………………………… 116
　　五、相关案例 ………………………………………………………… 122
第二节　《实施卫生与植物卫生措施协议》 …………………………… 125
　　一、《SPS 协议》的产生背景及主要内容 …………………………… 125
　　二、《SPS 协议》在 WTO 规则中的地位 …………………………… 128
　　三、相关案例 ………………………………………………………… 130
　　四、中国动植物卫生检疫法律制度的完善 ………………………… 132
第三节　《海关估价协议》 ……………………………………………… 134
　　一、《海关估价协议》的产生背景和指导思想 ……………………… 134
　　二、《海关估价协议》的主要内容 …………………………………… 136
　　三、对《海关估价协议》的评价 ……………………………………… 139
　　四、相关案例 ………………………………………………………… 140
第四节　《装船前检验协议》 …………………………………………… 142
　　一、《装船前检验协议》的产生背景 ………………………………… 142
　　二、《装船前检验协议》的主要内容 ………………………………… 143
　　三、对《装船前检验协议》的评价 …………………………………… 146
第五节　《原产地规则协议》 …………………………………………… 146
　　一、《原产地规则协议》的产生背景 ………………………………… 146

二、《原产地规则协议》的主要内容 ……………………………………… 148
　　三、对《原产地规则协议》的评价 ………………………………………… 151
　　四、相关案例 …………………………………………………………………… 152
　第六节　《进口许可程序协议》 …………………………………………………… 153
　　一、《进口许可程序协议》的产生背景 …………………………………… 153
　　二、《进口许可程序协议》的主要内容 …………………………………… 155
　　三、对《进口许可程序协议》的评价 ……………………………………… 158
　　四、《进口许可程序协议》的相关案例 …………………………………… 159

第六章　国际货物贸易救济措施协议 161
　本章要点 ……………………………………………………………………………… 161
　第一节　WTO 的反倾销协议 ……………………………………………………… 162
　第二节　WTO 的反补贴协议 ……………………………………………………… 166
　第三节　WTO 的保障措施协议 …………………………………………………… 184
　第四节　国际货物贸易救济措施协议中存在的问题 …………………………… 190

第七章　服务贸易总协定 192
　本章要点 ……………………………………………………………………………… 192
　第一节　《服务贸易总协定》的驱动因素 ……………………………………… 192
　第二节　服务产业与货物部门之间的差异 ……………………………………… 194
　第三节　GATS 的目的、结构和范围 …………………………………………… 195
　　一、GATS 的目的和特色原则 ……………………………………………… 195
　　二、《服务贸易总协定》的总体结构 ……………………………………… 196
　　三、《服务贸易总协定》的范围 …………………………………………… 196
　第四节　一般责任和纪律 ………………………………………………………… 199
　　一、最惠国待遇 ……………………………………………………………… 199
　　二、透明度要求 ……………………………………………………………… 200
　　三、增加发展中国家的参与度 ……………………………………………… 201
　　四、国内规制的一般责任 …………………………………………………… 201
　　五、与具体承诺相关的国内规制 …………………………………………… 201
　　六、承认 ……………………………………………………………………… 202
　　七、垄断和专营服务供应商 ………………………………………………… 202
　　八、其他一般责任和纪律 …………………………………………………… 202
　　九、例外 ……………………………………………………………………… 203

目 录

第五节　具体承诺 ………………………………………………………………… 203
　　一、约束具体承诺的一般规则 ……………………………………………… 204
　　二、与具体承诺表相关的约束 ……………………………………………… 204
第六节　制度设计 ………………………………………………………………… 205
　　一、争端解决 ………………………………………………………………… 205
　　二、其他重要问题的制度安排 ……………………………………………… 206
第七节　最终条款 ………………………………………………………………… 206
第八节　关于金融服务的附件 …………………………………………………… 207
第九节　关于空运服务和电讯服务的附件 ……………………………………… 208
　　一、航空运输服务附件 ……………………………………………………… 208
　　二、电讯服务附件 …………………………………………………………… 208
第十节　其他相关附件 …………………………………………………………… 209
第十一节　对 GATS 进行评估 …………………………………………………… 209
　　一、承诺表分析 ……………………………………………………………… 209
　　二、GATS 和 GATT 的比较 ………………………………………………… 213
　　三、GATS 的主要成就和不足 ……………………………………………… 214
第十二节　案例 …………………………………………………………………… 215

第八章　与贸易有关的知识产权协议（TRIPs） …………………………… 220

本章要点 …………………………………………………………………………… 220
第一节　TRIPs 协议的出台背景 ………………………………………………… 220
　　一、TRIPs 协议的历史背景 ………………………………………………… 220
　　二、TRIPs 协议出台的现实意义 …………………………………………… 221
第二节　TRIPs 协议的基本内容 ………………………………………………… 222
　　一、TRIPs 协议的基本内容及其与其他国际公约的区别 ………………… 222
　　二、我国知识产权制度与 TRIPs 协议的区别 ……………………………… 226
第三节　有关 TRIPs 协议的讨论与争论 ………………………………………… 227
　　一、TRIPs 协议与公共健康 ………………………………………………… 228
　　二、知识产权与反垄断 ……………………………………………………… 230
　　三、电子商务知识产权 ……………………………………………………… 231
第四节　未来趋势展望 …………………………………………………………… 233
　　一、知识产权保护的新进展 ………………………………………………… 233
　　二、WTO 对 TRIPs 协议的修订 …………………………………………… 235
　　三、我国知识产权法律制度的完善 ………………………………………… 236
第五节　案例 ……………………………………………………………………… 237

5

第九章　WTO的运作机制 … 240

　本章要点 … 240
　第一节　WTO的决策机制 … 240
　　一、WTO决策机制的主要内容 … 240
　　二、WTO决策机制在实践中的问题 … 243
　第二节　WTO的贸易政策审议机制 … 247
　　一、WTO的贸易政策审议机制的内容 … 247
　　二、审议机制给中国带来的影响 … 248
　第三节　WTO的争端解决机制 … 249
　　一、WTO成员之间争端产生的相关领域 … 249
　　二、WTO争端解决机制的建立与特点 … 255
　第四节　WTO运行机制案例 … 262
　　一、WTO反倾销案例 … 262
　　二、反补贴案例 … 265

第十章　WTO争端分析 … 266

　本章要点 … 266
　第一节　WTO争端及其解决的特点 … 266
　　一、WTO争端案件的特征事实 … 266
　　二、讨论与总结 … 277
　第二节　中国与WTO争端解决 … 283
　　一、中国在WTO争端解决中的特征事实 … 284
　　二、中国参与WTO争端解决案件特点 … 290
　　三、政策建议 … 291
　第三节　WTO争端案例 … 294
　　一、案例一：中美"双反措施"WTO争端案件 … 294
　　二、案例二：中国影响汽车零部件进口WTO争端案 … 299

第十一章　WTO新议题Ⅰ：WTO多边贸易体制与气候变化 … 303

　本章要点 … 303
　第一节　贸易开放对气候变化的影响 … 303
　　一、国际贸易的扩大 … 303
　　二、贸易对温室气体排放量的影响 … 304
　　三、国际货物运输对温室气体排放量的影响 … 305

目 录

　　四、应对气候变化措施与WTO规则体系的关系 …………………………………… 305
第二节　WTO应对气候变化挑战的工作进展 ……………………………………… 306
　　一、开放环境产品市场 ……………………………………………………………… 306
　　二、消除环境商品和服务的贸易壁垒 ……………………………………………… 307
　　三、推进多边环境协定（MEAs）成为多哈回合谈判任务 ……………………… 308
　　四、气候变化问题进入WTO常规工作 …………………………………………… 309
第三节　多边贸易体制与碳关税 …………………………………………………… 310
　　一、碳关税 …………………………………………………………………………… 310
　　二、碳关税与碳税 …………………………………………………………………… 311
　　三、碳关税的影响要素 ……………………………………………………………… 312
　　四、征收碳关税的依据 ……………………………………………………………… 314
　　五、多边贸易体制下碳关税的合理性 ……………………………………………… 315
　　六、碳关税的立法实践 ……………………………………………………………… 316
　　七、碳关税对我国贸易的影响及应对 ……………………………………………… 317
第四节　碳标签 ……………………………………………………………………… 319
　　一、碳标签 …………………………………………………………………………… 319
　　二、碳标签、碳足迹与碳认证 ……………………………………………………… 319
　　三、碳标签认证标准 ………………………………………………………………… 320
　　四、碳标签：潜在的新型贸易壁垒 ………………………………………………… 320
　　五、碳标签的国外实践 ……………………………………………………………… 321
　　六、碳标签对我国的影响及应对 …………………………………………………… 321
第五节　碳交易 ……………………………………………………………………… 323
　　一、碳交易 …………………………………………………………………………… 323
　　二、碳交易机制 ……………………………………………………………………… 324
　　三、国际碳交易市场 ………………………………………………………………… 325
　　四、对碳交易的质疑和展望 ………………………………………………………… 328
　　五、我国碳交易状况和展望 ………………………………………………………… 329
第六节　案例 ………………………………………………………………………… 330

第十二章　WTO新议题Ⅱ ……………………………………………………… 334

本章要点 ……………………………………………………………………………… 334
第一节　政府采购协议（GPA）……………………………………………………… 334
　　一、政府采购概述 …………………………………………………………………… 334
　　二、《政府采购协议》（GPA）……………………………………………………… 336
　　三、《政府采购协议》的历史演进 ………………………………………………… 339
　　四、中国加入《政府采购协议》问题 ……………………………………………… 341

五、WTO《政府采购协议》的未来 ··· 345
　　　六、相关案例 ··· 347
　第二节　与贸易有关的投资措施协议（TRIMs） ·· 348
　　　一、TRIMs 协议的出台背景 ··· 349
　　　二、TRIMs 协议的基本内容概述 ··· 351
　　　三、近年来 TRIMs 谈判进展及焦点 ·· 359
　　　四、TRIMs 未来趋势展望 ·· 364

第十三章　WTO 新议题Ⅲ ··· 367
　本章要点 ··· 367
　第一节　WTO 多边贸易体制与区域经济一体化 ·· 367
　　　一、区域经济一体化与多边贸易体制 ··· 367
　　　二、WTO 中有关区域贸易协定的规定 ·· 370
　　　三、区域贸易协定对 WTO 多边贸易体制的严重挑战 ······················ 372
　　　四、WTO 体制下的区域经济一体化的实现与发展对策 ··················· 376
　　　五、案例 ·· 376
　第二节　WTO 多边贸易体制与电子商务 ··· 379
　　　一、WTO 框架下的电子商务发展 ·· 379
　　　二、电子商务的主要含义及内容 ··· 380
　　　三、WTO 规则下的电子商务涉及的关键问题及争论 ······················· 381
　　　四、我国适应 WTO 框架下的电子商务发展对策 ···························· 383
　　　五、小结 ·· 384
　第三节　WTO 与国际劳工标准 ·· 384
　　　一、国际劳工标准制定背景 ··· 384
　　　二、国际劳工标准主要内容 ··· 385
　　　三、国际劳工标准与国际贸易联系 ·· 386
　　　四、国际劳工标准与贸易的联系的理论论争 ···································· 387
　　　五、国际劳工标准对我国贸易的影响 ··· 389
　　　六、案例 ·· 390

第十四章　中国与 WTO ·· 392
　本章要点 ··· 392
　第一节　中国加入世贸组织议定书的主要内容 ·· 393
　　　一、加入 WTO 应遵守的准则 ·· 393
　　　二、非歧视原则 ·· 396

目 录

　　三、贸易权与国家垄断……………………………………………………397
　　四、进出口许可规则………………………………………………………398
　　五、农产品贸易与技术性贸易壁垒………………………………………399
　　六、对倾销和补贴的认定…………………………………………………401
第二节　中国加入世贸组织后的经济表现……………………………………402
　　一、加入世贸组织以来我国的宏观经济情况……………………………402
　　二、加入世贸组织以来我国对外经济运行概况…………………………407
第三节　中国国内产业所面临的主要挑战……………………………………410
　　一、加入世贸组织对我国农业的冲击……………………………………411
　　二、加入世贸组织对我国纺织业的冲击…………………………………414
　　三、加入世贸组织对我国汽车产业的冲击………………………………417
　　四、加入世贸组织对我国房地产业的冲击………………………………420
　　五、加入世贸组织对我国金融业的冲击…………………………………421
第四节　中国在出口市场所面临的主要问题…………………………………424
　　一、较高外贸依存度………………………………………………………424
　　二、出口贸易结构单一……………………………………………………427
　　三、出口贸易的可持续性挑战……………………………………………429

参考文献………………………………………………………………………432

第一章　WTO 与贸易政策中的合作博弈

本章要点

1. 成立 GATT 的主要动机是什么？
2. GATT 的主要成就是什么？
3. 什么原因促使了 GATT 向 WTO 的转变？
4. 国际贸易理论关于贸易利得的主要结论是什么？
5. 国际贸易理论关于单边贸易政治的主要结论是什么？
6. 国际贸易政策的主要目标是什么？
7. 为什么 WTO 对于取得全球范围内最优贸易政策非常重要？
8. GATT 和 WTO 核心原则的重要意义是什么？

世界贸易组织（WTO）建立于 1995 年，但其历史起源可以追溯到 1947 年由 23 个国家签署的《贸易和关税总协定》，通常称为《贸易和关税总协定 1947》英文简称 GATT 1947，以区别于 1994 年签署的贸易和关税总协定。后者又称为《贸易和关税总协定 1994》，英文简称 GATT 1994。GATT 1994 继承了 GATT 1947 的内容，并新增了 6 个谅解文件作为对 GATT 1947 的重要说明和澄清。而 WTO 随后又采纳了 GATT 1994 为其法律文件的一部分，用以约束成员方之间的货物贸易关系。

虽然 WTO 与 GATT 1947 和 GATT 1994 相比被赋予了更加广泛的权力，其覆盖的国际贸易领域显著扩展，但是其根本性质和 GATT 1947 仍然是一致的，并没有实质性变化。因此理解 GATT 1947 产生的历史背景以及其所建立的贸易政策合作平台的思想理论基础是理解 WTO 的关键。

第一节　国际贸易合作机制的产生

一、GATT 的历史背景

构建合作型国际贸易机制的思想基础源于两个重要的历史事件：一是 1930 年的大萧条；二是第二次世界大战。20 世纪 30 年代的经济危机造成了经济的严重衰退和失业率大幅上升，导致很多国家的政府采取贸易保护主义措施保护本土就业机会，特别是在美国，臭名昭著的 1930 年斯姆特—霍利关税法（Smoot-Hawley 关税法）将美国的关税从 36% 左右提高至近60%。各国随后提高关税对此进行报复，致使世界贸易几乎停滞，世界贸易的急剧萎缩是导致20世纪30年代的经济衰退演变为世界范围的严重经济危机的主要原因之一。

为了扭转贸易保护主义政策带来的灾难性后果，推动互利性国际贸易，美国签署通过了1934年贸易互惠法，并于1934至1945年谈判订立了32个双边贸易协定。这段历史清楚地显示，国际贸易政策的制定面临着"囚徒困境"的问题。在相互合作的前提下，更加自由的贸易对所有的国家有利。但是在没有制度约束的条件下，各国将各自为政并在自我利益的驱使下采取贸易保护政策，尤其是在经济不景气、生产能力没有充分使用的时候更是如此。痛定思痛，有些有识之士认识到，互惠式贸易协议看起来是一个能够通过各国共同承诺，以实现更加自由的贸易政策的有效方法。

第二次世界大战是另外一个重要事件，显示了国际经济关系中合作性政策的重要性。20世纪30年代大萧条带来的生活艰辛和第一次世界大战之后对战败国德国严厉的赔付要求被公认为是引发纳粹出现和德国对其他国家侵略的重要诱因。

第二次世界大战结束以后，各国意识到共同繁荣对推动世界和平至关重要，主要发达国家计划通过设立三个国际机构实现共同增长和经济稳定的愿景：国际货币基金组织（IMF）、世界银行（The World Bank）和国际贸易组织（ITO）。1944年的布雷顿森林会议建立了其中的两个机构：世界银行和国际货币基金组织。设立国际货币基金组织的主要目的是应对国际贸易和资本流动所引发的国际收支不平衡问题，由成员方出资为国际货币基金组织提供一个基金池，当某些成员方面对国际收支危机时可以用以缓冲调整过程对经济的冲击。

世界银行设立的初衷是为第二次世界大战受到重创的国家如日本、德国和其他欧洲国家提供再建资金。马歇尔计划使这些国家的重建工程获得了成功，世界银行不必再按原设计为此承担责任，因此重新定义其功能，为发展中国家的经济发展提供援助。

尽管面临重重困难，尽管这两个机构未能防止国际收支危机的发生和帮助大多数发展中国家走出贫困，但是它们在应对国际收支危机和协助发展中国家的发展中做出了突出贡献，成效显著。这两个机构卓有成效的历史说明，虽然面临诸多挑战，国际合作对于实现经济稳定发展和共同繁荣很有意义、很有必要。

虽然美国是建立国际贸易组织（ITO）的提议者，但由于美国国会的反对，成立国际贸易组织的计划没有成功。美国国会反对主要源于三个原因：首先是担心ITO将会导致美国放弃过多的国家主权；其次是因为第二次世界大战后经济开始恢复，进行广泛贸易政策合作的紧迫感不再存在；最后是战后美国经济一枝独秀，成为引领全球的经济巨人，使美国国会认为实力外交较之于贸易合作更具有吸引力。

在此情况下，代替国际贸易组织的是一个国际贸易的协定——《关税与贸易总协定》(The GATT)。该协定于1947年由23个主要贸易国（见表1-1）在瑞士日内瓦签署。在没有国际贸易机构的情况下，该协定成为签约国之间通过关税减让实现和推动贸易政策合作的主要平台。签约国利用该平台通过定期会议实现持续的关税减让，并对协定执行过程中所出现的问题进行讨论磋商。在随后的几十年中，开展了多轮的贸易谈判，实现了关税的大幅降低。

第一章　WTO与贸易政策中的合作博弈

表1-1　　《关税与贸易总协定》1947年最初的23个签约国

澳大利亚、比利时、巴西、缅甸、加拿大、锡兰、智利、中国、古巴、捷克斯洛伐克、法国、印度、黎巴嫩、卢森堡、荷兰、新西兰、挪威、巴基斯坦、南罗德西亚、叙利亚、南非、英国和北爱尔兰、美国

注：锡兰、斯里兰卡，全称斯里兰卡民主社会主义共和国，旧称锡兰；南罗德、西亚里英国在非洲南部的一个殖民地，即现今之津巴布韦共和国。

资料来源：WTO官方网站。

二、GATT取得的成就

GATT 1947的主要目的是在互惠互利的基础上实质性地降低关税和贸易壁垒，消除差别待遇。

无歧视和互惠是GATT的核心原则，经受了时间的考验，对扩大国际贸易合作起到了重要的推动作用。互惠原则是指一个国家的关税减让应得到另外一个国家的关税减让作为回应。这样，第一个国家（地区）在增加进口的同时，出口也会增加。不歧视原则有两个组成部分——最惠国待遇和国民待遇。前者是指一个国家给予所有签约国家（地区）同等待遇，后者是指一个国家（地区）应当给予其他成员方的企业等同于本国（地区）企业的待遇。随着时间的推移，越来越多国家（地区）认识到基于上述核心原则的关税总协定对于推动国际贸易的重要积极作用。

在WTO成立之前，关税总协定事实上具有一个国际组织的功能。在关税总协定的框架下，签约方进行了八轮的关税减让谈判，讨论了非关税壁垒（NTB）和成员方之间贸易纠纷等贸易问题（见表1-2）。

表1-2　　《关税与贸易总协定》各轮多边贸易谈判

年份	地点	谈判内容	参与方
1947	日内瓦	关税	23
1949	阿纳西	关税	13
1951	托基	关税	38
1956	日内瓦	关税	26
1960~1961	迪隆轮（日内瓦）	关税	26
1964~1967	肯尼迪轮（日内瓦）	关税和反倾销	62
1973~1979	东京轮（日内瓦）	关税、非关税和框架协议	102
1986~1994	乌拉圭轮（日内瓦）	关税、非关税措施、规则、服务、知识产权、争端解决、纺织品、农业、成立WTO等	128

资料来源：WTO网页；"The GATT Years: From Howana to Marrakesh"（www.WTO.org/English/the WTO_e/whatis_e/tif_e/fact4_e.htm）。

在八轮谈判中，关税税率大幅下降（见图1-1），从1947年关税总协定前的36%降低到1986年乌拉圭轮谈判开始时的6.4%，使签约方该时期贸易的增长速度超过了经济的增

长速度（见图1-2）。同时，签约方数量也大幅增加，到1995年WTO成立时，达到了117个，并在WTO成立之后进一步增加，在2011年年底达到了153个，成员方之间的贸易占全球贸易总量的份额达到95%。当2011年新加入的四个成员方获得各自国会的批准之后，这个份额增加到97%。尽管在GATT的框架下，还有很多问题无法解决，但是该协定及其提供的贸易谈判平台无疑取得了巨大的成功。

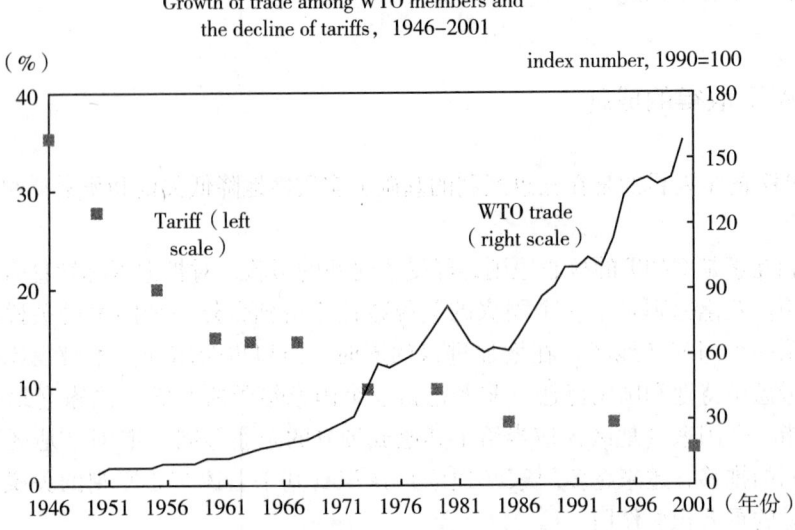

图1-1　WTO成员方贸易增长和关税减让

资料来源：Meredith A. Crowley, "An introduction to the WTO and GATT" 4Q/2003, Economic Perspectives, Federal Reserve Bank of Chicago。

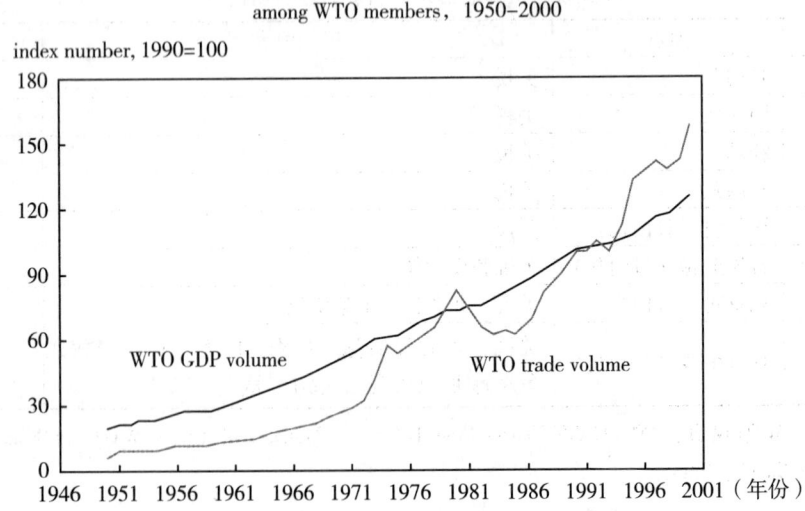

图1-2　WTO成员方贸易增长和GDP增长

资料来源：World Trade Organization (2001)。

乌拉圭轮谈判进行了七年之后，于1993年12月15日结束。117个签约方同意进一步降低关税，扩大贸易协定范围，并使国际贸易规则更具强制性。最终形成的协议——《体现乌拉圭轮多边贸易谈判结果的最终文件》（The Final Act Embodying the Results of the Uruguay Round of Multilateral Trade Negotiations），在1994年4月签署。该文件创立了世界贸易组织（WTO），其正式运作始于1995年1月1日。

第二节 国际贸易合作机制的发展

一、从GATT到WTO

尽管GATT通过持续的多轮谈判成功地推动了国际贸易合作，但其不足之处也日益凸显。特别是在两次石油价格上涨所直接或间接引发的1970年年初和1980年年初两次严重的经济衰退中，GATT的不足暴露无遗。面对经济萎缩，GATT无力抑制贸易保护主义的抬头。

同时，主要发达国家的比较优势从制造业向服务业转移进一步暴露了《关税和贸易总协定》[①]的不足。一方面，随着新型工业经济体如日本、韩国、新加坡等国家，以及中国的台湾和香港地区对欧美西方发达国家的制造业形成挑战，发达国家力图通过各种方式绕过具有约束力的低关税承诺，如使用非关税壁垒以及将纺织品排除在《关税与贸易总协定》之外等。发达国家的这些行为弱化了GATT的作用。另一方面，服务贸易、与贸易相关的国外直接投资以及和贸易相关的知识产权保护成为发达国家关注的重要问题，但是不包含在《关税与贸易总协定》的内容里。

因此，《关税与贸易总协定》推动互惠互利，合作式国际贸易政策的有效性受到了严峻的挑战。具体地讲，下述六类问题亟待解决：

（1）非关税壁垒的扩散在一些领域严重削弱了多轮关税减让谈判的成果。反倾销税、自愿出口约束和反补贴税扭曲了贸易模式，在很多产业增加了贸易壁垒。

（2）通过特别协定，农产品和纺织品等几类重要的商品不受《关税与贸易总协定》的约束，严重影响了发展中国家发挥比较优势，通过贸易增长推动经济发展的能力。

（3）争端解决机制不能有效解决签约方之间的争端。当一国（地区）被指责没有履行GATT义务时，在GATT的框架下，该国（地区）有权否决任何不利于自己的决议。

（4）当一国（地区）面对进口商品的急剧增加时，GATT提供的保障措施被认为不足以为该国（地区）提供足够的缓冲。很多国家（地区）以此为借口，设置非关税壁垒。

（5）服务贸易快速增长，服务业对于经济的重要性在发达国家日益增强，但是GATT没有任何关于服务贸易的条款。

（6）发达国家希望强化知识产权保护和减少与贸易相关投资的壁垒，如对外资企业生

[①] 《关税和贸易总协定》即GATT，不过在本章的使用上有意做了细微的区分。在这里使用GATT时是指《关税和贸易总协定》及由此实际上所形成贸易组织，而《关税和贸易总协定》则指协议本身。

产的产品使用本地部件比例的要求。

发展中国家和发达国家都认为需要改革 GATT 框架下的国际多边贸易体制,但是它们希望解决的问题却非常不同。因此,仅仅是乌拉圭轮谈判的启动已经被认为是一个巨大的成就。在该轮谈判中,发展中国家和发达国家之间的分歧经历了漫长的八年谈判之后得到逐步解决,最终形成的"大交换"使双方都在关键领域获得了一些成果。虽然从事后的反应判断,发达国家比发展中国家从 WTO 成立中获得了更多的利益,但是与原有制度相比,WTO 的成立对所有的国家(地区)都是一个巨大的进步。对于发展中国家而言,强化了的争端解决机制和为发展中国家经济发展提供技术支持措施等改革是 WTO 所取得的重要进步,从长远着眼更是如此。

二、WTO 及其成就

根据《建立 WTO 的协议》,建立世界贸易组织的目的是推动成员方之间贸易和经济关系的发展,"旨在提高生活水平,保证充分就业和大幅度稳步提高实际收入和有效需求,扩大货物与服务的生产和贸易,为持续发展之目的扩大对世界资源的充分利用,保护和维护环境,并以符合不同经济发展水平下各自需要的方式,加强采取各种相应的措施"。

WTO 的功能(见表 1-3)主要体现在两个维度上。(1)《建立 WTO 的协议》的附件中所包含的各项协定和相关法律工具。(2)管理和促进协定的执行,以及处理出现的问题的组织机构。

WTO 的组织设计是基于和成员方之间贸易关系相关的五个主要职能,即促进协定的执行、运行和管理,为进一步讨论和贸易相关的问题提供一个平台,管理争端解决机制,进行贸易政策评估/检查成员方对其应负责任内贸易政策的执行,以及和其他国际组织协调以推动共同富裕和世界经济的稳定。

表 1-3　　　　　　　　　世界贸易组织的职能

1. WTO 应促进本协定和多边贸易协定的执行、管理、运作,以及进一步实现各协定的目标,并对诸边贸易协定的执行、管理和运作提供框架。
2. WTO 应为各成员处理与本协定各附件有关的多边贸易关系提供谈判场所。如果部长会议作出决定,WTO 还可为各成员的多边贸易关系的进一步谈判提供场所,并为执行该谈判的结果提供框架。
3. WTO 应管理实施本协定附件二有关争端解决的规则与程序的谅解(以下称"争端解决谅解"或"DSU")。
4. WTO 管理实施附件三的贸易政策评审机制,WTO 应和国际货币基金、国际复兴和发展银行及其附属机构进行适当的合作,以更好地协调制订全球经济政策。

——《建立世界贸易组织的协议》第三条

(一) WTO 协定体系

目前,世界贸易组织协定包括十六个不同的多边协议和协定(包含在附件 1、附件 2、附件3中,所有的世界贸易组织成员都是其签约成员)和两个诸边协议(包含在附件4中,只有部分世界贸易组织成员是其签约成员)。

多边协定覆盖三个主要领域:货物贸易、服务贸易和与贸易相关的知识产权。相应的一般原则通过三个协定分别进行表述:《关税和贸易总协定》(GATT)(见表1-4)、《服务贸易总协定》(GATS)和《和贸易相关的知识产权协定》(TRIPs)。对于商品贸易和服务贸易,还签署了另外一些协定进行进一步的规范,并通过市场开放承诺形成独立文件,列出各国(地区)明确表明开放的货物和服务种类,包括削减和约束进口货物关税的承诺。另外,还有两个和上述三个主要领域都相关的协定:一个是关于争端解决机制;另一个是关于增加贸易政策的透明度。

表1-4　　　　　　　　WTO协定体系中的货物贸易协定——GATT 1994

GATT 1994：
- *Provisions of the GATT* 1947
- *Provisions of Legal Instruments concluded under the GATT* 1947：
  - *protocols and certifications relating to tariff concessions*；
  - *protocols of accession*；
  - *waivers granted under Article XXV of the GATT* 1947 *and still in force on the date of entry into force*
  - *other decisions of the CONTRACTING PARTIES to the GATT* 1947.
- *Six Understandings*
- *Marrakesh Protocol to the GATT* 1994

在货物贸易上,WTO继承了GATT的一般原则,采用了《1994年关税与贸易总协定》作为约束货物贸易的协定。后者包括《1947年关税与贸易总协定》及六个谅解。这六个谅解对《1947年关税与贸易总协定》中的一些责任进行了澄清,包括减让表、国有企业、国际收支例外、区域贸易协定、豁免或收回关税减让。《1994年关税与贸易总协定》还包括《马拉喀什协议》,该协议提供了成员方关税减让承诺的执行细则以及各项减让承诺。

《服务贸易总协定》(The General Agreement on Trade in Services,GATS)同样采用了《1947年关税和贸易总协定》中的两个核心原则,即非歧视性原则和互惠原则。但值得注意的是,只有非歧视性原则中的最惠国待遇出现在GATS第二部分一般责任和约束。非歧视性原则的另外一个要素——国民待遇,则出现在第三部分特别承诺,第十七条国民待遇。成员方提供国民待遇只是作为例外,适用于做出了承诺的部门。因此GATS包含了两方面的内容:(1)一组适用于所有服务部门贸易的一般性原则和规则。(2)适用于部分服务部门的国民待遇和市场开放特别承诺,这些承诺由各成员方根据自身情况作出。

上述第二方面内容是GATS和GATT之间的一个重要不同。GATT使用一个例外清单(负面清单)列出不使用一般性基本原则的少数特别情况,而GATS则采取了一个适用清单(正面清单),列出了少数几个承诺了市场开放的部门。两者之间的区别反映了一个基本事实——GATS的纪律约束只覆盖了有限的几个服务部门(见表1-5)。

世界贸易组织教程

表 1-5　　　　　　　　　　　WTO 协定分类

框架协议	建立 WTO 的协议		
	货物	服务	知识产权
基本原则	GATT	GATS	TRIPs
附加细则	其他货物协定和附件	服务附件	
开放市场承诺	成员承诺表	成员承诺表（及最惠国例外）	
争端解决	争端解决		
透明度	贸易政策审查		

WTO 争端解决机制和 GATT 1947 相比，得到了显著强化。改革的重点是使贸易争端的解决从外交—政治的方式转化到法律—专业化的方式。这项改革和 WTO 改革的大方向一致，即从一个基于国家（地方）实力的制度向一个基于规则的制度转化，是 WTO 朝着这个方向改革的一个重要组成部分。

另外，为了建立一个以法规为基础的多边贸易体系，贸易政策评审机制也得到了显著强化，并且拥有了一个组织机构和永久性的工作人员。

（二）WTO 组织机构

WTO 的组织机构（见图 1-3）反映了其核心属性，即它是由成员方管理，主要完成如下任务：促进 WTO 各项协定的执行、管理和运行，为成员方之间进一步贸易谈判提供平台，管理争端解决机制，进行贸易政策审议/检查成员方贸易政策中履行其成员责任的情况。

作为一个由成员主导的机构，所有重要的决定都是通过各种专项理事会由成员方政府共同一致作出。

WTO 最高权力机构是部长会议（Ministerial Conference）。部长会议至少两年举行一次会议，部长会议对所有重要问题具有最高决策权力。部长会议和其他专项理事会都是由所有成员作为其会员。

总理事会（The General Council）是 WTO 的执行机构，负责处理部长会议间休会期间的日常工作。当相关职能需要时，总理事会也同时是争端解决机构和贸易政策审议机构。总理事会下设三个专业理事会，分别负责与三个主要贸易协定 GATT 1994，GATS 和 TRIPs 相关的事务。这三个理事会分别是：

货物贸易理事会（The Council for Trade in Goods，Goods Council）

服务贸易理事会（The Council for Trade in Services，Services Council）

贸易相关的知识产权理事会（The Council for Trade-Related Aspects of Intellectual Property Rights，TRIPs Council）

除此之外，向总理事会报告的还有负责贸易和环境问题，贸易和发展问题等新兴问题的专项委员会。另外还成立了专项委员会和工作小组，负责目前只有部分成员有兴趣参与的诸边协议相关工作。

第一章　WTO 与贸易政策中的合作博弈

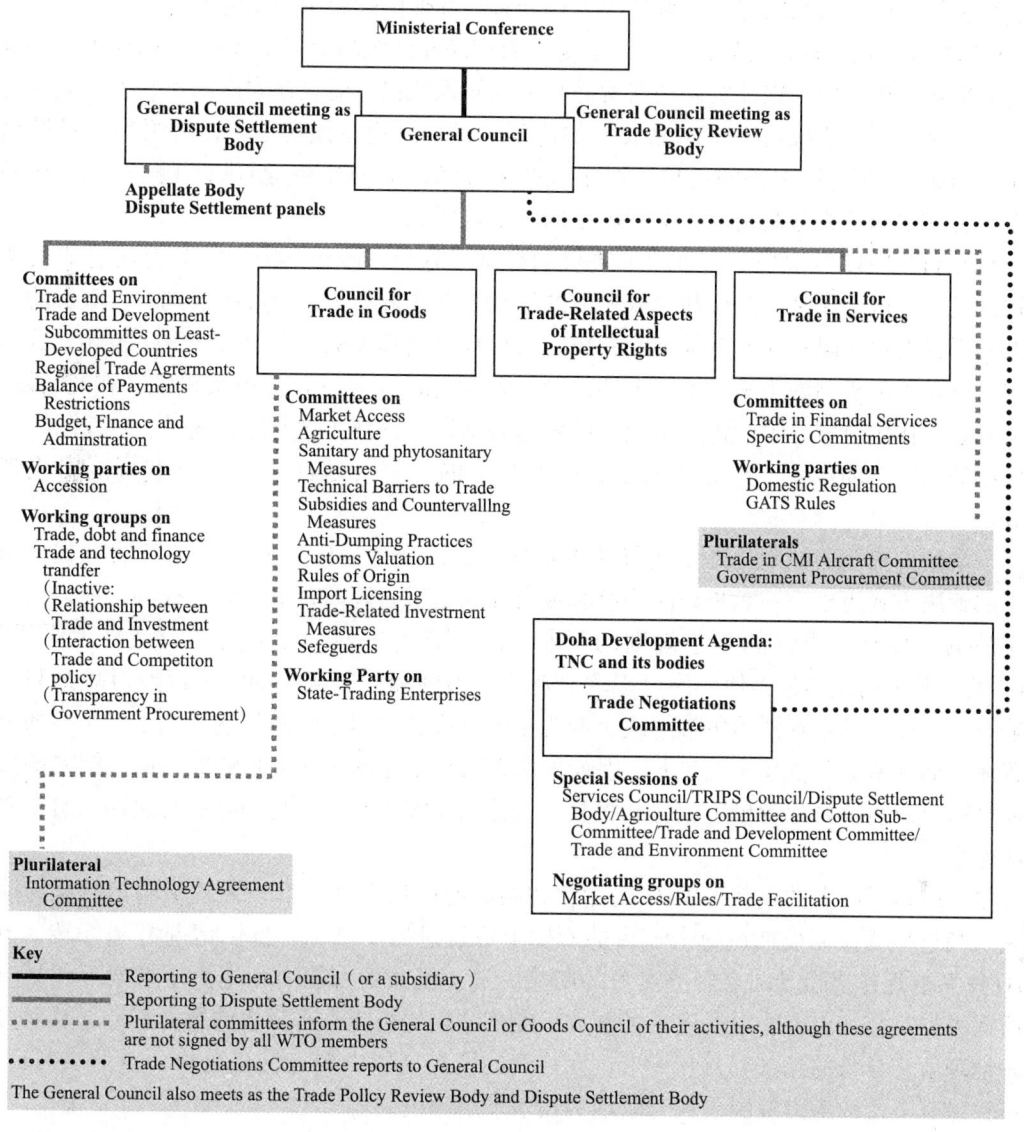

图 1-3　WTO 的组织机构

资料来源：WTO，"Understanding the WTO"。

（三）WTO 的成就

在建立了 WTO 的乌拉圭轮谈判中，主要的成就包括三个方面：第一，贸易协定所覆盖的范围显著增加，从单纯的货物贸易扩展到服务贸易，以及和贸易相关的知识产权。从给予农产品和纺织品等主要产品特别豁免权到达成对这些部门和产品的约束性协定。第二，争端解决机制显著增强，从而使多边贸易体系从一个强者主导的体系向一个规则主导的体系转变，并在此方向上取得了显著进步。第三，建立了一个永久性的正式组织结构，从而强化了多边贸易体系应对新兴问题，协调各成员行动和与其他国际组织合作的能力。

GATT 只覆盖了货物贸易，而且还豁免了农产品和纺织品等重要部门。WTO 不仅将贸易协定的覆盖领域扩展到服务贸易和与贸易相关的知识产权，而且在农产品贸易上建立了约束性条款，制定了分阶段废除纺织品安排的协议。逐步终止在该安排下，纺织品贸易游离于 GATT 协议的管理范围之外的历史。对于农产品和纺织品的豁免是 GATT 的一个重要缺陷，是阻碍发展中国家充分利用多边贸易体系的一个重要障碍。

在 GATT 1947 的框架下，争端解决机制是基于外交—政治的方式。只有所有成员达成一致意见，方可形成判决决议和采取相应的行动。在此框架下，争端中被判有责败诉的一方可以利用其否决权阻止任何对其不利的决定，导致争端解决机制无法有效解决争端，因而造成成员方对争端机制的不满。鉴于上述问题，WTO 采取了新的争端解决机制，在此机制下，一个专家工作组对贸易争端依照协定中的贸易规则进行评判。除非所有成员一致反对，专家工作组的判决自动生效。在此体制下，被判败诉的国家（地区）几乎没有可能阻止判决生效。

争端解决机制的法制化是多边贸易体制从基于国家（地区）影响力的解决方式向基于规则的解决方式迈出的一大步。因为所有成员在制定贸易规则时享有同等权利，所以当贸易协定的执行具有了更强的基于规则的强制性时，其公平性、可信度和权威性大大增强。WTO 基于共识的谈判过程使小国可以联合起来，增强和大国谈判的实力以及对规则制定的影响力。因此，基于规则的争端解决机制为小国解决和大国之间的争端提供了一个更加公平的程序。而在 GATT 原有的机制下，因为争端无法有效通过正常机制解决，最后结果的形成往往是通过双边谈判或者单边威胁和报复，以此国家实力对于最终问题的解决结果有重要的影响作用。

尽管取得了巨大的成就，WTO 仍然存在明显的不足之处。第一，基于共识的贸易谈判方式谈判过程漫长，很难在尚未解决的问题上取得进展。第二，虽然情况有了好转，但是 WTO 体系的运作仍然受国家经济实力的影响。发达国家更有能力利用协定框架下贸易自由化所提供的机会，更有能力适应市场开放后经济结构的转变；有更多的智力资源，从而可以更好地理解其自身的经济利益和诉求，在持续的贸易谈判中制定符合自身利益的谈判日程；也可通过其丰富的人力资源更加有效地利用争端解决机制。

有效地应对上述不足是 WTO 运行中和将来的贸易谈判中需要面对的一项主要任务。其中有两个领域对于 WTO 和发展中国家都特别重要。第一，增强发展中国家适应贸易政策和市场规制改变的能力。第二，提供支持，提升发展中国家有效利用 WTO 争端解决机制的能力。

第三节 经济理论和贸易政策博弈

要很好地理解 GATT 和 WTO 成功的原因以及仍然面临的问题，需要理解贸易政策制定的动机以及其中的国家利益冲突和合作基础。为此，有必要介绍国际贸易和相关的经济理论。

国际贸易理论的基本观点是通过国际贸易，所有国家都有可能利用其相对优势而获利，改善其国民福利。这个观点使通过国际贸易实现共同富裕和经济稳定增长的想法历久不衰。但是在现实中，各国似乎不愿单方面开放市场。为解释这两者之间的矛盾所做的研究，是国际贸易理论发展的一个重要推动力量。

简洁地说，问题的核心在于，市场开放虽然有利于整体资源的有效使用，但是从任何一个贸易政策制定国的角度，并不一定是有效的或最优的贸易政策。因此，需要建立一个基于互惠原则的合作机制，以减少单边机会主义行为发生的概率，防止合作伙伴国（地区）偏离以集体经济利益最大化为目标所设立的合作机制。国际贸易理论从多种角度分析了国际贸易对于成员方整体利益的促进作用以及单个成员方偏离自由贸易政策的动机。

一、传统的国际贸易理论

（一）重商主义贸易理论

确切地说，重商主义是一种学派思想，而不是一个严谨的国际贸易理论。在18世纪和19世纪，重商主义主导了国际贸易政策的制定。重商主义认为，经济政策的目标是国民财富最大化，而国民财富是以一国贵金属，黄金或者白银的拥有量决定的。因为贸易顺差导致黄金和白银的流入，所以贸易政策的目标应该是多出口、少进口。虽然现代政策制定者和贸易保护主义者，无论是学者、商人或是政治家，都不会支持以积累贵金属作为政策目标，但是希望产生贸易顺差，避免贸易逆差的思想仍然保留了其对贸易政策和贸易谈判的巨大影响力，并没有随着国际贸易理论的发展而消失。重商主义的核心含义是国际贸易是一个零和游戏：因为一国的贸易顺差必然是另一国的贸易逆差，因此一国的利得必然是另一国的损失，不可能存在共享的利得，因而不存在合作的基础。该理论虽然无法解释通过WTO实现的贸易政策合作的现象，但是它与仍然普遍存在的保护主义倾向有相似之处。

（二）绝对优势理论

亚当·斯密提出的绝对优势理论开启了基于理性分析的国际贸易理论。将分工理论应用于国际贸易，亚当·斯密在出版于1776年的《国富论》中令人信服地指出，由于贸易国各自在不同产业具有绝对优势，国际贸易可以增加所有贸易伙伴的福利。在一个基于两个国家、两种产品的理论模型里，假设每一个国家在一个产品的生产中更加有效（即在生产该产品中具有绝对优势），贸易开通后，每个国家的生产结构发生变化，专业化生产其有绝对优势的产品，则世界产出总量增加，因此使所有国家都从贸易中获利成为可能。贸易利得的来源可以这样理解：每一个国家在国际贸易市场购买贸易伙伴有绝对优势生产的产品的成本低于其自身生产该产品的成本，因此，国际贸易相当于提高了一国生产进口产品的效率，从而扩大了进口国的消费可能集，形成贸易利得。

亚当·斯密对于国际贸易理论的贡献有两个方面：第一，在《国富论》的开篇，他就明确指出该书所关注的是以消费"所有生活必需品和生活便利"所定义的福利。一国的财富取决于其国民可以消费的商品和服务的数量，而不是贵金属储备。第二，国民财富在国内可以通过分工得到提高，而在国际上则可通过利用自己的绝对优势进行专业化生产而增加。亚当·斯密理论直观但深具洞见力，清楚地说明了互利贸易的可能性和贸易政策制定中进行合作的基础和空间。

（三）相对优势理论

大卫·李嘉图的相对优势理论比绝对优势理论更进一步，为国际贸易理论提供了最有力、最有洞见的解释。在1817年出版的《政治经济学原理》中，李嘉图说明了贸易参与国可以通过专业化生产具有相对优势的产品，实现贸易利得。在一个由两个国家、两种产品构成的理论模型里，当一个国家生产某个产品的机会成本低于另外一个国家时，它具有生产该产品的相对优势。一个国家生产某个产品的机会成本是指其为增加该产品一个单位的产出所必须放弃的另外一个产品的产出数量。贸易开通后各国专业化生产其具有相对优势的产品，使世界整体生产结构更加合理，总体生产投入资源的使用更加有效，从而增加总产出，使所有贸易参与国福利增加成为可能。

相对优势理论有两个关键结论：第一，对于整个世界，自由贸易优于闭关锁国；第二，自由贸易和封闭经济相比，不会导致任何国家福利下降。由此可以推知，与封闭经济相比，贸易可能使两个国家的福利都增加，至少会增加一个国家的福利水平。相对优势理论今天仍是国际贸易理论的核心。它最初是基于国家间技术效率的不同，但其产生的原因已经被扩展到要素禀赋的不同（包括劳动力/资本丰裕度的不同、知识存量的不同等），规制环境的不同以及知识产权保护力度的不同等。

（四）要素禀赋理论

赫克歇尔—俄林（Heckscher-Ohlin）在20世纪20年代提出的要素禀赋理论（或者叫要素比例理论）对比较优势理论进行了重要的拓展。这个理论的关键要素如下：基于一个两国（1和2）、两个产品（A和B）和两个生产要素（资本和劳动力）的模型，并假设两国具有相同的消费偏好。当生产中要素的使用比例是可变的，且各产业的要素密集度即要素使用之比不同时，则不同产业在一国的相对生产成本，在一般均衡条件下取决于该国生产要素禀赋的相对丰裕度，即资本和劳动力的相对拥有量。假设产品A的生产是资本密集型的，即在给定的要素价格下，使用更多的资本、相对较少的劳动；再假设国家1是资本丰裕国家，即资本劳动力禀赋之比高于国家2。那么，在经济封闭的情况下，与国家2相比，国家1生产提供产品A的价格相对于生产提供产品B的价格将更低。这是因为国家1是资本丰裕国家，所以其生产资本密集型产品A的机会成本低一些。这样，要素禀赋的不同导致了生产中相对优势的不同，进而提供了共同获得贸易利得的基础。

相对优势理论不仅提供了一个严谨的令人信服的自由贸易优于经济封闭的理论，而且与绝对优势理论相比，其解释现实的能力大大增强，这一点在引入了要素比例理论之后进一步得到强化。

（五）最优关税理论

基于相对优势理论，前面陈述了两个重要结论。对于一个小国，可以得到一个更强的结论，即对于世界市场的受价者，无论贸易伙伴采取何种政策，自由贸易是最优的贸易政策选择。但是对于一个大国，其生产和消费结构将会影响世界市场的价格，自由贸易通常不是最优的贸易政策。埃奇沃斯（Edgeworth，1894）和毕克戴克（Bickerdike，1907）分别指出一个大国可以通过调整进口关税实现贸易条件的改善，即增加出口产品相对于进口产品的价格。供给弹性越小，则最优关税越低。长期以来除了少数最大的国家，对于其他国家，上述理论的实际意义一直是个疑问。但是巴格韦尔等（Bagwell et al.，1999）指出，上述理论对于大多数国家的重要程度足以解释多边贸易系统的成功。布洛达、利马奥、韦恩斯坦（Broda，Limão and Weinstein，2006）也实证说明了最优关税理论对于解释实际贸易政策行为的重要性。

（六）产品生命周期理论

雷蒙德·弗农（Raymond Vernon）在20世纪60年代提出的产品生命周期理论从另外一个角度拓展了相对优势理论。根据产品生命周期理论，一个产品在发展过程中要经历始于发达国家的五个阶段：市场引进阶段，市场扩展阶段，标准化和国外生产阶段，开始进口阶段和终止出口阶段。产品的生命周期从发达国家开始，因为发达国家在下述领域具有相对优势：（1）创新所需的研发能力，早期生产中由于经常对生产流程进行改造所需要的能够快速适应新流程的熟练技术工人；（2）对于新产品具有较高接受度的成熟市场。但是当产品走过其生命周期，生产中所需要的技术能力和技术工人逐步减少。当产品进入第三阶段标准化阶段，欠发达的发展中国家由于其较低的劳动力成本而开始具有生产该产品的比较优势，越来越多的生产转移到发展中国家，并最终出口到最初的产品发明国。

产品生命周期重新将技术效率的不同作为相对优势的源泉，并将人力资源禀赋的不同作为解释这种相对优势的基础，揭示了形成相对优势和贸易利得的一个重要渠道。值得一提的是，这里的相对优势不是由先天自然禀赋决定的，而是投资和积累的结果，因此可以通过政府政策改变这种相对优势的积累速度和存量。由于在生命周期的早期，对于技术的垄断伴随着超额利润，从而使获取技术上的相对优势常常被认为是各国贸易政策应当追逐的目标。以此观点为基础，产品生命周期理论有时被用来支持对于市场进行干预的贸易政策。

赤松要（Akamatsu）于20世纪30年代提出了一个和产品生命周期非常相似的理论：雁阵理论。这个理论于20世纪60年代用英文发表在《发展经济学月刊》后，在世界上广为人知。雁阵理论同样描述产品的生产从发达国家向发展中国家转移的过程，并将这个过程的驱动因素归结于资本—劳动力禀赋变化的结果。根据该理论，当发达国家（如日本）不断增加其资本积累时，它的相对优势向资本密集型的产业转移，最终导致其资本密集度低的产业向次发达国家转移（如其他亚洲国家和经济体）。

二、新兴的国际贸易理论

(一) 新国际贸易理论/战略性国际贸易理论

通过引入规模经济和不完全竞争,一些经济学家如克鲁格曼(Krugman,1979),迪克西特(Dixit and Norman,1980)等,创造了新国际贸易理论。因为其干预主义的政策含义,该理论又被称为战略性国际贸易理论。新国际贸易理论突破了原有理论中不变规模生产技术和完全竞争市场结构的限制,发现了实现贸易利得的新渠道,因而使国际贸易理论更加丰富。

在新国际贸易理论的框架下,生产具有规模效应,世界贸易所形成的更大的市场导致产品生产的规模增加、成本降低、生产效率提高、世界生产总量因此增加,从而发现了一个新的实现贸易互惠的渠道。与基于国家间差异所产生的相对优势理论不同,新国际贸易理论指出,在规模效益递增的条件下,完全相同的国家也可以通过贸易实现福利的增加。

这个理论解释了一个重要的现实:禀赋相似的高收入国家之间的贸易量高于高收入国家和低收入国家这两组禀赋不同的国家之间的贸易量。前者的贸易通常是新贸易理论所描述的基于规模效应的产业内贸易,而后者则是相对优势理论所描述基于相对优势的产业间贸易。

同时,引进非完全竞争也揭示了实现贸易利得的另外一个新渠道。在垄断竞争产业里,世界贸易开通后所形成的更大的市场使生产规模扩大的同时,也使可供消费的产品品种增加,两者都有利于促使共同的福利增加。而在另一种非完全竞争的市场形态下,当各国国内市场是垄断性的或者寡头垄断性的,国际贸易可以通过增加竞争使经济效率提升。

但是新贸易理论最引人瞩目的特征是其"为更加高级的重商主义提供了理论基础"(Krugman,1992)。因为该理论预测一国的政府可以通过对市场的干预,影响其本国及外国企业的竞争行为,帮助其企业在非完全竞争、具有超额利润的市场里,增加市场和利润份额,进而增加其整体国民福利,因而又被称为战略性国际贸易理论。

非完全竞争条件下所存在的超额利润使各国都希望在进行国际贸易时自身的专业化生产方向是向这类产业扩张,而这些产业也通常被认为具有另外一个受欢迎的特质——有较高的技术含量,因而可以产生动态贸易利得。

非完全竞争意味着,政府政策可以更加有效地使生产结构向着有利于本国企业的方向改变。例如,在寡头垄断市场里,政府对本国企业的生产补贴会产生战略性影响,使国外企业的产量减少,本国企业的产量和利润增加。在具有外部集聚效应的垄断竞争产业中,短期的政府支持能够增加本国企业的市场份额和生产效率,进而形成永久的生产优势,造成有利于本国利益的永久性产业结构的改变。

传统上,经济学者不认为规模报酬递增是对经济运行有重要影响的和广泛存在的经济现象,这种认知已经改变。当谈到新国际贸易理论的适用范围时,克鲁格曼(Krugman,1992)评论说:"新国际贸易理论告诉我们,有意义的外部性存在条件不仅是当直接的技术外溢发生时,而是产生规模经济效应的任何场合—市场规模具有重要性的任何场合,这意味着有意义的外部性几乎无处不在。换句话说,一个美元的资源的边际社会收益,除了个别的例外情况之外,并不像常规的理论所告诉我们的那样,在所有的生产活动中都是相同的。不同活动的社会回报之间的差异非常普遍。产业有好有坏,工作有好有坏,最优政策就是补贴好的产业,向坏的产业征税"。

新国际贸易理论对于贸易政策的制定具有广泛的影响,其中一个重要的例子就是它为一个有一定历史的贸易政策方案——"摇篮工业"保护政策,提供了一个严谨的理论支持,这也是为什么它在现实政策应用中颇受欢迎。但是"摇篮工业"保护政策在现实应用中却屡遭失败:一是因为准确确定什么工业是应当进行保护的"摇篮工业"具有技术上的困难;二是因为利益集团为获得摇篮工业政策保护对政策制定施加各种影响。"摇篮工业"政策失败的历史说明在实际应用新国际贸易理论时应小心谨慎,避免简单地直接套用。同时,政策制定者还必须考虑到,旨在将经济利润从贸易伙伴转移到本国的贸易政策将会遭到贸易伙伴的报复。

(二) 开放条件下的新增长理论

研究者很早就认识到贸易利得的一个最重要的渠道是动态贸易利得,即通过贸易实现更快的经济增长。传统上,在新古典增长理论框架下,资本积累是研究工作的核心,资本积累存量决定经济发展水平,但经济增长的速度最终取决于外生的技术进步。随着时间的推移,人们越来越认识到技术进步应当是研究的核心,企业有计划的研发活动是技术进步的一个重要推动力量,政府政策是可以影响研发投入强度和技术进步速度的,因此技术进步必须作为一个内生的要素进行分析。同时,越来越多的事实显示,新古典理论的核心假设——各国的技术水平相同,没有现实基础,必须加以修正方可更深入地理解经济增长过程,更好地解释各国之间增长表现的不同。20世纪80年代所产生的新增长理论,又称内生增长理论(Romer, 1986, 1990; Lucas, 1988; Aghion and Peter Howitt, 1990)回应了上述挑战。新增长理论打开了经济增长的"黑匣子",使技术进步成为经济研究的重点。

应用到国际贸易领域,新经济增长理论揭示了新的贸易利得渠道——动态贸易利得的产生源泉(Grossman and Helpman, 1991)。第一,知识是非争的,它可以在多个使用者之间分享而几乎不对最初的拥有者的使用产生任何直接负面影响。因为国际贸易伴随着跨国知识溢出,因此国际贸易扩展了贸易伙伴之间的知识存量,强化了创新活动的效率。第二,国际贸易促进企业创新的竞争,每个生产者所占市场份额相对减少,创新者引进新产品后替代现有产品,扩大自己市场份额的生产转移效应大大增强。因此国际贸易会促进创新投入,加快经济增长速度。第三,国际贸易带来的市场规模扩大进一步增强进行创新投入的动力。第四,在世界范围内,国际贸易使创新活动向更具创新效率和创新相对优势的发达国家集中。因为这些国家具有更丰富的创新人力资源和知识存量,因此,国际贸易将使世界知识前沿得以更快的扩展。

但是对于发展中国家,该理论也预测,在贸易开通后可能会失去进行创新的动力。由于缺乏进行创新活动的相对优势,国际贸易将导致发展中国家的生产资源向技术进步潜力较小的传统产业集中。而知识溢出的强度在以国内和国际间是不同的，因此生产结构向传统产业集中将可能减缓发展中国家技术进步和经济增长的速度，造成发展中国家和发达国家之间收入差距的增加。根据上述分析，在发展中国家采用短期政策支持创新研发活动，获得知识发现活动中的相对优势，将可能使其生产专业化结构从传统、低技术含量产业向更具技术进步空间的产业转移，从而形成永久的产业结构优化效果。上述分析为"摇篮工业"保护政策提供了一个动态的理论基础。

知识的非争性和知识的溢出效应一经指出，其对经济增长的根本性影响就马上变得显而易见。因此，经济学者有必要重新全面地以正面的眼光审视政府进行市场干预的适用性。但是，前面提到的谨慎态度仍然需要，当考虑将理论结果付诸现实的政策设计时，"摇篮工业"保护政策的失败历史必须谨记。同时，也必须考虑贸易伙伴可能采取针锋相对的贸易政策。

（三）新经济地理理论

新经济地理理论是另外一个对于国际贸易和其他经济领域有重要意义的理论发展。将产业内规模经济，或者积聚效应和运输成本，以及生产要素流动性放在一个分析框架下进行考虑，克鲁格曼（1991）显示了在集聚效应的作用下经济活动会产生向心力，使生产要素和生产活动向一个区域集中。因为具有集聚效应的产业通常被认为是各国更希望拥有的具有高技术含量的现代产业，生产要素流出地区会因为集聚效应的流失和高技术产业的外移，向生产活动依赖于土地、矿山等不可流动资源的传统产业集中，使经济受到负面影响。

与新贸易理论比较，新经济地理理论由于引进了要素流动性而使国际贸易对一国国民福利正面和负面的影响都进一步强化。在正面影响方面，与新贸易理论一样，在新经济地理理论的框架下，贸易国之间产业结构的重新分配及其所伴随的各国生产要素在不同产业之间的移动将会提高世界范围内的生产效率。同时，新经济地理理论还论证了要素的跨地区、跨国流动会进一步强化生产效率提高。在负面影响方面，对于生产要素流出国，国民福利因为两方面原因而降低。一方面，与新国际贸易理论一样，专业化生产发生在不具备良好特性的产业，此处为没有积聚效应、没有或很少有技术进步潜力的产业。另一方面，生产要素的流出进一步降低了集聚效应。因此，新经济地理理论具有较新国际贸易理论更强的干预主义政策意义，支持政府保护现代产业，强化其国际竞争力。但是前面提到的审慎态度仍然适用，贸易伙伴的反制政策也必须考虑。

（四）新新国际贸易理论——异质厂商理论

传统上，国际贸易理论关注的重点是产业，公司在理论模型中被假定为同质的。但是在现实中，同一产业的厂商在很多方面具有明显的差异，如厂商规模、市场半径、出口倾向、技术能力和生产效率。由梅里兹（Melitz，2003）以及伯纳德、伊顿、詹森、科特姆（Bernard，Eaton，Jensen and Kortum，2003）创建的新新国际贸易理论证明异质厂商对于国际贸易和贸易利得的产生具有重要意义。该理论发现了一个产生贸易利得的新的重要渠道——国际贸易使要素资源从一国内效率低下的厂商向效率高的厂商转移。

根据该理论，国际贸易使生产效率低的厂商利润受到挤压而退出：在进口产业，由于进口加剧了竞争，企业利润下降；在出口产业，由于出口而使高效率企业产出增加，从而扩大对生产要素的需求，推高其价格，进而使生产效率低下的企业利润下降。同时，国际贸易使没有退出的厂商效率提高，这是因为国际贸易使其生产规模扩大、学习效应增强，更愿意采用适用于大市场的生产技术，能够更好地受惠于国际技术和知识的溢出。因此，国际贸易通过两个渠道使生产效率提高：低效率企业的退出和高效率企业效率的进一步提高。

该领域理论研究的一个重点是实证证明现实中出口和进口的活动是否产生学习效应，增加创新的动力。虽然已有的研究所获得的结果并不完全一致，但是基本结论的方向是明确的，在很多情形下存在出口学习效应、进口学习效应和创新促进效应。从单个贸易国的视角考虑，该理论揭示了新的市场缺失及政府政策干预的必要。

第一，出口活动中有两种外部性没有在厂商的生产决定中得到考虑。一是其生产活动所产生的有利于其他厂商的技术和信息溢出效应；二是生产效率较高的厂商，在增加产出的过程中会使要素成本上升，导致低效率只服务于国内市场的厂商退出。基于上述两个因素，政府对出口进行补贴将会增加国民福利。

第二，企业进入出口市场的需要产生固定成本是该理论的一个核心考虑因素，影响贸易国的出口目的市场结构和出口产品结构。由于固定成本所产生的出口惯性，短期政府出口补贴会产生永久性效应，改变一国的出口市场和出口产业结构。这意味着，采取重商主义政策的动机大大增强。

第三，规制环境和市场体制在此理论框架下对于不同的产业具有差异化影响，从而使发达国家在知识和技术密集产业的优势进一步强化。基于此，在国内市场机制得到改善之前，发展中国家更有理由抵制要求其开放某些市场的要求。

（五）贸易政策的政治经济学理论

在正统的国际贸易理论中，一国的整体国民福利是研究贸易利得的核心。但是在现实中，政策制定者的偏好通常不同于整体国民福利，而且政策制定者的偏好会受到不同政治体制的影响。格罗斯曼和赫尔普曼（1994）分析了政府以政治献金最大化为目的的政策制定动机，开启了基于规范模型的贸易政策政治经济学理论研究。该领域文献对贸易理论研究的重要贡献在于开始分析两个被忽视的重要因素。第一，贸易政策对于不同产业有不同的影响，由此所产生的对于收入分配的影响对于政策制定具有重要的意义。第二，政府政策制定者通常的目标不是国民福利最大化，与其他经济活动参与者一样，其目的是在给定的政治体制下，实现个人效用最大化。

贸易政策的政治经济学理论文献为保护主义的关税政策提供了另外一个解释——它产生于游说集团基于影响国内收入分配目的的努力，而不是以增加本国整体国民福利为目的的力图使经济租金从其他国家向本国转移。但是即使是以国内收入分配为目标的贸易政策仍然会影响贸易伙伴的国民福利，从而造成不同国家在贸易政策上的利益冲突。

第四节 贸易政策中的"囚徒困境"和合作博弈

一、贸易政策中的"囚徒困境"

综合主要的国际贸易理论，在更加接近现实的理论框架下，自由贸易并不总是一目了然的最优政策选择，这一点与单纯基于相对优势理论的分析结果不同。虽然从全球经济的视角，自由贸易仍然是最优选择，但是除很少的情形外，它不是单个贸易国的最优政策选择，特别是考虑到对于政策制定者，国内收入分配是考量因素之一。具体地说，从现有的理论，可以总结得出下列结论：

（1）假如关注的核心是静态贸易利得，那么几乎在所有的情况下，自由贸易优于完全封闭的贸易政策。

（2）在给定其他国家贸易政策的前提下，假如考虑的不是一个市场完全竞争，生产具有不变规模报酬，与一个小国的特殊情况相比，则自由贸易不是一个国家的最优贸易政策。主张政策干预，支持本国厂商的论点可以从几个重要的方面进行阐述：当被考虑国家是大国时，可以改进贸易条件；当存在规模经济或者非完全竞争时，可以转移经济租金；当存在社会学习功能或者知识溢出时，可以将知识和技术发展中的外部性内部化；当存在聚集经济时，可以将其外部性内部化。

（3）政策制定者的偏好很可能异于国民福利最大化的目标。贸易利得的分配通常是不均匀的，有些部门和要素拥有者获益而另一些部门和要素拥有者受损，在很多政治体制下利益受损者会游说政府提供贸易保护。通过政治献金和其他支持政策制定者的活动，游说活动可能显著地影响政府政策的制定，诱导政府采取保护主义的措施，帮助面临国际竞争压力的本国企业。

（4）从现实政策制定的视角，假如不考虑意义不大的例外，在多数情况下，自由贸易和互不合作的贸易保护相比，自由贸易增加世界范围内的资源使用效率，贸易保护减少世界总产出。

因此，在贸易政策的制定上，各国面对一个"囚徒困境"。表1-5对此进行具体描述。表1-6中，国家A和国家B可以分别采取两个博弈策略中的一个，高关税保护政策或者低关税/自由贸易合作政策。R代表不同博弈策略组合所对应的福利水平，下标使用的规则是P（Protection）代表保护主义策略，C（Cooperation）代表合作策略，第一个下标代表国家A的策略，第二个下标代表国家B的策略。例如，R_{CP}^{A}是当国家A采取合作策略而国家B采取不合作的保护主义策略时，国家A的福利水平。

表1-6　　　　　　　国际贸易政策制定中的"囚徒困境"

		国家 A	
		保护	合作
国家 B	保护	R_{pp}^A, R_{pp}^B	R_{cp}^A, R_{cp}^B
	合作	R_{pc}^A, R_{pc}^B	R_{cc}^A, R_{cc}^B

根据前述贸易理论总结，作为对贸易博弈政策的描述，表1-6中不同福利收益之间存在下述关系。

（1）$R_{cc}^A > R_{pp}^A$ 和 $R_{cc}^B > R_{pp}^B$，即假如所有的国家都采取一致行动，那么对所有国家的福利水平，合作优于不合作。

（2）$R_{cc}^A + R_{cc}^B > \max(R_{pp}^A + R_{pp}^B, R_{cp}^A + R_{cp}^B, R_{pc}^A + R_{pc}^B)$；即合作使世界产出总和最大化。

（3）$R_{pc}^A > R_{cc}^A$，$R_{pp}^A > R_{cp}^A$，即假如国家 A 采取单边行动，那么无论国家 B 采取何种策略，国家 A 的最优策略都是采取保护主义的政策。同样地，对于国家 B，$R_{pp}^B > R_{pc}^B$，$R_{cp}^B > R_{cc}^B$，即假如独自行动，则保护主义策略总是优于合作策略。

因此，在没有国际合作协定的情况下，两个国家都会选择保护受到进口影响的本国产业，导致两国因不合作的博弈策略而同时受损，无法取得在共同采取合作博弈策略时更优的结果。

对于上述结果产生的机理，凯尔巴格韦尔和罗伯特·W. 斯泰格（Kyle Bagwell and Robert W. Staiger，2004）提供了很好的总结。不合作的贸易政策使两国的福利都下降的原因是，每一个国家的保护主义政策都使对方受到损失，而在制定政策时，各国都没有考虑这个减少世界福利水平的政策效应。换句话说，当每个国家独立制定其贸易政策时，存在没有考虑的政策外部性的问题。

"囚徒困境"可以在重复博弈的框架下得到解决。在进行重复博弈时，可以通过适当的惩罚机制，对偏离集体最优合作策略的博弈者在随后博弈中进行惩罚，从而使其为了长期福利最大化而放弃追求短期利得的机会主义行为。在此框架之下，集体利益最大化的合作策略和博弈者个体收益最大化可以通过制度/策略设计达成一致。WTO 即这样一种制度设计。

二、WTO 框架下的贸易政策合作

WTO 为成员方之间采取合作型的贸易政策提供了一个解决办法，实现了贸易政策制定中外部性的内部化。如前所述，这种由于一方政策对于他方福利的影响所产生的外部性具有广泛的基础，可能产生于传统的改善贸易条件所制定的贸易政策，也可产生于规模经济或其他市场缺失条件下战略性贸易政策，或者基于内生增长理论，新经济地理理论，异质公司理论的政策设计，还可能产生于基于成员方内政治考量的贸易政策。这种外部性，使非合作形式下单边主义贸易政策有损于贸易方共同的利益。在 WTO 的框架下，各成员方通过贸易谈判达成协定，以整体效益最大化为目标内化贸易政策中的外部性，实现世界范围内的福利增加。

为了使成员方无意违反贸易协定，互惠条款是贸易协定的一个重要组成部分，它是使合作型贸易政策所获取的长期利益大于短期机会主义政策行为的基础。除此之外，还有其他三个要素，对于 WTO 有效发挥其作用至关重要。这四个要素构成了 WTO 在重复博弈的框架下，有效推动合作型国际贸易政策的核心元素，它们是：互惠待遇、强制机制、无歧视最惠待遇和允许再谈判。

互惠待遇意味着各成员方在贸易谈判中既是授惠方也是受惠方。通过贸易谈判，每个成员扩大对其他成员的市场开放度，同时也从其他成员方所提供的更大的市场开放度得到回报。互惠待遇是合作的基础，是防止成员方产生不遵守协定的动机的必需。

强制执行是另外一个防止成员方不遵守贸易协定的必要条件。如前所述，从静态的视角，假如仅仅考虑短期效果，保护国内市场在多数情况下是每个成员的最优贸易策略，无论其他成员的政策如何。只有在多期重复博弈的情况下，通过适当的强制执行制度设计，对违约行为进行惩罚，使违约行为不符合一方的长期利益，才可能防止机会主义违约行为，使协定得到顺利执行。

无歧视原则将贸易强的成员之间谈判成果延伸到影响力较小的成员方，也有利于避免两方之间的贸易协定损害第三成员方的利益，如避免贸易转移[①]的发生。该原则是使贸易协定具有全球合作性的关键。

最后，在 WTO 框架下，对于具体的承诺可以进行再谈判。这项制度设计为成员方签署协定提供了一个重要的保障性措施以保障将来环境可能变化时的权益。例如，当有新的成员加入时，市场环境可能变化，使现有协定不再符合某些原有成员方的利益。允许再谈判可以鼓励成员方在签署贸易协定开放其市场时更加积极、大胆，而不必过多地担心将来是否会出现不利的情况。

在推动贸易政策合作之外，WTO 还具有另外一个功能，使成员方能够在政府政策上做出可信承诺以鼓励有利于经济发展的国内和国际企业行为，如承诺不断改善的良好投资环境，鼓励增加对该成员的投资。有观点认为，由于政府在国内具有支配性地位，有能力收回已做出的对于私有企业的承诺，致使政府无法使自己所做出的承诺可信，进而导致企业的次优决策。国际贸易协定通过国际强制执行力，对政府行为进行约束，帮助政府做出可信政策承诺，这一点对于发展中国家及地区的政府尤其重要。这可以被看做是国际贸易合作的另外一个利得。

---

① 贸易转移是指两个成员方之间签署双边贸易协议之后，一个签约方将原来从第三方进口的产品，转移为从另一签约方进口。虽然后者的生产成本高于第三方，但是由于其得益于双边贸易协议下较低的关税，所以可以赢得市场，替代生产成本更低的第三方。在这种情况下，虽然进口方消费者所付的价格会降低，但是税收会减少，整体国民福利通常会由于后者大于前者而降低。

第五节 案 例

☞ 案例一：

以邻为壑贸易政策——Smoot—Hawley 关税法和其后果

Smoot—Hawley 关税法，又称 1930 年关税法，是美国国会于 1930 年通过的一个法案，由参议员里德·司莫特（Reed Smoot）和众议员威利斯·C. 霍利（Willis C. Hawley）提出，1930 年 6 月 17 日通过生效。这个法案将美国的可征关税率提高到平均 59.1%，是美国历史上第二高的税率，仅次于 1828 年 61%的关税税率。

1028 名经济学家向美国总统胡福（Hoover）递交了请愿书反对这个法案。胡福总统自己也称该法案"恶毒，过分，令人厌恶"，担心该法案将会削弱他在国际合作上的承诺，但他最终屈服于国内的政治压力。

很多国家威胁要对该法案进行报复，23 个国家在该法案于 1930 年 6 月实施之前向胡福总统递交了正式的抗议书。该法案于 1929 年 5 月通过了美国众议院之后，很多国家政府立即开始增加对美国进口产品的关税和抵制美国产品。加拿大是众多采取报复措施的国家之一，该国是美国最大的贸易伙伴，占当时美国出口总额的 18%和进口总额的 11%。加拿大对 16 个进口品种，占美国对加拿大出口 30%的商品征收报复性反制关税，使这 16 个品种的进口关税增加到和美国向加拿大产品征收的关税相同的水平。加拿大总理明确表示征收关税的目的是报复美国。

"反制关税是为了给美国提供一个现实的说明，说明加拿大希望任何时候都在公平、平等的基础上进行贸易……目前，我们将税率提高至其他国家向加拿大商品征收的同等关税水平，但是同时我们也告诉我们的邻居，我们愿意将来在互惠的条件下进行贸易。"

由于愈演愈烈的贸易战，世界贸易急剧下滑，经济进一步萎缩。与 1929 年相比，美国 1933 年的进口额降低了 66%。美国同期的出口降低了 61%，GDP 收缩了 50%。

☞ 案例二：

制度的重要性——美国和欧洲关于荷尔蒙的争端

欧盟在 GATT 和 WTO 时期都对受到增长激素影响的美国牛肉实施过进口禁令。美国认为没有证据显示增长荷尔蒙对人体健康有害，欧盟的做法具有随意性，其目的是保护其国内生产者免受美国生产者的竞争，因而违反了 GATT 和 WTO 协定。美国基于上述理由对欧盟的禁令提出了反对。在 GATT 时期和 WTO 时期，欧盟都拒绝了美国的论点，维持了进口禁令，但是在 WTO 的框架下，由于引进了新的争端解决机制，欧盟和美国的行为模式发生了重要变化（Bernhard Zangl, 2006）。

（一）GATT 框架下的荷尔蒙争端

欧美之间第一次关于荷尔蒙的争端开始于 GATT 时期的 1985 年。美国申诉认为欧盟的进口禁令在 GATT 规划下是非法的，但是欧盟拒绝接受其指控。在此情况下，考虑到 GATT 争端解决机制将通过国家代表寻求政治而不是法律的判决，美国避开了 GATT 争端解决机制，于 1987 年 3 月要求在 GATT 关于贸易技术壁垒（TBT）的框架下，和欧盟进行磋商。在 TBT 的框架下，一个专家小组将对该案进行判决。欧盟反对将此案交给一组专家处理，但是按照 TBT 协议，愿意接受由一个 GATT 小组对 TBT 是否适用于该案进行裁决。然而美国拒绝让 GATT 小组对 TBT 专家小组的适用性进行裁决，坚持应当直接进入 TBT 专家小组对该案进行判决的程序。

无法与欧盟就此案程序达成一致，在没有任何 GATT 授权的情况下，前总统里根领导下的美国政府准备了一份制裁清单，准备在欧盟进口禁令生效时，对清单上的欧盟出口产品实施制裁措施。欧盟也做出反应，威胁采取反制裁报复措施。

欧盟进口禁令 1989 年 1 月开始生效，在没有 GATT 授权的情况下美国马上对早已准备好的制裁清单上的产品开始了制裁，声称其有理由采取未经授权的制裁，因为在 GATT 的争端解决机制下，欧盟可以随意地阻止任何对其不利的判决。除此之外，美国阻止了欧盟试图通过一个 GATT 小组来处理美国制裁行动的申请。

（二）WTO 框架下的荷尔蒙争端

WTO 建立以后，美国再次于 1995 年向欧盟提出了荷尔蒙一案。但是这一次，自始至终，美国遵守了 WTO 争端解决机制的程序。虽然欧盟并没有在 WTO 专家小组判决其败诉之后撤销其进口禁令，欧盟接受了美国的制裁，没有威胁对美国的制裁措施进行报复。获胜方美国赢得了道义胜利的高地。

美国首先试图通过双边谈判解决问题。当双边谈判无法解决该争端时，美国于 1995 年要求在 WTO 框架下和欧盟进行磋商。磋商失败之后，争端进入法律判决阶段。按照 WTO 争端解决机制程序，美国申请建立一个 WTO 小组。在强化了的 WTO 争端解决机制下，美国表现出了很强的信心，认为 WTO 是捍卫其权利的最有效渠道。克林顿政府甚至愿意为此终止已经实施了的制裁措施。

美国对 WTO 的信任获得了回报。1997 年 8 月和 1998 年 2 月，专家小组和上诉法厅分别在他们的报告中给出结论，判决欧盟的禁令为非法。其理由是欧盟没有出示科学证据以证明荷尔蒙处理过的牛肉对消费者健康造成威胁。

1999 年 5 月，欧盟宣布尽管没有赢得判决，但仍将继续其进口禁令，争端进入判决执行阶段。按照争端解决机制的程序，克林顿政府申请 WTO 授权制裁。虽然授权制裁总额最终是 1.16 亿美元而不是其申请的 2.2 亿美元，美国接受了制裁额度的削减，宣布获得了胜利。美国贸易代表查琳·巴尔舍夫斯基（Charlene Barshefsky）评论道："这表明当一个

WTO 成员借卫生政策之名几乎毫不掩饰地设立贸易壁垒时，WTO 争端解决机制有能力处理这样复杂而困难的案例。"

占领了道德高地后，美国敦促欧盟服从判决以维护 WTO 的权威性。欧盟继续保留了禁令而没有做出任何提供科学证据的努力，但是接受了美国的制裁，没有威胁进行报复。欧盟以其行动承认美国获取了道义上的胜利。

（三）评论

欧盟对于使用了荷尔蒙的牛肉的进口禁令违反了 GATT 和 WTO 规则。美国在 GATT 和 WTO 时期都对此提出了反对。但是在 GATT 体制下，美国不相信其争端解决机制是有效的，所以基本上忽略了 GATT 程序，采取单边主义措施，按照自己的判决和意愿行事。在 WTO 框架下，美国严格按照 WTO 程序行动，最终在判决中获胜。这一案例说明在有影响力的大国之间发生争端时，WTO 争端解决机制有能力立场鲜明地做出判决。成员方看到了这一能力上的强化，因而对争端解决机制有了更多的尊重，更加愿意遵守其程序。

无论是美国还是欧盟的行为模式，在新的 WTO 争端解决机制下都发生了变化。美国严格地遵守了争端解决程序，放弃了单边行动。欧盟在被判败诉之后，接受了美国进行制裁的合法性，没有威胁报复。WTO 争端解决机制的权威性获得了确认，一个基于规则的争端解决机制建立了起来。

应当指出的是，尽管被判违反了 WTO 规则，欧盟最后没有取消其进口禁令，这说明在严格地强制维护 WTO 约束力的能力上，新的争端解决机制仍然有其局限性。

第二章 WTO 规则框架及主要原则

> **本章要点**
> 1. WTO 规则主要由哪些协议构成？
> 2. WTO 的基本原则有哪些？
> 3. 非歧视性原则如何体现？
> 4. 最惠国待遇原则如何适用？有哪些例外情形？
> 5. 国民待遇原则如何适用？有哪些例外情形？
> 6. 贸易自由化原则有哪些方面的体现？WTO 是否推行完全的自由化？
> 7. 可预见性原则有哪些方面的体现？
> 8. 公平贸易原则有哪些方面的体现？
> 9. 鼓励发展和经济改革原则有哪些方面的体现？

第一节 WTO 规则框架及其分类

一、WTO 规则的框架

WTO 规则涵盖了货物贸易、服务贸易和知识产权保护三个领域；规定了自由化的基本原则及其允许范围内的例外规则；包括各国（地区）关于降低关税及其他贸易壁垒，以及服务市场开放的具体承诺；设定了争端的解决程序；规定了对发展中国家及地区的特殊待遇；要求成员方政府通过向 WTO 通报国（地区）内实施的法律和政策措施，以及由秘书处实施定期的贸易政策审议，以保证贸易政策的透明度。

WTO 的法律框架由《建立 WTO 协定》及其 4 个附件组成，其中，附件 1、附件 2、附件 3 协定及相关法律文件（称为"多边贸易协定"，Multilateral Trade Agreement，MTA）是《建立 WTO 协定》的组成部分，对所有 WTO 成员具有约束力，附件 4 的四个协议，称为诸边（或复边）贸易协定（Plurilateral Trade Agreement，PTA），成员方可以选择参加并只对参加方有约束力，对于接受的成员而言，也属《建立 WTO 协定》的组成部分并对其具约束力，对于未接受的成员而言，则不产生权利和义务。WTO 规则体系从框架结构来看，可以分成五大部分：第一部分是《建立 WTO 协定》，确立了 WTO 的法律地位，对诸多程序性问题作出原则性规定；第二部分是规范和管理多边贸易关系的实质性原则，包括《1994 关贸总协定》及其下属 12 个具体协议、《服务贸易总协定（GATS）》和《与贸易有关的知识产权协定（TRIPs）》，分别规范货物贸易领域、服务贸易领域和知识产权保护领域的多边关系；第三部分是《对争端处理规则和程序的谅解（DSU）》，构建 WTO 体系内的争端解决机制；第四部分是《贸易政策审议机制（TRPM）》，构建 WTO 贸易政策的审议机制，以确保贸易政策的透明度；第五部分是诸边协议（见图 2-1）。

```
                            建立WTO协定
    ┌───────────────┬──────────────────┬──────────────────┬──────────────┐
附件1: 实体规则   附件2: 对争端处理规则和   附件3: 贸易政策     附件4: 诸边贸
                  程序的谅解（DSU）      评审机制（TRPM）    易协定
    ┌──────────────┬──────────────────┐
 附件1A:         附件1B:            附件1C:
《多边货物        《服务贸易总协       《与贸易有关的知识
贸易协定》       定（GATS）》        产权协定（TRIPS）》
```

（附件1A下）乌拉圭回合达成的有关协议：
1. 农业协议
2. 实施卫生与植物卫生措施协议
3. 纺织品与服装协议
4. 技术性贸易壁垒协议
5. 与贸易有关的投资措施协议
6. 反倾销协议
7. 海关估价协议
8. 装船前检验协议
9. 原产地规则协议
10. 进口许可程序协议
11. 补贴与反补贴措施协议
12. 保障措施协议

（附件1B下）1997年达成的有关协议：
1. 基础电信协议
2. 金融服务协议
3. 信息技术产品协议

（附件4下）
1. 民用航空器贸易协议
2. 政府采购协议

（附件1A下，另含）1994年关税与贸易总协定（GATT 1994）

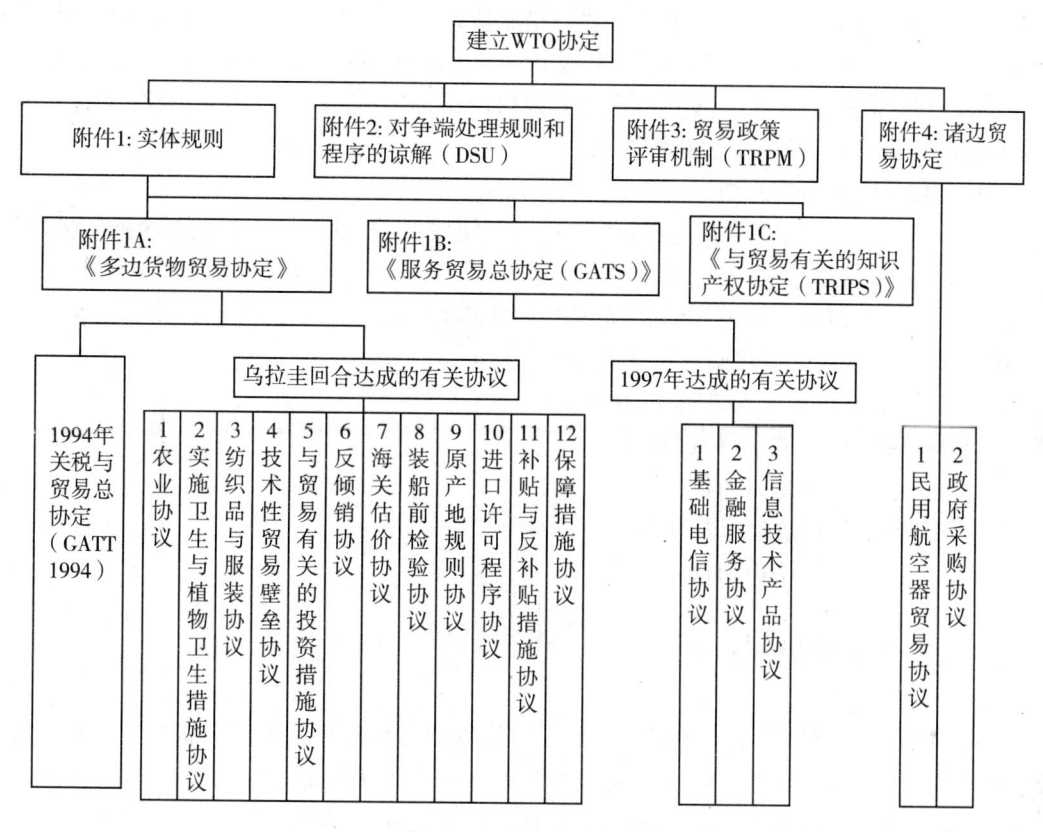

图 2-1　WTO 规则框架

《建立 WTO 协定》是 WTO 的基本法，核心在于确立了 WTO 作为国际经济组织的法律地位。该协定由序言和 16 条基本案文组成，序言明确规定了 WTO 的宗旨，16 条案文本身并没有涉及规范和管理多边贸易关系的实质性原则，只是对 WTO 的职能、组织结构、预算、决策过程、成员方资格、接受、加入、生效及互不适用等程序性问题做了原则性规定。而涉及协调多边贸易关系、解决贸易争端以及规范国际竞争规则的实质性规定，则体现在其 4 个附件中。

附件具体说明如下：

附件 1 包括三个部分，分别为《1994 关贸总协定》及其下属 12 个具体协议、《服务贸易总协定》和《与贸易有关的知识产权协定》，分别规范货物贸易领域、服务贸易领域和知识产权领域的多边关系。

附件 1A：多边货物贸易协定包括两方面内容：一是《1994 年关税与贸易总协定》（GATT 1994）；二是乌拉圭回合达成的有关货物贸易的 12 个协议。GATT 1994 是 WTO 法律框架的重要组成部分，也是货物贸易 12 个协议的原则与法律基础，它包括经 WTO 成立前各项法律文件修改的 GATT 1947 实体条款（38 条）、6 项有关解释 GATT 1994 条款的谅解、WTO 各成员的加入议定书和国别减让表。乌拉圭回合达成的有关货物贸易的 12 个协议分别是：(1) 农业协议；(2) 实施卫生与植物卫生措施协议；(3) 纺织品与服装协议；(4) 技术性贸易壁垒协议；(5) 与贸易有关的投资措施协议；(6) 关于实施 1994 年关贸总协定第 6 条的协议（反倾销协议）；(7) 关于实施 1994 年关贸总协定第 7 条的协议（海关估价协议）；(8) 装船前检验协议；(9) 原产地规则协议；(10) 进口许可程序协议；(11) 补贴与反补贴措施协议；(12) 保障措施协议。

附件 1B：《服务贸易总协定（GATS）》
　　　　　1997 年达成的有关服务贸易的三个协议：《基础电信协议》、《金融服务协议》和《信息技术产品协议》
附件 1C：《与贸易有关的知识产权协定（TRIPs）》
附件 2：《对争端处理规则和程序的谅解（DSU）》
附件 3：《贸易政策审议机制（TRPM）》
附件 4：(1) 民用航空器贸易协议
　　　　(2) 政府采购协议
　　　　(3) 国际乳制品协议[①]
　　　　(4) 国际牛肉协议

二、WTO 贸易规则分类

WTO 规范国际贸易的基本规则，主要由实体规则和程序规则两部分构成。实体规则主要包括货物贸易、服务贸易、与贸易有关的知识产权保护等方面的基本规则。程序规则主要包括贸易政策审议机制和争端解决机制。按照不同的标准和方法，WTO 实体规则主要可划分为以下类别：

（一）按照贸易规则层次划分

世贸组织的贸易规则按照层次来划分，可以分为框架规则（Basic Principles）和具体规则（Additional Details）。框架规则在国内通常被翻译为"协定"，如《1994 年关贸总协定》、《服务贸易总协定》、《与贸易有关的知识产权协定》，他们分别确定了各自领域中的能体现 WTO 基本原则的框架规则，作为具体协议确立的基础，指导具体规则的确立。具体规则在国内被翻译为"协议"，是在框架规则下就某个具体问题达成的具体协议，涉及的协议客体不同，协议内容各不相同。如在《1994 年关贸总协定》下达成的协议有《农业协议》、《纺织品与服装协议》、《海关估价协议》、《装运前检验协议》、《技术性贸易壁垒协议》、《进口许可程序协议》、《原产地规则协议》、《反倾销协议》、《补贴和反补贴协议》、《保障措施协议》。

---

① 《国际乳制品协议》和《国际牛肉协议》已于 1997 年年底终止。

（二）按照规则涉及的领域划分

世界贸易组织规则按照涉及的领域来看，可以分为货物贸易领域、服务贸易领域和与贸易有关的知识产权领域。WTO 有关货物贸易的法律规则具体体现在多边货物贸易协定中，包括《1994 年关贸总协定》及其下属的 12 个具体贸易协议，规范国际货物贸易的多边关系；《服务贸易总协定》规范服务贸易领域的相关行为；《与贸易有关的知识产权协定》将知识产权问题纳入了 WTO 框架内。

（三）按照解决的问题划分

按照关注的重点不一样，世界贸易组织规则可以划分为：（1）贸易自由化的贸易协定与协议，如《1994 年关贸总协定》、《服务贸易总协定》和《与贸易有关的投资措施协议》。（2）向贸易自由化"回归"的贸易协议，如《农业协议》和《纺织品与服装协议》，由于这两个协议在 1994 年关贸总协定中背离了贸易自由化原则，WTO 通过这两个协议逐步取消数量限制，使农产品、纺织品和服装国际贸易回到自由贸易体制下。（3）规范非关税措施的协议，如《实施卫生与植物卫生措施协议》、《海关估价协议》、《装运前检验协议》、《技术性贸易壁垒协议》、《进口许可程序协议》和《原产地规则协议》。通过这些协议，将这些要求规范化和合理化，不构成国际贸易的障碍。（4）有关公平竞争，国际货物贸易救济措施实施的协议，如《反倾销协议》、《补贴和反补贴协议》和《保障措施协议》。（5）加强保护的贸易协定，如《与贸易有关的知识产权协定》。

（四）按照局限程度划分

世界贸易组织规则分为多边、诸边和展边规则三种。所谓多边规则，是指世界贸易组织成员必须全部接受的贸易协定与协议所确定的规则，包括《1994 年关贸总协定》及其下属的各种货物贸易协议；《服务贸易总协定》和具体的协议，以及《与贸易有关的知识产权协定》。诸边是指世贸组织成员自愿接受的贸易协议中确立的规则，接受该协议的成员受到约束，而未接受该协议的成员则不受这些具体协议规则的约束，如《政府采购协议》、《民用航空器贸易协议》。展边贸易规则，指 WTO 成员和申请加入 WTO 但尚未成为其成员的国家和地区均可自愿加入的贸易协议，对参加者有约束，对不参加者没有约束力，如《信息技术产品协议》。

第二节 WTO 协定与协议的结构

总体来看，WTO 协定和协议一般包括三个部分：第一部分，通常是规范各领域多边关系的一般原则，如《关税与贸易总协定》、《服务贸易总协定》[①]。第二部分，是针对具体部

---

① 虽然《TRIPs》目前尚无附件，但仍然采用这个基本格式。

门或问题的补充协议和附件。第三部分，是各成员允许特定的外国产品或服务进入其市场的具体承诺的时间表（或清单）。

由于各领域框架规则的贸易协定和解决具体问题的贸易协议要达到的目的不同，因而其结构和内容也有较大差异。

一、贸易协定的结构

（一）贸易协定的整体结构

国际贸易协定多由主体和附件两大部分构成。

（二）国际贸易协定主体构成的要件

国际贸易协定一般包括国际贸易协定的序言、贸易协定组成部分与条款。

1. 国际贸易协定的序言

国际贸易协定的序言一般位于协定的开始，用来表明该协定的宗旨、目标以及实现目标的途径。不同的领域，贸易协定序言的表达方式有所差异。

2. 贸易协定组成部分与条款

贸易协定的组成部分列出协定的要件，如协定的内涵、一般规则、成员的权利与义务、协定的实施与组织机构等，组成部分有的列出名称，有的不列出名称。组成部分进一步具体细化为条款。

《1994年关贸总协定》由四部分构成，前三部分没有列出名称，第四部分列出名称。

《服务贸易总协定》由范围和定义；一般义务和纪律；具体承诺；逐步自由化；制度条款；最后条款六个部分构成，共29个条款。

《与贸易有关的知识产权协定》由一般规定和基本原则；有关知识产权的效力、范围和使用的标准；知识产权的执法；知识产权的获得和维护及相关程序；争端的防止和解决；过渡安排；机构安排和最后条款七个部分构成，共73个条款。

（三）附件

国际贸易协定的附件在协定主体后单列，主要对贸易协定的文本进行注释，对条款进行修订，后续工作安排等。

二、贸易协议的结构

（一）贸易协议的整体构成

从整体上来看，国际贸易协议由正文和附件构成。

（二）国际贸易协议正文的构成要件

国际贸易协议的正文通常包括贸易协议的序言、贸易协议的部分与条款以及附件。

1. 贸易协议的序言

序言通常位于贸易协议的开头，表明贸易协议的意义、宗旨和目标、实现目标的途径等内容。

2. 贸易协议的部分与条款

WTO 框架下的贸易协议的部分和条款，有如下几种：

（1）简单式。内容比较简单的贸易协议，只列条款，不分部分。如《实施动植物卫生检疫措施的协议》、《纺织品与服装协议》、《保障措施协议》、《与贸易有关的投资措施协议》、《装运前检验协议》、《进口许可程序协议》等。有些协议所列的条款只有内容，没有冠名，如《纺织品与服装协议》只列出了 9 个条款的内容，没有冠名。有些协议的条款则有冠名，如《实施动植物卫生检疫措施的协议》列出 18 个条款，每个条款均有条款名称。《技术性贸易壁垒协议》分出了部分，但是没有给部分列序号。

（2）复杂式。对于内容比较复杂的贸易协议，则分出了部分，再纳入相关的条款。有的贸易协议既有部分名称，又有条款名称，如《补贴与反补贴措施协议》十一个部分，31 个条款，均有部分名称和条款名称。而有的协议只分出了部分，没有给部分命名，如《农产品协议》只列出 13 个部分，21 个条款，每个部分没有冠名，但条款都有名称。如《海关估价协议》4 部分 22 条，有部分名称，部分条款没有名称。

3. 附件

国际贸易协议的附件位于文本后，单独列出，文本中一般都有"本协议附件是本协议不可分割的组成部分"的规定，并一般包含对贸易协议文本的注释，清单的陈列和解释性说明等内容，作为对国际贸易协议文本的补充。

第三节　WTO 的主要原则

世界贸易组织为了实现其设定的目标，在实施过程中形成了一系列基本原则。这些基本原则主要来自 1994 年的关税与贸易总协定、服务贸易总协定以及历次多边贸易谈判特别是乌拉圭回合谈判所达成的一系列协定。它们的实体规则和程序规则构成了世界贸易组织基本原则的根本渊源，也构成了它的基本法律框架。世界贸易组织适用的基本原则是由若干规则和这些规则的例外组成的，主要包括非歧视性原则、贸易自由化原则、可预见性原则、公平贸易原则以及鼓励发展和经济改革原则①（见图 2 - 2）。

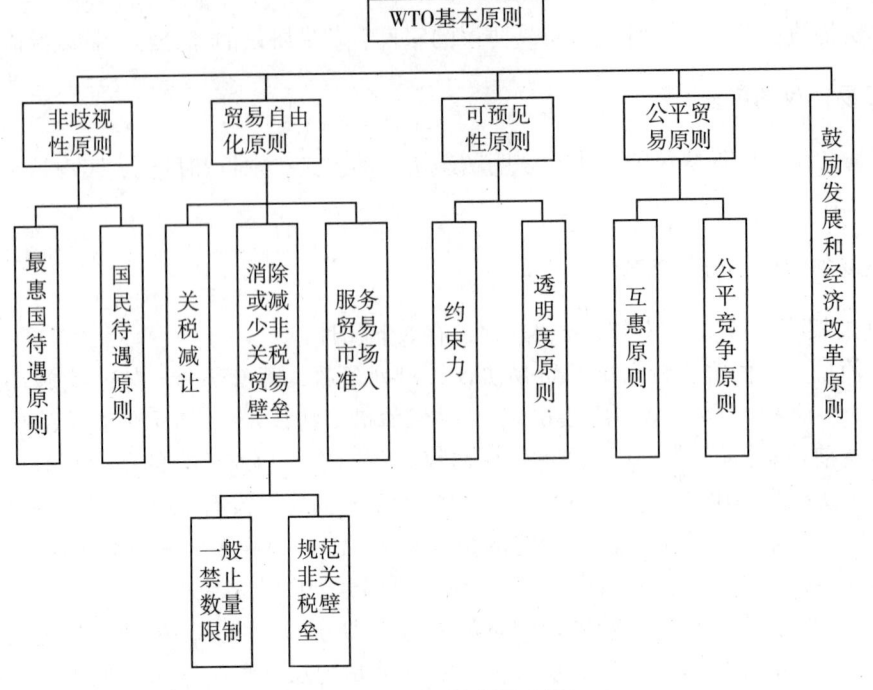

图 2 - 2　WTO 基本原则框架

一、非歧视性原则（Non-discrimination）

非歧视待遇原则是世界贸易组织的最基本原则之一，又称为无差别待遇原则，是针对歧视待遇而设立的一项缔约原则。这一原则规定：一缔约方在实施某种优惠或限制、禁止措施时，不得对其他缔约方实施歧视待遇。根据这一原则，一缔约方对另一缔约方只要不采用对任何其他缔约方所同样不适用的优惠或限制、禁止，即视为遵守非歧视待遇原则。同理，如果一缔约方根据 WTO 协定（协议）的规定实施某种优惠或限制、禁止同样适用于其他全体缔约方时，也是完全符合非歧视待遇原则的。非歧视性原则是世界贸易组织的基石，是避免贸易歧视和摩擦的重要手段，是实现世界资源的最佳利用和可持续发展的重要保证。

非歧视原则主要通过最惠国待遇和国民待遇来体现：

（一）最惠国待遇原则（Principle of Most-Favored-Nation Treatment，MFN）

1. 含义

最惠国待遇原则是 WTO 规则中最重要的原则，《GATT》第 1 条，《GATS》第 2 条和

---

① 主要参阅 WTO 网站。

《TRIPs》第 4 条都有相关规定，尽管不同协定具体内容有所不同，涵盖了 WTO 所涉及的三个主要领域。最惠国待遇指缔约方一方现在和将来给予任何第三方的优惠和豁免，也给予缔约方对方。最惠国待遇原则的萌芽可以追溯到 12～13 世纪的欧洲，但是一直到 17 世纪末，才正式出现了"最惠国待遇"的提法。当时，欧洲正处于资本原始积累时期，重商主义盛行，各国为了保护本国的贸易利益，都要求获得贸易对象国在相关商品上给予第三方的优惠和豁免。由于当时最惠国待遇只适用于特定的国家，因此是真正意义上的优惠。后来，随重商主义的衰落，最惠国待遇开始日益广泛地适用于所有的国家，所谓的"最惠"已经是一种普遍的现象，不再是什么特别的优惠了。从此，最惠国待遇就变成了公平贸易的代名词。

根据国际贸易条约的实践，最惠国待遇分为有条件的和无条件的、互惠的和片面的、无限制的和有限制的几种形式。这里只简略介绍有条件的和无条件的。所谓有条件的最惠国待遇指缔约方一方给予第三方的优惠必须由缔约方另一方提供同样的补偿，才能享受这些待遇；无条件的最惠国待遇指缔约方一方给予第三方的一切优惠应该立即无条件地、无补偿地、自动地适用于缔约方另一方。WTO 规则下的最惠国待遇是无条件的，即缔约方在货物贸易、服务贸易和知识产权领域给予任何其他国家和地区无论是否世贸组织成员的优惠待遇，立即和无条件地给予其他各成员。本书所指最惠国待遇如果没有特殊说明，即指 WTO 所适用的无条件最惠国待遇。

在国际贸易领域实施最惠国待遇条款的实质在于保证各成员市场竞争机会均等。它最初是双边协定中的一项规定，要求一方保证把给予任何其他国家的贸易优惠，同时给予对方。1947 年关贸总协定将双边贸易协定中的最惠国待遇作为最主要的基本原则纳入国际多边贸易体制，适用于其缔约方之间的货物贸易。乌拉圭回合谈判则将这一原则进一步扩展至服务贸易和知识产权领域。

2. WTO 最惠国待遇的实施特点

（1）自动性或无条件性。

这是实施最惠国待遇的内在机制要求，它体现在"立即和无条件"的要求上。当一成员给予其他国家（地区）的某项优惠超过了给予其他成员已享有的优惠时，这一机制就自动启动了，即其他成员就自动享受了这种新的优惠。"条件"指的是"相应的补偿"，如规定受惠国想要享受施惠国给予任一第三国的各种优惠、特权或豁免，受惠国就必须提供"相应的补偿"作为回报，就是一种有条件的最惠国待遇。例如，甲国为 WTO 成员，当甲国把从丙国进口手提电脑的关税从 10% 降为 5% 时，则无论丙国是否是 WTO 成员，手提电脑 5% 的进口关税税率同样要立即和无条件地自动适用于从任何 WTO 成员进口的同样的电脑。

（2）同一性。

它是指当一成员给予其他国家或地区的某项优惠，自动转给其他成员时，受惠的标的必须相同。仍以上诉甲、乙、丙三国为例，甲国给予丙国进口电脑的关税优惠，只能自动地适用于从乙国等其他世贸组织成员进口的电脑，而不是其他任何产品。这种同一性要求从客观上明确了产品的受惠范围，不至于使受惠范围任意扩大或缩小，可以有效地保护给惠方

(施惠方）和受惠方的利益。

（3）相互性和多边性。

它是指世贸组织中的任何一个成员方在实施最惠国待遇条款时，本身既是受惠方，同时也是给惠方，即任何一个成员方在享受最惠国待遇权利的同时，基于互惠原则也应给予对方某些优惠条件。同时，在 WTO 中最惠国待遇的给予是多边性的，而不是简单的双边相互给予，从而避免了成员方通过互惠协议所得到的利益不会在将来被双边协议所侵蚀。正是这种多边相互给予的特点，使得各方大大降低了贸易谈判成本，并保障了多边贸易协议成员方的利益，从而促进了国际贸易的发展，推动多边贸易谈判成为越来越多的国家和地区所采用的方式。

（4）普遍性。

它是指在 WTO 框架内，最惠国待遇条款不仅适用于货物贸易的各个领域，还适用于服务贸易领域的各个部门和知识产权领域，包括知识产权的所有者和持有者。由于相关国家在签订双边最惠国待遇条款时，往往会限定其适用的范围，因此这就给最惠国待遇的适用带来了很大的局限性，各成员之间的谈判成本大大增加，国际贸易秩序的稳定性和可预见性也增加了不确定性。在 WTO 中，最惠国待遇适用范围的空前扩大不仅大大节省了各成员之间的谈判成本，还大大增加了国际贸易秩序的可预见性和稳定性。

3. WTO 最惠国待遇的适用

（1）货物贸易领域最惠国待遇的体现。

《关贸总协定》在货物贸易领域适用的是多边无条件最惠国待遇原则。《关贸总协定》第 1 条第 1 款规定，"在对进出口或有关进出口而征收的，或者为进出口产品的国际支付转移而征收的关税及任何税费方面，在征收此类税费的方法方面，在与进出口有关的所有规则与手续方面，以及在第 3 条第 2 款与第 4 款所指所有问题方面，任何缔约方给予原产于或运往任何其他国家或地区的产品的任何好处、优惠、特权或豁免，应当立即地与无条件地给予原产于或运往所有缔约方境内的相同产品。"

该条款规定了最惠国待遇在货物贸易领域适用的范围：①货物进出口的关税和与进出口有关的任何其他费用；②为进出口产品的国际支付转移而征收的关税及任何税费方面；③征收①、②所述关税和税费的计算方法方面；④与进出口有关的规则和程序方面，主要指进口许可措施、配额措施等非关税措施；⑤对进口产品直接或间接征收的国内税或国内费用方面；⑥关于产品的进口国国内销售、推销、购买、运输、分配或使用的全部法令、条例、规定方面。

该条款强调了"原产于"（Originating In）缔约方、"其他国家或地区"和"相同产品"（Like Product）三个方面。"原产于缔约方"标准，对于原产于缔约方境内，但是通过第三方的辗转进入另一缔约方境内的，不论第三方是否为 WTO 缔约方，仍可依《关贸总协定》条款享受最惠国待遇；对于原产于非缔约方境内，但是经第三方辗转进入 WTO 缔约方的境内，即使该第三方为 WTO 缔约方，仍不能依《关贸总协定》条款享受最惠国待遇。"其他国家或地区"不仅仅是指 WTO 成员方，还包括非缔约方，也就是说，一缔约方给某一非缔约方的利益也应给所有其他缔约方。"相同产品"（Like Product）的判断标准和依据是有关缔约方之间的双边或多边关税减让表以及有关商品分类目录的条约等。

（2）服务贸易领域最惠国待遇的体现。

在服务贸易领域，《服务贸易总协定》第2条第1款规定，"在本协定项下的任何措施方面，各成员应立即和无条件地给予任何其他成员的服务和服务提供者以不低于其给予任何其他国家相同的服务和服务提供者的待遇。"但是应当指出的是，服务贸易总协定给予成员方很大的空间，列出最惠国待遇适用的例外行业和交易模式。

（3）知识产权领域最惠国待遇的体现。

在知识产权领域，最惠国待遇是成员方必须遵守的一般义务。《与贸易有关的知识产权协定》第4条规定，成员方给予任何其他国家的国民有关知识产权保护的任何优惠、优待、特权或豁免，应立即和无条件地给来自任何其他成员方的国民。

4. 最惠国待遇的例外

（1）货物贸易领域实施最惠国待遇的例外大致有以下几种：

①"一般例外"。

《关贸总协定》第20条规定了10条最惠国待遇原则适用的"一般例外"：A. 为维护公共道德所必需的措施；B. 采取为保护人类、动植物的生命或健康所必需的措施；C. 有关输出和输入黄金和白银的措施；D. 为保证某些与本协定的规定并无抵触的法令或条例的贯彻执行所必需的措施；E. 有关监狱劳动产品的措施；F. 为保护本国具有艺术、历史和考古价值文物而采取的措施；G. 与国内限制生产与消费的措施相配合，为有效保护可能用竭的天然资源的有关措施；H. 为履行缔约方全体未提出异议的国际商品协定所承担的义务而采取的措施；I. 为保证国内工业需要而对某些原料所采取的输出限制措施；J. 在普遍或局部供应不足的情况下，为获取或分配产品所必须采取的措施。当遇到如上所述的情况时，成员方有权不遵循最惠国待遇原则。

☞ 案例：

1980年加拿大和美国的金枪鱼争议案（朱榄叶，1995）中，美国禁止加拿大金枪鱼及其制品进口，加拿大申诉美国的禁令只针对加拿大违反了第1条最惠国待遇原则，美国辩称其措施属于第20条的一般例外，是有效保护可能用竭的天然资源的有关措施。但关贸总协定专家组认为，美国对国内金枪鱼没有消费限制，因此进口限制不符合第20条G款规定，不能适用一般例外。

②"安全例外"。

《关贸总协定》第21条规定了"安全例外"，指为保护国家基本安全利益而制定的规定和禁令，主要包括：A. 要求任何缔约方提供其根据国家基本安全利益认为不能公布的资料；B. 阻止任何缔约方为保护国家基本安全利益对有关下列事项采取其认为必须采取的任何行动：a. 裂变材料或提炼裂变材料的原料；b. 武器、弹药和军火的贸易或直接和间接供军事机构用的其他物品或原料的贸易；c. 战时或国际关系中的其他紧急情况；C. 阻止任何缔约方根据联合国宪章为维持国际和平和安全而采取行动。

值得注意的是,《关贸总协定》第 21 条的安全例外并没有统一的解释,绝大多数国家援引该条款而采取措施都是为了政治上的目的。同时,《关贸总协定》并没有明确有权审查第 21 条例外行动的机构,也没为受第 21 条措施影响的国家提供其他解决途径。当缔约方援引该条款时,其他成员方的干预能力十分有限,完全取决于缔约方,除非所采取的措施明显与国家安全无关。

☞ **案例:**

1975 年瑞典对进口鞋实施全球配额,理由是国内鞋业生产的下降对国防计划构成威胁,如本国没有制鞋业,战时将面临鞋的匮乏。许多缔约方对此提出异议,后瑞典取消(石广生,2001)。

③ 区域性自由贸易安排例外。

《关贸总协定》第 24 条"适用的领土范围——边境贸易——关税同盟和自由贸易区"中规定,最惠国待遇原则不适用于任何缔约方为便利边境贸易对毗邻国家给予的某种利益,也不适用于结成关税同盟或自由贸易区或签订有为建立关税联盟或自由贸易区的临时协定的国家间的特别优惠和豁免。但同时,为了防止区域经济一体化给多边贸易体制造成的消极影响,损害非集团成员的利益,《关贸总协定》第 24 条对区域性自由贸易安排做出限制:参与同盟或自由贸易区的成员对贸易集团以外的其他世界贸易组织成员实施的关税和国内税措施不得高于或严于地区集团成立以前的水平。此外"乌拉圭回合"谈判达成的《关于解释关贸总协定 1994 第 24 条的谅解》还强调关税同盟、自由贸易区以及导致同盟与自由贸易区成立的临时协议必须符合第 24 条第 5、第 6、第 7、第 8 款规定的要求。

④ 发展中国家按照"授权条款"享有的例外。

最惠国待遇原则在处理经济发展水平相当国家之间的贸易关系是有效的,但是对于经济发展水平不相当的国家之间的贸易关系的处理则存在不合适之处。特别是第二次世界大战后,越来越多的发展中国家参加《关贸总协定》,最惠国待遇原则就面临着越来越大的挑战。1979 年 11 月 28 日,《关贸总协定》缔约方全体在"东京回合"中通过的《关于有差别与更优惠待遇、对等与发展中国家充分参与的决定》(通称"授权条款"(Enabling Clause)),授权发达国家可以通过"普遍优惠制方案"(即普惠制(General System of Preference))仅对发展中成员方实行优惠以及发展中成员方相互之间实行优惠,而不将此优惠待遇扩大到发达成员方。

⑤ 其他例外。

《关贸总协定》对最惠国待遇原则规定的不适用的例外,还有第 25 条"缔约方全体可以解除某缔约方对本协定所承担的某项义务";第 12 条和第 18 条 b 款允许缔约成员为保持国际收支平衡而采取进口限制措施;第 19 条允许发展中成员,为了经济发展目的而采取政府援助,允许为保护国内产业而对某些产品采取紧急措施;第 6 条和第 16 条允许征收反补贴税和反倾销税等。

（2）服务贸易领域的例外。

在服务贸易总协定以及乌拉圭回合的其他协议中也有最惠国待遇原则的许多例外规定。《服务贸易总协定》第1条第2款和第3款规定，一成员可以采取与最惠国待遇原则不相一致的措施，但应包括在附件中，并要符合其条件。服务贸易总协定还明确规定了毗邻国家为了方便它们在双方毗邻边境地区交换限于当地生产和消费的服务所应提供或授予的利益。

（3）知识产权保护领域的例外。

《与贸易有关的知识产权协议》规定的最惠国待遇原则的例外包括基于国际司法协助条约而做出的一般法律强制措施，基于1971年《伯尔尼公约》或《罗马公约》所给予的待遇；该知识产权协议规定之外的有关唱片的表演者、制作者以及广播者的权利；在该协议生效之前已生效的保护知识的国际公约所给予的优惠待遇。

（二）国民待遇（National Treatment）

1. 含义

国民待遇是指在贸易条约或协定中，缔约方之间相互保证给予另一方的公民（自然人）、法人（企业）和商船在本国境内享有与本国公民、法人和商船相同的待遇。在WTO中，国民待遇是指一成员方的产品、服务或服务提供者及知识产权所有者和持有者提供的待遇，不低于本国同类产品、服务或服务提供者及知识产权所有者和持有者所享有的待遇。

2. WTO国民待遇的实施要点

（1）国民待遇原则适用的对象是产品、服务或服务提供者及知识产权所有者和持有者，但因产品、服务和知识产权领域具体受惠对象不同，国民待遇条款的适用范围、具体规则和重要性也有所不同。

（2）国民待遇原则只涉及其他成员方的产品、服务或服务提供者及知识产权所有者和持有者在进口成员方境内所享有的待遇[①]。

（3）国民待遇定义中"不低于"一词的含义是指其他成员方的产品、服务或服务提供者及知识产权所有者和持有者，应与进口成员方同类产品、相同服务或服务提供者及知识产权所有者和持有者享有同等待遇，若进口成员给予前者更高的待遇，并不违背国民待遇原则。

（4）国民待遇原则仅仅适用于已经进入其国内的产品、服务和知识产权。因此，对相关产品的进口关税征收并不违反国民待遇原则，即使对内产品并未收取同等税额。

3. WTO国民待遇原则的适用

（1）货物贸易领域的国民待遇原则适用。

《关贸总协定》第3条第1至第4款规定了适用国民待遇的情况。第1款规定："各成员认为：国内税和其他国内费用，影响产品的国内销售、推销、购买、运输、分配或使用的法

---

① 并不要求服务或服务提供者在境内。

令、条例和规定，以及对产品的混合、加工或使用须符合特定数量或比例要求的国内数量限制条例，在对进口产品或国内产品实施时，不应用来对国内生产提供保护。"第2款规定："一成员领土的产品输入到另一成员领土时，不应对它直接或间接征收高于对相同国内产品所直接或间接征收的国内税或其他国内费用"。第4款规定："一成员领土的产品输入到另一成员领土时，在关于产品的国内销售、推销、购买、运输、分配或使用的全部法律、条例和规定方面，所享受的待遇不应低于相同的国内产品所享受的待遇。但本款的规定不应妨碍国内差别运输费用的实施，如果实施这些差别运输费用纯系基于运输工具的经济使用而与产品的国别无关"。

这些条款表明，《关贸总协定》要求缔约方不得以保护国内生产为理由，在国内税和其他国内费用方面对进口产品采用歧视待遇，并应避免进口产品在经销的各个环节中受到歧视性的待遇，具体来看主要包括：不对进口产品征收超过对本国同类产品所征收的国内税；在进口产品的流通领域实施的法律、法规及措施待遇不低于国内同类产品；对产品的混合、加工和使用不实施国内含量管理。

（2）服务贸易领域的国民待遇条款。

国民待遇原则同样适用于服务贸易领域，但是需要注意的是，《服务贸易总协定》并没有将国民待遇作为各成员必须履行的普遍义务，而是仅在成员方承诺开放的服务部门适用国民待遇，而且可以在不同行业实行不同程度的国民待遇。即在服务贸易领域，成员方给外国服务或服务提供者的待遇，不应低于本国服务或服务提供者享受的待遇，但以该成员在服务贸易承诺表中所列的条件或限制为准，并且在成员方没有做出开放承诺的服务部门，外国服务或服务提供者不享有这种待遇。国民待遇原则适用的对象既有服务又有服务提供者。

国民待遇原则在服务贸易领域适用的特殊性，源于服务贸易的特殊性和发展中国家服务业发展的薄弱性。服务贸易无法通过关税壁垒来进行保护，如果将国民待遇适用于所有服务贸易领域则意味着允许一切外国服务业与本国服务业享有同等待遇，这对于服务业发展薄弱的发展中国家来说将产生较大的冲击。因此经过激烈斗争，妥协的结果就是国民待遇原则在成员方承诺开放的服务部门适用，而对没有承诺开放的服务部门则不适用。

（3）知识产权领域的国民待遇原则。

知识产权领域的国民待遇原则要求成员方给其他成员方国民的待遇不得低于本国国民享有的待遇，但以该成员方在现行国际知识产权协定中承担的义务为前提。对表演者、录音制品制作者和广播组织而言，国民待遇仅适用于《与贸易有关的知识产权协议》所规定的权利。国民待遇的适用对象包括享有版权、专利、商标、地理标识、工业设计、集成电路外观设计以及未公开信息等知识产权的所有者和持有者。国民待遇的适用范围是成员方所采取的知识产权保护措施，包括法律、法规、政策和措施等。成员方给其他成员方国民在知识产权保护方面的国民待遇，以该成员方在现行国际知识产权公约（包括《巴黎公约》、《伯尔尼公约》、《罗马公约》和《关于集成电路的知识产权条约》）中所承担的义务为前提。

（4）与贸易有关的投资措施方面。

《与贸易有关的投资措施协定》明确规定了对其适用国民待遇原则，"在不损害《GATT 1994》的其他权利和义务的情况下，任何成员方不得采取任何与《GATT》的国民待遇和一般禁止数量限制原则不一致的与贸易有关的投资措施。"在该协定附件中列举了与国民待遇不相符的与贸易有关的投资措施，包括当地成分要求、贸易（外汇）平衡要求、国内销售要求、进口用汇限制等本国法律或行政规定中对外国投资者的限制性措施，指出这些措施在某种程度上扭曲了贸易格局和投资流向，不符合《GATT 1994》的国民待遇原则和一般禁止数量限制原则，应予以禁止。

4. WTO 国民待遇的例外

（1）货物贸易领域国民待遇原则的例外。

《关贸总协定》对国民待遇原则作了例外规定，集中体现在第 20 条"一般例外"和第 21 条"安全例外"条款之中。除此之外，还有以下例外：

① 政府采购的例外。

《关贸总协定》第 3 条第 8 款（a）规定："本条的规定不适用于有关政府机构采购供政府公用、非商业转售或非用以生产供商业销售的物品的管理法令、条例或规定。"该条款表明，国民待遇原则不适用于有关政府采购的管理法令、条例或规定，但此处的"政府采购"指的是政府日常使用的商品采购，而不是为了商业性的再出售，也不能用于商业性再出售商品的生产。

② 特殊补贴的例外。

《关贸总协定》第 3 条第 8 款（b）规定："本条的规定不妨碍对国内生产者给予特殊的补贴，包括从按本条规定征收国内税费所得的收入中以及通过政府购买国内产品的办法，向国内生产者给予补助。"该条款表明，国民待遇并不禁止单独支付给国内生产者的补贴。这种补贴不是对国内生产的产品进行直接销售或生产补贴，而是对生产者给予补贴，目的在于让生产者改善环境，消除自然环境污染，鼓励生产者向特定地区和产业投资，属于间接性补贴。

（2）服务贸易领域的国民待遇例外。

国民待遇在服务贸易领域的适用并不是普遍的义务，《服务贸易总协定》只将国民待遇作为缔约方谈判时具体承担的义务，而不是必须遵守的义务。因此，对于成员方没有作出开放承诺的服务部门，可以不适用国民待遇原则。此外，它还规定了不少例外，如"一般例外"、"安全例外"等。同时它还规定，缔约方谈判承担义务时可不按照国民待遇的安排，包括那些有关条件、标准或许可。

（3）知识产权领域国民待遇原则的例外。

《与贸易有关的知识产权协定》对国民待遇也规定了不少例外，如有关保护知识产权方面的《巴黎公约》、《伯尔尼公约》、《罗马公约》以及《有关集成电路知识产权的条约》中的各自例外规定均构成该协议的例外，还包括司法和行政程序方面的例外，如对服务地点的指定、对代理人的规定等。对于《与贸易有关的知识产权协议》未作规定的表演者、录音制品制作者和广播组织享有的其他权利也可不适用国民待遇原则。

（4）《与贸易有关的投资措施协议》中国民待遇的例外。

《与贸易有关的投资措施协议》中关于国民待遇例外的规定的范围更广，它不仅规定所有在《关贸总协定》项下的所有例外规定都适用于该协议的各项规定（当然包括国民待遇原则的规定），而且还规定发展中国家成员可以暂时自由地背离适用国民待遇原则和数量限制规定。对于违背《与贸易有关的投资措施协定》的当地成分要求和对进口产品使用方面的限制等具体措施，允许发达国家成员自 WTO 协议生效之日起 2 年内逐步废除这些措施，发展中国家成员和最不发达国家成员的过渡期限分别为 5 年和 7 年。

（三）最惠国待遇和国民待遇的联系与区别

最惠国待遇与国民待遇既有联系又有区别，两者都是经过长期历史实践形成的法律规范，两者的目标大体相同，都是为消除贸易中的歧视现象。

两者的区别为：在对象上，最惠国待遇处理的是两种以上外国进口产品之间的关系，强调一成员方不得对不同进口来源的商品实行歧视待遇；而国民待遇处理的却是进口的外国产品与原产自本国产品之间的关系，强调一成员方不得在进口商品与本国商品之间实行歧视待遇。在目的上，最惠国待遇的目的是使来自不同成员方的进口商品在同一成员方市场上处于同等竞争地位，不受歧视；而国民待遇的目的是使进口商品在某一成员方市场上与其本国商品处于同等竞争地位，不受歧视。

两者的联系表现在，最惠国待遇和国民待遇互为补充，从不同的侧面体现非歧视性原则。如果没有最惠国待遇，国际贸易的平等性就缺乏了必要的前提；而没有国民待遇，则最惠国待遇缺少了实质性意义。如一国可以采取变相的关税制度，对进口产品征收较高的国内税，使最惠国待遇中的关税减让名存实亡。

二、贸易自由化原则（Freer Trade）

WTO 遵循的众多原则中，贸易自由化是一个极其重要的原则，也是一个根本性原则。在《关贸总协定》和《建立 WTO 协议》序言中，都明确规定有"降低关税和其他贸易壁垒"，推动国际贸易自由化，以实现建立一个更具自由化、透明度和稳定性的、完整的多边贸易体系的目标。

（一）贸易自由化的含义及实施要点

所谓贸易自由化，是指在世界贸易组织框架下，通过多边贸易谈判、实质性削减关税和减少其他贸易壁垒，以扩大成员方之间的货物和服务贸易的原则。也就是说，要限制和减少妨碍和阻止国际间贸易开展与进行的障碍，取消贸易政策中的歧视。具体表现在：货物贸易领域，主要是逐步削减关税和减少非关税贸易壁垒措施；服务贸易领域，则更多的是要求不断增加开放的服务部门并扩大开放程度，实质性地减少对服务提供方式的限制。

贸易自由化原则的实施要点：
（1）以世贸组织共同规则为基础。
各成员方应根据世贸组织制定的贸易自由化原则，有序地实行贸易自由化。
（2）以多边贸易谈判为主要的手段。
成员方的贸易自由化原则主要通过多边谈判的方式进行，各方通过多边贸易谈判达成协议和承诺，逐步地推进贸易自由化向更深的程度发展。

（3）以争端解决机制为保障。

与关贸总协定不同，世贸组织的争端解决机制具有相当大的强制性。如某成员被诉违反规则，并经争端解决机构裁决其败诉，该成员就应无条件地执行相关裁决。否则，世贸组织可以授权申诉方采取相应的贸易报复措施。

（4）以贸易救济措施为辅助。

这是指世贸组织成员方可以通过援引有关的例外条款或者采取保障措施等贸易救济措施，部分地消除或减少因实施贸易自由化原则而给其带来的某些负面影响。

（5）允许逐步自由化，逐步开放。

WTO允许成员方实施"逐步开放"，特别是对发展中成员以过渡期体现优惠和差别待遇。世贸组织在坚持非歧视原则、主张公平贸易的同时，也从具体实际出发，承认不同成员之间经济发展水平的差异，并对此制定出相应的解决办法。通常在实施贸易自由化原则的政策和措施时，都允许发展中成员尤其是最不发达成员有更长的过渡期。

（二）贸易自由化的具体体现

WTO的宗旨在于建立一种发挥市场运行机制的国际贸易秩序，将各国政府对跨界货物流通的干预、限制或阻挠减少到合理的最低限度，排除对市场机制的扭曲，即使在允许进行限制的法定限度内，也要尽力做到运行透明，公平合理。在关贸总协定时期的哈瓦那宪章起草会议上，讨论的限制贸易的问题主要有五个：关税、海关手续、数量限制、补贴和国家专控商品的贸易（State Trading Operation），经过谈判各方在指导思想上达成共识，即允许前两个措施，制止后三个措施。关贸总协定的框架正是在这个构思的基础上奠定的。因此，WTO的贸易自由化主要通过关税减让、消减或规范非关税壁垒、扩大服务市场准入等来实现。

1. 关税减让（Concession of Tariff）

关税是一国政府设置在关境的海关依国家的有关法律，对进出本国关境货物的所有人课征的一种税收。关税是一国在对外贸易管理措施中使用最普遍、效果最直接、历史最长的调控工具。关贸总协定成立之初，国际贸易领域最大的障碍就是高关税壁垒。因此，它的主要任务就是通过多边关税减让谈判来消除关税壁垒。尽管在不同时期，因贸易条件和情况的不同，在原则的适用和法规的管辖方面各有侧重点，但是关税减让原则却自始至终一直都被作为重要原则之一适用于历届多边贸易谈判。即使在多边贸易谈判议题日益烦琐的今天，关税减让议题仍然被放在第一位。关税减让原则是关贸总协定自始倡导的原则，是WTO其他基本原则的实际执行载体。《关贸总协定》第2条、第28条以及第28条附加条款对关税减让表和进行多边贸易谈判的方法做了原则规定。

（1）关税减让原则的含义。

关税减让是指缔约方通过谈判减让关税，降低进出口关税的总体水平，尤其是降低阻碍商品进口的高关税，以促进国际贸易自由化发展。这里的"关税减让"，主要是指进口关税减让。进口关税的高低会直接影响一个国家的出口量,而高关税在很大程度上排斥了他国商品的进口。因此,降低进口关税是实现贸易自由化的重要手段和措施。由于关税的高低直接影响到进出口商品的价格,因此世贸组织在允许成员方使用关税手段的同时,还要求成员方必须逐步下调关税水平并加以约束,以不断推动贸易自由化进程。"关税约束"是指成立方承诺把进口商品的关税限定在某一水平,且今后不能再提高。如果一成员确因实际困难需要提高关税约束水平,则须同其他成员方进行谈判。

(2) 关税减让原则的实施要点。

关贸总协定本身并没有强制要求其成员把关税降到某一水平,而是要求缔约方之间通过谈判达成相互满意的削减关税和非关税障碍的协议,以此达到降低关税和其障碍的目的。在削减关税的谈判中,缔约各方应遵守的规则和原则部分来自世界贸易组织协议本身的规定,部分来自历次谈判中形成的惯例。主要可概括为:

① 互惠原则。

WTO 互惠原则是对关贸总协定互惠原则的继承,在关贸总协定的规定中,有多处涉及了互惠原则。依《关贸总协定》第 28 条有关关税谈判第 1 款的规定:"缔约方应在互惠互利基础上进行谈判,以期大幅度降低关税和进出口其他费用的一般水平,特别是降低那些使小量进口都受到阻碍的高关税,并在谈判中适当注意本协定的目的与各缔约方的不同需要,这对发展国际贸易是非常重要的。"此外,第 28 条修改减让表的谈判也涉及了互惠原则。支配减让谈判的基本原则是互惠原则,一成员如希望通过减让关税来改善进入另一成员市场的状况,就必须使另一成员认识到其所作出的关税削减使其有利可图。

② 关税递减原则。

世贸组织在允许成员方使用关税手段的同时,还要求成员方必须逐步下调关税水平并加以约束。"关税约束"是指成员方承诺把进口商品的关税限定在某一水平,且今后不能再提高。依《关贸总协定》第 2 条的规定,一旦缔约方对某项或某类产品作出关税减让承诺,便不能再通过征收其他税费的方法来抵销该项约定的减让,也不允许使用其他非关税措施来抵销关税减让的效果。依世界贸易组织的规定与惯例,减让的税则、税率一经约定,作出减让的缔约方便不得再以直接或间接方法提高税率,而只能在今后关税谈判中再降低。所以关税减让谈判所约定的税率是最高税率,这便是削减关税中的递减原则。例外的情况是,如果成员方因实际困难需要提高关税约束水平,必须同其他成员方再进行谈判,并需依严格的修改程序来进行。

③ 主要供应者 (Principle Supplier) 原则。

在互惠原则基础上,关税减让谈判首先在缔约双边之间进行。主要供应者原则,是指关税减让谈判应该集中在某项产品的主要进出口缔约方之间进行。通常是按照出口缔约方的产品在进口缔约方的市场上所占份额的大小来确定哪些出口缔约方应该被视为主要供应者。按照《关贸总协定》及 WTO 的惯例,如果某出口方的某项产品在进口方的市场上占有 5%~10% 的份额,则该出口方就应被视为"主要供应者"。谈判参加者邀请某个或若干主要供应者或被邀请作为主要供应者就某项产品或若干产品逐项、对等地进行关税减让谈判。

④ 利益最大化原则。

在互惠基础上达成的双边或多边关税削减谈判结果，通过非歧视原则和最惠国待遇原则，适用于所有缔约方，将双边谈判的结果适用于多边，实现关税削减谈判的利益最大化。

（3）关税减让原则的例外。

关税减让原则适用的例外情况可主要概括为：

① "免责条款"（Escape Clause）的运用。

缔约方在遇到某些特殊情况时，如因大量进口而造成国内产业遭受严重损害时，可援用关贸总协定中的"免责条款"，撤回其已作出的关税减让承诺。

② 发展中国家的例外。

对于发展中国家，他们可以根据其自身的实际情况，如国际收支严重不平衡，以及以《关贸总协定》第四部分贸易和发展作为其法律依据而提出的非对等、更优惠的待遇，而适用关税减让例外。

③ 缔约方依法对减让表进行的修改或撤销。

WTO规定，在满足一定条件的情况下，缔约方可以对减让表中商品的约束关税提出修改或撤销。WTO的修改与撤销程序分别为一般情况的修改或撤销与特殊情况下的修改或撤销。《关贸总协定》第28条规定了一般情况下的修改程序：缔约方每隔三年可对减让表商品的约束关税提出修改或撤销，但必须与有关主要缔约方协商，并必须与具有实质利害关系的缔约方达成协议，才能实施有关减让的修改或撤销。"实质利害关系"的缔约方指在申请缔约方的市场占有较重要份额，或在受到减让影响的贸易中有较大份额的缔约方。《关贸总协定》第19条规定了特殊情况下的修改程序：允许缔约方随时因特殊情况，如在某种产品大量进口的情况下，采取紧急措施，包括关税措施，即撤销或修改关税减让，但必须通知全体缔约方，并与这项产品出口有实质利害关系的缔约方进行协商。如情况紧急，延迟会造成难以补救的损害，也可以不事先协商而采取行动，但仍需事后协商。但总的原则是，经修改或撤销了某些减让后的总体关税水平应低于原来的总水平，以保证关税总体水平的不断降低，维护各缔约方所享受的关税减让的总体利益。

在《关贸总协定》存在的近半个世纪中，它所作的突出贡献就是实质性地降低了各国的关税水平。在前七轮多边贸易谈判使关税总体水平大幅度降低的同时，乌拉圭回合又达成了长达23000多页的成员方具体产品关税减让表，大幅度降低了关税水平，扩大了关税受约束的产品范围。在成员方履行了各自的关税减让承诺后，发达成员的工业品平均关税水平由6.3%降至3.8%，发展中成员由20.5%降至14.4%。从1995年开始，工业品约束关税税号占整个税号的比例，发达成员由78%上升至99%，发展中成员由21%上升至73%，经济转型成员由73%上升至98%。美国、欧盟、日本、加拿大等发达成员还进一步作出承诺，在药品、医疗设备、建筑机械、农业机械、家具、啤酒、蒸馏酒、纸和纸制品、钢材、玩具等10个部门实行零关税。其他发达成员和少数发展中成员，则有选择地对其中几个部门实行零关税。

2. 消除或减少非关税贸易壁垒

通过多轮关税减让谈判，关税大幅度削减卓有成效。随着关税水平的逐步降低，关税作为贸易壁垒的功能被逐步削弱，各成员方为了保护自己的贸易利益，在无法利用关税壁垒的情况下，纷纷出笼各种非关税壁垒，使其成为国际贸易发展的主要障碍。因此，从"肯尼迪回合"开始，非关税壁垒的消除或减少被摆上了议事日程。由于非关税壁垒种类繁多、形式多样且极具隐蔽性，如果任其发展，势必会使国际贸易难以正常发展。为此，世贸组织针对非关税壁垒专门制定了若干协议和规则，以规范成员方的相关行为，从而达到消除或减少非关税壁垒，不断推动贸易自由化的发展目标。

非关税措施指除关税措施以外的其他一切直接或间接限制外国商品进口的法律及行政措施。非关税措施可以分为直接的数量限制措施和间接的限制措施。对直接的进口数量限制，如配额、进口许可证措施、自动出口约束等，WTO采取的是"一般取消数量限制"；而对于间接的限制措施，如商品检验措施、外汇管辖措施、原产地措施、政府采购措施、反倾销措施、反补贴措施、保障措施、技术性贸易壁垒措施等，WTO则通过制定专门的若干协议和规则，对成员方的相关行为进行规范，使其措施合理化和透明化。

（1）一般禁止数量限制。

数量限制是非关税壁垒中最常见的形式，对贸易自由化的影响较大，因此，一般地取消数量限制是《关贸总协定》倡导的原则之一，世界贸易组织的一般取消数量限制原则是对《关贸总协定》的继承和发展，且范围更为广泛。

①"一般禁止数量限制"的适用。

"一般取消数量限制"原则指为了逐步促进贸易的自由化，在一般情况下，不允许国家对其进出口的商品数量进行限制。《关贸总协定》第11条第1款"任何缔约方除关税和其他税费外，不得设立或维持配额、进口许可证或其他措施以限制或禁止其他缔约方领土的产品的输入，或向其他缔约方领土输出或销售出口产品"，允许各缔约方为保护本成员方产业依规定采取关税及其他税费措施，而不应采取数量限制措施。

②禁止数量限制的"一般"与"例外"。

被称为"一般禁止数量限制"，是因为在WTO框架下，数量限制措施并非被绝对禁止，在特殊情况下仍然可以使用。除《关贸总协定》第20条规定的"一般例外"及第21条规定的"安全例外"同样适用外，一般取消数量限制原则还有下列例外情况：

A. 普遍取消的例外。

《关贸总协定》第11条规定，为下列目的实行的数量限制不在普遍取消之列：（a）为防止或缓和输出缔约方的粮食或其他必需品的严重缺乏而临时实施的禁止出口或限制出口；（b）为实施国际贸易上商品分类、分级和销售的标准及条例，而必需实施的禁止进出口或限制进出口；（c）为了某种特殊目的，对任何形式的农渔产品有必要实施的进口限制。

B. 为保障国际收支实施的进口数量限制。

《关贸总协定》第12条规定了为保障国际收支而实施限制。该条第1款规定，虽有第11条第1款的规定，任何缔约方为了保障其对外金融地位和国际收支，可以限制进口产品的数量或价值。该条其他款详细规定了为保障国际收支而实施数量限制应符合的条件。此外，《关贸总协定》第18条专门授权发展中国家在一定条件下能够为国际收支目的而实施数量限制。"乌拉圭回合"谈判通过的 1994 年《关于国际收支平衡条款的谅解》进一步完善了这项例外措施的程序。

☞ 案例：

在 1997 年印度与美国关于数量限制的纠纷中，印度对农产品进口实施数量限制，美国认为其违反了《1994 年关贸总协定》第 11 条普遍取消数量限制的规定，而印度则引用第 18 条抗辩，认为其数量限制措施是为了收支平衡的目的。专家组认为，印度的收支平衡措施不为预防货币储备的严重下降的威胁或制止货币储备的严重下降所必需，且其货币储备不是不充分。因此，其措施不是第 18 条第 9 款（a）或（b）项意义的必要措施，超出了必要限度。

C. 保障措施例外。
《关贸总协定》第 19 条规定了对某种产品的进口的紧急措施（即保障条款），当一成员方关税减让造成进口产品大量增加，以致对国内生产造成严重损害或严重损害威胁，该成员方可以实施临时性限制进口措施，即保障措施，以保护本国的相关产业。第 19 条规定了可实行两种暂时背离总协定义务的措施，即提高关税和实行数量限制。不论采取何种方式，均不应低于有代表性的最近三年平均进口水平。如采取国别配额的数量限制措施，应与有关成员方就配额分配达成协议，否则按这些成员方最近一段时间在进口国进口总量所占比例分配。保障措施的实施一般不应超过 4 年，最长不应超过 8 年。
③ 允许的数量限制实施规则。
尽管 WTO 允许缔约方在特殊情况下可以采用数量限制措施，但需要遵守一定的规则。《关贸总协定》第 13 条规定了在采用数量限制措施的情况下应遵守的规则。第 13 条第 1 款规定"除非对所有第三方的相同产品的输入或对相同产品向所有第三方的输出同样予以禁止或限制以外，任何成员不得限制或禁止另一成员领土的产品的输入，也不得禁止或限制向另一成员领土输出。"即实行数量限制时的非歧视原则，是最重要的原则。

☞ 案例：

在 1951 年美国与比利时关于限制进口的纠纷中，美国认为比利时政府对以美元计价的进口商品实施数量限制是一种歧视性的数量限制措施，违反了有关非歧视规则的规定，后比利时取消了有关的数量限制。

第 13 条第 2 款规定了实施数量限制的具体方式，规定各成员对任何产品实施进口限制时，应旨在使这种产品的贸易的分配尽可能与在没有这种限制时其他成员预期可能得到的份额相接近。第 13 条第 3 款和第 4 款规定了实行数量限制的程序性规则。
（2）规范非关税壁垒措施行为。
WTO 除了采用一般禁止数量限制原则来消除或减少直接数量限制的非关税壁垒，还通过签订各种协议来规范缔约方的非关税壁垒行为，以减少政策和措施对国际贸易产生的阻碍作用。WTO 在涉及非关税壁垒的原产地规则、装运前检验、反倾销、贸易技术壁垒、进口许可证程序、补贴与反补贴、海关估价、政府采购等方面，通过制定新的规则和对原规则的改进，对各种非关税壁垒的实施条件、标准和手段给予更严格和明确的规定，大大增加了实施的透明度，以防止各种非关税措施的大肆滥用。

其他货物贸易协议也要求各成员逐步开放市场。如《农业协议》要求各成员将现行的对农产品贸易的数量限制（如配额、许可证等）进行关税化，并承诺不再使用非关税措施管理农产品贸易和逐渐降低关税水平。《纺织品与服装协议》要求发达国家成员分阶段用 10 年时间取消对纺织品、服装的进口配额限制，用关税保护国内纺织、服装业。《进口许可证协议》要求各成员尽量不要使用许可证管理贸易，如果授权允许使用，则尽量使用可以扩大而不是缩小该领域贸易的方式来管理。《海关估价协议》要求对进口商品征收关税时要公平、合理、客观地确定商品的价值，不能武断或歧视性地确定商品的价值或分类。其他货物贸易的相关协议也使各国开放市场的承诺更具有可预见性，减少随意性，如《技术性贸易壁垒协议》、《动植物检疫协议》、《与贸易有关的投资措施协议》等。

3. 服务贸易的市场准入

20 世纪 70~80 年代以来，国际服务贸易开始迅速发展，为此客观上要求各国相互开放服务市场，但由于服务业自身的一些特点，使得各国对服务业的开放都持慎重的态度。为了保护本国的服务业并增强其竞争力，各国对外国服务业的进入都采取了诸多的或公开或不公开的限制性措施。这些措施主要包括限制服务提供者数量，限制服务交易或资产总值，限制服务业总量或服务产出总值，限制特定服务部门或服务提供者的雇用人数，要求通过特定类型的法律实体提供服务，限制外国资本总额或参与比例以及国民待遇限制等。这些限制都能从根本上影响服务业的公平竞争，影响服务质量的提高和服务领域资源的有效配置，不仅对服务贸易本身，而且还会对货物贸易乃至对整个世界经济发展带来极为不利的影响。

为了解决上述问题，乌拉圭回合通过长期艰苦努力，各成员均就服务领域的开放作出了各自的承诺，达成了《服务贸易总协定》，从而较好地解决了服务贸易的市场准入问题。在服务贸易中，市场准入原则的实施对于缔约方而言不是一般性义务，而是具体承诺义务，这些义务必须通过双边或多边贸易谈判达成协议后才为各国所承担，且仅适用于各成员所承诺开放的部门和分部门，而不适用于其未予承诺开放的其余部门。《服务贸易总协定》要求各成员在非歧视原则的基础上，为其他成员的服务产品和服务提供者提供更多的投资与经营机会，分阶段地逐步开放本国商务、金融、电信、分销、旅游、运输、教育、医疗保健、建筑、环境、娱乐等服务市场，以促进服务及服务提供者间的竞争，减少服务贸易及投资的扭曲。基于此，我国改革开放以来，分行业、分地区、分业务、有步骤地逐步开放服务贸易市场是符合《服务贸易总协定》精神的。

三、可预见性原则（Predictability）

（一）约束力（Binding）

WTO 改变了过去各缔约方可以有选择地参加历次多边贸易谈判所形成的协议的做法，把包括在协定附件 1、附件 2、附件 3 中的协议以及与其有联系的法律文件，规定为该协定的组成部分，对所有成员方具有约束力；而附件 4 则对参加方有约束力，对非参加方没有约束力。WTO 机制下，成员方对多边贸易协定及其下属各协议，以自愿参加和承诺开放的形式来承受约束力，以保证其贸易政策的稳定性和可预见性。

在通常情况下，承诺将贸易壁垒保持在某一水平，而不再提高，和降低壁垒同样重要。因为，这将保证商务活动有一个清晰的未来。基于稳定性和可预见性，投资有所增加，创造了就业，消费者获得竞争的利益。多边贸易体系成为政府实现商务环境稳定和可预见的重要途径。WTO 体系下，当成员方同意开放其国内产品或服务市场时，就受到其承诺的约束。在货物贸易领域中，这种约束主要体现在海关关税税率上限（见表 2-1）。通常，成员方的进口关税税率低于约束关税，发展中国家及地区尤其如此。但发达国家的实际进口关税税率和约束关税基本一致。WTO 允许成员方修改其约束关税，但必须与其贸易伙伴协商，这可能意味着需要补偿这些成员的贸易损失。乌拉圭回合多边贸易谈判的一个重要成果是提高了"约束关税"的比率。100% 的农产品规定了"约束关税"，其结果为贸易商和投资商大幅提高了市场安全性。

表 2-1　　　　1986~1994 年谈判前后的"约束关税"比率　　　　单位：%

	谈判前	谈判后
发达国家	78	99
发展中国家	21	73
转型国家	73	98

资料来源：WTO 网站。

（二）透明度原则（Transparency）

世贸组织将原来《关贸总协定》只适用于货物贸易的透明度原则的范围扩大适用到了服务贸易、知识产权保护等领域。贸易自由化、透明度和稳定性是世贸组织的三个主要目标。在《世界贸易组织协定》中，透明度原则主要表现在《1994 年关税与贸易总协定》第 10 条、《服务贸易总协定》第 3 条和《与贸易有关的知识产权协定》第 63 条。这些条款主要通过"贸易措施的公布"和"贸易措施的通知"两个方面的规定来体现。

1. 透明度原则的含义

透明度原则要求成员方政府在实施及改变与过境货物、国际服务贸易及知识产权的保护有关的各项贸易措施、法律、法规及政策等时，必须予以公布。不公布的不得实施，同时还要求成员方应将这些贸易措施及其变化情况通知世贸组织，以保证贸易环境的稳定性和可预见性。

世界贸易组织的透明度原则主要有两个方面的含义：

一是就世界贸易组织本身的透明度而言，世界贸易组织应对所有成员公开其运作程序，并公开其有关法律规则，包括有关协定、决定以及争端解决机构的裁决和其他法律文件，以避免组织内的"暗箱操作"行为。

二是就各成员政策的透明度而言，是指各成员应公布其所制定和实施的贸易法律、法规、规章、政策、措施和参加的对其国际经贸政策有影响的国际协定及其变化情况等，并将这些信息通知世界贸易组织，未公布通知的不得实施，以确保所有影响货物贸易、服务贸易和知识产权保护的措施能够以合理、客观和公正的方式实施。

2. 透明度原则在各个领域的具体要求

（1）在货物贸易领域。

《关贸总协定》第 10 条第 1 款是有关"公布内容"的规定："成员方有效实施的关于海外对产品的分类或估价，关于税捐或其他费用的征收率，关于对进出口货物及其支付转账的规定、限制和禁止，以及关于影响进出口货物的销售、分配、运输、保险、存仓、检验、展览、加工、混合或使用的法令、条例与一般援用的司法判决及行政决定，都应迅速公布，以使各成员方政府及贸易商对它们熟悉。一成员方政府或政府机构与另一成员方政府或政府机构之间缔结的影响国际贸易政策的现行规定，也必须公布……"《关贸总协定》第 10 条第 2 款又规定："成员方采取的按既定统一办法提高进口货物关税或其他费用的征收率，或者对进口货物及其支付转让实施新的或更严的规定、限制或禁止的普遍适用的措施，非经正式公布，不得实施。"第 3 款规定了各成员方应维持或尽快建立司法的、仲裁的法庭或程序。这种法庭或程序应独立于负责行政实施的机构之外。

在公布的时间要求上，依世贸组织的规定，成员方应迅速公布和公开与《关贸总协定》有关的法律、法规、政策、措施、司法判决和行政裁定，最迟应在生效之时公布或公开，使世贸组织其他成员方和贸易商及时得以知晓。在公布之前不得提前采取措施，如提高进口产品的关税税率等。个别协议，如《技术性贸易壁垒协定》和《实施动植物卫生检疫措施协议》还要求，在起草有关技术法规和合格评定程序过程中，如果该有关法规和程序与现行国际标准不一致，或没有现行的国际标准，并且将对国际贸易产生重大影响，成员方应留出一段合理时间（45~60 天），以便其他成员方就有关法规和程序草案发表意见。

（2）在其他领域。

世贸组织将透明度原则扩大适用到了服务贸易及知识产权等方面。在服务贸易方面，依《服务贸易总协定》的规定，除非在紧急情况下，应迅速将涉及或影响本协定实施的所有措施，最迟在其生效前予以公布。此外，每一缔约方对现行法律、法规或行政规定，如有任何新的规定或有所改变以致严重影响本协定项下有关服务贸易的义务时，应立即或至少每年向服务贸易理事会提出报告。

（3）提供信息和咨询。

成员方应承担应其他成员方要求提供有关信息和咨询的义务。

（4）贸易政策审议机制。

"乌拉圭回合"谈判中通过的"贸易政策审议机制"使透明度原则得到了进一步的加强。"贸易政策评审"的内容包括成员方的贸易政策与措施和贸易政策的背景。所有成员方均要接受定期政策评审，按照成员方在世贸中的份额确定评审期，世界上最大的四个贸易体（欧、美、日、加）每2年评一次，排名第5至第20位的成员方每4年评一次，其他成员方6年或8年评一次。在评审期间，受评审的成员方的贸易政策措施发生重大变化时，必须及时向贸易政策评审机构提出简要报告；世贸组织秘书处负责起草政策评审结果报告，公布并提交给世贸组织部长级大会审议。

3. 透明度原则的例外

（1）货物贸易领域透明度原则的例外。

《关贸总协定》第10条第1款规定："……但本款的规定并不要求缔约国公开那些会妨碍法令的贯彻执行、会违反公共利益或会损害某一公私企业的正当商业利益的机密资料。"该条款表明，《关贸总协定》允许各缔约方对某些机密不公开。

（2）服务贸易领域透明度原则的例外。

依《服务贸易总协定》的规定，对可能损害公共利益或合法商业利益的秘密资料可不公开。

（3）知识产权保护领域透明度原则的例外。

《与贸易有关的知识产权协议》规定，不要求缔约方泄露那些可能妨碍法律实施，或违背公共利益、有损于公营或私营的特定企业合法商业利益的秘密资料。

四、公平贸易原则（Promoting Fair Competition）

公平贸易原则，指为维护国际贸易中的公平竞争秩序，WTO要求各成员方承诺共同遵守国际贸易规则，允许对违反规则的行为采取行动。具体体现为：互惠原则和公平竞争原则。

（一）互惠原则（Principle of Reciprocal Trade）

1. 互惠原则的含义

互惠是指利益、优惠或特权的相互给予，国际贸易中的互惠指两国相互给予对方的贸易优惠待遇。互惠原则明确了各缔约方在双边或多边谈判中相互之间应采取的基本立场，是各国建立商务关系的基础，也是多边贸易谈判的行为规范。虽然WTO各种协议书中并没有明确地规定互惠原则，但以权利与义务的综合平衡为基础的多边贸易谈判，只有平等、互惠互利的减让安排，才可能在成员方之间达成协议。

2. 互惠原则的适用

《GATT 1947》序言中明确指出，缔约方政府"期望达成互惠互利协议，实质性削减关税和其他贸易壁垒，消除国际贸易中的歧视待遇。"《马拉喀什建立WTO协定》序言重申"本协定各成员方……期望通过达成互惠互利的安排，切实减低关税和其他贸易壁垒，在国际贸易关系中消除歧视性待遇。"

《关贸总协定》互惠原则的规定主要见诸于第28条附加关税谈判第1款。该款规定："缔约方应在互惠互利的基础上进行谈判，以期大幅度降低关税和进出口其他费用的一般水平，特别是降低那些使少量进口都受到阻碍的高关税，并在谈判中适当注意本协定的目的与各缔约方的不同需要，这对发展国际贸易是非常重要的。"它被视为在互惠互利基础上以大幅度地普遍地降低关税水平为目标的关税谈判的一条重要原则。第28条修改减让表的谈判也提到了互惠原则，第33条关于新的成员方加入的各项条款也包含了互惠原则。该条款的一个重要目的是保证通过关税以及其他一些事项的谈判，使新加入的缔约方作出一定的互惠承诺。它使缔约双方的贸易建立在一方给予对方以对等的补偿，以换取其所实施的某项优惠待遇在互惠的基础上适用。互惠原则与最惠国待遇原则的结合实施，可以避免缔约方由双边互惠而引出的差别待遇。

所以具体来看，互惠原则主要体现在：（1）要求成员方在互惠基础上通过多边谈判进行关税或非关税措施的削减，对等地向其他成员方开放本国市场，以获得本国产品或服务进入其他成员方市场的机会。（2）新成员加入时的"入门费"。即要求当新成员加入WTO时，要求申请加入方按照WTO的各项协议，通过关税及其他事项的谈判做出一定的互惠承诺，如开放申请方的产品和服务市场以及加强知识产权保护等，以此来作为享受其他成员方给予优惠的先决条件。

3. 互惠原则的例外

（1）"免责条款"的例外。

WTO允许成员方在某些特殊情况下可援引"免责条款"（Escape Clause），撤销已做出的关税减让。例如，根据《GATT 1994》第28条的规定，进口成员方在面临有关产品的大量进口或其进口条件使得其成员内产业受到严重损害时，可修改或撤回原先做出的关税减让。

（2）发展中成员方享受的例外。

①《GATT 1994》规定，发展中成员方为了保护其国内的工业和农业，如果遇到各成员方经过谈判确定的固定税则对其国际收支平衡不利时，可在关税保护或进口数量限制方面暂时免除上述固定税则的适用，但不得滥用此规定。

②发展中成员方享受的特殊与差别待遇，不应得到对等互惠。如东京回合达成的一项有关发展中缔约方的协议规定，"发达缔约方对其承担的对发展中缔约方的贸易减免税和其他比例的义务不得希望得到互惠，即发达缔约方不得要求发展中缔约方在贸易谈判过程中做出与其发展、金融和贸易的需要不相称的贡献。"

③ 在服务贸易领域，发展中成员方也有一些互惠原则的例外。例如，在服务贸易补贴问题时，发达成员方在谈判时应承认补贴对发展中成员方服务业发展的作用，并考虑发展中成员方在该问题上的灵活性需要；在服务贸易逐步自由化的有关规定中，可给予发展中成员方适当的灵活性，发展中成员方可少开放一些部门或少放宽某些服务交易，并根据各自的具体情况逐步扩大市场准入等。

（二）公平竞争原则

公平竞争原则是世贸组织从《关贸总协定》继承的一项基本原则。原来这一原则主要针对出口贸易，现在这一原则已经不仅仅局限在这一领域，而是扩展到国际贸易的所有领域。世界贸易组织是建立在市场经济体制基础上的国际多边贸易体制，公平竞争是市场经济体制的客观要求和重要保障。世界贸易组织倡导以公正的贸易手段进行公平竞争，特别禁止采取倾销和补贴的形式出口商品，对倾销和补贴都做了明确的规定，制定了具体而详细的实施办法。但是应当指出的是，公平贸易是一个比较有争议的概念，因为各方对何为公平常常有截然不同的定义。例如，发展中国家的低工资常常被发达国家指责为造成不公平竞争的因素，而发展中国家则认为是比较优势的体现。

1. 含义

在世界贸易组织体制下，公平竞争原则是指各成员方应避免采取扭曲市场竞争的措施，克服不公平的贸易行为，在货物贸易、服务贸易和与贸易有关的知识产权领域，创造和维护公开、公平、公正的市场环境。

2. 公平竞争原则的要点

（1）公平竞争原则具体体现在货物贸易领域、服务贸易领域和与贸易有关的知识产权领域。

（2）公平竞争原则既涉及成员方的政府行为，也在一定程度上涉及企业行为，主要表现在反倾销规则上。

（3）公平竞争原则要求各成员方应维护产品、服务或服务提供者在本国市场的公平竞争，无论这些产品、服务或服务提供者是否来自国内或任何其他成员方。

（4）WTO的公平竞争贸易并非指完全的"自由贸易"，它允许关税的存在，同时允许某些特定情况下采用其他保护方式。

3. 公平竞争原则的具体表现

（1）货物贸易领域。

世贸组织管理货物贸易的法律框架是《1994年关贸总协定》，该协定的各项条款都充分体现了公平竞争的原则。如要求成员方逐步降低关税并加以限制，实施国民待遇，以便使外国产品与本国产品处于平等的竞争地位；要求成员方实施最惠方待遇，以使来自不同国家（地区）的产品能够公平竞争等。

货物贸易领域其他具体协议，如《反倾销协议》、《补贴与反补贴协议》、《保障措施协议》等，也都充分体现了公平竞争的原则。通过以上协议的制定，就可以防止因产品倾销和出口补贴而形成的不公平竞争，通过征收反倾销税和反补贴税等形式，来弥补外国产品倾销和出口补贴给本国产业所造成的实质性损害。同时，世贸组织为防止成员方出于保护本国产业的目的，滥用反倾销和反补贴措施，造成新的不公平竞争行为，也对成员方实施反倾销和反补贴措施，规定了严格的条件和程序，只有符合规定的条件并按规定的程序办理，才被世贸组织所认可。再如，《农产品协议》的目的在于给农产品贸易提供更高的公平程度，《政府采购协议》对政府机构的采购行为进行规范，为国内外企业提供公平的竞争机会。

（2）服务贸易领域。

世贸组织在服务贸易领域鼓励各成员方相互开放国内服务贸易市场并给予国民待遇，逐步为外国的服务或服务提供者创造市场准入和公平竞争的机会。为了使得其他成员方的服务或服务提供者能在本国的服务市场享有同等待遇，进行公平竞争，《服务贸易总协定》要求成员方实施最惠国待遇，无论有关服务部门是否列入服务贸易承诺表。同时，为了在本国市场给其他成员方的服务或服务提供者创造公平竞争的环境，《服务贸易总协定》还要求成员方提供的市场准入机会和国民待遇，不得低于服务贸易承诺表中所做出的承诺。对于本国的垄断和专营服务提供者，《服务贸易总协定》要求成员方保证服务提供者的行为，符合最惠国待遇原则及该成员方在服务贸易承诺表中的具体承诺。为防止服务贸易提供者的某些商业惯例抑制竞争，限制服务贸易的发展，《服务贸易总协定》要求成员方在其他成员方的请求下进行磋商、交流信息，以最终取消这些违背公平竞争原则的商业惯例。

（3）知识产权领域。

在知识产权领域，公平竞争原则主要体现为对知识产权的有效保护和防止不正当竞争。《与贸易有关的知识产权协定》要求成员方加强对知识产权的保护，防止拥有知识产权的产品和品牌被仿造、假冒或盗用。无论是本国国民的知识产权，还是其他成员方国民的知识产权，都应得到同等程度的有效保护。同时，反不正当竞争也是知识产权保护的一个重要方面，一些限制竞争的知识产权许可活动或条件，不仅妨碍技术的转化和传播，也必然会对贸易活动产生不利的影响。为此，《与贸易有关的知识产权协定》专门对知识产权许可协议中限制竞争的行为作出了明确规定，允许成员方采取适当措施，防止或限制排他性条件、强制性一揽子许可等。

五、鼓励发展和经济改革原则（Encouraging Development and Economic Reform）

WTO 超过 3/4 以上的成员属于发展中或不发达国家（地区），对这些国家（地区），WTO 框架给予了协议和承诺履行的更长过渡期，规定采取增加其贸易机会措施，以及给予这些国家（地区）更多援助以构建 WTO 运作、处理纠纷和实施技术标准的基础设施。

（一）含义

鼓励经济发展与经济改革原则，又称为发展中成员方和最不发达成员方优惠和差别待遇

第二章　WTO规则框架及主要原则

原则，是世贸组织处理发达成员方与发展中成员方之间货物贸易和服务贸易关系的一项基本原则。发达成员方认识到有必要促进发展中成员方的出口贸易和经济发展，从而带动整个世界贸易和经济的健康发展，因而允许发展中成员方在相关领域在非对等的基础上承担义务，即享受优惠待遇（Preferential Treatment）或非互惠待遇（Non-reciprocal Treatment），以帮助和促进发展中成员方和经济接轨国家（地区）的经济迅速发展。

（二）具体体现

WTO框架下对发展中成员方的优惠待遇原则的确立，经历了一个演变的过程，直至《建立WTO协议》签订，其序言中明确规定，应确保发展中成员方与其经济发展相适应的国际贸易的份额，才将优惠待遇原则融入世界贸易组织的宗旨之中。"乌拉圭回合"的一系列单独文件不仅在各自的序言部分强调对发展中成员方优惠待遇的重要性和必要性，而且无一例外地在正文中用专门条文加以规定。《服务贸易总协定》和其他贸易相关领域的文件也均建立了优惠待遇原则。这表明，WTO的这一原则不仅适用于传统货物贸易，而且在新兴的服务贸易与贸易相关的其他领域也具有普遍意义。

1. 货物贸易领域

《关贸总协定》的条款中，对发展中成员方给予的优惠和差别待遇最多，最集中的表述为第18条和第四部分的第37条、第38条、第39条。

2. 服务贸易领域

由于国际服务贸易发展的极端不平衡，因而在当前的国际服务贸易中，发达成员方占据绝对优势，而广大发展中成员方作为一个整体尚处于绝对劣势，绝大部分发展中成员方在国际服务贸易中长期处于逆差的状态。为此，《服务贸易总协定》第4条明确规定为促进发展中成员方在服务贸易中的更多参与，承诺发达成员方将采取具体措施帮助发展中成员方扩大服务出口，特别要对发展中成员方的服务出口给予有效的市场准入，而发展中成员方可以通过对外国服务提供者附加一些限制条件来达到其目标。

3. 知识产权领域

《与贸易有关的知识产权协定》规定，考虑到发展中成员方在实施该协定时的具体困难，发达成员方有义务对发展中成员方提供相关协助；同时，考虑到发展中成员方在实施协议时需要一定的时间和物质准备，还规定了发展中成员方以及最不发达成员方可以享受一定期限的过渡期，作出了与它们的情况相适应的5年和10年的过渡期优惠安排。发展中成员方还可以再推迟5年实施某些产品专利的规定，如医药、化工和食品的专利。

此外，在世贸组织的其他一系列协议中，如《与贸易有关的投资措施协议》、《技术性贸易壁垒协议》、《海关估价协议》、《反倾销协议》、《反补贴协议》、《保障措施协议》、《农产品协议》等，都对发展中成员方特别是最不发达成员方规定了优惠和差别待遇。

第三章　关税和贸易总协定（GATT）

本章要点

1. 最惠国待遇是什么？
2. 关税减让时间表是什么？
3. 国民待遇是什么？
4. 关贸总协定规则的对象？
5. 在采用关贸总协定前须满足什么样的条件？
6. 关税联盟和自由贸易区之间的区别？
7. 什么是"互惠的关税减让"？发展中国家需要遵守吗？
8. 什么是保障措施？成员在使用保障措施之前需要哪些必备要求？
9. 在乌拉圭回合之前，如何解决贸易争端？

第一节　达成多边协议的动因

1947年10月30日，23个国家签署了《关税和贸易总协定》（GATT）确立了在建设更自由的贸易过程中的商业政策和谈判过程的规则。

多边协定是必要的吗？事实是，1860~1913年世界贸易的扩大是通过双边协议而不是多边协调。但贸易扩张并没有能够持续，在第一次世界大战期间结束，取而代之的是高关税、进口限制和汇率管制。贸易壁垒在战后依然存在，而且在大萧条时期进一步恶化；经济衰退中，各国试图通过法律来保护当地工业免受外国竞争、降低高失业率。在两次世界大战期间（1919~1937年）居高不下的贸易壁垒让世界各国的领导人相信需要通过国际合作降低贸易壁垒。

多边协定是必要的，因为它为各国提供了一套规则，鼓励它们努力达到更自由的贸易目标。尽管自由贸易对各国都是有利的，但是每个国家都有试图提高贸易壁垒，以保护其产业免受外国竞争的冲动。当所有的国家同时提高它们的贸易壁垒抵消从自由贸易中获利时，问题就出现了。需要一项多边协议，成员国签署承诺共建更加自由的贸易来解决了这个"囚徒困境"。当一个国家不遵守其承诺，其他国家都可以通过提高其对违规国家的贸易壁垒进行报复。这种处罚会降低每个国家背离承诺的冲动，保持国家之间的低壁垒。

政治影响力也强烈地影响一国的贸易政策方向。虽然一个国家整体上从自由贸易中获利，但个别行业可能面临国外强大的竞争从自由贸易中受到损失。虽然小，但代价都集中到

第三章　关税和贸易总协定（GATT）

特定的少数几个行业。例如，降低进口汽车的关税可能会引起生产商、供应商和工人在汽车工业发起抗议。受影响的公司将迅速组织游说，以保护它们的利益。相反更多的人可以从自由贸易中获益。例如，节省了为了买一辆车的家庭，更换旧送货车的餐饮企业，以及各种雇用来自萎缩汽车行业员工的公司，都受益于较低的汽车税。这些零散的群体是不可能发起类似的游说来争取自由贸易的。一般情况下，只有在贸易中严重受损的行业才会动用更大的政治影响力，鼓动政府限制贸易，而不是支持自由贸易。

上述两个因素准确地解释了在两次世界大战期间不断上升的贸易壁垒。随着大萧条的临近，地方工业施压政府保护他们免于失业和外国竞争。1930年美国国会颁布著名的"Smooth and Hawley"协议，初衷就是为了保护农民和其他各种行业。对许多种类的商品提高关税税率高达60%。但这一协议适得其反，引起许多国家对美国出口产品征收更高的关税以报复。结果是激增的贸易保护和贸易歧视。图3-1展示了35个国家的平均进口关税。在第一次世界大战前平均税率一直徘徊在15%左右，到大萧条时期很快上升到25%。

图3-1　1860～2000年世界35个国家平均关税

资料来源：Clemens and Williamson 2004.

在两次世界大战期间持续高企的贸易壁垒让世界各国领导人相信建立一个促进自由贸易的多边协议是必要的。尽管1927年的世界经济会议期间呼吁减少贸易壁垒，以及大萧条时期的各种双边协定，但关税壁垒仍比第一次世界大战前的水平要高。到20世纪40年代初，美国和英国已经开始着手准备构建战后经济的秩序。从而有了1944年的布雷顿森林会议，其中提出设立一个独立的机构，称为国际贸易组织（ITO），以解决贸易自由化问题，同时，会议还诞生了世界银行和国际货币基金组织。

关贸总协定的简单性，最终使其顺利通过。ITO的目标是雄心勃勃的，超出了贸易记录并延伸至包括就业规则、商品协定、限制性商业惯例、国际投资和服务等领域。关贸总协定（GATT）的目标要窄得多：鼓励成员降低关税税率，消除贸易障碍，避免歧视性贸易，以达到更高的生活水平和充分就业。关贸总协定（GATT）的狭窄目标促成了更快的谈判速度，关贸总协定狭窄的目的使得谈判速度更快，尽管 ITO 宪章是在一年之后诞生，但是，没有美国国会的支持这绝不会实现。

第二节 1994 年关贸总协定的结构

一、概述

最初 1947 年关贸总协定大部分是处理货物贸易，多年来，一系列贸易谈判通过法律文书和协议对 1947 年关贸总协定进行不断修改和补充。目前的协议——1994 年关贸总协定，包含原 1947 年关贸总协定，以及在 1947 年关贸总协定下缔结的法律文书、乌拉圭回合达成的协议和马拉喀什协议。

1994 年关贸总协定与它的前身 1947 年关贸总协定多有不同。它的许多关键条款，如最惠国待遇，没有任何改变地搬到了 1994 年关贸总协定中。一些 1947 年关贸总协定条文做了修改之后写入 1994 年关贸总协定。还有一些条款不再有效，被取代或排除，1994 年关贸总协定并入世界贸易组织（WTO），并设置了货物贸易制度。

二、目的

关贸总协定的序言指出了其目标：提高生活水平，保证充分就业，实际收入稳步增长，充分利用世界资源，扩大生产和商品交换"通过实行互惠互利的关税安排和大幅减少其他贸易壁垒，在国际商务中消除歧视性待遇"。

1994 年关贸总协定包含 38 个条款用罗马数字编号，分为四个部分：

第一部分包含了最惠国待遇原则（第一条）和关税减让表的规则（第二条）。

第二部分包含第三条到第十三条，此部分制定了非关税规则。著名的规则包括国民待遇，要求外国制造的产品和国产产品享有同等待遇（第三条）；禁止数量限制（第十一条），对不公平的贸易如补贴的惩罚规则（第十六条）；对不公平的贸易的反制措施，如反倾销和反补贴措施（第六条）。第二部分还包括免除国家在关贸总协定的义务的规则（第二十条和第二十一条）。它允许一个国家提高贸易壁垒来保护扭曲的市场（第十九条）和实现收支平衡（第十二条和第十八条：B 款）。最后，第二部分包括贸易争端解决的基本规则（第二十二条，第二十三条）。

第三部分包含第二十四条到第三十四条。显著地规定包括关税同盟和自由贸易区的规则（第二十四条）、贸易谈判和重新谈判（第二十八条 bis，第 28 条）。

第四部分包含第三十六条到第三十八条，在 1965 年增加了对发展中国家的贸易机会提供特殊的措施。

第三章　关税和贸易总协定（GATT）

三、第一部分：关贸总协定的核心

（一）最惠国待遇（第一条）

关贸总协定的核心原则是在非歧视基础上减少贸易壁垒。在关贸总协定回合谈判中，多个国家（地区）一起协商降低关税和制定其他措施促进贸易自由化。确保成员避免不公平的歧视待遇，一个国家（地区）提供贸易伙伴优惠时必须无条件地将好处让所有其他的成员共享。这被称为最惠国待遇（MFN），第一条第1款概述地指出："一缔约方对来自或运往其他国家的产品所给予的利益、优待、特权或豁免，应当立即无条件地给予来自或运往所有其他缔约方的相同产品"。例如，如果法国降低了从德国进口的酒精饮品的关税，法国也必须降低对其他WTO成员进口的酒精饮品的进口关税。

最惠国待遇具有广泛的优势，涉及进出口规则和手续。这包括关税、反补贴税的规则和手续，理货费，甚至更复杂的优势，以真实许可为条件予以暂缓征收进口税的优势。最惠国待遇还包括给予非WTO成员的好处。如果法国给予关非WTO成员索马里税优惠，法国也必须无条件地给其他WTO成员关税减让。

最惠国待遇和世界贸易的扩大（1860~1913年）

最惠国待遇早期是用在双边协定中的。一个显著的例子是1860年英国和法国之间的商业条约，第五条规定：在进口方面，合同每一方都应该给予彼此可能给予第三方在关税上的优惠和减免，无论1860年1月23日签的合同上提到与否。这一条款旨在消除当任何一国向第三国降低关税时产生的重新谈判的需求。这就自动保留了进入对方市场的权利。

最惠国待遇条款是19世纪欧洲国家之间创建几十个新的双边商业贸易协定的关键所在（欧文，1995年）。规模较小的欧洲国家寻求获得同样的最惠国待遇，以获得更大的法国市场。当英国、意大利和其他国家向德国获得关税联盟最惠国待遇的时候，欧洲国家的贸易自由化进程开始了，到了1908年，英国曾与46个国家，德国与30个国家和法国有超过20个国家签署了最惠国协议（白克，1910）。

最惠国待遇为非歧视性贸易奠定了基础，使各国能够从最高效的供应商进口。鼓励资源分配给最有效率的用途。例如，如果在一个歧视性的贸易协议中，美国降低了墨西哥T恤关税税率，但对中国T恤的关税税率保持不变。如果关税减让足够大，它可能会引起从中国采购制造的T恤的美国供应商转向墨西哥，这降低了对中国的T恤需求，引起一些中国生产商转向其他行业。与此同时，墨西哥更高的T恤需求，使更多的低效率生产者加入。导致世界资源的分配缺乏效率，因为在中国的资源本可能在生产T恤时充分发挥优势，而在墨西哥的资源可以在其他行业得到更好的运用。

非歧视待遇也鼓励了改道贸易以规避高关税税率。考虑到之前的例子，美国降低墨西哥T恤关税利率，但保持对中国T恤关税不变。这导致中国制造商把自己生产的T恤运往墨西哥，把它重新包装为"墨西哥生产"并卖到美国，所谓的贸易改道，在T恤衫可以被认为是"墨西哥制造"之前需要生产者在墨西哥使用的一些资源，这可能会鼓励中国的生产者把其一部分生产转移到墨西哥。如果美国给予对来自各国的产品平等的关税减让，出口商不再需要烦琐的贸易改道。

（二）关税减让时间表（第二条）

在贸易谈判中，它阻止各国通过增加未来关税税率来撤销先前的关税减让，因此成员承诺不增加超出议定水平的产品的关税税率。该协定水平被称为约束关税，减少这种承诺的约束关税叫关税减让。关于关税税率的范围会结合以前的贸易回合中所作的承诺被记录在关税减让表中，表3-1列出了来自中国的水果关税减让时间表。

表3-1　　　　　　　　　　对中国水果关税减让时间表

HS	Description	Bound rate at date of accession	Final Bound	Implementation
08045010	—Guavas	21	15	2004
08045020	—Mangoes	21	15	2004
08045030	—Mangosteens	21	15	2004
0805 08051000	Citrus fruit, fresh or dried: —Oranges	28.4	11	2004
08052010	Mandarins (including tangerines and satsumas): clementines. wilkings and similar citrus hybrids: —Chiao-kan	28.8	12	2004
08052090	—Other	28.8	12	2004
08053000	—Lemons (Citrus limon, Citrus limonum) and limes (Citrus aurantifolia)	28.4	11	2004
ex 08053000	Citrus Latifolia	28.4	11	2004
08054000	—Grapefruit	28.8	12	2004
08059000	—Other	36	30	2004
0806	Grapes, fresh or dired:			
08061000	—Fresh	29.2	13	2004
08062000	—Dried	28	10	2004

注：第1栏列出的产品和第2列的协调制度（HS）代码描述产品。第3栏列出了在中国加入世界贸易组织（2001年12月11日）的约束税率，而第4列列出了在第5栏所指明的日期实施的现行约束税率。

第三章 关税和贸易总协定（GATT）

第二条概括成员对本附表义务。它指出对不在表中所列的产品免征关税成员征收的关税税率在减让表所列更高是违反关贸总协定的承诺。

第二条还免除进口产品的其他职责及收费超出所列的约束。在原 1947 年关贸总协定中，一些收费没有记录在减让表中。因此，当在这个问题上发生纠纷时，成员必须从本国（地区）的记录查询这些费用在已经生效的协议之后产生的证据。为提高透明度，1994 年关贸总协定要求所有其他税费记录在减让表中。从那时起，如果同意税项及收费没有记录在减让表中，可推测，没有其他的责任和费用被放置在条款中。

成员有可能提高产品的约束关税。第十八条列出世贸组织成员修改约束关税的规则和条件。只要其他 WTO 成员同意一个国家（地区）可以增加约束关税。这通常涉及通过减少对其他产品的关税进行补偿。例如，如果加拿大要提高对进口摩托车的关税税率，它可以减少进口电视的关税税率。在实践中，这是非常有效地防止关税倒退到更高的水平的方法。

四、第二部分：非关税贸易壁垒的规则

（一）国民待遇（第三条）

当 WTO 成员同意降低进口关税税率，这对防止它们对进口产品征收附加税很重要。例如，一个国家可以通过给所有的外国汽车征收额外 10% 的税以抵消约定降低汽车关税 10%，第三条第 1 款的国民待遇要求一成员对外国制造的产品提供与本地制造的产品相同的待遇。它指出，"国内税和其他国内费用，以及影响内部销售，提供销售，购买，运输，分销或使用的产品的及法律，法规……不能被用于进口或国产产品，以保护国内生产"。

第三条第 2 款包含两个条款对第三条第 1 款有关对内部税收措施规定进行说明：第一个条款规定进口产品不得超过国内同类产品的关税水平，而第二个条款规定国内税应与第三条第 1 款的原则概述一致，这意味着对进口产品征税不应该超过与其有竞争或替代关系的国内产品。例如，鲜橙汁浓缩橙汁不是"同类产品"，但可能会被视为"直接竞争或替代产品"，因为客户通过购买更多的浓缩汁替代价格较高的鲜榨果汁。第一个条款要求进口的新鲜橙汁不要超过本地生产的新鲜橙汁，而第二个条款要求进口的新鲜橙汁征税不超过本地生产的浓缩橙汁。

相似产品是指什么

"相似产品"一词在很多关贸总协定中都出现过，但该词没有合适的定义，关贸总协定也没有对哪些货物应该被定义为相似产品提供指导意见，负责解决关贸总协定贸易争端的小组指出，"同类产品"应在逐案基础上进行检查。该小组补充说，确定产品是否为"相似产品"总是涉及"个人的，自主的判决等不可避免的因素"。下面这两种情况说明了小组对"相似产品"的裁决。

案例 1： 在 1985 年小组报告"加拿大——影响金币的销售方法 [L/5863，未被收录]"，专家组在判定加拿大枫叶金币和南非克鲁格金币是否是同类产品时，有人可能会认为两者是

不同的产品，因为枫叶是加拿大的法定货币，而克鲁格是南非的法定货币。但因为这两个硬币通常作为投资品购买，同样被用来作为支付手段，使用非常相似的标准生产，具有相同重量的黄金和在国际市场上直接竞争，小组根据第三条第2款，第一规定认为它们是"同类产品"。

案例2： 在1987年小组报告"日本——对进口葡萄酒和含酒精饮料的关税，税收和标签措施"〔L/5047，1980年11月10日接受，BISD27S/98〕，日本认为，酒和起泡葡萄酒被征收不同的关税，是因为它们含有不同的酒精和提取物含量。小组裁定，虽然日本可以对含有不同的酒精含量产品施加不同税率，但不允许对含有不同提取物的产品征收不同税率的关税，该小组还指出，出口到日本的酒和起泡葡萄酒比日本生产的酒和起泡葡萄酒有更高的原材料，该委员会裁定该进口饮料被认为是同类产品，对国外酒和起泡葡萄酒征收较高的税收与第三条第2款，第一规定不符。

第三条第4款在影响产品的内部销售及分销的法律，法规和规定上补充了第三条第1款，它要求一个国家对进口产品比国产货物相比不提供"较差待遇"。不公平待遇的一个例子是美国报告加拿大安大略省酒局的做法。安大略省酒局不允许进口啤酒六瓶包装，但可以让国内的加拿大啤酒有不同的包装尺寸。不公平待遇的另一个例子是，在美国某些州，进口啤酒必须只有通过国内的批发商或其他中间商出售，而在国内的啤酒被允许直接销售给零售商。

尽管关税和内部税收都是用来保护本地产业的方法，但关贸总协定更倾向于关税的原因有两个：首先，国内税和法规的透明度，比记录的关税减让表所关税难以预料；其次，国内税和法规会损害成员减少贸易壁垒的积极性。当立即对进口关税降低后，对外国产品征收更高的税收时违背了关税减让的目的。

（二）数量限制

进口关税和数量限制是限制进口的两个不同的政策，进口关税提高国外产品的价格，降低其需求；而限制进口量，从而造成产品的过度需求，导致价格上涨。关贸总协定显然更倾向于关税，因为它更加透明而且关税范围记录在关税减让表中。相反，对于数量限制没有固定的规则，它是由一个国家（地区）决定。由于最惠国待遇授予成员平等的关税减让，一个国家（地区）能够从最有效的供应商进口产品。相反，数量限制不一定是分配给最有效率的供应商。这与关贸总协定的非歧视原则不符，因为数量限制可在不同的外国供应商之间区分使用。

1. 消除数量限制（第十一条）

关贸总协定禁止使用数量限制的例外：
（1）临时征收出口禁令或必要的限制，以缓解严峻的粮食短缺问题。
（2）以调控，分类，分级或营销目的实施进口和出口禁令。
（3）政府已经对类似的国内产品进行了类似的限制基础上，对进口的农业和渔业产品限制。

2. 数量限制管理（第十三条）

关贸总协定允许使用数量限制，但它必须在非歧视的基础上进行。换句话说，一个国家必须申请数量限制，并且对所有贸易伙伴都使用"类似的限制"（第十三条第1款），并应尽可能把配额没有限制的分布给供应国（第十三条第2款）。当成员对这些限制未能达成协议时，一国必须根据供应国在上一个代表性的时期的份额分配出口配额［第十三条第2款（D）］。

（三）不公平贸易手法

1. 反倾销和反补贴税（第六条）

倾销是公司出口产品的价格低于其国内市场或低于生产成本的活动。在国际贸易中，倾销被认为是"不公平"的做法。在过去的倾销指控经常用来证明是保护主义政策。关贸总协定谴责实质性影响或威胁出口国的倾销，但并没有禁止它的使用。

第六条第1款概述了关贸总协定关于倾销的技术定义。倾销发生在：

（1）在正常贸易过程中，并用于出口消费出口的同类产品。产品的价格低于可比的价格。

（2）在缺乏国内价格，它的价格低于：

① 正常贸易过程中出口到第三国同类产品的最高可比价格；

② 生产成本加上合理的销售成本和利润。

关贸总协定允许成员征收反倾销税，以抵消或防止倾销（第六条第2款），尽管这种做法是违反关贸总协定的非歧视原则。但是责任金额不得超过倾销产品的利润。例如，如果一个产品在国内的售价为11美元，但以每单位10美元在国外市场倾销，则受影响的国家最多可并处1元每单位的反倾销税。

关贸总协定也允许国家征收反补贴税，以抵消出口国对产品的补贴，金额不得超过给予本品出口补贴的价值（第六条第3款）。例如，如果出口产品受益于10美元的单位补贴，反补贴税不能超过10美元的单位。

在施加反倾销或反补贴税前，成员必须首先提供证据证明倾销产品对一个行业造成威胁或伤害（第六条第6款）。换句话说，即使有大量的证据显示一个以低于正常价值"销售"，如果不能提供证据证明该活动造成特定行业的损害。一个国家不能强加反倾销税。

倾销被认为是不公平的贸易做法，因为人们普遍认为，外国出口商压低价格，以迫使本地企业退出该行业。随着本地企业的退出，出口企业可以发挥市场力量收取垄断价格。这被称为掠夺性倾销，这种做法在今天的市场上很少见。

在现代反倾销案件中，公司在不同市场收取不同的歧视价格。对一个企业在国内市场收取较高的价格和在国外市场收取较低是很不寻常的。由于运输成本和进口关税，考虑到额外的成本和关税，相对于国外市场，企业通常在国内市场有更大的市场力量，企业必须保持较低的出口价格以保持在国外市场上的竞争力。

2. 补贴（第十六条）

出口补贴是有好处的，特别是对出口产品减税或激励。早年关贸总协定不禁止补贴，但成员必须对一个公司、部门或行业的任何出口补贴进行申报，并讨论限制它们的可能性（第十六条第1款）。

1954～1955年，第十六条两个额外的条款对初级产品提供了特殊的豁免，如农场森林，渔业和加工材料。第十六条第2款警告成员的出口补贴"可能对其他成员造成祸害"，是与关贸总协定非歧视原则作对。下面的条款允许对初级产品进行出口补贴，只要它是用来在世界市场保留现有的"公平的出口份额"（第十六条第3款）。在随后的几年，出口补贴通常用于工业国家保护农民和消除生产过剩带来的大量库存。"公平份额规则"并不能有效地约束成员的使用出口补贴。

在农业市场上广泛使用的出口补贴在农业市场上造成很大的扭曲，而这个问题最早是在东京回合提出的。乌拉圭回合谈判取得进一步进展包含在一个单独的新协议中（补贴与反补贴措施的协议或SCM协议）。该协议划分补贴分为三个不同的类别：

（1）除了用于发展中国家的补贴外直接对出口的补贴是被禁止的。例如，一家公司接收基于它的出口量的减税。

（2）没有直接对出口进行补贴，但仍对出口有影响的措施。其中一个例子是，当政府提供低价的电力，以协助本地生产企业的，而且它的一些产品用于出口。可诉补贴是不禁止的，但可能会受到进口国征收反补贴税。

（3）有些补贴是不可诉的。这包括落后地区和满足环境法规的援助。

（四）保护条款

1. 对某些进口产品的紧急措施（第十九条）

一个国家从更大的自由贸易中使进口上升是很自然的。偶尔的贸易让步进口剧增会威胁或损害当地的本地产业。这些事件带来巨大的国内政治成本并阻碍了一个国家继续进行互惠互利的贸易让步。

为了防止任何国家因贸易让步带来不可预见的市场混乱，1947年GATT设计了保障条款，允许成员提高关税税率或当这样的事件发生是从关税减让谈判中退出。有资格获得保护措施的国家，必须有大量的进口增加，影响或威胁了国内生产的同类或有直接竞争关系的产品。所采取的任何行动必须限制在纠正或防止这种伤害的范围内（第十九条第1款）。

使用保障措施的成员必须"尽可能提前"通知受影响的成员，同时还提供机会与它们就有关的决定进行磋商（第十九条第2款）。如果双方在90天内不能达成协议，在受影响的成员允许的前提下成员方可以继续它的保护措施，在社会公示30天后，通过暂停对应的减让进行报复［第十九条第3（a）款］。

在实践中，报复是罕见的。相反，保障措施涉及的国家通常是通过提供相对的关税减让进行补偿。例如，美国寻求保护措施，撤销从巴基斯坦进口的纺织品的关税以减少对巴基斯坦出口的电子产品的关税。

2. 维护国际收支的限制（第十二条，第十八条第 B 款）

而关贸总协定禁止使用数量限制，它允许国家施加必要的数量限制当（i）阻止或防止对它的货币储备迫在眉睫的威胁或；（ii）储备较低的国家为实现其储备的合理增加［第十二条第 2（a）款］。需要注意的是豁免只允许出现在成员收支平衡面临严重问题时，这些限制都应该是暂时的，并在条件改善时放宽限制［第十二条第 2（b）款］。

第十八条为政府援助，为发展中国家谋求经济发展目标提供特别措施。第十八条第 9 款允许欠发达国家采用数量限制，以保障其对外金融地位和确保足够的储备来实现经济发展计划。另外，第十二条中平衡国际收支的例外使发达国家避免"不经济的就业资源"成为可能［第十二条第 3（a）款］，指出保障措施只适用于发展中成员应对威胁其收支平衡时。

为了追求经济发展，发展中国家被允许优先考虑进口对其经济发展必不可少的产品（第十八条第 10 款）。这条文背后的基本原理追溯到 20 世纪 50 年代的经济思想。当时，许多发展经济学家认为，工业化对一个国家的经济发展很重要。工业化过程可能需要提高贸易门槛，以保护其"幼稚产业"，同时进口大量的资本货物。由于资本货物的进口可能很昂贵，许多欠发达国家选择高估本国货币，降低进口产品的价格。这使得这些国家的货币容易被投机，特别是当政府由于缺乏货币储备，无法捍卫自己的货币稳定时。保障措施是为发展中国家在追求经济发展目标时保护收支平衡而设计的。

（五）豁免

1. 一般例外（第二十条）

虽然数量限制一般被禁止，第二十条概述豁免的一般规则。只要这些豁免的措施不是：（1）在相同的条件下歧视地应用于不同国家之间；（2）变相限制贸易，一个国家可以采取必要措施，保护合法的社会价值和利益，如人类，动物和植物的生命或健康，濒临枯竭的自然资源，艺术，历史或考古价值及公众道德。

然而，必要性条件可能很难证明。为了使国家援引必要措施，以保护人类健康［第二十条（b）款］，必须证明没有其他可以达到目标的"与关贸总协定一致的措施"。换句话说，如果有符合 GATT 的其他替代措施可以实现其目标的，WTO 成员不能采取该措施。

就拿泰国以促进公众健康"必要"来限制进口卷烟的决定为例（关贸总协定小组报告，泰国——对进口香烟的限制），虽然限制国外香烟消费以提高泰国公共卫生有小的争执，泰国并没有对它的国内卷烟生产企业有类似的限制。这显然是与关贸总协定第三条第 4 款的国民待遇义务不一致的：泰国政府可以对国内和国外卷烟制造商类似的限制实现其预期目标。除非泰国已经用尽了所有与关贸总协定一致的措施，以实现其公共健康目标，否则它可以在第二十条（b）下歧视外国香烟。

2. 安全豁免（第二十一条）

关贸总协定允许一个国家以保护其安全利益免除它的义务，成员可以拒绝披露危害其安全利益的信息［第21条（a）］，或者"采取任何行动"，保护其安全利益包括：（i）核材料，武器和弹药贩运，战争的事件［第二十一条（b）］。成员也可以按安全理事会的要求采取维护国际和平与安全的任何行动［第二十一条（c）］。在1980年，成员因抗议南非的种族隔离制度，而被允许征收联合国授权的经济制裁，这并不违反其关贸总协定的承诺。

五、第三部分：区域贸易协定和关税重新谈判

（一）领土适用关税同盟和自由贸易区（第二十四条）

许多国家既是关贸总协定的成员亦为若干不同的区域贸易协定的成员。在关贸总协定贸易协定的框架下协议分为两种：关税同盟和自由贸易区。关税同盟就是协议中的成员进行自由贸易，并对协议外的国家使用相同的商业政策。自由贸易区内成员也推行自由贸易，但允许每个成员对协议外的人设置不同的商业政策。为了说明这一点，案例如下：法国和德国是欧盟成员国，是关税联盟。这两个国家对美国使用相同关税。与此相反，美国和加拿大是北美自由贸易区（NAFTA）的成员。这两个国家都不允许对德国使用不同的商业政策。

为了促进经济一体化，关贸总协定允许成员在区域贸易协议中免除最惠国待遇。允许他们授予其成员之间的自由贸易而不需要扩大自由贸易到非参与国家，关贸总协定禁止成员形成贸易协定以提高对非成员方的贸易壁垒。对一个关税联盟来说，联盟加权平均贸易壁垒不能高于联盟成立之前的贸易壁垒。对自由贸易区来说，对非成员方的贸易壁垒在其形成期间不能高于贸易区形成之前［第二十四条第5（a）款］。

对一个关税联盟来说，重新谈判过程类似在关贸总协定第二十七条（第二十四条第6款）备忘录，内容为：当形成一个关税联盟时，关税谈判必须对于双方是互惠的。即若增加一个产品的关税，则相应的必须减少另外一个产品的关税作为补偿。

（二）修改时间表（第二十八条）

《关贸总协定》第二十条规定了关税减让的重新谈判。一个国家只能和协议的初始谈判（那些有最初谈判权的国家）协商修改或撤销关税减让，以及和所有具有主要供应利益的成员（那些受税收减让影响最大的出口国家）谈判。

成员只能在每三年一期的第一天修改或撤回关税减免，第一期始于1958年1月1日（第二十八条第1款），或在特殊情况下任何时候（第二十八条第4款），成员可以提前通知有关成员其保留在第二十八条第1款所列的期限重新谈判的权利（第二十八条第5款）。

在谈判期间要修改或退出时间表时需在其他产品上降低关税作为补偿。欠发达国家除外，补偿必须互惠互利（第二十八条第2款）。

如果成员不能在第二十八条第1款所指的日期前达成协议，提出重新谈判和有主要供应利益的国家有权撤回同最初关税减让谈判国家的关税减让［第二十八条第3（A）款］，与再谈判进程有实质性利益关系的成员，不满意其结果也可以从协议中撤出［第二十八条第3（B）款］。

参与再谈判进程的成员必须就其进行的过程进行最大可能的保密，以避免过早披露关税

变化的细节。一旦谈判过程已经完成，相关成员必须立即通知所有其他成员，关税减让必须根据最惠国待遇原则扩大到所有其他成员（第二十八条，附件一）。

（三）关税谈判（第二十八条）

在1954~1955年检讨会期间纳入关税总协定的第二十八条之二并没有对成员增加新的义务，但提醒成员"关税往往构成严重的贸易障碍"，并呼吁一个基于互惠互利基础上的贸易谈判，以降低关税水平和其他贸易壁垒。它补充说，谈判可以逐个产品进行，并按照关贸总协定的第四部分对发展中国家提供特殊措施。

六、第四部分：贸易与发展

1947年GATT第四部于1965年加入为发展中成员提供特殊和差别的规则。它包括三章：原则和目标（第三十六条），承诺（第三十七条）和联合行动（第三十八条）。

（一）原则和目标（第三十六条）

关贸总协定的主要目标是提高其成员的生活标准，并促进其成员的经济发展。因为发展对发展中国家来说很迫切，关贸总协定允许它们为促进贸易和发展使用特殊措施。它敦促发达国家，为发展中国家出口产品以更好的市场准入（第三十六条第4款）。它还鼓励发展中国家发展多样化的经济结构，避免过分依赖初级产品出口（第三十六条第4款）。

根据第三十六条第8款发展中国家可以从"互惠关税减让"条款中豁免。这意味着，发展中国家不必要通过降低关税税率，以换取更好的市场准入。这对GATT关税减让有重要意义。在早期的贸易谈判回合中所有成员都必须采取互惠措施，通过降低对从其他国家的进口关税税率获得较低的出口关税税率。有了这项新措施，发展中国家不再需要采取互惠措施，因为工业化国家开始作出更大的贸易优惠。这项谈判始于肯尼迪回合，当时工业化国家在很多不同的领域里降低税收达到50%。

（二）承诺（第三十七条）

第三十七条所列的成员为促进发展中国家经济发展的义务。

第一款要求发达国家"最大可能的延长"（1）优先考虑减少和消除对发展中国家至关重要的行业出口壁垒；（2）避免和发展中国家的贸易壁垒；（3）限制降低来自发展中国家的初级产品消费的财政措施。

由于发达国家预计不会在最大范围内执行这样的措施，所以鼓励它们：（1）对来自发展中国家的产品的转售价格提供公平的贸易利润；（2）积极考虑有利于发展中国家出口的产业政策；（3）要特别关注贸易发展中国家的利益，在实施对他们利益产生不利影响的措施之前必须研究所有可行的方法。

对发展中国家的承诺没那么严格，当这些措施与它们的发展目标不一致时要求它们促进其他发展中国家的贸易利益。

(三) 联合行动 (第三十八条)

为了进一步发展第三十八条第1款的目标,会员有义务:
(1) 为发展中国家提供更好的初级产品的世界市场准入的机会;
(2) 在贸易和发展政策方面与联合国贸易与发展委员会合作;
(3) 合作分析和创造一个促进发展中国家的贸易和经济发展的发展计划;
(4) 要不断评估对发展中国家的增长特别关注的贸易发展;
(5) 通过协调国家政策和商业标准促进贸易,并为促进贸易信息交流和市场研究建立设施。

第三节 关贸总协定中的重要问题 (1948~1994年)

一、关贸总协定的总体成就

关贸总协定 (1948~1994年) 共进行了八轮贸易谈判。最后一次的乌拉圭回合是最有雄心的,处理难以放宽的农业和纺织部门的问题。乌拉圭回合也看到了在关贸总协定下如何处理贸易纠纷和日益重要的新问题,如服务贸易和知识产权问题的显著变化。乌拉圭回合也诞生了1995年创建的世界贸易组织以取代关贸总协定的多边条约。

关贸总协定已经非常成功地降低了国家之间的平均关税税率。自关贸总协定创建以来,工业国家的关税税率已经从40%下降到20世纪90年代的约5%。关税税率在发展中国家通常较高,它的许多产品都具有不受限制关税,允许一个国家设置其希望的任何关税税率。不过从以前的乌拉圭回合中看到发展中国家的平均关税税率在急剧下降。表3-2显示乌拉圭回合之前和之后的不同地区之间的平均关税税率。虽然工业经济体经历了最大的关税税率下降,但在乌拉圭回合之前这些国家的关税税率已经很低了。相反,最显著的进步是发展中国家对来自工业国家的商品关税税率从14.9%下降到10.7%。而发展中国家的平均关税率仍然徘徊在10%的较高税率。

表3-2　　　　　　　　在乌拉圭回合前、后的平均关税税率

	Destination								
	Industrial Economies			Developing Economies			Transition Economies		
Origin	Pre-UR	Post-UR	Reduction	Pre-UR	Post-UR	Reduction	Pre-UR	Post-UR	Reduction
Industrial Economies	5.5	3.0	45	14.9	10.7	28	10.4	7.7	26
US	4.4	1.9	57	13.6	10.2	25	8.3	6.1	27
EU	5.8	3.5	40	18.4	13.8	25	10.6	7.9	25

续表

Origin	Destination								
	Industrial Economies			Developing Economies			Transition Economies		
	Pre-UR	Post-UR	Reduction	Pre-UR	Post-UR	Reduction	Pre-UR	Post-UR	Reduction
Japan	6.2	3.6	42	14.1	9.3	34	14.0	10.9	22
Other	4.9	2.4	51	12.4	9.0	35	9.6	7.0	27
Developing Economies	6.9	4.8	30	10.0	7.1	29	12.1	8.8	27
LA	4.4	3.2	27	13.4	10.1	25	5.1	2.9	43
Asia	7.8	5.2	33	9.6	6.7	30	13.7	9.7	29
Africa	8.4	6.7	20	2.5	1.1	56	5.0	2.8	44
Europe	9.5	7.3	23	18.6	14.9	20	16.0	13.9	13
Transition Economies	5.9	3.6	39	20.8	15.7	25	0.4	0.3	25

资料来源：de Paiva Abreu, Marcelo (1996).

乌拉圭回合也看到了关税减让的时间表包括许多发展中国家的产品。对于这些产品，发展中国家不能再设置比承诺的约束更高的关税税率。表3-3显示了受乌拉圭回合期间关税变动影响的进口工业品的比重，它为发展中经济体工业产品的进口带来了巨大的变化，乌拉圭回合之前，发展中国家只有13%进口产品的关税在关税减让表中进行约束。在乌拉圭回合之后这个数字上升到61%，32%的进入发展中经济体的进口产品享受绑定和降低关税税率，同时26%的产品没有享受降低税率，德派瓦（De Paiva Abreu, 1995）解释说，大多数拉美国家表示要绑定所有的工业产品，而亚洲国家承诺将绑定平均70%的工业产品。

表3-3　　受乌拉圭回合关税变化影响的进口工业品的比例

	Industrial Economies	Developing Economies	Transition Economies
Percentage of imports under bound rates preUR (%)	94	13	74
Percentage of imports under bound rates postUR (%)	99	61	96
Outcome of theUR			
Already bound duty free (%)	18	1	12

续表

	Industrial Economies	Developing Economies	Transition Economies
Bindings with reductions（%）	64	32	76
Bindings without reductions（%）	3	26	1
No offer（%）	16	42	10

资料来源：de Paiva Abreu, Marcelo (1996).

贸易障碍的持续减少，伴随着很少的倒退成就了世界贸易的快速增长。图3-2表明，出口量上升比在现实世界产出的增长速度更快。关贸总协定在整体上实现了降低国家之间的贸易壁垒和避免两次世界大战期间很高并不断上升的关税壁垒的主要目标。

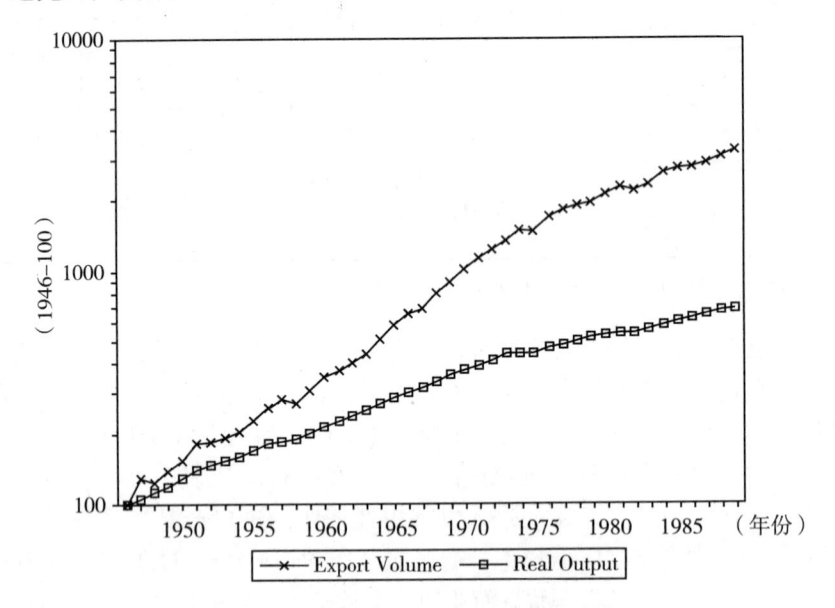

图3-2 第二次世界大战后贸易及产出

资料来源：欧文（1995）。

二、非关税壁垒的扩散

虽然关贸总协定是成功地降低了整体的贸易壁垒，但是在促进非歧视性贸易上并不太成功。随着关税壁垒在连续的贸易谈判中持续回落，政府正在寻找各种方法通过使用非关税措施保护当地产业。

有人可能会问，为什么使用非关税壁垒，而不是关贸总协定中的保障措施，如实施新的贸易壁垒或退出关税减让谈判。因为在利用关贸总协定的保障措施之前，一个国家必须满足一定的要求。例如，第十二条允许国家在面临迫在眉睫的支付危机时限制进口，同时第十九条允许国家因没有预见的进口威胁到其国内产业时临时提高关税税率。第十九条还要求成员

第三章 关税和贸易总协定（GATT）

提供关税减让，以换取关税的提高。这可以防止成员过度援引保障措施来保护国内工业免受外国产品的进口竞争，(Finger, 1995)。

（一）自愿出口限制

自愿出口限制（VER）是一种非关税机制，它允许成员方限制从出口国进口。尽管它的名字是"自愿"，但该协议通常是不自愿的，因为出口方是为了维持长期的利益。VER 自 1960 年来被越来越多地使用，并使用于如纺织、制鞋和钢铁等行业。

VER 的一个显著的例子是美国对日本汽车出口的限制。由于无法与更便宜、更省油的日本汽车竞争，1981 年美国要求日本政府"自愿"限制其汽车出口，虽然该协议应该在 1984 年到期，但是美国和日本之间不断增长的贸易赤字使协议延续至 20 世纪 90 年代早期，后来日本汽车生产商开始在美国设厂生产以规避配额。到 1988 年 VER 不再限制日本汽车进口，VER 在 1994 年被删除。

VER 在关贸总协定下是非法的，因为它允许一个成员方区别对待它的供应商。它也把政治带入了贸易谈判，因为作为大国经常使用的自愿出口限制以控制从较小的国家进口（Finger, 1995）。相比第十九条保障措施，VER 越来越受欢迎，因为它避免了赔偿的分配问题。例如，美国可能不得不减少电视关税税率，以提高对纺织品的关税税率。这可能会激怒那些面临来自外国生产商竞争的美国电视制造商。通过与出口国进行磋商让其"自愿"降低其纺织品出口；美国避免了减少对进口电视的关税的必要。

到 20 世纪 70 年代，越来越多地使用 VER 使人们担忧，这可能会削弱关贸总协定促进非歧视性贸易的努力。然而，直到乌拉圭回合各成员才决定禁止使用 VER。各成员同意到 1998 年年底逐步淘汰所有 VER，让成员到 1999 年 12 月 31 日只保留一个 VER。

为了减少一个成员使用非关税措施的动机，在乌拉圭回合中也增加了第十九条保障措施的上诉。首先，它放宽了申请保障措施的过程。成员可以经过调查和确定受损之后申请保障措施，但调查程序必须公开。其次，成员可以实施进口数量限制，只要限制是不低于过去三个"代表年份"的平均水平。最后，外国出口商在第一个三年暂停提高关税以报复成员方。

（二）反倾销税

反倾销税是关贸总协定早年的一个小工具。然而，自 1975 年以来它成为一个主要的保障措施，截至 1984 年，美国、欧盟、加拿大和澳大利亚是反倾销法的主要使用者，他们的反倾销案件占总量的 90% 以上。随着越来越多的成员开始使用反倾销的法律，1986～1990 年所有新的案件中传统的四国仍占 85%，但 2000～2004 年这一比例下降到大约三分之一（Pugel, 2007）。印度在 1992 年开始使用反倾销法，并在 2004 年成为最多的反倾销案发起者，中国于 1997 年制定反倾销的法律，但在反倾销数量上迅速上升到第四位（见表 3-4）。

表 3-4　　　　　　　　　　前 10 名反倾销案件来源发起人

	Number of Cases Initiated		Number of New Antidumping Measure	Antidumping Measures in Effect
	1986~1990	2000~2004	2000~2004	2004
India	0	268	241	216
United States	184	220	115	293
European Union	182	117	88	165
China	0	99	52	56
Argentina	0	98	74	76
Canada	100	77	46	85
Turkey	12	76	65	53
Australia	156	71	38	51
Brazil	6	48	33	54
South Africa	7	44	38	84
World	736	1411	979	1349

资料来源：Pugel（2007）.

芬格尔（Finger, 1996）提供了普遍使用的反倾销税背后的几种解释。首先，反倾销税损失测试往往比第 19 条松。其次，谴责外国人进行不公平的贸易做法，是贸易保护的一个很好的例子。最后，反倾销税与 VER 很好的补充。反倾销法律的威胁提供了一个杠杆，迫使出口商"自愿"对出口的限制。

随着越来越多的国家滥用反倾销税，以保护当地产业，乌拉圭回合谈判引入了一些对反倾销税的规则变化。显著的变化包括：

（1）日落条款：要求在 5 年内全部反倾销行动的终止，除非有持续或复发的倾销证据。

（2）公告：国家征收反倾销税必须公布用来确定倾销的方法和数据信息。

（3）更大的透明度：各国必须给予所有有关利益方面捍卫他们利益的权利，并且必须为他们提供调查程序的信息。

芬格尔（Finger, 1995）认为，新协议在防止反倾销税的滥用上并没有走得足够远，新协议还限制了 WTO 争端解决机制，因为他们只能审查原调查者提供的证据。而且必须接受调查员的审查是客观和公正的。即使调查者得到与他们的结果不同的结论，它也不能推翻调查员的裁决。

三、农业部门

虽然贸易壁垒在大多数行业继续下跌，但农业部门依然被高度保护。在大多数工业国家，萎缩农业部门继续面临着来自发展中国家越来越激烈的竞争。农业行业也组织了强大的游说以获得保护，如1933年美国农业调整法和欧共体的共同农业政策，确保为农民的产品提供较高的支持价格。

在许多工业国家，农业项目通过提供在一个特定的支持价格内购买农产品以支持农民。这些支持的价格通常比国际市场价格，鼓励农民过量生产。多年来价格差距越来越大，政府最终购买了他们大部分的农产品。这导致农业产品库存量增大。为了应对日益庞大的库存，政府以低于市场的价格卖给消费者，限制从供应国的进口，提供补贴鼓励农民出口。

虽然，一般在《关贸总协定》第十一条第2（c）款中禁止数量限制，但对农业进口限制免除，只要有必要开展国内政策，包括处理"临时"农业剩余，关贸总协定谴责类似的出口补贴，但第十六条第3款允许成员施加出口补贴，以维持出口市场份额。

在大多数发展中国家，以及在一些工业国家，国有贸易企业需要对市场扭曲负主要责任，国有贸易企业从政府获得专营权利，负责从不同供应国进口。例如，日本粮食署控制日本所有的小麦进口，并可以无视价格高低指定从每个供应商的进口量。在一些国家，这些机构可以在世界价格水平低时转售这些货物，扭曲国内市场价格（Hathaway and Ingco，1995）。《关贸总协定》第十七条要求国有贸易企业基于商业上的考虑采用不歧视的原则，但这不是强制执行。它还要求国有贸易企业报告他们的活动，但它们的执行通常不令人满意。

到20世纪80年代，农业市场变得更加混乱。在工业国家，高农产品的价格是由纳税人和消费者买单的。美国和欧洲共同体大规模利用出口补贴压低世界市场价格，并威胁到很多不依赖于农业补贴的发展中国家农民的生计，随着工业国家为减少食物的"临时"储存，继续限制进口，农业出口国家的农业增长受限，重要的出口收入被剥夺了。

农业市场日益增长的扭曲在东京回合谈判期间被提出来，但谈判未能在放开这个行业上有显著进步。乌拉圭回合在改革农业部门方面更成功一些，但它达成协议却花了很多年时间。该轮谈判大致分为两个阵营。赞成大幅度自由化的阵营，包括美国和凯恩集团（集团由14个国家：阿根廷、澳大利亚、巴西、加拿大、智利、哥伦比亚、斐济、匈牙利、印度尼西亚、马来西亚、新西兰、菲律宾、泰国和乌拉圭）这些国家为农产品净出口国。另一个阵营喜欢更小的和有选择性的改革，包括欧共体、日本和韩国，它们面临着来自其国内产业强大的阻力。

在前几轮的谈判中，这两个阵营分歧很大。谈判处于停滞状态，后来关贸总协定总干事提出了一个折衷方案，结合了双方的让步。被称为邓克尔文本，主要建议包括将所有非关税贸易壁垒转化为关税，降低15%产品关税税率，它还呼吁减少36%出口补贴，减少24%补贴出口量。

邓克尔文本不被欧洲共同体接受，特别是逐步减少出口补贴措施。日本和韩国抗议大幅度降低关税税率，以保护他们的稻米产业。谈判直到1992年11月20日达成了一项叫做布莱尔大厦协议后才继续进行，该协议把减少出口补贴额的要求由24%减少到21%，并允许分产品降低对农产品的补贴。邓克尔文本的作用后来进一步弱化了，1993年12月，它允许成员方推迟削减一些农产品出口补贴。也允许成员方推迟对选定的产品关税化，使日本和韩国继续保护他们的稻米产业。

乌拉圭回合是把农业部门与 GATT/WTO 的原则进行整合的重要一步。其中最重要的进展是把非关税壁垒关税贸易壁垒进行关税等价转换。也被称为关税化，它涉及通过在具有代表性的时期内比较非关税贸易壁垒下的国内价格和国际市场价格计算关税税率。英格寇里（Merlinda Ingco，1996）指出，各国选择了 1986~1988 年为国际市场价格的代表时期。当时，农产品的价格是十年间最低的。这意味着非关税贸易壁垒下的国内价格和较低的国际市场价格之间有很大的差距。因此，计算关税等值率比以前经常使用的非关税壁垒水平高。Merlinda Ingco 也表明了"敏感"的农业产品，如乳制品、糖和谷物从这个"肮脏关税化"的过程中受益。

农业自由化对发展中国家的限制较少。他们的许多关税税率没有在关税减让表中列出和绑定。因为他们需要提供绑定在其产品上的关税，许多发展中国家选择了非常高的关税绑定，其中一些甚至高于历史的保护水平。Merlinda Ingco（1996）发现，发展中国家如印度、巴基斯坦、哥伦比亚和摩洛哥征收绑定的关税比乌拉圭回合之前使用的关税税率还高。

虽然完全移除农业部门中的出口补贴在政治上是不可能的，但乌拉圭回合在朝着减少补贴上取得了重要的进步。它要求工业国家至少减少 21%，出口补贴，至少减少 36% 的农产品出口补贴支出。发展中国家的义务只有 2/3：要求它们对出口补贴的数量至少减少 14%，至少减少 24% 的农产品出口补贴支出。也给予发展中国家 10 年的出口补贴实施期，发达国家只有 6 年。

在过去的 50 年，只有乌拉圭回合实现了显著的农业贸易改革，尽管这些改革仍然有未完成的事宜。例如，农业部门仍然享有在关贸总协定/世贸组织规则中的某些豁免和国有贸易企业继续在农业市场产生的巨大扭曲。

四、纺织工业和多纤维协议

纺织品贸易是另一个在关贸总协定下受歧视性贸易影响显著的领域，在早年的关贸总协定中，工业国家的纺织行业面临着有廉价的劳动力和原材料成本优势的发展中国家日益激烈的竞争。同时面临着当地纺织工业保护主义日益增加的压力，工业国家特别是美国和欧盟采取通过和供应国双边谈判，让其"自愿"限制其纺织品出口。其中，首先是 1955 年美国限制日本棉花出口，其次是英国在 20 世纪 50 年代末对来自中国香港、印度和巴基斯坦产品的配额限制。

在纺织品贸易中越来越多地使用双方商定的自愿限制给纺织贸易带来了巨大的复杂性，成员方呼吁更系统的解决方法，从而推动了 1961 年涵盖棉纺织的短期安排（STA）的产生。STA 结束了棉纺织品中的双边自愿协议，并提供给发达国家更系统的方法来对纺织品贸易进行数量限制。它还允许纺织品出口方至少每年增加 5% 的配额。1974 年到期的长期安排（LTA）也紧随 STA 之后产生。

STA 和 LTA 只包括棉纺织，它们允许美国和欧共体建立了一系列的"自愿协议"，以限制从主要供应商进口人造纤维制品和羊毛制品。自愿协议的非系统性再次引起越来越多的来

第三章　关税和贸易总协定（GATT）

自发展中国家的失望，这最终导致了1974年多纤维协议（MFA）的产生。协议涵盖了广泛的纺织品，终结了许多由美国和欧盟提出的双边协议。它还把每年最低配额增长率从5%提高到6%。然而，它仍然允许各国根据自己的特殊要求对其供应商给予区别对待和进行数量限制。

多年来，不断的歧视性做法可能会扭曲发展中国家纺织工业的增长模式。在多纤维协议（MFA）之前，东亚和东南亚的纺织生产有明显的增加。多纤维协议（MFA）可能潜在地阻碍了这些行业的发展。扭曲也刺激了中国等生产者搬迁以规避各自的进口配额，结果许多非洲国家，特别是莱索托、马达加斯加和肯尼亚的纺织部门由于来自中国等工业投资而复苏（Naumann，2006）。

尽管发展中国家不断呼吁结束这种歧视性的做法，多纤维协议（MFA）分别在1977年、1981年和1986年做了更新，在乌拉圭回合中签署的纺织品及成衣协议（ATC）是一个巨大的突破。纺织品及成衣协议（ATC）概述了自由化进程的四个阶段，所有阶段在2005年1月1日全面结束。在每一个阶段，各国必须取消对产品的最低配额的数量限制。以1990年为基准年，到1997年、2001年、2004年年底分别至少取消相当于其产量16%、17%、18%的数量限制，在2005年1月1日实现全部整合，对于有配额的产品，在每一个阶段，国家必须提高最低年增长率（见表3-5）。对于限制以每年5%的速度增长的产品，在第一阶段，配额增长率必须每提高年至少5.8%，在第二阶段至少每年提高7.25%，在第三阶段至少每年提高9.21%，2005年1月1日以后，不再有限制！

表3-5　　　　　　　　　　　根据ATC取消配额的进展

Stage	Date of implementation	Percentage of products to be integrated with GATT Rules	Increase in post-MFA quota growth
1	1 Jan 1995 ~ 31 Dec 1997	16% minimum, using 1990 imports as base	16% （i.e. from 5% to 5.8%）
2	1 Jan 1998 ~ 31 Dec 2001	17% minimum	25% （i.e. from 4.8% to 7.25%）
3	1 Jan 2002 ~ 31 Dec 2004	18% minimum	27% （i.e. from 7.25% to 9.21%）
4	1 Jan 2005 Full integration into GATT	49% maximum	n/a （full integration）

资料来源：世贸组织（2001）。

中国是世界纺织品主要的生产国和出口国。由于中国不是关贸总协定的成员，不会从最惠国待遇中受益，获得工业国家的市场准入也相对较小，中国也没有享受到第1和第2阶段的整合过程中ATC的好处。中国加入世界贸易组织后，各国取消了中国的Ⅰ期和Ⅱ期的配额，随后是2002年1月1日中国加入世贸组织后第3阶段的配额取消。中国获得了与ATC

一致的增长速度。

中国加入世贸组织谈判时，同意在 2005 年 1 月 1 日后，以特殊保障条款限制其对面临市场混乱国家的出口，中国加入世贸组织的指导方针规定，只要能提供证据表明中国商品威胁或破坏了他们的纺织品市场，WTO 成员可以重新谈判新保障措施，特保条款可以适用至 2008 年 12 月 31 日。

当最后一组产品的配额到 2005 年 1 月 1 日失效后，国内纺织服装行业成功地游说争取新的保障以对 22 组中国产品进行反制，并保持有效直到 2008 年年底，但美国和中国达成的理解备忘录，美国将对额外保障"保持克制"（Brambilla，Khandelwal，Schott，2010）。中国是否将享受无限制的贸易还有待观察。

五、关贸总协定争端解决机制

当一个成员认为另一成员违反了关贸总协定的协议或承诺时贸易争端就发生了。世界贸易组织成立之前，关贸总协定是对个人、公司或公共公司没有真正权威的多边协议。因此，在没有争端解决机制时，关贸总协定鼓励受影响的国家通过协商来解决自己的纠纷（第二十二条）。

在关贸总协定的初期，第二十三条提供了处理贸易纠纷的基本规则，纠纷由关贸总协定理事会处理。多年来，理解备忘录对第二十三条的基本规则进行了贸易争端解决程序的补充。乌拉圭回合对争端解决机制进行了更多的改变。用一个支持更广泛并以规则为基础的方案取代了一个要求更多积极共识的系统。

关贸总协定争端解决的基本步骤如下：当国家无法自行解决争议，他们可以要求关贸总协定理事会将案件移送审查小组。关贸总协定理事会随后任命的三名与争端国无关的成员组成审查小组。每个小组成员通过书面或口头方式从涉案国家调查情况，并就如何解决这个问题给争议国家提供建议，如果该小组的建议无法解决争议，小组成员将向关贸总协定理事会提交书面的独立报告，关贸总协定理事会审查这些报告，并选择是否采用它。理事会批准后，违反协议的国家必须取消有过错的措施或向受害方提供适当的补偿。如果有过错的国家不执行关贸总协定的建议措施，受害方可能要求对违规方进行适当的报复作为最后的手段。在实践中报复是非常罕见的做法，国家通常通过进一步谈判解决，并提供相应的补偿。

乌拉圭回合之前，争端解决程序需要一个积极的共识，这意味着每一个参与国对决议无异议。关贸总协定理事会必须在将案件移交审查小组之前先取得积极共识，采用审查小组的报告以及允许一国对过错国家采取报复行动时也要求积极的共识。更重要的是，在争端解决程序的每一步，涉及纠纷的国家也可以参与并能表达其反对意见。但是，在许多情况下，国家没有阻挡共识决策，因为他们与其他成员有长期利益，过多阻止可能会导致其他方以同样的方式报复。

"积极共识"虽然在许多情况下给成员方满足的解决方式，但它也存在缺陷。首先，当预计到成员方将阻止解决的决定时，可能是出现大量在关贸总协定之前从没出现过的纠纷。

其次，积极共识的要求可能会影响决策小组的决定，因为该报告被采纳之前需由败诉方接受，这会使审查小组不采取以法规为基础的方案，而是旨在提出双方都接受的"妥协解决方案"。

时间是关贸总协定争端解决机制最大的弊端之一。因为没有一个固定的时间表，有些案件持续了很多年没有达成共识。积极共识的加入使决议进一步延迟，国家可能会延迟程序而不愿向审查小组提起诉讼，坚持采用更多的协商，而不是阻挠决定，败诉方可以选择推迟小组的裁决，要求重审现有的证据。

为了防止长期争议，乌拉圭回合推出了更为结构化的过程，在裁决过程中明确划分阶段。并设置了解决是时间长度，允许该程序的各个阶段中有灵活的最后期限。案件从开始到第一次执行最多不超过 1 年，如果案件需要上诉则时间不超过 15 个月。如果是紧急案件，则过程应尽可能快。

乌拉圭回合协议也使成员方通过案件败诉来阻止裁决的执行成为不可能，根据以往的关贸总协定的程序，裁决只能通过协商一致通过，这意味着单一的异议可以阻止裁决。现在，裁决将自动生成，除非有一个拒绝裁决的共识，任何国家（地区）想要阻止裁决就需要说服所有其他 WTO 成员（包括其在案件中的对手）赞成其观点。

乌拉圭回合还包括对争端解决机制的上诉组织，允许涉案成员对审查小组的第一次裁决提出上诉。通知上诉机构后，会对每一宗上诉举行口头听证，这预计会进行 30~45 天。听证会结束后，上诉组织成员之间进行讨论并公布其裁决。一个月后，有关审查小组第一次裁决是否维持，修改或推翻的最终报告出炉。最终的裁决是由争端解决单元通过（除非争端解决单位达成共识不采用它，但这从未发生过），争议的各方必须无条件地接受。

六、结语

在关贸总协定生效期间（1948~1994 年），平均关税税率在许多部门持续下降，而如农业和纺织业部门继续存在保护政策。连续下降的关税税率鼓励各国政府越来越多地求助于非关税贸易壁垒。经济学家普遍认为关贸总协定在减少贸易壁垒，促进贸易上是成功的，但在防止利用非关税壁垒上不太成功。

对关贸总协定的定量评估是非常困难的。一个被广泛引用的结果表明，协议每年对世界经济整体的贡献超过 2000 亿美元，使全球的收入每年提高约 1%。有些人持怀疑态度，认为关贸总协定/世贸组织对鼓励贸易作用甚微（Rose，2004）。其他人描绘了一幅更为乐观的画面。苏巴马廉和卫（Subramaniam and Wei，2007）认为，关贸总协定/世贸组织贡献了工业国家贸易增加量的 44%，但发展中国家的受益很少。

与关注关贸总协定的成就不同，道格拉斯（Douglas Irwin，1993）提醒说，关贸总协定提供了一个机构演变过程一个重要的视角。关贸总协定设置了贸易政策的标准，并作为一个提醒者，告诉我们争取多边协定是值得的。由于一套规则的存在，关贸总协定为关税水平的下降提供了可靠的保证。

第四节 案 例

☞ 案例一：

美国取消对女性皮毛帽子的关税减让

1950年10月，美国根据第十九条保护措施，取消对女性帽子的关税减让。依据美国关税税则委员会之前的调查，认为进口增加会对美国帽业造成严重伤害。根据需要，美国与受影响成员方进行了协商，但未能与捷克斯洛伐克达成协议。由于争议未能解决，双方将案件移交给专题工作组。

专题工作组指出，要取消谈判达成的关税减让承诺，必须满足三个条件：第一，必须有：(a) 帽子进口量的异常增加；(b) 该异常事件在关税谈判期间不可预见；(c) 国内帽业严重受损。第二，取消关税只能用来防止帽业受损。第三，美国必须在取消关税减让前通知受影响的成员方并与其协商。

1. 双方争论焦点

（1）关税减让造成的进口量增加。

美国指出，1948年年初帽子的关税减让生效后，1948年、1949年和1950年的前6个月女性帽子进口量激增（见表3-6）。

表3-6　　　　　　　　　美国女性帽子进口数量　　　　　　　　　单位：打

年份	1937	1939	1946	1947	1948	1949	1950（1~6）
进口量	52493	6372	36910	15984	44646	120511	61827

受取消关税的影响，女性帽子（帽子价格在9~24美元/单位）的进口量显著增加，从关税生效前（1947）的8251打增至生效两年后（1949）的106426打。

（2）关税减让引起的不可预见增加。

美国代表们认为，尽管他们预计到关税减让会增加进口量，但他们并没有预料到消费者偏爱天鹅绒质帽子这一变化，由于天鹅绒质帽子需要投入更多的劳动力，美国生产商也无法快速适应消费者的偏好和来自外国帽子制造商的巨大压力。

捷克作为天鹅绒质帽子的主要生产国，不赞成美国的观点，并指出时尚界的口味在不断变化是正常的。捷克代表们强调，时尚的天鹅绒设计早已风靡巴黎，同时，一些美国帽子生产商也预计到了这一点，创建并推广了这些新设计。

工作组规则有利于美国。虽然他们同意捷克代表们的观点：认为时尚变化不构成"不可预见发展"，但他们确信美国谈判者无法预见天鹅绒质帽子的时尚变化从而无法与有较廉

第三章 关税和贸易总协定（GATT）

价的劳动力成本的外国生产商竞争。工作组裁定这种情况足以满足关税减让中"不可预见发展"的要求。

（3）认真对待进口增加。

美国代表们指出，进口上升损害了国内帽子生产商。虽然没有失业数据，但美国关税税则委员会在咨询帽子制造商过程中发现，被问的14个中有10个制造商称：同进口商品相比，他们无法以更具竞争力的价格对帽子主体做特殊处理。

美国还提供证据表明，关税实施后，与1948年相比，1949年的工人平均人数急剧下降15%（见表3-7）。虽然很难找到下降背后的确切原因，但美国关税委员会确信下滑的部分原因主要是归因于进口增加。

表3-7　　　　　　　　　　从事皮毛毡帽主体生产的工人数

	1947年	1948年	1949年
工人平均数量（人）	4383	4349	3717
与1947年数据相比下降比例	—	1%	15%

捷克代表们不认同他们的观点，声称该数据无法确切显示进口增加所带来的危害。他们认为，1948年美国的就业率下降较小，而1949年就业跌幅较大可能是由其他原因造成的。捷克代表们坚称，同工人的平均数量相比，制帽工人（很难获取）的失业人数将能更好地衡量进口增加所带来的危害。

他们认为，时尚的变化实际上为美国创造了就业机会。根据美国代表们提供的数据，他们强调，1949~1950年美国经特殊表面处理的帽子的产量增长了四倍，这高于此期间的进口平均增长水平，期间美国的帽子产量在60万打左右。纯成品帽子产量的下降可能是由生产者从纯光洁度帽子生产切换至经特殊表面处理的帽子生产所造成的（见表3-8）。

表3-8　　　　　　　　　　经特殊表面处理的女性帽子产量

	产量（千打）	同去年相比的增长率	同1948年相比的指数
1947	no production	—	—
1948	15	—	100
1949	25	66%	166
1950	100[①]	400%	666

注：Figures were obtained by the Czechoslovak representative from his own source of information in the United States. The estimate arrived at by doubling the output in the first half of the year 1950 would be 50,000 dozen.

捷克代表们审查了美国提供的数据并指出，虽然14个企业中有10个无法与外国进口企业竞争，但在20世纪50年代其余4个企业生产了大部分的毡帽。捷克代表们指出，这其中的10个企业可能处于样品生产和产品试验阶段，捷克代表们认为征收进口关税的真正目的，不是为了保护国内本土产业，而是为了减少外国竞争并给当地现有产业更大的市场。

在审查证据后，工作组裁定支持美国，认为关税减让可能会对一些女性帽子行业造成危害。尽管美国未能有力证明进口增加能使其产业遭受"严重伤害"，但在第十九条下这不是必要的。工作组裁定，捷克代表们未能有力说明，关税减让没有对美国帽子制造商形成威胁或造成伤害。

2. 第十九条规定的行动范围

第十九条第1款规定取消关税必须限定在防止或补救危害的必要范围之内。这使得工作组需要审查：(1) 取消关税的产品范围；(2) 取消关税的持续时间。

关于关税取消的范围，美国只针对价格在9美元至24美元范围内的女性帽子予以关税减让，其他价格阶段的帽子，关税不变。尽管捷克代表们质疑，美国是否有必要以这种方式应对竞争，但工作组指出要精确地计算为了保护当地产业需要增加多少关税是不可能的。但工作组经常敦促美方审查其政策。

关于行动的持续时间，美国政府并没有为去除关税取消提供一个详细的时间表。由于女性帽子行业的利益受到严重损害，美国不太可能将关税税率恢复至创建关贸总协定时所规定的水平，但可能会为其他产品提供互惠的关税减让。

3. 结论

工作组得出结论，美国采取的取消进程并没有违反第十九条所述的程序。然而，工作组认为第十九条是一项保护措施，应该限定期限，并敦促美国在接下来的几个月审查其消费、生产和进口模式，当不需要取消时要恢复减让。

☞ **案例二：**

欧洲经济共同体（EEC）限制进口智利苹果

1979年，欧洲经济共同体面临着异常大的苹果库存，在减少市场苹果过剩的过程中欧共体与南半球供应国（阿根廷、澳大利亚、智利、新西兰和南非）进行了协商。它与阿根廷、澳大利亚、新西兰和南非达成了一项自愿限制其苹果出口的协议，但未能与智利达成类似协议。虽然与智利进行了进一步磋商，但仍旧未取得任何解决办法。这致使欧洲经济共同体单方面强加一个42000吨的苹果配额给智利。智利抗议这项措施，认为配额太小了，因为它已经就最多可出口60500吨的苹果与欧共体的进口商进行了协商。这一争端未能得到解决，欧共体和智利便求助于理事会成立专家小组以解决此争端。

1. 主要争论

（1）第十一条。

一般情况下不允许数量限制，除非它是欧共体执行其如下工作所必要的：①限制苹果生产和销售；②消除暂时过剩的苹果（第十一条第 2 (c)）。

智利声称欧共体进口限制不符合第十一条第 2 (c) (i)，原因如下：

智利的各种苹果并不直接与欧洲品种竞争，因此努力限制其苹果出口难以增加欧洲苹果的销售，也无法减少其过剩的苹果。欧共体坚持认为，智利的苹果直接与其品种竞争，因此限制智利苹果出口以减少 1979 年欧洲市场苹果过剩是必要的。

与国内苹果退出国内市场相比，欧共体限制进口智利苹果更严格。欧共体回应说，智利使用的是 1979 年的出口数据，为获得更大份额的配额，这一数据被贸易商抬高。

智利声称欧共体进口限制不符合第十一条：2 (c) (ii) 因为欧共体多年来一直在积极减少苹果库存，从而智利质疑欧共体的措施是否是"临时"的。欧共体辩称，1979 年苹果囤货非常高，部分原因是以往季节的苹果可以储存并在接下来的季节出售给消费者。

（2）第十三条。

第十三条第 1 款规定使用数量限制时，应在非歧视原则的基础上进行。第十三条第 2 款下一段规定在没有贸易限制的情况下，成员方应尽可能地把配额没有限制地公平分配给各供应国。

智利声称，欧共体不符合第十三条第 2 款非歧视待遇原则。它无法接受欧共体"自愿"限制其苹果进口的协议，欧共体使用的 1976～1978 年数据计算的进口限制额不具代表性，因为在 1976 年与欧共体签订的自愿限制协议仍然有效。智利补充道，它的苹果出口超过了 1976 年的配额，因为其中一部分是通过第三国购买的。欧共体辩称其进口限制符合第十三条 (d) 项：当成员方无法达成协议时，应根据上一期有代表性的时期各供应国的比例分配配额。标准做法是选择在限制实施前的三年作为代表期，即 1976～1978 年。

（3）关贸总协定第四部分。

作为一个发展中国家，智利声称欧共体进口限制未能特别关注智利的出口利益。智利称，从苹果产业的迅速扩张中可以明显看到苹果已经成为其经济发展的一个重要组成部分。它认为，在 1976 前几年欧共体就应该把更多精力放在过剩苹果的处理从而避免对其出口供应国的惩罚。欧共体则认为，为继续进口智利苹果，1979 年它采取了一切可能的努力措施。同年，它试图与智利达成双边协议，提高智利配额至 42000 吨，结果实际进口了 46000 吨。

2. 结论

（1）关于第十一条第 2 款专家小组裁定。

智利苹果与欧洲苹果品种是"相似产品"。因此，欧共体限制进口智利苹果以有效处理国产苹果的做法符合第十一条第 2 (c)。然而，欧共体违反了第十一条第 2 (i)，因为它与其他南半球国家（阿根廷、澳大利亚、新西兰和南非）谈判时没有通知智利。

欧共体违反了第十一条第 2 (c) i，其依据是同出口到欧共体的产量相比，限制从南半球进口的苹果比重超过了欧共体撤回的苹果占其生产总量的比重。利用 1975 年、1977 年和 1978 年作为代表（因为在这段时间自愿限制还不到位），专家组推测，南半球国家打算出口相当于欧共体苹果产量 4.9% 的苹果。这个数字高于欧共体与南半球国家之间（包括智利的配额）签订的，实际出口相当于欧共体苹果产量 4.5% 的协议数字。

1979年，欧共体处理苹果的措施符合第十一条第2（c）（ii）。尽管不能将欧共体的苹果库存视为"临时过剩"，但专家小组发现，1979年欧共体苹果库存显著高于正常水平。

（2）关于第十三条，专家小组裁定。

欧共体的做法不符合第一条第2（a）和3（b）款的第一项，因为它没有在暂停进口智利苹果前公开通知智利。但另一方面，欧共体的做法符合第十三条第3（b）款的第二项，在实施暂停进口时，允许进口智利苹果。

欧共体违反了第十三条第1和2（d）款的非歧视待遇原则。尽管智利的苹果配额（42000吨）小于使用1975年、1977年和1978年为代表年推算的配额，但在分配配额份额时，欧共体应该考虑智利出口能力已经增强。智利出口商同欧共体商业供应商签署进口60500吨苹果，表明智利出口能力在提高。

经过仔细审查，专家小组裁定，欧共体并未违反关贸总协定第五部分的义务，因为它无法确定欧共体是否努力避免对智利采取保护措施。专家小组指出，为了继续进口智利苹果，欧共体已经采取了某些行动，包括双边磋商。

综上所述，专家小组裁定，欧共体暂停进口违反了第二十三条第2（a），第十三条第2（a）和3（b）第一项。专家小组认为智利已经受到了不利影响，并敦促欧共体会和智利通过双边协商来获得满意的解决办法。

第四章 国际货物贸易关税协议

> **本章要点**
>
> 1. 《农业协议》的主要内容有哪些?
> 2. 市场准入的规定有哪些?
> 3. 国内支持政策的具体内容有哪些?
> 4. 《纺织品与服装协议》的主要内容有哪些?
> 5. 过渡性保障措施的规定有哪些?
> 6. 《民用航空器贸易协议》的主要内容有哪些?
> 7. 《信息技术协议》的内容主要包括哪几个方面?
> 8. 加入 ITA 对我国信息技术产业发展有何利弊?
> 9. 加入 ITA 之后我国信息技术产业发展有何对策?

第一节 《农业协议》

《农业协议》(Agreement on Agriculture)是乌拉圭回合一揽子协议中最重要的自由化协议之一,是世界贸易组织(WTO)管辖的一项多边贸易协议。《农业协议》的宗旨是建立一个公正的以市场导向为目标的农产品贸易体系,通过在国内支持和保护方面的承诺谈判来建立起强有力的、在操作上更为有效的规则,以此推动农产品贸易体系改革工作,从根本上逐步实现减少现存的农业补贴额和保护,最终纠正和防止世界农产品市场中存在的种种限制和扭曲现象,逐步实现农产品贸易自由化。

一、《农业协议》产生的背景

农业是容易引起政治和社会问题的领域,考虑到农业领域的特殊性,各国在农业领域都实施了农产品保护政策。农产品贸易作为一个特殊领域,从关贸总协定(GATT)生效到乌拉圭回合谈判生效的 30 多年时间里,一直游离于关贸总协定规则的有效约束之外,成为贸易保护最重的部门。为了实现农产品贸易的自由化,关贸总协定做了大量工作。1964~1967 年的"肯尼迪回合",曾把农产品确定为重点议题,但美国、欧共体等农产品贸易大国持有异议,美国提出大幅度削减农产品进口关税,并要求取消进口数量限制,但遭到欧共体拒绝,因而该轮谈判未能就抑制农业保护主义取得实质性的成果。1973~1979 年的"东京回合",再次把农产品确定为重要议题,同样因为美、欧的冲突,最后就牛肉和奶制品签订了两个协定,农产品贸易自由化进展甚微。"肯尼迪回合"及"东京回合",美国及凯恩斯集团[1]强烈要求农产品贸易的自由化,以及削减和废除对贸易有影响的农业补贴。由于美国和欧共体的对立,农产品问题的谈判未能获得满意的结果。

  1986年"乌拉圭回合"谈判开始时,农业贸易问题被确定为本轮谈判的中心议题。农业谈判主要在三大利益集团之间展开,即美国、欧共体和凯恩斯集团。由于大幅度削减农业生产补贴和出口补贴对美国极为有利,而有可能使欧共体处于明显的竞争劣势和导致严重的社会问题。同时,美欧的出口补贴大战和对本国农产品市场的保护使凯恩斯集团出口损失惨重,这样使三方利益尖锐对立导致农产品贸易谈判面临巨大困难,一直在希望与失望的反复中艰难进行。在审议各种提议和意见的谈判初期似乎一切都有希望,但随着向实质性问题的接近,分歧便呈尖锐化的态势。"乌拉圭回合"原计划用四年的时间完成各项议题的谈判任务,然而由于农产品贸易谈判不时地充满火药味,谈判代表们多次闹得愤愤而散,致使谈判几度陷入破裂的边缘。经过多次艰苦的谈判,美欧双方终于作出让步,于1992年11月20日达成了《布莱尔大厦协定》,并在此基础上,谈判各方终于在1993年12月15日签署了《乌拉圭回合农业协议》(the Uruguay Round Agreement on Agriculture,以下简称《农业协议》)。《农业协议》从1995年1月1日开始生效,发达国家的承诺应在2000年年底前的6年里完成,发展中国家的承诺在2004年年底前的10年内完成。

二、《农业协议》的主要内容

  《农业协议》由序言、13部分共21个条款正文及5个附件组成,同时附有各成员方的具体减让承诺表。

  序言阐明了农产品贸易谈判的目标、宗旨和基本原则,承诺在市场准入、国内支持、出口竞争以及动植物卫生问题上达成协议。同意在实施市场准入承诺时,发达成员要充分考虑发展中成员的特殊需要,改善发展中成员具有特殊利益农产品(如热带农产品等)的市场准入机会。序言还要求考虑非贸易因素、发展中成员的特殊和差别待遇、改革计划的实施对最不发达成员和粮食净进口发展中成员产生的消极影响等问题。

  《协议》文本有13个部分21个条款:(1)术语定义和产品范围;(2)减让与承诺;(3)市场准入与特别保障条款;(4)国内支持承诺与国内支持的一般纪律;(5)出口竞争承诺、出口补贴承诺、防止规避出口补贴承诺与加工产品;(6)出口禁止和限制的纪律;(7)适当的克制;(8)动植物卫生检疫措施;(9)特殊和差别待遇;(10)最不发达国家与粮食净进口发展中国家;(11)农业委员会、对承诺执行情况的审议、协商和争端解决;(12)改革进程的继续;(13)最后条款。

  《协议》有5个附件,附件1规定了协议所涉及的农产品范围;附件2列明了可免除削

---

[1] 凯恩斯集团指澳大利亚、加拿大、阿根廷、巴西、智利、新西兰、哥伦比亚、斐济、匈牙利、印度尼西亚、马来西亚、菲律宾、泰国及乌拉圭等14个农业生产国和出口国,其农产品出口占世界出口量的25%,但是这些国家都没有对其农产品给予补贴。

减承诺的国内支持措施的标准,以及12项"绿箱政策"措施;附件3规定了国内综合支持量的计算方法;附件4规定了支持等值的计算方法;附件5界定了第4条第2款规定的特别处理。

《农业协议》主要涉及市场准入、国内支持、出口补贴及动植物卫生检疫措施条款四个方面的内容。

(一)市场准入

市场准入(Market Access)简单地说就是指一个国家允许进口的商品数量。关于市场准入的规定主要体现在《农业协议》第三部分的第4条和第5条以及附件5中。市场准入主要包括关税减让、关税税制的简化、关税配额及其管理和特殊保障条款等方面。不同种类的关税和非关税壁垒可以被用来限制一国进口国外产品的数量,从而降低了一国的市场准入水平。由于许多国家用关税及名目繁多的非关税壁垒来限制他国农产品进入其国内市场,导致了世界农产品贸易的不公平竞争,妨碍了农产品贸易自由化的实现。为此,《农业协议》针对农产品市场准入方面规定:(1)明确禁止各成员方对农产品贸易实施非关税壁垒,关税是唯一符合协议要求的手段;(2)要求基本上所有的普通关税都应为约束性关税(Bound Tariff)[①],即任何时期的最高关税税率都是固定的、约束性的;(3)各成员方的约束性关税在实施期内必须以承诺的比率降低;(4)各成员方必须维持现行的市场准入机会,针对以前没有市场准入机会的农产品,必须保证最低市场准入(汪小雯,白玲,2003)。

具体来讲,各成员方就农产品的市场准入达成的协议内容如下:

1. 单一关税化

《农业协议》只允许使用关税这一手段对农产品贸易进行限制,所有进口数量限制、进口差价税、最低进口价格,任意性进口许可证,经营国家专控产品的单位所保持的非关税措施,自愿出口节制,以及普通关税以外的同类边境措施等非关税措施均须转化为进口关税。具体包括:

(1)现行的非关税壁垒措施应转化成相应的关税等值。计算方法是:某种农产品的关税等值(使用了非关税措施)=该产品的国内市场平均价格 - 该产品或相近产品的国际市场平均价格。

(2)关税等值用来制订农产品进口的从量税或从价税(即建立相应的关税)。

(3)农产品加工品的关税等值=农产品原料的关税等值/农产品原料占农产品加工品的比重。

(4)协议允许成员方在一定条件下,对某项产品(大米)延迟一段时间再进行关税化。同时规定:允许发达国家延迟到协议执行期满(2000年),届时该国若在别的方面作出减让,仍可就再度延迟问题进行谈判并商定。但作为延迟的交换条件,该产品(大米)市场

[①] 约束性关税(Bound Tariff)指的是通过 GATT 的回合谈判,作为承诺的一部分被载入各国(地区)减让表中的关税。如果一成员方提高某产品的关税率高于约束性关税税率,"受害方"有权就来自这一成员方的相同价值的产品进行报复。各成员方在任何时候都有权降低他们的约束性关税税率,但是约束性关税只能被降低而不能被抬高。

准入量应从基期占国内消费的4%增加到执行期满时的8%。发展中国家可延迟10年,市场准入量由1%增加到4%。

2. 关税减让

协议要求各方承诺在实施期限内,将减让基期的关税(包括新量化成的"税率")削减到一定水平。

(1) 减让基期:1986~1988年。

(2) 实施期限:从1995年开始,发达国家为6年,发展中国家为10年。

(3) 减让承诺。协议规定,从1995年开始,分年度执行减让承诺。具体包括:

① 发达国家将以1986~1988年为基础,按简单算术平均计算的税率削减36%,发展中国家削减24%。

② 每项产品的关税税率至少削减15%(发达国家至少削减24%,发展中国家削减10%)。

③ 约束所有关税(包括关税化的关税),即各缔约方的任何一项农产品进口执行关税均不得超出其所承诺的减让水平。若有关关税税率已经是约束税率,则将其视为现行约束税率。否则,将1986年9月1日实施的关税税率视为约束税率。

3. 最低市场准入

最低市场准入是指各成员方对一些过去应高度限制或少量甚至禁止进口的农产品,作出的最低市场准入机会的承诺。《农业协议》规定对于关税化产品要以关税配额的形式承诺最低市场准入机会(Minimum Access Opportunity)或现行市场准入机会(Current Access Opportunity)。

最低市场准入机会适用于在基期(1986~1988年)内的进口量不足国内平均消费量5%的关税化产品。该类产品在《农业协议》生效时的最低市场准入机会应为基期国内平均消费量的3%,并在6年内增至5%。在此比例下的进口适用较低的关税,超出此比例的进口则适用较高的关税。

现行市场准入机会适用于在基期(1986~1988年)内的进口超过国内平均消费量5%的关税化产品。对于此类产品,《农业协议》要求成员方维持或增加已经存在的市场准入机会。在增加现行市场准入机会时,增加部分应以最惠国方式分配。

4. 特别保障措施

对于关税化的农产品,《农业协议》的特别保障条款赋予了成员方在特定情况下征收额外关税的权利。即在任何年度内,当关税化产品的进口数量超出基期进口量的某一特定比例,或其进口的到岸价低于基期价格时,成员方可对此类产品征收附加税。该项附加税只能持续到当年年底,且其数额不能超过当年普通关税水平的1/3。对于成员方采用特别保障条款所引用的进口量、进口价格及征收关税的具体水平,《农业协议》均有严格限制。另外,《农业协议》特别强调特别保障措施应贯彻透明度原则。成员方应在采取有关行动后10天内以书面形式通知农业委员会,并应向有利害关系成员方提供就此措施进行磋商的机会。

值得强调的是,《农业协议》的特别保障条款仅适用于"关税化"产品,因此它不同于1994年《关贸总协定》的一般保障条款,其不同之处在于,动用特别保障条款时(即征收附加税)可根据《农业协议》第5条规定的条件自动适用于特定进口商品,不必证明国内产业受到严重损害,或需与出口国举行磋商。尤其需要指出的是,实施特别保障条款的农产品大多按峰值关税征税,因此,特别保障条款实际上为已经受到高度保护的农产品提供了进一步的保护。但遗憾的是,许多发展中国家由于未进行关税化,因此不能享有使用特别保障措施的权利。

(二)国内支持条款

《农业协议》涉及国内支持的条款主要是第1条、第6条、第7条以及附件2、附件3和附件4。

国内支持(Domestic Support)是指成员采取的以农业和农产品生产者为扶持资助对象,扩大国内农产品生产或扭曲国际市场农产品贸易的各种保护和支持的财政支出政策和措施。

《农业协议》第1条H项、第6条第1款、第3款和第7款多处提到的"有利于农业生产者"等字眼表明,国内支持是有利于农业生产者的。《农业协议》序言和附件2提到了国内支持的"贸易扭曲作用或对生产者的刺激作用",《农业协议》的"长期目标是在协议的期限内,持续对农业支持和保护逐步进行实质性的削减,从而纠正和防止世界农产品市场的限制和扭曲"。由此可见,成员实施的国内支持对本国农业和农产品生产者有保护和支持作用,限制和扭曲了农产品国际贸易。《农业协议》第1条c项、附件2第1条a项、附件3第2条和第3条提到"补贴包括政府或其代理机构的预算支出和放弃的税收"、"国家一级和国家以下一级的支持均包括在内",这些语句表明,国内支持来自成员财政。

从本质上讲,国内支持措施是政府向国内生产者提供的补贴。这种支持国内价格或借其他方式补贴生产的政策,鼓励了过量生产,进而排挤了进口产品,或导致出口补贴和在国际市场上以低价倾销。WTO按照补贴对生产和贸易影响的不同而划分为不同类型,并将这些分类的国内支持政策形象地称为"绿箱"政策、"黄箱"政策和"蓝箱"政策。

1."绿箱"政策

"绿箱"政策是指那些对生产和贸易没有影响或者影响非常微弱的政策,《农业协议》既不要求削减这些政策,也不限制将来扩大和强化使用这些政策。《农业协议》附件2"政府服务计划"列举了很多形式的绿箱政策,如在农业研究、病虫害控制、基础设施及粮食的安全、特定产品的检验分级、营销和促销活动等方面的开支;不刺激生产对农民的直接支付,如某种形式的直接收入支持;政府参与的收入保险和收入安全网计划;救济自然灾害的开支;帮助农民进行农业结构调整的援助;环保计划下的开支;区域援助下的开支等。

2."黄箱"政策

"黄箱"政策是指所有有利于农业生产者,而又不能被证明满足于《农业协议》附件2

的标准、被认为刺激国内农产品生产或扭曲国际市场农产品贸易的国内支持政策，这些政策在过渡期内可继续实行、但过渡期后要取消。如价格支持、营销贷款、面积补贴、牲畜数量补贴、种子肥料灌溉等投入补贴、某些有补贴的贷款计划等。"黄箱"补贴的大小通常用综合支持总量（Aggregate Measure of Support，AMS）[①]来衡量。如果国内支持量很少，则不需要纳入计算和削减，即所谓微量支持。根据《农业协议》第6条第4款（a）项规定，微量国内支持指不需要列入成员现行综合国内支持总量且不需要削减的国内支持。对发达成员来说，这一水平为不超过一种产品生产总值的5%，或农业生产总值的5%；对发展中成员来说，微量国内支持为10%。

3. "蓝箱"政策

"蓝箱"政策是指那些虽然对生产和贸易有扭曲作用，但是以限制生产面积和产量为目的的，给农民以某种直接支付的国内支持政策，是"黄箱"政策的特例，不列入需要削减的国内支持计算。

为了适应欧盟和美国，以便尽早结束乌拉圭回合谈判。《农业协议》第6条第5款规定，一些与生产限制计划有关的政策支持可以放在被称为"蓝箱"的特殊政策中，来得到免除减让。其条件是必须满足下列要求之一：（1）按固定面积或者产量提供的补贴；（2）根据基期生产水平85%以下所提供的补贴；（3）按牲口的固定头数所提供的补贴。

"蓝箱"政策在一些方面存在着相对的不精确性，例如，"固定"面积和产量或确定的"基本水平"是否必须保持不变或可变，在实践中是否起到限制生产的作用。协议规定，在计算现行综合支持总量（用来衡量符合执行期间任何一年减让表中年度承诺水平状况）时，这些"蓝箱"支付的全部价值是被排除在外的。因此，对"蓝箱"直接支付的待遇从名义上看，与其他免除措施并无差异，但是，由于"特殊和差别待遇"和"最低减让标准"的措施价值未包含在1986~1988年基础综合支持总量中，因此也不反映年度承诺水平，而有关"蓝箱"支付价值是从现行综合支持总量中扣除的，这样就给"黄箱"政策支持以额外的执行灵活性。欧盟在共同农业政策改革中将其1995年补偿支付（Compensation Payments）纳入"蓝箱"来免除减让，而美国则将其1995年差价支付（Deficiency Payments）纳入"蓝箱"来免除减让。

（三）出口补贴

《农业协议》第1条"术语定义"（e）项明文规定："出口补贴指视出口实绩而给予的补贴，包括本协议第9条所列的出口补贴。"

《农业协议》第8条规定："每一成员承诺不以除符合本协定和其减让表中列明的承诺以外的其他方式提供出口补贴。"

出口补贴（Export Subsidy）被认为是最容易产生不公平竞争（贸易扭曲）的政府政策。

[①] AMS 是指"给基本农产品生产者生产某项特定农产品提供的，或者给农产品生产者全体生产非特定农产品提供的年度支持措施的货币价值"。

第四章　国际货物贸易关税协议

乌拉圭回合之前的各轮谈判只是成功地对工业品出口补贴进行了限制，本轮谈判才在削减农业出口补贴上取得进展，并达成了以减让基期的出口补贴为尺度，在一定的实施期内逐步削减的有关协议。协议规定：

（1）减让基期：1986~1990 年；实施期限：从 1995 年开始，发达国家为 6 年，发展中国家为 10 年。

（2）《农业协议》第 9 条第 1 款规定须作减让承诺的出口补贴包括：①政府或其机构给农产品出口提供的直接补贴，包括实物支付，不论是给予企业、行业、生产者或其所组成的社团；②政府或其机构以低于国内市场的价格销售或处理农产品库存以供出口；③给出口的农产品或用作出口产品原料的农产品融资付款；④为降低出口产品的营销成本而给予的补贴；⑤为降低出口农产品的交通费用而给予的补贴；⑥以其纳入出口产品为条件而向农产品提供的补贴。

（3）出口补贴减让承诺。出口补贴减让方式有两种，即数量减让和价值减让。①数量减让：以 1986~1990 年的平均水平为尺度，在实施期结束时，发达国家将有补贴的农产品出口数量减少 21%，发展中国家减少 14%；②价值减让：以 1986~1990 年的平均水平为尺度，在实施期结束时，发达国家将出口补贴的支出额减少 36%，发展中国家减少 24%。

（4）控制补贴的扩大。农业协议规定，如果在基期没有对某种农产品进行出口补贴，则禁止该国将来对该产品出口进行补贴。

（5）对农产品加工品的规定。农业协议规定，农产品加工品的出口补贴只需削减预算开支。

（6）对发展中国家的特殊与差别待遇。①对有补贴的农产品出口数量，只需削减 1986~1990 年平均水平的 14%（发达国家为 21%）；②对出口补贴的支出额，只需削减 1986~1990 年平均水平的 24%（发达国家为 36%）；③允许实施市场营销与国内运输补贴措施；④减让的实施期限为 10 年（发达国家为 6 年）。

乌拉圭回合在农产品市场准入、国内支持和出口补贴等方面的减让承诺实施的具体安排详见表 4-1。

表 4-1　乌拉圭回合农业部门削减补贴和保护的数量目标

	发达国家 （6 年：1995~2000 年）	发展中国家 （10 年：1995~2004 年）
关税		
——全部农产品平均削减	-36%	-24%
——每项产品最低削减	-15%	-10%
国内支持		
——部门综合支持量削减 （基期：1986~1988 年）	-20%	-13%

续表

	发达国家 （6年：1995~2000年）	发展中国家 （10年：1995~2004年）
出口补贴		
——补贴额削减	-36%	-24%
——补贴量削减 （基期：1986~1990年）	-21%	-14%

注：最不发达国家不需承诺削减关税或补贴；关税削减的基础水平为1995年1月1日前的约束税率；对于未约束的关税，采用1986年9月乌拉圭回合开始时的实际税率；《农业协议》中只包含出口补贴削减的数字，其他数字是用于计算各国有法律约束力的减让表的目标数字。

资料来源：http://www.wto.org/english/thewto_e/whatis_e/tif_e/utw_chap2_e.pdf.

（四）动植物卫生检疫措施条款（Sanitary and Phytosanitary Measures）

农产品国际贸易中的环境保护和动植物卫生检疫措施是指各国（地区）出于保护居民、动物和植物的生命安全和健康的需要，而采取的某些限制农产品进口的措施。这类进口限制措施有其一定的合理性，但近年来在农产品贸易中存在着滥用这类措施以构筑贸易壁垒的现象。《农业协议》第14条明确规定了对农产品的进出口检疫措施适用《动植物卫生检疫措施协议》（SPS）[①]。《SPS协议》的具体内容包括各成员方在实施动植物卫生检疫措施方面的权利和义务、各成员方相关措施之间的协调、透明度和对发展中国家成员方的特殊待遇等。

三、《农业协议》的积极作用及局限性

（一）《农业协议》的积极作用

（1）《农业协议》打破了农业贸易保护主义的壁垒，抑制了贸易保护主义的倾向。针对发达国家日益加剧的贸易保护主义措施，《农业协议》提出了"自由贸易"的发展方针，并为此在协议中规定，取缔一切非关税壁垒，实行关税化，同时逐步降低关税水平，还规定逐步削减不利于贸易发展的农业补贴和内部支持。从而抑制了贸易保护主义的发展倾向，有利于各国农产品自由进入市场，展开公平的市场竞争，并使交易价格能够较好地反映市场供求关系，防止贸易扭曲现象的继续。

（2）《农业协议》提出了"区别对待"的原则，对发展中国家实行一些比较优惠的执行措施。①允许发展中国家在降低关税、削减农业补贴和国内支持等方面的承诺数，均低于发达国家（例如，发达国家在执行期内须降低关税36%、削减农业补贴36%、削减国内支

---

① SPS协议虽然表明为了动植物的健康和安全，实施动植物检疫制度是必需的，但是更强调动植物检疫对贸易的不利影响要降到最低限度，不应构成对国际贸易的变相限制，并把关贸总协定中的等同原则、透明度等引申到SPS协议中，成为动植物检疫应遵循的规则。

持20%，而发展中国家则只须分别降低或削减24%、24%和13.3%，都只相当于发达国家承诺额的2/3）；联合国批准的最不发达国家还可免予降低或削减。同时，在计算综合支持总量（AMS）时，允许对发展中国家给以较为宽松的条件。②规定发达国家自1995年起到2000年为执行期，共6年，而允许发展中国家延长到2004年。这样发展中国家就可以有比较宽裕的时间来进行政策调整，并能较好地保护其农业发展。③允许发展中国家可以例外地提供补贴，以减少农产品的销售费用和不同的国内运费，有利于加强其产品的竞争能力。④《农业协议》还要求主要的捐赠国增加粮食援助承诺，改善粮食援助的管理，提高无偿援助的比重，以协助贫穷、缺粮的发展中国家维护其粮食安全（吴天锡，1995）。

（3）《农业协议》确立了环境保护和动植物卫生检疫措施行为规范，如非歧视性、国际标准性和透明度等，以免因滥用这些措施而构筑贸易壁垒，农业保护的透明度增加，农产品贸易的安全性和可预见性有所提高。

（4）《农业协议》建立了一个有效的农产品贸易争端解决程序，增强了国际农产品贸易的稳定性。《农业协议》最重要的一个特征是，它为国内农业政策建立了一套完全新的、可操作的规则，而且将对保护主义的约束承诺已经纳入国际法中。

（二）WTO《农业协议》的局限性

（1）农产品关税削减有限，存在大量高关税。乌拉圭回合关税减让承诺是以所有产品关税的简单算术平均数为基础，使WTO成员在削减关税总体水平的同时，继续对其关切的重要产品实行高关税。因此，各国（地区）农产品仍保持了较高的关税水平，世界平均为62%（王怀宁，高成兴，2000），不少国家（地区）的关税水平远远高于世界平均水平。一些国家（地区）虽然平均关税水平较低，但其重要产品或不具比较优势的产品的关税很高，其中美国、欧盟、日本和加拿大等发达成员对从发展中成员进口的一些重要农产品征收高达300%以上的高关税（杨鹏飞、洪民荣，2000）。

（2）《农业协议》要求成员对国内支持和出口补贴的削减，从支持总量的减少和涉及的政策范围来看，都是相当有限的。根据各成员的减让承诺，全球农业的国内综合支持总量将由基准期的1980亿美元减少到执行期末的1620亿美元，出口补贴由213亿美元减少到136亿美元，允许的国内综合支持总量（AMS）和出口补贴在削减后仍保持在较高的水平。在大多数情形下，允许发达成员使用的AMS相当于该农产品GDP的20%以上。其中欧盟为63.4%，日本为50.5%。考虑到农业国内支持减让是以总量为基础的，对特定产品支持减让没有任何要求，故其对减少农业保护作用更为有限。

（3）发展中成员与发达成员间的严重不平衡。《农业协议》允许发达成员使用的AMS总量为1460亿美元，占全部AMS总量的90%；目前，多数发达成员对农业的支持和补贴仍维持在非常高的水平，而绝大多数发展中成员对农业的支持水平很低，一些发展中成员对农业甚至是负保护；现行"绿箱"政策的设置没有充分考虑发展中成员的实际情况，一些政策因财力限制和执行成本过高等原因而无法为发展中成员所利用；乌拉圭回合后，WTO成员中发达成员可使用的出口补贴为125亿美元，发展中成员只有11亿美元，发达成员中欧盟的出口补贴最高，为85亿美元（杜青林，2003）。在关税水平和关税结构方面，成员间的不平衡也十分严重，特别是新近加入成员与其他成员间的差异尤为突出。

四、关于农产品贸易的案例

（一）美国、新西兰诉加拿大牛奶补贴案

"加拿大奶制品案"，是乌拉圭回合结束后 WTO 协议生效以来，第一个按 WTO 争端解决程序解决的有关 WTO《农业协议》适用的农产品贸易争端。

1. 案情介绍

1995 年 WTO《农业协议》实施后，加拿大很难提高其牛奶出口量，因为加拿大国内牛奶价格高于世界市场价格，可以出口的带有补贴的奶制品数量也受到了其对 WTO 所作削减补贴承诺的限制。然而，在 1995 年 8 月，加拿大调整了全国奶业政策，取消了向牛奶商征收出口税的办法，代之以一项新的许可制度，该许可制度是以加拿大分类体系为基础的。

加拿大牛奶按照国家标准分类体系分为五类，每一类牛奶的价格按照加工商对该牛奶的最终用途来确定。前四类包括专门供国内市场使用的液体奶和工业奶；而第五类是所谓的'牛奶特别分类'，细分为五个小类。其中，（a）小类到（c）小类牛奶，主要是供那些作为其他产品配制成分的奶制品使用的牛奶，这些产品主要是国内市场销售；（d）小类是供生产出口到"传统出口市场"（主要指美国和英国市场）的奶制品所使用的牛奶，这类工业奶包括在全国市场分配配额之内，即属于配额内牛奶；（e）小类是为消除国内市场剩余的牛奶，可生产向非传统市场出口的奶制品的牛奶。剩余牛奶既包括生产配额内（即前述市场分配配额）生产的牛奶，即"配额内牛奶"，也包括超过生产配额生产的牛奶，即"超配额牛奶"。加工商或出口商要获得五类牛奶，必须先向 CDC 申请许可证，其中，第五类牛奶中的（d）小类和（e）小类牛奶的供应许可证，按逐笔交易颁发；两小类牛奶的供应价格，由加拿大奶制品委员会（CDC）按照加拿大牛奶供应和管理委员会（CMSMC）设定的标准，与加工商及出口商按逐笔交易协商议定。然后，加工商或出口商供应供出口产品使用的牛奶。上述两种分类所供应的工业奶价格，大大低于供应国内市场的工业奶价格。通过这种低价供应，可以保证加工商得到一定的'价差'，足以补偿其加工牛奶的成本并获得一定利润。

1997 年 10 月 8 日，美国向 WTO 争端解决机构申诉加拿大的牛奶出口补贴问题。后来，新西兰也对加拿大提出了类似的申诉。美国和新西兰认为，按照加拿大的牛奶特别计划，出口奶制品的生产者可以得到价格低于国产奶制品的原料，构成了出口补贴。后来，WTO 的专家小组和上诉机构经过研判，尽管结论略有不同，但均裁定加拿大违反了 WTO《农业协议》第 9 条第 1 款（c）规定的出口补贴，违反了第 3 条第 3 款和第 8 条的结论。1999 年 10 月 27 日，争端解决机构通过了上诉机构和专家小组的报告。11 月 19 日，加拿大声明将执行争端解决机构的裁定（占勇，2009）。

2. 案件涉及的法律条款

（1）《农业协议》第 3 条第 3 款规定：在遵守第 9 条第 2 款（b）项和第 4 款规定的前提下，一成员对减让表第四部分第二节中确定的农产品或产品组别所提供的第 9 条第 1 款中所列的出口补贴不得超出其中确定的预算支出和数量承诺水平，也不得向其减让表那一节未列的任何农产品提供这类补贴。

（2）《农业协议》第 8 条出口竞争承诺：每个成员都不得提供出口补贴，除非符合本协议和该成员减让表中规定的承诺。

（3）《农业协议》第 9 条"出口补贴承诺"，在本协议下，下列出口补贴须作减让承诺：①政府或其代理机构根据出口业绩向企业、行业、农产品生产者、由这些生产者组建的合作社或其他组织，或者向推销委员会提供的直接补贴，包括实物支付；②由政府出资，不管是否由公共账户开支。对一农产品出口的支付，包括通过向有关农产品或转化为出口产品的农产品征收的税赋收入融资的支付。

（4）《农业协议》第 10 条"防止规避出口补贴承诺"。如声称没有对超出减让承诺水平的出口量提供补贴，该成员必须证明该出口数量方面，未给予任何出口补贴，无论第九条是否列明。

3. 案件评析

WTO 农业规则自诞生之日起便经常受到践踏，备受贸易争端的困扰，加拿大牛奶补贴案便是其中很典型的一个案例。补贴和出口补贴一直是争端方充满争议的问题。在《农业协议》中，对农产品的出口补贴作了允许但必须作承诺的规定。这些都导致了对农产品出口补贴方面义务的复杂化。

围绕 WTO 农业规则的贸易争端之所以层出不穷，农业规则之所以备受贸易争端的困扰，其根本原因在于自身的脆弱性。由于农业长期游离于多边贸易体制之外，WTO 的现有规则作为一种尝试，自由化程度低，许多规定宽泛且模糊，结果导致实施过程的混乱。WTO 现有农业规则过渡性强，需要订立新的规则来取而代之。

（二）日本对中国大葱、鲜香菇、蔺草 3 种农产品实施进口限制的争端

1. 案情介绍

2000 年 12 月，日本对中国的大蒜、大葱、鲜香菇等产品自 1996 年以来的进口进行设限调查。2001 年年初，日本农林水产省的调查数据显示，日本葱的进口量 1996 年占日本当年销售总量的 0.4%，而 2000 年达到 8.2%；香菇 1997 年进口量占销售总量的 26%，2000 年则为 39%；蔺草 1997 年进口量占 26%，2000 年占 59%。而且这几种商品几乎都是从中国进口的。日本认为进口的激增已对日本农民造成冲击，现已符合世界贸易组织所规定的发动制裁条件，并就对从中国进口的大葱、香菇和蔺草 3 种农产品实施紧急限制进口措施问题基本达成一致。

4月11日，日本驻华使馆正式致函中国政府，从该月23日起至11月8日的200天里，对从中国进口的该3种农产品实施临时"紧急限制进口措施"，对限制进口量以内的产品征收3%~6%的关税，超过部分则征收106%~266%的关税。这是日本自20世纪50年代以来头一次实施"紧急进口限制措施"，由此引发了中日长达8个月的贸易争端。日本方面决定在11月8日后以每星期为单位监测3种农产品从中国进口的情况，据此可以随时启动4~8年的正式保障措施。

6月5日，中国对日本的紧急贸易限制做出反应，拒绝进口一批日本小汽车。6月18日，中国政府决定对从日本进口的汽车、移动电话和空调等产品征收惩罚性关税，税率为100%的特别关税。争端升级。

6月初，中国对外贸易经济合作部部长石广生借APEC贸易部长会议的场合，向日方发出明确信息：中国愿意与日本就其对从中国进口的一些农产品单方设限一事进行交涉，并希望得到顺利解决。

2001年7月3日14时，中日两国政府有关部门代表团在北京就日方对3种农产品临时保障措施和中方的特别关税措施问题开始举行为期2天的正式磋商。双方分歧很大，谈判没有达成协议，但双方表示将尽快举行新的谈判。中国在会谈中要求日本取消歧视性的紧急限制进口。日本则再次强调是依据WTO有关规则采取了限制进口，表示从政策上说不存在取消的选择项，拒绝了中方的要求，同时还指责中国实施特别关税有违中日贸易协定，要求中方予以停止。

11月7日，主要由双方行业协会举行了中日第3轮农产品贸易磋商，未能达成协议。此次磋商主要就一些具体问题进行讨论，双方分歧很大，争执甚为激烈。日方主要担心在临时进口限制到期后，中国的大葱、香菇、蔺草3种农产品对日出口又将会激增，故要求中方对出口数量自我限制。日本对中国3种农产品实行的200天临时进口限制于11月7日到期，日本政府已确定暂不上升到长期进口限制，但又称在12月21日政府调查期结束后，将视双方谈判的情况确定是否发动。

12月11日，两国就农产品贸易争端在北京举行部长级会谈，仍没有达成最终协议。当天，中国成为WTO的正式成员。

12月19日，中日贸易副部长级谈判，没有达成协议，但双方都一致表示要通过协商解决。

12月20日，中日再次举行部长级谈判，21日终于在最后期限达成协议。中方承诺取消对日汽车、移动电话和空调的100%惩罚性关税，日方则不会对中国正式实施全面进口限制。根据外经贸部提供的会谈备忘录，双方达成以下共识：

（1）日方决定不启动对大葱、鲜香菇、蔺草3种农产品的正式保障措施。

（2）中方决定撤销对原产于日本的汽车、手机和车载无线电话、空气调节器3种进口商品加征100%特别关税的措施。

（3）双方通过政府和民间两个渠道，在现有基础上进一步探讨并加强两国农产品贸易合作。

备忘录称，双方同意就3种农产品尽快建立贸易合作协调机制，促进稳定健康的贸易关系。双方同意，在农产品贸易协商机制建立之前，共同致力于 3 种农产品贸易的稳定和健康发展。

2. 本案涉及的主要法律问题

本案的发生正值我国申请 WTO 的最后阶段，所以双方在进行磋商时，都做好了将争端诉诸 WTO 的争端解决机制的思想准备，在有关问题的争议中，都注意了对 WTO 有关规则的适用。

本案中日本提出，其采取的临时限制措施是符合 WTO 的有关规则的，依据有以下三点：

其一是根据 GATT 1994 第 19 条，当某项产品进口数量大为增加，对输入成员国内相同产品或与它直接竞争产品的国内生产者造成重大的损害或产生重大的威胁时，这一成员在防止或纠正这种损害所必需的程度和时间内，可对该产品实行保障措施。

其二是根据《保障措施协议》第 8 条，虽然受到出口限制的成员方出口方享有受补偿以及采取对抗或报复的权利，但如果适用保障措施起因于进口产品的绝对增长，且此一措施符合本协议的规定，则出口受限制的成员方在该措施生效头 3 年不准行使对抗或报复性措施。

其三是根据 WTO《农业协议》第 5 条关于特殊保障措施的规定，成员方的农产品贸易在由数量限制等非关税措施转向关税化的"改革进程期间"，对超过现有市场准入机会的触发水平，或进口价格低于规定的平均参考价格的进口量，有发动"紧急保障措施"的权力。

3. 案件评析

本案是我国加入 WTO 之后第一个面临解决的国际贸易争端，案件的经过为我们更好地理解保障措施的规则，以及如何应对保障措施纠纷提供了许多启示。

WTO 的有关规则都是协调贸易自由和成员各方利益，协调法定规则与各国（地方）贸易政策的产物，其所规定的所有原则和义务都不是神圣而绝对的。从保障机制的设置目的来看，就是通过在自由贸易的条约义务之外划定一个特别的例外区域，以协调各成员方利益与条约义务之间的矛盾。这种例外在为各成员方提供正当权益保障的同时，也为成员方滥用保障措施实行贸易保护主义提供了途径。本案中日本正是通过对精心挑选的 3 项农产品实施可以专门针对中国的保障措施，以达到其特定的政治经济目的。所以对待保障措施的规则应当持辩证的态度，我们既要学会加以合理的运用，以保护和促进国内产业的发展和结构调整，同时也要学会依据国际规则，就他国对我国出口产品实施的不合理的保障措施进行反击（赵学清、曾国平，2002）。

第二节 《纺织品与服装协议》

《纺织品与服装协议》（Agreement on Textiles and Clothing, ATC），是乌拉圭回合谈判达成的一揽子协议中的重要组成部分。作为一揽子方案，在缔约方签署后于 1995 年开始生效。

根据这一协议，纺织品和服装贸易将从 1995 年 1 月 1 日起至 2005 年 1 月 1 日完成贸易一体化，在 10 年过渡期中，将不断提高纺织品和服装出口增长率，逐步取消数量限制，直到最终实现自由贸易。

一、《纺织品与服装协议》产生的背景

纺织品服装贸易在世界货物贸易中有着重要的地位。长期以来，美国等发达国家对竞争力逐渐衰退的本国纺织品服装产业实行保护主义政策。1961 年，关贸总协定"棉纺织委员会"主持签订《国际棉纺织品贸易短期协议》（STA）。当时，美国等发达国家为了避免国内纺织业遭受亚洲纺织品的冲击，操纵关贸总协定主持达成了该协议，其用意在于保证供应者有秩序地进入发达国家，必要时也可对进口的纺织品实行短期数量限制。STA 与 GATT 第 11 条的"一般取消数量限制"原则完全背道而驰，它是第一个背离关贸总协定基本原则而自成体系的多边纺织品贸易协议，并为以后的《多种纤维协定》奠定了基础。1962 年，关贸总协定棉纺织委员会又主持签订了《国际棉纺织品长期协议》（LTA），几乎所有的纺织品出口国都参加了该协议。LTA 将 STA 的许多临时安排具体化，并规定发生"市场扰乱"时，甚至只要存在市场扰乱的威胁时，进口国便可实行数量限制。

20 世纪 60 年代人造纤维出现，并在纺织业得到广泛应用，到了 70 年代，发展中国家的化纤产品具有相当的竞争优势，发达国家的纺织业却成了"夕阳产业"。面对发展中国家化纤和羊毛制品进口的急剧增加，发达国家忧心忡忡，要求获得充足的时间来实现产业的结构调整。在此背景下，经过 42 个参加方的艰苦谈判，1973 年 12 月 30 日，纺织品进出口国之间终于达成了《国际纺织品贸易协议》，亦称《多种纤维协定》（Multi–Fibre Agreement, MFA）。MFA 1974 年 1 月 1 日生效，一直实行到 1995 年 1 月 1 日 WTO 成立为止。

在长达 20 多年的时间里，发展中国家对发达国家的纺织品服装贸易就是在上述多边协议特别是 MFA 规则的框架内进行的。根据 MFA 的规定，进口国在进口某一纺织服装产品后对其国内工业造成市场扰乱或威胁时，可以实行选择性数量限制，即针对特定国家实行进口配额限制。这是对 1947 年关税与贸易总协定非歧视原则和禁止数量限制原则的严重背离。

发展中国家纺织品服装出口国对发达国家的歧视性纺织品服装进口体制表示了强烈不满，随着其在关税与贸易总协定中的地位和作用不断加强，他们于 1981 年 11 月在哥伦比亚召开协调会，发表了《波哥大宣言》，强调在未来的谈判中加强团结与合作，并首次提出将纺织品服装贸易纳入关税与贸易总协定规则中。在发展中国家纺织品服装出口国的努力下，关税与贸易总协定对纺织品服装贸易问题日益关注。

1984 年，关税与贸易总协定发表了一份题为《世界经济中的纺织品和服装》的研究报告，同时专门成立了一个纺织品服装工作组，研究和审议纺织品服装贸易放宽限制乃至回归关税与贸易总协定的可能性。中国于 1984 年加入 MFA 并于 1990 年成为其纺织品监督机构的成员。1986 年上半年，发展中国家纺织品服装出口国在北京召开的协调会上，又发表了《北京宣言》，进一步敦促发达国家开放纺织品服装贸易市场。

1986 年下半年发动的乌拉圭回合把纺织品服装列为十五个谈判议题之一，确定了纺织

品服装贸易回到关税与贸易总协定规则的谈判目标。经过发展中国家纺织品服装出口国的不懈努力和坚决斗争,在发达国家做出较大妥协后,谈判各方最终于1993年12月达成了《纺织品与服装协议》(简称《ATC协议》)。

《ATC协议》是乌拉圭回合一揽子协议的重要组成部分,但与其他世界贸易组织协议截然不同,它只是阶段性适用,并不作为一套长期使用的国际纺织品服装贸易规则。《ATC协议》有效期自1995年1月1日起至2004年12月31日止,共10年期限,不得延长。因此,《ATC协议》是世界贸易组织用以取代MFA并为最终取消配额限制而制定的一项特殊的过渡性安排,其核心目标是在规定的10年时间内,将长期背离正常国际贸易规则的纺织品服装贸易,重新纳入由关税与贸易总协定规则管辖的轨道。

二、《纺织品与服装协议》的主要内容

《纺织品与服装协议》于1995年1月1日起生效,由1个序言、9项条款和1个附件组成,主要内容包括适用产品范围、分阶段取消配额限制、过渡性保障措施、反舞弊条款、设立纺织品监督机构等。

(一) 适用的产品范围

《ATC协议》中逐步取消纺织品服装贸易限制的方案适用于协议附件所列的产品,这些产品的范围包括毛条和纱、机织物、纺织制品和服装四个组,涉及协调商品名称及编码制度(HS)第50至63章的全部产品和第30至49章、第64至96章的部分产品,按海关HS六位数编码共约800个税号。它囊括了世界贸易组织成员根据《多种纤维协定》已实行进口数量限制的全部产品,同时也包括少量的非《多种纤维协定》数量限制产品(薛荣久,2003)。

(二) 分阶段取消纺织品服装贸易限制

1. 逐步取消受配额限制的产品

《ATC协议》第2条规定,附件中所列产品必须在十年时间内逐步取消数量限制。取消的进程分四个阶段。

第一阶段为3年,从1995年1月1日至1997年12月31日,取消的产品比例应不低于成员方在附件所列产品范围内1990年进口产品总量的16%。

第二阶段为4年,从1998年1月1日至2001年12月31日,取消的产品比例不少于成员方附件所列产品1990年进口总量的17%。

第三阶段为3年,从2002年1月1日至2004年12月31日,取消的产品比例不少于成员方附件所列产品1990年进口总量的18%。

第四阶段于十年过渡期结束之后立即开始,即从2005年1月1日起,纺织品和服装部门应完全纳入1994年关贸总协定,根据本协议的一切限制均予以取消,届时《ATC协议》

将自行终止。

对于每一个阶段的取消产品清单，都要提前 1 年通知纺织品监察局（TMB），以便纺织品监察局转告各成员。

2. 逐步放宽配额的数量

放宽配额限制的安排是与取消配额限制产品的进程并行实施的一项计划。其具体做法是以 1995 年 1 月 1 日为起点，通过提高配额年增长率的方式，逐年增加从原 MFA 延续下来的现行双边协议的配额数量，达到渐进地放宽限制的目的。原 MFA 项下的配额，自 1995 年 1 月 1 日转至《ATC 协议》后，即标志着协议规定的自动自由化进程的开始。提高年增长率的具体步骤是：从 1995 年 1 月 1 日起，将现行配额所适用的原 MFA 的年增长率再增加 16%，作为协议第一阶段的年增长率。从 1998 年 1 月 1 日起，第一阶段的年增长率再增加 25%，作为协议第二阶段的年增长率。从 2002 年 1 月 1 日起，第二阶段的年增长率再增加 27%，作为协议的第三阶段年增长率。第四阶段于 2005 年 1 月 1 日完全取消配额。对于结转（本年度剩余配额转入下年度）、类转（各个配额类别之间进行数量转移）和预借（下年度配额提前到本年度）等灵活条款的混合使用，不再实行最高比例的限制。

《ATC 协议》要求世界贸易组织成员，在经乌拉圭回合谈判而得到加强的世界贸易组织规则和纪律基础上，将纺织品服装贸易纳入《GATT 1994》规则之下。《ATC 协议》将逐步取消纺织品服装贸易限制的进程，与各成员在乌拉圭回合其他领域做出的影响纺织品服装贸易的承诺挂起钩来。所有成员必须在纺织品服装贸易方面采取行动，遵守世界贸易组织的规则，改进市场准入，保证有关公平贸易规则得以执行，并在采取贸易政策措施时避免产生歧视。关于年增长率的调整条款，每一阶段末由世界贸易组织货物贸易理事会对协议运行情况进行重大审议，若协议项下的权利和义务的平衡受到破坏，世界贸易组织争端解决机构可以授权对未遵守协议的成员原本自动享受的下一阶段配额的年增长率水平进行调整。

（三）过渡性保障措施

《ATC 协议》第 6 条第 1 款规定："各成员承认在过渡期内可能有必要实行一项专门的过渡性保障机制（在本协议中简称过渡性保障）。任何成员，除按第二条规定已纳入 1994 年关贸总协定的产品以外，对附件内涉及的产品均可使用过渡性保障。"

所谓过渡性保障是指，一成员方有证据表明某一产品进入其境内的数量激增，以致对本国生产同类或直接与之竞争的产品的工业造成严重损害或实际威胁时，可以对该产品的进口实行数量限制等保护性措施。该条规定为过渡保障确立了较为系统的运作机制。

《ATC 协议》第 6 条第 6 款规定：过渡性保障措施的实施应特别考虑到下列出口成员的利益：

（a）最不发达成员应获得比本款所提及的其他各组成员更加优惠的待遇。

（b）对于纺织品和服装出口的总量小于其他成员出口的总量，以及其出口仅占进口该产品成员的进口总量的一个很小比例的成员，应获得差别的和更加优惠的待遇。

（c）应特殊考虑那些经济和纺织品与服装贸易依赖于羊毛领域，且出口在进口国市场中所占比例较小的生产羊毛的发展中成员的利益。

（d）应给予一成员纺织品的再进口优惠待遇，即出口原料经加工为产品后再输入到本国的纺织品与服装。

《ATC 协议》第 6 条第 7~12 款有相关规定，提出采取保障措施的一方应与受该行动影响的另一方或各方协商达成谅解。如果协商之后未能达成谅解，可在协商期（60 天）后 30 日内的进口之日或出口之日实施限制，并同时将此事通知纺织品监察局。在特殊情况下，如果拖延将导致难以挽回的损害，一方也可采取临时性行动，但应在采取行动后不超过 5 个工作日发出请求协商通知并通知纺织品监察局。保障措施的限制标准不应低于该国（地区）在 12 个月之内、提出磋商要求前的 2 个月的进出口实际水平。保障措施最长为 3 年。如果该项产品从协议的范围内被取消，则保障措施也应停止实施。

采取过渡性保障行动需具备如下要件：

（1）保障措施的实施只能建立在国家（地区）对国家（地区）的基础之上，但不适用于已按本协议项下的限制措施限制的任何一方的出口。

（2）采取保障行动的成员方应表明有关产品的进口在急剧增长，并因此造成对本国（地区）生产同类产品或直接竞争性产品的工业造成严重损害或实际威胁。严重损害或实际威胁必须是由于进口增加引起，当然也应考虑国内有关工业方面的因素的影响，确定损害的经济参数有：产量、生产率、生产能力、库存、市场份额、出口、工资、就业、国内价格、利润和投资等，其中只有单独某项因素或兼有其他相混的因素，均不能作为决定性的主导因素。

（3）在确定严重损害或实际威胁时，有关成员方应检查进口对特定工业状态的影响。

（4）过渡性保障行动的实施应以逐个成员方为基础，即根据来自一个或几个成员方的进口数量急剧增加和与其他来源的进口相比较的进口水平、市场份额以及在商业成交可比阶段的进口价格和国内价格为基础。

（5）有关严重损害或实际威胁的认定期限，从最初通知有关成员方或纺织品监察局之日起，不得超过 30 天（王涛生，2006）。

（四）反舞弊条款

《ATC 协议》第 5 条第 1 款规定："各成员同意，转运、改道、谎报原产国或原产地，伪造正式文件等舞弊会阻挠旨在将纺织品和服装品纳入 1994 年关贸总协定的本协议的执行。因此，各成员应制定必要的法律规定和/或行政程序来处理此类舞弊，并对其采取行动。各成员还同意在符合其国内法律和程序的情况下，各成员将进行充分的合作来处理因舞弊而引起的问题。"

各成员方有权就上述规避行为与有关的对方协商，可能时应在 30 天内举行，如不能达成双方都感到满意的协议时，有关成员方可将此争议递交纺织品监察局。经过调查，如有足够的证据证明确实存在舞弊行为者，进口方可禁止产品进口。如货物已经进口，则可按真实情况和真正的原产地，调整限制水平，以反映真正的原产地。如证据涉及该批货物转运地的各成员方时，则可对转运地的各成员方实行限制。有关各方应在充分协商的基础上达成令各方都满意的补救办法，并将协商与补救的有关事宜提交纺织品监察局。纺织品监察局应对此争议进行审议和调解。

如果有证据证明为了达到舞弊目的而发生谎报纤维成分、数量、货物名称和归类的行为，各成员方应在符合国内法和法律程序的情况下，对有关出口商和进口商采取恰当的措施。任何成员方如认为谎报确已发生，而对方又没有采取恰当、充分的行政措施来阻止这种舞弊时，该成员方应与涉及的对方及时协商。如果达不成解决办法，涉及争议的任何一方可将此事递交纺织品监察局进行调解。协议同时也规定不得阻碍各成员方由于申报中的疏忽性错误而做出技术性调整。

（五）纺织品监督机构

《ATC协议》在第7条规定了强化规则和纪律条款，要求所有成员方必须承担乌拉圭回合的具体义务，遵守1994年关贸总协定的规则和纪律：

（1）削减和约束关税，减少或取消非关税措施，简化行政管理手续，以增加纺织品和服装的市场准入；

（2）确保执行纺织品和服装公平贸易条件的政策，包括倾销和反倾销规定的规则和程序，补贴和反补贴的措施，以及对知识产权的保护；

（3）以总的贸易政策为由采取措施时，应避免歧视纺织品和服装部门的进口。

《ATC协议》第8条第1款规定："为了监督本协议的执行，审查按本协议所采取的各项措施及其与本协议的一致性以及采取本协议具体要求的各种行动，特设立一个纺织监督机构（TMB）。TMB应包括1名主席和10名委员。委员的组成应平衡并具有各成员的广泛代表性，还应按适当的间隔期进行委员的轮换。为TMB工作的委员由货物贸易理事会指定的各成员任命，以个人身份履行他们的职责。"

TMB负责监督《ATC协议》的实施，审查根据该协议采取的全部措施是否符合协议的规定，包括各成员逐步取消纺织品服装贸易限制的自由化方案，以及根据过渡性保障条款所采取的限制措施。TMB就这些问题提出建议并做出裁决，各成员应尽量全面接受这些建议和裁决；如果他们不能接受，而且TMB进一步审议之后认为这些问题仍未获得解决，那么就可以将其提交世界贸易组织争端解决机构处理。TMB还需要在过渡期的每一个阶段结束时，编写一份全面报告，提交给货物贸易理事会。

三、《纺织品与服装协议》的积极作用与局限性

（一）《纺织品与服装协议》的积极作用

（1）《纺织品与服装协议》强化了多边贸易体制，以法律的形式确保了纺织品服装贸易真正的自由化。通过一体化比率和提高配额增长率的方式使纺织品贸易回归自由，并废止了"市场扰乱"的规定。纺织品贸易对出口纺织品的发展中国家的国民经济和对外贸易的发展具有十分重要的意义；同时，对发达国家来说，纺织工业曾为它们的经济繁荣和扩大就业起到过重要作用，后来虽相对衰落但仍继续为它们创造财富。正由于这些原因，各国为维护自

身的利益，彼此意见难以统一，以致纺织品贸易长期背离了关贸总协定所倡导的公平竞争的自由原则。乌拉圭回合达成纺织品贸易的协议，终于使这一部门回归到关贸总协定一体化的规范内。

（2）《纺织品与服装协议》规定有 10 年时间作为过渡期，既照顾发达国家分阶段取消限制的要求，也可适应发展中国家逐步扩大纺织品出口的需要。通过 10 年过渡期，逐步消除纺织品主要销售市场的非关税壁垒，发展中国家可一如既往地向非配额市场出口，更有机会向卖价较合理、消费层次较高和容量较大的发达国家市场扩大出口，获取更多的"比较利益"。同时，对发达国家来说，进口自由化将会使纺织品的国内市场价格降低，原先因保护主义所形成的高价因素，将通过进口自由化竞争而逐步消失，使纺织品的零售价格下降，对消费者有利。

（3）《纺织品与服装协议》适用于所有 WTO 成员方，范围扩大了许多。同时，为了协调各成员方的矛盾和纠纷，还设立了纺织品监察局来解决贸易争端，使发展中国家受到发达国家的纺织品单边制裁时，有了解决贸易争端的机构。

（二）《纺织品与服装协议》的局限性

（1）《纺织品与服装协议》第 2 条规定，在 1995 年 1 月 1 日至 2004 年 12 月 31 日的过渡期内，进口方分阶段逐步取消所有数量限制，最终实现纺织品贸易自由化。该条款同时规定，一体化产品比例是以 1990 年世界纺织品贸易额为基数，至 2004 年 12 月 31 日，纺织品服装一体化的比例达 51%。10 年过渡期内一体化比例仅达 51%，还有至多 49% 的配额产品的限制，将在一夜之间全部取消，令人难以置信。

（2）《纺织品与服装协议》包括的产品范围相当广泛，附件中列出《协调制度》第 11 章的全部产品及其他有关纺织类产品，共计近 900 多种，其中很多是原先从未设限的。引入如此庞大的一体化清单，看似任务艰巨，成果卓著，但其有效性将受到怀疑。《纺织品与服装协议》赋予进口国而非出口国在各阶段选择转轨产品的权利。进口国可先转轨未设限产品或虽受限但配额尚未用尽的产品，将敏感性的、配额用足的产品留至期末再过渡，使自由化的有效性大打折扣。

（3）《纺织品与服装协议》对最不发达国家、棉花出口供应国和小供应国特殊利益的规定过于笼统，缺乏可操作性。《纺织品与服装协议》第 1 条第 2 款规定：各成员方同意利用本协议第 2 条第 18 款和第 6 条第 6 款（b）的规定使纺织品和服装贸易的小供应方进入市场的机会有实质性的增长，并使新参加方得以发展有商业价值的贸易机会。第 1 条第 2 款的注释还补充道：尽可能地使最不发达国家成员方的出口产品也可按本规定得益。然而在《纺织品与服装协议》第 1、2 阶段执行过程中，美国和加拿大给予小国的平均额外增长率分别为 1.67% 和 3.54%（吕西平，2003）。执行《纺织品与服装协议》后小供应国不仅实际增长率很小，而且还低于《多种纤维协定》项下的增长率。

（4）《纺织品与服装协议》第 6 条规定的过渡期保障机制，虽然对小供应国、最不发达供应国的特殊利益应给予更加优惠的待遇作了明确的规定，但更多的是对发达国家利益的保护。条款规定，在确定进口产品有严重损害或实际威胁时，进口国可检查进口对特定工业状态的影响；过渡期保障行动的实施应以逐个成员方为基础，即根据来自一个或几个成员方的进口数量急剧增加和与其他来源的进口相比较的进口水平、市场份额及以商业成交可比阶段的工资和国内价格、进口价格为基础。这一"损害累计"新概念的出现，意味着进口国可以同时对多个出口国实施保障措施。保障条款与《多种纤维协定》相比，只能是有过之而无不及。

四、关于纺织品、服装贸易的案例

（一）印度诉美国限制羊毛衫进口措施案

1. 案情介绍

1995年4月18日，根据《纺织品与服装协议》（ATC）第6条关于过渡性保障机制的规定，美国向印度提出就进口羊毛衫进行磋商。在磋商要求中，美国提出了一份"严重损害报告"并建议印度对其出口到美国的羊毛衫进行数量限制。

由于磋商没有达成协议，美国于1995年4月17日通知印度，从1995年4月18日起算，对从印度进口的针织羊毛衫实施为期12个月的临时保障措施：美国根据《纺织品与服装协议》第6条第10款将临时保障措施向纺织品监督机构（TMB）进行了通报并提交了一份题为"其他相关信息"的文件。纺织品监督机构根据《纺织品与服装协议》第6条作出结论，认为"严重损害威胁"确实存在并且可归因为从印度的进口。印度根据《纺织品与服装协议》第8条第10款通知纺织品监督机构无法履行该机构的建议并要求对此问题给予重新考虑。纺织品监督机构拒绝了印度的要求。于是，印度于1996年3月14日向WTO争端解决机构（DSB）提出成立专家组的请求。

2. 案件评析

印度在其投诉中认为，其一，美国对其采取的临时保障措施违反了《纺织品与服装协议》第6条、第8条和第2条的规定；其二，美国对印度追溯适用保障措施违反了《纺织品与服装协议》第2条和GATT第13条。专家组在与双方进行多次会晤后，于1997年1月6日做出报告。

（1）美国的做法违反了《纺织品与服装协议》第6条。

《纺织品与服装协议》第6条第2款规定："如果根据一成员做出的决定，表明一特定产品进口至其领土内的数量增加，对生产同类和或直接竞争产品的国内产业造成严重损害或严重损害威胁，则可根据本条采取保障措施。必须能够证明严重损害或严重损害威胁是由于该产品进口量中比例增加的数量造成的，而不是由于诸如技术改造或消费者偏好变化等其他因素造成的。"该条第3款进一步规定："在确定第2款所指的严重损害或严重损害威胁时，有关成员应当审查这些进口对特定产业状况的影响，此种影响可反映在下列有关经济变量的变化中：产量、生产率、开工率、库存、市场份额、出口、工资、就业、国内价格、利润和投资。"

第四章 国际货物贸易关税协议

根据专家组的解释，上述规定表明：一成员实施过渡期保障措施，必须证明进口数量的增加造成了国内产业的损害，而对于第6条第3款列出的所有经济变量都必须加以分析。另外，在分析进口增加与损害之间的因果关系时应该排除进口增加以外的其他因素对损害的影响。本案中，美国实施临时保障措施的主要依据是一份"严重损害报告"。专家组在对报告进行分析后指出：该报告对《纺织品与服装协议》第6条第3款列出的总共11项经济变量中的8项没有提供具体数据。此外，美国没有对进口增加和损害之间的因果关系做出充分的分析，没有对诸如技术改进和消费习惯改变等可能造成损害的其他因素进行分析。因此，专家组裁定美国实施的临时保障措施违反了《纺织品与服装协议》第6条的规定。

（2）对于是否违反《纺织品与服装协议》第2条和GATT第13条。

对于印度关于美国违反《纺织品与服装协议》第2条的投诉，专家组认为，违反《纺织品与服装协议》第6条的措施必然违反《纺织品与服装协议》第2条，因此没有必要再专门讨论这一问题。对于印度关于美国违反GATT第13条的投诉，专家组认为，既然已经确定美国的措施违反了《纺织品与服装协议》，就没有必要再审查该措施是否违反WTO其他协议的规定了。专家组认为这种做法体现了尽量节约诉讼成本的"诉讼经济原则"。从实体上说，印度是本案的胜诉方（穆忠和，2003）。

（二）中国与美、欧纺织品贸易争端案

1. 案情介绍

2005年1月1日，根据WTO的《纺织品与服装协议》规定，国际纺织品贸易正式取消配额制度。中国是当今世界上最大的纺织品生产国与出口国，在国际纺织品贸易的后配额时代可以更充分地发挥比较优势，进一步提升在国际纺织品市场的份额。

然而，就在配额取消仅3个月之后，世界两大经济体美国和欧盟就以自2005年1月1日以来中国纺织品对美、欧出口激增为由，对从中国进口的纺织品和服装进行调查，从而确定是否需要重新实施配额限制，以保护美、欧纺织服装业制造商的利益。

2005年4月美、欧分别启动对中国纺织品的特保调查程序。4月4日，美国商务部宣布自行启动对中国3类纺织品的"特保"程序，宣布向中国7种纺织品设限。更有甚者，美国在没有和中国举行任何磋商的情况下，于5月23日和27日单方面先后对中国7种纺织品实施配额限制。欧盟委员会则发布了《对华纺织品特别限制措施行动指南》，规定了欧盟对来自中国纺织品进行设限的条件和程序，先后对10余种中国纺织品启动了设限调查。5月27日，欧盟委员会宣布，就T恤衫和亚麻纱两类纺织品的进口向中方提出正式磋商请求，要求对这两种纺织品实施特别限制措施。根据WTO相关规则，中国与欧盟的磋商期为15天，也就是在6月11日，若中欧双方无法达成双方满意的解决办法，欧盟将决定是否对中国T恤衫和亚麻纱实施"特保"措施。

2005年6月11日，经过艰巨的谈判，中国与欧盟签署《中华人民共和国与欧盟委员会关于中国部分输欧纺织品备忘录》。协议让欧盟对从中国进口的10种纺织品年增幅设下8%~12.5%的上限，要到2008年才对中国纺织品全面开放市场。至于其他产品，欧盟承诺

在启动特殊保障措施时采取克制态度。

自 2005 年 6 月 17 日至 10 月 13 日，中美就纺织品贸易问题先后进行了六次磋商，均未达成协议。直到 11 月初双方在进行了第七次磋商之后，最终就纺织品问题达成了协议。中美双方同意在协议期内对中国向美国出口的棉制裤子等 21 个类别产品实施数量管理，协议产品 2006 年增长率为 10%～15%，2007 年增长率为 12.5%～16%，2008 年增长率在 15%～17%。

2. 案件评析

美、欧对中国纺织品采取"特保"措施，其纺织行业自身并没有得到实际利益。相反，由于从售价更高的第三方市场进口，增加了进口成本。

纺织品在美国是个夕阳产业，即使中国纺织品退出美国市场，也只会是其他国家而不会是美国的纺织品来填补这一空间。欧、美对中国纺织服装的限制，受益更多的是拉美、北非、东欧等与其缔结区域贸易协定的国家，最典型的是墨西哥和土耳其。以墨西哥为例，1994 年 NAFTA 正式实施之后，区内出口关税下调、出口配额废除，美、墨之间出现了"贸易创造"效应，美国许多劳动密集型的纺织工业迁往墨西哥和加勒比海地区。随着世界纺织品贸易自由化的推进，纺织品贸易在全世界范围内实现了一体化，NAFTA 内的"贸易转移"效应超过了"贸易创造"效应，墨西哥在美国纺织品市场的份额逐渐被中国取代。由此，美国对中国纺织品设限，保证了墨西哥、土耳其等国在美国的市场份额，一方面使得墨西哥、土耳其等国获得收益，另一方面也间接地保护了部分美国纺织业者的利益。

纺织品在中美贸易中只占 6% 的比例，中美之间紧密的经贸关系决定了美国对中国纺织品设限绝不仅仅是为了维护其国内纺织行业的利益。在欧盟 25 国中，只有法国、意大利和西班牙等一些南欧国家拥有比较强大的纺织产业，因而在对华纺织品设限问题上比较积极。但英国、荷兰和一些北欧国家都反对在纺织品问题上做文章，以免影响中欧经贸关系的大局（万莉，2006）。

第三节 《民用航空器贸易协议》

《民用航空器贸易协议》（Agreement on Trade in Civil Aircraft）是世界贸易组织（WTO）管辖的诸边贸易协议之一。《民用航空器贸易协议》的核心内容要求签署方全面开放民用航空器（军用航空器除外）以及零部件的进口市场。协议主要规定在民用客机、直升机、民航发动机及零部件、滑翔机、地面飞行模拟机以及氧气面罩等产品方面，实现自由贸易化，要求所有签署方从 1980 年起，取消对这些产品的进口关税，并加以约束不得提高。这些关税减让优惠将按照最惠国待遇原则适用于所有 WTO 成员。此外，签署方必须接受按协议规定的纪律，约束对民用航空器的生产和销售环节所给予的补贴，以消除由于政府支持民用航空器的发展、生产和销售而对民用航空器贸易产生的不利影响。

第四章 国际货物贸易关税协议

一、《民用航空器贸易协议》产生的背景

第二次世界大战后,世界民用飞机制造业迅猛发展,美、欧主要飞机制造大国垄断着世界民用飞机市场。由于民用飞机制造业资本投入大、技术含量高,各国政府一般都给予大量的生产补贴。在民用飞机的采购过程中,各国存在关税壁垒、技术标准以及政府行政干预等限制进口的措施。在相当长的一段时期,该领域的贸易规则一直游离于关税与贸易总协定的有效约束之外。

在"东京回合"中,美国和欧洲共同体的主要飞机制造国发起了关于民用航空器问题的谈判,其目的是将飞机进口关税降低为零,规范各国对飞机制造业给予的补贴和其他支持措施。经过谈判,达成了《民用航空器贸易协议》,并于1980年1月1日正式生效。该协议由关税与贸易总协定缔约方选择加入。

"乌拉圭回合"中,《民用航空器贸易协议》的签署方曾试图对该协议的内容进行补充,扩大成员范围,由于意见分歧,最终未能取得共识。

WTO成立后,为使《民用航空器贸易协议》与WTO的法律框架相衔接,民用航空器委员会主席提出了一份"《民用航空器贸易协议》议定书草案",但至今该协议签署方还没有就此达成一致。

《民用航空器贸易协议》的宗旨是,实现民用航空器、零件及其有关设备的世界贸易最大限度的自由化。包括取消关税和尽可能减少或消除贸易限制或扭曲影响;在全世界范围内鼓励航空工业在技术上的持续发展;为民用航空器生产及其生产者参与扩大世界民用航空器市场提供公正平等的竞争机会,重视民用航空器部门各签约方相互的经济和贸易利益的重要性;力求消除在开发、生产和销售民用航空器方面由于政府支持对民用航空器贸易产生的不利影响,尽管认识到这种政府支持本身并不是必定对贸易产生扭曲。《技术性贸易壁垒协议》与《补贴与反补贴措施协议》的各项规定适用于民用航空设备的贸易。

二、《民用航空器贸易协议》的主要内容

《民用航空器贸易协议》协议由序言和9个条款及1个附件组成。9个主要条款分别为:产品范围,关税和其他费用,技术性贸易壁垒,政府指导的采购、强制分包合同和利诱,贸易限制,政府支持、出口信贷和航空器营销,地区和地方政府,监督、审议、磋商和争端解决及最后条款。

协议的产品范围包括除军用航空器以外的一切民用航空器的发动机、零件、部件、组件、配件和地面飞行模拟机及其零部件,不论是用于制造,还是用于修理、维护、改造、改型或改装;也不论用作原装件还是替换件,都属于该协议的适用范围。协议规定民用航空设备的购买者可自由选择供应者,各参加方不得用世界贸易组织规定相抵触的方式来限制民用航空设备的进口。

《民用航空器贸易协议》9个主要条款内容诠释如下:

世界贸易组织教程

（一）适用范围

《民用航空器贸易协议》第 1 条"产品范围"规定"本协议适用于下列产品"：

（1）所有民用航空器；
（2）所有民用航空器发动机及其零部件；
（3）民用航空器的所有其他零部件；
（4）所有地面飞行模拟机及其零部件。

在民用航空器的制造、修理、维护、改造、改型或改装中，上述产品无论是做原装件还是替换件，都属于该协议的适用范围。

（二）有关民用航空器贸易的规则

1. 关税减让

《民用航空器贸易协议》第 2 条"关税和其他费用"规定，各签约方在 1980 年 1 月 1 日前或该协议生效之日，取消对协议附件中所列产品进口征收的关税，以及与进口相关的其他费用；取消对民用航空器修理所征收的一切关税和其他费用。上述关税和费用减让一并列入签署方的货物贸易关税减让表。

按照多边最惠国待遇原则，这些关税减让优惠将适用于所有世界贸易组织成员。

2. 技术性贸易壁垒

《民用航空器贸易协议》第 3 条"技术性贸易壁垒"规定，技术性贸易壁垒协议的各项规定适用于民用航空器贸易。此外，技术性贸易壁垒协议的各项规定也在协议各签约方之间适用于民用航空器操作和维修方面的证书要求和规格。

3. 规范政府在民用航空器贸易方面的行为

（1）购买者应根据商业和技术因素自由选择供应者。

《民用航空器贸易协议》第 4 条"政府指导的采购、强制分包合同和利诱"规定，各缔约方不得要求航空公司、航空器制造商或从事民用航空器购买的其他实体购买特定来源的民用航空器，也不得对它们施加不合理的压力，以免对供应者造成歧视。

（2）贸易限制。

《民用航空器贸易协议》第 5 条"贸易限制"规定，各缔约方不得用与《关贸总协议》适用规定相抵触的方式，适用数量限制或进出口许可证要求，来限制民用航空器的进出口。

（3）补贴与航空器定价。

《民用航空器贸易协议》第 6 条"政府支持、出口信贷和航空器营销"规定，《补贴和反补贴措施协议》适用于民用航空器贸易。缔约方在对民用航空器的生产和贸易进行补贴时，应遵守该协议的规定，以免对民用航空器贸易产生不利影响。

4. 确保民用航空器贸易政策的统一性

《民用航空器贸易协议》第 7 条 "区域和地方管理机构" 规定，各签署方不得直接或间接要求或鼓励各级政府、非政府机构和其他机构采取与该协议不一致的措施。签署方应保证，在该协议对其生效之日，其法律、法规和行政程序符合该协议的规定。在透明度方面，签署方应将与该协议有关的法律、法规及其变化情况通知民用航空器委员会。

（三）机构设置和争端解决

根据《民用航空器贸易协议》，成立了民用航空器委员会。该委员会由所有签署方代表组成，每年至少开会一次会议，为签署方就该协议的实施问题进行协商提供机会。委员会应每年审查《协议》的执行情况，并向 WTO 总理事会报告审议结果。

《民用航空器贸易协议》第 8 条 "监督、审议、磋商和争端解决" 规定，如签署方认为他在该协议下的贸易利益受到另一签署方的影响，应该首先通过双边磋商寻求解决办法。如磋商未果，该缔约方可请求委员会议。委员会应在 30 天内举行会议，尽快审议并作出适当裁决或建议。

在解决协议所涉及的争端时，各签署方和民用航空器委员会应适用 WTO 争端解决程序，但在具体细节上可作必要修改。

三、对《民用航空器贸易协议》的简评

《民用航空器协议》旨在取消有关关税和尽最大可能减少或消除有关限制性因素，以实现民用航空器、零件及有关设备的最大限度的贸易自由化，消除在发展、生产和销售民用航空器方面因政府支持而产生的不利影响以及在民用航空器进出口方面设立不符合总协定规定的数量限制、许可证要求等贸易限制措施。在进口贸易限制方面，《民用航空器贸易协议》并不禁止签字方实行符合总协定规定的进口管制或许可证制度。《民用航空器贸易协议》属于诸边协议，WTO 法律体系没有把民用航空器贸易纳入其一揽子多边协议范围。《民用航空器贸易协议》调整国际民用航空器贸易，但其仅仅约束该协定的签署方，非签署方不受该协议的约束。由于《民用航空器贸易协议》目前只有包括美国在内的 30 个签署方，未签署方可以不全面开放民用航空器贸易市场，因此其影响范围比较有限。

四、关于民用航空器生产补贴的案例

（一）美国与欧盟飞机补贴案

1. 案情介绍

美国波音公司和欧洲空客公司一直以来都在为争夺全球大型民用航空器市场份额而竞争。美国针对欧洲政府补贴空客公司的行为，分别在 20 世纪 70 年代和 80 年代上半期采取

一系列措施，未见成效。自 1986 年始，美国与欧共体就规范对空客公司的补贴进行多轮谈判，但进展并不顺利，此后他们进入多年诉讼程序。1992 年 3 月，GATT 专家组裁定德国的汇率补贴属于出口补贴，违反了东京回合《补贴和反补贴措施协议》（《SCM 协议》）第 9 条的规定。欧美于 1992 年达成大型民用航空器补贴协议，以限制各自的补贴数量。但这并没有阻止空客成功"蚕食"波音的市场份额。空客公司启动的 A380 研制，获得巨大成功，欧盟为此提供包括"启动补助"在内的高达 65 亿美元的补贴。2004 年空客公司宣布准备开发与波音 7E7（即后来的波音 787）类似的 A350 机型，据称欧盟会再次提供补贴支持。美国一方面继续寻求与欧盟通过谈判达成协议；另一方面向世贸组织提出投诉，希望通过世贸组织争端解决机制解决争议。欧盟也不甘示弱，指责美国对波音公司同样提供了大量补贴。2004 年 10 月 6 日，美国和欧盟一前一后向世界贸易组织提出诉讼指责对方对其飞机制造商提供了大量补贴，违反了国际贸易规则。2004 年 11 月上旬进行磋商但并未达成一致。2005 年 1 月 11 日，双方宣布暂停其在世贸组织的飞机补贴诉讼，通过双边谈判解决补贴争端。谈判结束后，双方未能达成任何协议。2005 年 5 月 30 日，美欧又相继向世贸组织重新提起诉讼。6 月 13 日，世贸组织争端解决机构举行会议，美国和欧盟分别反对对方要求成立世贸组织专家小组，专家小组的成立被推迟。在 7 月 20 日世贸组织争端解决机构的会议上，美国和欧盟都再次请求提出成立专家小组，世贸组织争端解决机构决定同时成立两个专家小组，分别调查美国和欧盟对对方提出的补贴指控。10 月 20 日，世界贸易组织就审理美欧飞机补贴之争所成立的专家小组人员名单浮出水面。至此，这场世贸组织成立以来涉案金额最大的贸易诉讼大案正式展开。

2. 争议焦点

美国、欧盟之间的相互指控集中在禁止性补贴和可诉补贴两项上面，两者都属于《SCM 协议》规定的对国际贸易产生扭曲作用的补贴。禁止性补贴，指按出口实绩或使用国产货物代替进口货物的情况提供的补贴。可诉补贴，指除禁止性补贴以外的所有对其他成员的利益产生负面影响的补贴。

第一，1992 年"跨大西洋民用航空器贸易协议"。欧盟认为空客公司没有违反该协议，其可以就计划研发新机型费用的 33% 向政府贷款。而美国则认为，自 2003 年空客公司民用航空器全球交易量超过波音公司起，空客公司已并非新创企业，该协议已经失效。欧盟各成员国向空客公司提供的用于大型民用航空器设计和开发的"启动补助"已构成禁止性补贴。

第二，可免除贷款和各类资助。美国认为，空客公司每次推出新机型，都会获得欧盟成员国政府相当于研发成本三分之一的贷款支持，这些贷款在新机型研发之前无须如数返还。另外，欧盟还向空客公司提供大型民用航空器设计、开发和其他用途的融资；为建设、扩充和改进空客公司所需的设施提供资助；承担或免除因"启动补助"和其他大型民用航空器开发与生产形成的债务；向空客公司注股和提供捐款；向客车公司提供与航空有关的研究与开发资助。

第三，研发支持。欧盟认为，美国自 1992 年以来通过民用和军用研发为波音提供了超过 230 亿美元的资金。美国大型民用航空器企业通过美国航空航天管理局（National Aeronautics and Space Adiministration，NASA）、国防部、商务部等政府机构提供的优惠条件参与政府研究计划、获得项目资金和利用相关的研究成果。例如，波音新型的 787 飞机大量采用的碳纤维技术取代铝，可追溯到航天飞机的研究以及军用 Joint Strike 战斗机的研究（王小燕，2009）。

3. 案件评析

上述飞机补贴案实质是市场与利益之争，它反映了航空强国和大国对民用飞机市场的争夺。纵观世界航空大国航空工业发展历程，可见对民用航空制造业给予政府补贴是必然的。加拿大、巴西、欧盟和美国作为位于世界前四位的飞机制造商，均都对本国民用航空器制造业给予了政府补贴。他们为了维护本国民用航空制造业的利益，均对对方国家的补贴行为进行了申诉。他们一方面给予本国航空制造企业大量的资金和科研支助；另一方面为了遏制竞争对手的发展而对他国对民航制造业的补贴行为进行申诉。《SCM 协议》严格禁止出口补贴和进口替代补贴，即禁止性补贴，对可申诉补贴和不可申诉补贴的规定具有一定灵活性。民用航空器制造领域，更多的是政府利用不可诉补贴和可诉补贴对本国民用航空器制造业予以补贴；例如，借助军用飞机和航天发展计划补贴民用飞机研制，这是一种资金庞大而又不易被 WTO 成员指控的间接补贴方式。

第四节 《信息技术协议》

信息产业是指利用现代电子、通信技术从事信息采集、传递、加工和使用的相关产品制造、技术开发与信息服务的经济活动及基础设施。现代信息产业按其功能特征可分为两大类：以电子、计算机和通信设备制造为主要内容的信息技术产业及利用电子通讯与数据处理技术提供服务的信息服务业。

信息技术及产业的飞速发展，大大促进了经济增长，并逐步地改变着世界的竞争格局。微电子和软件作为信息技术产业的核心技术，对于信息技术和市场发展起着主导作用，关系到国家的经济安全和国防安全，对一个国家具有重大的战略意义，因此，已成为世界各国争夺的焦点。

《信息技术产品协议》（Information Technology Agreement，ITA）是世界贸易组织于 1996 年 12 月 9 日至 13 日达成的协议，于 1997 年 4 月 1 日生效。它由世界贸易组织成员和申请加入国或单独关税区自愿参加，但需要提交关税减让表，产品清单等文件，并获得《信息技术产品协议》已有参加方的审议通过。同时，参加方在《信息技术产品协议》承担的义务是在最惠国待遇基础上实施的，因此所有其他世界贸易组织成员均可获得好处。在参加主体上，它类似于诸边贸易协议，在适用对象上，则与多边贸易协议相同，可称为"次多边贸易协议"。协议包括序言、4 个条款及 1 个附件组成。规定了信息技术产品的范围、关税及其他税费削减、实施期，以及扩大产品范围的进一步谈判等内容。附件是模式及产品范围，包括附表 A 协调制度税则号清单和附表 B 产品清单。

世界贸易组织教程

一、《信息技术协议》产生的背景

1996年12月9日至13日,世界贸易组织在新加坡召开第一次部长级会议。会议期间,29个国家和单独关税区签署了《关于信息技术产品贸易的部长级会议宣言》(Ministerial Declaration on Information Technology Products),即《信息技术产品协议》,简称为《信息技术协议》,协定涉及计算机、电讯产品、半导体、半导体制造设备、软件和科学仪器等范围的产品。会议宣布协议将开放到1997年4月1日供各成员和申请加入世贸组织的观察员签署加入,必须达到有占世界信息技术产品贸易90%以上的参加方接受才生效。1997年3月26日,在美国和欧盟的极力推动下,共有40个国家和地区宣布加入《信息技术产品协议》,他们的信息技术产品贸易额超过了全球信息技术产品贸易额的90%,因此该协议于1997年4月1日生效(到2003年4月25日,共有59个国家和单独关税区参加)。这些国家和地区政府宣布同意落实世界贸易组织部长级会议宣言,在1997年7月1日前削减计算机和通信产品关税。由于《信息技术产品协议》无法获得世界贸易组织的全体成员的支持,不得不采用类似于诸边协议的方式,仅适用于签字方,未实现多边化实施该协议,并给签字方保留敏感项目及较长期减让时期的灵活性。协议的宗旨是:提高社会水平及扩大商品生产和贸易的目标,实现信息技术产品全球贸易的最大自由化,鼓励世界范围内信息技术产业的不断技术进步。协议生效后,世界贸易组织成立了"扩大信息技术产品贸易委员会"。

《信息技术协议》是信息产业自由化进程中的一个重要里程碑,是自1994年GATT乌拉圭回合谈判结束以来,世界贸易体系正式的最大的一项削减关税的协议。它减少了数以亿计的消费者费用,并在高速发展的信息技术领域里促进了竞争。

遵照WTO《信息技术协议》的规定,中国承诺加入WTO后,将在2005年以前取消半导体、计算机、计算机设备、电信设备和其他高技术产品的关税限制。加入WTO后六年内,将取消外资在寻呼机、移动电话进口,以及国内固定网络电话服务等领域的地域限制。同时,将在四年内允许外资在所有电信领域中持股比例最高可以达到49%,在寻呼业务、数据压缩转发等电信增值服务领域外资持股比例最高可以达到51%。

2003年4月24日世界贸易组织在日内瓦总部召开了扩大信息技术产品贸易委员会会议,一致通过中国成为《信息技术协议》(ITA)的第58个参加方。中国正式加入ITA协议,结束了自加入WTO一年多来我国只履行义务而不能享受权利的不合理局面,有助于信息技术产品进入国际市场,更快、更直接地学习借鉴发达国家先进的IT技术,使中国的市场和用户更加方便地采用当今先进的IT技术和产品,从而将对我国国民经济和信息技术产业的发展产生重大影响。

二、《信息技术协议》的主要内容

《信息技术协议》的内容主要包括以下几个方面:

（一）基本原则

ITA 是一个单独的关税削减机制。欲成为 ITA 的参加方必须符合如下三个基本原则：（1）宣言中所列出的所有产品必须被覆盖；（2）所有产品必须削减至零税率水平；（3）所有其他的税收与费用（ODCS）必须为零，在产品覆盖范围上不存在例外。在世界贸易组织成员之间，ITA 项下所有的承诺均建立在最惠国基础上。

（二）正常实施期

ITA 时间框架规定：各方应在平等的基础上进行税率减让，从 1997 年 7 月 1 日开始分四个阶段等额降低关税和相关收费，每年降低 25%，最后实现进口零关税。第一次，从 1997 年 7 月 1 日起降低 25%；第二次，从 1998 年 1 月 1 日起再降低 25%；第三次，从 1999 年 1 月 1 日起再降低 25%；第四次，到 2000 年 1 月 1 日全部取消关税和相关收费。

（三）产品覆盖范围

产品覆盖 6 大类，共约 200 多种品目主要是电子产品和部分仪器仪表产品，还将继续追加新品目。目前的产品范围包括：①计算机及其部件，包括整机、系统、零部件；②通信设备，包括电话机、传真机、电视电话、电话交换机、调制解调器、广播电视传输和接收设备、寻呼机等；③半导体器件，包括各种型号和容量的芯片及晶片；④半导体制造设备，包括生产和测试设备及其零配件；⑤软件，包括以磁盘、磁带、光盘为载体的软件产品；⑥科学仪器，包括各种测量和检验仪器、绘图仪、光谱仪、光学射线仪以及电泳仪等。此外还有：印刷电路板、文字处理器、自动取款机、计算器、现金出纳机、电源转换器、电容、电阻、电动开关、光缆、连接器和导线、计算机网络设备、静电复印机、平面显示器及多媒体功能器件。

（四）参加方及适用范围

信息技术协议的参加方涵盖了当前世界信息技术产品贸易量的 92% 以上。WTO 总干事鲁杰罗更是盛赞 ITA 的达成是多边贸易体制的一个重大胜利。他将 ITA 达成与 1999 年 2 月 WTO 基础电信谈判成功这两件事的重要性与完成新的一轮贸易谈判相提并论。目前，世界信息技术产品每年的贸易额近 6000 亿美元，超过世界农产品的年贸易额。

虽然《协议》适用于 WTO 所有成员，但正式加入要经过谈判，参加方要提交执行时间表和产品覆盖表。参加方认识到有必要在世贸组织下建立一个正式的委员会来执行宣言的各项条款。根据实施"信息技术产品贸易协议的部长宣言"文件（实施文件，G/L/160）开始着手建立该委员会。该委员会将在 WTO 货物贸易理事会下进行工作，并定期举行会议。委员会将对附件中涉及的产品举行审议并修改和增加新品目，并就信息技术产品的非关税贸易壁垒进行协商、监督信息技术协议的执行情况。

（五）延长框架/发展中国家和地区

ITA 部长宣言规定：除非各参加方另有约定，任何参加方应遵守上述的削减阶段。但是，ITA 参加方有相当一部分是发展中国家和地区，他们中大多在近些年保持了经济快速增长，其中包括印度、印度尼西亚、韩国、马来西亚、新加坡、泰国、土耳其及菲律宾等国家，以及我国的香港、台湾地区。尽管同属发展中经济体，但这些参加方在信息技术产业方面发展水平差别很大。其中，中国香港、新加坡、韩国和中国台北水平较高。香港和新加坡实行自由贸易政策，多数信息技术产品的关税早已降到零，参加 ITA 毫无困难。韩国和中国台北各自有自己的局部优势部门，如韩国的电子产品和中国台北的计算机辅助设备及零部件等。印度尼西亚、马来西亚、泰国等参加方的信息技术产业则正在迅速崛起。印度产业水平相对落后，但也通过谈判找到了参加 ITA 的途径。

在 ITA 谈判中，发达国家竭力要求各参加方在 2000 年将协议中所有信息技术产品的关税降到零，但为吸收更广泛的参与，他们也不得不对发展中国家和地区的情况予以考虑。经过谈判，一些发展中国家和地区的部分信息技术产品获得例外，其降税执行期可延长到 2000 年以后，最长到 2005 年降到零。表 4 – 2 列举了部分国家和地区的信息技术产品。

表 4 – 2　　　　　　　部分国家和地区信息技术产品延迟降税数量

国家或地区	延迟降税产品数量					例外产品总数
	2001	2002	2003	2004	2005	
印度	0	0	4	2	116	122
印度尼西亚	0	0	5	0	19	24
韩国	0	8	0	5	0	13
马来西亚	0	0	12	0	25	37
中国台北	0	15	0	0	0	15
泰国	0	0	0	0	55	55

由于这些国家和地区情况不同，他们的例外产品数量的和部门范围也不同。不过，他们的基本出发点则是一致的，即通过延长 ITA 实施期，为各自目前一些相对落后的产业部门提供较长的和较为充裕的发展期。例如，韩国的例外产品包括计算机及零部件、电话电报广播电视发送设备、卫星地面站设备、可移动通信设备及电话交换机等。中国台北选择了计算机部件、电话交换机、无线电话机、对讲机、广播电视发送设备光导纤维、有线电话电报设备等。韩国和中国台北这些产品延长的实施期也只到 2002～2004 年。应该说，他们的这些产品部门实际已有一定程度的发展水平，具备了相当的承受力。而信息技术产业相对落后的印度尼西亚、马来西亚和泰国则有更多的例外产品，也获得了更长的实施期。

在上述国家和地区中，印度的信息技术产业最为落后。在世界信息技术产品的贸易额中印度所占比例微乎其微。但作为一个地区大国，印度近年来为促进经济发展采取了不少新的举措，对这一代表当今世界发展潮流的 ITA 谈判当然也不甘人后。为此，印度提出了一份长长的例外产品清单，并提交了到 2007 年全部信息技术产品关税降到零的目标。经过与美欧加日四方为代表的发达国家的激烈的讨价还价，印度最终有 12 项产品获得了延长降税实施期的例外，占印度信息技术减让表中产品总数的50%以上，但实施期最长只到2005年。

印度获例外的产品包括文字处理机（税号846911）、电子计算器及具有计算功能的袖珍式数据记录、重现及显示机器；装有计算机装置的会计计算机、邮资盖戳机、售票机及类似机器；现金出纳机等（税号8470）、自动数据处理设备及其部件、计算机（含小型机、工作站和微型机）及其部件（税号8471）、自动柜员机（税号847290）、专用于或主要用于税号84、69至84.72所列机器的零件、附件（罩套、提箱及类似品除外）（税号8473）、静止式变流器、稳压电源、其他电感器及其零件（税号8504）、有线电话电报设备、可视电话、传真机、电传打字机、电话交换机及其他相关设备（税号8517）、麦克风、耳机（税号8518）、电话自动应答机（税号8520）、磁带、磁盘（税号8523）、无线电话、电报、广播电视发送设备（税号8525）、电容器（税号8532）、电阻器（税号8533）、印刷电路（税号8534）、电路开关、插座等连接装置（税号8536）。二极管、晶体管等半导体器件（税号8541）、集成电及微电子组件（税号8542）、绝缘电导体（税号8544）、复印设备及其零部件（税号9009）、绘图仪器（税号9017）、理化测量及检验仪器（税号9026和9027等）。

上述这些例外产品目前的税率大都在50%以上，其中一部分超过110%。在谈判中，印度承诺到2000年将这122项例外产品绝大部分的关税降到20%~25%，然后经过3~5年将所有产品关税降到零。印度有这么多产品获得例外，主要原因仍在于其信息技术科技水平相当落后，信息技术产品品种和数量均十分少，需要有一个较长的发展阶段。这不仅是谈判的结果，也是对印度产业水平的认定。不过，在促进产业发展这一问题上，印度最终采取了积极的策略。许多发展中国家和地区之所以热衷参加ITA，主要目的就是迎合当今世界发展的潮流，紧跟科技进步步伐、避免被甩在后面，越落越远。为参加ITA印度下了相当大的决心，从减让表可以看出，多数产品减税幅度相当大。在加入ITA之后，印度代表称，尽管印度目前信息产业仍十分落后，但加入ITA将促进印度吸引外资，印产业界也可从引进的先进技术中得到利益。因而，从总体上说，印度加入ITA是有利的。

（六）WTO "ITA Ⅱ" 研讨会

1997年10月在日内瓦召开"第二阶段信息技术协议"研讨会，将电视、录像机、收音机、印制电路板制造设备、平面显示器、电容制造设备、音频设备等消费类电子纳入ITA零关税产品清单。将从1999年7月1日开始分4个阶段降低关税，到2002年1月1日将关税降为零，允许发展中国家最晚到2007年1月1日将关税降为零。

三、加入ITA对我国信息技术产业发展的利弊分析

ITA所涉及的产品是随着近年来科技的飞速发展而发展起来的。特别是20世纪90年代以来，通信技术、计算机技术及半导体技术的突飞猛进，使信息技术产品贸易蓬勃发展。世界经济年平均增长3%，而全球IT及其相关产业增长速度为6%~9%，1998年信息技术产业及信息服务产业对世界经济增长的贡献率为14.7%，信息技术和信息服务产业正在成为世界经济增长的强大力量。我国既是信息技术产品的生产大国，又是信息技术产品的进出口

大国，未来世界信息技术产业的最大市场也非中国莫属。纵观世界各国，尤其是那些信息技术产业大国，均是 ITA 的积极倡导者和参加者。我国 IT 产业目前虽然和信息产业大国差距很大，但有自己的优势：人才济济，了解市场，善于经销，熟知用户，劳动力成本低；弱点是技术、管理和服务水平较差，缺少风险投资机制和相应的发展战略。加入 ITA，让中国及时融入全球 IT 技术产品市场，是我国信息技术产业加快发展，赶超世界信息产业大国的必然选择。

（一）加入 ITA 的有利方面

加入 ITA，对我国信息技术产业的益处表现在：

（1）有利于我国目前具有相对优势产品的出口，进一步拓展国际市场，扩大市场占有率。我国信息技术产业在中低档产品上不仅有相当大的生产能力，而且产品质量和性能价格比也很有竞争优势，如电子计算器、自动打字机显示器、电容器、电阻器、部分光学仪器和少数测量或检验仪器等。

（2）加入 ITA 后，对 251 种信息技术产品实施 ITA 税率加权平均税率降低，在很大程度上遏制了走私，消除了"隐形市场"，形成公平合法的税赋环境。同时，使利用进口元器件组装整机类生产企业的生产成本降低，加之其他 ITA 成员也对我国出口信息技术产品实行零关税，将极大提高我国电子信息产品的国际市场竞争力。

（3）加入 ITA，履行"至 2005 年月 1 日全部取消协议所覆盖的产品的关税"的协定，将十分有利于利用我国廉价劳动力组装成品的跨国 IT 企业，他们可以在全球范围内采购信息技术产品，以提高产品竞争力；会增加对华的直接投资，同时引进国外先进的技术和管理，促进我国相关产业的发展。

（4）信息技术产品在降低关税并最终取消关税后，竞争大大加剧，致使产品性能提高和产品价格降低，我国需要进口的产品将降低进口成本，相应会减少用户使用成本。

（5）有利于我国电子商务的发展。电子商务将会成为影响 21 世纪各国经贸竞争力的重要交易方式，而电子商务的基础是信息基础设施现代化。作为基础设施的物质载体，几乎都属于 ITA 所涉及的产品范畴。加入 ITA，显然对经济基础并不雄厚的我国发展电子商务提供了机遇。

（6）加入 ITA 还有一个潜在的机遇，我国成为 ITA 成员后，可以积极推动目前谈判陷入停顿状态的"第二个 ITA"的尽快实施，把零关税产品范围扩大到我国具有比较优势的电视、录像机、收音机等消费类电子产品领域，我们的国际市场从地域范围到产品类型会有进一步扩大。

（二）加入 ITA 的不利方面

加入 ITA 也有不利的一面，表现在：

（1）随着关税的降低和取消，加快了国内市场融入国际市场，进口快速增长，对国内企业造成很大压力。特别是降税结构不合理，导致整机与元器件"税率倒挂"，使国内生产整机成本相对增大，难以与进口整机竞争。

(2) 我国信息技术产业与发达国家有较大差距，缺少核心技术，产业主要集中在以粗加工为主、附加值低、劳动力密集型的中低档产品领域，产品难以进入世界先进行列。另外，产品同质化现象严重，在软件和集成电路等基础产业领域缺乏核心技术。加入ITA，产品失去关税税率保护，价格优势不复存在，产品难以与发达国家同类产品竞争。

(3) 加入ITA后，将会吸引更多的外国大型跨国公司进入，它们在垄断我国信息技术产品市场的核心领域的同时，更多地争夺产品市场、服务市场、人才市场和资金，取得国民待遇和本地融资权，我国信息技术企业将面临前所未有的压力和挑战。

(4) 加入ITA，对我国正在试制开发或小批量生产的技术密集型产品的发展增加了难度，如计算机系统软件、电视广播传输和接收的部分设备、部分光学仪器等。这些产品技术更新快，投资强度大，在我国尚未形成规模，加入ITA，国外同类产品的进入将会影响这些产业的发展。

（三）加入ITA之后我国信息技术产业发展的对策

随着我国加入ITA，我国在信息技术产品贸易方面将进一步得到发展。为了顺应这种形势，我们可以采取以下措施进一步推动信息技术产业的发展。

(1) 以技术创新为动力，提升核心技术和适应性技术的开发水平和创新能力，增强信息技术产业的核心竞争力。

要以我国市场技术升级（数字电视、三代移动通信等）为契机，鼓励开发掌握核心技术和拥有一批自主知识产权，鼓励企业在国际经济技术合作和竞争中有所创新，走"技术换技术"、"资源互补"的竞争合作发展道路。要尽快建立以企业为主体，产、学、研、用有机结合的信息技术创新体系与机制，为信息产业发展提供有力的技术支撑。

(2) 充分利用ITA零关税的平等机遇，着力提高信息技术产品质量，大力开拓国际市场。

首先，要改变信息技术产业集中在以粗加工为主、附加值低、劳动力密集型的中低档产品领域的状况，加强对新产品、新工艺、新技术的科研开发，重视对引进技术的消化吸收，提高竞争能力和市场占有率。其次，优化产品结构、企业结构和市场结构，多元化开拓国际市场，努力提高一般贸易出口在出口总量中的比重，逐步提高自主品牌产品和自有技术的出口能力。最后，加强电子产品出口基地建设和国际营销网络的建设，加大计算机、通信、数字家电、集成电路及微电子组件、新型元器件等高附加值、高技术含量产品的出口力度，培育一批具有较强竞争力的国际名牌产品。

(3) 积极引导和大力扶持信息技术产业，加快产业重组使优势资源向名优企业集中，优化主导产品，保护民族工业增强企业国际竞争力。

要重点扶持具有竞争力的国际大企业集团，淘汰技术落后、没有市场的产品，加强自主知识产权技术的开发，增加产品附加值，提高国际竞争力。同时，通过利用电子信息技术改造传统产业，形成以大企业和优势企业为龙头、中小企业为依托的合理结构。尽快完善并推出一套"同质优先"的政府采购政策和装备政策，对信息技术产业采取适度的保护政策，给民族产业提供一些发展机遇；鼓励本国企业对外投标，进入别国的政府采购市场。

（4）抓紧研究重点信息产品的标准制定和信息化领域市场准入的技术条件等非关税措施。

标准作为推动科技与经济结合、参与市场竞争和扩大技术垄断的重要手段，日益成为跨国公司、大集团公司以及联盟竞争的焦点；并且随着关税壁垒的取消、行政干预手段的削弱，技术标准已经成为重要的技术壁垒。因此，我们应该寻求在国际通行的规则下，面向市场，建立起与之适应的信息技术标准化体系，积极支持国内信息技术产业的发展壮大。

（5）加大人才培养力度。

提倡企业与高校联合培养专门人才，强化员工在职培训，不断提高信息技术产业员工的整体素质；积极吸纳和培养一批熟悉我国国情和法律法规、具有较高外语水平和丰富专业知识、掌握 WTO 规则的复合型人才；培养和引进既懂技术、又懂经营管理和市场营销的高级技术人才和管理人才。

第五章 国际货物贸易非关税协议

本章要点

1. 技术性贸易壁垒盛行的原因有哪些?
2. 什么是技术法规与标准?
3. 《SPS 协议》的主要内容有哪些? 在 WTO 规则中的地位如何?
4. 中国动植物卫生检疫法律制度有哪些不足?
5. 《1994 年海关估价协议》确立了几种估价方法? 具体内容是什么?
6. 如何评价《1994 年海关估价协议》?
7. 《装船前检验协议》制定的目标是什么?
8. 《装船前检验协议》规定了哪些成员方的义务?
9. 原产地规则的含义及其作用是什么?
10. 如何评价《原产地规则协议》?
11. 《进口许可程序协议》建立的宗旨和基本原则是什么?
12. 《进口许可程序协议》有哪些主要条款?

第一节 《技术性贸易壁垒协议》

《技术性贸易壁垒协议》(以下简称《TBT 协议》)是世界贸易组织关于规范技术性贸易壁垒的一项重要文件,它以其特殊的宗旨和原则,在减少贸易限制、规范国际认证等方面发挥了积极作用,但同时在实际执行过程中也存在很多问题。我国加入世界贸易组织后,国外对我国实施技术性贸易壁垒的可能性会加强,因而,认真研究《技术性贸易壁垒协议》,并及早制定相应的措施,对于突破技术性贸易壁垒,维护我国的贸易利益具有十分重要的意义。

一、《技术性贸易壁垒协议》产生的背景

所谓"技术性贸易壁垒"(Technical Barrier to Trade,TBT)是指一些国家、地区打着进一步实现世界贸易组织的各项目标,加速国际标准化进程,推进认证评审制度的全球化和维护生态环境和消费者利益等旗帜,利用他们所拥有的技术和资金优势,通过制定各种严格、复杂、苛刻而且多变的技术标准、技术规范和认证制度来达到阻止外国商品进入、保护本国

市场的目的，它是一项主要的非关税壁垒。自20世纪70年代初，在国际贸易的非关税壁垒中，有30%是由于技术因素造成的，进入90年代之后，这一比重不断上升。据统计，WTO总部《TBT协议》每年得到的有关通报有600~700件，是各协议中最多的[①]。它的日益盛行有着特殊的原因，关税及贸易总协定自成立以来，经过8轮多边贸易谈判，在消除关税对国际贸易产生阻碍方面取得了卓有成效的成果，国家间的贸易藩篱正在不断拆除：各国平均关税壁垒由战后的40%下降到了发达国家4%、发展中国家13%左右的水平，在第八轮乌拉圭回合谈判之后，各缔约方的关税总水平进一步削减，纺织品等贸易的歧视性数量限制分段取消，部分非关税壁垒将进行关税转化并削减，传统非关税壁垒的活动空间也越来越小。当传统的关税、配额、许可证等限制贸易的措施逐渐弱化并取消之后，看似最客观、最公平的技术法规、技术标准、认证制度等技术性贸易壁垒，必然成为主要的贸易保护工具。正如国际标准化组织在《标准化的目的和原理》一书中指出的那样，技术性贸易壁垒已成为国际贸易保护主义的最后庇护所。具体而言，其原因有以下几点：

（1）维护本国的利益是一切国际关系的根本目的。虽然为了推进经济全球化和贸易自由化的发展，各国在乌拉圭回合谈判中承诺进一步降低关税和在保持现状下逐步消除各种非关税壁垒。但现在国际竞争日益激烈，各国为了维护本国的贸易利益，在逐步取消明显有违WTO精神的一些传统的非关税壁垒的同时又不断推出更为隐蔽的技术性贸易壁垒，而且名目繁多，要求越来越苛刻。在发达国家之间、发达国家与发展中国家之间、发展中国家之间都存在技术性贸易壁垒。只是由于在技术水平上，发展中国家远低于发达国家，所以技术性贸易壁垒对发展中国家影响更大。

（2）《WTO协定》中的许多例外条文和漏洞，也为技术性壁垒的实施提供了法律上的依据。如《贸易技术壁垒协议》中规定："任何国家在其认为适当的范围内可采取必要的措施保护环境，只要这些措施不致认为在具有同等条件的国家之间造成任何不合理的歧视，或成为对国际贸易产生隐蔽限制的一种手段。"又如《实施卫生与植物卫生措施协定》规定："缔约方有权采纳为保护人类、动物或植物生命或健康的卫生和植物卫生措施。"而且只要缔约方确认其措施有科学依据和保护水平是适当的就"可以实施或维持高于国际标准、指南和建议的措施"。这意味着技术性贸易壁垒的建立具有很大的合法性。

（3）各国和国际性环保组织的地位在不断地提高，对政府决策的影响力越来越大。这一原因使得各国政府在实行有关政策时，不得不考虑他们的声音，在有关方面做出让步，增加贸易壁垒。由于地球环境在不断地恶化，引起了国际社会的关注，自从20世纪70年代以来，世界性的环保组织纷纷成立，比较有名的，如绿色和平组织、国际环境影视集团、世界自然基金会等。他们在许多国家都设有分机构，拥有众多的会员，进行广泛的环境保护宣传，并极力反对各国政府各种破坏环境的行为，强烈要求各国政府实施可持续发展的经济和社会政策。欧盟就曾在环保组织的压力下，多次提高环保标准要求，以减少生产过程中对环境的污染及增加对人类健康和生命的保障。

（4）可持续发展观念的深入人心，为各国进行技术性贸易壁垒提供了理论支持。如前

[①] 《国际经济信息》，中国人民大学复印资料，2000年第28期。

所述，世界环境问题已引起各国人民及政府的重视，可持续发展正深入民心。因此，各国为了在国际贸易中取得更加有利的地位，在逐步消除一些明显违反 WTO 精神的非关税壁垒的同时，越来越多地转向了卫生检疫标准和环境保护标准等与人民的健康和可持续发展相关的非关税壁垒。由于这些措施在很大程度上符合广大民众的意愿（尤其在发达国家）。因此，各国实施起来是有恃无恐，而且标准越来越苛刻，种类越来越多。这是技术性贸易壁垒愈演愈烈的一个重要原因。

针对技术性贸易壁垒日益盛行的情况，为了发展国际贸易，确保各缔约方的技术标准和法规不会对国际贸易造成不必要的障碍，早在 1979 年"东京回合"谈判期间，关贸总协定的各缔约方就签署了《TBT 协议》，并于 1980 年 1 月 1 日起正式实施。在 1986 年的"乌拉圭回合"谈判中，对《TBT 协议》的修改被作为该轮谈判的 15 个议题之一，现行协议是在《TBT 协议》（1991 年乌拉圭回合文本）的基础上，于 1994 年 3 月 15 日对文本的内容与文字作了最终修改与润色产生的。1994 年协议与 1980 年协议相比，无论在内容、结构或可操作性方面都有了很大的改进、提高和拓展，更能排除贸易扭曲现象，更能维护 GATT/WTO 的基本原则和实现 GATT/WTO 的目标。修改后的《技术性贸易壁垒协议》已成为当今国际贸易的重要行为规范。

二、《技术性贸易壁垒协议》的内容框架

《技术性贸易壁垒协议》对成员方中央政府机构、地方政府机构、非政府机构在制定、采用和实施技术法规、标准或合格评定程序分别作出了规定和不同的要求。协议除前言与总则外，还包括正文和附件两大部分。

协议的前言中明确了该协定的宗旨是，规范各成员方实施技术性贸易法规与措施的行为，指导成员制定、采用和实施合理的技术性贸易措施，鼓励采用国际标准和合格评定程序，保证包括包装、标记和标签在内的各项技术法规、标准和是否符合技术法规和标准的评定程序不会对国际贸易造成不必要的障碍，减少和消除贸易中的技术性贸易壁垒。合法目标主要包括维护国家基本安全，保护人类生命、健康或安全，保护动植物生命或健康，保护环境，保证出口产品质量，防止欺诈行为等。

该协议共计 6 个方面 15 个条款。

第一条为总则。协定的总则对协定的适用性与例外进行了规定，如协定在第一条第三项中规定，所有产品，包括工业产品和农产品，均须符合本协定各款；第一条第四项中规定，政府机构为其生产或者消费需要所制定的采购规范不受本协定各条款的约束，但根据其涉及的范围执行政府采购协定；第一条第五项中规定，本协定各条款不适用于列入《关于卫生和植物卫生措施的实施协定》附件 A 中的卫生和植物卫生措施等。

正文部分为第二条到第十五条，分别对不同级别所实施的 3 类活动作出了相似的规定。前两类分别是技术法规的制定、采用和实施以及标准化机构制定、采用和实施标准。第三类分别确认和认可符合法规和标准，即是有关合格评定的规定。正文的主要条款有：总则、技术法规和标准、合格评定程序、信息和援助、机构、磋商和争端解决、最后条款。协议适用

于所有产品,包括工业品和农产品,但涉及卫生与植物卫生措施,由《实施卫生与植物卫生措施协议》进行规范,政府采购实体制定的采购规则不受本协议的约束。

附件的内容包括:附件1"本协定名词术语及其定义"、附件2"技术专家组"、附件3"制定、批准和实施标准的良好行为规范"。

三、《技术性贸易壁垒协议》遵循的原则

(1) 贸易限制最小原则。是指实施TBT不会给国际贸易造成不必要的障碍,对贸易的限制不应超过为实现合法目标所必需的程度。当这些采用技术法规的情况或目标已不存在时,或者情况或目标发生变化后,这些技术法规应停止使用。

(2) 科学上证明合理原则。在有关科学依据不充分的情况下,可采取临时措施,但应寻求获取必要的补充信息,以便更加客观地评估实施TBT是否合理。

(3) 国民待遇和非歧视性原则。是指各缔约方应保证对所有不同来源的同一种产品适用相同的技术标准认证程序,并给予从任何成员方进口的产品不低于国内相同产品的同等待遇,不能构成任意的或不合理的歧视或是对国际贸易的一种隐蔽的限制。

(4) 透明度原则。乌拉圭回合的大多数协议都强调了透明度原则,这一原则在技术标准领域尤其重要。技术标准制度由于涉及数以万计的不同产品,因而非常复杂;同时技术本身也在不断进步,技术标准制度也不时地会有所变动。为了消除各国(地区)的技术标准可能对国际贸易造成的障碍,就必须保持技术标准的充分透明,在采取TBT时,要通过各种方式提前告知其他的缔约国,允许信息交流,相关的书面意见和讨论结果应迅速公布给有关各方,并在公布和生效之间应给予宽限期,以便有关各方适应其要求。

(5) 发展中成员方的差别待遇原则。技术标准制度与经济发展水平有着极为密切的关系,从某种意义上说,一定的经济发展水平只能采用某种特定形式的技术标准制度。因而要求发展中国家的技术标准制度与发达国家相一致是不现实的,该《协议》考虑到发展中国家的特殊发展和贸易需要及其技术发展状况,认识到发展中国家在制定和实施技术法规、标准以及有关是否符合技术法规、标准和评估程序方面可能会遇到特殊困难,对发展中缔约方应给予差别的或更优惠的待遇。

四、《技术性贸易壁垒协议》的主要内容

(一)技术法规与标准

该《协议》的第二部分主要对技术法规和标准的制定、批准和实施进行了明确,涉及条款为第二、第三、第四条。分别对于中央政府机构与地方政府机构和非政府机构对技术法规的制定、批准和实施进行了规定,其次还确定了标准的制定、批准和实施的行为规范。

所谓技术法规是指强制执行的有关产品特性或其相关工艺和生产方法,包括适用的管理规定在内的文件,以及关于适用于产品工艺或生产方法的专门术语、符号、包装、标志或标签要求。所谓标准是指经公认机构批准的、非强制性的、供通用或重复使用的产品或相关工

艺和生产方法的规则、指南或特性的文件，以及关于适用于产品、工艺和生产方法的专门术语、符号、包装、标志或标签要求。技术标准包括行业标准、国家标准和国际标准。

在《协议》第二条"中央政府机构对技术法规的制定、批准和实施"中，强调了各成员对来自其他任一成员境内进口产品在保证技术法规方面的国民待遇及无歧视待遇。同时，该条款还强调了各成员须保证技术法规的制定、批准或实施在目的或效果上均不会给国际贸易制造不必要的障碍，这正是该协定宗旨的集中体现，如《协议》2.3条款提出的"如果批准某技术法规的环境或目的已不复存在，或者改变了的环境或目标可以用对贸易有较少限制的方式来保障时，该技术法规应予以取消"，则是对这一宗旨的进一步强化。此外，协定还进一步强化了"国际化"这一特点，从两个方面表现出来：一是从本国法规的制定角度，协定提出尽量采用已有的国际法规，如协定2.4条款指出，当需要制定技术法规并且已有相应国际标准或者其相应部分即将发布时，成员须使用这些国际标准或其相应部分作为制定本国技术法规的基础，除非这些国际标准或其相应部分对实现其正当目标无效或不适用；二是从参与国际技术法规制定的角度，协定强调成员应尽可能通过适当的国际标准化团体，充分参与他们已采用的或准备采用的技术法规覆盖的产品的国际标准的制定工作。此外，协定还规定了在缺乏相应的国际标准或与相应国际标准的技术内容不一致，以及如果成员中出现了涉及安全、健康、环境保护或国家安全等紧急问题或其威胁时，成员应采取的行为规范。

《协议》第三条"地方政府机构和非政府机构对技术法规的制定、批准和实施"中，重点在于强调地方政府与中央政府在该问题上的一致性，如条款3.4明确提出"各成员不得采取措施要求或鼓励地方政府机构或非政府机构在其境内采取与第二条不符的行为"。

《协议》第四条"标准的制定、批准和实施"强调各成员须保证其中央政府标准化机构接受并遵守本协定附件3中的标准制定、批准和实施的良好行为规范。条款4.1指出，他们（各成员）应采取能够采取的适当措施确保其境内的地方政府和非政府标准化机构以及他们参加的或其境内有一个或多个机构参加的区域标准化组织，接受并遵守这个良好行为规范。此外，成员不得采取措施导致直接或间接要求或鼓励这些标准化机构违反此良好行为规范。确保其境内的标准化机构遵守良好行为规范是各成员的义务。

（二）合格评定程序

合格评定程序的最初起源及主要内容是认证与认可制度。在商品经济的发展中，早期的认证、认可制度渐渐产生，在百余年的过程中，经过各国在立法与实践中的改良、发展，国际贸易中各公约、协定的合理规制及国际协调，发展成为现今意义上的，较为系统、成熟的合格评定制度。总的来说，认证、认可都是合格评定程序的一种方式，也是合格评定程序发展过程中的起源形态。

合格评定程序作为一种重要的技术性贸易措施，是技术法规和标准得以有效实施的重要途径。进出口商品检验、认证等合格评定程序是以标准、技术法规为依据，确定商品等是否满足技术法规或标准中的相关要求。在国际贸易中，合格评定程序在保证产品质量、保护环境安全以及促进国际贸易的发展和全球经济一体化的运行，发挥着极为有力的作用，且由于其具有较强的可操作性，加之规制结果极易立竿见影，使得其重要性无可取代。

世界贸易组织教程

1. 合格评定程序壁垒

根据《TBT协议》，合格评定程序指任何直接或间接用以确定是否满足技术法规或标准要求的程序。合格评定程序的内容包括抽样、检测和检验程序；符合性的评价、验证和保证程序；注册、认可和批准程序以及它们的组合。对于国际贸易方面，由于合格评定程序运行机理不同，各成员在这方面具体内容也不同。

合格评定程序是一把"双刃剑"，在推动国际贸易发展方面起着重要作用，当然，这需要某个认证制度能为其他成员认可，且各成员间可以对其他成员的评定结果予以认可。与之相对，由于各成员的评定程序是存在差异的，纵使各成员的商品标准和检验方法相同，纷繁复杂的评定结果仍会成为贸易中的障碍，存在壁垒化的潜在风险。一般认为，合格评定程序壁垒是技术性贸易壁垒的形式之一，是国际贸易中进口国对外国进出口产品制定过分严格的技术标准，提高进口产品的合格评定要求，增加进口难度，最终达到限制进口的目的的一种非关税壁垒措施。主要有以下几种表现：

（1）技术性贸易壁垒在合格评定领域的发展趋势，首先体现在发达国家合格评定程序方面的技术性贸易措施由非定型化向制度化转变。非定型化指发达国家在某一时期针对某些进口商品实施的临时性限制贸易保护措施，这些措施之间不相关联，形式和内容也不确定。制度化是指政府以协调为中心、干预为主导、磋商为手段，制定长期性的贸易限制措施，这些措施彼此关联、密切配合，具有跨学科、跨行业、综合性、体系性较强的特点。技术贸易壁垒一旦形成，并且实施，就会产生明显的数量控制机制和价格机制的双重作用，从而对进口产品产生影响，进而影响进口国产业结构和经济结构，对本国的产业结构和经济结构也产生递进影响。

（2）同时，合格评定程序壁垒还表现在与发达国家贸易保护主义的趋向相适应且有日渐加重的趋向，已成为发达国家限制发展中国家出口贸易的有力工具。许多自愿性措施有逐渐与强制性措施结合并转化的趋势。合格评定程序已由市场影响力措施发展到市场准入措施。很多国家规定只有具备生态标签的产品方可进入本国市场。同时，发达国家凭借其经济、技术优势制定苛刻的程序，繁杂的技术标准，限制国际贸易的正常发展。如美国作为一个标准大国，目前存在五十多种认证体系，政府制定的标准有五万个以上，民间组织制定的标准也有四万多个，系统极为分散复杂。联邦政府制定一些强制性的标准，也有相当多的标准由行业内部自愿构建，换句话说，美国并无一个公共或私营机构主导标准的颁布和实施。这一体制造成国际贸易中技术标准数量繁杂，要求比较苛刻，制定者也能根据不同形势进行弹性变动，容易形成壁垒。美国合格评定系统结构很复杂，一般适用"第三方评定"，如代号为UL（Underwriter Laboratories Inc.）的"保险商实验室"安全评定体系，外国商品必须通过UL认证后才能顺利地进入美国市场，尽管发展中国家的商品很难达到UL标准水平。美国专门制定了大量法律规范限制进口商品，尤其在合格评定领域，近年来美国对安全、健康、环保方面的要求日益严格，许多国家的进口商品遭到限制。

（3）此外，由于技术法规或标准在适用中没有明确界定或分工，导致了法规或标准的双重适用，对产品实行不必要的双重评价标准也是合格评定程序壁垒的集中表现之一。例如，法国作为欧盟成员，实行欧盟的国际贸易法规的体系和管理，而在进口商品的技术和标准方面，则将其转换成本国规则后再实行。因此，欧盟以外国家在产品出口法国时，会面临双重标准，这对法国制造商起到了双重防护效果。在具体执行中，法国也有自己的一套特殊要求。如进入法国的家用电器的技术合格认定，就必须在该国指定的试验中心进行，合格后才能进入市场销售。

2.《TBT》框架下的合格评定程序

根据《TBT协议》的内容，其主要精神在于防止利用技术法规、标准及合格评定程序等不合理地阻碍其他成员产品进入本国市场，故该协定主要围绕技术法规、标准和合格评定程序此三个基本要素加以规定限制。

根据《TBT协议》，技术性贸易措施由技术法规、技术标准和合格评定程序构成。其中，标准是自愿性文件，技术法规则是强制性的，其制定通常以标准为基础，进出口商品检验、认证等合格评定程序则是以标准、技术法规为依据，来确定产品是否满足技术法规或标准中的相关要求。《TBT协议》中"合格评定程序"是指："任何直接或间接用以确定是否满足技术法规或标准中相关要求的程序"，同时给出解释性说明："合格评定程序特别包括：抽样、测试和检验；评价、验证和合格保证；注册、认可和批准以及各项的组合"。故"合格评定程序"就是为直接或间接用以确定产品是否符合相关技术法规或标准中有关要求的过程所规定的方法或途径。

过于烦琐及不必要的合格评定程序会给国际贸易带来不必要的阻力从而成为新的技术性贸易壁垒，但不可否认其在推动国际贸易的有序发展及产品质量提高等方面具有不可替代性。合格评定程序并不能一概看做"技术性贸易壁垒"，在一定情况下，它也可以成为贸易的"推进器"。如果我们一味地拒绝合格评定程序，对合格评定程序持抵触态度，会使原本不应成为技术性贸易壁垒的合格评定程序成为贸易壁垒。鉴于此，《TBT协议》中专章专项地对合格评定程序进行了系列的规定和要求，并将《TBT协议》的宗旨和精神尽可能地体现于其中，以期打破技术性壁垒的藩篱，恢复合格评定程序在国际贸易中本应体现的价值取向。

（1）《TBT协议》中合格评定程序的内容。

在具体的内容上，《TBT协议》的第5.1.2条参照第2.2条对技术法规的规定，要求各成员确保合格评定程序的制定、批准和使用不会有"对国际贸易产生不必要障碍的效果或以之为出发点"。这意味着合格评定程序或其应用不能严于给进口国对一产品符合相关法规的"适当信心"所必需的水平。在鼓励相互认可的同时，《TBT协议》明确承认，为了达到双边满意的谅解，特别是为确保所涉及机构的能力并且限制对指定机构合格评定结果的接受，磋商还是需要的。而且，该《协议》第10.7条鼓励涵盖技术法规、标准或合格评定程序的协议的参与者"为达成类似协议或其他国家加入现有协议之目的去与其他国家进行磋商"。据第11条，要求各成员方以双边达成一致的条款和条件为基础，就发展中国家生产商进入合格评定体系的步骤或一些成员方建立使之能够同意或加入此类体系所需框架提出建议并给予技术援助。

(2) 合格评定程序中的信息通报。

《TBT 协议》已经意识到，保证国际贸易公平竞争的一个重要条件是确保技术法规、标准和合格评定程序等信息的公开透明，故其规定了通报义务和设立咨询点的服务，将各成员技术法规、标准和合格评定程序的实施置于所有成员的监督和规范之下，尽可能降低因实施过于严苛的标准和程序而给贸易带来无谓阻碍的可能性，为消除技术性贸易壁垒提供了保障。《TBT 协议》第 2、3、5、7、10 条以及《关于制定、采用和实施标准的良好行为规范》规定了通报制度，若相关标准还未制定，或拟制定的技术法规、标准和合格评定程序的内容与已有规则存在实质性不同，且对他方的贸易活动存在重大影响的可能性时，各方应提前一定的阶段，就相关产品涉及的合格评定程序的内容及理由，向相关成员方尽通知义务并使之熟悉相关法规、标准，同时还应给予其他缔约方适当时间，为其提交书面意见提供合理时间并充分考虑之。

(3) 合格评定主体的规定。

在合格评定主体的相关内容上，《TBT 协议》规定了 4 类主体，即中央政府机构、地方政府机构、非政府机构、国际和区域体系。需要注意的是，非政府机构是指中央和地方政府机构以外的机构，也包括有法定权力实施标准的非政府机构。这些机构多是一些中介机构和社会团体，它们制定和公布合格评定程序的指南和建议具有很大权威性，多数被中央政府和地方政府引用为法定的合格评定程序，它们是从事合格评定活动的民间机构。国际机构体系与区域机构体系区别在于成员资格的开放是针对所有成员还是部分成员的机构予以开放。《TBT 协议》特别将欧盟作为典型阐述，欧盟因其高度一体化，虽适用中央政府机构的规定，但内部仍可制定区域性机构或体系，此时，则应适用《TBT 协定》区域性的相关内容。值得注意的是，对主体单列名目进行详细的列举和定义，说明此问题已被 WTO 成员提上日程，要求各中央政府机构确保其领土内的地方政府机构和非政府机构履行同样的义务。

（三）《技术贸易壁垒协议》的其他条款

《技术贸易壁垒协议》的其他条款包括三个大的方面，分别为：技术和援助机构、磋商和争端解决以及附件。在技术和援助中主要包含第十条"关于技术法规、标准和合格评定程序的信息"、第十一条"对其他成员的技术援助"和第十二条"对发展中国家成员的特殊和区别待遇"；在机构、磋商和争端解决中主要包含第十三条"贸易技术壁垒委员会"及第十四条"磋商和争端解决"；在最后条款中，协议对保留及复审进行了规定，如协议第 15.1 条指出，没有得到其他成员的允许，不能对本协定中的任何条款提出任何保留，第 15.3 条提出，委员会应参照协定的宗旨，每年对协定的实施和运作进行复审。

1. 信息和援助

在该《协议》第十条"关于技术法规、标准和合格评定程序的信息"中，协议对于相关信息的合理获得提供了保障。协议提出每个成员须保证设立一个或多个咨询处，能回答其他成员和其他成员境内有关方面的所有合理询问，并提供中央或地方政府机构，或上述机构是成员，或参与者的区域性标准化机构在其境内批准或建议的任何标准和技术法规；其次，成员对于相关信息提供的价格（如有定价）须与提供给本国或任何其他成员的价格相同。

在第十一条和第十二条中，协议均规定了对发展中国家的特殊待遇，如第十一条提出成员须就技术法规的制定等相关信息向其他成员，特别是向发展中国家成员提供咨询，应优先考虑最不发达国家的需求。在第十二条中，协议提出各成员应特别注意本协定中有关发展中国家成员的权利和义务的条款，并须考虑到发展中国家成员无论在国内还是在运作本协定的机构安排方面在执行本协定时的特殊发展、资金和贸易上的需要，并保证本国或本地区技术法规、标准和合格评定程序不对发展中国家成员的出口造成不必要的障碍。

2. 机构、磋商和争端解决

该《协议》第十三条"贸易技术壁垒委员会"规定贸易技术壁垒委员会由各成员代表组成的。委员会应选出自己的主席并在必要时召开会议，为了使各成员有机会就执行协定或促进本协定目的的有关事宜进行磋商，会议至少每年召开一次。委员会应执行本协定或成员所赋予的职责。

第十四条"磋商和争端解决"规定了争端解决的机构及程序。协议第14.1条指出，就影响本协定执行的任何事项进行磋商和争端的解决均须在争端解决机构的主持下进行，并须按照争端解决协定阐述和实施的1994年GATT第22条和第23条的规定执行。协议第14.2条规定"应发生争端的一方提出要求，或应争端解决机构提议，小组委员会可以建立一个技术专家组，协助解决需由专家详细研究的技术性问题"。

3. 附件

附件1"本协定名词术语及其定义"对技术法规、标准、合格评定程序、国际机构或体系、区域机构或体系、中央政府机构、地方政府机构、非政府机构等8个术语作了定义。

技术法规：强制执行的规定产品特性或相应加工和生产方法包括可适用的行政管理规定。技术法规也可以包括或专门规定用于产品、加工或生产方法的术语、符号、包装、标志或标签要求。标准：为了通用或反复使用的目的，由公认机构批准的、非强制性的文件。标准规定了产品或相关加工和生产方法的规则、指南和特性。标准也可以包括或专门适用于产品、加工或生产方法的术语、符号、包装标志或标签要求。

合格评定程序：直接或间接用来确定是否达到技术法规或标准相应规定的程序。

附件2"技术专家组"对于技术专家组的机构组成及行为规范进行了规定。

附件3规定了制定、批准和实施标准的良好行为规范。要求世界贸易组织成员的中央政府、地方政府和非政府机构的标准化机构以及区域性标准化机构接受该《规范》，并使其行为符合该规范。

五、相关案例

(一) 温州"打火机事件"

1. 事件描述

温州是我国著名的打火机生产地,年产打火机8.5亿只,出口价格多在1欧元左右,在欧盟市场极具竞争力,市场份额曾一度高达80%。欧盟在打火机生产商协会的多方压力下,提出该打火机,必须加装一个5周岁儿童难以开启的安全装置,否则不准进入欧盟市场。该法规于2003年4月30日获得通过,并将会在2004年强制执行。CR法规的出台,意味着温州生产的价格在两欧元以下、装有燃料的玩具型打火机将被禁止上市。此消息出台后,温州的打火机出口受到严重影响。据悉,每年的岁末和年初都是温州打火机接收订单最旺盛的时期,而2001年入冬以来,温州打火机企业接到的出口订单明显减少。可以预见,一旦CR法案开始执行,现行的温州打火机在欧盟市场上将受到极大冲击。温州"打火机事件"是一起利用技术手段打造国际贸易壁垒保护本国产业的典型案例,也是我国加入世贸组织后,在国际贸易方面第一次遭遇来自WTO成员方的技术壁垒,引起企业界和理论界的广泛关注。

2. CR法规与技术贸易壁垒协议之冲突

在WTO体系下,对技术贸易壁垒进行约束的主要是乌拉圭回合达成的《TBT协议》。CR法规的主要内容包括两点:一是为了保护儿童安全,防止吸引儿童玩耍,全面禁止玩具型打火机进入欧洲市场;二是两欧元以下的打火机必须加装保险锁,防止儿童开启。从表面上看,CR法规制定的出发点是为了保护人类健康和安全的需要,符合《TBT协议》的有关规定,但仔细分析,我们将会看到很多不合理之处。

(1) CR法规违反了《TBT协议》上"避免不必要的贸易障碍"原则。

温州出口的打火机安全性很强,已通过国际通行的ISO9004安全标准,迄今尚未接到影响儿童安全的有关资料;从性能上来说,温州出口的打火机虽然没有安装安全锁,但与易开易点的一次性打火机不同,温州的打火机有金属外壳保护,不易被儿童开启;欧盟在无任何证据证实温州出口打火机对儿童安全存在影响的情况下,不适当地夸大不执行CR法规对儿童导致的风险。

(2) CR法规违反了《TBT协议》中的"非歧视性"原则。

在欧盟打火机销售市场上,除了中国的打火机没有装保险锁外,日本、韩国也有几款打火机没有装保险锁。而这些国家生产的打火机却仅仅因为价格在两欧元以上而不在CR法规限定之列。从安全角度看,两者的性能是一样的。因此,CR法规从本质上来说是在中国产品和其他外国产品之间产生了歧视待遇。

(3) CR法规违反了《TBT协议》中的"透明度"原则。

为了尽量减少各国利用技术贸易壁垒影响国际贸易自由化的可能,《TBT协议》对透明度提出了严格的要求:一是只要不存在有关国际标准或拟订的技术法规中的技术内容与有关国际标准中的技术内容不一致，且如果该技术法规可能对其他成员的贸易有重大影响，则各成员应该在早期适当的阶段，以能够使其他成员中利害关系方知道的方式，在出版物上发布有关提议采用某一特定技术法规的通知；二是应无歧视性地给予其他成员合理的时间以提出书面意见，应请求讨论这些意见，并对这些书面意见和讨论的结果予以考虑。而欧盟早在1998年就制定了CR法规的草案，我国作为欧盟打火机的重要出口国（市场份额高达80%）直到2001年10月才知道，欧盟显然违反了《TBT协议》的有关义务，使我国丧失提交相关意见的权利。

3. 温州"打火机事件"背后是巨大的经济利益

随着经济全球化进程的加快，目前欧美等发达国家正凭借其专利，不断在全球扩大自己的市场份额。现在美国拥有世界半数以上的发明专利，发达国家还千方百计地控制着世界标准化组织，在大多数高科技领域，我国只能使用外国指定的国际标准，受制于人。技术贸易壁垒与专利制度密切相关，欧盟正是凭借其专利技术，将我国温州出口的打火机挡在了他们的大门之外。

由于我国专利审查和标准修订的时间太长，使得专利申请大量积压，标准严重老化，不仅阻碍技术进步，而且成为其他国家对我国实行技术贸易壁垒的借口。欧盟的CR法规，表面上是为了保护儿童的安全，实则是其实行贸易技术壁垒的借口，以此来推广其打火机方面的安全锁专利，使我国温州的打火机失去大量的市场份额。如果我们引进欧盟此项专利，则出口打火机的利润差不多只够付专利费的，我们将变为名副其实的廉价打工仔，因为我们目前没有这方面的技术。

专利是我国经济融入世界经济的重要依托，国际经济竞争正在由资本竞争向技术竞争转变，其核心正逐步演变为专利的竞争，将专利与标准化挂钩是世界标准化活动的新动向，应引起我国的高度重视。

（二）永通集团对德国出口成衣案

1. 事件描述

浙江一家专门从事女装出口的制衣公司将一批成衣按订单要求发往德国时，却被拒之门外。纳闷不已的经营者被告知：不是服装尺寸不对路，而是小小的纽扣出了大问题——不符合环保要求

浙江绍兴雪尔服饰有限公司董事长蒋国良告诉记者，纺织品出口在欧盟国家的检验中有几项重要的指标就是染料中的偶氮和19种分散染料（染原料的几种有害化学成分）是否超标。中国加入世贸组织后，作为纺织大县的绍兴出现了空前的出口好势头，但不少绍兴纺织品在欧洲国家屡屡受挫，多数问题出在染料上。

经过调查与研究，永通集团积极寻求破解绿色壁垒之法。当初，国内化工行业还没有环保染料，永通就用国外的，尽管在大力开源节流之后，成本还是高了30%，出口几乎无利可图，但是永通人下定决心，要在世界市场上打响这张"绿色"牌。集团不仅将染料全部

改为环保型产品，还斥资 200 多万元在企业内部建立了检测中心。

破解了绿色壁垒后的永通集团如同掌握了阿里巴巴"芝麻开门"的秘诀一样，顺利打开了欧洲市场，并牢牢占据了世界市场中的份额。这家 10 多年前还名不见经传的民营企业，2013 年在全国印染行业中创下了产量、销售、出口三项全国冠军，外贸出口超过 1 亿美元，产品行销 75 个国家，其中，欧美国家占了 40%。今年前三个月，产品出口又比上年同期增长了 60%，让业内人士连连称奇。如今，随着国内环保染料价格的总体走低，永通集团的效益显著提高。

2. 积极突破壁垒，提高竞争实力

这一纺织品服装案例中，我们选取的是一些有先动意识、积极破壁的企业。这部分企业让我们感到欣慰，但同时我们也应该看到：

(1) 首先，积极破壁并不是一个企业、两个企业自己的事情。因为一个企业的经营活动不可能涵盖其所需要的方方面面，企业还是需要与市场上的其他企业进行交换。也就是说，一个企业产品的质量不仅仅取决于该企业自身的生产技术水平，还取决于与其相关的其他企业的技术水平。如本例中，要提高服装业的产品质量则必须同时提高纺织、印染和为印染提供染料的化工行业的质量。所以，破壁仅靠一两个企业的力量是不够的，它需要各相关企业的配合、共同发展，而这种配合需要政府、行业组织的引导、协调。在当今的国际贸易战中，发达国家的政府、行业协会、企业已经处于新的利益共同体中，建立政府领导下的政府、行业协会、企业为主体的多层次产业预警机制，是 WTO 自由贸易目标及其规则的客观要求。而目前我国尚未建立起这一机制，尤其是行业协会没有发挥其应有的作用，难以赋予本国企业相对的团体竞争优势，缺乏与国外贸易伙伴的民间性沟通与对话，这不利于我国企业参与国际竞争并加大了贸易摩擦的可能。

(2) 在上面永通集团的例子中，我们看到，该集团为了提高产品质量在企业内部建立了检测中心。作为一个企业，我们说永通集团是有前瞻意识的。但我们从一个社会、一个国家的角度来看，如果每个企业都自己建立一个检测中心，这是极其不经济的。这也从一个侧面反映出了我国检测技术的滞后性以及加快改革的迫切性。

(3) 对于中国大多数的纺织企业来讲，其环保意识还停留在污染的末端治理上，有些企业甚至对末端治理也不重视。而现在，在一些发达国家，治理已经从末端治理、生产过程污染预防这两个阶段，进入从产品设计到废弃回收利用再生的第三阶段。如果在绿色壁垒面前，停步不前或者等待观望，结局也许只能是死路一条。绍兴永通丝织集团"吃亏"之后醒悟过来，走上了成功的道路，而对如今的企业来说，已经不能再把所有的行动放到教训之后，因为已经没有时间。在这方面，政府、行业协会要加大宣传的力度，使企业建立清洁生产的观念，将环保贯彻到生产的每一个环节，并鼓励企业申请 ISO14001 认证，从而取得进入国际市场的"绿色通行证"。

第二节 《实施卫生与植物卫生措施协议》

《实施卫生与植物卫生措施协议》（Agreement On The Application of Sanitary And Phytosanitary Measures，简称《SPS协议》）是在乌拉圭回合中达成的一项新协议，隶属WTO多边货物贸易协议项下。从《SPS协议》在WTO规则整体结构配置中所担当的角色和其内容独有的制度安排来看，它突出地反映了WTO各成员努力追求维护国家主权与实现开放式贸易体制利益之间的平衡。由此，该协议的目标被巧妙地概括为："维护任何政府提供其认为适当健康保护水平的主权，但确保这些权利不为保护主义目的所滥用并不产生对国际贸易的不必要的障碍。"在WTO诸项协议实施六年多的时间里，《SPS协议》经WTO争端解决机构的适用而得以充分的展示与检验。由于SPS问题涉及WTO体制中一类较敏感的事务，所以，《SPS协议》本身以及与此相关的贸易纠纷都产生出了大量的、颇受争议的话题。

一、《SPS协议》的产生背景及主要内容

随着国际贸易的发展和贸易自由化程度的提高，各国实行动植物检疫制度对贸易的影响已越来越大，某些国家尤其是一些发达国家为了保护本国农畜产品市场，多利用非关税壁垒措施来阻止国外尤其是发展中国家农畜产品进入本国市场，其中动植物检疫就是一种隐蔽性很强的技术壁垒措施。由于GATT和TBT对动植物卫生检疫措施约束力不够，要求不具体，为此，在乌拉圭回合谈判中，许多国家提议制定了《SPS协议》，它对国际贸易中的动植物检疫提出了具体的、严格的要求，它是《WTO协议》原则渗透的动植物检疫工作的产物。

（一）组成及条款

它由前言和正文14条及3个附件组成。主要条款有：总则、基本权利和义务、协商、等效、风险评估和适当的卫生与植物卫生保护水平的确定，适应地区条件，包括适应病虫害非疫区和低度流行区的条件，透明度，控制、检查和批准程序，技术援助，特殊和差别待遇，磋商和争端解决，管理，实施和最后条款。协议涉及动植物、动植物产品和食品的进出口规则。协议适用范围包括食品安全、动物卫生和植物卫生三个领域有关实施卫生与植物卫生检疫措施。协议明确承认每个成员制定保护人类生命与健康所必需的法律、规定和要求的主权，但是保证这种主权不得滥用于保护主义，不能成为贸易壁垒和惩罚措施。协议规定各成员政府有权采用卫生与植物卫生措施，但只能在一个必要范围内实施以保护人类及动植物的生命及健康，而不能在两个成员之间完全一致或相似的情况下，采取不公正的差别待遇。协议鼓励各成员根据国标标准、指导原则和规范来建立自己的卫生与植物卫生措施。协议的宗旨是规范各成员实施卫生与植物卫生措施的行为，支持各成员实施保护人类、动物、植物的生命或健康所采取的必要措施，规范卫生与植物卫生检疫的国际运行规则，实现把对贸易的不利影响减少到最低程度。

协议的附件1为《定义》，对卫生与植物卫生措施、协调、国际标准、指南和建议、风险评估、适当的卫生与植物卫生保护水平、病虫害非疫区和病虫害低度流行区等作出定义。附件2为《卫生与植物卫生措施的透明度》，它包括法规的公布、咨询点、通知程序、一般保留等规定。附件3为《控制、检查和批准程序》，它是关于检疫机构在实施卫生与植物卫生措施时应遵循的程序和要求。根据协议规定，设立卫生与植物卫生措施委员会，负责协议的实施。

（二）《SPS协议》的主要内容

1. 科学依据

各成员应确保任何动植物卫生检疫措施的实施都以科学原理为依据（第2条）；没有充分科学依据的动植物卫生检疫措施则不再实施；在科学依据不充分的情况下，可临时采取某种SPS措施，但应在合理的期限内作出评价。

科学依据包括：有害生物的非疫区；有害生物的风险分析（PRA）；检验、抽样和测试方法；有关工序和生产方法；有关生态和环境条件；有害生物传入、定居或传播条件。

以前不少国家常以行政手段制定一些动植物卫生检疫限制或禁止措施，对采取的科学依据问题考虑得不够多，但现在不行了。如执行的SPS措施被认为是没有科学依据就不能执行了，否则，可以到日内瓦打官司。当今世界，科学技术日新月异，人们研究科学、发展科学的意识很强。SPS协议紧紧地抓住这一点作为该协议的基本权利和义务，其目的是把WTO、SPS协议这个紧密联系贸易的规则建立在科学基础上。

2. 国际标准

国际标准是指三大国际组织制定的国际标准、准则和建议，分别是：（1）国际营养标准委员会（CAC）——食品安全（食品添加剂、兽药和杀虫剂残留、污染物等）；（2）世界动物卫生组织（OIE）——动物健康；（3）国际植物保护公约（IPPC）——植物健康。

强调各成员的动植物卫生检疫措施应以国际标准、准则和建议为依据（第3条）。符合国际标准、准则和建议的SPS措施视为是保护人类、动物和植物的生命和健康所必需的。可以实施和维持比现有国际标准、准则和建议高的标准，但需要有科学依据（第5条）。

实施没有国际标准、准则和建议的SPS措施时，或实施的SPS措施与国际标准、准则和建议的内容的实质上不一致时，如限制或潜在地限制了出口国的产品进口，进口国则要向出口国作出理由解释，并及早发出通知。

3. 等同对待

如果出口成员对出口产品所采取的SPS措施，客观上达到了进口成员适当的动植物卫生检疫保护水平，进口成员就应当接受这种SPS措施，即使这种措施不同于自己所采取的措施，或不同于从事同一产品贸易的其他成员所采用的措施。可根据等同性的原则进行成员间的磋商并达成双边和多边协议。

由于气候、原产地的不同以及有害生物和食品状况的不同，进口成员总是采取同一种卫生检疫措施显然是不适宜的。

4. 风险分析

PRA 分析是进口成员的科学专家对进口产品可能带来的有害生物的繁殖、传播、危害和经济影响作出的科学理论报告。该报告将是一个成员决定是否进口该产品理论依据，或叫决策依据。PRA 分析强调适当的动植物卫生检疫保护水平，并应考虑对贸易不利影响减少到最低程度这一目标。PRA 分析要考虑有关国际组织制定的风险评估技术。PRA 分析要考虑有害生物的传入途径、定居、传播、控制和根除的经济成本等。

5. 非疫区概念

检疫性有害生物在一个地区没有发生就是非疫区。例如，地中海"实蝇"或非洲"猪瘟"在北京地区没有发生，那么北京地区就是非疫区。SPS 协议将非疫区定义为：经主管单位认定，某种有害生物没有发生的地区，这可以是一个国家的全部或部分，或几个国家的全部或部分。

确定一个非疫区大小，要考虑地理、生态系统、流行病监测以及 SPS 措施的效果等。各成员应承认非疫区的概念。出口成员声明其境内某些地区是非疫区时，应提供必要的证据等。一个国家非疫区里生产的产品不会受出口检疫的限制；同样道理，一个国家疫区里生产的产品将不能出口。

6. 透明度原则

（1）透明什么——各成员应确保所有动植物卫生检疫法规及时公布。除紧急情况外，各成员应允许在动植物卫生检疫法规公布和生效之间有合理的时间间隔，以便让出口成员，尤其是发展中国家及地区的成员的生产商有足够的时间调整其产品和生产方法，以适应进口成员的要求。

（2）怎么透明——SPS 咨询点、通知机构负责对感兴趣的成员提出的所有合理问题提供答复，并提供有关文件。

不了解进口国的 SPS 规定，就不知道该出口什么，不该出口什么。事先及时了解了进口国的 SPS 规定，就会减少或避免出口的盲目性，不至于发生退货甚至销毁的情况。

7. SPS 措施委员会

为磋商提供一个经常性的场所。SPS 措施委员会的职能是执行本协议的各项规定，推动协调一致的目标实现。

鼓励各成员就特定的 SPS 措施问题进行不定期的磋商或谈判。鼓励所有成员采取国际标准、准则和建议的采用。应与国际营养标准委员会（CAC）、世界动物卫生组织（OIE）和国际植物保护公约（IPPC）组织保持密切联系。拟定一份对贸易有重大影响的动植物卫生检疫措施方面的国际标准、准则和建议清单。

SPS 措施委员会可及时协调或解决各成员间的 SPS 问题，并直接影响各成员 SPS 措施的修订，把可能发展成为打官司的 SPS 争端问题解决在萌芽阶段。

二、《SPS 协议》在 WTO 规则中的地位

乌拉圭回合以前，没有独立的《SPS 协议》存在，在很大程度上，它为东京回合所达成的《技术性贸易壁垒协议》所涵盖。但在乌拉圭回合中形成了体系化的货物贸易多边法律体制由 GATT94 和 12 个附属协议组成。《SPS 协议》与《TBT 协议》相分离，作为单独的一个附属协议。如此安排既有 WTO 协议整体框架各协议彼此衔接、交互作用的设计构想，又有其自身角度的独有考虑。

在总体上，12 个附属协议共同遵循 GATT 的基本原则，延伸并具体发展其各项制度，除在适用范围上各有分工以便操作与解释外，它们彼此之间尚担负着交互作用、拾遗补阙的职责。从而一方面，通过其相互补充、良好衔接来保证整体制度体系的周延与完整，防止出现"真空地带"所致的漏洞；另一方面，也有利于在各司其职、分工有序的条件下形成"合力效应"以保证高效、便捷的调整。《SPS 协议》在 WTO 规则中的地位恰恰体现了这种规范价值。

首先，《SPS 协议》与其他 11 个附属协议一样，虽然与 GATT94 同属于《WTO 协议》附件 1A "货物贸易多边协议"项下的协议，但它们与 GATT94 之间构成类似于单行法典中的分则与总则的关系，或相当于同一部门法中的特别法与一般法之间的关系。12 项附属协议各自从不同的角度诠释 GATT 的原则性规定，并加以具体化。正因如此，WTO 关于附件 1A 的总体解释性说明中，为 GATT 条款与各附属协议条款发生冲突时确立了特别法优先的法律适用原则。

其次，《SPS 协议》是与《农产品协议》相伴生的产物，并构成《农产品协议》的一个重要组成部分。

《农产品协议》是乌拉圭回合的一大贡献，它把长期游离于 GATT 体制之外的占世界贸易总额 13% 的农产品贸易纳入多边贸易体制轨道。依照 GATT 法纪所要求的尽可能仅以关税提供保护的原则，《农产品协议》中极其重要的举措之一就是建立"单一关税制"（tariff - only regime）（即关税化）。由此，各国广泛使用的对农产品的所有保护措施，包括数量限制（quantitative restrictions）、差价税（variable levies）、进口禁令（import bans）或其他非关税措施，全部以进口关税取而代之。关税化的过程彻底改变了反对进口农产品的世界范围内存在的保护性壁垒结构。但与此同时，由于 GATT 第 20 条（b）项承认各国政府在保护人类、动物或植物的生命与健康所必需的情况下，具有限制贸易的权利，因而，许多国家担心在关税化后，由于农产品的非关税措施被禁止采用，可能会导致一些国家更多地和不合理地对贸易使用动植检限制措施变相地限制农产品贸易。《SPS 协议》就是为了消除这种威胁而制定的。实际上，从《农产品协议》序言及其第 14 条的表述中，我们都可以知道，《SPS 协议》

第五章　国际货物贸易非关税协议

本身就构成了《农产品协议》的一项内容。赵维田先生据此称之为"与进口准入、出口竞争、国内支持并列成为《农产品协议》的第4根支柱"。

最后，《SPS协议》与《TBT协议》在适用范围与具体内容两方面呈互补之态。

在适用范围上，《SPS协议》的适用范围界定清楚但相对狭窄。该协议第1条规定："本协议适用于所有可能直接或间接影响国际贸易的卫生与植物卫生措施。"其中，"卫生与植物卫生措施"（以下简称"SPS措施"）则专指由其附件A第1条所下的定义："卫生与植物卫生措施——用于下列目的的任何措施：（a）保护成员领土内的动物或植物的生命或健康免受虫害、病害、带病有机体或致病有机体的传入、定居或传播所产生的风险；（b）保护成员领土内的人类或动物的生命或健康免受食品、饮料或饲料中的添加剂、污染物、毒素或致病有机体所产生的风险；（c）保护成员领土内人类的生命或健康免受动物、植物或动植物产品携带的病害、虫害的传入、定居或传播所产生的风险；（d）防止或控制成员领土内因虫害的传入、定居或传播所产生的其他损害。卫生与植物卫生措施包括所有相关法律、法令、法规、要求和程序……"由此，我们发现，由该协议所调整的SPS措施其实就是用于防范所列举的四种风险（以下简称为"特定风险"）的各种技术措施。换言之，它们原本是属于TBT措施范畴的，是被《SPS协议》"特定化"了的TBT措施。经过特定化处理，使它们得以与其他TBT措施（或称之为"非SPS措施"）明确地区别开来。与《SPS协议》这种明确但相对狭窄的适用范围相比较而言，《TBT协议》的适用范围无疑要广泛得多，也不易把握得多。概括地说，它包括了适用于针对所有产品，包括工业产品和农产品所采取的一切措施，而仅排除了"政府机构为其生产或消费要求所制定的采购规格"（政府采购的技术规格）与"《SPS协议》附件A定义的卫生与植物卫生措施"（SPS措施）。两种不同的定义方法相结合——前者穷尽列举SPS措施的使用目的而形成明确的范围界限，后者"兜底式"加以概括——组成一个法律规制范围的完整集合体，从而有效地保护了"两协议在职责上的分工不应在管辖范围上造成任何空白"。

两协议在内容上，特别是在各自所体现的对GATT相关条款的解释作用方面亦相得益彰。尽管两协议都被视为是根据GATT第20条（b）项授权采取的"为保护人类、动植物的生命或健康所必需"的措施的解释，但它们仍存在着根本的差别。一方面，《SPS协议》完全就是对该项条款所包括的一般例外的解释，或者说补充并具体发展了其规定内容；而由《TBT协议》所涉范围的广泛性所决定，第20条（b）项只构成其涉及范围的一部分，即它所有措施中的，为保护人类及动植物的生命或健康所必需的那部分措施。另一方面，《SPS协议》的所有内容都紧紧围绕第20条（b）项，对作为例外的"保护人类及动植物的生命或健康"措施的动机和它的"必需性"加以诠释。由此，凡符合了该协议各项规定的SPS措施即可被视为满足了"例外"所要求的条件，得以豁免GATT的相关义务。《TBT协议》则不然，虽然在字面意义上，TBT措施也可归于GATT第20条所列的若干例外事项，但该协议本身并没有从解释例外的角度出发，更没有具体规定构成例外的标准与条件，而是直接地、更为具体地重申了GATT的基本义务。

三、相关案例

美国诉日本苹果案：

（1）最终裁决。

2003年11月26日，WTO上诉机构（Appellate Body，AB）发布公告，就美、日苹果贸易争端一案维持专家小组的判决，裁定日本违反相关贸易规则，并建议争端解决机构（Dispute Settlement Body，DSB）要求日本履行其《实施卫生与植物卫生检疫措施协定》（简称《SPS协定》）日方所承担的义务。

本案的核心问题在于：日本对美国实施的技术壁垒是否超出了政府为达到保护人类、动物和植物健康的目的，而评价这些措施是否有足够的科学依据、以风险评估为基础、对保护健康是必要的、对来自不同国家的产品没有造成不合理的歧视。

（2）案情回顾。

日本自1994年开始就对美国出口日本市场的苹果实施检疫限制措施，这些检疫限制措施包括：禁止进口美国发现有火疫病的果园所生产的苹果；对生产出口苹果的果园实施一年3次的火疫病例行检验；对500米缓冲区内发现火疫病的果园取消其出口日本的资格。

2002年4月18日，根据美国的要求，美、日双方举行磋商但未能取得令双方满意的成果。2002年6月3日，DSB成立专家小组。2003年7月15日，专家小组发布公告，就美国指控日本禁止美国苹果出口日本市场一案作出裁决，裁定日本违反了世贸组织《SPS协定》，并建议争端解决机构要求日本履行该协定中日方所应承担的义务，取消对美国苹果的进口限制。

2003年8月28日，日本对DSB提出上诉，2003年11月26日，AB发布公告，维持专家小组判决；2003年12月10日，DSB通过了专家小组和AB对此案的判决。

《SPS协定》是1995年WTO成立时交成员方"一揽子"接受的协定之一，是WTO多边国际条约体系的组成部分。它确认了各成员方为保护人类、动物或植物的生命或健康有权采取卫生与植物卫生检疫措施，并对成员方采取SPS措施的权利义务进行了规范，属于规范成员方技术性措施的协定。

（3）为何认定日本违反《SPS协定》？

首先，日本实施SPS措施无"科学依据"。《SPS协定》第2.2条确立了实施SPS措施最基本的义务，即要有"科学依据"。日本苹果措施案中，专家小组在依据该款分析日本是否是在无充分的科学依据下维持措施时，基于获得的信息，确立了以下事实：

① 成熟、无症状的苹果的传染性没有确立，即成熟的，没有一点症状的苹果不可能被火疫病传染。

② epiphytic细菌在成熟、无症状的苹果出现的可能性没有普遍确立，科学依据不支持成熟、无症状的苹果上能够寄居epiphytic细菌的结论。

③ 即使被传染的苹果进口到日本，寄生其上的细菌在商业处理、储存、运输过程中存活，火疫病的传入问题，即从进口苹果到本地植物上仍需要附加条件或额外事件的存在，这

被认为是不可能的而且至今也未在实验室中确立其可能性。

基于以上的事实,专家小组认为科学依据显示火疫病可能通过苹果传播的风险是可以忽略的。也即科学证据不支持苹果可能作为火疫病在日本传入、定居或者传播的途径的观点。

其次,日本措施非在"相关科学证据不充分的情况下"。《SPS协议》第5条风险评估和适当保护水平的决定其中第7款规定:"在有关科学依据不充分的情况下,一成员方可根据获得的有关信息,包括来自有关国际组织以及其他成员方实施的卫生与植物卫生措施的信息,临时采用卫生与植物卫生措施。在此种情况下,各成员应要求获得更加客观地进行风险评估所必需的额外信息,并在合理期限内据此审议卫生与植物卫生措施。"

专家小组判定日本的措施不是在"相关科学证据不充分的情况下"采取的。因为就本案针对火疫病提供苹果传播的风险进行检疫措施的争议,相关科学研究和实践试验已经进行了200多年的研究已经有大量高质量的重要的针对火疫病通过苹果传播的风险这一特定的科学问题的证据。

最后,日本的风险评估不充分。

《SPS协议》第5条风险评估和适当保护水平的决定,第1款规定:"各成员方应保证其卫生与植物卫生检疫措施的制定以对人类、动物或植物的生命或健康所进行的、适合有关情况的风险评估为基础,同时考虑有关国际组织制定的风险评估技术。"

专家小组首先确认,美日双方都认可了"1999PRA"(1999 Pest Risk Analysis)作为其分析"风险评估"要求的文件。专家小组发现1999PRA对可能的传播途径的分析是将苹果和其他可能的传播者放在一起进行的,包括了那些比苹果更可能成为潜在污染源的传播媒介。1999PRA特别提及苹果的部分尽管谈到了火疫病通过苹果传播的可能性,但没有恰当地评估这些事件发生的或然性。根据《SPS协议》附件A中对风险评估的定义"依据可能实施的SPS措施进行评估",专家小组认为风险评估不仅要考虑已实施的特定措施,也要考虑1999PRA没有涉及的其他减轻风险的措施。因此日本的风险评估是不充分的。

(4)从AB的裁决看SPS措施的实施条件。

《SPS协议》涉及的"科学依据"是《SPS协议》最重要的内容之一,它并不是孤立的,与协定的其他条款有着密切的联系,可以说它比较概括地对SPS措施的实施条件进行了规定,而其他相关条款对其进行了细化的规定,因此这些也就往往成为SPS案例中争议的焦点。

第一,依据上诉机构在报告中的分析,为实施SPS措施,成员最基本的义务——依据"科学依据",而"科学依据"的获得要求成员进行大量的数据、事实信息的收集;同时在这部分中上诉机构还阐明了一个程序上的问题即"初步证据",争端的当事方必须首先对自己的主张完成初步证据的规定。

第二,依据上诉机构在报告中的分析部分,临时SPS措施的采取必须是在"科学依据不充分的情况下",这是该条适用时必须满足的4个累积条件的第1个,上诉机构特别强调了这种"不充分"的情况不是能够孤立得出的,是与协定其他条款即关于"风险评估"的规定密切挂钩的。

第三,"风险评估"是确立科学依据的核心,在本案以前,曾有学者根据以往三个涉及

《SPS 协议》的案例，认为案例法发展了以下原则：恰当的风险评估不需要满足一个最低限度的风险标准，WTO 成员可以决定其可以接受的风险水平为零；风险评估中的风险必须是一个确定的风险，理论上的不确定不属于这种要评估的风险，不明确、不确定因素的存在也不能证明偏离风险评估的要求是正当的；等等。

依据 AB 对本案报告的分析，对植物和动物的虫害、病害进行"风险评估"的标准包括三项且需要同时满足，该案特别涉及了风险评估要对特定病虫害风险存在的可能性进行分析和对已采取、可能采取的 SPS 措施进行效果评估的要求这两项标准。

（5）此案对我国运用 SPS 规则的启示。

《SPS 协议》为各成员方保护人类、动物或植物的生命或健康的目的而采取卫生与植物卫生检疫性措施进行了规范。它作为 WTO 多边国际条约体系之一，因其属于规范成员技术性措施的协定，而各国（地区）发展水平状况有很大差异，所以这类协定很多是从宏观的角度来对缔约国设定权利和义务。就《SPS 协议》中"科学依据"、"风险评估"、"适当的保护水平"、"降低对贸易的限制"的规定而言，虽然通过国际社会的努力，国际组织的增多，"国际标准"已经越来越多，起到了很好的指导和协调作用，但就目前或者一段时间而言，各成员不可能有能力采取统一的或相似的技术标准，协定也只是提倡鼓励，并没有要求缔约国一定要适用国际标准。事实上，在发生争端的个案中，各国往往有自己的标准，对协定有自己的理解，因此他们采取的 SPS 措施往往无法满足专家小组或上诉机构在理解协定规则时所认定的一些客观标准而被判决违反了协定的规定。

如前面分析 WTO 的争端解决不采用"依循先例"的原则，通过的判决只对当事国和该案有约束力，但上诉机构进行的每一上诉案件中，他们都注重用国际法一般原则及条约的解释原则来对 WTO 的相关条款进行解释和适用，在个案的基础上丰富了 WTO 规则的含义。因此，缔约国要充分注重以往案例中已经发展出来的一些对协定规则的理解，特别是上诉机构报告中的推理、论证，以便在发生争端而不得不提交 DSB 进行解决时，缔约国能够进行合乎协定标准的事实调查、数据收集，同时也要充分注重进行法律分析时的技巧和方法。就个案而言，事实数据是不同的。但对它们进行客观合理的法律分析应当采取的逻辑方式来讲，对以往案例的研究是非常有必要的，不仅使我们能够抓住专家小组和上诉机构对 SPS 条款的客观解释和理解，而且也有助于我们在个案中进行逻辑分析、法律推理以说服专家小组和上诉机构缔约国在采取措施时是充分尊重了 WTO 规则要求的。

四、中国动植物卫生检疫法律制度的完善

如前所述，《SPS 协议》为促进农产品、食品国际贸易的健康发展，为农产品、食品卫生与植物卫生检疫的国际规范化，为削弱并减少技术贸易壁垒以确保农产品与食品市场的公平竞争和正常秩序提供了有力的法律保证。最为重要的是，该协议建立了一个对抗某些部门（如海关、卫生或农业部门）以不符合标准为由拒绝进口货物的武断行为的机制。可以预见，中国加入世贸组织后，作为发展中国家和农业大国，可以有效地利用协议，改变以往完全被动挨打的状况，在享受发展中国家特殊的差别优惠待遇、及时获取技术信息、进入进口

第五章 国际货物贸易非关税协议

国质量认证体系以及利用WTO争端解决机构方面都应当能够产生积极的影响。

我国自改革开放以来，特别是进入20世纪90年代以后，已经结合WTO规则的实际要求，采取了一系列与国际通行做法相一致和逐步向国际标准靠拢并与之接轨的措施。在立法上，《标准化法》、《国境卫生检疫法》（以下简称《卫检法》）、《进出口商品检验法》（以下简称《商检法》）、《进出境动植物检疫法》（以下简称《动植物检法》），以及《食品卫生法》等构成了我国技术性贸易措施体系的主要法律根据；在体制上，根据国务院机构改革方案，由原国家进出口商品检验局、原卫生部卫生检疫局和原农业部动植物检疫局共同组建国家出入境检验检疫站局，建立起了"三检合一"的新型管理体制。它标志着我国检验检疫行政执法管理制度在与市场经济相适应、与国际通行做法相符合方面前进了一大步。

但毋庸讳言，无论是作为动植物卫生检疫制度基础的我国技术性贸易措施体系，还是动植物卫生检疫制度本身与WTO相关协议的规则、原则之间尚有较大的差距，而且国内立法彼此之间也存在着诸多的不统一、不协调之处。就动植物检疫制度而言，新旧体制的转换并未完成，准确地说，"三检合一"体制的确立只是实现了部分执法主体的一体化，其他相配套的制度建设还没有完全到位，特别是作为执法根据的三检法律、法规所表现出的严重滞后与不统一状况尤为令人担忧：

（1）与WTO规则之间的差距。

我国现行"三检"法律、法规基本都制定于20世纪80年代末到90年代初期，其中相当一部分内容反映了计划经济体制下内外贸管理截然分离的立法思想，并由此形成"内外有别"的检验检疫法律制度。根据现行法律，对有关技术法规、标准实施的检验监督分为国内市场和进出境两块，分别由国家技术监督局和出入境检验检疫局负责，并分别遵循不同的法律、法规要求。这样一来，进出口商品与国内市场中生产与流通的同类产品之间，在所依据的检验范围、检验标准以及检验征收费用方面都形成一些差别，从而明显地违背了WTO各相关协议中的国民待遇原则。此外，由于现行"三检"立法的大量规定较为笼统，缺乏必要的可操作性，因而在实施检验检疫的具体要求和方式上还存在着以内部"红头文件"替代技术法规的情况，这也与WTO各协议所规定的透明度原则不符。

（2）"三检"立法"各自为政"的不协调状况。

"三检"立法制定于不同时期，由不同部门负责起草，并且是在"三检"分离的大背景之下完成的，所以，这些法律彼此之间存有不协调之处也就在所难免。以有关行政复议程序的规定为例，《卫检法》没有关于行政复议的条款，直接规定了"当事人对国境卫生检疫机关的处罚不服，可以向当地人民法院起诉"；《动植物检法》规定的是复议选择程序：当事人不服动植物检疫机构处罚决定的，既可以申请行政复议，也可以直接向人民法院起诉；《商检法》则规定了复议前置原则：即必须先申请行政复议，对复议决定不服的才能向人民法院起诉。不仅如此，《动植物检法》对于申请复议、提起诉讼的时限规定为15日，而《商检法》规定为30日；《动植物检法》规定的复议主体为"作出处罚决定的机关的上一级机关"，而《商检法》的规定则为"作出处罚决定的商检机构或者其上级商检机构或者国家商检部门"。不难想象，在"三检合一"的新体制下，统一的执法主体面对如此不统一的执

133

法依据将很难协调一致。

(3) "三检"立法内部存在诸多有悖管理规律与国际惯例的规定。

在这方面，较为突出的问题：一是出入境检验检疫职能的分离。例如，《动植物检法》规定，出口贸易性动物产品的检疫工作由国务院指定商检部门负责，而进口贸易性动物产品的检疫工作由动植物检疫部门负责；《食品卫生法》也规定，出口食品的检验监管工作由商检部门负责，进口食品的检验监管则由卫生防疫部门负责。二是没有充分利用已有的国际惯例建立起有效的管理机制。据资料介绍，按照国际惯例，进口国检疫机关有权对出口国产品产地、加工厂家，进口后的生产、加工厂家、贮存、运输部门进行考核和注册登记，给合格者发放许可证，但我国的法律却没有规定完善的检疫许可制度。又如，按照国际惯例，各国有权根据本国情况立法，以行政或技术措施对入境动植物或动植物产品等进行强制检疫，但《动植物检法》第30条虽然作了申报规定，但缺乏可操作性规范，因此无法对入境旅客行李物品中的动植物、动植物产品实施全面检疫，也无法对违法者追究法律责任。

面对全球经济一体化与多边贸易法律体制的双重挑战，结合《SPS协议》的具体内容，中国建立与完善动植物检疫法律制度体系之路任重而道远。就立法而言，目前迫切需要集中精力，在以下方面有针对性地作出努力。(1) 全面清理不符合WTO相关原则、规则，加入世贸组织后容易引起贸易争端的制度、条文。针对我国目前内外贸分头管理、分头执法，并由此可能引起违背WTO国民待遇要求的问题，其最终解决须有赖于内外贸管理体制的彻底并轨；当前则只能依靠各职能部门相互间的协调与合作——在制定相关规章与政策时，注意内外统一、彼此衔接，尽量避免出现明显违反国民待遇义务的情形。(2) 充分吸纳并利用WTO规则、国际通行做法中有利于发展中国家，有利于打破国外技术壁垒，有利于保护国内产业与市场的制度内容。与实现这些目标相适应，在立法中（包括国内立法与对外缔结条约），应当合理利用我国发展中国家的地位，根据我国国内各部门各产业实际发展水平，循序渐进地确认和完善国际上通行的进口商品质量许可制度，把涉及安全、卫生、环境和劳动保护及社会公共利益和有关国计民生的大宗、重要进口商品纳入监管范围；有必要对进口食品、化妆品等实行卫生注册管理制度和标签审核检验制度；并有必要把建立与完善检疫许可证制度、产品认证制度以及通关凭证制度等提上议事日程。(3) 从内容到形式上及时调整、完善国内法律、法规，真正建立起一整套科学、统一、高效的产品标准化与检验检疫法律制度体系。如前所述，现行国内立法从内部结构、内容到外部体系关系方面都存在着诸多矛盾与混乱之处，对我国经济发展、深化改革以及适应多边贸易法律体制的阻碍作用日趋明显，亟待全方位加以调整与完善。

第三节 《海关估价协议》

一、《海关估价协议》的产生背景和指导思想

海关估价（Customs Valuation）是指一国或地区的海关为执行关税政策和对外贸易政策

第五章 国际货物贸易非关税协议

的需要,根据法定的价格标准和程序,对进出口货物确定完税价格的方法和程序。

进出口货物的完税价格是指海关根据有关规定进行审定或估定后通过估价确定的价格,它是海关征收关税的依据。通常完税价格就是发票上表明的成交价格,即进口商在该货物销售出口至进口国时实付或应付的价格。但只有当进出口商申报的价格被海关接受后才能成为进出口货物的完税价格。事实上,即使是完全相同的商品,也可能会有好几种不同的交易价格。同一商品即使在同一市场上,也可能由于交易的时间、地点、数量和贸易条件等方面的不同而出现价格的差异。另外,在国际贸易中也有一些不正当的商业行为。例如,进口商或出口商有可能在销售合同和发票上故意低开价格,以逃避关税或推销商品。又例如,针对某种原料和零部件的进口税率较低而用此原料和零部件加工制造的制成品的增值税率相对较高的情况,则可能会出现在销售合同和发票上改开价格的情况。由于存在上述现象,如何准确地对应税商品估价并确定完税价格,就成为海关计征关税时应注意的重要问题。海关估价的目的就是客观、合理地确定应税商品的完税价格。

但由于世界各国或地区海关估价的原则、标准、方法和程序等不尽相同,倘若海关高估进口货物的价格,例如,在进口中将一件价格为 100 美元的商品的完税价格高估为 150 美元,即使征税的税率相同,后者的纳税金额也会高出前者 50%,这就相当于提高了进口关税水平,从而对货物进口构成不合理的非关税壁垒,在一定程度上就抵消了各国或各地区在多边贸易体制下所做的关税减让的承诺。而且,在国际贸易中,海关对于来自不同国家的同种商品实行不同的估价方法和标准,就构成了对国际贸易的歧视性影响,成为一种限制进口的非关税壁垒。因此,在多边贸易体制下,建立一个公平、统一、中性的海关估价制度,约束各国海关估价行为,是 GATT 关税减让和其他重要原则得以实施的重要条件。

《1947 年关税与贸易总协定》(GATT) 规定,海关征收关税的完税价格应以进口货物或同类货物的"实际价格"为依据,不应采用同类国产品的价格及任意或虚构的价格;计价采用的汇率应符合国际货币基金组织的有关规定。由于该规定不够具体,可操作性不强,因此,在"东京回合"中,关税与贸易总协定缔约方通过谈判,达成《关于实施关税与贸易总协定第 7 条的协议》(亦称《海关估价协议》),对如何实施上述规定作了详细解释。虽然该议定书较总协定第 7 条更为详尽、具体,可操作性大为增强,而且建立了相应的保障和监督机制,但它仍存在一定的不足,具体表现在:(1)没有规定如何解决合同价格或发票价格有可能是欺骗的或虚假的价格问题;(2)该议定书只按选择性签署的方式对签署缔约方有约束力,而不能约束其他缔约方;(3)没有规定出口关税的征收或依据商品价值实行配额管理时有义务采用这种估价方法。

为弥补东京回合达成的《海关估价协议》的不足,乌拉圭回合开始后,非关税壁垒谈判小组对东京议定书进行了重新审议。谈判结果是,对东京议定书的基本原则和方法予以继续和保留,委托海关估价委员会对议定书某些条款做进一步详尽的解释,并在原有海关评估规则的基础上进行了扩充和细化,最后形成的新守则全称为《关于实施 1994 年关贸总协定第 7 条的协议》(也称为《1994 年海关估价协议》)。该协议在东京协定书的基础上:(1)扩大了估价协议的适用范围,即采用一揽子接受方式,对所有成员方均有约束力;(2)采用统一的争端解决程序,除另有规定外,因该协议内容引起的争议,可适用《关于争端解决规则和程序的谅解》。

《1994年海关估价协议》旨在制定一项公平、统一和中性的海关对商品的估价制度,既符合商业实践的要求,又可避免武断或虚构的海关估计。该协议的宗旨是规范各成员海关估价的做法,消除或减少海关估价对国际贸易的不利影响,促进世界贸易组织目标的实现。确保发展中国家成员在国际贸易中获得更多的利益。

二、《海关估价协议》的主要内容

《关于实施1994年关贸总协定第七条的协议》(Agreement on Implementation of Article VII of GATT 1994)又称为《海关估价协议》(以下简称《协议》),是世界贸易组织管辖的一项多边贸易协议。它由一般介绍性说明和正文四部分(海关估价规则、管理、磋商和争端解决、特殊和差别待遇、最后条款)24条及3个附件组成。其适用范围包括"一揽子"方式接受乌拉圭回合全部协议的所有缔约方。协议的主要内容如下:

(一) 海关估价方法

此部分是该协议的核心内容,其估价总原则为:海关估价要体现公平、统一和中立的要求,杜绝使用武断或虚假的海关价值。估价规则一共规定了六种估价方法,并按其重要性对这六种方法进行了排序。

1. 以进口货物成交价格为完税价格

这种方法是海关估价方法的基础,因而也是估价的主要标准。所谓进口货物的成交价格,是指该货物出口给进口方的实付或应付价格。实付或应付价格是指买方为进口货物而向卖方或为卖方的利益支付或将支付的款项总额,也就是买方在正常情况下申报并在发票中载明的价格。在此基础上,可视情况按该《协议》第8条予以调整。第8条规定了详细的价格调整,列明各项可以添加的费用:

① 除买货支付的佣金和折扣以外的其他佣金的经纪人费用;
② 包装费、集装箱费;
③ 各种辅助工作,如由买方以免费或减价形式提供用于进口货物生产的商品(材料、部件、工具、燃料等)及服务(设计、计划等);
④ 专利费和许可证费;
⑤ 由于转售或使用进口商品给卖方带来的收益;
⑥ 假如以到岸价进行海关估价,运输、保险以及与进口地点有关的费用。

该协议明确强调,在确定成交价格时,除上述情况下的收费之外,不得对实付或应付价格增加任何额外费用。此外,如果能从实付或应付价格中区分出以下费用或成本,那么它们就不应再被列入估价之中。这些费用或成本是:

① 进入到进口方关境后产生的运费;
② 进口之后产生的建设、装配、安装、维护或技术援助方面的费用;

③ 进口方的关税和其他税收。

《1994年海关估价协议》使海关可调整的项目更明确，所列范围也更广，这与东京守则海关拒绝成交价格的情况限定在极少数情况的规定形成了一定对比。发展中国家对此极为关注。因为他们过去认为，东京守则无端地束缚了海关管理部门，使之无法处理某些进口商为减少赋税而故意低报货物价格的行为。这也是为什么在世贸组织成立之前，大多数发展中国家都不愿履行东京守则的原因。

关于将申报的成交价格作为估价基础的原则，不仅仅适用于正常的买卖交易，而且也适用于有一定关系的买卖双方之间的交易。买卖双方之间的交易往往与跨国公司的经营活动有关。由于买卖是在母公司与子公司或分公司之间进行，买卖价格多为内部转移价格，这种情况下成交价格的真实性很令人怀疑。协议要求海关与进口商进行磋商，以便查明买卖双方的关系、交易的环境和背景，以及双方的关系是否对价格产生影响。为了维护以成交价格作为估价基础的原则，协议规定进口商有权要求海关接受申报价格。

为了确保海关拒绝成交价格的依据建立在客观基础上，防止海关独断专行，《海关估价协议》要求各成员在国内立法中应保证给予进口商一定的解释和申诉权力。

2. 以相同货物的成交价格作为完税价格

如果采用第一种方法无法确定进口货物的完税价格，则可以以相同货物的成交价格作为完税价格。这里的相同货物，是指在各方面都相同的两种商品，包括其物理性质、质量和信誉。如果表面上有微小差别，也不妨碍被认为符合相同商品的定义。

采用这种方法确定进口货物的完税价格，有三点需要注意：

① 当发现有两个以上相同商品的成交价格时，应采用其中价格最低者来确定应估商品的完税价格。

② 应尽可能采用同样商业条件下销售的与被估价数量大体相同的同类商品的成交价格来确定海关估价；如果没有这种销售，可以按同样的商业条件但数量不同的销售，或者按不同的商业条件和不同数量的销售。

③ 如以上方法都行不通，就应对最后成交价格做出调整，应考虑进口商品与相同商品之间因运输距离和运输方式不同而在成本和其他费用方面的差异。

3. 以类似商品的成交价格作为完税价格

如果上述第二种方法亦不可取，则可以以类似商品的成交价格作为完税价格。所谓类似货物，是指在构成、材料和特点方面与被估价货物极其相似的货物；或者与被估价货物具备同样效用、在商业上可以互换的货物。相同产品既注重内在质量，又要求外观形式统一，而类似货物只强调货物的功能和替代效用，不太注重外观形态。

不管是相同货物还是类似货物，被选择的货物必须是：

① 与应估货物一样同为进口货物；

② 与应估进口货物大致在同一时间里出口到同一个进口国（地区）；

③ 与应估货物一样同在一个国家（地区）生产，而且由同一生产商生产。

但是，在进口交易中出现这样的情况：在同一个国家（地区）由同一生产商生产的、与应估货物相同或类似的货物并不存在。这时就应对在同一国家（地区）但由不同厂家生产的货物加以考虑。

4. 以相关费用扣除后的价格作为完税价格

如果上述三种方法均不可采用，则可以以相关费用扣除后的价格作为完税价格，这种方法又称为倒扣价格法。具体做法是：应税的进口货物在其本国国内市场的单位销售价格，或其相同或类似货物在其本国国内市场的单位销售价格，扣除相关的利润、佣金、关税、国内税、运输费、保险费以及在进口时产生的其他费用（《协议》第5条规定）。

5. 依据计算价格确定完税价格

如果上述四种方法均不可采用，则可依据计算方法确定完税价格，这种方法又称为推算价格。具体做法是：应估货物的生产成本，加上利润以及"相当于反映在由该出国（地区）生产者向进口方出口的、与应估商品同等级或同品种商品的销售环节中的大致费用"（《协议》第6条规定）。

采用这种方法计算完税价格时，任何成员方不得要求不居住在其领土内的任何人允许其查阅任何账目，但经生产者同意并通知其政府机构且后者不反对调查的情况例外。

6. 其他合理方法

如果上述五种方法均不可采用，则可以使用合理方法来确定完税价格。根据《协议》第7条规定的解释，所谓合理方法，是指与本协议及《GATT 1994》第7条规定的原则和一般规定相一致，再根据进口国（地区）现有资料加以确定的方法。也就是，允许进口国（地区）灵活采用其他一些可行的合理方法来处理，只要不与现行规则在大的原则方面相冲突即可。

但考虑到估价方式过于灵活或超出其合理范围会带来一定的副作用，协议又补充了一些限定条件，以下方法无论如何不得采用：

（1）在进口国（地区）生产的该种商品的售价；
（2）可供海关选择的两种备选价格中较高的一种；
（3）货物在出口国（地区）国内市场上的价格；
（4）除了已经确定的相同或类似货物估算价值以外的其他生产成本；
（5）出口到第三国市场的货物价格；
（6）最低海关估价；
（7）武断或虚构的价格。

上述海关估价方法表明，一国外贸进出口业务中的海关估价不是可以由进出口公司任意确定的，而必须严格按照上述规定的程序依次进行。《海关估价协议》中的这些具体规定，旨在确保进出口货物的完税价格确定的方法，原则的"公平、统一和中性"，从而使其被"普遍适用"，促使缔约方之间的贸易健康发展。

（二）海关估价的其他规则

除核心的估价方法外，海关估价制度还涉及其他几项保障进口商权利的规则，包括：

（1）当确定海关估价需要货币兑换时，所使用的汇率应是有关进口国主管机构正式公布的在进出口时期的有效汇率。

（2）凡属机密性的资料，有关当局应严格保密。未经提供资料的政府或人员的许可，有关当局不得泄露，除非在司法程序中有此要求。

（3）各成员方应立法规定，如需要推迟最终确定海关估价，进口商有权从海关提取货物；同时海关可要求进口商以担保金或其他适当方法做出充分保证，承担最后支付该货物应缴纳的关税数额。

（4）各成员方应立法规定，进口商或其他缴纳关税的人对海关当局所作的海关估价有权起诉，而且不因此而受到处罚。

（5）有关进口国应将其普遍适用的、涉及1994年海关估价协议法律、规章、司法决定和行政规定予以公布。经书面请求，进口商有权取得进口国海关管理机构如何确定进口货物的海关估价的书面命令。

（三）海关估价管理机构

海关估价管理机构主要由海关估价委员会和海关估价技术委员会构成。《协议》规定：海关估价委员会由各成员方代表组成，通常每年召开一次会议，为各成员方就有关海关估价的管理问题提供磋商的计划，并履行各成员方赋予它的其他职责。海关估价技术委员会主要履行附件2的各项职责，确保在技术方面对《协议》的解释和实际适用相一致。

（四）发展中国家特殊待遇

《1994年海关估价协议》第20条第1款规定，发展中国家有权推迟5年履行该协议条款的义务。如果发展中国家认为有必要，提出合理理由后，总协定海关估价委员会还可以考虑延长其过渡期。采用不同税目的国家（那些采用布鲁塞尔估价制度的发展中国家），为顺利进行制度转轨，还可以得到发达国家或诸如世界海关组织这样的国际机构人员的技术援助，包括人员培训、协助准备实施措施、取得有关海关估价方法的资料和有关适用本协议规定的意见。

而且，在附件3中，《协议》还就发展中成员方在海关估价、守则保留等方面的待遇作出了进一步宽松的规定。

三、对《海关估价协议》的评价

《1994年海关估价协议》的主要贡献在于：

（1）统一了关贸总协定海关估价制度的内容和解释，在更大范围内促进了海关估价的国际统一性，进一步减少了海关估价领域内的潜在争议。

（2）尽可能以成交价格作为海关估价方法，使得各国的海关估价更具确定性和可预测性，使进口商均可从中收益。

（3）消除了以往各国海关估价制度的保护特性，特别是禁止在估价实践中使用武断的或虚假的价格的规定，使得各国的海关估价程序更为中性。

（4）增强了各国海关提高其海关估价制度透明性的义务，使海关依法估价，有效地防止了海关估价权利的滥用。

（5）在简化海关估价制度的同时，并不降低对某些行业的保护程度。对某些以前需要海关估价制度保护的行业，可通过适当的立法将这一保护转化为适当的关税税率。

（6）设置了有关进出口商对不当估价的申诉程序，使进出口商有机会在国内或国际上维护自己的利益。

（7）减轻了各国原有的估价立法的压力，特别是有关估价争议方面立法的压力。这将大大简化海关估价程序，减少行政费用支出，融洽海关与进口商的关系。

总而言之，《1994年海关估价协议》在国际上建立了一套公平、统一、中性的海关估价制度，标志着国际海关估价制度的进一步统一和完善。它的实施，必将有利于国际贸易的发展。

四、相关案例

（一）美国与阿根廷关于鞋类、纺织品与服装进口措施争端案

1. 案情概况

在本案申诉中，美国援引了 DSU、《GATT 1994》、TBT、《海关估价协议》以及《纺织品与服装协议》等文件的相关条款，认为阿根廷对这些商品征收了超过其减让表中承诺的 35% 的约束关税税率的最低特别进口关税，并且阿根廷还对进口产品征收 3% 的从价统计税，因此违反了 WTO 的相关条款。我们这里着重介绍专家组审查等有关《海关估价协议》的内容。

美国提出，阿根廷最初计算最低特别进口关税的方法是依据"国际平均进口价格"，而这一价格主要是根据美国市场价格计算的，而美国市场价格往往高于出口价格，故在现实中，最低特别进口关税必然导致阿根廷违反其约束关税，即实际征收的税率超过 35%。另外，美国还提供了许多相关的证据来表明这一观点。

阿根廷对此进行了抗辩，即最低特别进口关税在按照相关的国际价格计算时，总是低于 35%，因而是不符合关税减让表中的设定的。专家组提出，由于最低特别进口关税的计算是依据相关的国际代表价格，当具体交易价值比这一价格低时，实际征收的特别税就要比《GATT 1994》中的 35% 的约束税率高。专家组注意到了《海关估价协议》规定应当依据货物进口交易的价值，即产品出口时实际支付或者应当支付的价格来计算关税。如果的确发生了进口商所申报的价格与实际成交时的支付价值不相吻合，阿根廷当局可以根据现实情况进行适当的调整以抵消虚报部分或者进行刑事处罚。但如果只是由于怀疑进口商低报价格就采

取与《GATT 1994》第 2 条规定的约束关税相背离的措施,是没有可以成立的理由的,而且是违反《海关估价协议》的。

2. 案例评析

《海关估价协议》规定,应当依据货物进口交易的价值,即产品出口时实际支付或者应当支付的价格来计算关税。我们知道,海关估价的具体方法主要有:根据进口商品成交价格估计、根据相同商品成交价格估计、根据类似商品成交价格估计等方法,而这些估价方法直接关系到计算税率的结果,直接影响到该国所征税额是否违反了《GATT 1994》的规定。可见,WTO 诸项协议是一个紧密相连的有机整体,互相依存、互相制约,任何一个成员都是通观全局来确定各项外贸政策与措施。

专家组对此问题的审查简单、明确,很快便得出阿根廷违反《海关估价协议》的结论,由此可以看出,一项措辞严谨的法律条款对于快速、有效地解决争端至关重要。

(二) 科华外贸公司不服海关估价决定行政复议案

1. 案情概况

2006 年 6 月 10 日,科华外贸公司以一般贸易方式向某海关申报进口集成电路。某海关经审核,发现其申报价格明显低于海关掌握的相同或类似货物成交价格或国际市场价格,遂于 2006 年 6 月 11 日制发《价格质疑通知书》,对申请人进行价格质疑,要求其做出书面说明,并提供相关资料。

经审查科华外贸公司提供的说明及相关资料,某海关认为不足以证明其申报货物价格的真实性、准确性,而且海关还发现科华外贸公司代理的国内实际买方飞达科技公司与境外卖方香港飞达科技公司存在特殊经济关系且对成交价格存在影响。因此,根据《中华人民共和国海关审定进出口货物完税价格方法》(以下简称《审价办法》)的规定,某海关不接受该进口货物的申报价格。

为充分交流双方掌握的信息,某海关与科华外贸公司进行了价格磋商。某海关对科华外贸公司提供的价格资料进行了审查,认为该资料存在诸多瑕疵,不能作为估计的基础。由于科华外贸公司不能提供使用相同或类似货物成交价格以及构成倒扣价格法、计算价格法所需的相关可量化的数据;而某海关也未能掌握使用相同或类似货物成交价格以及构成倒扣价格法、计算价格法的相关价格资料,2006 年 9 月 20 日,某海关依据《审价办法》有关规定,使用合理估价方法进行了估价,并相应作出征税决定。

科华外贸公司不服海关上述估价征税行为,于 2006 年 9 月 22 日向该海关的上一级海关申请行政复议。2006 年 11 月 27 日,行政机关对本案作出复议决定,维持某海关的原估价征税决定。

2. 案例评析

海关估价是海关工作中最专业、最复杂的技术问题之一,估价在世界海关范围内都被视为难题。《海关估价协议》是对各成员海关估价标准及程序作出统一规定的约束性规则。我国加入 WTO 以后，于 2002 年 1 月 1 日开始实施《审价办法》。根据《审价办法》的规定，我国海关全面使用了 WTO 估价规则，改革了估价工作。

本案例中，存在两个难点：一是飞达科技公司和香港飞达科技公司之间是否存在特殊关系，并且这种关系是否对成交价格构成了影响？二是成交价格无法确定时，海关应该怎么进行估价？

根据《审价办法》第十六条规定，有八种情形海关应当认定买卖双方存在特殊关系，其中一条就是买卖双方的一方直接或间接受另一方控制。在本案例中，有证据证明飞达科技公司的经营被香港飞达科技公司直接控制，因此可以认定买卖双方存在特殊关系。至于这种特殊关系是否对成交价格构成影响，就需要纳税人自行举证证明没有构成影响，如果纳税人不能提供相应的证据，则会判定特殊关系对成交价格造成了影响。本案例中，飞达科技公司没有提出合理的依据，所以根据《审价方法》，行政复议机关裁定飞达科技公司与香港飞达科技公司有特殊关系，且这种关系对成交价格构成影响。

第二个难点是海关怎样估价。《WTO 海关估价协议》按适用次序对核定货物的完税价格进行了规定，依次是成交价格、相同货物成交价格、类似货物成交价格、倒扣价格法、计算价格法和其他合理方法。在本案例中，海关因为当事人没有提供相应的价格资料，而自身掌握的相同或类似货物成交价格不能满足《关税条例》和《审价办法》规定的适用条件，并在依次排除了相同货物、类似货物成交价格法、倒扣价格法、计算价格法等四种估价方法后，以海关掌握的国内其他口岸相同型号规格产品的实际进口成交价格资料为基础，采用合理方法进行估价。这种估价方法是合理、合适的。

第四节　《装船前检验协议》

一、《装船前检验协议》的产生背景

装船前检验制度是在国际贸易及货物运输中建立和发展起来的制度。装船前检验是指进口方授权独立的专业检验机构对即将进口的货物在装船前进行检验，依据一定的程序在该货物的出口国对其数量、质量、货币兑换、货物关税类别，特别是对价格进行检查和核实的活动。装船前检验是进口国（地区）政府为防止某些商业欺诈行为所采用的一种通关检验制度，一般都是强制性检验，检验机构多是出口国（地区）当地的检验机构。

目前实施装船前检验的大多为发展中国家，它们的政府实施这种强制性检验的目的在于防止因贸易商高估发票金额而造成外汇资本流失，或因贸易商低估发票金额而损失外汇收入。一般而言，实行进口管制和外汇管制的国家，贸易商都倾向于高估进口货物价格；而那些实行贸易自由化，取消外汇管制的国家，又多出现货物价值被低估的状况。上述情况在有一定组织联系的公司（如跨国公司）业务之间转移价格这种商业欺诈行为出现时，这种检验尤为必要。

第五章 国际货物贸易非关税协议

然而由于许多国家检验作业程序过于繁杂，标准又不够明确，常给出口商带来许多不便。出口商往往抱怨这种检验制度延误了装船时间，增加了出口商的成本，造成不平等待遇；检验方法和标准及程序缺乏透明度；对某些公司的商业机密构成威胁等；因而把这种检验称为进口方的"程序壁垒"。出口商因此常与当地检验机构之间发生争执。

在乌拉圭回合讨论的初始阶段，发达国家认为，发展中国家利用装船前检验服务强制性地对实物和价格进行核实已构成一种非关税壁垒。它的检验标准和程序的不确定性已使发达国家处于很不利的地位，而且目前它们仍找不到一种合理程序使其能向独立的机构提出申诉，总协定中也不存在这种专门程序。而发展中国家则认为，装船前检验从本质上说并不是非关税壁垒，它是为避免商业性欺诈行为所采取的必要措施，也是被实践证明十分有效的措施；检验过程不一定延误、反而可能会加速货物在进口国的通关程序，因为它大大减少了制造商提供的单据，进而可以降低成本。除此之外，进口国还可以控制完税过程中的腐败，从而减少进口货物通关时官员秘密索取钱财的行为，这也是发展中国家政府利用此项服务的缘由之一。由于双方分歧的存在，1989年11月以前，该议题一直没有被列入总协定多边规范的谈判范围。直到萨伊提案建议制定"装船前检验作业规则"，该议题才正式列入非关税措施谈判小组的重点议题。1990年10月谈判小组提交协议草案，乌拉圭回合一揽子谈判协议中收录的最终文本是总协定历史上第一个《装船前检验协议》。

二、《装船前检验协议》的主要内容

（一）《装船前检验协议》的目标和范围

《装船前检验协议》（以下简称《协议》）旨在承认该项服务存在的合理性，并在此基础上防止它可能给正常贸易带来的负面影响。因此，《协议》对使用装船前检验的进口国（多为发展中国家，《协议》中称为用户成员方）和与此业务活动有关的出口国（多为发达国家，《协议》中称为出口成员方）应尽的义务都制定了相关条款，力求使双方的利益都得到保障。

《协议》的基本目标是，制定一套各方遵守的原则和规则，以确保装船前检验活动及程序"排除不必要的延迟或不公平待遇"，"增加装船前检验机构操作程序和与此有关的法律法规的透明度"，并"迅速、有效和公正地解决出口商和装运前检验机构在本协议项下产生的争端"。

《协议》的适用范围是出口成员方经过与（外国）政府签约或被其授权所进行的装船前检验活动。因而，装船前检验的概念也被定义为"所有与核实出口货物的质量、数量、价格和海关归类等有关的活动"。

（二）用户成员的义务

1. 非歧视

这项义务包括：检验的程序和标准要客观；对所有出口商平等适用；保证参与检验的所

有人员统一执行检验。

2. 国民待遇

《GATT 1994》第 3 条第 4 款规定，任何缔约方领土的产品进口至任何其他缔约方领土时，在有关影响其国内销售、购买、运输、分销或使用的所有法律、法规和规定方面，所享受的待遇不得低于同类产品所享受的待遇。

3. 检验地点

用户成员应确保所有的装运前检验活动，包括检验清洁报告的签收或不签收检验清洁报告的通告，均应在出口商品的关境内运行；或者因有关产品的复杂性而不能在上述关境内进行检验时或者经双方同意，在制造商品的关境内进行。

4. 透明度

用户成员应确保装运前检验活动在保持透明度的情况下进行。用户成员应确保装运前检验机构应向出口商提供遵守检验所需的全部信息清单。用户成员应立即公布有关装运前活动应使用的全部法律、规定以及用做检验的程序和标准。

5. 秘密商业情报的保护

用户成员应确保装运前检验机构将其在装运前检验过程中获得的全部信息，均视为未公开的商业秘密，在一般情况下不得向第三方提供或以其他方式为公众所知。

6. 延迟

用户成员应确保装运前检验机构在装运前检验过程中避免不合理的延迟，并且在检验机构收到最终文件和完成检验的 5 个工作日内，签收检验报告或者提供有关不能签收验收清洁报告理由的详细书面说明。

7. 价格检验

用户成员应确保为了防止开立高价发票或低价发票和欺诈行为，装运前检验机构应按照下列准则进行价格检验：

（1）装运前检验机构只有在基于符合下述（2）~（5）所确定的标准而进行的检验过程中发现存在不满意价格时，方可拒绝进出口商双方同意的合同价格。

（2）装运前检验机构用于核实出口价格时的价格比较应基于同一时间或大致同一时间内，在竞争和可比的销售条件下，在与商业惯例和适用的标准折扣净值相符的情况下，同一出口成员的相同或类似货物的出口价格。这类价格比较应基于下列内容：

① 只应使用具有有效比较基础的价格，并考虑有关进口国和用于进行价格比较的某个或某些国家的有关经济因素；

② 装运前检验机构不应依赖于向不同进口国出口的货物的价格来武断地确定装运的最

低价；

③ 装运前检验机构应考虑下列（3）所列举的具体因素；

④ 在上述过程中的任何阶段，装运前检验机构应当给予出口商就其价格进行解释的机会。

（3）在进行价格检验时，装运前检验机构应当适当考虑销售合同条款和与该项交易有关的普遍适用因素。这些因素包括但不限于下列内容：销售的商业水平和数量、交货期限与条件、调价条款、质量规格、设计特征、特别运输或包装规格、订货规模、现场销售、季节影响、许可或其他知识产权费，以及在作为合同一部分提供的但按惯例不另开发票的服务。此外，还包括有关出口商价格的某些因素，如进出口商之间的合同关系等。

（4）运输费用检验应仅与销售合同指明的出口国运输方式的协议价有关。

（5）下列费用不得用于价格检验：①进口国制造的货物在本国的销售价格；②从出口国以外的国家出口的货物价格；③生产成本；④武断的或虚构的价格或价值。

本条第20款制定的详细操作规程及作业标准，无非要确保装船前检验中的主项服务（指价格核实）严格遵循海关估价协议中制定的原则。从该款中价格调整应参考的各项因素看，基本规则与海关估价协议并无二致。这说明装船前检验服务确定的价格和海关估价协议中确立的估价原则标准一样。检验服务提供的价格被接受，大前提必须是其价格判定标准与海关估价协议一致。否则，在进口商反对而且进口国海关也不认可的情况下，海关可拒绝这一价格（即使进口商接受，最终认定权还在海关）。

8. 上诉程序

用户成员应确保装运前检验机构就出口商提出的上诉意见制定有关受理、考虑和作出决定的程序。

（三）出口成员方的义务

和用户成员方的义务相比，出口成员方的义务就显得简单很多。

（1）非歧视。出口成员方应确保其有关装运前检验活动的法律和法规以不歧视的方式予以实施。

（2）透明度。出口成员方应以使其政府和贸易商能够熟悉的方式立即公布有关装运前检验活动应适用的全部法律和法规。

（3）技术协助。经用户成员方请求，出口成员方应按双方同意的条件向其提供所需的技术协助。

（四）申诉、审查和争端解决

对装船前检验服务的批评主要来自出口商对投诉无门的抱怨，因而使出口商的地位始终处于被动。当出口商认为修改价格的决定是武断的或是错误的，并且有关检验公司拒绝重新审查其决定时，他们往往发现无处申诉。为加速审查以上投诉，协议建议了一个三方面的机制，即申诉程序、建立审查机制和政府间的争端解决。

1. 申诉程序

协议中用户成员方的义务是要求装运前检验机构在设有其检验业务办事处的每个城市或港口,指派一名或多名工作人员,在正常的办公时间里接受并考虑出口商的申诉或不满,做出决定。所指定的工作人员可望迅速地就这些投诉做出决定。

2. 建立审查机制

如果经过出口商和装船前检验机构相互磋商而无法解决双方争议,那么在他们根据申诉程序提交申诉后两天内,每一方都可将争议提交到根据协议建立的独立审议机构,该机构同时也是由国际检验机构联盟和国际商会共同管理。该机构需备有一份专家名单,这些专家可充当受理投诉的小组成员。一个专家组由三名成员组成,其中一名由出口商提名,第二名由装船前检验机构提名,不过以上被提名的专家不能与这两个提名方关系密切。第三名专家由该独立审查机构提名,他应是贸易专家,并且将成为专家组的主席。专家组的决定须在提出单独审查的要求后8个工作日内以多数票表决方式通过。专家组的决定对争议双方都具有约束力。

3. 政府间的解决争端

用户成员方或出口成员方如果认为他们在《装船前检验协议》或《GATT 1994》中的权利受到侵犯,可以提出磋商要求。如果磋商未果,任何一方可将问题诉诸关贸总协定争端解决机制。

三、对《装船前检验协议》的评价

《装船前检验协议》总共有32条,其中用于规范装船前检验活动的就有22条,占据了2/3。从这个意义上说,可以认为该协议的重点在于限制和规范进口国政府和其指定的装船前检验机构的运作。

《装船前检验协议》采用了很多条款来规范装船前的检验活动,以限制和缩小延误装船、增加出口成本、价格评估不透明等对国际贸易活动存在的不利影响,在一定程度上缓解了发达国家对装船前检验的反感情绪,因此对装船前检验的推行是具有积极意义的。

第五节 《原产地规则协议》

一、《原产地规则协议》的产生背景

世界大多数国家根据进口产品的不同来源,分别给予不同的待遇。在实行差别关税的国家,进口货物的原产地是决定其是否享受一定的关税优惠待遇的重要依据之一。在采取禁

第五章 国际货物贸易非关税协议

运、反倾销、进出口数量限额、贸易制裁、联合抵制、卫生防疫管制、外汇管制等贸易措施中，只有在对进口货物的原产地能够作出准确的判定时，其贸易措施才能真正发挥作用。因此，在许多情况下，原产地规则都是国家贸易政策的重要组成部分，具有广泛的作用。

一直以来，由于政治、经济等各方面因素的考量，各国通常都是各自制定原产地规则。但自从20世纪70年代新贸易保护主义兴起以后，世界各国大修非关税壁垒，原产地规则作为维护各经济体的贸易政策工具，得到了广泛的应用。许多国家都是根据本国的有关法律法规各行其是，单欧盟就拥有14套不同的原产地规则。纷繁复杂的原产地规则意味着某产品在出口时符合本国产地规定并不等于符合进口国的标准和规定，进口国有权根据当地立法来判定该进口货物享受何种关税及其他进口待遇。各国原产地规则的多样性和随意性成为新的贸易壁垒。这些种类复杂的原产地规则，交织成一张缺乏内部一致性的网络，提升了贸易商的交易成本，阻碍了贸易流动，在国家贸易实践中导致各种纠纷，对国际贸易起到了限制和扭曲的消极作用，成为贸易自由化道路上的一大障碍。有鉴于此，建立一个多边接受的、统一的、公正的、透明的原产地规则就显得十分必要。

为此，《关贸总协定》（GATT）与海关合作理事会（Customs CO-operation Council）曾做过长期不懈的努力。早在1947年，《关贸总协定》中的第九条就对"原产地标记"问题作了规定，以便产品的进口国别统计和跨国营销。海关合作理事会于1973年在日本京都制定了《1973年简化和协调海关手续的国际公约》（俗称《京都公约》），其中心内容是海关手续问题，也包括了原产地规则。

然而，加入公约的国家只有40多个，且公约没有建立起统一的原产地规则，只规定了供成员方自由选择或参照的标准条款和建议条款，各成员仍分别制定本国（地区）的原产地规则。直到1986年开始的GATT"乌拉圭回合"的多边贸易谈判中，非关税措施谈判组才将原产地规则问题列入重要议题。

经各有关方面的共同努力，终于在乌拉圭回合结束的1993年度，通过了《原产地规则协议》（Agreement on Rules of Origin）。该协议是GATT多边贸易体制内第一个关于原产地规则的国际协议。对简化、协调、统一国际上的原产地规则起到积极的推动作用。1995年成立的世界贸易组织（WTO）在其货物贸易理事会（The Council for Trade in Goods）中专门下设了原产地规则委员会，旨在加强原产地规则的国际协调和趋同。

在关贸总协定的各项原则中，原产地确认都发挥着重要的作用，主要体现在：

（1）原产地规则是出口国享受最惠国待遇和国民待遇的主要依据之一。成员方之间相互给予对方产品以最惠国待遇和国民待遇，是关贸总协定的两条重要原则，它对促进关贸总协定各成员方之间货物进出口贸易发挥了重要作用，而一成员方的产品若要享受另一成员方给予的最惠国待遇或国民待遇，适用于该产品的原产地规则是一条不可缺少的法律纽带。因此鉴别某种货物是否原产于某一成员方的原产地规则的重要性也就不言自明了。

（2）原产地规则是实施普惠制的重要组成部分。普惠制是发达国家对发展中国家和地区出口的一部分工业制成品和半制成品给予普遍的、非互惠的、非歧视的关税减免的一种优惠制度。在各国的普惠制方案中，其基本内容都包括给惠产品范围、关税削减幅度、保护措施、原产地规则、受惠国家和地区等，其中原产地规则是普惠制方案的主要组成部分，它包括受惠产品的原产地标准、直接运输规则和有关证明文件，目的是确保发展中国家成为普惠制的真正受益者。因此，原产地规则在普惠制中的作用相当重要。

（3）原产地规则是确定进口产品享受相应关税优惠、许可或配额待遇的重要依据。各进口国通常根据本国承担的国际义务和本国政治经济等各方面的需要，制定相应的原产地规则，对原产于不同国家的产品的进口分别给予不同的关税、许可或配额待遇。

（4）原产地规则是进口国实施反倾销、反补贴和其他保障措施的重要组成部分。关贸总协定允许各成员方在遵守关贸总协定基本原则的同时，可以实施各种保障措施，如各进口成员方可以采取反倾销、反补贴等措施，以保障进口方利益不受损害。而要采取这些措施，首先就必须确定进口货物的原产地。原产地规则与上述措施紧密结合，能够起到保护进口方利益的作用。

二、《原产地规则协议》的主要内容

《原产地规则协议》于1994年4月在马拉喀什签订，由一个前言、四个部分和两个附件组成，是构成世界贸易组织法律框架的文件之一。

（一）《原产地规则协议》的宗旨和原则

该《协议》在其前言部分指出，制定原产地规则的宗旨是：促进世界贸易的发展及自由化，加强关贸总协定的作用，增强总协定体制对不断演变的国际经济环境的应对能力，促进《GATT 1994》目标的实现。

该《协议》所遵循的原则是：制定并实施明确和可预知的原产地规则以便利国际贸易往来；确保原产地规则本身不会对贸易造成不必要的障碍，不会损害各成员在《GATT 1994》下享有的权益；确保有关原产地规则的法律、法规和实际做法具有透明度；确保原产地规则以公正、透明、可预见、一致和中性的方式制定并实施；为快速、有效和公正地解决《协议》下发生的争端，须建立磋商机制和程序。

（二）《原产地规则协议》的定义和适用范围

该《协议》第一部分规定了原产地的定义和适用范围。原产地规则是指各成员方为了确定产品原产国（地区）而采取的法律、规章和普遍适用的行政命令。其适用范围包括：最惠国待遇、反倾销和反补贴、保障措施、原产地标记、数量级限制、关税配额、政府采购、贸易统计和优惠关税等。

但值得注意的是，该部分明确指出原产地规则与导致超出《GATT 1994》第一条第一款适用范围的关税优惠的契约性或区域自治性贸易制度无关。可见，《原产地规则协议》仅限于协调非优惠性原产地规则，这无疑限制了该《协议》的适用范围。

（三）《原产地规则协议》的实施

该《协议》第二部分规定了实施原产地规则的两个方案，包括过渡期内和过渡期后的规则。

1. 过渡期内原产地规则的实施

过渡期是指该《协议》第四部分（原产地规则的协调）确立的原产地规则的协调计划完成（原计划是乌拉圭回合结束后 3 年之内完成）之前的这段时间。该《协议》指出：各成员方在此期间实施原产地行政管理规定时，应遵循以下标准和原则。

（1）透明度原则。各成员方颁布行政决定时，应明确规定需满足的要求。特别是：①以关税税则分类变化标准判别实质性改变时，应列明税则目录中的税目或分税目；②在实施从价百分比标准的情况下，应列明计算百分比的方法；③在实施制造或加工标准的情况下，应详细说明有关货物获取原产地资格的生产或加工工序。

（2）非歧视原则。各成员方确定进出口商品的原产地规则不得严于确定本国产品的原产地规则，原产地规则必须遵守 WTO 的最惠国原则；不论货物的生产者的从属关系如何，不得在不同成员之间造成歧视。

（3）不得用作贸易障碍的原则。尽管原产地规则与各成员方贸易政策或手段相联系，但各成员方的原产地规则不应被直接或间接地用作实现贸易目标的工具。原产地规则本身不应对国际贸易产生限制性、扭曲性或破坏性的影响；不应规定各种不合理的严格要件，或将要求满足与制造或加工无关的条件作为决定原产地的前提。

（4）肯定性原产地标准。各成员方的原产地规则应以肯定性标准为依据，否定性标准允许作为肯定性标准的解释部分，或当肯定性标准不适用时，用于个别商品的原产地确定。

（5）原产地评定规则。原产地评定应当在评定请求提出后 150 日内作出，并在 3 年内有效。

（6）无溯及力规则。当原产地规则进行修改或实施新的原产地规则时，这些修改后的规则或新规则不应有溯及力。

（7）原产地认定决定可复议的原则。该《协议》规定，任何人对主管当局作出的原产地认定决定有异议时，有权向独立于主管当局的司法、仲裁及行政当局提出复议，并可以通过复议程序修改或推翻原认定决定。

（8）保密原则。该《协议》规定，对于判定原产地而取得的所有机密性资料，各成员方主管当局应当严格保密，未经资料提供人或政府的明确许可不得泄露，但司法诉讼要求提供的除外。

2. 过渡期后原产地规则的实施

过渡期后规则指的是由世贸组织经过乌拉圭回合后续谈判，制定出协调的原产地规则后适用的规则。在过渡期后，由于各成员方在原产地标准方面已经具备一定的实务经验，同时为了尽快实现该《协议》中的第四部分计划，建立协调的原产地规则，协议要求各成员方在产地标准方面务必将产品划分为完全生产国标准和最后一个实现产品实质性改变的生产国标准。其具体标准还是由成员方自己去制定并实施，但是其制定和执行原则应以连续、统一、公正和合理的原则及世贸组织原产地规则委员会和相关委员会确定的各项协调标准来操作，不得成为国际贸易发展的障碍。

值得一提的是，协议对过渡期后各成员有关原产地规则的规定，也只是强调按照总协定协调标准办理，这说明在当时签署《协议》时，总协定意识到制定一部无所不包又事无巨细的统一原产地规则几乎是不可能的，至少当时还不具备条件，所以这种标准也只能是在尽可能详细的原则指导下，各国衡量标准和计算方法逐渐趋同的一个协调性标准。从总协定看来，要实现原产地标准在全球的统一绝非一日之功。

（四）《原产地规则协议》的通告、审议、磋商和争端解决程序

该《协议》第三部分是关于通告、审议、磋商和争端解决程序的规定。《协议》规定建立原产地规则委员会和原产地规则技术委员会，前者每年至少召开一次会议，主要职能是监督《协议》的运用，进行原产地规则的国际协调工作；后者则主要承担原产地规则的技术性工作。

该《协议》生效后，成员方应在 90 日内向秘书处通报各自现行原产地规则及其执行情况，若有修改或需要重新制定，应在实施之前 60 日内予以公布。如果在实施原产地规则过程中出现争议，成员方应按照世贸组织协议《GATT 1994》第 23 条有关规定进行协商或通过该条款规定的其他途径妥善解决。

（五）《原产地规则协议》的原产地规则的协调

《协议》第四部分原产地规则的协调是整个协议中最为核心的部分，其对原产地规则协调的目标和原则、工作计划、委员会的作用等一一作了规定。原产地规则协调工作计划应在《建立世界贸易组织协议》生效后尽早开始执行，并在开始执行之日起 3 年内完成。

在协调期间，为使各成员方原产地标准趋向统一，各成员方应与海关合作理事会一道承担相关工作。具体方法是：由原产地规则委员会要求技术委员会按照《协议》第 9 条第 1 款的原则就协调结果做出说明并提交意见。原产地标准的协调应完成以下目标。

（1）完全生产国标准。要求技术委员会应当尽可能地对上述完全原产品的标准予以详细说明并给予定义。

（2）对含有外来成分的产品实质性改变标准，应分为：

①关税项目变化标准。要求技术委员会应在该实质性改变的基础上，细致考虑如何使用关税税目和分目的变化来对具体商品或商品种类确立规则，如有可能还应对符合这一标准的最小税目变化做出界定。

②从价比例和加工工序标准。应将这两种标准作为辅助性的标准，即当使用协调税制（HS 税则）不能满足实质性改变要求时，才能使用之。

（六）两个附件

该《协议》还有两个附件《原产地规则技术委员会》和《关于优惠原产地规则的共同宣言》具有与文本同样的法律效力。前者主要是明确和规定了原产地规则技术委员会的职责、工作要求和代表的产生等事宜。后者的目的是将适用于非优惠性原产地规则的某些原则

扩展至优惠性原产地规则，其对优惠性原产地规则的定义、范围、制定、发布以及实施应遵循的原则——作了规定，世界各发达国家给发展中国家的关税优惠待遇即普惠制方案中的原产地规则一般都应遵循《宣言》制定。

三、对《原产地规则协议》的评价

（一）积极影响

《原产地规则协议》是多年来国际社会协调统一原产地规则努力的结果，尽管在制定并达成一致的过程中，各个国家或利益集团之间有着激烈的利益冲突，最终结果也是相互斗争和妥协得来的，但毋庸置疑其必将在国际贸易领域产生积极的影响。

1. 标志着原产地规则的国际协调取得突破性进展

《原产地规则协议》作为第一个旨在协调国际贸易中的货物原产地规则的多边协议，标志着原产地规则在国际范围内的协调工作至少取得了文本文件上的突破性进展。

2. 为协调原产地规则提供了指导性原则

该《协议》中规定的可预知原则、中性原则、国民待遇原则、透明性原则等基本原则为简化、协调WTO各成员方原产地规则提供了指导性的"游戏规则"。

3. 初步制定了原产地标准

该《协议》规定原产地规则协调完毕，WTO各成员方将采用统一的原产地标准，即以税则归类改变标准为主线，在例外的情况下采用从价百分比或制造或加工工序标准。

4. 规定了一个程序

《协议》规定了原产地规则和运作机制、协调程序以及争端解决程序。最为积极的是在程序性规定中，《协议》规定了一些政策促使不同国家的原产地规则能够取得显著透明和一致，例如规定了公布义务，并给予了法院对原产地判定意见提出异议的权利等。

（二）缺陷

（1）该《协议》未能就原产地标准、原产地证的规格、认证等方面达成一致意见，尤其没有同意"实质性改变"三种标准的具体技术标准，即究竟增值多少，或者税目改变多少，或者哪些为关键工序才算达到实质性改变。这就给有些国家灵活运用原产地规则搞保护主义留下了灰色区域。

（2）该《协议》对区域经济集团中适用的优惠性原产地规则缺乏约束力。《协议》明确指出原产地规则与契约性和区域自治性贸易体制所提供的、超出关税与贸易总协定有关最惠国待遇条款中的关税优惠无关。也就是说，《协议》所能协调的范围仅限于非优惠性原产地规则，对区域经济集团中适用的优惠性原产地规则没有约束力。这就留下灰色区域，使原产地规则成为区域经济集团实施内外贸易差别待遇的有力工具。

(3) 该《协议》尚未涉及 WTO 的另一重要领域——服务贸易。《协议》仅适用于货物，其包含的绝大多数原产地标准不适用于服务原产地的判定，无法适应飞速发展的服务贸易的需求。

(4) 该《协议》中没有涉及规避这个重要问题。在反倾销中，规避问题引人注目，欧盟的原产地规则就作有专门规定，但《协议》中未提及。

(5) 该《协议》将原产地规则的技术性协调交由世界海关组织承担，其权威性和制约性比世界贸易组织略逊一筹。

四、相关案例

(一) 印度诉美国纺织品和服装的原产地规则案例评析

1. 案情概况

印度诉美国纺织品和服装的原产地规则案是自 WTO 建立以来有关原产地的第一起案件，也是原产地规则研究方面的典型案例。2002 年 1 月 11 日，印度政府就《美国 1994 年乌拉圭回合协定法》第 334 节、《美国 2000 年贸易与发展法》第 405 节和相关的美国海关的实施细则进行了磋商。印度认为美国上述关于纺织品与服装的原产地立法违反了 WTO《原产地规则协定》第二条的规定。经过近一个月的磋商，双方未取得满意结果。同年 5 月 7 日，印度要求专家组审理此案，要求美国修改法律，履行原产地协定项下的义务。经过一年多的审理，2003 年 6 月 20 日专家组正式发布其报告，驳回了印度对《美国 1994 年乌拉圭回合协定法》第 334 节、《美国 2000 年贸易与发展法》第 405 节违反了《原产地规则协定》第二条的全部诉求，对美国法律和实践没有提供任何修改建议。

印度提出诉求主要的依据是《原产地规则协定》第二条的规定，原产地规则虽然与一国商业政策的措施或法律文件相联系，但它本身不能直接或间接地作为推行贸易目标的工具，而只能是实施这些措施和法律文件的一个机制。原产地规则不能用来限制进口竞争，保护国内产业，不能是贸易规则的工具。其主要理由是：

(1)《美国 1994 年乌拉圭回合协定法》第 334 节规定的纺织物形成地规则，将原坯织物的纺织地视为原产地是在推行美国的贸易目标。纺织品如继续加工、做成平面纺织品，不应适用织物形成地规则。因为它们更注重对织物的裁剪和缝制。原坯织物，包括已印染后的织物可以用于各种加工用途，而一旦织物经过裁剪和缝制，则该织物就不能用于其他任何目的。印度出口的大部分纺织品是原坯织物，在进口国继续加工后再出口到美国，如根据本规则，该制成品将被视为印度产品，要受到有关纺织品数量配额的限制。

(2)《美国 2000 年贸易与发展法》第 405 节对《美国 1994 年乌拉圭回合协定法》第 334 节规定了两项例外规定：①对丝、棉、人造或植物织品，其原产地为印染地；②某些纺织产品除缝制规则外，也可依印染地赋予原产地待遇。而印度政府认为，如果印度的棉坯布出口到葡萄牙，葡萄牙经过印染后再出口到美国，依据第 405 节的规定该印染后的棉布应视为葡萄牙产品，可自由向美国出口，不受任何数量限制；而如果该印染后的棉布继续在葡萄牙加工，做成床单，然后出口到美国，此时产品原产地却为印度，要受到纺织品数量配额的限制。

印度政府认为，在美国实施新的原产地规则之前，印度可以自由向美国进行出口，而美国通过原产地规则的改变限制了印度纺织品向第三国的出口，因为产品要受到配额管制，因而美国的原产地规则限制了进口竞争，保护国内产业，成为推行贸易目标的工具。

印度的诉讼理由并非毫无道理，为何会落得如此惨败的结果呢？

2. 案例评析

印度惨败的主要原因有两个方面：

（1）印度方面提起诉讼的法律依据不够充分。如前所述，印度提出诉求主要的依据是《原产地规则协定》第二条的规定，而专家组认为，《原产地规则协定》第二条是在过渡期内原产地规则不能做什么，例如不能直接或间接地作为推行贸易目标，而只能是实施这些措施和法律上文件的一个机制。原产地规则不能用来限制进口竞争，保护国内产业，不能是贸易规则的工具，但并未规定成员必须做什么。也就是说，《原产地规则协定》第二条并未限制成员制定或改变原产地标准，对不同产品适用不同的原产地标准。实际上它赋予了成员在制定和运用原产地规则上享有较大的自由裁量权。在这种情况下，印度依据此条作为提起诉讼的法律依据是不充分的。

（2）印度方面提起诉讼的事实依据不够充分。在案件审理过程中，印度仅仅阐述了其受到侵害的事实，却很少提供证据或数据。例如，对于限制贸易问题，专家组认为，印度没有提供什么事实证据，证明纺织品形成地规则对原坯纺织产品造成了哪些限制后果，没有提供相关的文件证据和贸易数据。在此种情况下，专家组很难评估印度指控的事实是否成立，因而也就无法支持印度方面的诉讼请求。

第六节 《进口许可程序协议》

一、《进口许可程序协议》的产生背景

进口许可证制度是政府向进口商签发的一种进口许可凭证制度。世界各国普遍实施进口许可证制度，其目的在于：（1）作为收集进口货物统计数据的方法；（2）在存在进口配额的条件下，分配或控制具体产品的进口或出口总量；（3）依一国的对外贸易政策的需要，禁止或限制某些产品的进口；（4）根据原产地区别对待各种进口商品；（5）为实行有关技术或卫生检疫措施、法规而对某些商品的进口实施管制或禁止。

尽管实施进口许可证制度的最初出发点在于使行政部门可以经常收集有关进口的统计和其他具体材料，但随着各国关税水平的大幅下降，关税的保护作用不断弱化，实施进口许可证制度以限制进口，保护国内市场的做法受到了各国的重视。各国政府往往对许可证的发放

制定过于复杂的冗长程序，令进口商费时、费事、费钱，从而延缓货物的进口。同时，滥用许可证还可以进行国别歧视，成为政府手中保护主义的实用工具。作为一种非关税壁垒，在控制和限制进口产品数量、区别对待不同国家产品方面，进口许可证制度比关税制度能起到更直接的作用。

　　进口许可证制度所发挥的这种消极作用无疑将在一定程度上抵消 GATT 为降低关税、实现货物自由贸易所做出的积极努力。因此，1947 年 GATT 对进口许可证作出了原则性规定。这些规定主要涉及该《协议》第 8 条、第 11 条和第 13 条。第 8 条"有关输出入的手续和费用"规定，各缔约方有必要将输出入手续的负担和烦琐程度降低到最低限度，并减少和简化规定的输出入单证。第 11 条"数量限制的一般取消"规定，除有限的例外之外，各缔约方不得以进出口许可证作为限制或禁止产品进出口的措施。这一规定创设了这样一个原则，即 GATT 仅要求各国不得将进出口许可证作为限制或禁止国际贸易的行政手段，而不是禁止和取消进出口许可证这一措施本身。这一原则为后来达成的《进口许可证程序协议》所继承和贯彻。该《协议》第 13 条非歧视地实施数量限制规定，当缔约方对任何产品实施进口限制时，若不能采用配额的办法，则允许采用无配额的进口许可证或进口凭证方式实施此类限制。但缔约方不得只要求来源于某一特定国家产品须提交进口许可证或凭证，除非是为了按照第 13 条第 2 款子项的规定分配配额，本条同时要求若实行进口许可证，则实行此制度的缔约方负有提供关于限制的管理、最近期间签发的许可证数量及其在各供应国之间的分配情况的义务。这些规定构成了 GATT 对许可证制度的最初规范。这些原则性的规范既不全面又不具有可操作性，使得一些缔约方常常能够寻找到可乘之机启用和扩大使用许可证进行贸易限制。事实也证明，确有许多成员主观任意决定许可证类别、范围和方式，或用极为烦琐复杂的审批、发放程序来延缓其他成员进口的时间和进程。

　　东京回合中对非关税壁垒谈判的重视使得进口许可程序在这些谈判中成为必不可少的内容，并最终达成《进口许可程序协议》。该《协议》的主要贡献在于使 GATT 规定得相当模糊的义务强化成明确的法律，并在许多方面填补了《GATT 1947》相关规定的空白。为了缩小通过许可证程序中的行政权力实施差别待遇的范围，协议秉承了 GATT 所创设的原则并做出了细化的规定，以保证进口许可证手续本身不会限制货物的输入，并尽可能使该程序具有更大的透明度和自动性。但是该协议仍然存在条文规定过于抽象，不便操作；透明度不充分等不足。还有一个主要问题是协议系由缔约方自愿接受并只对接受方生效，直到乌拉圭回合之前，接受这一协议的国家和地区还不到 30 个，这大大影响了该《协议》在适用空间上应具有的普遍性，限制了协议作用的发挥。

　　在乌拉圭回合中，GATT 充分吸取这一教训，达成的《进口许可程序协议》构成了《最后文件》附件一"关于多边贸易协议"的组成部分。虽说这一新协议的主要内容基本上承袭了东京回合这方面的成果，但对该协议的接受却是"一揽子"的，缔约方无法回避，因而其生效与世界贸易组织协定和其他多边贸易协定同步。这一措施极大地扩大了协议的适用范围。此外，依协议的规定，未经其他缔约方同意，任何缔约方不得在该《协议》的任何条款的适用上作任何保留，保证了其内容的完整性。

二、《进口许可程序协议》的主要内容

《进口许可程序协议》由序言和 8 个条款组成。

（一）序言

序言部分主要阐明了制定该协议的目的、背景和基本原则。关贸总协定的基本原则是考虑发展中国家成员方贸易、发展和财政的具体需要，允许使用进口许可证，但要求各成员方将有关进出口的手续和单证保持在最少的限度内，并不得以有悖于《GATT 1994》的原则和义务的方式使用进口许可证。协议强调应当以透明的和可预见的方式实施进口许可管理，尤其是非自动进口许可管理。由于各种不同的原因，其成员方经常要求进口商取得进口许可证方可进口，但各成员方的这种行政管理程序手续必须简化，并应符合国际贸易惯例。总之，各成员方应确保公正平等地施行进口许可程序和管理进口许可证，防止不恰当地使用进口许可程序阻碍国际贸易的发展。

（二）进口许可程序的总则

1. 进口许可程序的基本原则

《进口许可程序协议》规定了成员方在通过和执行有关签发进口许可证程序时应遵循的规则。该《协议》第 1 条指出，进口许可是指一种管理程序，即为实施进口许可证制度而采取的行政管理程序。换言之，它要求以向有关行政管理部门呈交申请书或其他文件，作为进口货物进入进口成员方关境的先决条件。在这个过程中发生的行政程序受《进口许可程序协议》的约束。各成员对进口许可程序必须符合协议的规定，其许可证签发当局必须遵守这些规则。这样做的主要目的是保护进口商和外国供应商的利益。这些规则要求成员方的许可程序遵循下列原则：

（1）对管理进口许可程序完全必要且不造成国家负担，同时应考虑实施进口许可程序的目的；

（2）对进口许可程序的管理是透明的和可预见的；

（3）保护进口商和外国供应商的利益，不致延误或诉诸仲裁的行动。

2. 进口许可程序的管理规定

在上述总的基本原则的基础上，协议还对各成员方进口许可程序管理作出了具体的规定。

（1）根据《进口许可程序协议》第 1 条第 4 款 a 项的规定，各成员方有义务出版和公布其关于进口许可程序的所有信息，而且，这些有关信息应通报给关贸总协定的进口许可委员会，并采用能够使各国政府和贸易商熟悉了解的方式予以公布。公布日期应在许可要求生效之日前 21 天，最迟不得晚于许可生效之日。对于许可程序的规定或申领进口许可证的产

品范围、产品清单作出的任何例外规定、偏离和更改，应以同样的方式并应在上文规定的相同期限内公布。

（2）根据《进口许可程序协议》第1条第5款的规定，各成员方有关管理机构提供的进口许可证申请表格和程序以及申请展期（更换许可证）的表格和程序应尽可能简化，并且如申请者提出要求，应提供有关许可制度的文件和有关情况。

（3）根据《进口许可程序协议》第1条第6款的规定，应准许申请者有一段合理的期限提交许可证申请书。若有截止日期，该合理期限至少应为21天，并应规定若在此期限内出现许可证申请书数量不足的情况可以延长此合理期限。该条款还规定，各成员方管理进口许可证的机关应为一个部门，如果确有必要由申请者向一个以上的行政管理机构提出申请时，申请者所接洽的行政机关的数目不应超过3个。

（4）根据《进口许可程序协议》第1条第7款的规定，不应因申请文件中出现不改变申请内容的微小差错而拒绝签发进口许可证。换言之，对于不改变单证基础条件的、有微小差错的任何申请不得予以拒绝。除非是故意欺诈或严重疏忽，否则对单证手续上的遗漏，不得给予比警告更严重的处罚。

（5）根据《进口许可程序协议》第1条第8款的规定，如进口货物的价值、数量或重量与许可证上所标明的有少许出入，只要这些差异符合商业惯例，或是发生在装运或散装过程中的重量或数量损失，就不应拒绝其货物进口。

（6）根据《进口许可程序协议》第1条第8款的规定，持有进口许可证的货物进口商应与无须进口许可证货物的进口商一样，在同等的基础上得到所需的外汇。此外，《进口许可程序协议》还规定了许可证下的进口商品的例外适用。

（三）自动进口许可证管理规定

《进口许可程序协议》第2条对自动进口许可程序作出了规定。根据协议的解释，自动进口许可证是指在任何情况下对申请一概批准并签发的进口许可证。在这种制度下，行政部门不得使用任何处置权，在所有情况下都必须签发许可证。协议要求自动进口许可程序除适用协议对进口许可程序的基本规则的规定外，还应适用下列规定：

（1）实施许可程序不得使属于自动许可证范围的进口货物受到限制性影响。

（2）在没有其他合适的程序时，采用自动进口许可证是必要的。只要具备采用自动进口许可的客观条件不变，并且无法用更恰当的办法来达到行政管理的目的时，就可以继续使用自动进口许可证。

（3）《进口许可程序协议》第2条第2款规定了自动进口许可证的获取资格和批准签发程序。①履行了进口国法律要求的，从事属于自动进口许可证项下有关商品的进口业务的任何个人、商号或机构，均有资格申请和取得进口许可证。②在海关结关放行货物之前的任何一个工作日内，都可递交进口许可证的申请书。③如果递交的进口许可证申请书的手续是完备的，应给予立即批准，批准期限最长不得超过自收到之日起的10个工作日，否则自动许可证程序仍被视为具有限制贸易的作用。

（四）非自动进口许可证管理规定

《进口许可程序协议》第 3 条对非自动进口许可证及其申办程序作出了规定。非自动进口许口证是指凡不属于自动进口许可证范围内但又需办理进口许可的货物的进口许可证。《进口许可程序协议》并没有绝对禁止使用非自动进口许可证，而是规定非自动进口许可程序除适用签发许可证应遵守的一般规则外，还应符合下列规定：

（1）除实施许可证限制本身所造成的影响外，非自动许可证不应对进口产生其他的贸易限制或贸易扭曲的影响。非自动许可程序在适用范围和期限上应与其被用来执行的措施相吻合，而且不得超出实施措施所必需的限度而成为一种更大的行政负担。

（2）当要求许可证用于实施数量限制以外的目的时，各成员方应向其他成员方和贸易商公布足够的信息，以便他们了解发放和/或分配许可证的基础。

（3）若一成员方允许个人、企业或机构提出免除或偏离许可证的要求，则该成员方应将此情况通报许可证委员会并公告在有关出版物上，以使各成员方政府和贸易商了解。同时应公布接受这种要求的原因，并说明是在何种情况下考虑这类要求的。

（4）在对有关产品贸易有利害关系的任何成员方的要求下，各成员方均应提供下述资料：①贸易限制的管理情况；②近期签发的进口许可证；③此种许可证在供应国之间的分配；④进口许可证范围内的产品的进口统计（价值和/或数量）。

（5）用许可证方式实施配额管理的成员方，应公布所实施配额的数量或价值总额、配额发放日期和截止日期以及任何有关的变换情况。对于在供应国之间分配的配额，实行限制的成员方应立即向与配额商品有利益关系的成员方公布有关信息，包括目前按数量或价值分配的配额份额。并且应当在申请生效之前 21 日进行公告，以使拥有配额的政府及有关贸易商知晓。如果出现有必要规定配额日期提前开始的情况，应在其实施前 21 日发布公告。

（6）凡符合进口成员方法律要求的个人、商号和机构，应具有申请和获得进口许可证的同等资格。如果许可证申请未获批准，应将其原因告知申请人，申请人有权根据进口成员方的国内立法或诉讼程序提出上诉或要求复查。

（7）除进口成员方所无法控制的原因，进口许可证签发机构应尽快办理有关申请。若按先来先办的原则，应在收到申请后即予以考虑，办理许可证的时限不得超过 30 日。若是同时考虑全部申请后一并办理所有的申请，则办理时间不应超过 60 日。在第二种情况下，办理申请的期限应是自规定的申请期限截止日的第二天起算。

（8）许可证的有效期应当合理，不得以许可证的期限长度来阻碍短货物进口的程度。除了进口必须满足预料不到的短期的特殊情况外，许可证的有效期限不应妨碍远距离来源的进口。

（9）在实施配额管理时，不得阻碍已发放的许可证允许的进口，不应阻碍配额的充分利用；对于不在供应国之间分配的配额，许可证持有者可以自由地选择进口来源。在供应国分配的配额，应在许可证上列明某国（地区）。

（10）在发放许可证时，各成员方应考虑对经济数量的产品发放许可证的要求。在分配许可证时，各成员方应考虑申请者的进口实绩。其中包括：在最近有代表性的时期内，发给申请者的许可证是否充分利用；已发许可证未充分利用的原因。协议还要求，在发放许可证时，对从发展中国家成员方尤其是从最不发达国家成员方进口产品的进口商应给予特别考虑。

（11）如因在转运、散装船过程中以及符合通常商业做法，使进口货物数量超过以前的许可证规定水平，可在未来分配许可证时做补偿性调整。

（五）进口许可程序的通知

为了确保进口许可程序的透明度，体现世界贸易组织公开、公正的原则，《进口许可程序协议》第 5 条制定了各成员方必须遵守的对外公告和通知其进口许可程序的规定。

根据该条款的规定，各成员方在制定进口许可程序或者对程序进行更改时应在 60 日内将公布的内容通知进口许可委员会。通知的内容包括：（1）受许可程序管理的产品清单；（2）索取许可申请资格资料的联系地点；（3）接受呈交的申请书的行政管理机构的名称；（4）公布许可程序的出版物名称和日期（期号）；（5）根据《协议》第 2 条和第 3 条的定义和分类，明确说明所办理的许可证是自动还是非自动的；（6）若是自动进口许可程序，要求说明其行政管理的目的；（7）若是非自动进口许可程序，要求说明目前通过许可程序所施行的措施，以及根据估计作出的许可程序的预计期限，若无法提供许可程序的预计期限需说明原因。

（六）磋商和争端解决

《进口许可程序协议》第 6 条规定，对于任何就协议执行而进行的磋商和争端解决都应遵守由《争端解决谅解》解释和适用的，《1994 年关贸总协定》第 22 条和第 23 条的规定。

（七）审议

《进口许可程序协议》第 7 条是成员方进口许可程序的审议规定。该《协议》第 7 条第 1 款明确规定，进口许可委员会应至少每两年审议一次《进口许可程序协议》的实施和运行情况，并应考虑该协议的目标及其中包含的权利与义务。《协议》第 7 条第 2 款规定，作为委员会审议的基础，秘书处应承担下述具体工作，即准备一份根据各成员方进口许可程序实际作出的报告。该报告参照各成员方按照《协议》第 5 条规定提交的进口许可程序的有关资料和各成员方递交的进口许可程序年度调查表以及其他有关资料完成。

三、对《进口许可程序协议》的评价

WTO 进口许可程序在"东京回合"的进口许可程序基础上就某些程序性规定进行了修改，特别是强调了透明度的规定。更重要的是，规定了所有 WTO 成员都必须受其约束，从而大大扩大了该协定的适用范围。

但该协议也存在不足。与其他 WTO 多边协定相比，进口许可程序协定对发展中国家待遇问题的规定少之又少，对发展中国家成员的特殊待遇缺乏足够的保障和实际约束力。

四、《进口许可程序协议》的相关案例

（一）欧盟——乌拉圭家禽争端案

1. 案情概况

1997年7月30日，争端解决机构成立了专家小组（美国与泰国作为第三方参与了该案件的争端解决）审查欧盟的家禽产品进口机制及欧盟执行此类产品的关税配额（TRQ）。欧盟在乌拉圭回合中承诺进口15500吨的冷冻家禽产品的免税TRQ。巴西认为这个TRQ来源于巴西与欧盟根据《GATT 1994》第27条进行双边谈判的结果，属于欧共体"油籽"案争端解决的一部分。一些许可证条款也根据该免税配额应用于进口。对于非配额的进口（不在许可证条款规定范围内），该计划允许欧盟根据《农产品协议》第5条征收额外关税。

2. 案例评析

此案件还涉及关税配额、《农产品协议》等内容，在此仅就《进口许可程序协议》的有关内容进行评析。

在案件中，巴西要求专家组确认，欧盟对进口许可证的管理上没有遵循《进口许可程序协议》第1条与第3条的规定；欧盟执行许可证制度不符合《GATT 1994》第10条关于适度透明度的规定，及第2条和第3条的具体规定。巴西提出，欧盟在颁发许可证方面的许多做法违反了进口许可证协议，包括：①没有将免税配额通知WTO；②经常修改颁发许可证的规则；③扭曲贸易；④根据出口实绩颁发许可证；⑤许可证投机；⑥缺少透明度等。

专家组就巴西上诉一一做出了如下判定：①关于欧盟未将配额内产品需要许可证这一措施通知WTO，是不符合许可证协议规定的；②关于欧盟经常修改颁发许可证的规则，本身没有违反《进口许可证协议》的规定，因为进口许可协议并没有禁止成员方修改柜内规定；③巴西认为它在欧盟进口家禽肉市场的份额下降，是欧盟执行许可证造成的贸易扭曲。据专家组审查，发现分配给巴西向欧盟出口的大部分家禽肉是配额以外的，这一部分是不需要许可证的；而且分配给巴西的配额每年都全部用完，巴西向欧盟出口家禽肉的绝对值是逐年增加的。因此，专家组认为欧盟并没有违反《进口许可证协议》的第1条第2款和第3条第2款；④巴西认为欧盟根据出口实绩分配许可证，违反了协议。而专家组认为根据出口实绩批准许可证确实不同于一般做法，但巴西无法指证欧盟的做法如何对巴西产生不利影响。而且，巴西指控的是某一法律规定，而《进口许可证协议》第1条第3款针对的是法规的实施，因此不适用；⑤巴西认为欧盟许可证投机违反了该《协议》第3条第5款，专家组经过调查，发现欧盟颁发的小额许可证可能给出口商带来一定困难，但所有的配额都用完，而且还有大量配额之外的进口，表明小额许可证没有造成不利影响，因此欧盟没有违反该《协议》第3条第5款；⑥巴西认为欧盟颁发许可证以及许可证执行情况缺乏透明度，违反了《协议》第3条第5款（a），专家组认为《协议》第3条第5款（a）明确规定了成员方在应另一成员方要求时有提供信息的义务，但没有规定一个成员方应主动提供信息，而巴西

没有提供证据表明它曾要求欧盟提供信息，因此专家组认为欧盟没有违反《协议》第3条第5款（a）。

据此，专家组认为欧盟除了没有向WTO发出通知外，其他方面都没有违反进口许可证协议的规定。

（二）欧共同体——厄瓜多尔的香蕉大战

案情概况

这场著名的"香蕉大战"始于1975年，当时欧共体与非洲、加勒比海和太平洋地区的46个小国（大多数都是欧共体成员方如法国、英国的殖民地，称为ACP国家）签订了第一个洛美协定，欧共体为了限制与其谈判的国家的数量，人为地将发展中国家进行了划分，尤其是将西半球划分为两个阵营：一部分国家得到了洛美协定下的贸易利益；另一部分国家被排除在了洛美贸易体制之外。

洛美协定下的香蕉协议给予ACP国家一定的优惠，规定了他们出口到欧共体市场的香蕉享有优惠的市场准入。更重要的是，在以后的洛美协定中，欧共体扩大了原始承诺，协议对ACP国家的香蕉实行免税准入，并对非ACP国家的香蕉进口实行配额，以确保ACP国家的特别待遇。

在1993年以前，欧共体对洛美协定的实施都是成员国家分别给予的，但1992年《马斯特里赫特条约》的签订标志着欧洲内部市场的形成，因此，欧盟被迫考虑如何能使其洛美协定下的承诺符合关贸总协定下最惠国待遇的原则。对于非ACP国家而言，欧洲统一大市场的形成给对欧洲共同体香蕉贸易体制的建立施加影响带来了难得的机会。因此，若干来自拉丁美洲的非ACP国家（哥伦比亚、哥斯达黎加、危地马拉、尼加拉瓜和委内瑞拉）根据GATT第22条第1款要求与欧共体磋商，并随后请求总干事"依据职权进行斡旋"，力促香蕉贸易体制符合GATT规定。

哥伦比亚、哥斯达黎加、危地马拉、尼加拉瓜和委内瑞拉等国的主张有多条，其中包括反对欧共体对非ACP国家采用进口限制（如进口许可），认为这些措施是与GATT的规定不符的。GATT专家组认定欧共体通过建立与GATT不符的香蕉进口体制对来自非ACP国家的香蕉采取了歧视政策，责令欧共体整改。欧共体取消了进口许可证制度和在ACP国家配额中的国家分配，并于1998年10月开始实施。

第六章　国际货物贸易救济措施协议

> **本章要点**
> 1. 发起救济措施的数量标准有哪些？
> 2. 救济措施的实施期限如何？
> 3. 救济措施的实施强度如何？
> 4. 各国实施救济措施的程序有哪些？
> 5. WTO 解决各成员救济措施纠纷的程序有哪些？

国际经济法中的救济措施是指，如当事人违反有关协议时，另一当事人可以采取的补偿自己利益的有关行动。WTO 关于国际货物贸易救济措施方面的专门协议有三个，分别是：《反倾销协议》、《补贴与反补贴措施协议》和《保障协议》。这些救济措施协议分别规定了 WTO 成员在面对倾销、出口补贴和急剧增加的进口，对其国内产业造成实质损害或实质损害威胁时，可以采取的救济措施。

本来《GATT 1994》的相关条款，对上述三方面的救济措施都有所规定，但由于其规定简约分散，实际执行中面临许多问题，因此，WTO 采用了上述三个专门协议来加以改善和规范。

在 WTO 的有关协议中，针对怎样的侵害会对国内产业造成"实质损害"或"严重损害"的问题，WTO 的有关协议做了数量标准的规定。在补贴中规定的数量标准是，补贴额高于产品价格的 5%（《反补贴协议》第 6 条），且来自单个发展中国家成员的补贴产品进口超过进口总量的 4%，或多个不超过进口总量 4% 的发展中国家成员的进口累计超过进口总量的 9%（《反补贴协议》第 27 条）；其余两个协议中虽然只有定性描述，但也都规定了不可诉的"微量"标准，如倾销价格低于 2%，且单个国家倾销数量在进口总量中占比低于 3%，或多个倾销数量不足 3% 的国家的进口累计低于进口总量的 7%（《反倾销协议》第 5 条第 8 款）；又如，来自单个发展中国家成员急剧增加的进口不超过该产品进口总量的 3%，且多个这样的成员急剧增加的进口累计不超过进口总量的 9%（《保障协议》第 9 条）。以此为参考，一旦超过上述"微量"标准，就有可能造成"实质损害"或"严重损害"，就是可诉的。

关于救济措施的实施期限，反倾销的实施期限是 5 年，反补贴的实施期限也是 5 年，但反倾销和反补贴都可以通过期末复审而不断延期（《反倾销协议》第 11 条第 3 款，《反补贴协议》第 21 条第 3 款）。保障措施的实施期是 4 年，可延期 1 次，最长实施期不得超过 8 年（《保障协议》第 7 条）。

关于救济措施的实施强度，反倾销和反补贴措施，不能超过倾销和补贴的幅度；保障措施最多只能中止曾经作出的减让义务，或撤销进口优惠措施，不能额外增加进口限制措施（《GATT 1994》第19条第1款），且一般不能使进口低于近3年的平均水平（《保障协议》第5条第1款），保障措施还强调，应该在实施期内逐步放宽限制（《保障协议》第7条第4款）。

第一节　WTO 的反倾销协议

WTO 反倾销方面的协议有两个：一是《GATT 1994》（第6条）；二是专门的《反倾销协议（1994）》；前者只有关于反倾销的原则规定，后者则包括了实施细则。

《GATT 1994》的第6条直接沿用了《GATT 1947》第6条，未作任何修改。《GATT 1947》的第6条《反倾销税和反补贴税》，对于倾销和反倾销的规定比较简单，仅有两款，共300多字。在该条第一款中，定义了倾销和损害，即"以低于正常价值"的价格出口，因此对一缔约方领土内已建立的产业造成实质损害或实质损害威胁，或实质阻碍其国内产业的新建。该款还规定了倾销价格的三种确定方法，即低于国内价，低于向第三国的出口价，低于生产成本加销售费用和合理利润。该条在第二款中规定，可对倾销产品征收不超过倾销幅度的反倾销税。

各国在反倾销实践中，发现许多问题的解决容易产生争议。因此，在1964～1967年的肯尼迪回合谈判中，原《关贸总协定（GATT）》成员签订了一个专门的《反倾销协议（1967）》，其正式全称是《关于实施GATT第6条的协议（1967）》。1973～1979年的东京回合谈判对其做了修订，成为《反倾销协议（1979）》，即"关于实施GATT第6条的协议（1979）"，1994年结束的乌拉圭回合谈判又对其做了修订，成为《反倾销协议（1994）》，即《关于实施GATT 1994第6条的协议（1994）》。《反倾销协议（1967）》和《反倾销协议（1979）》的签字国和生效范围主要是一些发达国家，并不包括GATT的全体成员，国内外学者有时将这类协议称为GATT的"规则（code）"，国内也有些学者把这类协议称为"诸边"协议，以区别于通常的"多边协议"。而"反倾销协议（1994）"的签字国和生效范围则包括WTO的全体成员，是标准的多边协议。

WTO 的《反倾销协议（1994）》共有以下三个部分、18条和2个附件。

第一部分包括第1至第15条，是各国实施反倾销方面的详细规定。

第二部分包括第16条"反倾销措施委员会"和第17条"磋商和争端解决"，涉及WTO的反倾销管理机构和争端解决方面的内容。

第三部分是第18条"最后条款"，是反倾销法律效力方面的规定，包括生效日期，各成员有关倾销与反倾销国内法的变更应通知WTO的反倾销措施委员会的责任，以及附件的法律效力等内容。

"反倾销协议"的"第1条　原则"规定，WTO 的反倾销措施，包括发起和进行调查，仅应根据WTO的规定实施。这样的规定是要排除其他法律规定的效力，如某成员的国内法、

第六章 国际货物贸易救济措施协议

其他国际组织的法律规定等。

"第2条 倾销的确定"规定了确定倾销的三种办法，即如出口价格低于国内价，或低于在第三国的出口价，或低于生产成本加销售费用与合理利润。这与《GATT 1994》第6条的规定是相同的。

在第2条的各款中，对于各种情况下的价格、成本、合理利润，以及汇率等方面做了详细规定。

"第3条 损害的确定"共有8款，均规定了如何确定倾销对国内市场和生产者造成的实质损害或实质损害威胁。但这些规定都是定性描述的，如倾销导致产品价格"大幅下降"，进口的倾销产品数量"大幅增加"等。结合后面第5条第8款规定的不诉的微量倾销的数量标准，可帮助理解"大幅倾销"的数量界限。"微量倾销"是指倾销价格幅度低于2%，单个国家的倾销数量低于进口总量的3%，且不足3%的多个国家倾销数量累计低于进口总量的7%。

"第4条 国内产业的定义"明确规定，国内产业是指被倾销的同类产品的国内生产者全体，并分别具体解释了同一国的领土分为了两个或两个以上的市场时，每一市场中的生产者均可被视为一独立产业；而不同国家根据《GATT 1994》第24条第8款（a）项的规定，达到具有单一统一市场特征的一体化水平时，整个一体化地区的产业应被视为国内产业。

"第5条 发起和随后进行调查"共有10款。

第5条第1款规定，反倾销调查须在提交国内产业的书面申请后发起。

第2款规定，书面申请必须包括反倾销的三项要件的证据：即倾销的存在，损害的存在，倾销与损害之间的因果关系。

第3款规定，主管机关应审查申请中提供的证据的准确性和充分性，以确定是否有足够的证据证明发起调查是正当的。

第4款规定了调查发起的门槛。即表示支持反倾销调查申请的国内生产者的产量不足国内产业同类产品总产量的25%，则不得发起调查。

第5款规定了主管机关的信息管理责任，即主管机关应避免公布关于发起调查的申请，除非已决定发起调查；在收到附有适当证明文件的申请后和在开始发起调查之前，主管机关应通知有关出口成员政府。

第6款规定了主管机关自己提出反倾销调查的条件，即国内产业虽然没有提出反倾销的书面申请，但主管机关有充分的证据证明反倾销的三项要件的存在。

第7款规定了反倾销调查开始的时限，即调查应在依照本协定的规定可实施临时措施的60日前开始。

第8款规定了主管机关终止反倾销调查的3项条件，即：（1）如主管机关确信不存在有关倾销或损害的足够证据；（2）如主管机关确定倾销幅度属微量，即倾销幅度小于2%；（3）倾销产品的实际或潜在的数量属微量。即来自一特定国家的倾销进口产品的数量不足同类产品进口的3%，或占同类产品进口不足3%的国家累计不超过同类产品进口的7%。

第9款规定，反倾销程序不得妨碍通关程序。

第10款规定了反倾销调查的时限，即除特殊情况外，调查应在发起后1年内结束，且绝不能超过 18 个月。

"第 6 条　证据"共有 14 款，规定了主管机关对反倾销调查证据的处理规范。

"第 7 条　临时措施"共有 5 款，分别对实施反倾销临时措施的条件、形式和起始时间、持续时间等做了规定。

第 7 条第 1 款规定了实施反倾销临时措施必须齐备的 3 项条件，分别为：

（1）已发起调查，已为此发出公告，且已充分给予利害关系双方提交信息和提出意见的机会；

（2）已做出关于倾销和由此产生的对国内产业的损害的初步肯定裁定；

（3）有关主管机关判断此类措施对防止在调查期间造成损害是必要的。

第 7 条第 2 款规定了采取反倾销临时措施的 3 种形式，分别为：

（1）征收临时反倾销税；

（2）或更可取的是，采取现金保证金或保函等担保形式，其金额等于临时估算的反倾销税的金额，反倾销税不高于临时估算的倾销幅度；

（3）预扣估算的反倾销税金额，但须表明估算的反倾销税，且预扣估算的反倾销税须与其他临时措施受相同条件的约束。

第 7 条第 3 款规定了反倾销临时措施的最早开始时间，即临时措施不得早于发起调查之日起 60 天实施。

第 7 条第 4 款规定了反倾销临时措施的实施时限。临时措施的实施应限制在尽可能短的时间内，不超过 4 个月，或经有关主管机关决定，并在所涉及的贸易中占很大百分比的当事人请求，可不超过 6 个月。在调查过程中，如主管机关审查低于倾销幅度的反倾销税是否足以消除损害，则这些时间可分别为 6 个月和 9 个月。

第 7 条第 5 款规定，反倾销临时措施的实施应遵循第 9 条关于反倾销税征收的有关规定。

"第 8 条　价格承诺"共有 6 款，分别从 6 个方面对出口商实施价格承诺以避免被征收反倾销税的有关事项，做了明确规定。例如，如出口商自愿做出提高出口价格的价格承诺，则调查程序应中止或终止，而不采取临时措施或征收反倾销税。价格承诺的提价不得超过抵消倾销幅度所必需的限度。

事实上，出口商在遭遇反倾销时，普遍愿意采用价格承诺的方式来应对，而避免被征收反倾销税。因为，实际上价格承诺是把进口国政府的反倾销税收入变成了出口商自己的收入，价格承诺使出口商既避免了反倾销的司法成本，又提高了出口商的收入，何乐不为。同时，WTO 的这个规定表明，价格承诺优先于政府的反倾销调查和征收反倾销税，这有利于遏制政府利用反倾销的寻租行为。

"第 9 条　反倾销税的征收"共有 5 款，对反倾销税征收的管辖、程序和幅度分别做了规定。

"第 10 条　追溯效力"共有 8 款，分别对追溯征收反倾销税的条件和情况做了规定。

"第 11 条　反倾销税和价格承诺的期限与复审"共有 5 款。

第 11 条第 3 款规定，任何最终反倾销税应在征收之日起 5 年内终止，除非主管机关在该日期之前自行进行的复审，或在该日期之前一段合理时间内，由国内产业或国内产业代表提出的有充分证据请求下进行的复审确定，反倾销税的终止有可能导致倾销和损害的继续或再度发生。

第11条第4款规定，任何此类复审应迅速进行，且通常应在自复审开始之日起12个月内结束。

"第12条 公告和裁定的说明"共有3款，分别对反倾销主管机关的公告和裁定责任及内容做了规定。

第12条第2款规定，对于任何初步或最终裁定，价格承诺的终止以及最终反倾销税的终止均应做出公告。每一公告均应详细列出或通过单独报告详细提供调查主管机关就其认为重要的所有事实问题和法律问题所得出的调查结果和结论。所有此类公告和报告应转交给受该裁定或价格承诺约束的一个或多个成员，及已知与此有利害关系的其他利害关系方。该款还对裁定公告的内容做了规定。

"第13条 司法审查"规定，国内立法包含反倾销措施规定的每一成员，均应设有司法、仲裁或行政庭和程序，其目的特别包括与迅速审查和最终裁定的行政行为有关且属第11条范围内的对裁定的复审，此类法庭或程序应独立于负责所涉裁定或审查的主管机关。

"第14条 代表第三国的反倾销行动"共有4款。

第14条第1款规定，代表某第三国实施反倾销行动的申请，应由请求采取行动的该第三国的主管机关提出。

第14条第4款规定，关于是否进行这一反倾销行动的决定，应取决于代表其采取反倾销行动的进口国。如该进口国决定准备采取行动，则应与货物贸易理事会开始进行接触，以寻求其对于采取此类行动的批准。

"第15条 发展中国家成员"规定，各方认识到，在考虑实施本协定项下的反倾销措施时，发达国家成员应对发展中国家成员的特殊情况给予特别注意。在实施会影响发展中国家成员根本利益的反倾销税之前，应探讨本协定规定的建设性补救的可能性。

第二部分的"第16条 反倾销措施委员会"共有5款。

第16条第1款规定，特此设立反倾销措施委员会（本协定中称"委员会"），由每一成员的代表组成。委员会应选举自己的主席，每年应至少召开2次会议，或按本协定有关规定所设想的在任何成员请求下召开会议。委员会应履行本协定项下或各成员指定的职责，并应向各成员提供机会，就有关本协定的运用或促进其目标实现的任何事项进行磋商。WTO秘书处担任委员会的秘书处。

第16条第4款规定，各成员应立刻通知委员会其采取的所有初步或最终反倾销行动。此类报告应可从秘书处获得，供其他成员审查。各成员还应每半年提交在过去6个月内采取的任何反倾销行动的报告，半年期报告应以议定的标准格式提交。

第16条第5款规定，每一成员应通知委员会：（a）哪一个主管机关负责发起和进行第5条所指的调查，及（b）适用于发起和进行此类调查的国内程序。

第二部分的"第17条 磋商和争端解决"共有7款。

第17条第1款规定，除本协定另有规定外，WTO的《争端解决》适用于本协定项下的磋商和争端解决。

第17条第2款规定，每一成员应对另一成员提出的影响本协定运用的任何事项的交涉给予积极考虑，并应提供充分的磋商机会。

第17条第3款规定，如任何成员认为，其在本协定项下直接或间接获得的利益正在受到另一成员或其他成员的影响而丧失或减损，或任何目标的实现正在受到阻碍，则该成员为就该事项达成双方满意的解决办法，可以书面形式请求与所涉一个或多个成员进行磋商。每一成员应对另一成员提出的磋商请求给予积极考虑。

第17条第4款规定，如请求磋商的成员认为，按照第3款进行的磋商未能得到双方同意的解决办法，且如果进口成员的行政主管机关已经采取征收最终反倾销税或接受价格承诺的最终行动，则该成员可将此事项提交争端解决机构（以下称"DSB"）。如一临时措施具有重大影响，且请求磋商的成员认为该措施的采取违反第7条第1款的规定，则该成员也可将此事项提交DSB。

第17条第5款规定，在起诉方请求下，DSB应设立一专家组以审查该事项。

第17条第7款规定，未经提供此类信息的个人、机构或主管机关正式授权，向专家组提供的机密信息不得披露。如该信息为专家组要求提供，但未授权专家组公布，则经提供该信息的个人、机构或主管机关授权，专家组应提供该信息的非机密摘要。

第三部分的第18条"最后条款"共有7款。

第18条第1款规定，除依照由本协定解释的《GATT 1994》的条款外，不得针对来自另一成员的倾销出口产品采取特定行动。

第18条第2款规定，未经其他成员同意，不得对本协定的任何规定提出保留。

第18条第5款规定，每一成员应将与本协定有关的法律和法规的任何变更情况及此类法律和法规管理方面的变更情况通知反倾销措施委员会。

第18条第6款规定，反倾销措施委员会应每年审议本协定的执行和运用情况，同时考虑本协定的目标。委员会应每年将此类审议所涉期间的发展情况通知货物贸易理事会。

第18条第7款规定，本协定的附件为本协定的组成部分。

WTO的"反倾销协议（1994）"共有2个附件。

附件1是"根据第6条第7款进行实地调查的程序"，具体规定了反倾销实地调查的程序事项，该附件共有8项规定。

附件2是"按照第6条第8款可获得的最佳信息"，是对在反倾销调查中如何获取有关信息的详细规定，该附件共有7项规定。

第二节　WTO的反补贴协议

WTO反补贴方面的协议包括两个部分：一是《GATT 1994》的有关条款，包括"第6条反倾销税和反补贴税"，"第16条国内产业的定义"，"第21条反补贴税和承诺的期限和复审"和"第23条司法审查"；二是WTO专门的《补贴与反补贴措施协议（1994）》，简称《反补贴协议（1994）》。

《GATT 1994》"第6条　反倾销税和反补贴税"中关于反补贴的主要内容有：

（1）第6条第3款规定，反补贴税不得超过补贴额。

（2）第6条第4款规定，不得对免除国内税费的出口退税征收反补贴税。该条规定明确了包括中国在内的许多发展中国家，实施出口退税的合法性。

第6条第5款规定，不得同时征收反倾销税和反补贴税以补偿倾销或出口补贴所造成的国内产业损害的相同情况。

第6条第6款有3项。

第6条第6款第1项规定，只有确定补贴会对国内一已建产业造成实质损害或实质损害威胁，或实质阻碍一国内产业的建立，才允许进口国征收反补贴税。

第6条第6款第2项规定，如缔约方全体认为，补贴正在对进口缔约方领土内一产业造成实质损害或实质损害威胁，可允许征收反补贴税。

第6条第6款第3项规定，在迟延将会造成难以补救的损害的例外情况下，一缔约方可在未经缔约方全体事先批准的情况下征收反补贴税；但是此行动应立即报告缔约方全体，如缔约方全体未予批准，则该反补贴税应迅速撤销。

上述两项的规定表明，只有WTO的全体成员批准，才可以征收反补贴税，但这显然难以操作。后面的"反补贴协议"则采用了争端解决机构（DSB）裁决的机制，以代替全体成员批准的机制。

第6条第7款规定，为稳定初级商品的国内价格或国内生产者利润的制度（国内价格支持制度），有时虽会使供出口商品的销售价格低于国内市场同类产品的可比价格，但如对该有关商品有实质利害关系的各缔约方之间经磋商后确定下列条件，则仍应被视为不构成实质损害：

（1）该制度也使供出口商品的销售价格高于国内市场中同类产品的可比价格；

（2）由于有效生产调节或其他原因，该制度的实施并未过度刺激出口或严重侵害其他缔约方的利益。

《GATT 1994》"第16条　国内产业的定义"中涉及反补贴的内容为：

第16条第3款规定，反补贴税只能对最终消费的所涉产品征收，进口成员只能在下列条件下方可征收反补贴税：（a）应给予出口商停止以补贴价格向有关地区出口的机会，或按照第18条，给予出口国政府和出口商机会，以作出取消补贴或提高出口产品价格的承诺，而出口商未能迅速在此方面作出承诺，且（b）此类反补贴税不能仅对供应所涉地区的特定生产者的产品征收。

《GATT 1994》的"第21条　反补贴税和承诺的期限和复审"中涉及反补贴的内容为：

（1）反补贴税应仅在抵消造成损害的补贴所必需的时间和限度内实施。

（2）任何反补贴税应在征收之日起5年内终止，除非主管机关在该日期之前自行进行的复审，或应在该日期之前一段合理时间内，由国内产业或代表国内产业提出的有充分证据的请求下进行的复审确定，反补贴税的终止有可能导致补贴和损害的继续或再度发生。

反补贴税复审通常应在自开始之日起12个月内结束。

《GATT 1994》的"第 23 条　司法审查"规定，国内立法包含反补贴税措施规定的每一成员均应设有行政庭或仲裁机构或程序，其目的特别包括对最终裁定有关的行政行为且属第 21 条范围内的裁定的审查。此类法庭或程序应独立于负责所涉裁定或审查的主管机关，且应向参与行政程序及直接和间接受行政行为影响的所有利害关系方提供了解审查情况的机会。

总之，《GATT 1994》中关于反补贴的规定比较简单且零散，不利于实践，因此，在 1994 年结束的乌拉圭回合谈判中，产生了规定详细的专门的"反补贴协议"。

WTO 的"反补贴协议"共有十一个部分，32 条和 7 个附件，约 2.6 万字。

WTO 的"反补贴协议"把补贴分类为专向性补贴；禁止性补贴；可诉补贴和不可诉补贴；微量补贴；等等。

某些专向性补贴属于禁止性补贴。"反补贴协议"的"第 3 条禁止性补贴"明确规定，出口补贴（《农业协定》允许的农产品出口补贴除外）和对替代进口的国产货物的补贴（国产化补贴）属于禁止性补贴。

某些专向性补贴属于不可诉补贴。例如，政府对符合一定条件的研发资助、对落后地区的发展援助、对适应新的环境标准而提供的环境达标援助等专向性补贴属于不可诉补贴（第 8 条第 2 款），为使发展中国家成员的企业私有化而实施的专向补贴（体制改革补贴）属不可诉补贴（第 27 条第 13 款）。

微量补贴属不可诉补贴，微量的标准是补贴不超过产品价值的 1%（第 11 条第 9 款），但对于发展中国家成员是 2%（第 27 条第 10 款）；或来自单个发展中国家成员的补贴产品进口不超过该产品进口总量的 4%，且来自多个发展中国家成员的补贴进口产品总和不超过该产品进口总量的 9%（第 27 条第 10 款）。

7 个附件主要是关于调查程序和各种指标计算规范方面的规定。

第一部分是总则，包括第 1 条、第 2 条。

"第 1 条　补贴定义"规定，如在一成员领土内，存在由政府或任何公共机构提供的财政资助，或存在任何形式的收入或价格支持，因此而授予一项利益，应视为存在补贴。政府财政资助的形式包括：

（1）政府资金的直接转移（如赠款、贷款和投股）、潜在的政府资金或债务的直接转移（如贷款担保）；

（2）放弃或未征收在其他情况下应征收的政府税收（如税收抵免之类的财政鼓励）；

（3）政府提供除一般基础设施外的货物或服务；

（4）政府向一筹资机构付款，或委托或指示一私营机构履行以上（1）～（3）项列举的一种或多种通常应属于政府的职能，且此种做法与政府通常采用的做法并无实质差别。

"第 2 条　专向性补贴"共有 4 款。

第 2 条第 1 款规定，判断是否属于专向性补贴应根据下列规定：

（1）如授予机关或其运作根据立法将补贴的获得明确限于某些企业，则此种补贴属于专向性补贴。

（2）如授予机关或其运作所根据的立法，制定了获得补贴的资格和数量的客观标准或

第六章　国际货物贸易救济措施协议

条件，则不属于专向性补贴；只要该资格为自动的，且此类标准和条件得到严格遵守；标准或条件必须在法律、法规或其他官方文件中明确说明，以便能够进行核实。

（3）如尽管因为适用（1）项和（2）项规定而表现为非专向性补贴，但是有理由认为补贴事实上可能属于专向性补贴，则可考虑其他因素；此类因素为：有限数量的企业得到补贴、某些企业得到补贴的主要部分、给予某些企业不成比例的大量补贴，以及授予机关在作出给予补贴的决定时行使决定权的方式。在适用本项时，应考虑授予机关管辖范围内经济活动的多样性程度，及已经实施补贴计划的持续时间。

第2条第2款规定，限于授予机关管辖范围内指定地理区域的某些企业的补贴属专向性补贴。各方理解，就本协定而言，不得将有资格的各级政府所采取的确定或改变普遍适用的税率的行动视为专向性补贴。

第2条第3款规定，任何属第3条规定范围内的补贴应被视为专向性补贴。

第2条第4款规定，根据本条规定对专向性的确定应依据肯定性证据明确证明。

第二部分是禁止性补贴，包括第3条、第4条。

"第3条　禁止性补贴"规定，除《农业协定》的规定外，下列属第1条范围内的补贴应予禁止：

（a）法律或事实上视出口实绩为唯一条件或多种条件之一而给予的补贴，包括附件1列举的补贴；

（b）视使用国产货物而非进口货物的情况为唯一条件或多种条件之一而给予的补贴。

"第4条　补救"共有12款，对禁止性补贴的补救程序做了详细规定。

第4条第1款规定，只要一成员有理由认为另一成员正在给予或维持一禁止性补贴，则该成员即可请求与后者进行磋商。

第4条第2款规定，根据第1款提出的磋商请求应包括一份说明，列出有关所涉补贴的存在和性质的可获得的证据。

第4条第3款规定，应根据第1款提出的磋商请求，被视为给予或维持所涉补贴的成员应尽快进行此类磋商。磋商的目的应为澄清有关情况的事实并获得双方同意的解决办法。

第4条第4款规定，如在提出磋商请求后30日内未能获得双方同意的解决办法，则参加此类磋商的任何成员可将该事项提交争端解决机构（DSB），以便立即设立专家组，除非DSB经协商一致决定不设立专家组。

第4条第5款规定，专家组设立后，可就所涉措施是否属禁止性补贴而请求常设专家小组（本协定中称PGE）予以协助。如提出请求，则PGE应立即审议关于所涉措施的存在和性质的证据，并向实施或维持所涉措施的成员提供证明该措施不属禁止性补贴的机会。PGE应在专家组确定的时限内向专家组报告其结论。PGE关于所涉措施是否属禁止性补贴问题的结论应由专家组接受而不得进行修改。

第4条第6款规定，专家组应向争端各方提交其最终报告。该报告应在专家组组成和专家组职权范围确定之日起90日内散发全体成员。

第4条第7款规定，如所涉措施被视为属禁止性补贴，则专家组应建议进行补贴的成员立刻撤销该补贴。在这方面，专家组应在其建议中列明必须撤销该措施的时限。

第4条第8款规定，在专家组报告散发全体成员后30日内，DSB应通过该报告，除非一争端方正式将其上诉的决定通知DSB，或DSB经协商一致决定不通过该报告。

第4条第9款规定，如专家组报告被上诉，则上诉机构应在争端方正式通知其上诉意向之日起30日内作出决定。如上诉机构认为不能在30日内提供报告，则应将迟延的原因和它将提交报告的估计期限以书面形式通知DSB。该程序决不能超过60日。上诉机构报告应由DSB通过，并由争端各方无条件接受，除非DSB在将报告散发各成员后20日内经协商一致决定不通过上诉机构报告。

第4条第10款规定，如在专家组指定的时限内DSB的建议未得到遵守，该时限自专家组报告或上诉机构报告获得通过之日起开始，则DSB应给予起诉方采取适当反措施的授权，除非DSB经协商一致决定不予授权。

第4条第11款规定，如一争端方请求根据《争端解决谅解》（DSU）第22条第6款进行仲裁，则仲裁人应确定反措施是否适当。

第4条第12款规定，就按照本条处理的争端而言，除本条具体规定的时限外，DSU项下适用于处理此类争端的时限应为该谅解中规定时间的一半。

第三部分是可诉补贴，包括第5～第7条。

"第5条 不利影响"规定，任何成员不得通过使用第1条第1款和第2款所指的任何补贴而对其他成员的利益造成不利影响，即：

（1）损害另一成员的国内产业；

（2）使其他成员在《GATT 1994》项下直接或间接获得的利益丧失或减损，特别是在《GATT 1994》第2条下约束减让的利益；

（3）严重侵害另一成员的利益。本条不适用于按《农业协定》第13条规定的对农产品维持的补贴。

"第6条 严重侵害"共有9款。

第6条第1款规定，在下列情况下，应视为存在第5条（c）款意义上的严重侵害：

（a）对一产品从价补贴的总额超过5%；

（b）用以弥补一产业承受的经营亏损的补贴；

（c）用以弥补一企业承受的经营亏损的补贴，但仅为制定长期解决办法提供时间和避免严重社会问题而给予该企业的非经常性的和不能对该企业重复的一次性措施除外；

（d）直接债务免除，即免除政府持有的债务，及用以偿债的赠款。

第6条第2款规定，尽管有第1款的规定，但是如提供补贴的成员证明所涉补贴未造成第3款列举的任何影响，则不得视为存在严重侵害。

第6条第3款规定，如下列一种或多种情况存在，则可产生第5条（c）款意义上的严重侵害：

（a）补贴的影响在于取代或阻碍另一成员同类产品进入提供补贴成员的市场；

（b）补贴的影响在于在第三国市场中取代或阻碍另一成员同类产品的出口；

（c）补贴的影响在于与同一市场中另一成员同类产品的价格相比，补贴产品造成大幅价格降低，或在同一市场中造成大幅价格抑制、价格压低或销售损失；

第六章 国际货物贸易救济措施协议

（d）补贴的影响在于与以往3年期间的平均市场份额相比，提供补贴成员的一特定补贴初级产品或商品的世界市场份额增加，且此增加在给予补贴期间呈一贯的趋势。

第6条第4款规定，就第3款而言，对出口产品的取代或阻碍，在遵守第7款规定的前提下，应包括已被证明存在不利于未受补贴的同类产品相对市场份额变化的任何情况（经过一段足以证明有关产品明确市场发展趋势的适当代表期后，在通常情况下，该代表期应至少为1年）。"相对市场份额变化"应包括下列任何一种情况：

（a）补贴产品的市场份额增加；

（b）补贴产品的市场份额保持不变，但如果不存在该补贴，市场份额则会降低；

（c）补贴产品的市场份额降低，但速度低于不存在该补贴的情况。

第6条第5款规定，就第3款（c）项而言，价格降低应包括，通过对供应同一市场的补贴产品与未受补贴产品的价格进行比较所表明的此类价格降低的任何情况。此种比较应在同一贸易水平上和可比的时间内进行，同时适当考虑影响价格可比性的任何其他因素。但是，如不可能进行此类直接比较，则可依据出口单价证明存在价格降低。

第6条第6款规定，被指控出现严重侵害的市场中的每一成员，在遵守附件5第3款规定的前提下，应使第7条下产生争端的各方和根据第7条第4款设立的专家组，可获得关于与争端各方市场份额变化以及关于所涉及的产品价格的所有有关信息。

第6条第7款规定，如在有关期限内存在下列任何情况，则不产生第3款下的严重侵害：

（a）禁止或限制来自被起诉成员同类产品的出口，或禁止或限制被起诉成员的产品进入有关第三国市场；

（b）对有关产品实行贸易垄断或国有贸易的进口国政府出于非商业原因，决定将来自被起诉成员的进口产品改为来自另一个或多个国家进口产品；

（c）自然灾害、罢工、运输中断或其他不可抗力影响被起诉成员可供出口产品的生产、质量、数量或价格；

（d）存在限制来自被起诉成员出口的安排；

（e）被起诉成员自愿减少可供出口的有关产品（特别包括起诉成员中公司自主将该产品的出口重新分配给新的市场的情况）；

（f）未能符合进口国的标准或其他管理要求。

第6条第8款规定，在未出现第7款所指的情况时，严重侵害的存在应依据提交专家组或专家组获得的信息确定，包括依照附件5的规定提交的信息。

第6条第9款规定，本条不适用于按《农业协定》第13条规定对农产品维持的补贴。

"第7条　补救"共有10款，对可诉补贴的补救程序做了详细规定。

第7条第1款规定，除《农业协定》第13条的规定外，只要一成员有理由认为，另一成员给予或维持的第1条所指的任何补贴对其国内产业产生损害、使其利益丧失或减损或产生严重侵害，则该成员即可请求与另一成员进行磋商。

第7条第2款规定，根据第1款提出的磋商请求应包括一份说明，列明关于以下内容的可获得的证据：（a）所涉补贴的存在和性质，及（b）对请求磋商的成员国内产业造成的损害、利益丧失或减损或严重侵害。

第 7 条第 3 款规定，应根据第 1 款提出的磋商请求，被视为给予或维持所涉补贴做法的成员应尽快进行此类磋商。磋商的目的应为澄清有关情况的事实并达成双方同意的解决办法。

第 7 条第 4 款规定，如磋商未能在 60 日内达成双方同意的解决办法，则参加此类磋商的任何成员可将该事项提交 DSB，以立即设立专家组，除非 DSB 经协商一致决定不设立专家组。专家组的组成及其职权范围应在专家组设立之日起 15 日内确定。

第 7 条第 5 款规定，专家组应审议该事项并向争端各方提交其最终报告。该报告应在专家组组成和职权范围确定之日起 120 日内散发全体成员。

第 7 条第 6 款规定，在专家组报告散发全体成员后 30 日内，DSB 应通过该报告，除非一争端方正式将其上诉的决定通知 DSB，或 DSB 经协商一致决定不通过该报告。

第 7 条第 7 款规定，如专家组报告被上诉，上诉机构应在争端方正式通知其上诉意向之日起 60 日内作出报告。如上诉机构认为不能在 60 日内提供报告，则应将延误的理由和它将提交报告的估计期限以书面形式通知 DSB。该程序决不能超过 90 日。上诉机构报告应由 DSB 通过，并由争端各方无条件接受，除非 DSB 在将报告散发各成员后 20 日内经协商一致决定不通过上诉机构报告。

第 7 条第 8 款规定，如专家组报告或上诉机构报告获得通过，其中确定任何补贴对另一成员的利益，导致第 5 条范围内的不利影响，则给予或维持该补贴的成员应采取适当步骤以消除不利影响或撤销该补贴。

第 7 条第 9 款规定，如在 DSB 通过专家组报告或上诉机构报告之日起 6 个月内，该成员未采取适当步骤以消除补贴的不利影响或撤销该补贴，且未达成补偿协议，则 DSB 应授权起诉成员采取与被确定存在的不利影响的程度和性质相当的反措施，除非 DSB 经协商一致决定拒绝该请求。

第 7 条第 10 款规定，如一争端方请求根据 DSU 第 22 条第 6 款进行仲裁，则仲裁人应确定，反措施是否与被确定存在的不利影响的程度和性质相当。

第四部分是不可诉补贴，包括第 8 至第 9 条。

"第 8 条 不可诉补贴的确认"共有 5 款。

第 8 条第 1 款规定，下列补贴应被视为属不可诉补贴：

（a）不属第 2 条范围的专向性补贴；

（b）属于第 2 条范围内的专向性补贴，但符合以下第 2 款（a）项、（b）项或（c）项规定的所有条件。

第 8 条第 2 款规定，尽管有第三部分和第五部分的规定，但是下列补贴属不可诉补贴：

（a）对公司进行研究活动的援助，或对高等教育机构或研究机构与公司签约进行研究活动的援助，如：援助涵盖不超过工业研究成本的 75% 或竞争前开发活动成本的 50%；且只要此种援助仅限于：

（i）人事成本（研究活动中专门雇佣的研究人员、技术人员和其他辅助人员）；

（ii）专门和永久（在商业基础上处理时除外）用于研究活动的仪器、设备、土地和建筑物的成本；

（iii）专门用于研究活动的咨询和等效服务的费用，包括外购研究成果、技术知识、专利等费用；

（iv）因研究活动而直接发生的额外间接成本；

（v）因研究活动而直接发生的其他日常费用（如材料、供应品和同类物品的费用）。

(b) 按照地区发展总体框架对一成员领土内落后地区的援助，且在符合条件的地区内属非专向性（属第2条范围内），但是：

（i）每一落后地区必须是一个明确界定的毗连地理区域，具有可确定的经济或行政特征。

（ii）该地区依据中性和客观的标准被视为落后地区，表明该地区的困难不是因临时情况产生的；此类标准必须在法律、法规或其他官方文件中明确说明，以便能够进行核实。

（iii）标准应包括对经济发展的测算，此种测算应依据下列至少一个因素：

人均收入或人均家庭收入两者取其一，或人均国内生产总值，均不得高于有关地区平均水平的85%。

失业率，必须至少相当于有关地区平均水平的110%；

以上均按三年期测算；但是该测算可以是综合的并可包括其他因素。

(c) 为促进现有设施适应法律和/或法规实行的新的环境要求而提供的援助，要求对公司产生更多的约束和财政负担，只要此种援助是：

（i）一次性的临时措施；

（ii）限于适应所需费用的20%；

（iii）不包括替代和实施受援投资的费用，这些费用应全部由公司负担；

（iv）与公司计划减少废弃物和污染有直接联系且成比例，不包括任何可实现的对制造成本的节省；

（v）能够适应新设备和/或生产工艺的公司均可获得。

第8条第3款规定，援引第2款规定的补贴计划，应依照第七部分的规定在实施之前通知委员会。任何此种通知应足够准确，以便其他成员能够评估该计划与第2款有关条款规定的条件和标准的一致性。各成员还应向委员会提供此类通知的年度更新，特别是通过提供关于每一计划的全球支出的信息，及关于对该计划任何修改的信息。其他成员有权请求提供已通知计划下个案的信息。

第8条第4款规定，应一成员请求，秘书处应审议按照第3款作出的通知，必要时，可要求提供补贴的成员提供有关审议中的已通知计划的额外信息。秘书处应将审议结果报告委员会。应请求，委员会应迅速审议秘书处的结果（或如果未请求秘书处进行审议，则审议通知本身），以期确定第2款规定的条件和标准是否得到满足。本款规定的程序应至迟在就补贴计划作出通知后的委员会第一次例会上完成，但是作出通知与委员会例会之间应至少间隔2个月。应请求，本款所述的审议程序也适用于第3款所指的在年度更新中作出通知的对计划的实质性修改。

第8条第5款规定，应一成员请求，第4款所指的委员会作出确定，或委员会未能作出此种确定，以及在个案中违反已通知计划中所列条件的情况，均应提交进行有约束力的仲裁。仲裁机构应在此事项提交之日起 120 日内，将其结论提交各成员。除本款另有规定外，DSU 适用于根据本款进行的仲裁。

"第 9 条　磋商和授权的补救"共有 4 款，分别对磋商和补救的程序做了规定。

第五部分是反补贴措施，包括第 10 至第 23 条。

"第 10 条《GATT 1994》第 6 条的适用"规定，各成员应采取所有必要步骤，以保证一成员对来自任何成员领土的任何产品的进口征收的反补贴税符合《GATT 1994》第 6 条的规定和本协定的规定。反补贴税仅可根据依照本协定和《农业协定》的规定发起和进行的调查征收。

"第 11 条　发起和随后进行调查"共有 11 款，分别对发起和进行反补贴调查的条件和程序进行了规定。

"第 12 条　证据"共有 12 款，分别对反补贴税调查中获取和处理证据的规范做了规定，包括时限、信息保密与保密信息的非机密摘要的公开等方面的规范。

"第 13 条　磋商"共有 4 款，主要是规定，应给予产品被调查的成员进行磋商的合理机会，以期澄清实际情况，并获得双方同意的解决办法；同时，应允许产品接受该项调查的一个或多个成员使用非机密证据，包括用于发起或进行调查的机密数据的非机密摘要。

"第 14 条　以接受者所获利益计算补贴的金额"规定，就第五部分而言，调查主管机关计算根据第 1 条第 1 款授予接受者的利益所使用的任何方法，应在有关成员立法或实施细则中作出规定，这些规定对每一具体案件的适用应透明并附充分说明。此外，任何此类方法应与下列准则相一致：

（a）政府提供股本不得视为授予利益，除非投资决定可被视为与该成员领土内私营投资者的通常投资做法（包括提供风险资金）不一致。

（b）政府提供贷款不得视为授予利益，除非接受贷款的公司支付政府贷款的金额不同于公司支付可实际从市场上获得的可比商业贷款的金额。在这种情况下，利益为两金额之差。

（c）政府提供贷款担保不得视为授予利益，除非获得担保的公司支付政府担保贷款的金额不同于公司支付无政府担保的可比商业贷款的金额。在这种情况下，利益为在调整任何费用差别后的两金额之差。

（d）政府提供货物或服务或购买货物不得视为授予利益，除非提供所得低于适当的报酬，或购买所付高于适当的报酬。报酬是否适当应与所涉货物或服务在提供国或购买国现行市场情况相比较后确定（包括价格、质量、可获性、适销性、运输和其他购销条件）。

"第 15 条　损害的确定"共有 8 款，对损害的确定的程序、方法等做了详细规定。

"第 16 条　国内产业的定义"共有 5 款，其中规定，就本协定而言，"国内产业"一词，除第 2 款的规定外，应解释为同类产品的国内生产者全体，或总产量构成同类产品国内总产量主要部分的国内生产者。

"第 17 条　临时措施"共有 5 款。

第 17 条第 1 款规定，临时措施只有在下列情况下方可实施：

（a）已依照第 11 条的规定发起调查，已为此发出公告，且已给予利害关系成员和利害关系方提交信息和提出意见的充分机会；

（b）已作出关于存在补贴和存在补贴进口产品对国内产业造成损害的初步肯定裁定；

（c）有关主管机关判断此类措施对防止在调查期间造成损害是必要的。

第 17 条第 2 款规定，临时措施可采取征收临时反补贴税的形式，以金额等于临时计算的补贴金额的现金做保证金或出具保函担保。

第 17 条第 3 款规定，临时措施不得早于发起调查之日起 60 日内实施。

第 17 条第 4 款规定，临时措施的实施应限制在尽可能短的时间内，不超过 4 个月。

第 17 条第 5 款规定，在实施临时措施时，应遵循第 19 条的有关规定。

"第 18 条　承诺"共有 6 款。

第 18 条第 1 款规定，如收到下列令人满意的自愿承诺，则调查程序可以中止或终止，而不采取临时措施或征收反补贴税：

（a）出口成员政府同意取消或限制补贴，或采取其他与此影响相当的措施；或

（b）出口商同意修改价格，从而使调查主管机关确信补贴的损害性影响已经消除。根据此类承诺的提价不得超过消除补贴金额所必需的限度。如提价幅度小于补贴金额即足以消除对国内产业的损害，则该提价幅度是可取的。

第 18 条第 2 款规定，除非进口成员的主管机关已就补贴和补贴所造成的损害作出初步肯定裁定，在出口商作出承诺的情况下，已获得出口成员的同意，否则不得寻求或接受承诺。

第 18 条第 3 款规定，如进口成员的主管机关认为接受承诺不可行，则不必接受所提承诺，例如，由于实际或潜在的出口商数量过大，或由于其他原因，包括一般政策原因。如发生此种情况且在可行的情况下，主管机关应向出口商提供其认为不宜接受承诺的理由，且应在可能的限度内给予出口商就此发表意见的机会。

第 18 条第 4 款规定，如承诺被接受，且如果出口商希望或主管机关决定，则关于补贴和损害的调查仍应完成。在此种情况下，如作出关于补贴或损害的否定裁定，则承诺即自动失效，除非此种裁定主要是由于承诺的存在而作出的。在此类情况下，主管机关可要求在与本协定规定相一致的合理期限内维持承诺。如作出关于补贴和损害的肯定裁定，则承诺应按其条件和本协定的规定继续有效。

第 18 条第 5 款规定，价格承诺可由进口成员的主管机关提出建议，但不得强迫出口商作出此类承诺。政府或出口商不提出此类承诺或不接受这样做的邀请的事实，决不能有损于对该案的审查。但是，如补贴进口产品继续发生，则主管机关有权确定损害威胁更有可能出现。

第 18 条第 6 款规定，进口成员的主管机关可要求承诺已被接受的任何政府或出口商定期提供有关履行该承诺的信息，并允许核实有关数据。如违反承诺，则进口成员的主管机关可根据本协定的相应规定采取迅速行动，包括使用可获得的最佳信息立即实施临时措施。在此类情况下，可依照本协定对在实施此类临时措施前 90 日内进口供消费的产品征收最终税，但此追溯课征不得适用于在违反承诺之前已入境的进口产品。

"第19条 反补贴税的征收"共有4款。

第19条第1款规定，如为完成磋商而作出合理努力后，一成员就补贴的存在和金额作出最终裁定，并裁定通过补贴的影响，补贴进口产品正在造成损害，则该成员可依照本条的规定征收反补贴税，除非此项或此类补贴被撤销。

第19条第2款规定，在所有征收反补贴税的要求均已获满足的情况下是否征税的决定，及征收反补贴税金额是否应等于或小于补贴的全部金额的决定，均由进口成员的主管机关作出。宜允许在所有成员领土内征税，如反补贴税小于补贴的全部金额即足以消除对国内产业的损害，则该反补贴税可取得，并宜建立程序以允许有关主管机关适当考虑其利益可能会因征收反补贴税而受到不利影响的国内利害关系方提出的交涉。

第19条第3款规定，如对任何产品征收反补贴税，则应对已被认定接受补贴和造成损害的所有来源的此种进口产品，根据每一案件的情况，在非歧视基础上收取适当金额的反补贴税，来自已经放弃任何所涉补贴或根据本协定的条款提出的承诺已被接受的来源的进口产品除外。任何出口产品被征收最终反补贴税的出口商，如因拒绝合作以外的原因实际上未接受调查，则有资格接受加速审查，以便调查主管机关迅速为其确定单独的反补贴税率。

第19条第4款规定，对任何进口产品征收的反补贴税，不得超过认定存在的补贴的金额，该金额以补贴出口产品的单位补贴计算。

"第20条 追溯效力"共有6款。

第20条第1款规定，临时措施和反补贴税仅对在分别根据第17条第1款和第19条第1款作出的决定生效之后进口供消费的产品适用，但需遵守本条所列例外。

第20条第2款规定，如作出损害的最终裁定（而不是损害威胁或实质阻碍一产业建立的最终裁定），或在虽已作出损害威胁的最终裁定，但如无临时措施，将会导致对补贴进口产品的影响作出损害裁定的情况下，则反补贴税可对已经实施措施（若有的话）的期间追溯征收。

第20条第3款规定，如最终反补贴税高于现金保证金或保函担保的金额，则差额部分不得收取。如最终税低于现金保证金或保函担保的金额，则超出的金额应迅速予以退还，或保函应迅速予以解除。

第20条第4款规定，除第2款的规定外，如作出损害威胁或实质阻碍的裁定（但未发生损害），则最终反补贴税只能自作出损害威胁或实质阻碍的裁定之日起征收，在实施临时措施期间所交纳的任何现金应迅速予以退还，任何保函应迅速予以解除。

第20条第5款规定，如最终裁定是否定的，则在实施临时性措施期间所交纳的任何现金应迅速予以退还，任何保函应迅速予以解除。

第20条第6款规定，在紧急情况下，对于所涉补贴产品，如主管机关认为难以补救的损害是由于得益于以与《GATT 1994》和本协定的规定不一致的方式支付或给予的补贴产品在较短时间内大量进口造成的，则在其认为为防止此种损害再次发生而有必要对这些进口追溯课征反补贴税的情况下，可对实施临时措施前90天内进口供消费的进口产品课征最终反补贴税。

"第21条 反补贴税和承诺的期限和复审"共有5款。

第六章 国际货物贸易救济措施协议

第21条第1款规定，反补贴税应仅在抵消造成损害的补贴所必需的时间和限度内实施。

第21条第2款规定，主管机关在有正当理由的情况下，自行复审；或在最终反补贴税的征收已经过一段合理时间后，应提交证实复审必要性的肯定信息的任何利害关系方请求，复审继续征税的必要性。利害关系方有权请求主管机关复审是否需要继续征收反补贴税以抵消补贴，如取消或改变反补贴税，则损害是否有可能继续或再度发生，或同时复审两者。如作为根据本款复审的结果，主管机关确定反补贴税已无正当理由，则反补贴税应立即终止。

第21条第3款规定，尽管有第1款和第2款的规定，但是任何最终反补贴税应在征收之日起（或在复审涉及补贴和损害两者的情况下，自根据第2款进行的最近一次复审之日起，或根据本款）5年内的一日期终止，除非主管机关在该日期之前自行进行的复审或应在该日期之前一段合理时间内由国内产业或代表国内产业提出的有充分证据的请求下进行的复审确定，反补贴税的终止有可能导致补贴和损害的继续或再度发生。

第21条第4款规定，第12条关于证据和程序的规定，应适用于根据本条进行的任何复审。任何此类复审应迅速进行，且通常应在自复审开始之日起12个月内结束。

第21条第5款规定，本条的规定在细节上作必要修改后，应适用于根据第18条接受的承诺。

"第22条 公告和裁定的说明"共有7款。

第22条第1款规定，如主管机关确信有充分证据证明，按照第11条发起的调查是正当的，则应通知其产品将接受该调查的一个或多个成员和调查主管机关已知与该调查有利害关系的其他利害关系方，并应发布公告。

第22条第2款规定，关于发起调查的公告，应包括或通过单独报告提供有关下列内容的充足信息：

（i）一个或多个出口国的名称和所涉及的产品名称；
（ii）发起调查的日期；
（iii）关于拟接受调查的补贴做法的说明；
（iv）关于损害的指控所依据因素的摘要；
（v）利害关系成员和利害关系方送交交涉的地址；
（vi）允许利害关系成员和利害关系方公布其意见的时限。

第22条第3款规定，对于任何初步或最终裁定，无论是肯定的还是否定的，按照第18条接受承诺的决定，此种承诺的终止以及最终反补贴税的终止均应作出公告。每一公告均应详细列出或通过单独报告详细提供调查主管机关就其认为重要的所有事实问题和法律问题所得出的调查结果和结论。所有此类公告和报告应转交其产品受该裁定或承诺约束的一个或多个成员，及已知与此有利害关系的其他利害关系方。

第22条第4款规定，实施临时措施的公告，应列出或通过单独报告提供关于补贴的存在和损害的初步裁定的详细说明，并应提及导致有关论据被接受或被拒绝的事实问题和法律问题。该公告或报告应在适当考虑保护机密信息要求的同时，特别包含下列内容：

（i）供应商名称，如不可行，则为所涉及的供应国名称；

（ii）足以符合报关目的的产品描述；
（iii）确定的补贴金额和确定补贴存在的依据；
（iv）按第15条所列与损害裁定有关的考虑；
（v）导致作出裁定的主要理由。

第22条第5款规定，在规定征收最终反补贴税或接受承诺的肯定裁定的情况下，关于结束或中止调查的公告应包含或通过一份单独报告提供，导致实施最终措施或接受承诺的所有有关的事实问题和法律问题及理由，同时应适当考虑保护机密信息的要求。特别是，公告或报告应包含第4款所述的信息，以及接受或拒绝利害关系成员及进口商和出口商所提有关论据或请求事项的理由。

第22条第6款规定，关于在根据第18条接受承诺后终止或中止调查的公告，应包括或通过一份单独报告提供该承诺的非机密部分。

第22条第7款规定，本条的规定在细节上作必要修改后，应适用于根据第21条进行和完成的审查，并适用于根据第20条追溯征税的决定。

"第23条 司法审查"规定，国内立法包含反补贴税措施规定的每一成员，均应设有司法、仲裁或行政庭或程序，其目的特别包括迅速审查与最终裁定的行政行为有关且属第21条范围内的对裁定的审查。此类法庭或程序应独立于负责所涉裁定或审查的主管机关，且应向参与行政程序及直接和间接受行政行为影响的所有利害关系方，提供了解审查情况的机会。

第六部分是"机构"，仅有第24条。

"第24条 机构"共有5款。

第24条第1款规定，特此设立补贴与反补贴措施委员会，由每一成员的代表组成。委员会应选举自己的主席，每年应至少召开2次会议，或按本协定有关规定所设想的在任何成员请求下召开会议。委员会应履行本协定项下或各成员指定的职责，并应向各成员提供机会，就有关本协定的运用或促进其目标实现的任何事项进行磋商，WTO秘书处担任委员会的秘书处。

第24条第2款规定，委员会可酌情设立附属机构。

第24条第3款规定，委员会应设立由5名在补贴和贸易关系领域的资深独立人士组成的常设专家小组。专家将由委员会选举，每年更换其中1名。可请求常设专家小组按第4条第5款的规定，向专家组提供协助。委员会也可就任何补贴的存在和性质的问题寻求咨询意见。

第24条第4款规定，任何成员均可征求常设专家小组的意见，小组可就该成员拟议实施的或当前维持的任何补贴的性质提供咨询意见。此类咨询意见属机密，不得在第7条下的程序中援引。

第24条第5款规定，委员会及任何附属机构在行使其职能时，可向其认为适当的任何来源进行咨询和寻求信息。但是，委员会或附属机构在向一成员管辖范围内的一来源寻求此类信息之前，应通知所涉及的成员。

第七部分是通知和监督，包括第25条、第26条。

第六章　国际货物贸易救济措施协议

"第 25 条　通知"共有 12 款。

第 25 条第 1 款规定，各成员同意，在不损害《GATT 1994》第 16 条第 1 款规定的情况下，其补贴通知应不迟于每年 6 月 30 日提交，且应符合第 2 款至第 6 款的规定。

第 25 条第 2 款规定，各成员应通知在其领土内给予或维持的、按第 1 条第 1 款的规定且属第 2 条范围内的任何专向性补贴。

第 25 条第 3 款规定，通知的内容应足够具体，以便其他成员能够评估贸易影响并了解所通知的补贴计划的运作情况。在这方面，在不损害有关"补贴问卷"的内容和形式的情况下，各成员应保证其通知包含下列信息：

（i）补贴的形式（即赠款、贷款、税收优惠等）；

（ii）单位补贴量，在此点不可能提供的情况下，为用于该补贴的预算总额或年度预算额（如可能，可表明上一年平均单位补贴量）；

（iii）政策目标和/或补贴的目的；

（iv）补贴的期限和/或所附任何其他时限；

（v）可据以评估补贴的贸易影响的统计数据。

第 25 条第 4 款规定，如一通知中未涉及第 3 款中的具体要点，则应在该通知中提供说明。

第 25 条第 5 款规定，如补贴给予特定产品或部门，则通知应按产品或部门编制。

第 25 条第 6 款规定，如成员认为在其领土内不存在根据《GATT 1994》第 16 条第 1 款和本协定需要作出通知的措施，则应将此情况以书面形式通知秘书处。

第 25 条第 7 款规定，各成员认识到，关于一措施的通知并不预断该措施在《GATT 1994》和本协定项下的法律地位、在本协定项下的影响或措施本身的性质。

第 25 条第 8 款规定，任何成员可随时提出书面请求，请求提供有关另一成员给予或维持的任何补贴的性质和范围的信息（包括第四部分所指的任何补贴），或请求说明一具体措施被视为不受通知要求约束的原因。

第 25 条第 9 款规定，收到上述请求的成员应尽快和全面地提供此类信息，并应随时准备应请求向提出请求的成员提供额外信息。特别是，它们应提供足够详细的信息，以使其他成员能够评估其是否符合本协定的规定。任何认为此类信息未予提供的成员可提请委员会注意此事项。

第 25 条第 10 款规定，认为另一成员的任何措施具有补贴作用而未依照《GATT 1994》第 16 条和本条的规定作出通知的任何成员，可提请该另一成员注意此事项。如被指控的补贴此后仍未迅速作出通知，则该成员自己可将被指控的所涉补贴提请委员会注意。

第 25 条第 11 款规定，各成员应立刻通知委员会其对反补贴税采取的所有初步或最终行动。此类报告应可从秘书处获得，供其他成员检查。各成员还应每半年提交关于在过去 6 个月内采取的任何反补贴税行动的报告，半年期报告应以议定的标准格式提交。

第 25 条第 12 款规定，每一成员应通知委员会：（a）哪一个主管机关负责发起和进行第 11 条所指的调查，及（b）适用于发起和进行此类调查的国内程序。

"第 26 条　监督"有 2 款。

第26条第1款规定，委员会应在3年一届的特别会议上审议根据《GATT 1994》第16条第5款和本协定第25条第1款提交的新的和全面的通知。在两届特别会议之间提交的通知（更新通知）应在委员会的每次例会上审议。

第26条第2款规定，委员会应在每次例会上审议根据第25条第11款提交的报告。

第八部分是发展中国家成员，仅有第27条。

"第27条　发展中国家成员的特殊和差别待遇"共有15款。

第27条第1款规定，各成员认识到，补贴可在发展中国家成员的经济发展计划中发挥重要作用。

第27条第2款规定，第3条第1款规定的禁止不得适用于：

（a）对附件7所指的发展中国家成员。

（b）其他发展中国家成员自《WTO协定》生效之日起8年内不适用，但需符合第4款的规定。

第27条第3款规定，第3条第1款（b）项规定的禁止自《WTO协定》生效之日起，5年内不得适用于发展中国家成员，8年内不得适用于最不发达国家成员。

第27条第4款规定，第2款（b）项所指的任何发展中国家成员，应在8年期限内逐步取消其出口补贴，最好以渐进的方式进行。但是，一发展中国家成员不得提高其出口补贴的水平，且在此类出口补贴的使用与其发展需要不一致时，应在短于本款规定的期限内取消。如一发展中国家成员认为有必要在8年期满后继续实施此类补贴，则应在不迟于期满前1年与委员会进行磋商，委员会应在审查所涉发展中国家成员的所有有关经济、财政和发展需要后，确定延长该期限是否合理。如委员会认为延期合理，则有关发展中国家成员应与委员会进行年度磋商，以确定维持该补贴的必要性。如委员会未作出该确定，则该发展中国家成员应自最近一次授权期限结束后2年内，逐步取消剩余的出口补贴。

第27条第5款规定，如一发展中国家的任何特定产品已达到出口竞争力，则该发展中国家成员应在2年内取消给予此项或此类产品的出口补贴。但是，对于附件7所指的且一项或多项产品已达到出口竞争力的发展中国家成员，应在8年内逐步取消对此类产品的出口补贴。

第27条第6款规定，如一发展中国家成员一产品的出口连续2个日历年在该产品世界贸易中达到至少3.25%的份额，则该产品已具备出口竞争力。确定具备出口竞争力应依据：（a）对达到出口竞争力的发展中国家成员所作通知，或（b）秘书处在任何成员请求下进行的计算。就本款而言，该产品被定义为"协调制度税则"中的一类。委员会应在《WTO协定》生效之日起5年后，审议本规定的运用情况。

第27条第7款规定，在出口补贴符合第2款至第5款规定的情况下，第4条的规定不得适用于发展中国家成员，与这种情况相适应的规定应为第7条的规定。

第27条第8款规定，不得按照第6条第1款推定一发展中国家成员给予的补贴造成按本协定规定的严重侵害。此类严重侵害，如在第9款的条件下适用，应依照第6条第3款至第8款的规定，以肯定性证据加以证明。

第27条第9款规定，对于一发展中国家给予或维持的、不同于第6条第1款所指补贴的可诉补贴，除非被认定由于该补贴而使《GATT 1994》项下的关税减让或其他义务的利益丧失或减损，从而取代或阻碍另一成员的同类产品进入补贴发展中国家成员的市场，或除非发生对进口成员市场中国内产业的损害，否则不得根据第 7 条授权或采取措施。

第 27 条第 10 款规定，有关主管机关在确定下列内容后，应立即终止对原产自发展中国家成员产品进行的任何反补贴税调查：

（a）对所涉产品给予补贴的总体水平不超过按单位计算的价值的 2%；或

（b）补贴进口产品的数量在进口成员同类产品总进口量中的占比不足 4%，除非来自单个发展中国家成员的进口量份额虽不足总进口量的 4%，但这些成员的总进口量占进口成员同类产品总进口量的 9% 以上。

第 27 条第 11 款规定，对于属第 2 款（b）项范围内的且在自《WTO 协定》生效之日起 8 年期满之前已取消出口补贴的发展中国家成员，以及对于附件 7 所指的发展中国家成员，第 10 款（a）项中的数字应为 3% 而非 2%。此规定应自通知委员会取消出口补贴之日起适用，且只要作出通知的成员不再给予出口补贴即继续适用，此规定自《WTO 协定》生效之日起 8 年后失效。

第 27 条第 12 款规定，第 10 款和第 11 款的规定适用于根据第 15 条第 3 款对微量补贴的任何确定。

第 27 条第 13 款规定，如补贴在发展中国家成员的私有化计划内给予或与该计划有直接联系，则第三部分的规定不得适用于债务的直接免除及用于支付社会成本的无论何种形式的补贴，包括放弃政府税收和其他债务转移，只要该计划和涉及的补贴在有限期限内给予，并已通知委员会，且该计划使有关企业最终实现私有化。

第 27 条第 14 款规定，应一有利害关系的成员请求，委员会应对一发展中国家成员的特定出口补贴做法进行审议，以审查该做法是否符合其发展需要。

第 27 条第 15 款规定，应一有利害关系的发展中国家成员请求，委员会应对一特定反补贴措施进行审议，以审查该措施是否符合适用于所涉发展中国家成员的第 10 款和第 11 款的规定。

第九部分是过渡性安排，包括第 28～第 29 条。

"第 28 条　现有计划"共有 2 款。

第 28 条第 1 款规定，任何成员在签署《WTO 协定》之前，在其领土内制定的、与本协定规定不一致的补贴计划应：

（a）在《WTO 协定》对该成员生效之日起 90 日内通知委员会；

（b）在《WTO 协定》对该成员生效之日起 3 年内，使该补贴计划符合本协定的规定，届时将无须遵守第二部分的规定。

第 28 条第 2 款规定，任何成员不得扩大任何此类计划的范围，此类计划在期满后不得展期。

"第 29 条　转型为市场经济"共有 4 款。

第 29 条第 1 款规定，处于自中央计划经济转型为市场和自由企业经济的成员，可实施此种转型所必需的计划和措施。

第29条第2款规定，对于此类成员，属第3条范围的且根据第3款作出通知的补贴，应在《WTO协定》生效之日起7年内逐步取消或使其符合第3条的规定。在此种情况下，不得适用第4条的规定。此外，在该期限内：

（a）属第6条第1款（d）项范围内的补贴计划不得根据第7条列为可诉补贴；

（b）对于其他可诉补贴，应适用第27条第9款的规定。

第29条第3款规定，属第3条范围的补贴计划，应在《WTO协定》生效之日后可行的最早日期通知委员会。关于此类补贴的进一步通知，可最迟于《WTO协定》生效之日后2年作出。

第29条第4款规定，在特殊情况下，可允许第1款所指的成员，偏离其作出通知的补贴计划和措施以及委员会确定的时限，如此类背离被视为属转型过程所必需的。

第十部分是争端解决，仅有第30条。

"第30条 争端解决"规定，由《争端解决谅解》详述和适用的《GATT 1994》第22条和第23条，应适用于本协定项下的磋商和争端解决，除非本协定另有具体规定。

第十一部分是最后条款，包括第31至第32条。

"第31条 临时适用"规定，第6条第1款的规定及第8条和第9条的规定，应自《WTO协定》生效之日起适用5年。委员会将在不迟于该期限结束前180天审议这些规定的运用情况，以期确定是否延长其适用，或是按目前起草的形式延长或是按修改后的形式延长。

"第32条 其他最后条款"共有8款。

第32条第1款规定，除依照由本协定解释的《GATT 1994》的规定外，不得针对另一成员的补贴采取具体行动。

第32条第2款规定，未经其他成员同意，不得对本协定的任何规定提出保留。

第32条第3款规定，在遵守第4款规定的前提下，本协定的规定应适用于根据在《WTO协定》对一成员生效之日或之后提出的申请而发起的调查和对现有措施的审查。

第32条第4款规定，现有反补贴措施应被视为在不迟于《WTO协定》对其生效之日起的一日期实施，除非一成员在该日有效的国内立法中已包括该款规定类型的条款。

第32条第5款规定，每一成员应采取所有必要的一般或特殊步骤，在不迟于《WTO协定》对其生效之日，使其法律、法规和行政程序符合可能对所涉成员适用的本协定的规定。

第32条第6款规定，每一成员应将与本协定有关的法律和法规的任何变更情况，以及此类法律和法规管理方面的变更情况通知委员会。

第32条第7款规定，委员会应每年审议本协定的执行和运用情况，同时考虑本协定的目标。委员会应每年将此类审议所涉期间的发展情况，通知货物贸易理事会。

第32条第8款规定，本协定的附件为本协定的组成部分。

"补贴与反补贴措施协议"共有7个附件，分别是：

"附件1：出口补贴例示清单"；

"附件2：关于生产过程中投入物消耗的准则"；

"附件3：关于确定替代退税制度为出口补贴的准则"；

第六章 国际货物贸易救济措施协议

"附件4：从价补贴总额的计算（第6条第五款（a）项）"；
"附件5：搜集关于严重侵害的信息的程序"；
"附件6：根据第12条第6款进行实地调查的程序"；
"附件7：第27条第2款（a）项所指的发展中国家成员"。
"附件1　出口补贴例示清单"列有从a到l共12项出口补贴的例示，分别是：

（a）政府视出口实绩对一公司或一产业提供的直接补贴。

（b）涉及出口奖励的货币保留方案或任何类似做法。

（c）政府提供或授权的对出口装运货物征收的内部运输和货运费用，条件优于给予国内装运货物的条件。

（d）由政府或其代理机构直接或间接通过政府授权的方案，提供在生产出口货物中使用的进口或国内产品或服务，条款或条件优于给予为生产供国内消费货物所提供的同类或直接竞争产品或服务的条款或条件，如（就产品而言）此类条款或条件优于其出口商在世界市场中商业上可获得的条款或条件。

（e）全部或部分免除、减免或递延工业或商业企业已付或应付的、专门与出口产品有关的直接税或社会福利费用。

（f）在计算直接税的征税基础时，与出口产品或出口实绩直接相关的特殊扣除超过给予供国内消费的生产的特殊扣除。

（g）对于出口产品的生产和分销，间接税的免除或减免超过对于销售供国内消费的同类产品的生产和分销的间接税免除或减免。

（h）对用于生产出口产品的货物或服务所征收的前阶段累积间接税的免除、减免或递延，超过对用于生产国内消费的同类产品的货物或服务所征收的前阶段累积间接税的免除、减免或递延；但是如前阶段累积间接税是对生产出口产品过程中消耗的投入物所征收的（扣除正常损耗），则即使当同类产品销售供国内消费时前阶段累积间接税不予免除、减免或递延，对出口产品征收的前阶段累积间接税也可予免除、减免或递延。本项应依照附件2中的，关于生产过程中投入物消耗的准则予以解释。

（i）对进口费用的减免或退还，超过对生产出口产品过程中消耗的进口投入物所收取的进口费用（扣除正常损耗）；但是，在特殊情况下，如进口和相应的出口营业发生在不超过2年的合理期限内，则一公司为从本规定中获益，可使用与进口投入物的数量、质量和特点均相同的国内市场投入物作为替代。此点应依照附件2中的关于生产过程中投入物消耗的准则和附件3中的关于确定替代退税制度为出口补贴的准则予以解释。

（j）政府（或政府控制的特殊机构）提供的出口信贷担保或保险计划、针对出口产品成本增加或外汇风险计划的保险或担保计划，保险费率不足以弥补长期营业成本和计划的亏损。

（k）政府（或政府控制的和/或根据政府授权活动的特殊机构）给予的出口信贷，利率低于它们使用该项资金所实际应付的利率（或如果它们为获得相同偿还期和其他信贷条件且与出口信贷货币相同的资金而从国际资本市场借入时所应付的利率），或它们支付的出口商或其他金融机构为获得信贷所产生的全部或部分费用，只要这些费用保证在出口信贷方面能获得实质性的优势。但是，如一成员属一官方出口信贷的国际承诺的参加方，且截至 1979 年 1 月 1 日至少有 12 个本协定创始成员属该国际承诺的参加方（或创始成员所通过的后续承诺），或如果一成员实施相关承诺的利率条款，则符合这些条款的出口信贷做法不得视为本协定所禁止的出口补贴。

(1) 对构成《GATT 1994》第 16 条意义上的出口补贴的任何其他费用。

"附件 7：第 27 条第 2 款（a）项所指的发展中国家成员"，其规定：

根据第 27 条第 2 款（a）项的规定，无须遵守第 3 条第 1 款（a）项规定的发展中国家成员为：

(a) 联合国指定为最不发达国家的 WTO 成员。

(b) 下列属发展中国家之列的 WTO 成员在人均年国民生产总值已达到 1000 美元时，根据第 27 条第 2 款（b）项的规定，应适用对其他发展中国家成员适用的规定：玻利维亚、喀麦隆、刚果（布）、科特迪瓦、多米尼加共和国、埃及、加纳、危地马拉。圭亚那、印度、印度尼西亚、肯尼亚、摩洛哥、尼加拉瓜、尼日利亚、巴基斯坦、菲律宾、塞内加尔、斯里兰卡和津巴布韦。

第三节　WTO 的保障措施协议

保障措施是针对进口急剧增加而对国内产业造成严重损害或者严重损害威胁时，一国采取的保障国内产业的行动。在国际贸易中，因为某些供给方面的原因，可能造成一国某种产品的进口急剧增加，例如，苏联崩溃时，其国内的军工生产和民用重工业生产急剧萎缩，导致其国内钢铁产品大量过剩而销往国外，引起某些国家的钢铁进口急剧增加，对其国内钢铁产业造成损害。又如，由于中国改革开放，推动了国内纺织业的迅速发展，中国向世界大量出口劳动密集的纺织产品，某些发达国家国内的纺织企业感受到了巨大的竞争压力，在这些情况下，政府既没有补贴，出口企业也没有采取国内高价、国外低价的倾销策略，因此，进口国政府既不能反补贴，也不能反倾销，但是她又想保护国内的相关产业，以免大量增加失业，危及社会稳定，这时，她就可根据 GATT/WTO 的保障措施规定，合法地采取救济措施，例如，提高进口关税，或采用进口配额来限制进口，保护国内产业。

保障措施的规定先是出现在《GATT 1947》的"第 19 条对某些产品进口的紧急措施"，后来有了 1994 年乌拉圭回合谈判签订的专门的"保障协议"。前者是保障措施的初步原则性规定，后者是多年经验积累后的详细规定，且是一个单项协议；前者还没有采用"保障"一词，而是用的"紧急措施"，后者根据学界多年的惯例，采用了"保障"（safeguards）的说法。

《GATT 1947》的"第 19 条　对某些产品进口的紧急措施"共有 3 款，800 余字，《GATT 1994》对此没有修改。

《GATT 1994》第 19 条第 1 款规定，如因不能预见的情况和一缔约方在本协定项下负担包括关税减让在内义务的影响，进口至该缔约方领土的产品数量增加如此之大且情况如此严

第六章　国际货物贸易救济措施协议

重，以致对该领土内同类产品或直接竞争产品的国内生产者造成严重损害或严重损害威胁，则该缔约方有权在防止或补救此种损害所必需的限度和时间内，对该产品全部或部分中止义务或撤销或修改减让。注意该款的规定是，遭遇进口的急剧增加时，缔约方最多只能中止曾经作出的减让义务，或撤销进口优惠措施的减让，并不能额外的增加进口限制措施。

第19条第2款规定，在任何缔约方根据本条第1款的规定采取行动之前，应尽可能提前书面通知缔约方全体，并应给予缔约方全体和对有关产品有实质利害关系的出口缔约方，就拟议的行动进行磋商的机会。如就关于优惠的减让做出通知，则通知应列明请求采取行动的缔约方名称。在迟延会造成难以补救的损害的紧急情况下，可不经事先磋商而临时采取本条第1款规定的行动，但条件是在采取该行动后应立即进行磋商。

第19条第3款规定，如有利害关系的缔约方之间未能就该行动达成协议，则提议采取或继续采取该行动的缔约方仍然有权这样做，且如果采取或继续采取该行动，则受影响的缔约方有权在不迟于该行动采取后90日，在缔约方全体收到有关中止义务的通知起30日期满后，对采取该行动的缔约方的贸易，或在本条第1款（b）项设想的情况下，对请求采取此项行动的缔约方的贸易，中止实施本协定项下与上述影响实质相等的减让或其他义务，只要缔约方全体对此不持异议。

该款规定了，如果一方采取保障措施，受其影响的出口方有权采取实质相等的"报复"措施。这是《GATT 1947》的双边对等"报复"的特点，WTO后增加了仲裁程序。但是仲裁后，当事人仍可采取对等报复措施，取消给予对方的贸易限制减让政策。

WTO的《保障协议》有序言，14条和1个附件，共5000余字。

序言指出了签订《保障协议》的目的和必要性。

序言指出，考虑到各成员改善和加强以《GATT 1994》为基础的国际贸易体制的总体目标。

认识到有必要澄清和加强《GATT 1994》的纪律，特别是其中第19条的纪律（对某些产品进口的紧急措施），而且有必要重建对保障措施的多边控制，并消除逃避此类控制的措施。

认识到结构调整的重要性和增加而非限制国际市场中竞争的必要性；以及进一步认识到，为此目的，需要一项适用于所有成员并以《GATT 1994》的基本原则为基础的全面协议。

"第1条　总则"规定，本协定为实施保障措施制定规则，此类措施应理解为《GATT 1994》第19条所规定的措施。

"第2条　条件"有2款。

第2条第1款规定，一成员只有在根据下列规定确定，正在进口至其领土的一产品的数量与国内生产相比绝对或相对增加，且对生产同类或直接竞争产品的国内产业造成严重损害或严重损害威胁，方可对该产品实施保障措施。

第2条第2款规定，保障措施应针对一正在进口的产品实施，而不考虑其来源。

"第3条　调查"也有2款。

第3条第1款规定，一成员只有在其主管机关，根据以往制定的程序进行调查、并按

《GATT 1994》第 10 条进行公示后，方可实施保障措施。该调查应包括对所有利害关系方做出的合理公告，及进口商、出口商和其他利害关系方可提出证据及其意见的公开听证会或其他适当方式，包括对其他方的陈述做出答复并提出意见的机会，特别是关于保障措施的实施是否符合公共利益的意见。主管机关应公布一份报告，列出其对所有有关事实问题和法律问题的调查结果和理由充分的结论。

第 3 条第 2 款规定，任何属机密性质的信息或在保密基础上提供的信息，在说明理由后，主管机关应将其视为机密信息。此类信息未经提供方允许不得披露，可要求机密信息的提供方提供一份此类信息的非机密摘要，或如果此类提供方表明此类信息无法摘要，则应提供不能提供摘要的理由。但是，如主管机关认为有关保密的请求缺乏理由，且如果有关方不愿披露该信息，或不愿授权以概括或摘要形式披露该信息，则主管机关可忽略此类信息，除非它们可从有关来源满意地证明该信息是正确的。

"第 4 条 严重损害或严重损害威胁的确定"有 2 款。

第 4 条第 1 款规定，就本协定而言：

（a）"严重损害"应理解为指对一国内产业状况的重大全面减损；

（b）"严重损害威胁"应理解为，符合第 2 款规定的明显迫近的严重损害。对存在严重损害威胁的确定应根据事实，而非仅凭指控、推测或极小的可能性；

（c）在确定损害或损害威胁时，"国内产业"应理解为，一成员领土内进行经营的同类产品或直接竞争产品的生产者全体，或指同类产品或直接竞争产品的总产量占这些产品全部国内产量主要部分的生产者。

第 4 条第 2 款有 3 项：

（a）在根据本协定规定确定增加的进口是否对一国内产业已经或正在威胁造成严重损害的调查中，主管机关应评估影响该产业状况的所有有关的客观和可量化的因素，特别是有关产品按绝对值和相对值计算的进口增加的比率和数量，增加的进口所占国内市场的份额，以及销售水平、产量、生产率、设备利用率、利润和亏损及就业的变化。

（b）除非调查根据客观证据证明，有关产品增加的进口与严重损害或严重损害威胁之间存在因果关系，否则不得做出（a）项所指的确定。如增加的进口之外的因素正在同时对国内产业造成损害，则此类损害不得归因于增加的进口。

（c）主管机关应依照第 3 条的规定，迅速公布对被调查案件的详细分析和对已审查因素相关性的确定。

"第 5 条 保障措施的实施"有 2 款。

第 5 条第 1 款规定，一成员应仅在防止或补救严重损害并便利调整所必需的限度内实施保障措施。如使用数量限制，则该措施不得使进口量减少至低于最近一段时间的水平，该水平应为可获得统计数字的最近 3 个代表年份的平均进口，除非提出明确的正当理由表明，为防止或补救严重损害而有必要采用不同的水平，各成员应选择对实现这些目标最合适的措施。

第 5 条第 2 款有 2 项：

（a）在配额在供应国之间进行分配的情况下，实施限制的成员可就配额份额的分配问

第六章　国际货物贸易救济措施协议

题，寻求与在供应有关产品方面具有实质利益的所有其他成员达成协议。在该方法并非合理可行的情况下，有关成员应根据在供应该产品方面具有实质利益的成员，在以往一代表期内的供应量占该产品进口总量或进口总值的比例，将配额分配给此类成员，同时适当考虑可能已经或正在影响该产品贸易的任何特殊因素。

（b）一成员可背离（a）项中的规定，只要在第13条第1款规定的保障措施委员会主持下，根据第12条第3款进行磋商，并向委员会明确证明：

（1）在代表期内，自某些成员进口增长的百分比与有关产品进口的总增长不成比例。

（2）背离（a）项规定的理由是正当的。

（3）以及此种背离的条件对有关产品的所有供应商是公正的。

任何此种措施的期限不得延长超过第7条第1款规定的最初期限。以上所指的背离不允许在严重损害威胁的情况下使用。

"第6条　临时保障措施"规定，在迟延会造成难以弥补的损害的紧急情况下，一成员可根据关于存在明确证据表明，增加的进口已经或正在威胁造成严重损害的初步裁定，采取临时保障措施。临时措施的期限不得超过200日，在此期间应满足第2条至第7条和第12条的有关要求。此类措施应采取提高关税的形式，如第4条第2款所指的随后进行的调查，未能确定增加的进口对一国内产业已经造成或威胁造成严重损害，则提高的关税应予迅速退还。任何此类临时措施的期限应计为第7条第1款、第2款和第3款所指的最初期限和任何延长期的一部分。

"第7条　保障措施的期限和审议"有6款。

第7条第1款规定，一成员仅应在防止或补救严重损害和便利调整所必需的期限内实施保障措施。该期限不得超过4年，除非根据第2款予以延长。

第7条第2款规定，第1款所述的期限可以延长，只要进口成员的主管机关以符合第2条、第3条、第4条和第5条所列的程序，已经确定保障措施对于防止或补救严重损害仍然有必要，且有证据表明该产业正在进行调整，且只要第8条和第12条的有关规定得到遵守。

第7条第3款规定，一保障措施的全部实施期，包括任何临时措施的实施期、最初实施期及任何延长，不得超过8年。

第7条第4款规定，在根据第12条第1款的规定做出通知的一保障措施的预计期限超过1年的情况下，为便利调整，实施该措施的成员应在实施期内按固定时间间隔逐渐放宽该措施。如措施的期限超过3年，则实施该措施的成员应在不迟于该措施实施期的中期审议有关情况，如适当应撤销该措施或加快放宽速度。根据第2款延长的措施不得比在最初期限结束时更加严格，而应继续放宽。

第7条第5款规定，对于在《WTO协定》生效之日后，已经受保障措施约束的一产品的进口，在与先前实施保障措施的期限相等的期限内，不得对其再次实施保障措施，但是不适用期至少为2年。

第7条第6款规定，尽管有第5款的规定，但是期限等于或少于180日的保障措施可对一产品的进口再次实施，条件是：

（a）自对该产品的进口采用保障措施之日起已至少过去1年；且

(b) 自采用该保障措施之日起 5 年期限内，该措施未对同一产品实施 2 次以上。

"第 8 条 减让和其他义务的水平"有 3 款。

第 8 条第 1 款规定，提议实施保障措施或寻求延长保障措施的成员，应依照第 12 条第 3 款的规定，努力在它与可能受该措施影响的出口成员之间维持与在《GATT 1994》项下存在的水平实质相等的减让和其他义务水平。为实现此目标，有关成员可就该措施对其贸易的不利影响议定任何适当的贸易补偿方式。

第 8 条第 2 款规定，如根据第 12 条第 3 款进行的磋商未能在 30 日内达成协议，则受影响的出口成员有权在不迟于该保障措施实施后 90 日内，并在货物贸易理事会收到此中止的书面通知之日起 30 日期满后，对实施保障措施成员的贸易中止实施《GATT 1994》项下实质相等的减让或其他义务，只要货物贸易理事会对此中止不持异议。

第 8 条第 3 款规定，第 2 款所指的中止的权利不得在保障措施有效的前 3 年内行使，只要该保障措施是由于进口的绝对增长而采取的，且该措施符合本协定的规定。

"第 9 条 发展中国家成员"有 2 款。

第 9 条第 1 款规定，对于来自发展中国家成员的产品，只要其有关产品的进口份额在进口成员中不超过 3%，即不得对该产品实施保障措施，但是进口份额不超过 3% 的发展中国家成员份额总计不得超过有关产品总进口的 9%。

第 9 条第 2 款规定，一发展中国家成员有权将一保障措施的实施期在第 7 条第 3 款规定的最长期限基础上再延长 2 年。尽管有第 7 条第 5 款的规定，但是一发展中国家有权对已经受在《WTO 协定》生效之日后采取的保障措施约束的产品的进口，在等于以往实施该措施期限一半的期限后，再次实施保障措施，但是不适用期至少为 2 年。

"第 10 条 先前存在的第 19 条措施"规定，各成员应在不迟于保障措施首次实施之日后 8 年，或在《WTO 协定》生效之日后 5 年内，以在后者为准，终止根据《GATT 1947》第 19 条采取的且在《WTO 协定》生效之日存在的所有保障措施。

"第 11 条 某些措施的禁止和取消"有 3 款。

第 11 条第 1 款规定。

(a) 一成员不得对某些产品的进口采取或寻求《GATT 1994》第 19 条列出的任何紧急行动，除非此类行动符合依照本协定实施的该条的规定。

(b) 此外，一成员不得在出口或进口方面寻求、采取或维持任何自愿出口限制、有序销售安排或其他任何类似措施。这些措施包括单个成员采取的措施，以及根据两个或两个以上成员达成的协议、安排和谅解所采取的措施。在《WTO 协定》生效之日有效的任何此类措施，应使其符合本协定或依照第 2 款逐步取消。

(c) 本协定不适用于一成员根据除第 19 条外的《GATT 1994》其他条款和除本协定外的附件 1A 所列其他多边贸易协定，或根据在《GATT 1994》范围内订立的议定书、协定或安排所寻求、采取或维持的措施。

第 11 条第 2 款规定，第 1 款 (b) 项所指的措施的逐步取消，应按照有关成员在不迟于《WTO 协定》生效之日后 180 日内提交保障措施委员会的时间表实施。这些时间表应规定，第 1 款所指的所有措施应在《WTO 协定》生效之日后不超过 4 年的期限内逐步取消或使其

第六章 国际货物贸易救济措施协议

符合本协定,但每一进口成员不得多于一项特定措施,且措施的期限不得超过 1999 年 12 月 31 日。任何此类例外必须在直接有关的成员之间达成协议,并通知保障措施委员会,供其在《WTO 协定》生效起 90 日内进行审议和接受,本协定附件列出一项经同意属此类例外范围的措施。

第 11 条第 3 款规定,各成员不得鼓励或支持公私企业采用或维持等同于第 1 款所指措施的非政府措施。

"第 12 条 通知和磋商"有 11 款。

第 12 条第 1 款规定,一成员在下列情况下应立即通知保障措施委员会:
(a) 发起与严重损害或严重损害威胁相关的调查程序及其原因;
(b) 就因增加的进口所造成的严重损害或严重损害威胁提出调查结果;以及
(c) 就实施或延长保障措施做出决定。

第 12 条第 2 款规定,在做出第 1 款(b)项和(c)项所指的通知时,提议实施或延长保障措施的成员,应向保障措施委员会提供所有有关信息,其中应包括增加的进口所造成严重损害或严重损害威胁的证据、对所涉及的产品和拟议措施的准确描述、拟议采取措施的日期、预计的期限,以及逐步放宽的时间表。在延长措施的情况下,还应提供有关产业正在进行调整的证据。货物贸易理事会或保障措施委员会可要求提议实施或延长该措施的成员提供其认为必要的额外信息。

第 12 条第 3 款规定,提议实施或延长保障措施的成员,应向作为有关产品的出口方对其有实质利益的成员提供事先磋商的充分机会,目的特别在于包括审议根据第 2 款提供的信息、就该措施交换意见,以及就实现第 8 条第 1 款所列目标的方式达成谅解。

第 12 条第 4 款规定,一成员应在采取第 6 条所指的临时保障措施之前,向保障措施委员会做出通知,磋商应在采取措施后立即开始。

第 12 条第 5 款规定,本条所指的磋商结果、第 7 条第 4 款所指的中期审查的结果、第 8 条第 1 款所指的任何形式的补偿,以及第 8 条第 2 款所指的拟议减让或其他义务的中止,均应由有关成员立即通知货物贸易理事会。

第 12 条第 6 款规定,各成员应迅速向保障措施委员会通知它们与保障措施有关的法律、法规和行政程序以及任何修改。

第 12 条第 7 款规定,维持在《WTO 协定》生效之日存在的第 10 条和第 11 条第 1 款所述措施的成员,应在不迟于《WTO 协定》生效之日后 60 日内,将此类措施通知保障措施委员会。

第 12 条第 8 款规定,任何成员可将本协定要求其他成员通知的、而其他成员未通知的本协定处理的所有法律、法规、行政程序及任何措施或行动,通知保障措施委员会。

第 12 条第 9 款规定,任何成员可将第 11 条第 3 款所指的任何非政府措施,通知保障措施委员会。

第 12 条第 10 款规定,本协定所指的向货物贸易理事会做出的所有通知,通常应通过保障措施委员会做出。

第 12 条第 11 款规定,本协定有关通知的规定,不要求任何成员披露会妨碍执法或违背公共利益，或损害特定公私企业合法商业利益的机密信息。

"第13条 监督"有2款。

第13条第1款规定，特此设立保障措施委员会，由货物贸易理事会管理，对任何表示愿意在其中任职的成员开放。该委员会具有下列职能：

（a）监督并每年向货物贸易理事会报告本协定的总体执行情况，并为改善本协定提出建议；

（b）应一受影响成员的请求，调查本协定中与一保障措施有关的程序性要求是否得到遵守，并向货物贸易理事会报告其调查结果；

（c）如各成员提出请求，在各成员根据本协定规定进行的磋商中提供协助；

（d）审查第10条和第11条第1款涵盖的措施，监督此类措施的逐步取消，并酌情向货物贸易理事会报告；

（e）在采取保障措施的成员请求下，审议中止减让或其他义务的提议是否是"实质相等"，并酌情向货物贸易理事会报告；

（f）接收和审议本协定规定的所有通知，并酌情向货物贸易理事会报告；

（g）履行货物贸易理事会可能确定的、与本协定有关的任何其他职能。

第13条第2款规定，为协助委员会行使其监督职能，秘书处应根据通知和可获得的其他可靠信息，就本协定的运用情况每年准备一份事实报告。

"第14条 争端解决"规定，由《争端解决谅解》详述和适用的《GATT 1994》第22条、第23条的规定，适用于本协定项下产生的磋商和争端解决。

"保障协议"只有1个附件。该附件规定，第11条第2款所指的例外是：有关成员产品保障措施的终止时间，其中涉及的成员是：欧共体、日本；涉及产品是：乘用车、非公路用车、轻型商用车、轻型卡车（5吨以下），以及上述车辆的成套散件（CKD）；涉及的保障措施的终止时间是1999年12月31日。

第四节 国际货物贸易救济措施协议中存在的问题

（1）各协议设置的保护门槛不统一。例如，反倾销协议规定，倾销幅度大于2%就可诉（《反倾销协议》第5条第8款），而反补贴协议则规定，补贴幅度大于5%才构成实质损害（《反补贴协议》第6条），才可诉。又如，反倾销协议规定，单个国家倾销数量在进口总量中高于3%，或多个倾销数量不足3%的国家的进口累计高于进口总量的7%（《反倾销协议》第5条第8款），就可诉；而在反补贴协议中，来自单个发展中国家成员的补贴产品进口超过进口总量的4%，或多个不超过进口总量4%的发展中国家成员的进口累计超过进口总量的9%就构成实质损害（《反补贴协议》第27条），就可诉；在保障措施协议中，来自单个发展中国家成员急剧增加的进口超过该产品进口总量的3%，或他们单个成员急剧增加的进口不超过3%，但多个这样的成员急剧增加的进口累计超过进口总量的9%（《保障协议》第9条），就可诉。显然，反倾销协议的保护门槛更低，反补贴的门槛稍高，尽管差别

第六章　国际货物贸易救济措施协议

不大，仅有 1%～3% 的差别。

（2）各协议设置的保护时限不统一。反倾销的实施期限是 5 年，反补贴的实施期限也是 5 年，反倾销和反补贴都可以通过期末复审而不断延期（《反倾销协议》第 11 条第 3 款，《反补贴协议》第 21 条第 3 款）。保障措施的实施期是 4 年，可延期 1 次，最长实施期不得超过 8 年（《保障协议》第 7 条）。在反倾销和反补贴协议中，不规定保护措施的最长时限，显然是不合理的，很容易成为保护落后产业、阻碍国际分工的合法工具。在实际中，欧盟对中国的反补贴、反倾销有超过 30 年的案例，美国对中国的反补贴、反倾销有超过 20 年的案例，这显然是在保护本国本该淘汰的落后产业。

（3）最重要的问题是，WTO 中的反倾销依据是法学的"公平贸易"原则，而不是经济学的"利益最大化"原则。依据经济学的"利益最大化"原则，反倾销税的计算标准，不应该是 WTO 规定的"倾销幅度"，而应该是我研究出来的、以进口国利益最大化的经济学原则为依据的"最优反倾销税"（张宝均，2004）；更进一步，我使用博弈论研究出来的最终结论是，反倾销只会使反倾销国的利益受到损害，因此，根据经济学的利益最大化原则，进口国应该欢迎倾销，而不是反倾销，这个结论对现行观点是"颠覆性的"（张宝均，2004）。从这个事例可以看出，经济法方面规定，本来应该是经济学研究出结论，法学把其写成法律条文来实施，现在许多方面不是这样的，因此，经济学家与法学家应该互相配合，对现行的许多经济法规定重新审视，重新研究，并依据新结论作出修改。对于反倾销的问题，现在已经有了新的经济学结论，以后应该由法学界来思考和行动了。

在 WTO 的救济措施实施的 18 年来，产生了贸易救济措施方面的争端案例 234 起，其中关于倾销与反倾销方面的案例 95 起，关于补贴与反补贴方面的案例 96 起，关于保障措施方面的案例 43 起。从这些案例看来，WTO 的贸易救济措施在实施中存在下列问题和争议：

（1）实施贸易救济的时间太长。例如，欧盟对从中国进口的自行车征收反倾销税超过 20 年！这很容易成为保护落后产业的借口，给进口国的消费者和国民利益带来损害。

（2）有些国家实施救济措施的程序不规范。

（3）有些国家对救济措施协议的条款理解有差异。

尽管 WTO 各成员之间存在贸易争端，但他们都愿意在 WTO 的争端解决机制下，或接受调解，或接受裁决，改正自己不合理的贸易救济措施，迄今没有出现过贸易报复的案例。

第七章 服务贸易总协定

> **本章要点**
>
> 1. 推动 GATS 谈判的动力是什么?
> 2. 服务贸易和商品贸易有哪些不同?
> 3. GATS 结构有哪些主要组成部分?
> 4. 服务贸易的四种供给模式是什么?
> 5. GATS 所规定的主要一般性责任和纪律是什么?
> 6. GATS 的国民待遇和 GATT 的国民待遇有什么不同?
> 7. 什么是正面清单?为什么 GATS 采取了正面清单的方式?正面清单会造成什么结果?
> 8. GATS 和 GATT 的主要区别是什么?

第一节 《服务贸易总协定》的驱动因素

《服务贸易总协定》(General Agreement on Trade in Services, GATS)是和 WTO 同时诞生的协定。它将基于规则的多边贸易体系从 GATT 时期的货物贸易延伸到了服务贸易,是 WTO 的一个主要成就,WTO 协定中的三个重要支柱之一。截至 2012 年 8 月 24 日,157 个国家和区域成为 GATS 的成员。服务产业在全球经济和国际贸易中的重要性日益增长,因此把贸易政策约束延伸到服务部门是多边贸易体系发展中非常重要的成果。随着收入的不断增加,对服务的需求在全球范围内,特别是在发达国家,不断增长。目前,服务产出占世界总产出的 70%、贸易总额的 23%。在发达国家,服务业已成为增长的引擎,而在发展中国家服务业中金融业的发展和运输业效率的增加被证明是决定增长速度的关键因素。服务业日益增长的经济社会重要性是发达国家,特别是美国,推动服务贸易自由化的一个重要驱动因素。

发达国家的比较优势不断向服务业转移是美国等高收入国家推动服务贸易谈判的第二个原因。一般情况下,服务业在一个经济体中的份额随着人均收入的增加而增加,发达国家因而在服务业具有基于本土市场效应、学习效应和集聚效应的相对优势。特别是美国,在世界服务贸易中具有绝对的优势,占有世界服务贸易出口额的 14%。

推动服务贸易总协定形成的第三个因素是技术进步所带来的服务产品可贸易性增加。现在,很多服务贸易,如银行、保险、计算和数据服务等,不再需要供需双方面对面地近距离完成。通讯成本的大幅下降也刺激了服务外包的成长,如总部在发达国家的企业可以在发展

第七章 服务贸易总协定

中国家设立顾客服务中心；同时，通过网络的即时电子文件传输，发展中国家的制造商可以获得发达国家企业提供的产品设计服务，发展中国家的地产商可以雇用发达国家的建筑设计服务。

最后规制的解除和放松推动了服务贸易总协定的签署。例如，在金融行业和电讯业，规制的解除或放松增加了竞争，改善了生产效率，从而降低了价格扩大了市场，为外国企业的进入提供了机会。同时，市场的扩大增强了外国竞争者降低贸易壁垒的愿望，也降低了国内业者对市场自由化的抵制。

服务贸易大国

发展水平越高的国家服务贸易在贸易中的份额越高。在发展水平之外，还有另外两个影响服务贸易的因素：一个经济体的大小和其开放度。这两个因素对服务贸易的影响和其对货物贸易的影响相似，大国绝对服务贸易量通常较大，开放度高的国家服务贸易量通常较大。因而，货物贸易大国通常也是服务贸易大国。所以其他发达国家，作为主要服务贸易出口国，在经历了最初的观望之后，很快跟进美国，推动服务贸易协定的达成。

表7-1、表7-2显示，根据2011年的数据，最大的货物贸易国同时也是最大的服务贸易国。考虑进出口总额，美国、中国、德国、日本和法国既是最大的五个货物贸易国，也是最大的五个服务贸易国。美国和英国显示了很强的服务贸易相对优势，和它们拥有两个主要的金融中心于纽约和伦敦是一致的。美国是最大的贸易出口国，占世界出口份额的14%，而货物出口处在世界第二位，占世界货物出口的8.1%。英国稍显例外，其货物出口占世界的3%，不是世界货物贸易5强之一，但是其服务出口则处于世界第二，占据世界服务出口的7%。

表7-1　　　　2011年世界货物贸易前5强的贸易额与世界份额

国别	出口（万亿美元）			国别	进口（万亿美元）		
	价值	份额%	排名		价值	份额%	排名
中国	1.9	10.4	1	中国	1.74	9.5	2
美国	1.48	8.1	2	美国	2.27	12.3	1
德国	1.47	8.1	3	德国	1.25	6.8	3
日本	0.82	4.5	4	日本	0.85	4.6	4
荷兰	0.66	3.6	5	法国	0.72	4	5

表 7-2　　　　　　2011 年世界服务贸易前 5 强的贸易额与世界份额

国别	出口（万亿美元）			国别	进口（万亿美元）		
	价值	份额%	排名		价值	份额%	排名
美国	0.58	14	1	美国	0.39	10	1
英国	0.27	7	2	英国	0.17	4.3	4
德国	0.25	5	3	德国	0.28	7	2
中国	0.18	4	4	中国	0.24	6.1	3
法国	0.16	4	5	日本	0.17	4.3	5

作为一个开放度很高的大国，中国即是货物贸易大国，也是服务贸易大国。但是作为发展中国家，中国具有显著的货物贸易上的相对优势。中国是货物出口第一大国，占世界货物出口的 10.4%，而其服务贸易处于第二位，只占世界服务出口的 4%。此外，除英国在服务贸易上的排名明显高于其货物贸易排名外，其他贸易大国的货物出口和服务出口地位相似，在世界上占据的份额相近。

第二节　服务产业与货物部门之间的差异

《服务贸易总协定》继承了货物贸易协定的重要原则，但不是将货物贸易协定简单地照搬到到服务领域，因为服务业贸易和货物贸易之间存在五个方面的重要差异。

第一，虽然服务贸易总量小于货物贸易，服务贸易显示了在多方面更加多元化的特性，服务贸易的可贸易性，其面对的贸易限制特性和规制策略等都更具多样性。例如，不同的服务业可能有不同的规制策略，不同国家之间规制策略也有所不同。

第二，服务业普遍受困于信息不对称的问题。例如，医患之间的信息不对称，投资者和投资顾问之间的信息不对称等。存在信息不对称的情况下，一种解决办法就是在政府规制下通过垄断或者寡头竞争来提供相应的服务。

第三，有些服务业被认为具有重要的外部性，因而需要政府干预。例如，教育和医疗卫生行业被认为对于维持社会福利非常重要。金融业被认为对于维护经济稳定、推动经济发展非常重要。文化产业被认为对于保护国家认同和文化多样性非常重要。

第四，货物贸易开放主要集中在通关过境时的一系列措施上，相对简单，而服务贸易自由化则需要对内部市场组织制度和规制进行影响深远的改变，如可能需要取消垄断授权，实行新的许可证规则和程序以及建立新的监管机构。

第五，贸易谈判中的"搭便车"现象在《服务贸易总协定》谈判中特别严重。在货物贸易谈判中，成员从最初的 23 个逐步增加，不愿开放市场的国家选择晚一些加入多边贸易协定，在他们加入时，需要做出足够的让步，对外国产品开放市场以获得加入多边贸易协定的资格。这种进入门槛，迫使新加入者大幅削减其贸易壁垒，以避免使其整个加入多边贸易协定的计划失败。而加入计划的失败并不影响多边贸易协定在现有成员之间的执行，已加入协定的成员并不担心无法和新加入者达成协定的情况出现。但是，服务贸易协定是一个全新的协定，假如有一个成员的减让承诺不被接受，整个协定的谈判面临失败的危险。在此情况下，对服务贸易协定有更多保留的国家"搭便车"的动机大大强化，他们会试图受惠于其他国家的市场开放承诺，自己不提出足够的减让措施而不用太担心会被拒于协定的大门之外。

因为以上描述不同，将货物贸易协定的全部约束完整地延伸至服务贸易是不可行的。服务贸易协定需要采取一个更灵活的方式。例如，美国就一直坚持将一些重要的服务产业（如海运服务和金融服务）排除在贸易协定的基本原则应用范围之外，特别是排除在普惠国条款的应用范围之外。美国坚决要求保留其通过双边互惠的方式和其他国家谈判这些产业的开放，以避免为有些国家提供搭便车的机会。《服务贸易总协定》在很多方面反映了所需要的灵活性，因而它在很多方面不同于《货物和关税总协定》。

第三节 GATS 的目的、结构和范围

《服务贸易总协定》分别在前言，第Ⅰ、第Ⅱ部分对其目的、结构和范围进行了说明和规定。

一、GATS 的目的和特色原则

《服务贸易总协定》的前言总结性地描述了其主要目的和根本性考量。虽然并不包含成员方必须遵守的具体具有约束性的责任，前言为包含在协定其他部分具体承诺提供了指导思想，主要有以下三个核心内容。

第一，该协定的驱动力量是日益增长的服务贸易对世界经济的重要性。作为最终目的，基于动态考量的发展增长效应，在协定的制定中占有非常重要的地位。

第二，协定更加直接的目标是"为服务贸易建立一个多边约束和规则体系，以推动其发展"，贸易政策透明度和不断深化的自由化被确定为实现这一目标的两个重要工具。

第三，将来进一步的谈判将基于两个根本性的考量：互惠性和尊重各国自己的政策目标。WTO 的基本思维架构再一次得到肯定，贸易谈判是各成员间的合作博弈，并不试图将一个统一的意识形态强加给成员方以决定其和贸易相关的国民收入分配和社会福利政策。

除此之外，要充分考虑到发达国家和发展中国家，特别是最不发达国家之间的差别。因此，发展中国家在服务贸易自由化的过程中享有更多灵活性，WTO 应向发展中国家提供援助以"促进发展中国家参与国际服务贸易、扩大其贸易出口"，特别是强化其国内服务业产能、效率和竞争力。

二、《服务贸易总协定》的总体结构

《服务贸易总协定》由主体的六个部分和包含在第六部分的八个附件组成（见表7-3）。

第一部分——范围和定义，定义了协定所覆盖的服务贸易的四种形式。

第二部分———般责任和约束，明确了除了少数例外，适用于所有服务贸易的成员方"横向责任"。这部分所包括的最重要的约束原则是普惠国待遇原则和增加透明度的要求。其他约束性纪律的还包括：经济整合（第五条）、国内规制（第六条）、承认（第七条），以及垄断和特定服务提供者（第八条）。

第三部分——具体承诺，是GATS实质性地和GATT不同之处。该节的条款只适用于包含在一个正面清单上的服务行业和供给模式，这个清单上的项目列出了每个成员明确承诺接受相关约束的部门和服务模式。这一部分不同于GATS第二部分和GATT。除非明确说明属于例外的情况，GATS第二部分和GATT适用于所有部门。而GATS第三部分正相反，它不适用于任何没有明确列出的产业。第三部分包含两个主要类别的条文：市场开放和国民待遇。

第四部分——不断深化自由化，规划了将来的路径，希望渐进式、不可逆、持续的服务业自由化进程会推动服务贸易自由化不断地扩大和深化。第五部分组织制度条款，建立了正式机制，处理贸易争端和其他执行协定过程中可能出现的问题。第六部分包含了在第一至第五部分没有说明的其他问题，附件是和几个最重要服务产业相关的条文。

表7-3　　　　　　　　　　服务贸易总协议

第一部分	范围和定义
第二部分	基本责任和约束
第三部分	具体承诺
第四部分	不断深化和自由化
第五部分	组织结构条款
第六部分	最终条款（包括附录）

三、《服务贸易总协定》的范围

GATS首先在第一款明确了其覆盖的范围。和协定范围相关的内容中最重要的部分是对服务业的分类，共分为四种不同的供给模式（见表7-4）。

（1）模式1 跨国供给：从一个成员方的领土将服务提供给另一个成员方领土内的需求（如从另一个国家的领土上的网站下载软件，拨打国际电话，从国外供应商处进行网上购物等）。

(2) 模式2 境外消费：一个成员方的消费者在另一个成员方的领土上进行消费（如旅游、海外求医和海外教育等）。

(3) 模式3 商业存在：一个成员方通过在另一个成员方的领土上建立商业机构提供服务（即通过FDI建立海外公司等）。

(4) 模式4 自然存在：一个成员方通过其自然人跨境到另一个成员方为后者提供服务（如外国艺术家在本国舞台表演，外国医生、会计师、律师、教师和其他专业工作者到本国提供服务）。

模式1 跨境供给和模式2 境外消费与相应的货物贸易形式相似。模式3 商业存在指的是通过FDI建立起来的子公司提供的服务。该模式下提供的服务是服务贸易最重要的形式。因此服务贸易自由化是和FDI以及国内规制改革密不可分的。模式4 自然存在模式没有在协定中得到多少关注，除了在有限的几个类别成员国做出了承诺之外，在劳务输出贸易上没有取得显著进展。

表7-4 服务供给模式

跨境供给存在	判断标准	模式
服务提供者不存在于产生需求的成员	(1) 一个成员方在本土消费的服务由另一个成员方从其境内提供	跨境供给
	(2) 在本国的国境之外，另一个成员方境内，为本国消费者提供的服务	国外消费
服务提供者存在产生需求的成员	(1) 一个成员方在本土所消费的服务由另一个成员方跨境在本国设立商业机构提供	商业存在
	(2) 一个成员方所获得的服务在本土由另一个成员方以自然人存在的形式供给	自然存在

资料来源：Philip. Chang, Guy Karsenty, Aoditya Mattoo, Jurgen Richtein, 1998.

服务贸易中FDI的重要性

多数服务仍然很难实现远距离供给，因此在国外建立公司是很多服务业出口的必须。模式3 通过商业存在提供服务是服务贸易的一种重要形式。服务业FDI在多数东道国的FDI存量中占据很大的份额。20世纪90年代初期，约50%的全球FDI存量属于服务业。同期，服务业FDI占年度进入很多国家的FDI流量份额约60%。美国是唯一同时收集服务进出口和在外国投资企业服务销售收入的国家，根据美国的数据，服务贸易和在国外投资企业的服务销售量基本上持平伯纳德（Bernard Hookman, 1995）（见表7-5、表7-6）。

表 7-5　　　　　　　　　　　　分类商业服务贸易

	Value 1996	Share 1990	1996
出口			
All commercial services	1260	100	100
Transportation	315	28.2	25
Travel	415	32.5	32.9
Other commercial Services	530	39.4	42.1
进口			
All commercial services	1265	100	100
Transportation	375	31.7	29.7
Travel	390	31.3	30.8
Other commercial services	500	37	39.5

资料来源：WTO 报告 1997。

表 7-6　　　　　　　　　　　　其他商业服务的组成

	1994	Share 1995	1996
Other commercial services	100	100	100
Communications	5	5	5
Construction	7	9	8
Insurance	9	9	9
Financial	8	8	8
Computer and information	3	3	4
Royalties and licence fees	12	13	14
Other business	53	50	49
Personal, cultural and recreational	3	3	3

资料来源：Philip Chang etcs 1998.

上述四种不同的供给模式反映了和货物贸易比较，服务贸易内在的复杂性。在协定的谈判中对服务业分类处理可以实现渐进式的、逐步贸易自由化，不仅对不同服务业分类处理，而且对同一服务业中不同的供给模式实行差别化策略。虽然看起来，这样可能为在更长时间里保留更多的服务贸易壁垒提供了空间，但事实上，更细的分类使成员能够将愿意实施自由化的服务部门孤立出来，从而能够最大限度地消除或降低服务贸易壁垒。由于服务贸易的复杂性，采取一个更灵活的方式是明智的。一个更加细化的服务供给分类是获得这种灵活性的一个重要手段。

有关协定范围的第二个内容是其适用对象。原则上，该协定适用于政府行为。但是除了中央、区域和地方政府之外，它也适用于"非政府机构使用由中央、区域和地方政府所赋予的权利时。"这显著不同于 GATT，后者的约束只以政府机构为目标。"由中央、区域和地方政府所赋予的权利"在服务贸易争端中将如何理解仍有待观察。需要确定的是该条款是否适用于自我管理，行使某些政府部门功能，但是没有正式政府授权的机构。

有关协定范围的第三个内容是对政府所提供的服务实行豁免。此处，政府所提供的服务是指"所提供服务即非基于商业形式，也不存在与一个或多个商业服务提供者的竞争"。该豁免是一个非常重要的认知，确认了政府所提供的很多服务以提高或维持社会福利为目的。至少在现阶段，这些服务还不适合于由私人供应商提供，因而也不适宜于过早的向外国竞争者开放。

第四节 一般责任和纪律

GATS 的两个最重要的一般责任是最惠国原则和透明度要求。这两项原则由第二部分第二条、第三条和第三条之二进行了表述。这两个责任基本上和 GATT 相同。GATS 的第三个一般责任是通过持续的谈判不断深化贸易自由化的进程。虽然没有单独作为一个条款在第二部分列出，不断深化服务贸易自由化进程在多处得到反映，成员方承诺进一步谈判以逐步降低服务贸易壁垒和服务贸易限制。

其他和 GATT 具有相似精神的一般性规则包括第四条关于扩大发展中国家的参与，第五条关于经济整合，第十条、第十二条关于紧急保障措施，第十一条关于国际支付和转移支付，第十三条关于政府采购和第十四条之二关于例外。第二部分的其他内容主要是关于服务业特有的问题或者 GATS 和 GATT 存在重要不同之处。这些规则包括第五条之二关于劳务市场整合，第六条关于国内规制，第七条关于承认，第八条关于垄断和专营服务供应商，第九条关于商业行为和第十五条关于补贴。

一、最惠国待遇

第二部分的第二条，第五条，第五条之二对最惠国待遇作出了规定。

非歧视原则，由最惠国和国民待遇两部分组成，是起源于《GATT 1947》的多边贸易体系的根本性原则。除了少数例外，如自贸区，这一原则对于 GATT 所覆盖的所有产业适用，即它是所有成员的一般性责任。《GATT 1994》将《GATT 1947》采纳为其法律之本的一部分，因而完全继承了这一原则。

GATS 保留了无歧视原则的两个组成部分中的一个——最惠国条款，作为其核心一般性原则，所有成员都必须遵守。除了明确在协定中列出的例外情况，该原则适用于所有的服务业。因为GATS所特有的灵活性，用最惠国待遇约束成员国行为以防止双边贸易协定伤害第三成员方利益十分重要，但是在提出豁免清单时成员国享有相对宽松的空间，从而使该约束在协定签署最初阶段被弱化。

对最惠国的豁免原则上适用于GATS之前已经存在的双边或区域贸易协定。但是实际上，很多国家在列出豁免清单时考虑了将来计划的双边或者区域贸易协定。

在《关于第二条豁免的附件》里，明确了所列豁免需在GATS生效后5年之内提交服务贸易理事会进行审查。但是并没有说明在什么条件下，所列豁免应被终止。该附件还明确了原则上所有豁免都不应超过10年。但是该附件要求在豁免终止时，成员应知会贸易服务理事会，意味着10年的最高期限到期之后，所列豁免不会自动失效。直到2011年年底，WTO没有提供任何关于有多少豁免已经被终止的报告。早期评估得到的信息是，成员国打算将多数豁免永久的保留。

另外一个在该附件中列出的豁免是和边境贸易相关的措施，这些措施给予相邻国家优惠条件以促进"局限于连绵不断的边界区域内生产和消费的服务"。

最后，和GATT类似，区域贸易协定在GATS中获得了最惠国待遇和其他一般约束的豁免，条件是这些区域贸易协定满足一定的条件，这些条件在第五条经济整合中给予了交代。这一豁免同样适用于劳务市场的完全整合，TATS第五条之二，劳务市场整合协定对此进行了阐述。

第五条规定获得上述豁免的基本条件是区域贸易协定"对于协定之外的成员，不会在相关服务部门或子部门较之区域贸易协定前提高总体服务贸易壁垒"。仔细检查后发现，此处的基本要求显著弱于GATT。区域贸易协定的成员不必消除他们之间所有的贸易障碍。一方面，区域贸易协定只需覆盖相当一部分服务业而无须覆盖所有服务业；另一方面区域贸易协定成员间的贸易障碍只需部分地取消而不必完全取消。只要区域贸易协定不引进新的或者更加歧视性的措施就可以满足该条的要求。

二、透明度要求

第三条，第三条之二对透明度做出了规定。透明度要求是成员方第二个全覆盖的一般性责任，"每一个成员，除紧急例外情况，必须迅速并不迟于其生效之时，公布所有普遍适用的或影响本协定实施的措施。一成员国为签字方的涉及或影响服务贸易的国际协定也应予以公布。"

除此之外，"各成员应对任何其他成员就其普遍适用的任何措施或第1款意义内的国际协定所提出的所有具体资料要求予以迅速答复。各成员还应设立一个或多个咨询点，以便应请求，就所有这类事项及第三款要求通知的事项向其他成员方提供具体资料。"

上述要求在实现服务贸易环境透明和可预测的方向上前进了一大步，促进彼此了解，使协定得到更好的执行，并为成员之间将来的谈判提供方便。但是，透明度要求还有很大的改进空间，它所覆盖的信息只是关于"普遍适用"的措施，只适用于部分服务业的措施，如果和本协定无关，即所涉及部门不在具体承诺的清单之列，则不在要求之列。

下列情况下，免除信息公布的责任：妨碍执法，违背公众利益，或者损害特定公营或私营企业合法的商业利益，第三条之二陈述了该免责条款。

三、增加发展中国家的参与度

第四条对增加发展中国家的参与度作出了规定。

和GATT很相似，GATS将增加发展中国家参与度列为一个一般性原则。第四条规定，作为一个一般性责任，成员方在做出具体的承诺时，原则上应当注意考虑促进发展中国家的参与度。具体的行动方向包括三个领域。（a）加强发展中国家国内服务能力、效率和竞争力，特别强调通过商业渠道获得技术的方式实现上述目标；（b）改善其对分销渠道和信息网络的利用；（c）在发展中国家有出口利益的部门及出口模式上实现市场准入的自由化。

虽然大方向正确，但是此处协定所用语言没有任何具体和带强制性的内容，发达国家拥有充分的自由裁量权，决定何种行动是合理的、与协定精神一致的。

本条第二款涉及和发展中国家市场进入相关的信息提供。该款呼吁成员方，特别是发达国家，建立联系点，以便于发展中国家服务提供者获得与其相关的市场资料。和前面的情况一样，这里的语言仍然模糊，成员方自我决定需要做出多大努力以完成其建立联系点的责任。

四、国内规制的一般责任

第六条对国内规制作出了规定，即对国内规制涉及的一般责任作出了要求，也对和具体承诺相关的规制作出了要求。国内规制是一个存在诸多服务贸易壁垒的领域。和货物贸易相比，服务贸易受到国内规制影响的程度要远远大于受边境措施影响的程度。虽然关于国内规制的规定作为一般责任列在协定的第一部分，但事实上，协定在该领域并没有取得显著进步，没有做出可以称为一般性责任和纪律的规定，只简单地提出了两个将来在该领域期望取得进展的方向。

第一个期望取得进展的方向是规定"每个成员应维持或尽快地建立司法、仲裁或行政法庭或程序，在受影响的服务提供者的请求下，对影响服务贸易的行政决定做出迅速审查，并在请求被证明合理时给予适当的补救"。但是对于上述提到的适当救济的前提条件并没有提供清楚的判定法则。而且，上述条文的应用是受到限制的，它不能被用以设立"与宪法结构或法律制度的性质不一致的法庭或程序"。

第二个期望取得进展的方向是形成一般性纪律，以"确保有关资格要求以及程序、技术标准和许可要求的措施不致构成不必要的服务贸易壁垒"。但是该项工作留给以后完成，由"服务贸易理事会通过其建立的适当机构，制定任何必要的纪律"。

五、与具体承诺相关的国内规制

虽然第六条——国内规制作为一般性责任和纪律列在协定的第一部分，但其中更具约束力的条文是和做出了具体承诺的服务部门相关的，只适用于承诺了开放的服务业的规定。即使是这些规定，所使用的语言在细节上也是模糊的。

第一，作为一般准则"在已做出具体承诺的部门，每个成员应确保所有普遍适用的影响服务贸易的措施，以合理、客观和公正的方式予以实施"。

第二，"在各成员已做出具体承诺的部门，在为这些部门制定的纪律尚未生效前"，成员不得以违背本条第四小段所列标准的方式，"使用损害或阻碍具体承诺的许可和资格要求及技术标准。"第四小段所列标准为：（1）基于客观和透明的标准，诸如提供服务的资格和能力；（2）除为保证服务质量所必需以外，不应成为负担；（3）如是许可程序，则其本身不应成为提供服务的限制。

在判断成员是否完成了上述责任是时，第五款 b 要求"对该成员所实施的有关国际组织的国际标准应加以考虑"。

六、承认

第七条对和承认相关的责任和纪律作出了规定。承认是存在很多服务贸易障碍的一个重要领域。最惠国待遇适用于成员方给予另一个成员方在"一特定国家获得的教育或经验、已满足的要求以及所颁发的许可证和证明"上的承认。在给予承认时，成员应避免"成为在实施其对服务提供者的批准、许可或证明的标准时，国家间实行歧视的手段，或对服务贸易构成隐蔽的限制"。

更具体地，假如承认的赋予是由于某成员是一个协定或与其他国家的相关安排的参与者，该成员"应为其他有关的成员提供充分的机会，谈判加入这类协定或安排与其谈判类似的协定或安排。当成员自动给予承认时，则它应给予任何其他成员充分的机会来证明在后者获得的教育程度、经验、许可证或证明以及已满足的资格条件等应得到承认"。

不仅如此，条文还要求成员在任何合适的情况下使用多边协定标准作为承认的基础。在多边标准不存在时，鼓励成员"与有关的政府间或非政府组织进行合作，以建立和采用有关承认的共同国际标准和从事有关服务贸易和专业的共同国际标准"。

七、垄断和专营服务供应商

第八条对垄断和专营服务供应商作出了规定。由政府政策特意设立的垄断和专营服务供应商在服务部门比货物生产部门更加普遍。值得强调的是，这样的行为在 GATS 之下是允许的。但是这些机构的运营不能违背最惠国待遇和成员方做出的具体承诺，而且这些机构不应在政府授予其垄断地位之外的其他部门和受到政府具体承诺约束的部门滥用其垄断权力。

八、其他一般责任和纪律

第九、第十、第十一和第十二条规定了其他一般责任和纪律。第九条商业行为再次将非政府行为作为关注的焦点，对于和政府支持下的垄断和专营服务无关的商业活动进行了规范。假如这样的商务活动造成市场扭曲，第九条要求相关成员，在其他成员要求之下，开启旨在取消上述商务行为的磋商。值得指出的是，该条文不仅适用于成员方做出了具体承诺的服务部门。

第十条将紧急保障措施留给将来的多边谈判，规定其基础是非歧视原则。该条规定了一个三年的期限，在WTO协定生效三年之内，必须通过谈判形成结果。但是直到2012年中，仍然没有在该领域达成任何协定。

第十一条国际支付和转移支付，禁止在做出了具体承诺的部门对于国际支付和转移支付的限制。虽然现在协定中规范一般责任和纪律的第一部分，该规定只适用于做出了具体承诺的部门，而不是所有的服务业。

补贴的问题也基本上留给了将来的谈判处理。第十五条补贴规定"成员方应当开展旨在发展必要的多边纪律的谈判"，以避免补贴所产生的贸易扭曲效应。该条还规定"谈判应当考虑反制程序的合理性"。

和GATT不同，GATS目前并不明确禁止补贴。《服务贸易总协定》在该问题上显然偏离了GATT的立场，对于补贴的合法性予以同情的态度，要求将来的谈判"承认补贴对发展中国家发展计划的作用，并考虑到各成员，尤其是发展中国家成员在这一领域中所需的灵活性"。

九、例外

第十二、第十三和第十四条对一些例外情况做出了规定。在区域整合之外，还有其他几个例外在执行上述一般责任和纪律时获得豁免。

第一，按照第十二条保障国际收支的限制，在出现国际收支危机时，允许临时对国际收支进行限制。但是所采取的限制措施应符合最惠国待遇原则和国际货币基金协定，并且不超出必要的范围。

第二，第十三条中，政府服务采购获得了一般约束的豁免，条件是政府所采购服务不是为了商业再销售或者使用在提供商业再销售服务的生产中。

第三，"只要这类措施的实施不在情况相同的国家间构成武断的，或不公正的歧视，或构成对服务贸易的变相限制"，第十四条授予以下情况执行一般责任和纪律的豁免：为了保护公共道德和公共秩序，为了保护人类、动物和植物的生命或健康，为了保证合法合规。

第四，第十四条之二容许的一般责任和纪律豁免是基于国家和国际和平和安全考量：为了成员关键的安全利益，或者为了完成联合国宪章的要求之下的职责，维护国际和平和安全。

第五节　具体承诺

第三和第四部分是和成员所做出的具体承诺相关的规定，这些承诺作为附件是本协定的一部分。第三部分由第十六、第十七、第十八条三条组成，规定了适用于所有做出了承诺的服务部门的一般性原则。第四部分由第十九、第二十和第二十一条组成，列出了和具体承诺相关的规定。

一、约束具体承诺的一般规则

第十六条规定了成员在做出具体开放市场的承诺时应遵循两个原则。第一，第十六条第一款确认了最惠国待遇适用于所有做出了开放承诺的部门。该款的脚注规定，假如跨境资本流动是提供所涉及服务的关键组成部分，成员因此需要开放相应的跨境资本流动，那么最惠国待遇应适用于所涉及的资本流动。第二，第十六条第二款禁止在做出了开放承诺的部门使用基于区域分划的数量限制或者在整个领土范围内的数量限制。被禁止的数量限制具体地分为六个种类：

（1）限制服务提供者的数量，不论是以数量配额、垄断、专营服务提供者的方式，还是以要求经济需求测试的方式；

（2）以数量配额或要求经济需求测试的方式，限制服务交易或资产的总金额；

（3）以配额或要求经济需求测试的方式，限制服务业务的总量；

（4）以数量配额或要求经济需求测试的方式，限制某一特定服务部门可雇佣的或一服务提供者可雇佣的、对一具体服务的提供所必需或直接有关的自然人的总数；

（5）限制或要求一服务提供者通过特定类型的法律实体或合营企业提供服务的措施；

（6）通过对外国持股的最高比例或单个或总体外国投资总额的限制来限制外国资本的参与。

第十七条要求对承诺了开放的部门和供给模式，执行国民待遇。值得注意的是，该处清楚表明国民待遇不能理解为同样的待遇。国民待遇的要求可能通过提供和本国服务或服务供应商正式等同待遇或者正式不等同待遇实现。为贸易伙伴提供的等同待遇有可能不符合国民待遇要求，假如它改变了竞争条件造成了有利于本国服务和服务供应商的结果。

第十八条允许对于前述适用于做出了一般原则承诺的部门存在例外。这与 GATS 的总体精神是一致的，即保持灵活性，在广泛的自由化无法取得的情况下，接受部分自由化。与第十六条、第十七条不一致的开放措施，如和有关资格、标准和许可证等相关的措施仍可能被允许，前提是这些措施必须在成员方的承诺表中列出。

二、与具体承诺表相关的约束

第十九、第二十、第二十一条三条提供了约束成员方承诺表的规则细则。和第四部分的标题"不断自由化"表明的一样，此处三个条文的核心是锁定成员在具有相当灵活性的情况下所承诺的服务贸易自由化措施，然后再仔细规划今后谈判应当采取的方向和时间框架，以实现不断强化的服务贸易开放承诺。

第十九条是成员对继续自由化谈判的承诺，并且为进一步谈判设定了规则。第一款承诺

"进行连续回合的谈判，逐步实现更高水平的自由化"。该款进一步规定了一个确定的时间表，要求谈判应开始于"自WTO协定生效之日起不迟于5年，并在以后定期举行"。

对于今后谈判应遵循的规则，第一款确认了互惠原则以图"在互利的基础上促进所有成员的利益，并保证权利和义务的总体平衡"。

第十九条第二款给出了约束将来谈判的第二个规则，即将来的谈判"应对各成员的国家（地区）政策目标以及每个成员的整体和个别服务部门的发展水平给予应有的尊重"。此处成员自己有权决定其贸易政策的目的，相应地，也有权自我决定什么是有效或最优的资源分配。该条还间接认可了由发展水平决定的能力在执行贸易自由化所需的调整时的相关性。最后，上述考量不仅应基于普遍存在与所有服务部门的情况，也应考虑到单个服务部门的情况。

第十九条第三款，明确了服务贸易理事会负责对服务贸易进行评估。评估以该协定所陈述的目标作为参照。服务贸易理事会应以其评估为基础制定将来谈判的指导准则和程序。

第十九条第四款确认将来的谈判将采取灵活的方式。为了努力增加具体承诺的总体水平，鼓励成员自由地开展双边、诸边和多边谈判。

第二十条是规范具体承诺的第二个要素。该条规定了每个成员在承诺表中应该提供的与其具体承诺相关的信息。

第二十一条是规范具体承诺的第三个要素，其主要功能是锁定已经做出的承诺，以便贸易自由化可以在将来不断深化。为实现这个目标，该条要求任何希望在将来修改其承诺的成员应当通过谈判达成相应的补偿调整。协商的调整应当以维持"互利的承诺总体水平，使其不低于谈判前具体承诺表中对贸易提供的有利条件"为目标。

假如无法达成协商的调整，受影响的成员可以提出仲裁要求。"进行修改的成员在依照仲裁结果做出补偿调整前不可以修改或撤销其承诺"，否则参加了仲裁的受影响成员可以采取报复措施根据仲裁结果收回基本相同的得益。

但是第二十一条显然弱于GATT的纪律，按照GATT的要求，只有临时收回承诺是允许作为保障措施的，但是GATS的保障措施允许永久性改变在服务业做出的承诺。这是因为影响服务业的环境非常复杂且不断变化。特别是随着技术的变化，应给予成员足够的灵活性以调整其规制框架。

第六节 制度设计

协定的第五部分对相关制度设计进行了陈述。

一、争端解决

争端解决机制是WTO最重要的制度设计之一，相关规定在第二十二条和第二十三条中列出。第二十二条确定《争端解决机制谅解》作为成员寻求解决争端的指导框架，并详细说明了解决争端的主要步骤。第一步，投诉成员应和被投诉成员进行磋商。第二步，假如双方无法解决分歧达成协定，任何一方都可以要求服务贸易理事会或者争端解决机构（Dispute Settlement Body, DSB）参加磋商。假如所有磋商都告失败，则进入第三步。第三步，由服务贸易理事会将争端提交一个专家小组作裁决。如果不在服务贸易理事会遭遇一致反对，争端小组的决定成为终裁，对所涉及成员具有约束力。

为方便执行，第二十三条将争端分为两类，第一类直接违反协定所规定的成员的责任，第二类不直接违反协定所规定的责任和成员在协定中所做出的承诺，但是仍然伤害了由协定所提供的其他成员的利益。第二类情况通常称为非违规废弃或者损害。

在第一类情况下，DSB 可以根据《争端解决谅解》（Dispute Settlement Understanding, DSU）第二十二条授权受害成员停止对违规成员实行成员责任和所作的承诺。DSU 第二十二条的指导原则是报复性暂停协定责任和承诺应尽可能在受影响部门和受影响程度上和违规的性质相匹配。

在第二类情况下，当 DSB 形成结论确认为非违规废弃或者损害，相关方可就补偿措施彼此先进行磋商。假如无法就补偿达成协议，DSB 可授权受害方按照 DSU 第二十二条的规定对违规方暂停执行其协定责任和所做出的承诺。

二、其他重要问题的制度安排

第二十四、第二十五和第二十六条规定了和另外三个重要问题相关制度设计。第二十四条赋予服务贸易委员会广泛的职能"以便利本协定的运行并实现其目标"该理事会和其他附属机构向所有愿意加入的成员开放。第二十五条规定在推动和发展中国家技术合作中，服务贸易委员会是为发展中国家提供技术支持的决策者，而 WTO 秘书处则负责执行。第二十六条和其他国际机构的关系，指定 WTO 总理事会负责和联合国以及其他国际机构的合作。

第七节 最终条款

第六部分最终条款包含了剩余的问题。首先第二十七条拒绝得益规定，成员在三种情况下可以收回给予国外服务提供者在 WTO 协定下的得益。

（1）对于一项服务的提供，如果确认该服务是从或在一非成员境内提供的，或该拒给成员不与其适用 WTO 协定的成员境内提供的；

（2）在提供海运服务的情况下，如果它确认该服务的提供是：①由一般依照一非成员或该拒给成员不与其适用 WTO 的成员的法律注册的船只进行的，和②由一个经营和/或使用整个或部分船只的人进行的，但该人属于一非成员或该拒给成员不与其适用 WTO 协定的成员；

（3）对于一个法人服务提供者，如果确认它不是另一成员的服务提供者，或它是一个该拒给成员不与其适用 WTO 协定的成员的服务提供者。

第二十八条定义对协定中的关键名词的确切意义做出了解释。第二十九条集中了八个附件，下面对其细节进行讨论。

第八节 关于金融服务的附件

共有两个金融服务附件，第一个关于金融服务的附件再次确认了 GATS 所采用的一般原则适用于金融业，并将这些原则具体应用到各项金融服务。该附件包括三个主要内容：定义附件所覆盖的金融服务范围，列出豁免和规定指导承认的规则。

金融服务范围，和其他服务业一样，包含四种供应模式。更具体地，第 5 款列出了承诺表中包含的不同种类的金融服务清单。

反映金融业在经济中的特殊地位，附件包含几个重要的豁免。首先，宏观经济管理行为和在行使政府权威中所提供的金融服务不受 GATS 适用于商业竞争的一般纪律的约束。上述服务不被认为是属于在附件中承诺开放的金融服务的一部分。此处，"行使政府职能时提供的服务"是指"所提供服务既不基于商业考虑又不形成一个或多个服务供应商的竞争"。当一种金融服务是由私营生产商和政府竞争提供，则该服务包含在附件所覆盖的金融服务中。

其次，在下述两个条件下，国内规制不受应用于金融业的 GATS 纪律的约束：(1) 由于审慎监管或者为了保证金融体系的健康和稳定而采取的行动，(2) 为保护"和个人消费者户头和事务相关的信息或者任务，公共机构所拥有的私有信息"。

在给予承认时，成员可以和另一成员进行谈判达成协议，自由提供双边审慎措施承认或者是给予自动接受。但是其他成员假如希望享受同等待遇，应给予其机会参加谈判或者证明其审慎措施的质量。

第二个金融服务附件是关于如何处理在刚刚加入了 WTO 后，成员希望修改其最初承诺的情况，这个附件因而不再具有实际意义。

除此之外，应当提到另外一个和金融服务相关的 GATS 文件，《关于金融服务承诺的谅解》。该谅解列出了更加具体的承诺。这些承诺远远超出了应用于所有服务业的承诺，特别是在管理市场开放和国民待遇的规则上，该谅解较之 GATS 第三部分更加积极。在提供的金融服务市场开放方面的开放度显著的增加。第一，成员必须在其承诺表中列出金融业中的垄断授权，并做出努力将其取消，或者减少其广度，以消除贸易障碍。第二，在金融行业的政府采购需受到最惠国待遇和国民待遇的约束。当一个成员的公共机构购买或获取金融服务时，必须给予在其领土上运营的其他成员最惠国待遇和国民待遇。第三，国民待遇也适用于几个在表中列出的跨境服务贸易。第四，成员有责任允许金融服务所必需的管理和技术人员进入其领土。第五，值得注意的是，成员应努力消除歧视性政策限制，这些限制可能采取多种形式，如对服务内容和地理范围进行限制。

该谅解也对国民待遇进行了扩展。第一，在使用由公共机构提供的支付和票据兑换系统和官方融资及再融资设施时，在其领土内，任何其他成员都应享受国民待遇。但是"最后融出者"不包含在国民待遇的要求之列。第二，国民待遇责任不只是适用于和金融服务相关的政府措施。成员应确保其他成员的服务供应商在获得任何自我规范的机构、证券或期货交易市场，票据承兑机构或其他机构或协会的会员，在需要其服务时享受国民待遇。

第九节 关于空运服务和电讯服务的附件

运输和电讯服务是在金融服务之外另外两个在谈判过程中受到了重要关注的部门，这两个部门所达成的协议也形成了附件。

一、航空运输服务附件

该附件主要针对和航空运输相关的三个议题制定了相关规则。已存在的双边和多边协定，获得 GATS 豁免的航空运输服务的范围和管理承诺的争端解决机制和审查机制。

存在的双边与多边协定被允许和 GATS 的承诺同时运行，条件是已经存在的这些协定不比 GATS 要更具限制性，这事实上豁免了在该部门执行最惠国待遇。

另外，两类航空运输服务获得了 GATS 责任的豁免。（a）以任何形式给予交通权的措施；（b）与行使交通权直接有关的服务相关的措施。

但是，GATS 纪律确认适用于和下列三类服务相关的措施：

（1）飞机维修和保养服务；
（2）空运服务的销售和营销；
（3）计算机预订系统（CRS）服务。

争端解决机制只适用于做出了具体承诺的航空运输部门所产生的问题，或者是和 GATS 责任相关的问题。服务贸易理事会应当至少每五年审查评估一次该部门的发展，以图扩大 GATS 在该部门的应用。

二、电讯服务附件

电讯服务附件详细规定了成员在不同情况下所应尽的责任，以"保证任何其他成员的任何提供者按合理和非歧视的规定和条件进入和使用其公共电信网和服务，以提供包括在其承诺表中的服务"。成员没有责任向其他成员服务供应者提供没有向本国公众提供的公共电讯运输网络和服务。该附件不适用于影响电台或电视节目的有线或广播分售的措施。

关于基础电讯服务的附件规定了最惠国待遇和其豁免在基础电讯服务部门生效日期。这个日期已经到达。根据该附件所设条件，上述生效日期当基础电讯谈判第四协定书修正后于 1998 年 2 月 5 日生效。自此日起，基础电讯服务承诺表成为 GATS 承诺的一部分。在基础电讯服务部门所做出的承诺从此日起和其他服务承诺一样对待。

第十节　其他相关附件

关于第二条豁免的附件详细地说明了给予成员的最惠国原则豁免。第一，对于持续超过五年的豁免，服务贸易理事会应在五年之内审查实际条件是否仍然支持该豁免。第二，该豁免于所规定之日期终止，或者原则上在十年日期到达之时终止。但是目前尚不清楚，多少豁免已经在十年期限到期时被终止。第三，每个成员应该提供一个最惠国待遇豁免清单作为该附件的一部分。

关于在该协定框架下提供服务的自然人的移动，附件基本上对于跨境劳务移动实行了 GATS 纪律的豁免，除非成员承诺了服务开放的部门，并伴有管理跨境劳务移动的条款。另外，成员也可签署其他协议管理提供服务的跨境自然人移动。

关于海运服务谈判的协议规定了最惠国待遇和其豁免在该部门生效日期。海运服务协议在 WTO 生效时仍处在谈判过程中。

第十一节　对 GATS 进行评估

GATS 既是一个伟大的成就，同时也存在重要的不足。GATS 将多边贸易体系延伸到服务贸易，因而扩展和深化了成员间国际贸易合作。但是 GATS 和 GATT 之间存在重要的不同，特别是 GATS 没有对成员影响出口供应的相关政策进行任何约束，它也没有为受到进口伤害的成员提供任何具体的救济措施（保障措施、反制关税、反倾销措施）供其申诉使用。除此之外，对于国内规制，没有实行严格的约束。虽然 GATS 使各成员承诺继续通过谈判强化协定约束，到目前为止没有取得多少进展。由于服务业各部门间存在较大的贸易环境差异，如种类繁多的贸易限制和各部门不同的规制策略，在众多服务业部门达成广泛的承诺远比货物贸易协定要困难和危险。GATS 所能取得的结果最好是被看做一个起点，以此为基础继续前进，最终取得广泛的服务业贸易自由化。

一、承诺表分析

GATS 的力度在很大程度上取决于成员国对于最惠国待遇、市场开放和国民待遇方面列表的承诺所声明的豁免。列表承诺在不同国家和不同部门呈现出系统性的差异。根据 Bernard Hookman（1995）（见表 7-7）的分析，高收入国家在表中最初承诺了其服务业的一半；总体上，发展中国家（包括东欧转型国家）只列表承诺了其服务业的 15%。GDP 超过 400 亿美元的大型发展中国家列表承诺了其服务业的 25%。在发达国家做出了承诺的服务部门，有 28% 的承诺是没有要求国民待遇和市场开放例外的。而对于发展中国家，这一数字是 6.5%。

对于高收入国家（High Income Country，HIC），平均市场开放覆盖的服务部门是40.6%，这一数字在发展中国家是9.4%，在大型发展中国家是17.1%。

表7-7　　　　　　　　　　　　　具体市场开放承诺的部门分布

	'HIC' Group	Developing Group
1. Sectoral coverage, weighted by 'restrictiveness'	40.6	9.4
2. Sectoral coverage scaled by 'restrictiveness' and GDP weights	51.2	11.2
3. Sectoral coverage weighted by restrictiveness, sectoral contributions to GDP and country share in world GDP	49.4	4.8
Memo：GDP weights	82.0	13.7

资料来源：Bernard Hookman（1995）.

在60多个提交了最惠国待遇豁免的成员国中，三个部门受到的影响最多：视听服务，金融服务，运输（道路、航空和海运）。在视听部分，要求豁免的理由是文化目标，允许部分成员间的特惠安排。在金融领域，豁免要求的动机主要是和互惠相关。成员不愿意将得益给予没有提供互惠金融市场开放的其他成员。在运输领域，豁免要求通常是基于联合国贸易发展理事会的《班轮公会行动守则公约》，特别是很多非洲国家，或者是已存在的双边或多边协定。

最惠国待遇豁免的另外一个重要原因是于区域性整合协议。

来自Hookman的显示（见表7-8），在高收入国家组（HIC）中，承诺比（即承诺的子部门数占子部门总数之比）最低的部门，定义为承诺比小于1/3的部门，是陆地、航空、附属运输部门、基础电讯、教育、卫生和社会服务以及休闲或文化服务。使成员方不愿开放上述部门，造成低承诺率的原因之一是社会服务供应和文化考量，广泛存在的规制和由于规模经济所产生的非完全竞争是第二个原因。第二组，低承诺比部门（承诺比低于50%的部门）是邮政服务、房地产服务和研发服务。在其之后，承诺比高于50%但少于2/3的部门有：汽车修理、批发和零售贸易、金融服务、租赁、商务服务和废物处理。承诺比最高，超过2/3的部门是：建筑业、旅店和餐饮、电讯附加值和电脑相关服务。最后一组产业都是在高收入国家竞争性非常强的行业。

和发达国家的情形相似，旅店和餐饮也是发展中国家承诺比最高的部门，其承诺比为68.3%；紧随其后的是和电脑相关服务，其承诺比为21.4%；所有其他行业的承诺比在发展中国家都低于20%。

发展中国家没有在其具有相对优势的个人服务部门做出任何承诺。但是在发展中国家具有出口潜力的商务服务，电脑相关服务和建筑业，承诺比相对高一些。

第七章　服务贸易总协定

表 7-8　　　　　　　　　　　　　分部门承诺

Sector	Number GNS items and modes of supply	Average Number of Commitments 'HIC'	Average Number of Commitments 'LDC'	Commitments/GNS Items per Sector 'HIC'	Commitments/GNS Items per Sector 'LDC'
Construction	20	13.6	2.9	68.1	14.2
Motor Vehicle Repair	4	2	0.3	50.7	6.7
Wholesale Trade	8	4.9	0.5	61.8	6.1
Retail Trade	8	4.9	0.7	61.8	8.9
Hotel/Restaurants	4	3.3	2.7	81.9	68.3
Land Transport	40	10.9	2.0	27.2	5.0
Water Transport	48	6.1	2.6	12.7	5.5
Air Transport	20	4.5	1.3	22.4	6.6
Auxiliary Transport	20	5.7	1.1	28.5	5.7
Postal Services	4	1.4	0.6	35.4	15.2
Basic Telecom	28	2.2	1.1	7.8	4.1
Value-added Telecom	28	21.1	4.6	75.4	16.5
Financial Services	60	35.4	11.7	59.0	19.5
Real Estate Services	8	3.7	0.3	46.2	3.8
Rental Activities	20	10.9	1.0	54.6	5.2
Computer-related	20	15.6	4.3	78.1	21.4
R&D Services	12	4.4	1.0	37.0	8.3
Business Services	108	62.9	11.3	58.3	10.5
Refuse Disposal	16	9.2	1.0	57.6	6.3
Education	20	6.3	1.0	31.3	5.2
Health and Social	24	5.4	1.8	22.3	7.6
Recreation/Culture	48	14.9	4.3	31.1	9.0

资料来源：Bernard Hookman（1995）.

在 2000 年第一次最惠国待遇检评时，OECD 的一份总结报告发现超过 2/3 的 WTO 成员共列出了 420 项豁免。约 55% 的豁免是和政府间协议相关的，多数豁免发生在只有少数承诺的部门，特别是运输部门（35%）和视听服务（20%）。绝大多数豁免成员方有意永久保留其豁免，尽管成员方承诺通过谈判在最多十年的期限内取消这些豁免。

WTO 生效十年后，在承诺了开放的服务部门，其承诺开放的子部门数量无论是在发达国家还是发展中国家都明显增加。到 2004 年，发达国家做出承诺的子部门上升到 2/3。发展中国家和转型国家仍然远低于发达国家，但承诺开放的子部门也从最初的 15% 上升到了 1/3。GATS 允许不同国家根据其自身情况，特别是发达水平，决定其承诺的灵活性证明非常重要，该原则在实践中被充分使用，最大限度地实现了服务部门的开放。人们希望通过 GATS 搭建平台和制定方向，进而取得越来越多的服务贸易自由化，这个希望正在变成现实。

值得注意的是，1995 年后加入 WTO 的成员做出了和发达国家相似的承诺（见表 7-9）。这些新成员多数是转型经济体，其服务贸易相对开放的政策取向可能是由于如下几个原因：第一，这些国家希望通过大幅开放措施向其他国家显示其政策的开放和可靠，从而吸引国外投资。第二，这些国家正经历根本性的制度和结构变化，因此内部对于大幅开放服务业的抵制较低。第三，这些国家与参加了 GATS 谈判的成员相比，讨论还价的能力较弱。申请加入的国家假如申请失败，则损失巨大，而已经加入 WTO 的成员则可在无大风险的情况下提出较高的要求。

表 7-9　　　　　　　　　　　不同国家分组的承诺

2004 年 3 月

Countries	Average number of sub-sectors committed per Member	Range (Lowest/highest number of scheduled sub-sectors)
Least-developed economies	20	1-110
Developing & transition economies	54 (106)*	1-154 (58-154)*
Developed countries	108	87-117
Accessions since 1995	106	37-154

注：* Transition economies only.

Total number of sub-sectors：~160；total number of Members：146.

资料来源：Rudolf Adlung 2004。

承诺的程度在不同的供应模式之间也有系统性的不同。对模式 2 海外消费所做的承诺是最开放的，随后是对模式 1 跨境供应的承诺，然后是模式 3 商业存在，做出最少承诺的是模式 4 自然存在。

对于模式 2 海外消费，承诺了市场开放和国民待遇的成员约半数接受了全面开放的完全承诺（WTO，2001）。部分原因是多数情况下，政府实际上没有多少办法可以阻止其国民到国外去，或者影响他们在国外的消费（Adlung，2004）。

模式 1 跨境供应的市场开放情况有强有弱。一方面约 1/3 的子部门是在模式 1 下作出了完全承诺的部门，不保留任何壁垒；另一方面超过 1/3 的子部门没有承诺任何约束，保留了政府完全的自由裁量权。其他子部门，成员作出了具有约束性的承诺，但是伴随着很多限制。国内垄断和规制的有效性看来是保护的目标。

模式 3 商业存在代表了四种模式中最大的供给模式，超过总量的一半。在该模式下，承诺了市场开放的子部门占总数的 4/5，但是普遍存在各类不同的限制和附加条件。

模式 4 自然存在是限制最多的供应模式，多数成员只承诺开放少数的几个类别，这些类别多数和高级雇员移动和公司内调动有关，而且通常设置了很紧的数字上限或者可以自由设定的经济需求测试。

二、GATS 和 GATT 的比较

GATS 是在 GATT 原则基础上建立起来的，但是它在很多方面显著地不同于 GATT。因为影响服务贸易的措施在各部门之间和国家之间都有很大的不同，而且服务贸易壁垒通常和国内制度和规制紧密的相连，因此，需要采取一个更灵活的方式完成 GATS 的谈判。由此造成的 GATS 和 GATT 之间的差异反映在几个重要领域。

第一，GATS 的覆盖范围和纪律重点不同于 GATT。GATT 管理跨境货物贸易，而 GATS 管理的服务贸易包括四种模式：模式 1 跨境消费和货物贸易相似；模式 2 海外消费也有和其对应的货物贸易；模式 3 商业存在不在 GATT 的管理范围之内；模式 4 自然存在同样不存在于 GATT 的管理范围。通过四类不同模式的划分，GATS 拓展了覆盖的范围，但是同时也扩大了根据不同部门和不同模式实施差异化政府政策干预的空间。

GATT 从 1947 年开始就将非关税数量限制作为消除的目标，其多边纪律的主要着力点是发生在边境的关税。但是对于服务贸易，关税作为贸易壁垒的重要性大大降低，国内规制、许可证要求、资质等是影响国外供应商的主要工具。因此 GATS 的焦点，无论是在已有的文件中还是作为将来谈判的方向都是国内规制和相关的商业运营环境。

第二，GATS 在使用统一纪律和部门覆盖度上的企图要小于 GATT。GATS 使用了一个正面清单的方式列出了一个比较短的承诺单，而对不在单上的部门和模式则没有做出市场开放和国民待遇的承诺。即使是在 GATS 中做出了承诺的部门，承诺的性质在各部门间是不同的。

第三，虽然最惠国待遇同是 GATS 和 GATT 的基石，执行最惠国原则的情况在两者之间有所不同，GATS 执行该原则的力度远小于 GATT。GATS 允许成员针对该原则实行自由宽松的豁免。除此之外，最惠国待遇适用于 GATT 中进口和出口，而在 GATS 中，该原则只适用于"进口"，即由其他成员的供应商提供的，或者从其他成员领土上提供的服务。

另一方面，GATS 将最惠国原则扩展到 GATT 所覆盖的范围之外。GATS 的最惠国待遇不仅对和外国服务相关的政策形成约束，而且对于和外国服务商相关的政策形成约束，而 GATT 的最惠国待遇只对和产品相关的政策形成制约。

第四，GATS 和 GATT 之间在执行国民待遇上存在根本性差异。在 GATT 中，国民待遇是普遍性原则，而在 GATS 中，该原则随部门和供给模式的不同而变化。各国政府完全自由地决定哪些部门和模式遵守国民待遇原则。Alan Sykes 认为这种根本性不同是必需的，因为"拒绝给予国民待遇——如在许可证申请过程中，在税收或在规制监管的细节——通常是最

容易管理的服务业保护措施"①。

第五，GATT 制定了严格的补贴纪律，而 GATS 没有明确的补贴限制。GATT 将所有的补贴分为两类，禁止的和可起诉的。第三类，不可起诉的补贴最初存在，但在 2003 年年底到期。禁止类的补贴是严格禁止的。可起诉的补贴面临反补贴关税。而 GATS 对于补贴没有实行任何纪律约束，只是包含了一个相关性很弱的条款。在一个成员补贴减少了其通过承诺而提供给其他成员的利益时，该条款鼓励受到损害的成员通过谈判要求依照非违规废止或损害决定补偿。假如补贴不影响其市场开放承诺，则成员国可以自由使用补贴。

三、GATS 的主要成就和不足

作为进一步谈判的起点，GATS 取得了三点重要进展。第一，GATS 将 GATT 的一些重要原则扩展应用到服务业，包括最惠国待遇、透明度要求、对发展中国家差异化对待和对国内社会安全目标的尊重；第二，GATS 通过承诺表和对一般原则的非豁免，锁定了已有的市场开放现状；第三，通过要求成员明确的做出承诺和公布对一般原则的豁免，它有利于增加了服务业政府政策的可预测性和透明度；第四，GATS 提供了一个平台，并使成员承诺遵循一个内设的议程，进一步开放服务国际贸易；最后，通过在服务贸易壁垒的相关措施和规制上建立透明制度和信息获取规则，GATS 为提高将来谈判效率提供了条件。

尽管取得了上述成就，GATS 仍然是 WTO 协定中最具争议性和不完整的协定。要将服务业置于有效、广泛覆盖的多边纪律约束之下还有很多工作要做。

首先，由于国民待遇和市场开放是成员国根据不同的部门和供给模式自行作出，也由于对于一般性纪律和责任，成员可以比较随意的设定豁免，所以 GATS 既复杂又在部门覆盖上不完全。

其次，国民待遇是 GATT 的核心一般原则，但不是 GATS 的一般纪律约束。该原则只适用于成员做了承诺的部门，不仅没有做出承诺的现有服务业获得豁免，而且将来出现的新的服务业也获得了豁免。结果是，到目前为止，服务业整体开放的程度仍然比较低。在承诺开放的模式和部门覆盖上的差异，以及最惠国待遇豁免上允许存在的差异会造成激励扭曲，使服务进口偏向某些部门和模式或者国家，产生资源分配上的非效率。

再次，透明度还需进一步强化。目前的透明度要求适用于两种情况：一是和一般原则相关、影响所有服务业的措施；二是对承诺了开放的部门和模式有影响的措施。现实中大量的服务部门不在承诺开放的清单上，而这些部门多数受到和部门相关的特别措施而不是一般性政策的影响。因此，对于这些受到保护的部门，其他成员获取进口国保护措施的信息仍然十分困难。

最后，除了个别承诺了开放的部门，如金融产业，通过模式 4 自然存在供应的服务基本上被目前的协定排除在外。在做出了承诺的部门，成员国承诺允许技术密集行业的技术和管理人员跨境移动。而发展中国家拥有相对优势的劳动密集型服务类没有开放的承诺，使多数劳动密集型服务部门仍然存在高度的贸易保护。

---

① 引自 Teksten，2010.

第十二节 案 例

☞ **案例一：**

墨西哥——影响电讯服务的措施

美国向 WTO 投诉墨西哥违反了 GATS 下述条款：第六条，第六条第一款、第五款，第十六条、第十六条第一款、第二款，第十七条第一款、第二款、第三款，第十八条。美国指控，在公共声话、电路转换数据传输、有设施和无设施传真服务，墨西哥接受了 GATS 第十六条市场开放、第十条国民待遇和十八条额外承诺（参考文件）的规定，但是没有完全履行其责任。美国认为墨西哥执行了反竞争和歧视性的规制措施，允许私设的市场准入壁垒，而没有在基础和附加值电讯部门采取必要的规制措施。

2000 年 8 月 7 日，美国要求与墨西哥磋商。2002 年 8 月 26 日，WTO 总干事在美国要求之下组成了一个专家小组。2004 年 4 月 2 日，该小组提供了其报告，该报告随后被 DSB（争端解决机制）采纳（见表 7-10）。

表 7-10　　　　　　　　　　争端解决程序时间表

时间	程　　序
2000 年 8 月	US 要求与墨西哥进行 WTO 磋商
2000 年 10 月	最初的磋商取得进展，但是没有解决争端
2001 年 1 月	进一步磋商，但是未取得进展
2002 年 2 月	美国正式要求成立争端解决小组
2002 年 4 月	WTO 组成争端解决小组
2002 年 8 月	选取小组成员
2002 年 12 月	小组和争端双方第一次会议
2003 年 3 月	小组和争端成员国第 2 次会议
2003 年 11 月	小组提交报告初稿供双方审阅
2004 年 4 月	小组提交最终报告
2004 年 6 月	DSB 采纳小组报告，双方同意执行时间表

（一）主要指控

美国的主要申诉是：

（1）墨西哥没有确保 Telmex，该国最大的电讯运营商，在合理的价格、条件和环境下为美国跨境基础电讯供应商提供双向连接服务，违背了《参考文件》条款 2.2（b）。

（2）墨西哥没有保证美国基础电讯供应商合理的、非歧视性的接入和使用公共电讯网络和服务，违反了 GATS 电讯附件条款 5（a）和（b）。

（3）墨西哥没有制止 Teltex 进行反竞争行为，如代表所有的供应商对国际双向连接服务实行统一定价，违背了《参考文件》条款 1.1。

电讯服务《参考文件》

该文件为基础电讯服务的规制框架提供了基本的原则，许多国家采纳了该文件作为 GATS 框架下电讯业额外的承诺。其主要承诺如下：

（1）采取适当制止和防护措施防止主要供应商的反竞争行为。

（2）在非歧视待遇条件、价格和质量下，保证与主要供应商在任何可行的网络连接点的双向连接。

（3）确定并维持执行普遍性服务责任的透明性、非歧视性和竞争中性。

（4）公布有关许可证标准的信息。

（5）设立独立于任何基础电讯服务且不向其负责的规制机构。该机构的决定和其使用的程序应当公平对待所有的市场参与者。

（6）稀有资源的分配和指定使用应当是客观、及时、透明和非歧视性的。

（二）主要结论

专家小组的主要结论[①]：

（1）墨西哥没有保证以成本导向的价格为基于设施的基础电讯服务提供跨境供给提供的双向连接。

（2）墨西哥没有采取适当措施防止主要电讯供应商的反竞争行为。

（3）墨西哥没有保证合理和非歧视性进入和使用电讯网络。

基于上述结论，专家小组裁决墨西哥违反了它的 GATS 承诺。

但是，专家小组判定墨西哥没有承诺开放无设施跨境电讯服务（即允许国际简单再销售），因此不可能违反其相关承诺。

在做出其决定的过程中，专家小组分析解决的主要问题如下：

跨境服务的定义：所涉及的服务供给模式是一个关键问题，因为墨西哥承诺了模式 1 市场开放。美国认为，所涉及服务是跨境服务，即模式 1 供给。但墨西哥坚持它们是由美国公司提供服务至墨西哥边境，然后转交给墨西哥公司继续提供服务，即属于模式 2 服务。

专家小组的判决支持美国的观点，认为从美国拨打至墨西哥的电话是跨境服务，无论是

---

① WTO, "Dispute Settlement: Dispute Ds204 Mexico — Measures Affecting Tele-communications Services", http://www.wto.org/english/tratop_e/dispu_e/cases_e/ds204_e.htm.

美国公司利用其在墨西哥境内的设施提供直接的连接,还是通过使用墨西哥在境外的公司完成连接。专家小组解释道:"电讯服务的供给通常涉及或需要连接其他运营商以完成服务,供应商以某种方式存在于服务的两端,因此不成为定义跨境服务的必要条件"。

双向连接的清算资费:根据多种美国估计,美国公司被要求支付的清算价格平均较成本高出2.5倍。这违背了《参考文件》第2.2段。该段以成本为导向要求保证通过主要供应商提供的双向连接是透明合理的,考虑了经济上的可行性,以及充分拆解以使供应商不必付给网络其不需要的组件。专家小组邀请墨西哥提供自己的估计,但墨西哥没有做出反应。

专家小组的裁决是:"(观察到的)成本和清算价格之间的差异不太可能在基于成本导向的价格之上所允许的规制灵活性范围之内"。特别值得注意的是,专家小组认为只有直接产生于提供双向连接的成本是相关的,而网络总体发展的成本和普适服务项目的成本没有被视为双向连接的计费成本基础。

墨西哥主张清算价格是基于国际会计计费体系[①],而不是双边连接体系。专家小组做出裁决,国际会计计费体系在采用了《参考文件》的国家应受到成本导向的双向连接纪律的约束,已经存在的产业实践不能成为回避GATS责任的理由。

反竞争行为:根据墨西哥法规,在一个国际线路拥有最大外向通讯业务的运营商应谈判决定该路线进入本国的通讯终止计费,并将该计费标准应用到所有的运营商(统一清算计费)。Telmex拥有流向美国的最多的电讯流量,因而是清算计费唯一的谈判者,并将该计费标准作为其竞争的计费标准。规制规则还要求国外进入呼叫在墨西哥运营商之间的终端分配和每个运营商向国外的外向呼叫占比相匹配(同比回报)。

美国认为统一清算计费和同比回报造成了一个决定价格和市场份额的卡特尔,因此墨西哥没有按照《参考文件》第1.1节要求采取适当的措施防止垄断行为。墨西哥反驳道,上述规则正是为了防止外国大型运营商通过墨西哥企业的内部竞争使价格下降至不可持续水平的垄断行为。

专家小组的裁决不支持墨西哥的观点。专家小组认为,统一清算计费和同比回报要求墨西哥运营商形成卡特尔似的运营方式,是反竞争的。专家确认了《参考文件》应该是判断墨西哥防止反竞争行为责任的标准,即使这些运营方式是现行的政府规制所授权的。一旦做出了承诺,成员国必须修正国内规制以符合其GATS责任。

合理和非歧视性接入和使用电讯网络:在通过"再销售"提供非设施服务的问题上,专家小组做出裁决支持美国的立场。专家小组认为双向连接以及双向连接和租用电路的能力是"接入"的一种形式,包含在附件的规定之中。专家小组的结论是,墨西哥不能因为没有必要的规制管理美国供应商提供此类服务的许可而要求豁免其关于通过商务存在开放市场的承诺。

国际简单转售:专家小组做出裁决墨西哥没有做出非设施电讯服务市场开放的承诺,因而在国际简单再售问题上,支持墨西哥的观点。

---

① 国际会计计费体系自20世纪30年代以来一直通过双边合同作为运行模式。渊源来自于1865年发起的国际电讯联合会和对传递国际电话的运营商进行补偿的需求。

（三）评论

该案例充分反映了服务贸易的复杂性，很好地说明了 WTO 约束和国内规制之间的关系。

在服务贸易四种供给模式的划分下，成员的承诺通常因模式的不同而有差异，争端所涉及的服务属于哪一种模式可能是争端解决结果的关键之一。此案例中，专家小组根据国际声讯服务的一般规律，将最终消费者和服务提供商之间的关系作为决定服务供给模式的基础，没有将中间服务商——墨西哥电信公司看成是服务的中间购买者。

在确定成员的责任和 WTO 的约束纪律时，WTO 尊重成员国内各类政策考虑的需要和其他国际标准，但是一旦成员国作出了承诺，形成 WTO 框架下的责任和纪律，则必须对国内规制和制度进行调整，包括建立在其他国际标准和惯例基础之上的政策，不能违反 WTO 的约束。

☞ 案例二：

中国——某些影响电子支付服务的措施

这是一个由美国向 WTO 起诉中国的案例。争端的焦点是"中国所维持的借记卡交易电子支付服务（EPS）以及对服务供应商所作的相关限制和要求"。美国申诉认为上述限制和要求违反了 GATS 第十六条第一款、第二款 a 项和第十七款。

美国在 2010 年 9 月 5 日要求与中国磋商，在 2013 年 2 月要求成立专家小组。在美国要求之下，WTO 总干事于 2011 年 7 月 4 号组成了一个专家小组。专家小组于 2012 年 7 月 16 日提交了裁决报告。该报告随后被 DSB 采纳。

（一）申诉指控[①]

美国的主要指控是：

（1）指控中国银联（China Union Pay）被确定为所有中国国内人民币借记卡支付的电子支付服务唯一供应商。

（2）指控中国银行所发放的借记卡被要求带有银联的徽标。

（3）指控中国要求所有的自动取款机，处理银行卡的商业设备和销售终端能够接受所有印有银联徽标的借记卡。

（4）指控中国要求收单机构必须贴出银联的徽标并能够接受所有印有银联徽标的借记卡。

（5）指控中国禁止使用非银联借记卡进行银行间和跨区域借记卡交易。

（6）指控中国关于中国内地发放的借记卡在中国香港和中国澳门使用，以及中国香港

[①] WTO, "DISPUTE SETTLEMENT: DISPUTE DS413, China — Certain Measures Affecting Electronic Payment Services", http://www.wto.org/english/tratop_e/dispu_e/cases_e/ds413_e.htm.

第七章 服务贸易总协定

和中国澳门发放的借记卡在中国内地使用的类似规定。

美国认为,中国做出了市场开放的承诺和国民待遇的承诺,允许 EPS 模式 1 跨境供给和模式 3 商业存在。美国认为 EPS 属于中国 GATS 承诺表中的子部门 7.13（d）,其文字描述是"所有支付和钱款传送服务,包括信用卡、记账卡[①]和借记卡、旅游支票和银行汇票（包括进出口清算）"。美国认为,考虑到上述被指控的承诺,所指认的有关 EPS 的相关要求和中国所做出的市场开放和国民待遇承诺在 GATS 第十六条和第十七条下的责任相矛盾。

（二）主要结论

专家小组确定,中国的 GATS 承诺表子部门 7.13（d）适用于为支付卡交易所提供的 EPS,但是拒绝了美国在指控中断言中国表中列出的承诺包含模式 3 对外国 EPS 供给者的市场开放,另外专家小组给出裁决,中国对模式 1 和模式 3 供给做出了有条件的完全国民待遇承诺。

专家小组裁决没有足够的证据接受美国立场指控中将中国银联作为所有处理国内人民币支付卡交易的全方位垄断供应商。因此,专家小组拒绝了美国基于其指控的政府支持的全面垄断而要求的市场开放和国民待遇。

但是专家小组裁决,在清算中国内地发放的人民币支付卡在中国香港和中国澳门使用,和清算中国香港和中国澳门发放的人民币支付卡在中国内地使用的业务上,中国维护了银联的垄断供应者地位。专家小组认为中国违反了其市场开放承诺在 GATS 第十六条第二款 a 项下的责任。该项要求成员在承诺了开放的市场不限制服务供应商的数量,专家小组不认为中国违背了国民待遇的要求。

另外,专家小组确认中国要求所有在中国发放的支付卡印有银联的徽标并和该网络相容,确认中国要求国内所有终端设备能够接受印有银联徽标的支付卡,确认中国要求收单机构展示银联徽标并接受所有带有银联徽标的支付卡。专家小组的观点是,这些要求朝着对银联有利的方向改变了竞争条件。因此中国没有提供给其他成员国 EPS 的国民待遇,违反了中国模式 1 和模式 3GATS 第十七条所规定的国民待遇责任。

（三）评论

服务贸易的四种供给模式为差异化、渐进式市场开放和国民待遇承诺提供了充分的灵活性。但是一旦做出了市场开放和国民待遇的承诺,则必须遵守 GATS 第十六条和第十七条中的规定。对承诺的约束是一把"双刃剑",其积极的一面是防止可能导致市场扭曲的政府政策和制度的产生,而其消极的一面是当市场出现缺失,产业受到集聚效应,知识和信息溢出效应,或者网络效应等外部性影响时,实施所必要的政府干预空间被大大压缩。正负两方面的影响在发展中国家都更加显著。这就要求政策制定者在作出新的服务贸易自由化承诺时更具远见,充分考虑到将来产业发展的方向和需要,在列出例外条款时,充分考虑到可能需要政策干预的情况。对于已经作出的承诺,政策制定者需要更加有效地利用 WTO 框架下所容许使用的政策工具。

[①] 必须每月结账的信用卡。

第八章 与贸易有关的知识产权协议（TRIPs）

本章要点

1. TRIPs 协议出台的背景是什么？
2. TRIPs 协议的出台有何意义？
3. TRIPs 协议的基本内容有哪些？
4. 我国知识产权制度与 TRIPs 协议有哪些差距？
5. 在 TRIPs 协议下，发展中国家所处的劣势主要表现在哪些方面？
6. 知识产权保护有哪些新进展？

与贸易有关的知识产权协议（TRIPs）是 WTO 规则对贸易领域知识产权加以保护的专门协议。列为 TRIPs 协议保护对象的知识产权必须与贸易有关，主要包括版权和相关权利、商标权、地理标志权、工业品外观设计权、专利权、集成电路布图设计权、对未披露信息的保护和对许可合同中限制竞争行为的控制权。随着技术的进步和人类社会的发展，人们追求更高质量的生活水平必将带来全球经济贸易的进一步繁荣，同时也面临更加紧张的资源和环境约束，WTO 规则中与贸易有关的知识产权的保护范围和保护质量都将发生变化以不断适应新形势的需要。

第一节 TRIPs 协议的出台背景

一、TRIPs 协议的历史背景

随着人类社会的不断进步和经济、政治、文化的不断变革，法律制度也在不断完善。知识产权制度也不例外，它是随着工业革命的到来和商品经济的出现而产生的。1623 年盛极一时的英国国会通过并颁布了世界上最具现代意义的第一部专利法——《垄断法规》。该法规规定了发明专利权的主体、客体，可以取得专利的发明创造以及取得专利权的条件、专利有效期、专利被视为无效的情形等。继英国之后，美国于 1790 年、法国于 1791 年、荷兰于 1817 年、德国于 1877 年、日本于 1885 年都先后颁布了自己的专利法。在我国，1898 年光绪皇帝签发的《振兴工艺给奖章程》被认为是我国历史上第一部专利法，但遗憾的是由于"戊戌变法"的失败，这部法律并未付诸实施。

第八章　与贸易有关的知识产权协议（TRIPs）

随着各国商品经济的发展和国家之间贸易往来的增加，单个国家制定的知识产权法已经不能满足贸易国际化发展的要求，国际知识产权制度应运而生。1983年3月，国际社会缔结了第一个多边国际知识产权条约——《保护工业产权巴黎公约》（简称《巴黎公约》），此后，多国共同签署的知识产权条约不断增加，对国际生产和国家之间的贸易往来产生了重要作用。如1886年9月签订的《保护文学艺术作品伯尔尼公约》（简称《伯尔尼公约》），1891年4月签订的《商标国际注册马德里协定》（简称《马德里协定》）和1891年《制止商品虚假产地或者欺骗性标记马德里协定》等。

进入20世纪以来，特别是经过第三次科技革命的发展，国际贸易间的交往出现了新的特征，知识产权成为各国竞争的重要工具，由此，知识产权的保护显得尤为重要。为顺应时代潮流，促进国际贸易的正常发展，1967年51个国家在斯德哥尔摩签订了《建立世界知识产权组织公约》，并成立了关于知识产权国际保护的政府间国际组织——世界知识产权组织（WIPO）。这一组织的成立，对国际知识产权保护的发展起到了积极的作用。然而，到了20世纪80年代，随着国际政治经济体制的演变和世界经济形势的变化，尤其是科技革命的突飞猛进，国际知识产权组织日益显示出其缺陷和不足。由此，TRIPs协议应运而生。

TRIPs协议是在以美国为首的发达国家的倡导和积极推动下建立的。1986年乌拉圭回合谈判中，美国积极主张将与贸易有关的知识产权问题列入谈判议题。以美国为首的发达国家认为，WIPO下的知识产权保护制度已经不适应新技术革命对知识产权保护提出的更高要求，因此需要在关贸总协定的体制下建立新的国际知识产权保护制度。但是这一建议遭到发展中国家的广泛抵制，理由是WIPO组织下有一套完整的知识产权国际规则和组织机构。面对这种情形，发达国家一面对发展中国家施加压力甚至威胁，一面承诺给予发展中国家多方面的贸易优惠，如在纺织业和服务业上面。经过一系列的磋商，发展中国家最终与发达国家于1994年4月共同签订了TRIPs协议。并从1995年1月1日起开始生效，其现称《与贸易有关的知识产权协议》（Agreement on Trade-Related Aspects of Intellectual Property Rights）。

二、TRIPs协议出台的现实意义

TRIPs协议是在经济全球化和贸易国际化的背景下产生的。在TRIPs协议之前，有关知识产权国际保护的国际条约主要包括：《保护工业产权巴黎》、《保护文学艺术作品伯尔尼公约》、《商标国际注册马德里协定》、《世界版权公约》、《保护表演者录音制品录制者和广播组织罗马公约》、《保护录音制品录制者防止擅自复制其录音制品日内瓦公约》、《建立世界知识产权组织公约》、《专利合作条约》、《商标注册用商品和服务国际分类尼斯协定》、《保护植物新品种国际公约》，等等。在WTO成立以前，这些国际条约是世界和各国国内知识产权立法的重要依据，也是世界各国解决知识产权争议的主要渊源。但是，一方面由于每个条约主要只规定了知识产权制度中的一个方面，譬如《保护文学艺术作品伯尔尼公约》主要是对版权的保护进行了规制而没有对专利和商标等其他方面进行规制，而且各个条约的缔约国并不统一，譬如有的国家缔结了其中的某一个条约而未缔结另一个条约，这一结果必然会给发达国家在推行其高标准知识产权保护水平的过程中带来阻碍；另一方面，在各个条约的具体内容上，不同发展水平的国家对条约有不同的期望和理解，从而在执行国际条约上各个国家就会出现分歧。

在此种情况下，主导世界经济发展的发达国家对现有知识产权国际保护体系极为不满，发展中国家在知识产权保护国际条约中对某些具体条款产生的矛盾，必然会导致各种针对知识产权国际保护条约的纠纷，而这又具体体现在对知识产权保护国际条约的修改上，最终都是无果而终。杨红菊、何蓉（2008）指出这种状况："使得发达国家改变策略，开始更多地运用单边贸易保护措施和双边国际协议，并寻求通过 GATT 推进其在便于建立统一的知识产权保护标准的计划，以保护其技术领先行业在世界范围内的优势和竞争力，保障其国家的经济利益"。随着贸易自由化、生产国际化、金融和科技的全球化加强，TRIPs 协议也因此更加受到重视，从而推动其最终形成。

第二节 TRIPs 协议的基本内容

一、TRIPs 协议的基本内容及其与其他国际公约的区别

TRIPs 列入的与贸易有关的知识产权包括版权和相关权利、商标权、地理标志权、工业品外观设计权、专利权、集成电路布图设计权、对未披露信息的保护和对许可合同中限制竞争行为的控制权。具体内容如下：

（一）版权及相关权利

1. 基本内容

版权是指文学、艺术作品或科学作品的作者或合法所有人对自己智力创作而产生的作品所享有的专有权利。这种权利包括禁止他人未经许可复制、发行、播放自己作品的权利。

相关权利包括对计算机程序的保护，对表演者、录音制品制作者及广播组织的保护。例如，成员应授权其作者或作者之合法继承人许可或禁止将其享有版权的作品原件或复制件向公众进行商业性出租；未经表演者许可，不得对其表演进行录音、传播和复制；未经广播组织者许可，不得将其广播以无线方式传播，固定其内容或以同样的方式向公众传播等。

版权的保护期限不得少于 50 年；表演者和录音制品制作者的权利应至少保护 50 年，对广播的保护应不少于 20 年。

2. 与其他国际公约的区别

在版权领域，TRIPs 协议和伯尔尼公约的规定基本是相同的。但是，由于发达国家要求以及科技进步出现新的对象，TRIPs 协议加强了著作权的保护力度、扩大了著作权的保护范围。TRIPs 协议在著作权保护对象范围中，增加了计算机程序和其他资料的汇编；在规定保护期上，伯尔尼公约和 TRIPs 协议对版权的保护期均要求为作者有生之年加 50 年；摄影作

品和实用艺术作品为各成员的法律规定，但这一期限不应少于自该作品完成之后算起的 25 年。在专有权方面，伯尔尼公约对作者享有专有权范围的规定，并入了 TRIPs 协议的规定。但 TRIPs 协议增加了对计算机软件和电影作品的租赁权以及对邻接权的保护。此外，伯尔尼公约要求对精神权利的保护，TRIPs 协议却不保护作者的精神权利。

（二）商标权

1. 基本内容

世界知识产权组织对商标的定义为：商标是用来区别某一工业或商业企业或这种企业集团的商品的标志。这些标记包括文字、图形、字母、数字、三维标志和颜色组合以及上述内容的任何组合。

注册商标所有人享有专有权，以防止任何第三方未经许可而在贸易活动中使用与注册商标相同或近似的标记去标示相同或类似的商品或服务，以造成混淆的可能。其中驰名商标应受到特别的保护，即使不同的商品或服务，也会暗示该商品或服务与注册商标所有人存在某种联系，因而在任何情况下都不得使用他人已注册的驰名商标。

商标的首期注册及各次续展注册的保护期，均不得少于 7 年。商标的续展注册次数应系无限次。

2. 与其他国际公约的区别

（1）保护标准。马德里协定没有规定商标保护的最低标准，只规定国际注册商标权的期限为 20 年，对商标续展则规定的不甚明确，而 TRIPs 协议对商标权期限仅规定了 7 年，并规定到期后可以续展。巴黎公约规定商标注册后至少 5 年，之后其他人可以请求撤消该商标。而 TRIPs 协议规定如果权利人至少 3 年不使用注册商标，该商标才能够被撤销。

（2）保护范围。TRIPs 协议将商标的保护扩展到服务商标。TRIPs 协议确认只要在确保商标所有人正当的利益给以考虑的条件下，承认对商标的合理使用。TRIPs 协议禁止对商标权使用的强制许可。

（三）地理标志权

1. 基本内容

地理标志是指能够确定一种商品来源于一成员领域或该领域内的一个地区或地方，而该商品的特定品质、声誉或其他特征实质上又有赖于其地理来源的一种标志。

各 WTO 成员应提供法律措施以使利害关系人停止侵犯他人地理标志权的行为，包括误导公众对商品的真正来源产生误解。特别是对葡萄酒和烈酒地理标志提供了更为严格的保护，各成员应为利害关系人提供法律措施，防止将某一葡萄酒和烈酒的专用地理标志用于标识来源于其他地方的葡萄酒和烈酒。如果专用地理标志被允许用来标示来源于不同地方的同种商品，也需要同时标出商品的真正来源地。

地理标志权的保护期限不受限制。对在起源国不受保护或已停止保护的地理标志无义务保护。

2. 与其他国际公约的区别

TRIPs 协议有关保护原产地名称的条款规定，商标不能以虚假的地理产地进行注册。TRIPs 协议对原产地名称的保护与 WIPO《里斯本协定》对原产地名称的保护和他们的国际注册相似，然而 TRIPs 协议指明的可能大大超过《里斯本协定》的 16 个命名。此外，TRIPs 协议还特别规定，要求成员对防止酒类产品的虚假地理原产地标识给以高标准的保护，应该达到使公众产生言听计从、不产生怀疑的标准，要排除任何引起混淆的危险。

（四）工业品外观设计权

工业品外观设计权指的是对独立创作的、具有新颖性或原创性的工业品外观设计提供保护。该协定规定，受保护的工业品外观设计必须符合以下两个条件：第一，必须是作者"独立创作"的；第二，必须是"新颖的或独创的"。协定还规定，成员可以不保护那些实质上受技术或功能因素支配的外观设计。协议对纺织品外观设计可能提出的要求做出了限制。成员可选择用工业品外观设计法或用版权法去履行该项义务。受保护的工业品外观设计所有人，有权制止第三方未经许可而为商业目的制造、销售或进口带有或体现有受保护设计的复制品或实质性复制品之物品。各成员应保证其对保护纺织品外观设计的要求，特别是对成本、检验或公布的要求。

对于工业品外观的上述权利，成员可以选择工业品外观设计法或版权法进行保护，保护期限应不少于 10 年。成员可以规定有限的例外，但这种例外不得与受保护的工业品外观设计的正常利用相冲突，且不得不合理地损害受保护的外观设计所有人的合法利益。

（五）专利权

1. 基本内容

专利是受法律规范保护的发明创造，它是指一项发明创造向国家审批机关提出专利申请，经依法审查合格后向专利申请人授予的在规定的时间内对该项发明创造享有的专有权。除了下述两种例外，所有技术领域内的一切发明，不论是产品还是方法，只要具有新颖性、创造性和工业实用性，即可申请获得专利。这两种例外是：第一，成员可将某些发明排除在可获得专利的范围之外，在其域内制止这种发明的商业性开发，以此保护公共秩序或道德（包括保护人类、动物和植物的生命和健康或避免严重的环境损害）。但不得仅仅以该国法律禁止利用某发明为理由将该发明排除在可获专利的范围之外。第二，成员还可将下列发明排除在可获专利的范围之外：人类或动物疾病的诊断、治疗和手术的方法；除了微生物之外的植物、动物，以及生产植物或动物的生物方法，但成员应以适当的方式对植物新品种提供法律保护。

在符合协定有关规定的条件下，专利及专利权，不得因发明地点不同、技术领域不同及产品是否进口或是否本地制造而给予歧视。

协定规定了专利所有人的两种不同性质的权利：专利权和对专利处置权。专利所有人享有的专利权因产品专利和方法专利的不同而有所不同。对产品专利，专利所有人享有制止第三人未经其许可而制造、使用、提供销售、销售专利产品，以及为上述目的而进口该产品的专有权利。对于方法专利，专利所有人享有制止第三人未经其许可使用该方法以及使用、提供销售、销售以及至少为上述目的而进口直接用该方法获得的产品的专有权利。专利所有人的专利处置权主要包括两项：转让权和许可权。协定规定专利所有人专利处置权，与协定序言中提出的"知识产权是私权"的原则是一致的。

此外，专利的保护期限应不少于自提交申请之日起的 20 年年终。

2. 与其他国际公约的区别

（1）专利的申请。巴黎公约未提及专利的申请，只规定了可获得专利的标准：新颖性、进步性和工业实用性；而 TRIPs 协定不仅规定了专利标准，还规定专利申请人以足够清晰完整的方式披露发明，要提供有关申请人的相关外国申请和授予的信息。

（2）专利的公布和请求。关于对一项专利的公布和请求，巴黎公约并未提及；TRIPs 协议则采用了美国的公布和请求的模式，规定了专利的公布和请求。

（3）权利的授予。巴黎公约对一项专利权的权能未作具体的规定；TRIPs 协议则对专利权人享有的权利表述为制造、使用、销售、许可销售，或者进口违法专利品或专利方法。

（4）保护对象。巴黎公约并未细化专利保护对象。TRIPs 协议将保护对象扩展到道德领域，包括保护人类、动物，或者植物生命或健康，或者避免严重的损害环境。TRIPs 协议允许成员将专利保护对象扩展到对人类和动物的诊断、治疗和外科方法方面，以及对植物的诊断等方面。

（5）专利保护期和强制许可。巴黎公约未规定最低的专利保护期；TRIPs 协议规定该保护期为 20 年。巴黎公约规定，如果一项专利权不被行使，允许强制非独占许可，即：权利人不行使其专利权，成员方政府可以许可其他人使用该项专利，而不必经权利人许可，也不承担侵权赔偿责任。吴友明（2001）认为，TRIPs 协议虽然也规定了非独占强制许可的义务，但同时规定了实施的非常有限的条件，强制许可被限制在有限的范围和期间内；还规定了对专利权人的补偿，以及对这种强制许可和补偿数额的司法复审。

（六）集成电路布图设计（拓扑图）

集成电路是指采用半导体制作工艺，在一块较小的单晶硅片上制作许多晶体管及电阻器、电容器等元器件，并按照多层布线或隧道布线的方法将元器件组合成完整的电子电路。集成电路布图设计则是指集成电路中至少有一个是有源元件的两个以上元件和部分或者全部互联线路的三维配置，或者为制造集成电路而准备的上述三维配置。

依照"集成电路知识产权条约"，各成员把以下活动视为非法：为商业目的进口、销售或以其他方式发行被保护的布图设计；为商业目的进口、销售或以其他方式发行含有受保护布图设计的集成电路；或为商业目的进口、销售或以其他方式发行含有上述集成电路的物品（仅以其持续包含非法复制的布图设计为限）。

成员可将集成电路布图设计的保护期规定为布图设计创作完成起15年。

（七）对未披露信息的专有权

1. 基本内容

所谓"未披露的信息"，条约上明确规定必须满足以下三个条件：第一，其属于秘密，即该信息作为整体或作为其中内容的确切组合，并非通常从事有关该信息工作之领域的人们所普遍了解或容易获得的；第二，因其属于秘密而具有商业价值；第三，合法控制该信息之人，为保密已经根据有关情况采取了合理措施。

凡未经信息合法所有者许可而披露、获得或使用该信息的人，构成违背诚实商业的行为，且这一行为方式应至少包括诸如违约、泄密及诱使他人泄密的行为。此外，除非出于保护公众的需要，或除非已采取措施保证对该数据的保护、防止不正当的商业使用，成员均应保护该数据以防其被泄露。

2. 与其他国际公约的区别

世界知识产权公约未规定对商业秘密进行保护。而 TRIPs 协议规定对"未披露的信息"（即商业秘密）进行保护。TRIPs 协议还要求在化学、医药产品领域保护商业秘密。当然，这些化学和制药产品都要得到政府的批准。

3. 限制竞争行为的控制权

对于与知识产权有关的某些妨碍竞争的许可证贸易活动或条件，可能对贸易具有消极影响，并可能阻碍技术的转让与传播。成员可在与本协议的其他规定一致的前提下，顾及该成员的有关法律及条例，采取适当措施防止或控制这类活动。这类活动包括诸如独占性返授条件、禁止对有关知识产权的有效性提出异议的条件或强迫性的一揽子许可证。

二、我国知识产权制度与 TRIPs 协议的区别

TRIPs 协议在规定全体成员必须遵守 TRIPs 协议的基本原则和达到 TRIPs 协议规定的最低要求时，同时也规定了各成员在某些领域内，可以根据本国的具体国情实施相应的方案。就我国知识产权制度而言，在 TRIPs 协议的基本原则和最低要求上，还存在较大差距，具体表现在以下几个方面：

（1）在商标法和专利法的实施中，对部分有关知识产权的行政终局决定，缺乏必要的司法审查和监督。TRIPs 协议第五款明确规定，终局的行政决定均应接受司法或准司法当局的审查。在我国《商标法》中，规定对商标局做出的有关授权或维持的决定不服的，由商标评审委员会作出终局裁决或决定。表面上看，商标评审委员会独立于商标局之外，既不从事商标注册申请审查工作，也不从事查处侵权案件工作，仅仅对商标权事宜进行复审，这样规定是符合 TRIPs 要求的。但事实上，现行规定赋予商标评审委员会在审理案件中可以行使

的权力是有限的，审理程序也比较粗糙，不利于及时、公正、公平地审结案件。与 TRIPs 协议中的要求还存在一定差距。

（2）对知识产权的侵权行为，特别是对假冒和盗版行为的打击力度不够，对受害人的救济措施还不完善。据介绍，我国现行专利法已经过了 3 次修订，但是权利人普遍反映，专利侵权存在侵权成本低、维权成本高、取证难及行政执法手段不强等问题，知识产权执法工作面临极大挑战。

（3）在著作权法中，没有区分邻接权与著作权。从而对知识产权权利人的权利限制过多、过宽，不合理地损害了权利人的合法权益。我国著作权法把广播组织权规定为"广播电台、电视台对其制作的广播、电视节目"享有的权利。这是不确切的。根据 TRIPs 第 13 条第 3 款规定："广播组织应享有权利禁止未经其许可而为的下列行为：将其广播以无线方式重播，将其广播固定、将已固定的内容复制，以及通过同样的方式将其电视广播向公众传播。"这就表明，广播组织享有广播权不是基于制作节目，而是播出节目。如果广播组织自己制作节目，其享有的权利应当是著作权而不是邻接权。我国著作权法的规定恰恰混淆了著作权和邻接权的界限，使广播组织在应该享有著作权的时候享有邻接权，而在应享有邻接权的时候却没有任何权利。此外，依照 TRIPs 的规定，表演者享有的权利有：对其尚未固定的表演加以固定的权利；将已经固定的表演内容加以复制的权利；以无线方式向公众广播其现场表演的权利；向公众传播其现场表演的权利。而我国著作权法规定的表演者的权利有：表明表演者身份；保护表演形象不受歪曲；许可他人现场直播；许可他人以营利为目的录音录像，录音录像制作者应当支付报酬的权利。

（4）在各类知识产权的保护内容和保护水平上存在着不同程度的差距。如我国目前的集成电路保护存在着法律位阶效力较低、法定赔偿制度、集成电路诉讼中的证据促使制度尚未建立等问题。TRIPs 协议中规定，在有关证据显然具有被销毁危险的前提下，司法当局应当有权在开庭前按照一方当事人的要求，采取临时措施。而在我国现行的《集成电路保护条例》第 32 条规定："布图设计权利人或者利害关系人有证据证明他人正在实施或者即将实施侵犯其专有权的行为，如不及时制止将会使其合法权益受到难以弥补的损害的，可以在起诉前依法向人民法院申请采取责令停止有关行为和财产保全的措施。"在这种情况下，当事人在遭遇侵权时由于证据的缺失而难以维护自身的合法权益并获得赔偿的案例屡屡发生。

第三节　有关 TRIPs 协议的讨论与争论

TRIPs 协议的签订使国际知识产权保护制度进入了一个新的历史阶段，其涉及内容之广、规定之复杂是以往国际知识产权所无法比拟的，TRIPs 协议对国际知识产权的保护起着重大的积极意义。针对 TRIPs 协议相关的讨论与争论日益激烈，这些观点与看法从相关文献中可见一斑。以 CNKI 数据库文献为例：1978～1994 年，仅一篇文献介绍 TRIPs 协议的著作权与邻接权的条款。而 1994～2001 年共有 102 篇文献介绍及讨论 TRIPs 协议的相关知识，且其中有 19 篇文献介绍 TRIPs 协议与我国知识产权的情况。自进入 21 世纪以来，共有 2100

篇文献讨论TRIPs协议,与前期相比,增长率为95%,其中涉及TRIPs协议与我国知识产权关系的有1322篇,增长率为98.6%。此外,1978~1994年,并无任何有关我国知识产权的相关情况介绍。而1994~2001年,有338篇文献专门讨论我国知识产权。到21世纪以来,专门讨论我国知识产权的有3391篇。其中,讨论我国著作权的有1351篇,占比39.8%,专利权的有185篇,占比5.5%,商标权有114篇,占比3.4%。这一系列急剧上升的数据表明,TRIPs协议对国际国内的发展起着越来越重要的作用。

TRIPs协议的签订是世界各方妥协折衷的结果,是发达国家和发展中国家在WTO体制框架内各自让步而获得的一致结果。一方面,发展中国家接受了高水平的知识产权保护标准,在很大程度上满足了发达国家的愿望。另一方面,发达国家也做出了在降低市场准入、关税优惠以及给予发展中国家在纺织、农业等领域更多优惠的承诺,这样双方才达成了一种表面上的平衡。

随着TRIPs协议的广泛运用,发展中国家越来越感觉到,由于先天性的不足,发展中国家制定的高于国内经济、文化发展水平的知识产权保护标准,不利于其国内的技术创新和社会进步,进而在国际贸易的竞争中处于越来越被动的地位,从而牺牲了巨大的经济利益,使得财富从发展中国家向发达国家转移。此外,发达国家依靠TRIPs协议在国际贸易竞争中取得了巨大的利益和日益优势的地位的同时,却没有兑现其对发展中国家做出的降低关税、开放农业、纺织品市场的承诺,在这种情况下,发展中国家不得不承担TRIPs协议项下的诸多负担。长此下去,两者的冲突与对抗逐渐加剧。具体表现在以下几个方面:

一、TRIPs协议与公共健康

(一)发展中国家的公共健康危机

TRIPs协议第27条规定:"一切技术领域内的任何发明,均应有权能获得专利。"包括药品。近几年来,巴西和南非就发生了对治疗艾滋病、疟疾和结核病严重传染病药物可获取性的贸易争端,发展中国家和最不发达国家的公共健康问题的解决迫在眉睫。

以艾滋病为例,根据世界卫生组织的报告,自20多年前报道艾滋病首例临床证据以来,艾滋病毒已经蔓延到世界各地。这一流行病仍在迅速蔓延,耗竭了发展收益,导致数千万人死亡,扩大了贫富差距,并且破坏社会和经济的安全。据世界卫生组织(WHO)报道,仅2010年,全球估计有3160万~3520万人为艾滋病毒携带者,其中在15岁以下的青少年中有340万左右的HIV携带者,180多万人被夺走了生命。而在全球占最大比重的是非洲国家,90%以上的艾滋病发生在非洲、亚洲和南美洲的发展中国家或最不发达国家和地区。迄今,非洲是世界上受影响最严重的区域。据统计,2010年年底该地区约有2290万人为艾滋病毒携带者,且有120万人死于艾滋病,超过世界其他地区艾滋病死亡人数两倍以上。在西太平洋地区,2010年受感染人数为130万。在东南亚,约有300万人携带艾滋病毒。经济增长导致人口大规模迁徙,这一致命性流行病的影响还会不断地扩大,如不加以控制,后果将很难想象。(World Health Organization,http://www.apps.who.int/gho/data/#)。而造成发展中国家公共健康危机的原因包括无力支付所需的药品、基础医疗设施的严重不足和资金匮

第八章　与贸易有关的知识产权协议（TRIPs）

乏而不能培养足够的医务人员，等等。其中，引起公共健康危机的重要因素之一是发展中国家的人民无力支付必需的基本药品。

（二）发展中国家与发达国家之间的矛盾

在 TRIPs 协议通过前，各发展中国家药品高价的因素有发展中国家本身对进口药品征收高关税、国内药品经销商哄抬价格，以及缺乏竞争等，但若市场中有仿制药品参与竞争，药价通常会大幅下跌，从而给发展中国家带来的损失并不大。

随着 TRIPs 协议的签订，各发展中国家和最不发达国家按照发达国家制定的高标准对药品及其生产方法纳入知识产权保护的范围之内。TRIPs 协议中第 27 条规定"一切技术领域中的任何发明，无论产品发明或方法发明，只要其新颖、含创造性并付诸工业应用，均应有可能获得专利"，"获得专利及享有专利权，不得因发明地点不同、技术领域不同及产品之系进口或系本地制造之不同而给予歧视。"这一条规定了专利权的授予范围，一切技术领域的任何发明除了公共秩序或公共道德所禁止的发明、对环境造成破坏的发明以及人类、动物的诊断、治疗方法等外，都可授予专利。换句话说，TRIPs 协议规定了包括药品在内的广泛的发明专利授予范围。也就是说，TRIPs 协议对药品实行专利保护，且专利权的保护期限最低是 20 年。这就赋予了拥有专利权的制药企业对其专利药品的垄断权，使得这些企业摆脱了市场竞争，在专利权的保护下将药品费用维持在较高的水平上。同时，TRIPs 协议既保护了产品专利权又保护了生产过程专利权，使得制药企业在药品专利保护期满后，还可以为其生产过程申请保护，从而延长了对药品的垄断。据调查统计，全球具有研发新药能力的制药商大都集中在美国、瑞士、德国、日本和英国等发达国家，仅美国和日本的药品专利就占了世界的 60% 以上。新药的研究开发需要大量的资金、高水平的技术人员和长期的临床实验，这些使得大多数发展中国家在医药方面不具有药品研发能力，从而需要支付昂贵的药品费用给发达国家的制药商。特别地，在市场经济条件下，制药商受专利权利益的刺激，往往会投资于最具有利润回报的疾病，而很少考虑到贫穷国家的需求，使得发展中国家和少数不发达国家的人民在面对疾病时受到了不平等的待遇。

此外，发展中国家为了符合 TRIPs 协议的最低保护标准，修订本国专利法等知识产权制度，并赋予药品专利保护，给予药品专利权人一段时间的独占权益，由此造成药价居高不下，使得艾滋病疫情严重的发展中国家，如南非想要修订其国内法，采取平行进口或强制许可等措施来抑制高昂的药价，以增加药品的可得性；巴西则通过药品强制许可的手段，来推行艾滋病防治计划。可是，就在发展中国家根据 TRIPs 协议所规定的弹性机制努力维护其国家公共健康时，却被那些跨国制药企业及代表制药企业利益的美国认为违反 TRIPs 协议的相关规定而提起诉讼，这在国际社会上引起了强烈的关注，促使国际社会思考作为基本人权的健康权与知识产权之间的冲突与协调。随着国际市场上药品价格的不断上涨，而发展中国家仿制和进口廉价药品的道路受阻，南北矛盾激化，TRIPs 协议的公平性受到极大质疑。

二、知识产权与反垄断

(一) 知识产权的滥用问题

知识产权制度通过授予创新者发明创造的独占使用权,以激励技术创新、鼓励技术传播、最终促进经济增长和社会进步。TRIPs 协议中指出其订立的目的在于:"希望减少国际贸易中的扭曲和障碍,考虑到需要促进对知识产权的有效和充分的保护,并需要确保知识产权执法的措施和程序本身不致成为合法贸易的障碍。"这句话的意义是,要处理好保护知识产权与促进自由贸易之间的关系。一方面,保护知识产权是促进自由贸易的重要保障,没有对知识产权采取法律上的保障,任凭侵权者抄袭、盗用他人的智力劳动成果,势必会影响到文化艺术、科技创新的正常交流,从而影响到自由贸易的顺利进行;另一方面,过度或不恰当地使用知识产权,则会限制自由贸易。对于某些技术创新、技术转让,政府应致力于促进技术知识的传播以增进社会福利而不是把保护技术拥有者的权利作为唯一目标。因而该协议第 8 条第 2 款规定,"为了防止权利所有人滥用知识产权,或者采用不合理的限制贸易或对技术的国际转让有不利影响的做法,可以采取适当的措施,但这些措施以符合本协定的规定为限。"

所谓滥用知识产权,是相对于知识产权的正当行使而言的,它是指知识产权的权利人在行使其权利时超出了法律所允许的范围或者正当的界限,导致对该权利的不正当利用,损害他人利益和社会公共利益的情形。TRIPs 协议并没有规定滥用的含义,而要求成员国自己通过国内法规定。所以,知识产权滥用并不一定限于竞争法或者反垄断法中规定的限制竞争行为。例如,许多国家专利法中规定只针对滥用市场支配地位,但是,权利人在不占有市场支配地位的情形下也可以构成知识产权滥用。如美国专利侵权诉讼中引用滥用专利抗辩时,就不一定需要证明市场支配地位的存在。此外,美日等发达国家的知识产权拥有者,利用他们在知识领域的优势,把知识产权作为一种垄断手段限制竞争对手的现象日趋严重。如微软公司借保护知识产权为名对其在中国销售的软件产品实施歧视性定价。包括中国在内的广大发展中国家由于经济水平不高,在知识产权保护方面缺乏足够的经验,对发达国家的知识产权过度保护,从而给本国的科技进步和经济发展造成严重障碍。

理论上来说,知识产权限制了竞争者复制或模仿知识产品的能力,通过控制对知识产权及相关产品的使用,知识产权这种独占权使得权利人拥有获取垄断价格或限制竞争的可能,所以说知识产权与反垄断是相互区别的。根据中国学者王先林(2009)的论述,知识产权在形式、微观和静态上表现为一种合法的垄断权,而这一合法垄断有助于实现知识产权的最基本目标,即激励创新,但知识产权在本质、宏观和动态上却又体现为对竞争的促进,这两者貌似矛盾,实则统一。一方面,知识产权通过授予作者或创造发明人排除他人使用自己的思想或发明创造来限制作品的扩散,从而阻止了他人从中收益。另一方面,反垄断以维护自由竞争为基本目标,确保市场不被一个单独企业所垄断或竞争串谋来消除彼此之间的竞争。

知识产权的过多运用会引发反垄断行为。由于知识产权自身不能通过内部制衡机制完全解决个人利益与大众利益之间的平衡,随着知识的创新、传播及运用,对经济增长发挥的作用越来越大，也可能会给大众造成一定消极影响。此时反垄断的规制成为了从公共利益的角度对其进行调整的最佳选择。正如微软公司在世界范围内对 PC 操作系统发放许可的权利，以及将相关应用软件与视窗操作系统捆绑销售等给公众带来极大的利益损害。

（二）各国对滥用知识产权的反垄断法规制

在美国，反垄断法通常被称为反托拉斯法。在美国成文法中，一般表现为专利权滥用、版权滥用和商标权滥用等具体的权利滥用情形。当前，集中体现美国反托拉斯法在知识产权领域内最新发展动向的是 1995 年《知识产权许可的反托拉斯指南》和 2007 年《反托拉斯执法与知识产权：促进创新和竞争》的报告。1995 年的指南就知识产权许可行为可能引发的反托拉斯问题，系统说明了其在执法中将采取的一般态度、分析方法和法律适用原则，并以举例的方式作了详细说明，该指南为公众判断其许可合同行为是否触犯反托拉斯法提供了指导。2007 年的报告就该《指南》中对反托拉斯法和知识产权之间的关系定义不明确进行了修改，就如何协调两者关系确立了新的基本原则：第一，对于知识产权和其他财产权权利同等相待，适用相同的反托拉斯法原则；第二，拥有知识产权不应被假定为具有市场力量；第三，知识产权许可总体具有竞争效果。该《报告》的出台集中体现了美国执法机构在知识产权领域实施反托拉斯法的最新政策主张，保证知识产权制度和反托拉斯法能达到"鼓励创新、勤勉和竞争"的共同目标。

在欧盟，反垄断法又称为竞争法，它包括 1992 年各成员为成立欧盟而签署的《马斯特里赫特条约》中的竞争法规范、1951 年《欧洲煤炭与钢铁共同体条约》、《欧洲经济共同体条约》以及《单一欧洲文件》、《欧洲联盟条约》等。为保证经济的正常运转，欧共体的有关机构一直在尝试平衡竞争法与知识产权法的冲突，并最终确定三大基本原则，即知识产权的所有权中"存在权"与"使用权"相区别的原则、权利耗尽原则、同源原则。《欧共体条约》将欧共体竞争法对技术转让协议规制的重点放在少数能够对市场竞争产生实质影响的技术转让协议上，从而提高规制的有效性。

三、电子商务知识产权

（一）在线知识产权问题

在知识经济兴起、高新技术迅猛发展的背景下，信息共享成为信息交流、公共传播、图书情报界文献资源建设的基调，特别是网络的大众化，极大地改变了信息的收集、存贮、传递方式。然而，在网络成为新的信息获取渠道给人们带来了极大的便利的同时，也使信息资源共享面临着诸多社会问题，较为突出的是文献信息资源共享与知识产权之间的关系问题。

文献信息资源共享是将一定范围的图书情报的文献信息按照互利互惠、互补余缺的原则进行协调，共同纳入一个有组织的网络中，使网络中的所有文献信息供有关用户、网络成员共同分享与利用的一种方式。它可用最少的投入提供尽可能多的、优质的知识信息，最大限度地满足用户或网络成员的需要。由于其传播知识具有无偿性和广泛性，这就与知识产权保护所提出的有偿性、限定性相矛盾，且这种知识共享的方式一定程度上也侵害了所有者的权益，不利于知识共享传播的长远发展。

此外，随着网络环境的日新月异，网络版权问题也日益重要。以音乐、影视作品的网络版权为例，很多流行音乐，热门影视刚刚出炉不久就会被"炮制"，网友可以很方便快捷地在一些相关网站或者使用搜索引擎下载，这也在一定程度上损害了原作者的权益。然而，在保护互联网版权问题上，信息提供者到底承担什么样的责任，却没有相关定论，且由于每个公司拥有的版权是不一样的，这也极大地阻碍了版权问题的改善。

（二）电子商务模式知识产权问题

电子商务（Electronic Commerce，EC）是指各参与方之间以电子方式而不是以物理交换或直接物理接触方式完成任何形式的业务交易。电子商务包括多种模式，包括企业对企业（B to B）、企业对顾客（B to C）、顾客对顾客（C to C）、企业对政府（B to G）、企业对企业对顾客（B to B to C）、企业对顾客对顾客（B to C to C）以及企业内部电子商务模式等。

由于电子商务可以降低成本、提高效率、不受时间和空间的限制、能随时获得大量的最新资讯，其发展十分迅猛，如今对人们生活的各个方面都有了十分深远的影响。但是，电子商务的发展也给知识产权保护带来了更大的困难。如侵犯版权、商标权、专利权、商业秘密以及域名抢注等，使得知识产权保护的进程更加缓慢。以著作权为例，由于网络传输的普及和应用，原作者难以权衡并维护自身的权利，特别是对原作者作品简单复制或是稍加修改，都使得这一权利的保护难以实现。很多人都会通过数据库、互联网等途径取走作品文件，从而造成侵权。

（三）云商务知识产权问题

对于现代商务领域中"云"的概念，伯克利大学云计算白皮书中这样定义："云计算包含互联网上的应用服务及在数据中心提供这些服务的软硬件措施，互联网上的应用服务一直被称做软件及服务（Software as a Service，SaaS）"。传统模式下，企业建立一套IT系统不仅仅需要购买硬件等基础设施，还需要购买软件的许可证，需要专门的人员维护。随着IT技术的不断革新以及互联网功能的逐渐增加，企业家们提出了新的构想：可不可以有这样的服务，能够提供我们需要的所有软件供我们租用，这样我们只需要在使用时支付少量"租金"即可"租用"到这些软件服务，以节省购买软硬件及组建技术团队的资金。由此，"云计算"应运而生。

在"云计算"的影响下，现代商务赋予"云"以开放、共享的概念。通常意义上来说，"云"概念强调一个由应用或服务组成的资源库或资源池，使用者能够根据需要获取技术、空间及其他各类服务上的支持。使用者只需要输入一定的指令，"云"会相应地从资源库或资源池中选取例行的"终端"，由"终端"完成使用者的具体指令，并将结果返回使用者。在这一过程中，使用者并不需要了解谁是他的"终端"，而是直接获得所需要的最终产品，从而节省了使用者在"终端"比较和咨询过程中所消耗的大量时间和金钱，极大程度地提高了效率。

云商务时代的到来，给互联网产业、软件产业和版权产业的发展带来了新的发展机遇。

但同时也对软件、数字作品的授权使用方式进行了改变,这其中所面临版权问题尤其突出,对传统版权的法律制度、授权模式、使用方式提出了严峻的挑战。

对于传统的侵犯知识产权而言,无论是假冒、非法出售、擅自制造还是侵犯商业秘密,其犯罪行为的发生地和危害结果地总是相对明确的。而对于云商务下的犯罪行为,由于虚拟化及动态化的特征,导致犯罪行为很难与某一特定的物理空间形成直接、必然的联系,使得一旦发生严重侵权构成犯罪时,难以明确其犯罪地,特别是网络"黑客"的出现,让这一问题更加的扑朔迷离。

第四节　未来趋势展望

一、知识产权保护的新进展

罗晓霞、葛海(2005)指出,不同的利益之间彼此会存在冲突,作为社会控制工具的法律有必要对各种利益进行协调和平衡。而赵田田(2008)认为,在知识产权制度中存在以下两组基本的利益关系的平衡:一是创造者从事创造的激励与使用者对智力创造物需求、使用之间的平衡;二是知识产权中私人利益与公共利益的平衡。崔毅(1996)指出,按照能量守恒定律的观点,无论是国家利益、社会利益还是个人利益,从总量上来看,利益在一定时间、一定条件下是恒定的,此消彼长。个人利益的增加必然以损害整体利益为代价,而过分强调整体利益也必然会牺牲个人利益。因而发展才是硬道理,把"蛋糕"做大,各个国家或是个人所分得的"蛋糕"才会更多。在认识到这个问题过后,各国也就知识产权的保护问题有了进一步的磋商。

1. 围绕 TRIPs 协议的制度改革尝试

TRIPs 协议对药品实行专利保护的模糊规定,使发展中国家的公共健康问题日趋严重,尤其是非洲国家成员,因而他们努力倡导修订 TRIPs 协议的目标和原则,力求对 TRIPs 协议条款的具体实施做出更清楚的法律解释,以便发展中国家在面临公共健康问题能够积极采取措施加以解决。如《关于 TRIPs 协议与公共健康宣言》以及《关于实施 TRIPs 协议与公共健康宣言第六段的决议》均对 TRIPs 协议进行了一定程度的修改。此外,Carmen Otero Garcia – Castrillon (2002) 认为,TRIPs 协议并没有表明成员国不能或者不应当采取措施来保护公共健康问题,相反,WTO 成员应当以一种积极的方式阐述和执行 TRIPs 协议,以便保护各成员的公共健康利益。

2. 地理标识注册的谈判

葡萄酒和烈酒地理标识注册的目的是为了促进地理标识的保护,它通过在产品上标识特定的地名使人们辨认产品是否产自能保证其特有品质、声誉和其他特征的特有的地方。如波尔多葡萄酒和龙舌酒就是很好的例子。TRIPs 协定明确规定应进行有关建立注册制度的谈判。这项工作自 1996 年以来一直在进行之中。2011 年 4 月，TRIPs 理事会详细提供了谈判不同阶段的代表性观点、主要关注点及成员的利益所在、使用的工作方法、不同观点和意见的发表、反映成员建议和观点的综合谈判草案。尽管如此，需要解决的主要问题仍是注册的法律后果及注册是否适用于所有成员还是只限于个别成员。除此之外的问题还有：产品范围的确定、地理标识注册仅限于葡萄酒、烈酒还是扩大到其他产品以及谈判是否符合最初的谈判授权。

3. 技术转让事项的审议

2011 年 10 月，TRIPs 理事会在例行会议上对鼓励发达国家向欠发达国家转让技术的事项进行了第 9 次年度审议。会上，发达国家提供了有关的详细信息，欠发达国家成员集团提供了两份报告：一份是与 2010 年报告有关的信息；一份是对未来报告的格式建议，协定明确鼓励对欠发达国家的转让技术。在 2001 年多哈部长级会议上，各成员同意 TRIPs 理事会建立确保对该义务发行的监督机制。2003 年，理事会通过一项决议建立了此类机制，要求发达成员提供他们在实践中是如何促进国内技术转让的详细信息。WTO 秘书处组织了第四次专题讨论会，研究 TRIPs 协定下的技术转让问题，目的是就履行该义务和在发达国家、最不发达国家之间建立有效对话机制达成广泛共识。

4. 有关知识产权保护的争端解决机制

争端解决一般规定，WTO 争端解决机制可在以下两种情况下提起申诉：一是相关协议被违反；二是虽未违反协议但协议下预期可获得的利益被抵消。有关知识产权保护的争端解决机制是否也应遵守此规定需要多哈回合谈判解决。

经过前几次谈判未果，2011 年，TRIPs 理事会继续讨论了此类申诉的范围和形式，各成员就此类申诉是否完全被允许及其是否符合争端解决的法律基础并未达成一致。在 2011 年 12 月召开的第八届部长级会议要求理事会继续就该问题进行讨论，并在 2013 年举行下一次部长级会议时提出相应建议，同时就成员是否可以提起 TRIPs 下的此类争端达成共识。

5. 有关协议履行问题的磋商

根据 2005 年香港部长级会议宣言的要求，WTO 总干事应继续处理扩大地理标识范围问题及 TRIPs 协定与《生物多样性公约》（CBD）的关系问题，因为这些问题是 2001 年多哈宣言中列明的"主要履行事项"。

第一个问题涉及目前仅要求对葡萄酒和烈酒的地理标识保护是否要扩大到其他产品，各成员就扩大保护是否有助于此类产品的贸易以及提高保护水平是否将产生不必要的法律和商业负担持不同观点；第二个问题，TRIPs 协定与《生物多样性公约》（CBD）的关系：TRIPs 协定是否（如果是，又是如何促进）能促进 CBD 目标的实现，主要争议点集中于是否修改 TRIPs 协定要求专利申请人提供基因资源的信息。

2009 年 3 月，总干事亲自组织了与有关成员代表团的此类磋商，磋商按规定通报了贸易谈判委员会和总理事会。后者特别关注技术性问题，如帮助成员完全了解其他成员的利益所在及两个议题的技术细节。总干事就 2009 年 3 月至 2011 年 4 月期间的谈判情况发表了书面报告。

6. 发展中国家为维护知识产权所进行的努力

中国作为世界上最大的发展中国家，随着全球化经济的发展，在反对来自发达国家的知识产权侵略上也有了一定的成绩。如就业内形容为"中国高科技知识产权领域的第一场胜仗"的"思科诉华为案"，以及中国 IT 知识产权第一案"2004 年朗科对索尼的诉讼"。这些例子都反映了发展中国家开始对发达国家的知识产权侵权给予了有利的回应。

随着发展中国家对发达国家的冲突的增加，发展中国家在应对这一情形也有了更为娴熟的技巧。具体表现在：能够充分利用有利于发展中国家的弹性条款，制定有利于本国发展的相关条款；更善于利用国际组织寻求支援，积极参加国际多边谈判和国际规则的制定；大力培养 WTO 方面的相关法律人才，鼓励技术创新，为本国知识经济的发展创造良好的制度环境。

二、WTO 对 TRIPs 协议的修订

1. 公共健康方面

2003 年 8 月，WTO 成员达成《多哈宣言第六段的执行决议》，决定给予贫穷国家在执行 TRIPs 协定中更多的灵活性，以获得不太昂贵的药品。该决议允许对专利药品生产的强制许可（即不经专利所有人同意），并出口到那些不能自己生产此类药品的国家。TRIPs 协定最初仅允许主要服务于国内市场的强制许可，而上述决议改变了这一点。通过一系列的自动弃权，WTO 在 2005 年达成修改协议的一致意见，形成药品出口的新的强制许可制度。在 2011 年 10 月的会议上，理事会对该体系的功能进行了年度审议。该修改将在 2/3 的成员接受时正式生效。截至 2011 年 12 月 31 日，修改得到了 41 个成员的接受（欧盟作为一个成员）。WTO 总理事会在 12 月决定延长接受期限至 2013 年 12 月。

尽管经多方的共同努力，TRIPs 协议中主要发达国家就全球公共健康问题的改善做出了很大的让步，但是受自然条件、经济发展水平、宗教文化等因素，发展中国家和发达国家之间的贸易争端仍然日趋严峻。

2. 动物、植物、生物多样性和传统技能方面

遵照 2005 年香港部长级会议宣言，TRIPs 理事会继续组织了有关生物多样性、生物技术、基因和传统技能方面的讨论，这些讨论涉及 TRIPs 有关动物、植物的发明专利条款及植物各类的保护等条款、TRIPs 协定和《生物多样性公约》（CBD）之间的关系及对传统技能和民俗的保护等问题。

这些讨论基于成员提供的有关文件，内容集中于 TRIPs 协定与 CBD 的关系及对 TRIPs 有关动植物发明专利条款的审议。此外，理事会还讨论了《基因和公平公正分享 CBD 利益的名古屋议定书》，该议定书于 2010 年 10 月 20 日由 CBD 成员在日本名古屋召开的第 10 次会议上通过。

3. 技术合作和能力建设及最不发达成员的过渡期方面

基于收到的某些发达国家、其他政府间组织和 WTO 秘书处提供的信息，TRIPs 理事会在 2011 年审议了在知识产权领域进行技术合作的可获得性。

根据 2005 年的盲文，理事会对最不发达成员（LDC）国家实施 TRIPs 协议的过渡期延长至 2013 年 7 月 1 日，并且这些国家在此期间可以获得优先帮助。2011 年，塞内加尔报告了其详细需求，至此提出此类报告的成员达到了 6 个。第八届部长级会议建议理事会充分考虑 LDC 成员要求获得更长过渡期的请求，并在第九届部长级会议上就此问题予以报告。

作为加强协调进程的一部分，秘书处应 LDC 集团的要求，组织召开了所有 LDC 成员、援助国家和有关国际组织官员参加的会议，以促进实际对话和对优先需求的评估和反馈。

4. 知识产权体系的透明度方面

国内知识产权体系的透明度是 TRIPs 协定的重要原则之一，它有助于建立有益的知识产品和技术的贸易关系并减少贸易摩擦。

2011 年，TRIPs 理事会更多地关注了与 TRIPs 协定有关的信息通报的及时性和完整性。马尔代夫于 2011 年 1 月 1 日从 LDC 国家毕业，理事会对其实施 TRIPs 协定的相关法律情况进行了审议，同时还将完成对其他 3 个成员的审议。此外，理事会还进行了对中国履行 TRIPs 协定的最后一次过渡性审议。

5. 其他

TRIPs 理事会秘书处继续与其他相关国际组织开展合作，包括国际知识产权组织（WIPO）、世界卫生组织（WHO）、联合国艾滋病规划署（UNAIDS）、联合国开发计划署（UNDP）、联合国贸易与发展会议（UNCTAD）等。此外，TRIPs 理事会还进行了常规审议，并专门讨论了个别成员提出的特别事项。如澳大利亚有关烟草包装的法律与 TRIPs 协定是否相符的问题，以及出于公共健康目的灵活适用 TRIPs 的权利问题，包括烟草控制。

关于近年来对 TRIPs 协议的修订，李双元、李欢（2004）认为，尽管发展中国家医药可得性问题没有得到彻底的解决，但毕竟是 WTO 协定的首次修订，这为发展中国家缓解国内的公共卫生问题提供了法律便利。这至少说明了人道关怀对于专利利益的制衡力，构成了对 TRIPs 协定的有限的突破，并带动了传统知识、农民权与生物多样性等与国际知识产权有关的问题。我们有理由相信，随着发展中国家综合国力的逐渐增强，TRIPs 协议的利益平衡性将得到进一步的改善。

此外，正如 Frederick M. Abbott（2004）所提到的，如果发达国家真正要追求市场的自由化，那么他们就应当认识到，容忍甚至是鼓励他们国内的企业在国外市场采用限制性的商业做法这一行为与他们追求的市场自由化目标是完全的不一致的。

三、我国知识产权法律制度的完善

中共十七大报告明确指出：提高自主创新能力，建设创新型国家，是国家发展战略的核

第八章 与贸易有关的知识产权协议（TRIPs）

心，是提高综合国力的关键。在当前变人力资源大国为人才强国的重要趋势下，制定并实施国家知识产权战略，加强知识产权保护，完善知识产权法律体系，鼓励创新，是我国走向国际，赢得未来的重要方针。

尽管中国知识产权保护中存在着广泛的深层弊端，但随着中国对外贸易活动的日益活跃，知识产权已逐渐被中国政府和企业所重视，特别是中国加入WTO后，涉及我国的国际知识产权纠纷案件不断上升。从彩电、DVD、无汞电池等专利纠纷，到丰田诉吉利的商标纠纷，思科诉华为的多项专利纠纷，使中国企业在专利侵权之痛中受到了更多启发和教育。中国的知识产权保护在一定程度和内容上有了值得欣慰的进步：

我国国内正日渐重视以法律手段保护知识产权。2002年，国家知识产权局开始酝酿制定知识产权战略。2005年年初，国务院成立了国家知识产权战略制定工作领导小组，启动了战略的制定工作，知识产权局、工商总局、版权局、发改委、科技部、商务部等33家中央单位共同推进战略制定工作。2008年，国务院印发了《国家知识产权战略纲要》。2012年，胡锦涛在党的十八大中作的报告指出，要完善知识创新体系、实施国家科技重大专项、实施知识产权战略、把全社会智慧和力量凝聚到创新发展上来。

事实上世界知识产权组织（WIPO）的最新数据表明，中国国家知识产权局目前收到的本国居民专利申请数量已位居全球第一。正如世界知识产权组织总干事弗朗西斯·居里（Francis Gurry）所说，这是一个令人瞩目的现象。20世纪80年代中期，中国才推出了首部专利法。但在受理的专利申请数量方面，中国刚刚超过了日本，成为仅次于美国的世界第二大专利申请国。太空探索技术公司（SpaceX）创始人马一龙（Elon Musk）认为，这和中国研发支出的飙升相吻合，中国的研发支出也已超过了日本。

此外，在完善我国知识产权制度上，一方面应该在遵循TRIPs协议的基础上，充分利用TRIPs协议弹性条款。正如刘华、周莹（2009）在《TRIPs协议弹性下发展中国家的知识产权政策选择》中所说："TRIPs协议作为不同利益集团相互妥协的产物，依然存在可以利用的弹性规则。"因此，我们应该充分做到以弹性条款作为建设相关优势产业或者传统产业的知识产权制度为基础；另一方面，我们在制度建设过程中也要不断借鉴汲取广大发展中国家的经验和实践，如学习巴西利用TRIPs协议弹性条款下的强制许可经验，印度的平行进口经验以及非洲的传统知识与遗传资源保护经验，等等。

第五节　案　　例

☞ **案例一：**

知识产权战略是高科技企业的生存之本

2003年1月23日，思科系统有限公司在美国德克萨斯州东区联邦法庭正式对中国华为公司及华为美国分公司软件和专利侵权提起诉讼，从而揭开了被世人称为"中美IT知识产权第一大案"的序幕。世界最大的网络及电信设备制造商思科据称自成立后,从未起诉过任何人,但其第一次起诉就瞄准了中国通信产品制造业最强大的民族企业华为公司。一方是年营业额近200亿美元全球最大的网络及电信设备制造商;另一方是中国2002年度电子百强第7位、2001年销售额达220亿元的华为技术有限公司。一时间,中美两大巨人剑拔弩张。

在向法庭提交的一份77页的起诉书中,思科指控华为盗用了其路由器操作系统源代码,该操作系统的用户操作界面、用户手册、技术文档以及五项与思科路由协议相关的专利技术。思科甚至声称在华为的软件中发现了只有在本公司软件中才存在的缺陷,思科提出了巨额的赔偿要求。这也使思科起诉华为知识产权侵权案成为我国加入世界贸易组织后遭遇的最大的一起诉讼。

面对思科的指控,华为迅速做出反应,先是发表声明,表明自己不存在侵犯思科知识产权的行为,并且向业界宣称自己是中国在知识产权保护方面做得最好的公司,公司产品是投入巨资研发出来的。然后,华为停止在美国出售被思科系统指控的产品,将这部分产品资料从其美国网站上撤除,回收在美国售出的此类产品。然而华为主动从美国撤出产品的举动,却被一些市场分析人员认为是其侵权的证据。

这是场全方位考验两家公司资源与能力的战斗,在媒体、客户、合作伙伴、政府资源、技术实力、法律武器组成的数个链条上,战斗全面开始了。华为以攻击思科利用"私有协议"搞垄断为策略进行反击,并请第三方专家对思科IOS和华为的VRP平台新旧两个版本进行了对比分析。分析的结果是华为VRP旧平台中仅有1.9%与思科的私有协议有关。3COM公司CEO也出庭作证表示,华为的技术和实力是值得信赖的。在双方反复举证,并进行过两次听证会后,6月7日,法庭驳回了思科申请下令禁售华为产品等请求,拒绝了思科提出的禁止华为使用与思科操作软件类似的命令行程序,但又颁布了有限禁令:即华为停止使用有争议的路由器软件源代码、操作界面及在线帮助文件等。2003年10月1日,双方律师对源代码的比对工作结束,这是诉讼真正的转折。10月2日,思科与华为达成初步和解协议。2004年7月末,双方达成最终和解协议,但和解协议的具体内容没有公开。

华为从中汲取经验,并从那时起开始在知识产权保护方面投入更多的资源。中国国家知识产权局2005年通知的信息显示:"据国家知识产权局统计,2005年上半年,华为公司以1231件专利位居国内企业申请量首位。"截至目前,华为累计申请专利8000多件,其中包括在美国、欧洲等20多个国家和地区申请的800余件。

华为公司的新闻发言人傅军介绍说,2002年以来,华为的专利申请量一直处于中国企业第一位,连续四年年申请增长量超过500件,去年国内专利申请量就突破了2000件,与业界跨国公司的年均申请量持平。另一方面,为支撑海外市场的发展,华为申请的国际专利和PCT专利累计达800余件。在国际市场上,华为以美国、欧洲等发达国家和地区作为专利布局的重点,对于重要技术,都会在这些国家和地区进行专利申请。目前,在美国和欧洲的专利申请都已经超过了200件,今后每年还将有上百件的专利在这些国家和地区申请。

华为在自主知识产权上能形成今天的局面,是与公司长期持续的巨额投入分不开的。目前,华为年研发投入已逾40亿元人民币。数十年来,华为保持了将每年销售额的10%投入

第八章　与贸易有关的知识产权协议（TRIPs）

到研发中的惯例。知识产权管理是衡量企业内功成熟、强大与否的重要部分。17年来，华为始终以开放的态度学习、遵守、运用国际知识产权规则，多方位、多角度解决知识产权问题、实现知识产权价值。

讨论：

（1）你是如何理解"知识产权战略是高科技企业的生存之本"？

（2）本例中华为积极应对思科诉讼案，给国内企业应对国际知识产权纠纷有何启示？

案例二：

印度在独立以后的相当一段时间内，90%以上的印度制药业市场份额和所有权仍然掌握在外国公司手中。为了培育民族医药业，维护国民健康，印度政府采取了一系列促进性政策措施。1970年的印度专利法第五节确认了程序专利（给予某一用以制造合成药物的程序以专利），但并未确认产品专利（给予产品自身以专利），即对于食品、药品的物质不授予专利，仅对制造方法授予专利。

1994年，在世界贸易组织成员商讨签署《知识产权协议》（TRIPs）的时候，印度医药界就对TRIPs的影响进行了评估。印度药品制造商协会1994年称TRIPs协定将导致药品价格上涨5到20倍。但印度政府还是签署了这份协议，主要是权衡考虑乌拉圭回合谈判的其他协议还是有利于印度利益。与此同时，印度也意识到1970年的专利法必须进行调整，由于当时议会休会，总统便颁布《1994年专利（修订）条例》，以临时适应TRIPs的要求。

1995年3月印度临时适用的行政条例到期失效，永久条例又因议会被解散而没有建立起来，这一失效造成了印度与发达国家的矛盾。加入TRIPs协议后，印度政府在国内知识产权政策法规的调整上面临两难选择：一方面，印度应按照世界贸易组织的要求来重新立法；而另一方面，却面对消费者、民族工业的强烈反对。最后印度政府因为没有及时调整国内政策而被欧美告到了世界贸易组织。

世界贸易组织判定印度没有执行TRIPs协议，在世界贸易组织的监督下，印度做出了调整。

印度的知识产权保护案例，表明了面对知识产权问题的发展中国家的两难：一方面，作为世界贸易组织的成员，国内的法律与世贸组织的规则必须一致，这是成员的基本义务。但是，在另一方面，法制、法规的变革和政策的调整又会影响到国内某些利益。印度前总理英迪拉·甘地曾经讲过："医疗发明将不设专利权，生死之间不能牟利。"当时印度担心特许权使用费的支付和产品价格的上升会提高药品的成本，使得穷人无法承担就医的费用。

但有些发达国家，为了保护知识产权，不惜将其与国际贸易结合、挂钩，对于违背知识产权保护的国家进行交叉报复。

讨论：

（1）针对类似于印度一样的发展中国家所处的两难境地，你认为WTO应如何解决这个问题？

（2）印度前总理英迪拉·甘地所说："医疗发明将不设专利权，生死之间不能牟利。"你赞同吗？TRIPs协议应如何调整才能做到这点？

第九章　WTO 的运作机制

本章要点

1. WTO 决策机制的主要内涵是什么？
2. WTO 决策机制在实践中存在的问题有哪些？
3. WTO 的贸易政策审议机制的内容有哪些？
4. WTO 的贸易政策审议机制对中国的影响是什么？
5. WTO 成员之间争端在哪些领域中产生？
6. WTO 争端解决机制的特点是什么？
7. WTO 争端解决机制有哪些例外规定？
8. WTO 运行机制如何具体运用？请举例说明。

WTO 是与世界银行、国际货币基金组织相并列的全球三大国际经济组织之一，就其管辖的范围之广、领域之多、适用的协议之广泛、组织机构之庞大、WTO 组织规则复杂、运行机制之严密而言，可谓三大国际经济组织之最。WTO 是《GATT 1947》规则的继承和发展，其宗旨与《GATT 1947》亦有相似之处。WTO 的运行机制由部长会议和总理事会组成。总理事会是 WTO 的权力中心，总理事会由所有成员的代表组成，是部长会议休会期间的执行机构，在适当时间召开会议。根据《WTO 协定》其主要职责有：实施 WTO 各协定和部长会议通过之宣言和决定的执行机构；部长会议闭会期间的决策机构；成员贸易政策审查机构；争端解决机构。

第一节　WTO 的决策机制

任何健全的组织都具备一套相对完整的决策机制。决策程序相当重要，因为它涉及各成员的权利义务，影响到每个成员的经济利益和政治利益 WTO 决策机制是 WTO 多边贸易体制的重要组成部分之一，它是影响国际多边贸易体制发展的主要因素。

一、WTO 决策机制的主要内容

WTO 决策机制是 WTO 运行机制的重要组成部分，其直接涉及各成员的权利义务，进而影响各成员的经济利益和政治利益。WTO 决策机制的内容主要规定在《WTO 协定》及《关

第九章　WTO 的运作机制

于争端解决规则和程序的谅解》中，涵盖了"立法"决策机制和"司法"决策机制两个层面。

WTO 体制中存在两种不同的决策机制：全体一致和投票表决。前者是原则，而后者作为例外存在。就 WTO 协商过程而言，其决策机制有两大特点，一是实践中基本不采用投票表决方式，二是所谓的同心圆模式在实践中构成了全体一致的障碍。某种程度上 WTO 这种独特的决策机制的出现是一种必然。随着多哈回合谈判的暂停，WTO 体制内的决策机制已经遭到了很多学者和官员的质疑。多哈回合的停滞不前暴露出 WTO 决策机制的失效，其不足以应对多哈回合中成员间多方利益的复杂博弈，并且为强国的政治干预留下空间。总体而言，WTO 决策机制对 WTO 机制的发展有所贡献。

（一）WTO 决策的主体

WTO 的决策机构也是最高权力机构是由所有成员的代表组成的部长级会议，每 2 年召开一次会议，如一成员提出请求，部长级会议有权依照本协定和有关多边贸易协定中关于决策的具体要求，对任何多边贸易协定项下的所有事项作出决定。在部长级会议闭幕期间则由总理事会作为常设机构行使部长级会议的职能，而总理事会同样由所有成员的代表组成。[①]

另外，在履行 DSU 项下职责的时候，总理事会就挂上了"争端解决机构"的牌子。争端解决机构有权设立专家组、通过专家组和上诉机构报告、监督裁决和建议的执行以及授权中止适用协定项下的减让和其他义务。也就是说，WTO 的决策主体是部长级会议和总理事会。

总干事与秘书处在 WTO 决策过程中起着重要的作用，建构民主的 WTO 决策法律制度，不但要求成员方能够有效地参与 WTO 决策，而且也要求总干事与秘书处在筹备和召开部长会议或总理事会以及举行非正式会议等过程中，站在中立及客观的立场上，对成员方的意见给予及时和正确的反映，以便成员方在充分掌握各自立场的基础上，进行完全信息博弈，进而真正实现民主的决策。

（二）WTO 的决策规则

依据《WTO 协定》及 DSU 之相关规定，WTO 的决策规则包括以下几个方面的内容：

1. 以协商一致为基本原则，以投票表决制度为辅助

WTO 体制内存在着两种决策方式：协商一致原则和正式投票制度。所谓"协商一致"是指只要出席会议的成员中没有对决议的通过表示正式的反对，就认为有关决议已协商一致通过。协商一致并不等于意见一致或对一项决议各方都表示赞同。没有出席会议或虽然出席会议但保持沉默，或弃权，或发言只属于一般性评论的，都不构成正式的反对意见。对于一般事项来说，如果无法协商一致，则投票决定。投票权为一成员一票，即每一成员都平等地拥有一投票权，决定以所投票数的简单多数作出。

[①] 《WTO 协定》第 4 条第 1、2 款。

但是，在重大事项上，投票表决的规则又依据所讨论事项的不同，分为 2/3 多数规则、3/4 多数规则和全体一致规则。总之，WTO 决策的基本原则是协商一致，在不能达成协商一致的意见时，则动用正式投票制度。但应注意有两类例外情况：一是在对《WTO 协议》或多边贸易协议的解释或是对一些核心重要权利条款的修正时只适用正式投票程序；二是在 WTO 争端解决程序中直接运用反向协商一致原则来决策，没有设置正式投票程序。

2. 重大事项的具体决策规则

《WTO 协定》第 9 条、第 10 条和第 12 条规定了一些重大事项（如协定的解释、修正、给予豁免、诸边协定的增减、新成员加入等）的具体决策规则，以下分述：

（1）相关条文解释。

《WTO 协定》及 WTO 多边贸易协定所有有关协定条款及文件内容的解释，由部长级会议及总理事会做出。对附件 1 中多边贸易协定的解释，部长级会议和总理事会应根据监督该协定实施情况的理事会的建议行使其权力。通过一项解释的决定应由成员的 3/4 多数作出。《WTO 协定》第 10 条中有关修正的程序规定不受此限制。[①]

（2）义务豁免。

部长级会议可以决定豁免《WTO 协定》及附件 1 多边贸易协定要求一成员承担的义务。在不能达成协商一致时，这些义务的豁免需经 WTO 3/4 的成员同意。关于多边贸易协定及其附件的豁免请求，需由相关理事会先行向部长级会议提出报告。[②]

（3）协定修正。

WTO 任一成员或理事会，可以向部长级会议提出对《WTO 协定》及附件 1 多边贸易协定的修改。如部长级会议不能就修正意见达成协商一致，则需经 2/3 的全体 WTO 成员同意方可将修正议案提交成员供接受。[③]

通常，在修改内容不影响任何成员权利和义务的情况下，修改内容经全体 WTO 成员的 2/3 同意即对全体成员生效。如果修改内容影响了某个或某些成员的权利义务，修改内容只对接受修改的成员生效。在这种情况下，经 3/4 以上成员同意，不接受修正内容的成员可退出 WTO，或经部长级会议批准同意这些成员不接受修正的内容。[④]

协定对 GATS 的部分内容规定了特殊修正程序，只需 2/3 的意见同意即对全体成员生效。未列入特殊规定程序的部分仍按上述规定的修正程序进行修正。此外，协定对一些特殊条款的修正规定了专门的程序。对《WTO 协定》第 9 条（决策机制）及第 10 条修正）的修正，GATT 第 1 条、第 2 条的修正（MFN 和关税减让），GATS 的 21 条（MFN）的修正，TRIPs 第 4 条（MFN）的修正需经全体成员一致通过。特别的修正程序规定还包括对附件 2DSU 内容以及附件 3 贸易政策审议机制内容的修正。协定规定，有关附件 2 的修正由部长级会议单独决定，无须经成员同意，但是，部长级会议决定必须协商一致达成。有关附件 3

[①]《WTO 协定》第 9 条第 2 款。
[②]《WTO 协定》第 9 条第 3 款。
[③]《WTO 协定》第 10 条第 1 款。
[④]《WTO 协定》第 10 条第 1、3、4 条。

第九章　WTO 的运作机制

的修正也由部长级会议单独决定,无须成员同意,但不要求部长级会议对修正意见协商一致。① 协定规定,诸边贸易协定的修正按照诸边贸易协定本身的规定执行。

3. 诸边协定的增减

协定规定,应协定成员的要求,部长级会议可以决定将这些协定成员达成的某一新协定列入附件 4 作为诸边贸易协定的内容。② 但是,有关决定必须经协商一致作出。同样,应某一诸边贸易协定成员的请求,部长级会议也可决定将某一协定从附件 4 中删除。③

4. 新成员加入

《WTO 协定》第 12 条第 2 款规定:"有关加入的决定应由部长级会议作出。部长级会议应以 WTO 成员的 2/3 多数批准关于加入条件的协议。"但总理事会在 1995 年 11 月对《WTO 协定》第 9 条和第 12 条决策规则作了重要澄清,强调在讨论有关豁免或加入请求时,总理事会应寻求经协商一致达成协议。只有在不能协商一致的情况下才进行投票。也就是说,关于新成员加入的事项,也以协商一致为基本决策方式,协商一致不成,才寻求以 WTO 成员的 2/3 多数投票通过。

二、WTO 决策机制在实践中的问题

(一)"立法"决策机制面临挑战

第一,决策效率低下。谈判进程缓慢乃至中止所暴露出的 WTO 决策效率低下,恐怕是 WTO 决策机制遇到的一个重要问题。WTO 部长会议受挫已不是新鲜之事,进入多哈回合谈判之后情况越发严峻。2001 年 11 月在卡塔尔首都多哈举行的第四次部长级会议,启动了新一轮全球多边贸易谈判,即多哈回合。按照计划,多哈回合谈判应在 2005 年年初结束。但是,多哈谈判进程却是一波三折。2003 年 9 月在墨西哥坎昆举行了第五次部长级会议,但由于各成员在农业等问题上没有达成一致,会议无果而终。2004 年 7 月,各贸易代表终于在日内瓦就谈判达成框架协议,使多哈回合谈判重回正轨。在 2005 年年底的中国香港会议上,成员降低了目标才取得了一些进展。根据中国香港会议所排出的日程,在次年 4 月底前应在降低农产品关税、削减农产品补贴方面达成共识;在次年 7 月底前,提交基于这些共识的全面减让表草案;争取在 2006 年年底前结束多哈回合的全部谈判。但在 2006 年 7 月 2 日提前结束的日内瓦谈判再一次无果而终,多哈回合陷入危机,并濒临失败。7 月 24 日世贸组织总干事拉米宣布多哈回合谈判中止。此后,在有关各方的共同呼吁和努力下,2007 年 1 月 31 日 WTO 全体成员同意全面恢复多哈回合各个议题的谈判。不过美国、欧盟、巴西、印度等 WTO 主要成员至今尚未打破在农业问题上的僵局。2007 年 7 月 24 日,世贸组织的 6 个

---

① 《WTO 协定》第 10 条第 10 款。
② 《WTO 协定》第 10 条第 8 款。
③ 《WTO 协定》第 10 条第 10 款。

关键成员美国、欧盟、日本、澳大利亚、印度和巴西举行会谈，再次以失败告终，当天，拉米正式向当时的149个WTO成员建议中止多哈回合谈判，而且不为恢复谈判设定时间表。WTO基本处于"瘫痪"状态。造成谈判进程缓慢以至中止的因素是多方面的，但不得不承认的是，在成员众多且利益纷争日益深入激烈的情形下要如何提高WTO的决策效率确实是个严峻的挑战。

第二，决策透明度问题。一直以来，在WTO的正式决策程序之外，存在着WTO法律文本未有明文规定的非正式决策程序。由于在150个成员之间形成协商一致的困难，所谓"非正式协商"的办法在各个层次的决策中被普遍采用，以提高协商一致的效率。这种非正式协商的方式主要就是"绿屋会议"（Greenroom Meeting）。其具体的做法是，由WTO的总干事、全体成员大会主席等作为会议或谈判的主持者，邀请某些（而不是全部）成员的代表进行非公开的讨论和谈判。在进行正式表决之前先就某些重要问题达成妥协，并形成非正式的一致意见，再通过与会者来影响其他成员的意见，全体成员大会能够形成协商一致。"绿屋会议"由于存在以下一些特点而成为WTO决策机制缺乏透明度的突出体现：其一，"绿屋会议"只有受邀请者才能参加，而每次"绿屋会议"的受邀请者并不完全固定，这取决于会议的主题和组织者的意愿。实践中往往是与会议主题具有重大利害关系的成员才会受到邀请，或者只有那些贸易额较大的成员代表才有机会出席。大多数发展中国家则被排除在外，无法参与讨论。而到了正式会议上，"绿屋会议"达成的非正式协商结果却作为既成事实提出来，讨论和协商的空间很小，其他成员只有被动接受。其二，即使能够参加"绿屋会议"的成员也未必真正有机会参与决策的制定。这些会议一般由美欧主导，他们提出议程和方案，然后提供给其他成员讨论。多数情况下，既然美欧同意，其他的成员也都遵从，后者对议程的影响微乎其微。其三，整个会议过程处于保密状态。"绿屋会议"不会形成任何正式的会谈记录，也不会对新闻媒体开放。会后也一般不公布会谈的具体内容，除了与会者本人外，外界根本不知道会谈的详细过程。"绿屋会议"这种非正式决策程序已经引起众多成员和民间组织的抗议。WTO决策机制因此被指责不透明、不民主，甚至连WTO法的正当性也受到质疑。然而，迄今为止，这种非正式会议从未停止过。尽管WTO曾表示中国香港部长级会议期间将禁止秘密的"绿屋会议"，然而WTO总干事拉米提出的中国香港部长宣言文本草案仍是在"绿屋会议"中被讨论的，并产生了草案的修正文本。

第三，发展中国家参与度不足。发展中国家实际上缺乏参与WTO决策程序的能力。尽管协商一致原则在形式上给予了每个成员平等参与决策的权利，但应注意到在协商一致原则下进行决策的前提是出席会议。WTO的各种理事会、委员会经常定期或不定期地召开会议，大量重要议案的提出和决定的做出都是在这些会议上进行的。如果一些成员由于人力和财政资源的制约，缺乏足够的人员出席会议，他们根本无从利用这种平等参与的机会。

另外，随着WTO议题的不断扩大，其中许多议题涉及复杂的技术性问题，因此只有选派高素质的专业人才参与谈判，才能有效地进行磋商，而发展中国家往往缺乏胜任参与这些复杂议题磋商的人才。WTO议题不仅从内容上，而且在数量上也有所扩展，因此许多发展中国家成员的代表经常不得不面对许多他们没有能力处理的问题。以第三世界网络为代表的NGOs曾向WTO总干事提交了一份题为《关于提高WTO内部透明度和参与性的必要性的备忘录》的文件，该备忘录明确指出"议程过满、会议过多将资源匮乏的发展中国家置于不利地位"。

第四，NGOs要求参与决策。全球化时代带来NGOs的兴盛和发展，环保组织、行业协会、劳工组织以及其他一些领域的NGOs，成为在国际规则的制定及国际组织决策中日益活跃的参与主体。信息技术的发展使得本来只能由官方掌握的信息日益"私人化"，改变了NGOs与各国政府、国际组织存在信息"不对称"的状况。NGOs可以借助网络途径，在全球范围内迅速搜集、分析和传播有关信息，扩大舆论影响力，支持某一立场；并可利用现代的交通手段，迅速调动人力、物力与财力组织跨国行动，参与有关国际组织的立法过程。NGOs的立场态度已经成为很多国际组织在决策时不得不面对的压力。争端解决机构又是由所有成员代表所组成的，也就是说，司法权在本质上是由WTO所有成员所享有，这也符合WTO的"成员驱动"性质。然而，反向协商一致的决策机制使得专家组和上诉机构的报告近乎自动通过，在加强争端解决效率的同时也极大地削弱了争端解决机构对专家组和上诉机构的控制，司法权实际上转移到了专家组和上诉机构手中。由此司法能动问题才可能产生。若专家组和上诉机构没有实际的司法权，则即使他们在裁决具体案件时越权作出了超出WTO协定文本的解释，这样的报告也不会为争端解决机构所通过。因此可以说，WTO司法能动主义在WTO争端解决的实践中体现出来，以反向协商一致原则为核心的WTO"司法"决策机制是其中最为关键的因素。

（二）"司法"决策机制的困惑

第一，司法能动主义的表现。依DSU第3条第2款规定："WTO争端解决体制在为多边贸易体制提供可靠性和可预测性方面是一个重要因素。各成员认识到该体制适于保护各成员在适用协定项下的权利和义务，及依照解释国际公法的惯例澄清这些协定的现有规定。争端解决的建议和裁决不能增加或减少适用协定所规定的权利和义务"，争端解决机构在裁断案件时对现有WTO规则拥有一定的解释权利，但限于澄清现有规则，并且所做解释不得增减成员在WTO规则下的权利和义务。但事实上，专家组和上诉机构在一些具体案件中超越了这种限制，从而造成WTO司法能动主义。

第二，协商一致和反向协商一致的决策困境。面对WTO决策机制出现的上述问题，当我们试图探寻问题背后的根源以厘清头绪找出有针对性的解决办法时，我们却发现WTO决策机制存在着更深层次的困境：如果说WTO"立法"决策已经不幸地陷入困境，那么以协商一致原则为核心的"立法"决策机制与以反向协商一致原则为核心的"司法"决策机制的失衡，则是在这困境基础之上又引发的另一重困境。第一层面，WTO"立法"决策失灵问题是WTO司法能动主义出现的深层次原因。其一，以协商一致为核心的WTO"立法"决策进程的缓慢，使得WTO对于在全球化背景下出现的新问题无法及时作出回应。经济全球化所引致的国际经济立法一体化的一个重要表现就是不同领域国际法律制度的议题连接现象不断增加，反映在WTO中则体现为与贸易有关的议题被试图引入WTO多边贸易体制中。这本来应该通过谈判新的WTO协定或由总理事会和部长级会议对WTO协定进行解释或修正来实现。然而WTO协商一致模式的"立法"却无法及时有效地正面解决这个需求，于是非贸易价值在 WTO 争端解决机制上寻求突破。而上诉机构似乎通过司法解释来回应国际社会时下的环境保护等非贸易价值，其结果就是司法能动主义应运而生。其二，WTO 是由一系列条约群组成的"一揽子"协定，其中存在着许多模糊和空白之处，这本应通过立法解释、修改或新的立法来澄清与填补。《WTO 协定》第 9 条第 2 款规定，只有 WTO 部长级会议和总理事会可以对 WTO 协定行使立法解释权，但该解释需经所有成员 3/4 多数同意。通常情况下，至少有 1/4 的成员没有卷入一争端中，甚至在讨论该事项时根本不到会。目前，在 WTO 中利用这一解释方式没有取得一次成功。而修改 WTO 的规则就更加复杂，其决议更难得到通过；至于谈判新协议的效率低下就更不用说了。因而，WTO "立法"决策机制的特点使得本应发挥作用的途径并不顺畅，解释模糊和填补漏洞就成为专家组和上诉机构不得不面对的问题。第二层面，协商一致决策模式的低效与反向协商一致决策模式的高效之间的不平衡，导致 WTO 立法不能对司法能动主义进行有效的克制，使得司法能动愈演愈烈；而围绕司法能动的争议日盛，则人们对 WTO 立法效率的要求也愈加迫切。一方面，WTO 争端解决的决策机制若不是这么高效，那么司法能动主义也未必能够得以实现。而另一方面，从理论上说，WTO 立法体制本可平衡和纠正司法能动主义，如依据 DSU 第 3 条第 9 款的规定，更令人为难的是，如前文所分析的，"立法"的协商一致与"司法"的反向协商一致经过了历史的发展，都具有各自存在的合理性，改变其中任何一个来纠正这种不平衡在短期内看来都是不太可能的。更具讽刺意义的是，就连这种对"立法"或"司法"决策机制改变的本身也受着"立法"协商一致原则的约束，在 WTO 体制内要通过一个仅仅改变某项实体权利义务的事项已是如此困难，更遑论对 WTO 整个体制有着极其重大影响的决策机制的改变。

正因如此，陷于协商一致与反向协商一致的决策困境之中，是 WTO 在面临经济全球化挑战中遭遇的主要问题之一。

第三，与贸易相关问题进入 WTO 视野。在全球化背景下，贸易、金融、环境、发展、卫生、人权等，不再是可以分开处理的部门性问题，而是已变得彼此环环相扣。因此，全球性的问题更多地需要通过跨国的国际合作来解决。国家与国际组织正在分享管理权："依据传统的民族国家观念，国家政府是依照本国法律对本国进行统治、治理的代表者。这种权力是不可分享的。但是在经济全球化时代，一些重要的国际性组织如联合国、WTO 等正在越来越多地分享这一权利。"

另一方面，主要以促进贸易自由化为目标的 WTO 规则，几乎对其他所有的社会和法律方面都产生了重要影响。贸易与环境、人权、劳工标准、发展、公共卫生、竞争和投资，甚至与反腐败、传统文化、反恐怖主义、自然风光或灾害和国际移民等都存在这样或那样的关系。在这种情形下，贸易关联事项问题逐渐成为 WTO 所谈判和关注的议题。如贸易与环境问题已成为多哈回合谈判的重要议题之一。

第四，国际事务的公众参与。在全球化时代，国际事务和国际决策对于公众的切身利益的影响也越来越大。例如，WTO 的自由贸易政策会影响到人们的就业。禁止使用破坏臭氧层的制冷设备，削减二氧化碳排放量、限制转基因产品的生产会影响到亿万人的健康、安全生活和生计。在这种情况下公众参与国际事务的热情也大为高涨，公众对全人类总体利益的认识也大为提高。而公众个人参与国际事务是有限的，NGOs 便使公众能够联系和组织起来参与全球治理，这也是 NGOs 要求参与 WTO 决策的一个重要依据。

第二节　WTO 的贸易政策审议机制

贸易政策审议机制（Trade Policy Review Mechanism，TPRM）最早是 GATT "乌拉圭回合"于 1988 年批准建立的，1989 年开始运行。建立该机制的目的是考察各缔约方的贸易政策是否偏离 GATT 的各项规则和规定。这一机制对确保《GATT 1947》各缔约方遵循贸易规则，实现 GATT 的宗旨和推动多边贸易的发展有重要作用。WTO 成立后，贸易政策审议机制成为 WTO 运行机制的重要组成部分。

一、WTO 的贸易政策审议机制的内容

（一）审议的目标

贸易政策审议机制旨在通过提高各成员贸易政策和做法的透明度并使之得到更好的理解，使所有成员更好地遵守多边贸易协定和适用诸边贸易的规则、纪律和在各协定项下的承诺，以利于多边贸易体制更加平稳地运行。为此，WTO 有必要对所有成员的贸易政策，包括对上述 WTO 各项规则和例外规定执行的情况进行定期的集体评估，新加入 WTO 的成员，其在减让表中的承诺兑现状况如何，亦要接受 WTO 规定的审议。按规定，WTO 对各成员贸易政策审议作出的集体评估，不会作为履行各项协定项下具体义务或争端解决程序的基础，也不会向各成员强加新的政策承诺。同时，根据审议机制进行的评估，均以有关成员更广泛的经济和社会发展需要、政策和目标及其外部环境为背景进行。审议机制的基本职能是审查各成员的贸易政策和做法对多边贸易体制的影响。

从审议机制的目标来看，这一机制对各成员确保贸易政策的透明，增进成员之间对贸易政策的相互了解和理解，进而对各成员制定贸易政策时注意到各方利益、达到共赢，具有重要的参考作用。

（二）审议的期限

如上所述，作为 WTO 的成员，毫无例外地应接受贸易政策审议机构的定期审议。按规定，各成员接受审议的频率取决于其在全球贸易中所占的份额。按照 1989 年的统计，当时"欧洲共同体"（计为一实体）、美国、日本、加拿大等世界贸易额排名前 4 个实体每 2 年审议一次，其后的 16 个实体每 4 年审议一次，其他成员每 6 年审议一次。如同上述其他规则一样，贸易政策审议机制对最不发达国家也有特殊优惠待遇，这就是对最不发达国家贸易政策的审议"确定更长的期限"。

中国加入《议定书》第 18 条第 4 款规定：中国加入 WTO 以后 8 年内，贸易政策的审议每年进行一次。此后，将在第 10 年或总理事会决定的较早日期进行最终审议。

如上所述，WTO 的成员在接受贸易政策审议方面一律平等，所不同的是不同类型的国家和地区接受审议的频率有区别，如分别有每隔 2 年、4 年、6 年之分，最不发达国家两次审议的间隔期更长。因此，WTO 贸易政策审议机构每年都要对一批成员的贸易政策进行审议。中国作为新加入的成员，于 2006 年接受 WTO 首次贸易政策审议，审议的时间为 2006 年 4 月 4~6 日。同年接受贸易政策审议的国家和地区达 18 个之多，其中包括马来西亚、以色列、安哥拉、吉布提、美国、阿联酋、中国、乌拉圭、冰岛、中国台湾地区等。

（三）审议的程序

为确保贸易政策审议机制卓有成效，贸易政策审议机构在《WTO 协定》生效后 5 年内对贸易政策审议机制的运行情况进行一次审议。评审的结果提交 WTO 部长级会议审查。按规定，贸易政策审议机构随后还可按其计划和部长级会议的要求的时间间隔进行评估。WTO 贸易政策审议机构还有一项工作，这就是每年应对影响多边贸易体制的国际贸易环境的发展情况作出综述。综述以 WTO 总干事的年度报告为参照，该报告列出 WTO 的主要活动，并指出影响贸易体制的重大问题，以便于对接受审议的一成员或多个成员的贸易政策进行更为客观的评估。重要的是要保持讨论的公开，当然对于较小的成员或者不是很热衷于评审活动的成员，可以考虑资源的合理使用和采用灵活方式进行评审。对于那些两年一次的评审，可以采用更多的"过渡"性特征，但这不能背离对这些成员进行评审的综合全面性，可以主要集中在每隔一次评审的政策变化上。另外，给予所有成员 6 个月的灵活余地也可以看做是对周期提出变化建议的一种折衷。实际上，以更长的周期评审最不发达国家也存在一些回旋的余地，但如果要满足目前的周期安排和涉及的范围，评审的数量仍然必定会增加。同时有倾向表明，重复的评审占据了整个评审日程。最不发达成员也越来越积极地参与评审。将最不发达成员纳入评审是基于这一观念，即评审可以有利于接受评审的成员鉴定它们自己的贸易政策并对其贸易政策作出改革。

二、审议机制给中国带来的影响

（一）中国经历审议的概况

WTO 所有成员必须定期接受审议。自 WTO 成立以来，对主要四大贸易方：欧盟、美国、日本、加拿大每两年全面审议一次。对其他国家，根据其在世界贸易中的份额，相应增加间隔时间。

中国已经历了初期贸易体制的审议阶段和过渡性审议安排。这个过渡性安排是：在中国加入 WTO 后的前 8 年进行年度审议，处理各成员提出的有关中国的具体贸易政策问题，以检查中国履行承诺的情况并作出评估。第三类审议是 WTO 对所有成员都适用的正常贸易政策审议机制。如今，由于中国在全球贸易额排行榜中已跃居第四位，世贸组织对中国贸易政策的审议将每两年进行一次。这样，在 2006 年，中国就接受了贸易政策审议和过渡性审议的双重审议。审议针对中国的内容主要涉及中国加入世贸组织以来履行承诺、执行《WTO 协议》的情况，以及中国现行的贸易政策制度和最新发展情况。包括法律法规的立、改和废情况；增加贸易政策透明度情况；取消各种贸易限制措施情况；与贸易有关的投资问题等。通过审议；我国修订了相关法律法规；降低了5300多个税号商品的进口关税；开始根据世贸组织的规则处理中外经贸纠纷，包括反倾销与反补贴问题。规则的更新与完善也带来了我国在对外贸易交往上主动性的增强，以及对国内经贸环境的改善。

（二）审议机制的功能带来的影响

作为世界主要贸易国和资本输入国，同时又拥有高速的经济增长率与巨大的市场潜力，中国在接受和运用WTO贸易政策审议机制方面，无论是对自身，还是对贸易伙伴而言，其影响力都是深远而复杂的。首先，中国在多边贸易政策审议机制中得到了显而易见的益处：对法律法规进行的全面清理，使国内贸易制度与WTO规则及加入时的承诺保持了一致；至于WTO成员关注的贸易政策透明度问题，中国在立法公开、政府信息公开、政务公开等方面也已有显著进步。其次，中国获取到的经验也是独特的：审议首先督促我们提高国内贸易政策的透明度的自审能力，改善市场准入条件。换言之，它促使我们以更加规则化和法制化的视角来审视自己的贸易政策和体制，寻找问题，解释政策选择和决定的合理性，为今后的政策方向提供指导。更为关键的是，通过机制的审议要求，我们需要如实地对外介绍我国的涉外经贸法律的现状和改进方案，让主要的贸易伙伴及其他成员了解我国的外贸法律和政策。审议为我们与贸易伙伴交流各自所关心的问题提供了平台。通过互相争论，并试图更好地理解对方的立场和观点，可使彼此了解对方的贸易政策与市场环境，从而促进相互交流与更加稳定和可预见的贸易合作关系。

第三节 WTO的争端解决机制

WTO成立以来，其争端解决机制有效地处理了各种贸易争端，为维护世界贸易秩序和WTO体制的安全和威信做出了非常重要、不可替代的贡献。但WTO争端解决机制并不存在类似于国内法院所适用的具体的诉讼程序法，也不像国际仲裁机构那样拥有详尽的仲裁规则。

一、WTO成员之间争端产生的相关领域

如上所述，WTO管辖的领域包括货物贸易、服务贸易、与贸易有关的知识产权、与贸易有关的投资措施、农产品贸易、纺织品和服装贸易、卫生与植物卫生措施、技术性贸易壁垒、产品装运前检验、原产地规则、进口许可程序、倾销与反倾销、补贴与反补贴、政府采购等。WTO成立前，为规范上述领域的贸易，《GATT 1947》的八次多边贸易谈判中先后签署了相关协议，这些协议随后成为WTO的正式法律文件。这些文件分别就有关领域的贸易制定的上述规则，是衡量WTO成员在相关领域的贸易活动是否符合WTO要求的准则，因而可以在一定程度上减少各成员在进出口活动中的盲目性，从而减少贸易争端。但是在实践

中,上述领域的贸易争端不断出现,在 WTO 成立至今,WTO 成员之间的各类争端案件高达 400 多起。

WTO 成员之间的争端在不同领域表现各异。

(一) 货物贸易领域的不平衡性

1. 最惠国待遇

如有的成员在贸易中只享有权利,不承担义务;或最惠国待遇对某些成员提供,对另一些成员不提供,实行歧视政策。这种做法必然引起贸易争端。

2. 关税减让不均衡

减让承诺不一致,如发达国家关税总水平为 5% 左右,发展中国家关税总水平就是实行结构性关税壁垒,以保护本国有关产业和产品的生产。在这方面,一向倡导贸易自由化且关税总水平在发达国家成员中属最低的美国的做法就很有代表性。WTO 的成员均有关税减让的义务,并且按经济发达程度应将关税率降为规定的水平。按上述规定,发达国家成员方的进口税率的平均水平为 5% 左右。但是上述国家许多重要产品的进口税率超过规定水平的数倍,甚至数十倍,而实行高关税的许多产品,正是发展中国家向发达国家成员出口的传统产品。这种状况不仅使发展中国家成员继续深受进出口产品"价格剪刀差"之苦,而且难以应对发达国家成员设置的变相的关税壁垒,其结果是享有的所谓优惠待遇难以兑现。

3. 国民待遇

一成员对来自另一成员的货物在运费、销售、标价、税收等方面的待遇,明显低于国内同类产品享有的待遇,或者出口方要求该货物的销售享有的待遇应高于进口方货物享有的待遇,这两种情况都不符合 WTO 的国民待遇规则,如果进出口双方不改变各自的主张,必然引起贸易争端,并导致贸易协议完全被撕毁。在实践中,一成员因某种原因急需进口某种货物而对该种货物的进口给予超国民待遇,则这种做法当属临时措施,并且应当不会引起贸易争端。

4. 倾销与反倾销

这是世界各国(地区)贸易中产生最多、最复杂的案件之一。就各国(地区)之间已经产生的倾销与反倾销案件来看,既有属于出口产品倾销事例,也有不属于倾销事例而受到进口方发起反倾销起诉,甚至任意采用反倾销手段进行相互报复。如按规定,一成员以低于国内正常价值出口产品,对进口方的产业或产品产销造成实质性损害或实质性损害威胁,方可被确认为倾销行为。但在实践中随意性并带有报复性和恶意性的反倾销起诉案件时有发生。如并非低于正常价值出口被认定为低于正常价值;低于正常价值出口数量极少,对进口方产业或产品产销并未造成实质性损害,而被认定为已造成实质性损害;发展中国家低成本产品出口到发达国家,被认定有低价倾销行为;借口出口方为非市场经济国家,而以某市场经济国家高成本同类产品的销价为参照，将某种产品进口认定有倾销行为，如此等等，都使得世界各国货物贸易中的倾销与反倾销案件此起彼伏，并使全球范围内的反倾销案件逐年增加。

中国加入 WTO 前，是全球遭受反倾销起诉最多的国家。2001 年加入世贸组织以后，中国遭受国外反倾销调查状况并未改善，中国仍然居全球遭受反倾销起诉最多的国家之榜首。

5. 反补贴

公平贸易原则不允许各成员用出口补贴的方式占领国外市场，不对出口产品实行不许可的补贴，也是各成员的一项义务。按规定，WTO 成员出口的农产品，允许出口国实行"绿箱"补贴，即兴建农田水利、改良土壤、推广农业技术和育种等，这些做法可改善农业生产条件，但并非对出口农产品直接进行补贴。但在实践中，美国和欧盟长期对农业实行补贴，其中有些农业支持有违 WTO 农业协议的规则：在取消农产品出口补贴问题上，美国和欧盟之间长期存在分歧。另一方面，发展中国家和美国、欧盟之间在农产品出口补贴方面也存在重大分歧。由于美国、欧盟对农产品出口实行补贴，使发展中国家农产品在国际市场上的销售受到挤压。这一问题是《GATT 1947》乌拉圭回合谈判长达 8 年方结束的重要原因之一，也是 WTO 成立以来启动的多哈回合至今未结束的关键所在。

6. 取消数量限制

这一规则体现了 WTO 各成员之间市场准入的原则，因为对进口产品实行数量限制，意味着市场准入受到阻碍。但是每个成员的市场都是有限的，如果在特定时期内，外国的产品进口无任何数量限制，其国内产业或产品的产销必然会受到严重冲击。为此，WTO 的一项规则规定：当特定产品的进口大量增加时，可采取紧急措施，包括禁止或限制该产品的进口。而当这种状况改善时，应及时取消该紧急措施。应该说，上述情况不应引起进出口双方的摩擦，因为紧急措施得到 WTO 的授权。

WTO 成员围绕进口数量限制而产生的争端，主要是由于一些成员在进口某些产品时实行了不应实行的数量限制。而且在没有出现某种产品会大量进口的情况下，就对产品出口方规定出口的配额，也就是设置新的非关税壁垒。

7. 装运前检验

装运前检验包括对出口产品的质量、数量、价格、汇率、融资条件进行核实。在这项工作中，进出口双方各有自己的义务。进口方在检验程序、法律文件的规定、运输条件等方面应给予出口方以国民待遇，出口方则应在法律规定、技术援助及透明度方面尽到自己的义务。如果进出口双方只要求享有权利而不尽到自己的义务，则在货物装运前后都会出现不应有的争端，并有可能影响交易的达成。

8. 技术性贸易壁垒

技术标准和技术法规作为对一项产品的基本规定，无论对生产方还是购买方来说，都是不可或缺的。WTO 各成员就这一事项签署相关协议，对减少因产品标准问题而产生的贸易摩擦是十分有益的。然而，与贸易有关的技术性标准、技术法规是把"双刃剑"，它既可保护消费者的利益，也可成为抵制外来货物进口的手段。

首先，WTO 要求各成员使用国际标准，而国际标准大多由发达国家制定，发展中国家成员只能借鉴。

其次，技术标准是随着科技进步而不断更新的，很显然，一项新的技术标准的更新，也主要由该标准制定方负责，因而其被其他成员方认可必须有一段过渡和适应期。

在 WTO 成员中，制定技术标准的发达国家成员还可通过各种技术法规来限制相关外国产品的进口，而且不断推出新的法规来达到同一目的。

2008 年下半年起，全球性金融危机的加剧，对实体经济的影响日益明显，欧盟经济开始进入衰退，全球经济的低迷，使贸易保护主义变得更为显性。

9. 卫生与植物卫生措施

卫生与植物卫生措施的意义已如上述，但在其执行过程中存在的问题值得重视。在这方面，同样是发展中国家成员处于不利地位。由于经济技术发展水平存在很大差距，发达国家成员在 WTO 卫生与植物卫生措施之外，不断制定新的更严格的卫生与植物卫生检验标准，使发展中国家成员在熟悉和掌握卫生和植物卫生标准方面一直处于消极被动适应地位。发展中国家成员向发达国家成员出口的许多食品，不是被拒之门外，就是被退货。这种状况必然会引起贸易摩擦。这里可以列举美国和日本的卫生与植物卫生检验制度来说明这个问题。

10. 原产地规则

在 WTO 的货物贸易领域，一成员出口到另一成员领土内的产品，其原产地如何，涉及该产品进出口双方贸易协议的执行及经常项目的平衡，由于进出口双方更多的是考虑本身的利益，因而也会产生贸易纠纷。

首先，在出口产品原产地的判断上，由于事前未作必要的交流，会产生分歧。如按规定，产品经加工增值 30% 以上，或进口料件经加工成全新的制成品，都可归为原产地。但在产品增值的判断上，可能产生不同意见：

一方认为增值 30% 以上，另一方认为增值不到 30%；在进口料件装配方面，一方认为产品已发生实质性改变，另一方认为未发生实质性改变。

其次，在进出口双方经常项目的平衡上，一方认为另一方出口多进口少，因而出现巨额贸易逆差，另一方则认为出口产品中很大一部分产品系由进口方公司生产或进口方提供料件、产品增值不足 30% 的产品，因而进口多的一方实际上不存在贸易逆差或逆差并非如进口方宣布的那么多。这种状况在中美贸易争端中就带有典型性。美国是中国第二大贸易伙伴，2008 年中美双边贸易总值达 3337.4 亿美元，增长 10.5%。在过去很多年里，美方都宣布对华贸易存在巨大逆差。中美双边贸易中，中方的确有较大顺差，但主要是以下两方面原因造成的：

第一，中国经过长期的改革开放，出口的许多必需品在国际市场已有相当强的竞争力，在美国也受到广大民众的欢迎,因而销路甚好。但是美方长期对中方需进口的先进设备和技术禁止或限止出口,这在客观上必然造成美方贸易逆差。

第二,中国出口到美国的产品,很大一部分是加工贸易产品,其中有很大的部分是美国在中国的独资、合资公司生产的,按原产地规则来统计,美方的部分逆差,实际上就是美国公司的顺差。

如果考虑到以上两方面的原因,特别是美方开放高新技术产品向中国的出口,则美方的经常项目平衡就会得到明显的改善。

(二) 服务贸易领域

如上所述,WTO 的《服务贸易总协定》对服务业各个领域的贸易规则也有明确规定,这些规定的执行,可防止不必要的摩擦和争端。然而,由于服务业的具体领域达 160 多个,各具体领域的服务都带有自己的特色,加上各成员经济技术水平存在很大差距,因而在服务的提供和接受服务的实践中,也必然会产生各种各样的摩擦和争端,违背服务贸易规则的案件也就难以杜绝。

1. 市场准入

市场准入包括允许其他成员服务提供者向东道国提供服务,包括其他成员领土内的金融、保险、旅游、运输、法律咨询、教育等机构在东道国设立相关机构提供服务,但在实践中,东道国往往通过各种方式对外来服务提供者的进入设置障碍,如限制进入的时间、数量、行业及经营方式,使对方难以正常营业。

2. 最惠国待遇

作为 WTO 成员,相互之间提供最惠国待遇是无条件的,而且应立即提供。但在执行中,常常出现违背最惠国待遇的案件。如对其他成员设立服务机构的申请实行差别待遇,即对一些成员的申请很快给予答复,而对另一些成员的申请迟迟不予答复。这种差别待遇会促使被歧视方采取同样的方式加以应对,其结果是加剧了相互之间的不信任,影响服务贸易的正常发展。

3. 国民待遇

服务贸易方面的国民待遇主要体现为东道国对外来服务提供者的待遇应与本国服务提供者享有的待遇相同。如学校对外籍教师的待遇应与本国教师相同;零售业对外国超市的政策应等同于本国超市;金融业对外国银行的设点选择应与本国银行具有同样的自由,如此等等。在实践中,东道国在执行国民待遇的规则时,如对外来服务提供者实行差别待遇,甚至明显的歧视,必然会引起争端。

4. 国内法规

服务业的国内法规,主要是为了规范服务部门的行为而制定的。东道国作为 WTO 的成员，有义务使国内法规与 WTO 的相关法规相一致，以利于 WTO 规则的执行。但如上述货物贸易领域一样，在服务部门，一些成员也会制定一些法规来限制外来服务提供者的进入。如服务人员的资格认证，发达国家对发展中国家就存在歧视问题。即使像中国这样的发展中大国，科研人员、工程技术人员、教师、法律咨询人员的学历、学位、职称、职务，在国外至今未得到普遍的认定，因而赴境外工作难以享有与当地人员同等的待遇。这种状况不改变，服务业的国际化和深入发展显然会受到制约。

5. 透明度

服务部门众多，相关法规、条例更是不计其数。WTO 的《服务贸易总协定》要求各成员的相关法律、法规和条例必须公布，未经公布不得实施。但在实践中，WTO 成员并非对所有其他成员有关服务领域的法律、法规、条例都十分了解，有的更是毫无所知。在这种情况下，各成员之间因相互沟通不够，信息不畅通，采取的措施难免相冲突，从而引起贸易纠纷。

（三）知识产权领域

《与贸易有关的知识产权协议》，对知识产权的保护作了规定。由其中的材料可见，上述国家的品牌，在我国注册的数量最少的为 60 多项，最多的达 600 多项，即一项品牌细分以后，有更多的品牌应当注册，以防被侵权事件的发生。中国加入 WTO 以来，由于知识产权保护工作取得新的进展，外国公司在我国注册的商标急剧增加，我国已成为全球商标、品牌注册最多的国家之一。近几年，外来商标注册的数量年均达数万件。尽管如此，在全球范围内围绕产品品牌问题产生的纠纷仍然是知识产权领域必须解决的重大问题。

一项新的发明创造，经专利机关接受和批准申请，即可得到相关知识产权公约签约方的法律保护。由于专利技术能创造更多财富的特性，谁拥有了更多的专利技术，谁就能在市场竞争中取胜。正因为如此，在全球范围内围绕专利权保护问题而产生的贸易争端，在不同类型国家之间及同类国家内部从未间断过，即使知识产权签约国之间这种争端也不断产生。

专利方面争端产生的原因是多方面的，其中包括专利技术被抢注，专利技术产品被假冒，专利技术被盗用，如盗版光盘即为不法分子惯用的手法，使专利所有人深受损失。为此，各成员都想方设法打击假冒他人专利和冒充专利的行为。

在知识产权的保护方面，除上述种种争端外，各国还就知识产权保护与垄断的关系问题提出不同意见。如对微软技术是否构成市场垄断问题，欧美人士的看法就针锋相对。但从 WTO 的市场准入、反垄断的规则来看，将微软的技术以保护知识产权的名义允许其垄断市场，是没有法律依据的，对全球科技进步也是不足取的。

此外，在知识产权保护立法方面，WTO 成员有权制定相关国内法，但应与 WTO《与贸易有关的知识产权协议》的规则相一致。但各国制定的这类国内法对侵权的认定与处罚不尽相同。

知识产权领域出现的争端和摩擦，客观上要求 WTO 建立相应的争端解决机制，以便于争端各方按统一规定的程序使争端得到为各方都满意的解决。

二、WTO 争端解决机制的建立与特点

(一) WTO 争端解决机制的建立

WTO 是《GATT 1947》的继承和发展，因而其争端解决机制也是由该协定的相关条款继承而来。《GATT 1947》涉及缔约方争端解决问题的条款主要是第 22 条和第 23 条。

第 22 条（磋商）第 1 款规定："每一缔约方应对另一缔约方就影响本协定运用的任何事项可能提出的交涉给予积极考虑，并应提供充分的磋商机会。"该款规定是指在双边贸易中如发生争端，任何一方在对方认为有问题、要求磋商时，都有义务积极考虑并提供充分的磋商机会；第 22 条第 2 款规定："在一缔约方请求下，缔约方全体可根据第 1 款进行的磋商未能满意解决的任何事项与任何缔约方进行磋商。"

第 22 条（利益的丧失或减损）规定，如一缔约方认为，由于另一缔约方未履行《GATT 1947》项下的义务或其他原因，其享有的利益正在丧失或减损，则该缔约方可向另一缔约方提出书面交涉或建议，被接洽的缔约方应积极考虑对方提出的交涉和建议。如果问题未得到解决，则该事项可提交缔约方全体，并由缔约方全体迅速调查，向有关缔约方提出建议，或酌情作出裁定。如有必要，可与缔约方、联合国经社理事会及任何适当政府机构进行磋商。如缔约方全体认为情况足够严重而有理由采取行动，则可授权一个或多个缔约方中止对有违规行为的缔约方享有的关税减让待遇。

《GATT 1947》第 22 条、第 23 条均规定出现贸易争端时，先由争端双方磋商，如磋商未果，则由缔约方全体即关税与贸易总协定总部出面调解，如无进展，则可采取制裁措施。由于当时对争端解决的时限没有具体规定，而且裁决时采取多数票决定原则，使专家组报告难以通过，因而使许多纠纷未能得到及时、合理的解决。随着加入《GATT 1947》成员的不断增多及多边贸易中争端的增加，在"乌拉圭回合"的后期，与会缔约方达成了《关于争端解决规则与程序的谅解》，以作为 WTO 成员争端解决的法律依据和争端解决的有效机制，并设立了争端解决机构（Dispute Settlement Body, DSB）。争端解决机构负责处理各成员之间的贸易争端，并设立专家组。争端解决机构为解决争端而采取的任何措施及解决争端的进程，必须通过 WTO 有关理事会。如争端属于知识产权领域，须将争端解决的进程通知知识产权理事会；属于货物贸易或服务贸易领域，则分别通知货物贸易理事会或服务贸易理事会，以确保相关领域各成员之间的贸易争端得到满意的解决。

(二) WTO 争端解决机制的特点

WTO 争端解决机制与《GATT 1947》的争端解决规则相比，有共同之处。这就是缔约方之间产生贸易纠纷时，应通过磋商使问题得到合理解决。然而，两者之间有许多不同之处，其中值得关注的有以下几点：

1. 适用的范围不同

《GATT 1947》的争端解决规则，仅适用于缔约方之间的货物贸易，而 WTO 争端解决机

制则适用于 WTO 各成员在执行 WTO 各项规则和规定中产生的各种纠纷和争端。《关于争端解决规则与程序的谅解》附录 1 和附录 2，对争端解决机制适用的范围列出的清单如下。

附录 1：适用的协议（协定）

① 《建立世界贸易组织协定》即《WTO 协定》。

② 多边贸易协议：《多边货物贸易协议》，《服务贸易总协定》，《与贸易有关的知识产权协议》，《关于争端解决规则与程序的谅解》。

③ 诸边贸易协议：《民用航空器贸易协议》，《政府采购协议》，《国际奶制品协议》，《国际牛肉协议》。

附录 2：适用含特殊或附加规则与程序的协议

① 《实施卫生与植物卫生措施协议》；

② 《纺织品与服装协议》；

③ 《技术性贸易壁垒协议》；

④ 《关于实施 1994 年关税与贸易总协定第 6 条的协议》；

⑤ 《关于实施 1994 年关税与贸易总协定第 7 条的协议》；

⑥ 《补贴与反补贴措施协议》；

⑦ 《服务贸易总协定》；

⑧ 《关于金融服务的附件》；

⑨ 《关于空运服务的附件》；

⑩ 《关于 GATT 部分争端解决程序的决定》。

由上可见，WTO 争端解决机制，是 WTO 成员之间在各相关领域产生争端时各方解决争端的法律依据。

2. 争端解决的组织机构不同

《GATT 1947》的争端解决没有相应的专门的组织机构，在争端双方磋商未果时，由所谓"缔约方全体"即《关税与贸易总协定》总部出面解决和裁决。而 WTO 则设有专门的争端解决机构，争端解决机构本身还设有专家组。争端解决机构并非 WTO 的临时机构，而是常设组织，在收到有关成员维权投诉请求后，固然要立即出面进行组织和协调，在没有贸易争端投诉的情况下，亦要开展调研工作并监督相关裁决和建议的执行。

3. 争端解决的时限不同

贸易争端的解决有无时限，关系到争端解决的成效。如一项争端应在 3 个月内得到解决但实际经 1 年的讨价还价才得到解决，这对争端双方都不利。《GATT 1947》未就争端解决设定时限，因而许多贸易纠纷迟迟得不到解决。WTO 贸易争端解决机制对贸易纠纷解决的时限作了具体规定，因而其解决贸易摩擦的成效大为提高。

4. 允许授权的单边报复和交叉报复

争端双方就各自的利益进行磋商，应尽可能达成协议，解决争端。如磋商无果，使请求磋商方的利益受到重大损失时，可采取报复措施，即"在歧视性的基础上针对另一成员终止实施适用协定项下的减让或其他义务，但需经争端解决机构授权采取此类措施"。如甲乙两国就钢材进口关税问题产生纠纷，原因是乙方将进口关税提高50%，甲方钢材出口受阻，经磋商无果，争端解决机构遂授权甲方采取报复措施。但是这类报复措施应当是临时性措施。一旦乙方将钢材进口关税下调到正常水平，则甲方亦应停止报复。在实践中，起诉方对被起诉方实行报复可以是平行的报复。这种报复也是临时的，一旦乙方采取补救措施，甲方应停止报复，以维护正常贸易秩序。

5. 决策方式不同

《GATT 1947》的决策方式是，除非协定另有规定，"否则缔约方全体的决定应以所有投票数的多数作出"。而WTO的《争端解决机制》的决策方式是："经协商一致作出决定。"如在作出决定的争端解决机构的会议上，没有成员正式反对拟议的决定，则被视为经协商一致就提请其审议的事项作出决定。

以上特点表明，WTO的争端解决机制的基本原则与《GATT 1947》有共同之处，但前者更具权威性、时效性和可操作性。

（三）WTO争端解决机制的程序

WTO成员之间在贸易与投资及知识产权等交易中，由于各自的利益不同，因而在执行WTO上述规则和规定时，必然会产生各种争端，在争端中，通常为一方或几方受损失，另一方或另几方受益，因而有违WTO公平贸易原则，应及时解决。按照争端解决机制的规定，利益受损方不得私自对受益方实行报复或制裁，而应按规定的程序并在规定的期限内解决争端，WTO争端解决机制对此规定的程序如下。

1. 磋商

按规定，在贸易进出口活动中，一方认为另一方有违规行为，并受到损失，受损方有权向对方提出进行磋商的请求，对方则有义务同请求方进行磋商。例如，WTO一成员对来自某成员某种钢材征收10%的进口税，而对来自另一成员的同类、同质的钢材征收15%的进口税；WTO一成员某种型号的产品规定路程每吨运费500美元，而进口同型号、同质产品、同样路程每吨运费为1000美元。这两种情况都违背了WTO非歧视和公平贸易原则。利益受损方有权按照相关协定（如《货物贸易总协定》、《服务贸易总协定》、《与贸易有关的投资措施协议》等）提出磋商请求，请求所针对的成员应在收到请求之日起10日内对该请求作出答复，并在收到请求之日起不超过30日的期限内进行认真的磋商，以达成双方满意的解决办法。

2. 斡旋、调解和调停

前述WTO一成员就有关争端请求另一方进行磋商时，另一方应在10日内对该请求作出答复，并在30日内进行磋商。如果另一方未在收到请求之日起10日内作出答复，或在收到请求之日起30日内未与请求方进行磋商，则磋商以无果而终。此时，争端双方可按照自愿原则采取斡旋、调解和调停之程序。争端任何一方可随时请求进行斡旋、调解或调停。如斡旋、调解或调停在收到磋商之日起60日内开始，则起诉方应给予应诉方60日的时间。如果争端各方共同认为斡旋、调解或调停不能解决争端，起诉方可在60日期限内请求设立专家组。

3. 专家组的设立及其职权范围

在WTO成员之间进出口活动中，争端的产生是不可避免的。由于争端的重要性及争端各方国内政策不尽相同，通过磋商或斡旋调解或调停解决争端的概率也大不相同。如果争端对起诉方利益的损害并不大，加上应诉方积极主动地采取补救措施，则仅需通过磋商，或者经过斡旋、调解或调停，争端即可得到解决。但由于种种原因，经过斡旋、调解或调停，问题仍未解决，则需通过专家出面解决。起诉方请求设立专家组，首先要列入争端解决机构的会议的议程，并根据需要在其下一次会上宣布设立。争端解决机构在审议设立专家组请求的书面文件时，关注的是该争端是否已进行磋商、起诉书的法律依据是否规范。

按照适用协议的相关规定，"专家组的职权范围是审议争端各方向争端解决机构提交的书面文件涉及的事项，并提出调查结果，以协助争端解决机构提出建议或作出该协议规定的裁决"。专家组的职权范围必须通报WTO的所有成员，以便于更好地开展调查工作。

专家组的职能是协助争端解决机构履行其职责，包括对其审议的事项作出客观评估，与争端各方进行磋商，以形成争端各方满意的解决办法。

4. 专家组的组成及相关规定

WTO争端解决机制对专家组的组成及其相关规定，在第8条中作了比较全面具体的规定，其中特别重要的规定如下。

（1）专家组应由资深政府或非政府人员组成，包括曾在专家组任职或曾向专家组陈述案件的人员，曾任一成员代表或GATT缔约方代表或任何适用协定理事会或委员会代表人员、秘书处人员，或国际贸易法规、政策著作人员、贸易部门官员。

（2）专家组成员的选择，以确保各成员的独立性、完全不同的背景和经验丰富为准则。利益相关方的政府官员或第三方人员不得在专家组中任职。

（3）专家组应由3名成员组成，但在专家组成立后10日内，经争端各方同意，专家组亦可由5人组成。专家组的成员由秘书处提名，争端各方不得反对提名。

（4）自专家组设立之日起10日内，如未就专家的成员达成协议，则总干事在争端双方中任何一方的请求下，经与争端解决机构主席和有关委员会或理事会磋商并与争端各方磋商后，决定专家组的组成，并任命专家组成员。WTO的成员应承诺允许其官员担任专家组成员，但只能以个人身份任职，既不代表政府，也不代表任何组织，因而其工作不受本国政府或任何其他组织的影响。

在实践中，如有一个以上的成员请求设立专家组，则按规定，可设立单一专家组来审查这些起诉，并考虑到所有有关成员的利益。如一成员请求单独设立专家组审议争端事项，则可成立一个以上专家组，并最大限度地由相同人员分别担任专家组成员。在专家组陈述调查意见时，其他起诉方亦可在场，以了解争端解决的最佳办法。

争端各方的利益凡涉及其他成员的利益，且后者已将其相关利益通知争端解决机构，则所谓的第三方亦应有听取专家组陈述的机会，其意见亦应反映在专家组的报告中。

5. 专家组的工作程序

专家组的工作程序在《谅解》附录3中作了规定，其中包括：

（1）专家组的会议不公开。争端各方及利害关系方只有在专家组邀请到场时方可出席会议。

（2）专家组的审议和提交专家组的文件应保密。但这不妨碍各方向公众披露有关自身立场的陈述。各成员应将另一成员提交上诉机构或专家组并指定为机密的信息按机密信息对待。

（3）在专家组与争端各方召开第一次实质性会议之前，争端各方应向专家组提交书面陈述，说明案件的事实依据。在首次实质性会议上，首先由起诉方陈述案情，随后由被诉方陈述其观点。应邀赴会的第三方分别陈述其意见，并参加本场会议的全过程。

（4）在第二次实质性会议上，被诉方有权首先发言，随后由起诉方发言。此前各方应向专家组提交书面意见，并向专家组提交口头陈述的版本。专家组可随时向各方提出问题。各方的书面及口头陈述，均应使其他方可获得，以体现充分的透明度。

（5）在争端各方磋商后，专家组应尽快（1周内）决定争端解决的时间表，规定各方提交书面陈述的最后期限。各方提交的书面陈述存入秘书处。如争端各方未能找到满意的解决办法，专家组遂以书面形式向争端解决机构提交调查结果，并列出原因。如争端各方已形成满意的解决办法，则专家组只需对案件作简要陈述，并报告已解决争端。

专家组负责解决争端的期限，为自专家组组成和职权范围议定之日起至最终报告提交争端各方之日止，一般案件不超过6个月，特殊案件不超过9个月。专家组可随时应起诉方请求中止工作，期限不超过12个月，上述工作期限可顺延。如专家组工作中止12个月以上，则设立专家组的授权即告终止。

（6）专家组报告的中期审议和报告的通过。专家组经过上述调查研究并考虑各方意见后而起草的报告，应提交争端各方，听取意见，在此基础上形成一个中期报告。该报告既包括描述部分，也包括专家组的调查结果和结论。在专家组规定的期限内，一方可提出书面请求，请专家组在最终报告散发各成员之前，审议中期报告中的具体方面。应一方请求，专家组应就书面意见中所确认的问题，与各方再次召开会议。如在征求意见期间未收到任何一方意见，则中期报告即被视为最终报告，并立即散发给WTO各成员。中期审议阶段应在6个月内完成。

专家组的中期报告在通过之前，还需要征求WTO各成员的意见，因而在报告散发给各成员之日起20日内，可由各成员对报告进行审议。对报告持有不同意见的成员，应在争端解决机构开会通过该报告前10日，提出书面意见。自专家组中期报告散发各成员之日起，60日之内该报告应在争端解决机构的会议上被通过。

6. 上诉机构

争端解决机构设有上诉机构，以审理专家组案件的上诉。上诉机构由7人组成，并由争端解决机构任命，任期4年，每人可连任一次。上诉机构应由具有公认权威并在法律、国际贸易和各种适用协议方面具有专门知识的人员组成。他们不得附属于任何政府。上诉机构的人员应随时待命，并应随时了解争端解决活动及WTO的其他活动。上诉机构任职人员不得参与审议任何可产生直接或间接利益冲突的争端。

按规定，只有争端各方可对专家组报告进行上诉。事先已向争端解决机构发出通知表明其与相关争端有利益关系的第三方，亦可对专家组报告提出上诉。诉讼程序为自一争端方正式通知其上诉决定之日起至上诉机构散发其报告之日止不得超过60日。如上诉机构认为不能在60日内提交报告时，应书面通知争端解决机构迟延的原因及提交报告的估计期限。但该诉讼程序不得超过90日。上诉机构的工作应保密，其报告应在争端各方不在场的情况下按照提供的信息和所作的陈述起草。

上诉机构的报告应经争端解决机构的会议通过方可生效。报告一旦被通过，争端各方应无条件接受。

7. 对争端各方执行建议和裁决的监督

专家组的报告和上诉机构的报告，一旦被通过，对争端各方均具约束力。按规定，在专家组或上诉机构报告通过后30日内召开的争端解决机构的会议上，有关成员应通知争端解决机构关于其执行争端解决机构建议和裁决的意向。如立即遵守建议和裁决不可行，有关成员应有一个合理的执行期限。这个期限可分为三种：其一为有关成员提议的期限，但须经争端解决机构批准；其二为争端各方在通过建议和裁决之日起45日内双方同意的期限；其三为在通过建议和裁决之日起90日内通过有约束力的仲裁确定的期限。但是，在争端解决的建议和裁决通过之日起，对各成员执行建议和裁决的期限最长为18个月。

8. 争端解决中的补偿和中止减让

WTO成员之间的贸易争端，经上述程序作出的裁决，争端各方应无条件地执行。但不执行裁决的现象经常发生，致使起诉方遭受不应有的损失。在这种情况下，争端解决机构可授权起诉方采取报复措施，以获得必要的补偿或停止对被起诉方的有关优惠，即"中止减让"。

根据争端解决机制的程序，起诉方对被起诉方采取报复的措施主要为获得补偿或中止减让，补偿指弥补受到的损失，中止减让指停止给予被起诉方的有关优惠（含最惠国待遇、国民待遇）。中止减让的顺序是：首先就相同部门中止减让，如不可行，则就其他部门中止减让或其他义务；如其他部门中止减让或其他义务仍不可行或无效，则可在另一适用协定项下的相关部门中止减让或其他义务。例如，起诉方对被起诉方《农业协议》项下的农产品出口补贴实行报复，中止减让而提高关税水平，如不可行，则可在另一适用协议，如《纺织品协议》项下的纺织品进口中止减让，即提高关税或减少配额，以限制被起诉方纺织品的进入。

按照规定，争端解决机构因被起诉方不执行专家组或上诉机构的裁决而授权起诉方实行报复时，中止减让或其他义务的程度"应等于利益丧失或减损的程度"，即不得借报复之机，使被起诉方的利益受到不应有的损害。这一规定从一个侧面体现了WTO倡导的公平贸易原则。

（四）WTO争端解决机制的例外规定

WTO争端解决机制的上述规则对所有的成员都有约束力，但在执行过程中，由于种种原因，也允许有灵活性，这主要表现在以下方面。

1. 适用协议规则之间相互抵触例外

所谓适用协议项下规则之间产生抵触，主要是指WTO适用协议都有特定的规则，这些特定规则都是为执行各项协议而规定的。因此，就各个单项协议而言，其规则之间不存在重大抵触，即使有某些特殊情况，也可根据其本身所含例外规定予以解决。争端解决机制作为一项综合性的机制，适用于上述WTO各项协议，因而其某些规则与单项协议的规则不一致在所难免。为此，争端解决机制的第1条（适用范围）明确规定："在涉及一个以上适用协议项下的规则和程序的争端中，如审议中的此类协议的特殊或附加规则和程序之间产生抵触，且如果争端各方在专家组设立20日内不能就规则和程序达成协议，则第2条第1款中规定的争端解决机构主席，在与争端各方磋商后，应在两成员中任一成员提出请求后10日内，确定应遵循的规则和程序。主席应按照以下原则，即在可能的情况下使用特殊或附加规则和程序，并应在避免抵触所必需的限度内使用本谅解所列规则和程序"。

2. 紧急案件、争端解决时限例外

WTO成员与贸易有关的争端，无论是货物贸易，还是服务贸易，或者是知识产权及投资措施等方面的争端，其解决都有时限性。如前所述，如发生贸易争端，争端双方应进行磋商。按规定，磋商针对方在收到磋商请求之日起10日内应作出答复，30日内应进行磋商，磋商无果则请求设立专家组。紧急案件处理的时限可例外。所谓紧急案件，是指时效性强，如货物贸易中的易腐货物，争端解决的时间越短越好。对此，争端解决机制的第4条所作的例外规定是，磋商针对方在收到磋商请求之日起，不超过10日作出答复，并在20日内进行磋商，磋商无果，请求设立专家组。与普通案件相比，磋商的时限缩短了10日。按规定，在紧急案件中，包括有关易腐货物的案件，争端各方、专家组及上诉机构"应尽一切努力最大可能加快诉讼程序"。

3. 发展中国家成员例外

WTO的成员中多数为发展中国家和地区，由于历史的原因，发展中国家在国际贸易中属弱势群体，在国际贸易争端解决中应受到必要的照顾。WTO争端解决机制中的相关规定如下。
（1）磋商。
在磋商中，各成员应特别注意发展中国家成员的特殊问题和利益。

(2) 专家组的组成。

当争端发生在发展中国家成员与发达国家成员之间时，如发展中国家成员提出请求，专家组应至少有一名成员来自发展中国家成员。

(3) 磋商期限。

在涉及发展中国家成员的磋商过程中，WTO 的成员应同意延长上述规定的期限。如有关期限已过，进行磋商的各方不能同意磋商已经完成，则争端解决机构的主席有权与各方磋商后决定是否延长期限，如决定延长，则决定延长多久。

在专家组审查针对发展中国家成员的起诉时，专家组应给予发展中国家成员充分时间以准备和提交论据。

(4) 一个或多个争端方为发展中国家成员。

如一个或多个争端方为发展中国家成员，则专家组报告应明确说明以何种形式考虑对发展中国家在争端解决程序过程中给予差别和更优惠的待遇。

(5) 对执行建议和裁决的监督。

WTO 成员争端解决的建议和监督，是争端解决机制的组成部分。任何成员可提出有关建议和裁决的执行问题。按规定，有关问题是由发展中国家成员提出的，则在考虑可能采取何种适当行动时，争端解决机构不但要考虑起诉措施所涉及的贸易范围，还要考虑这些措施对有关发展中国家成员经济的影响。

4. 最不发达国家成员的特殊程序例外

在涉及一最不发达国家成员争端解决程序的所有阶段，有关方面应特别考虑最不发达国家成员的特殊情况。如认定利益的丧失或减损归因于最不发达国家成员所采取的措施，则起诉方在请求补偿或寻求中止实施减让或其他义务的授权时，应表现适当的克制。

在涉及一最不发达国家成员的争端解决案件中，如经过磋商未能解决问题，则应最不发达国家成员的请求，WTO 总干事或争端解决机构主席应进行斡旋、调解、调停，以期在专家组成立前，协助各方解决问题。

第四节　WTO 运行机制案例

一、WTO 反倾销案例

美国对中国彩电反倾销案

(一) 案例背景

2003 年 5 月 2 日，美国五河子电子公司和两家工会组织决定对产自中国和马来西亚的彩电向美国商务部和国际贸易委员会提出反倾销起诉。美国商务部根据反倾销法的程序，于同年 5 月 23 日进行立案，6 月 16 日，美国国际贸易委员会就中国出口美国彩电对美国彩电

第九章　WTO 的运作机制

产业是否造成实质性损害作出初步裁决。

(二) 反倾销调查涉案彩电及金额

这次彩电反倾销调查涉及中国生产的 21 英寸及以上规格的彩电。美方申诉的理由是在过去 4 年内涉案中国彩电进口激增，2002 年的进口是 1999 年的 10 倍。据当时中国海关的统计，2002 年中国涉案彩电对美国出口金额为 4.86 亿美元，其中 2002 年下半年的出口金额为 3.21 亿美元。就美国对我国彩电反倾销涉案产品出口的金额而言，据相关报道认为是截至当时我国产品所遭遇的涉案金额最大的一起反倾销案。对此，我国商务部和美国商务部都高度关注事态的发展及结局。

(三) 反倾销调查中美双方的举措

1. 中方的举措

由于美方反倾销调查涉案彩电金额巨大，关系到此后彩电对美出口的前景，中方主要彩电企业包括长虹、厦华、苏州飞利浦、康佳、TCL 等彩电出口企业积极应诉，并准备有关彩电生产、实际成本和正常价值确定的材料，力争说服对方撤销起诉，通过协商解决问题。为此，中方企业还聘请律师参与谈判。中方认为，中国出口美国的涉案彩电的价值是在中国市场营销中形成的，不存在低于国内正常价值对美倾销的问题。

2. 美方的举措

中方提供的材料是有说服力的，但美方不认可。在这种情况下，美方的策略是借口中国尚非市场经济国家，而将印度作为替代国，即根据印度的彩电生产成本价格推算出中国彩电的"正常价值"。美国国际贸易委员会正是利用了所谓中国"非市场经济地位"这一理由，于 2004 年 5 月 21 日，对中国出口美国涉案彩电的倾销行为作出终裁，随后美国商务部发布反倾销令。

根据美方公布的材料，中国出口美国涉案彩电倾销终裁幅度有"微小的"失误，经调整为：

厦华由终裁的 4.35% 调为 5.22%；康佳由 11.36% 调为 9.69%；TCL 由 22.36% 调为 21.25%；长虹由 24.48% 调为 26.37%；

其他 5 家应诉企业的平均倾销幅度由 21.49% 调为 22.94%；未应诉企业仍维持 78.45%。

(四) 启示

美国对华彩电反倾销案我方未获胜诉，从中可得出的启示是多方面的，但特别值得记取的是以下几点：

1. 彩电出口地区过于集中非长久之计

这次美方决定对华彩电实行反倾销起诉的理由之一是，涉案彩电出口美国激增，2002 年的出口量是 1999 年的 10 倍，且 1 年内出口金额高达 4.86 亿美元。由于美国彩电产业并不发达，申诉企业五河子电子公司也并不生产彩电，而只是一家彩电外壳生产商，而且与美国两家工会组织一起提出反倾销申诉。尽管看来申诉方不具反倾销申诉资格，但案件似乎要与工人失业问题相联系，因而必然会增大中方企业应诉的难度。在这种情况下，美方在两种策略中任选一种即有可能胜诉：其一为不承认中国市场经济地位，而用印度彩电生产的成本价格计算中国涉案彩电的正常价值。如上所述，美方正是采用这种策略获得反倾销胜诉。其二为按照 WTO 关于对某种产品大量进口采取紧急措施的规则，对涉案产品的进口设限。由此可见，我国彩电出口地区的多元化是应对国外反倾销的必由之路。

2. 变薄利多销为以质取胜是根本出路

中国彩电生产由于有劳动力成本低等优势，售价极具竞争力，这也是中国其他出口产品在国际市场畅销的原因。为改变这种状况，商务部曾强调指出企业出口产品应由薄利多销、出口创汇，改为"以质取胜"。实际上，在外贸体制由放权让利改为承包制，取消国家对企业亏损补贴以后，许多外贸公司提高了出口产品价格，结果是出口数量未增，但出口额增加。外国消费者对中国产品"货真价实"亦开始认同，但在实践中，出口企业并未完全改变出口竞争策略。由于是"自主经营、自负盈亏"，中国同类企业在国际市场相互竞争，压价销售的现象时有发生，导致进口国对中国产品实行反倾销起诉案件不断增加。仅就出口美国彩电而言，美方调查的涉案彩电反倾销幅度虽有很大的随意性，实际上不足以证明有关彩电售价低于国内正常价值，但其公布的倾销幅度最低的为 5.22%，最高的达 78.45%，也从一个侧面说明了彩电出口同一市场的定价问题。

3. 力争改变非市场经济地位的状况

WTO 对非市场经济国家出口产品的售价调查是有规定的，即进口方如不认可出口方的国内正常价值的合理性，可通过对情况类似的第三方市场经济国家同类产品的成本计算出涉案产品的正常价值，并以此为准审核倾销的幅度。如上所述，美国正是采用印度彩电生产成本，推算出中国出口美国涉案彩电存在倾销的事实。因此，我国有关部门应通过各种途径，包括进行双边、多边会谈，证明我国已经属于市场经济国家。

4. 倾销与反倾销是 WTO 的一项规则，作为 WTO 的成员，既有权对进口产品实行反倾销，也有义务对国外对本国产品实行反倾销调查提供便利

在面临国外反倾销调查时，涉案产品的生产企业有权也有必要应诉，并全力做好应诉的各项工作。同类产品的生产企业还有必要为了维护企业的利益和国家的整体利益，积极合作、配合，力求以准确无误的系统材料，证明我国出口产品定价的合规性，通过协商解决争端。

在国外决定立案实行反倾销调查时，所有的涉案产品生产企业都应积极应诉，绝不可消极等待其他企业胜诉而坐享其成。上述美国对华彩电反倾销案表明，中方未获胜诉，应诉企业被裁定的倾销幅度分别为 5.22%~26.37% 不等，而未应诉的企业倾销幅度高达 78.45%。这一终裁结果表明，应诉企业通过技术改造、降低成本、提高质量等，还可向美国出口彩电，而未应诉企业的产品则难以再进入美国市场[①]。

---

① 参见《国际商报》，2004 年 5 月 21 日。

二、反补贴案例

加拿大对中国烧烤架反补贴案

（一）案例背景

烧烤架是中国向加拿大出口的一件普通产品，但由于深受加拿大消费者的认同，故销量颇大。据报道，中国造烧烤架在加拿大市场的份额达1/3，每年的销售额达1亿美元。2000年的销量为5800台，2003年增为1.21万台。

由于销量增长快，市场份额大，2004年4月13日，加拿大安大略省菲埃斯塔烧烤架有限公司认为，中国造烧烤架存在倾销行为，因而向加拿大边境服务署提出反倾销、反补贴申请，并被受理立案。

（二）加拿大边境服务署的调查和初裁

加拿大边境服务署经过调查，于2004年8月27日作出初裁，认定中国造烧烤架存在倾销和补贴事实，倾销的幅度为7.2%~57.5%，平均倾销幅度为34.6%，补贴幅度为16%。加方据此决定自2004年8月27日起，对产自中国的烧烤架征收相当于倾销、补贴幅度的反倾销、反补贴税。

（三）中国企业的应对与胜诉

加拿大边境服务署对中国造烧烤架实行反倾销、反补贴调查后，国内企业积极应诉，并提供相关数据。经加方反复计算，认定中国烧烤架实际加权平均倾销幅度仅为1.6%，而认定的8项政府补贴，企业实际获得的补贴幅度仅为1.4%。根据加拿大相关法律规定，如此微量的倾销和补贴幅度可以忽略不计，为此，加拿大国际贸易法庭正式宣布取消原定于2004年11月22日举行的有关中国烧烤架产业损害的听证会，加拿大边防服务署遂于2004年11月终止针对中国烧烤架实行的反倾销、反补贴调查，加方已征收的反倾销、反补贴的临时关税如数退还，中国企业获得胜诉。

此案表明，面对国外的反倾销、反补贴起诉，企业应理直气壮应诉，并积极配合对方调查，同时准备有说服力的材料，力争对方不立案，已立案的力争撤诉，已初裁的力争取消，已终裁的力争上诉，获得胜诉[①]。

[①] 参见《国际商报》，2004年11月27日相关报道。

第十章　WTO 争端分析

> **本章要点**
> 1. WTO 争端案件有哪些特征事实？
> 2. 怎样理解 WTO 争端解决机制的有效性？
> 3. WTO 争端解决机制存在哪些潜在问题？应如何应对？
> 4. 中国参与的 WTO 争端案件有哪些特征事实？
> 5. 中国作为申诉方和应诉方的 WTO 争端案件分别呈现哪些特点？
> 6. 中国应对 WTO 争端解决需要注意哪些方面的问题？

争端解决是多边贸易体系的中心支柱，是 WTO 对全球经济稳定所作的独特贡献。如果缺乏争端解决机制，规则就不能被有效执行，以规则为基础的整个系统就难以高效运行。WTO 的运作强调法治，这不仅使贸易体系更加安全，同时也增强了其可预见性。

WTO 争端解决机制为各成员解决贸易保护问题提供了有效的途径。在 GATT 框架下，发展中国家由于市场规模小，在贸易谈判中处于劣势。通过 WTO 争端解决机制，一些发展中国家从对外贸易中获取了更多的利益。然而，由于解决程序和相关法律条文的复杂性，阻碍了发展中国家对 WTO 争端解决机制的应用。中国作为全球最大的发展中经济体之一，其在 WTO 争端解决机制中的地位和作用具有特殊性。本章首先站在全球的角度分析 WTO 争端解决机制，接着具体分析了 WTO 争端解决机制在中国的运用，最后用两个案例阐释了 WTO 争端解决的程序。

第一节　WTO 争端及其解决的特点

本节从 WTO 争端数量、争端参与方、争端标的和争端涉及协议和条款等方面总结了 1995~2013 年 WTO 争端解决的特征事实；接着讨论 WTO 争端解决机制的有效性；然后分析引起争端的决定因素；最后指出 WTO 争端解决机制现存的问题和应对建议。

一、WTO 争端案件的特征事实

（一）争端概述

自 1995 年 WTO 成立，记录在案的争端案件共 474 起，WTO 争端解决专家组共发布 153

份专家组报告，上诉机构共发布 91 份上诉机构报告。WTO 争端解决裁决的结果，不仅有利于厘清双方争议的事实和法律问题，及时有效化解当事方之间的经贸纠纷，也从法律角度澄清了相关国际贸易规则，促进了国际贸易环境和多边贸易体制的稳定性和可预见性。图 10 - 1 表明 1995 ~ 2013 年期间，案件总数整体呈下降趋势。WTO 成立之初，案件数迅速从 1995 年的 25 件增长至 1997 年的 50 件，自 2012 年 WTO 争端解决案件出现大幅飙升后，2013 年新起诉案件的数量已经降至 20 件，下降了 37%。2002 ~ 2005 年案件数量下降趋势尤其明显。

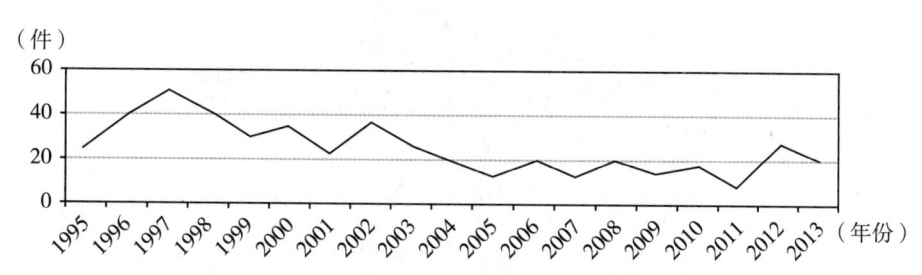

图 10 - 1 1995 ~ 2013 年 WTO 争端案件趋势

资料来源：根据 WTO 官网 www.WTO.org 数据整理。

（二）争端参与方

在 474 起争端案件中，一个或多个成员方（申诉方）申诉另一成员方（应诉方）施行的某些政策与 WTO 相关协议不符。争端中的申诉方与应诉方很少单独就案件进行协商，第三方成员方的加入对案件的进展起到监督的作用。目前，约有 3/5 的案件均有第三方参与，第三方总数已远远超过了申诉方和应诉方。

争端涉及国家和地区大到欧洲联盟国家，小到拉丁美洲的危地马拉，有经济大国如美国和日本，也有经济欠发达的印度。其中，申诉方有 48 个成员，应诉方有 53 个成员，第三方有 83 个成员。图 10 - 2 ~ 图 10 - 4 将案件分别按照申诉方、应诉方和第三方进行分类。图 10 - 2 表明申诉最多的成员有：美国（21.1%）、欧盟（17.9%）、加拿大（6.6%）、巴西（5.2%）、墨西哥（4.6%）、印度（4.2%）、阿根廷（4.0%）、日本（3.8%）、韩国（3.2%）和泰国（2.6%）。图 10 - 3 表明应诉最多的国家有美国（24.8%）、欧盟（15.8%）、中国（15.8%）、阿根廷（4.5%）、印度（4.5%）、加拿大（3.5%）、澳大利亚（3.1%）、巴西（3.1%）、日本（3.1%）和韩国（2.9%）。

第三方的参与对 WTO 争端解决十分重要。由于 WTO 的非歧视性原则，所有成员均可享受其他成员的贸易优惠条件，第三方的参与阻止了带有歧视性的双边协议，加强了多边贸易均衡。图 10 - 4 表明以第三方身份参与 WTO 争端解决最多的国家和地区有：欧盟（7.5%）、日本（7.5%）、美国（5.9%）、中国（5.7%）、印度（5.1%）、加拿大（5%）、澳大利亚（4.4%）、韩国（4.4%）、巴西（4.3%）和中国台北（4.15）。

除上述申诉、应诉及第三方成员外，另有 53 个成员从未向 WTO 争端解决机构申诉，如亚美尼亚、巴林王国、巴巴多斯、比利时、伯利兹等；49 个成员从未被申诉，如安提瓜和巴布达、巴林王国、孟加拉、巴巴多斯等；17个成员从未以第三方身份参与，如亚美尼亚、比利时、克罗地亚、捷克共和国等。

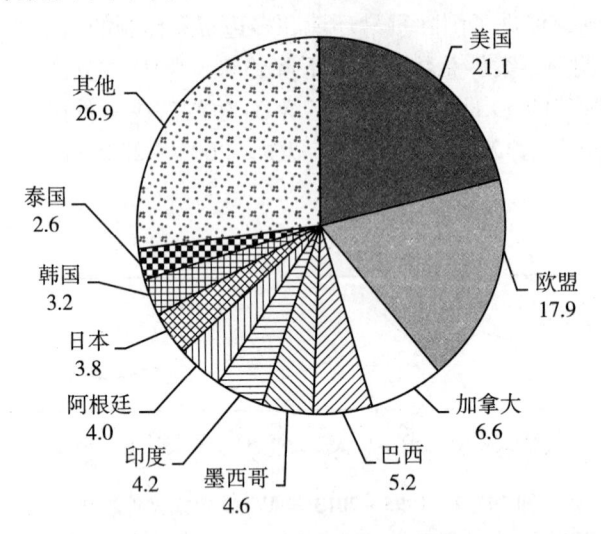

图10-2 1995~2013年WTO争端案件申诉方组成（单位：%）

资料来源：根据WTO官网www.WTO.org数据整理。

- 美国 21.1
- 欧盟 17.9
- 加拿大 6.6
- 巴西 5.2
- 墨西哥 4.6
- 印度 4.2
- 阿根廷 4.0
- 日本 3.8
- 韩国 3.2
- 泰国 2.6
- 其他 26.9

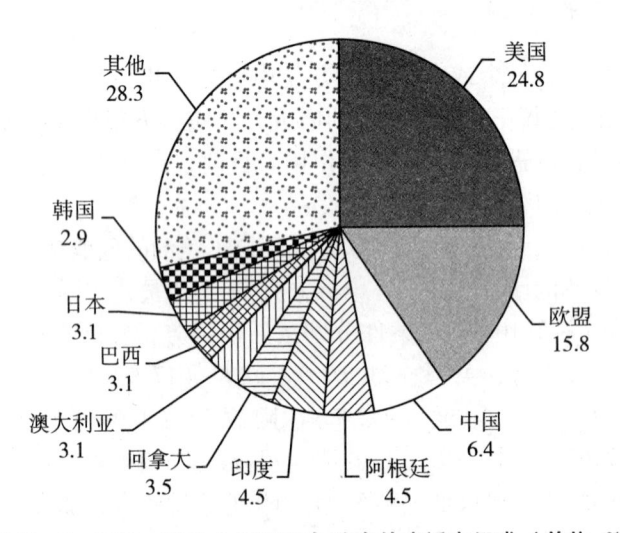

图10-3 1995~2013年WTO争端案件应诉方组成（单位：%）

资料来源：根据WTO官网www.WTO.org数据整理。

- 美国 24.8
- 欧盟 15.8
- 中国 6.4
- 阿根廷 4.5
- 印度 4.5
- 加拿大 3.5
- 澳大利亚 3.1
- 巴西 3.1
- 日本 3.1
- 韩国 2.9
- 其他 28.3

（三）争端标的

争端解决机构将所有争端案件分为三类：货物贸易争端、服务贸易争端和知识产权争端。图10-5表明货物贸易争端占所有争端案件的87.4%，知识产权争端和服务贸易争端分别占争端案件总数的6.8%和5.8%。

第十章 WTO 争端分析

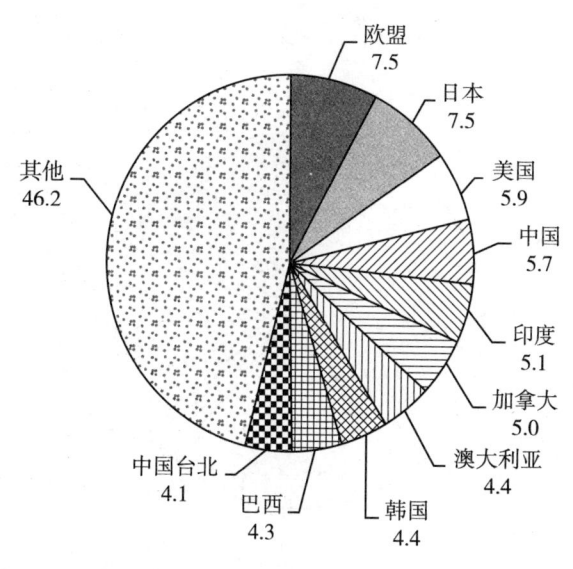

图 10-4 1995~2013 年 WTO 争端案件第三方组成（单位:%）

资料来源：根据 WTO 官网 www.WTO.org 数据整理

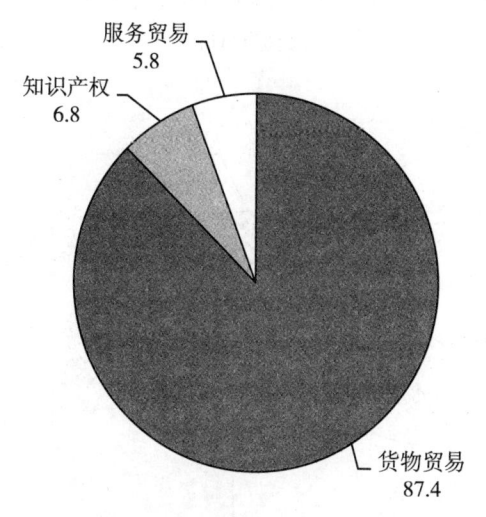

图 10-5 1995~2013 年 WTO 争端案件标的组成（单位:%）

资料来源：根据 WTO 官网 www.WTO.org 数据整理。

WTO 将货物贸易分为 174 个子类，其中最易引起争端的是农产品和食品，占所有货物贸易争端案件的 14.6%，其次是钢材（4%）、原材料和半成品（3.5%）、纺织品（3.1%）、汽车（2.9%）等（见图 10-6）。在知识产权贸易中，最易引起争端的有专利权（26.2%）、著作权（23.8%）、商标（21.4%）、地理标识（9.5%）等（见图 10-7）。在服务贸易方面，最易引起贸易争端的是配送服务（36.8%）、金融服务（26.3%）、通讯服务（10.5%）、电子支付服务（5.3%）等（见图 10-8）。

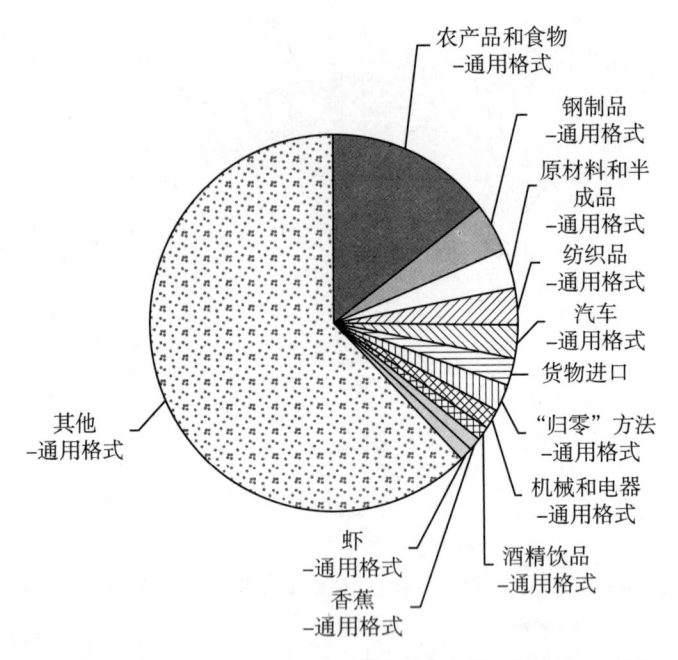

图 10-6　1995~2013 年 WTO 货物贸易争端案件标的组成（单位：%）

资料来源：根据 WTO 官网 www.WTO.org 数据整理。

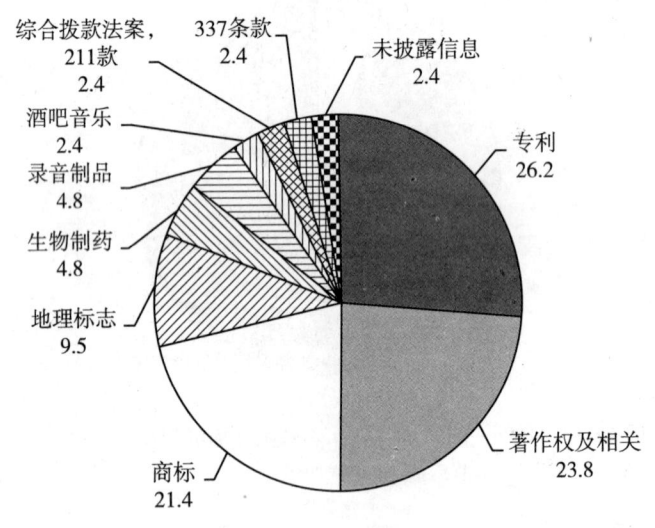

图 10-7　1995~2013 年 WTO 知识产权争端案件标的组成（单位：%）

资料来源：根据 WTO 官网 www.WTO.org 数据整理。

　　图 10-9~图 10-11 分别指出在货物贸易、知识产权贸易和服务贸易中，最容易被申诉的成员国。图 10-9 表明，在所有货物贸易争端案件中，美国、欧盟、阿根廷、印度和中国在货物贸易中遭遇其他成员申诉的比例分别为 27%、14%、5%、5% 和 4%。在知识产权贸易的争端案件中，19% 的案件的应诉成员都是澳大利亚，其次是欧盟（17%）、美国

第十章 WTO争端分析

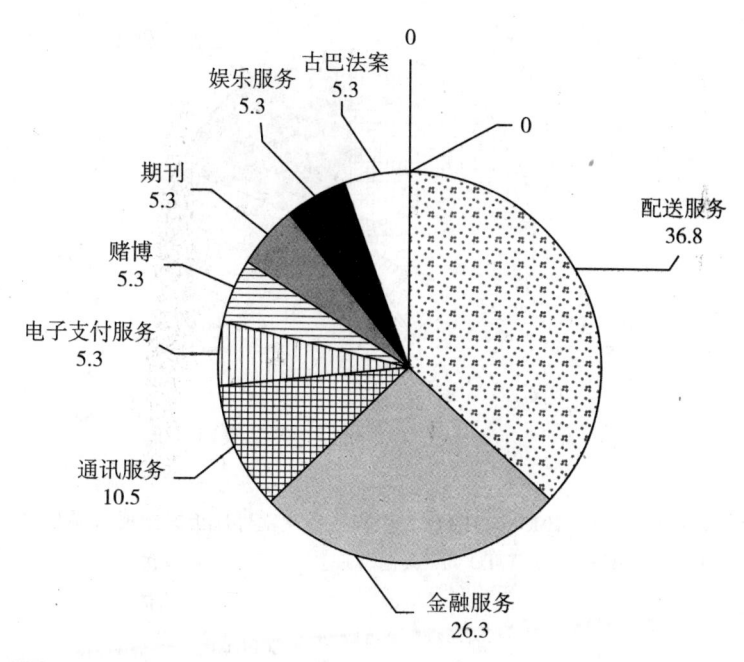

图10-8 1995~2013年WTO服务贸易争端案件标的组成（单位：%）

资料来源：根据WTO官网www.WTO.org数据整理。

（14%）、日本（9%）和中国（7%）（见图10-10）。相对于比利时（7%）、日本（7%）、墨西哥（7%）、阿根廷（3%）和尼加拉瓜（3%），中国（28%）、美国（17%）、加拿大（14%）和欧盟（14%）在服务贸易中较易遭受其他成员的申诉（见图10-11）。

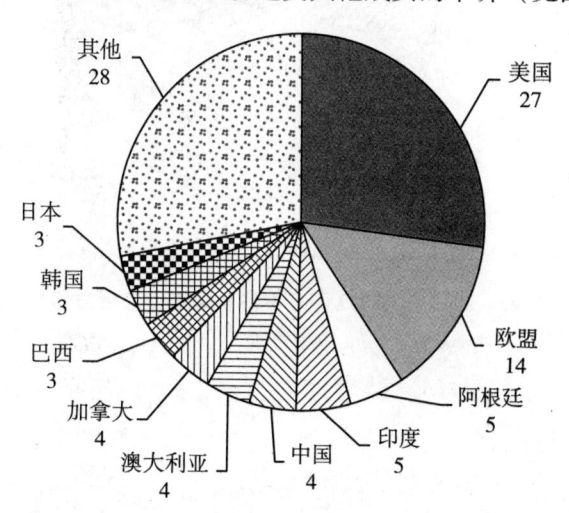

图10-9 1995~2013年WTO货物贸易争端案件应诉方组成（单位：%）

资料来源：根据WTO官网www.WTO.org数据整理。

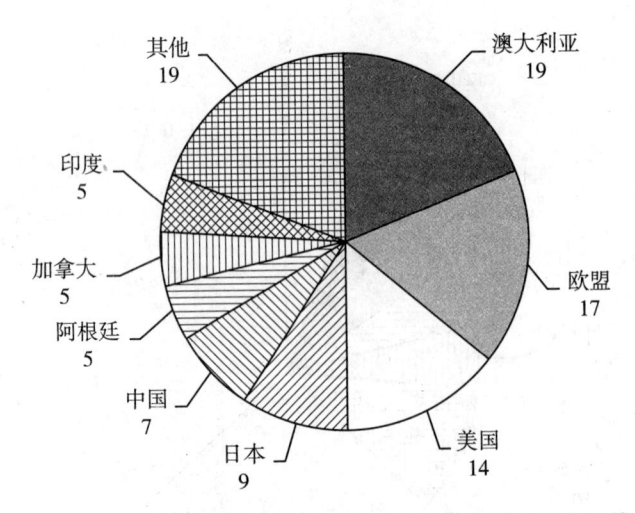

图 10-10　1995~2013 年 WTO 知识产权争端案件应诉方组成（单位：%）
资料来源：根据 WTO 官网 www.WTO.org 数据整理。

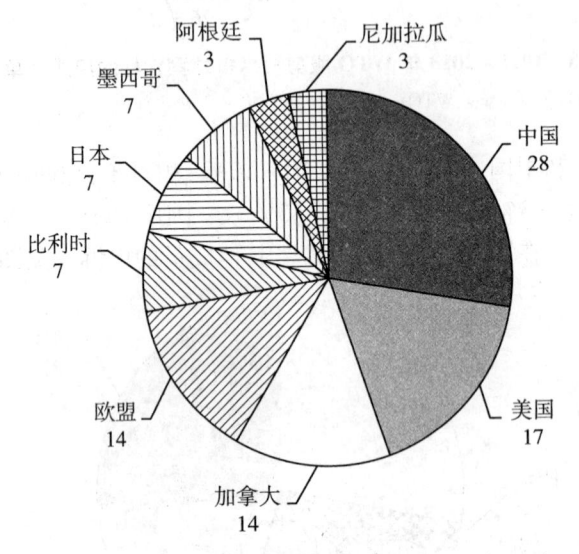

图 10-11　1995~2013 年 WTO 服务贸易争端案件应诉方组成（单位：%）
资料来源：根据 WTO 官网 www.WTO.org 数据整理。

（四）争端案件的现状

争端解决程序主要分为三个阶段：磋商、专家组和上诉。审判并不是 WTO 争端解决机构的最终目的，更重要的是争端得以有效解决。截至 2008 年 1 月的 369 起争端中约只有 136 起启动了专家组工作程序，其余案件或者在"庭外"解决或者仍处在磋商阶段。WTO 争端解决机构鼓励各成员以遵守 WTO 相关协议为前提磋商解决争端问题（《关于争端解决规则与程序的谅解（DSU）第 3.7 条款》）。争端双方在磋商阶段可以就争端问题进行充分的讨论，以寻求法律手段之外的双方均满意的解决办法（DSU 第 4.5 条款）。当磋商在 60 天内不能达成满意结果时，申诉方可申请成立专家小组就争端问题进行裁定（DSU 第 4.7 条款）。即使初期磋商失败，争端双方仍可在之后的任何阶段通过谈判协商达成使多方满意的结论。

磋商通常是解决争端行之有效的办法，裁决和执行并不是对每一起争端案件都是必要的。1995～2013 年，31.6% 的争端案例的现状标识为磋商，但显然正在磋商的案件并没有这么多。这一方面是因为部分争端在磋商阶段就达成了令双方满意的结论，另一方面是因为部分争端的申诉方出于种种原因决定撤销申诉。此外，19.2% 的案件在专家组或上诉机构介入前得到了多方满意的解决，或被撤销，或被终止，18.1% 的案件中的应诉方均遵循争端解决机构（DSB）的建议，依照 WTO 相关法律法规对争端问题进行了有效解决（见表 10－1）。

表 10－1   1995～2013 WTO 争端案件状态统计   单位:%

争端案件所处阶段	争端案件
磋商	31.6
已解决或已终止	19.2
应诉方已执行 DSB 建议	18.1
专家小组或上诉机构报告已被采纳，应诉方无须进一步行动	5.7
专家小组或上诉机构报告已被采纳，DSB 采纳报告中所提建议	4.9
DSB 同意成立专家小组，成员尚未选定	4.4
争端各方已达成协议	4.4
成立专家小组	4.2
专家小组被中止，12 个月后未重新启动	2.3
合规审查程序正在进行	1.3
合规审查程序已结束，发现违规	1.1
授权申诉方实施报复措施	1.1
申诉方向 DSB 申请实施报复措施	0.8
上诉机构审核专家小组报告	0.4
合规审查程序已结束，未发现违规	0.4
专家小组报告已向成员国公布，尚未被上诉或接受	0.0
专家小组报告已向成员国公布，尚未被接受	0.0
合　　计	100.0

资料来源：根据 WTO 官网 www.WTO.org 数据整理。

（五）争端涉及的协议和条款

1. 争端涉及协议

WTO 协议涵盖货物、服务和知识产权，主张自由化，并允许例外。在协议中，各成员承诺降低关税和其他贸易壁垒，开放服务市场。协议制定了争端解决程序，规定发展中国家享受特别待遇。协议要求成员方贸易政策透明化，向 WTO 说明各自国（地区）内现行法律和法规，并向 WTO 定期报告国（地区）内贸易政策。

当一方成员方政府发现另一方成员方政府违反了 WTO 协议，即可向 DSB 就被违反协议提请磋商。一起争端涉及的 WTO 协议通常不止一个，表 10-2 总结了各 WTO 协议在争端案件中的运用情况。统计数据表明截至 2013 年，383 起争端案件涉及《GATT（关税及贸易总协定）1994》，约为总案件数的 80.8%。另外，涉及《反倾销协议》和《补贴与反补贴协议》的案件均为 21.5%，涉及《农产品协议》的案件为 15.6%。涉及《保障措施协议》、《进口许可协定》和《卫生和植物检疫协议》的争端案件比涉及《加入 WTO 协定》和《技术性贸易壁垒协议》的争端案件要少。最后，《原产地规则协定》、《政府采购协定》、《装运前检验协定》、《GATT 1947》和《民用航空器贸易协定》被申诉的案件数最少，分别为 7 起、4 起、2 起、1 起和 0 起。

表 10-2　1995~2013 年 WTO 争端案件涉及协议统计　单位：%

协议名称	争端案件
关税及贸易总协定（GATT）1994	80.8
反倾销协议	21.5
补贴与反补贴协议	21.5
农业协议	15.6
建立世界贸易组织协定	11.2
技术性贸易壁垒协议（TBT）	10.3
保障措施协议	9.1
进口许可协定	8.6
卫生和植物检疫措施协议（SPS）	8.4
与贸易有关的投资措施协议（TRIMs）	8.2
知识产权协议（TRIPs）	7.2
加入 WTO 协议	5.5
服务贸易总协定（GATS）	4.9
海关估价协定	3.4
纺织品与服装协议	3.4
争端解决谅解协议（DSU）	3.2
原产地规则协定	1.5
政府采购协定	0.8
装运前检验协定	0.4
关税及贸易总协定 1947	0.2
民用航空器贸易协定	0.0

资料来源：根据 WTO 官网 www.WTO.org 数据整理。

第十章　WTO 争端分析

被申诉违反《GATT 1994》次数最多的成员是美国，其次是欧盟、中国和印度（见图 10-12）；被申诉违反《反倾销协议》次数最多的成员是美国、中国、欧盟和墨西哥（见图 10-13）；所有应诉《补贴与反补贴协议》相关案件的成员中，美国、中国、加拿大和欧盟共同应诉次数达 43%（见图 10-14）；所有应诉《农业协议》相关案件的成员中，欧盟、美国、印度和中国出现次数相对墨西哥、巴西、印度尼西亚和日本要多（见图 10-15）。

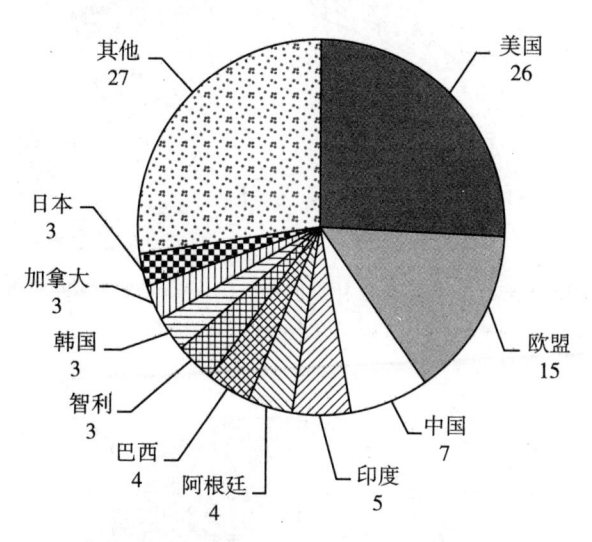

图 10-12　1995~2013 年涉及《GATT 1994》的 WTO 争端案件应诉方组成（单位:%)
资料来源：根据 WTO 官网 www.WTO.org 数据整理。

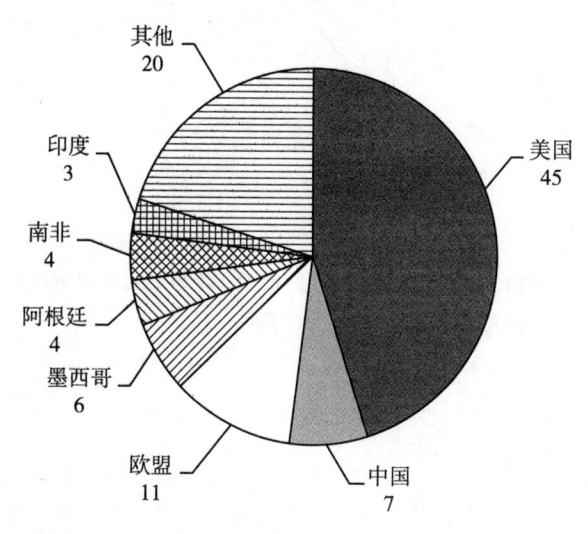

图 10-13　1995~2013 年涉及《反倾销协议》的 WTO 争端案件应诉方组成（单位:%)
资料来源：根据 WTO 官网 www.WTO.org 数据整理。

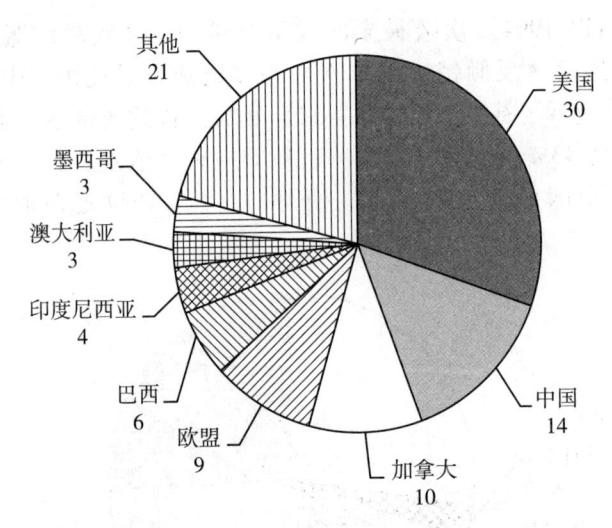

图 10－14　1995～2013 年涉及《补贴与反补贴协议》的 WTO 争端案件应诉方组成（单位:%）
资料来源：根据 WTO 官网 www.WTO.org 数据整理。

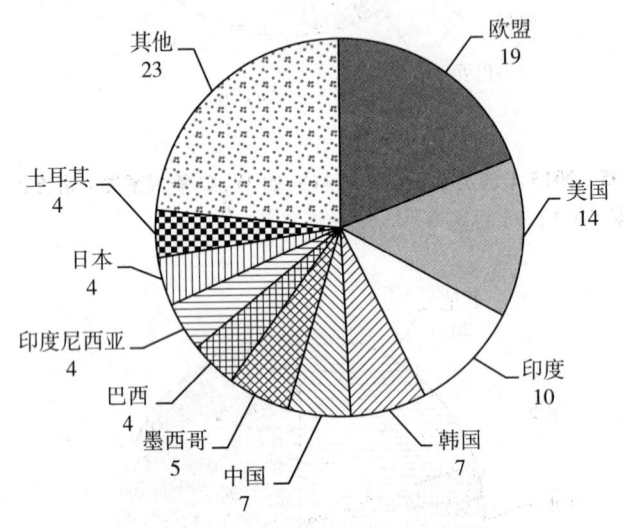

图 10－15　1995～2013 年涉及《农业协议》的 WTO 争端案件应诉国组成（单位:%）
资料来源：根据 WTO 官网 www.WTO.org 数据整理。

2. 争端涉及协议条款

《GATT 1994》包含 38 个条款，每个条款又包含多个子条款。在所有涉及《GATT 1994》的 383 个争端案件中，共提及了 78 个条款和子条款，图 10－16 列出其中引用次数最多的 10 个。第Ⅲ:4 条（86）、第Ⅰ条（82）、第Ⅺ条（75）、第Ⅲ条（71）、第Ⅱ条（66）、第Ⅵ条（64）、第Ⅹ条（57）、第Ⅺ:1 条（53）、第Ⅰ:1 条（51）和第Ⅹ:3 条（34）（括号内为各条款和子条款涉及的争端案件数）。

第十章 WTO 争端分析

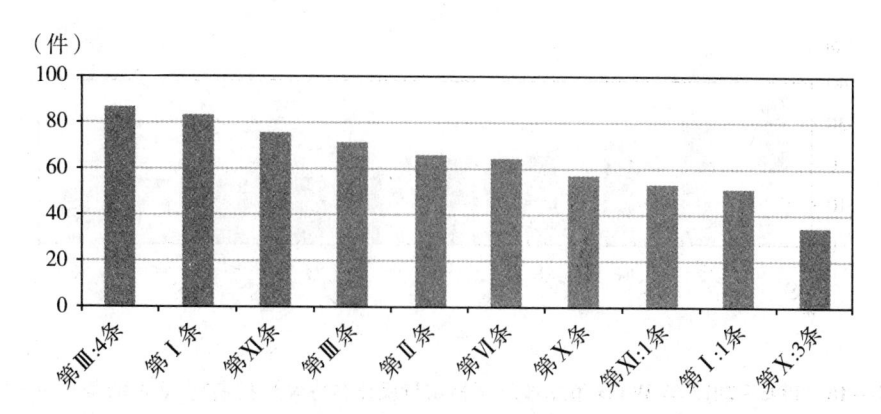

图 10-16　1995~2013 年 WTO 争端涉及《GATT 1994》排名前 10 位的条款的案件数
资料来源：根据 WTO 官网 www.WTO.org 数据整理。

《反倾销协议》，即关贸总协定第 6 条的实施协议，由 18 个条款和 2 个附录条款组成，每个条款又有多个子条款组成。统计数据表明共有 100 个条款、子条款和附录条款在争端案件中被提及。图 10-17 指出其中被提及次数最多的 10 个有：第 1 条、第 2 条、第 3 条、附录 Ⅱ、第 6 条、第 2.4 条、第 5 条、第 3.5 条、第 3.1 条和第 3.2 条。

《补贴与反补贴协议》由 32 个条款和 7 个附录组成，其下又分数个子条款和子附录。共 106 个条款、子条款、附录和子附录被争端案件提及，其中第 10 条、第 3 条、第 1 条、第 3.2 条、第 2 条、第 3.1（b）条、第 32.1 条、第 4 条、第 19 条和第 5 条被提及次数最多（见图 10-18）。

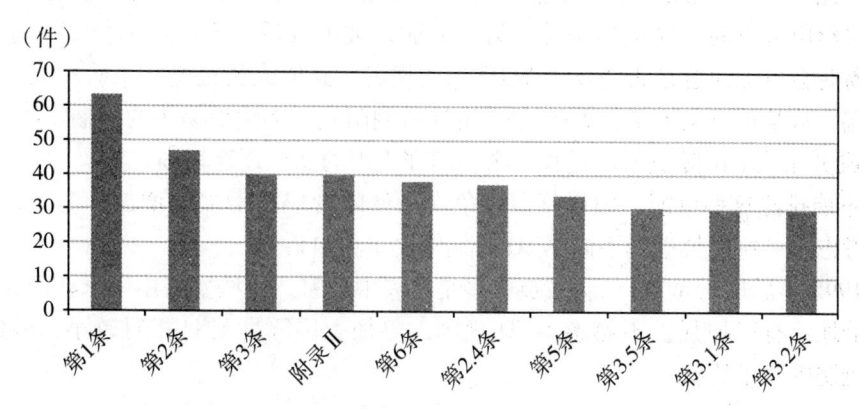

图 10-17　1995~2013 年 WTO 争端涉及《反倾销协议》排名前 10 位的条款的案件数
资料来源：根据 WTO 官网 www.WTO.org 数据整理。

二、讨论与总结

（一）WTO 争端解决机制的有效性

1995~2013 年，WTO 成员数增长了 42%。在多边贸易体系中，由于各成员利益关注点

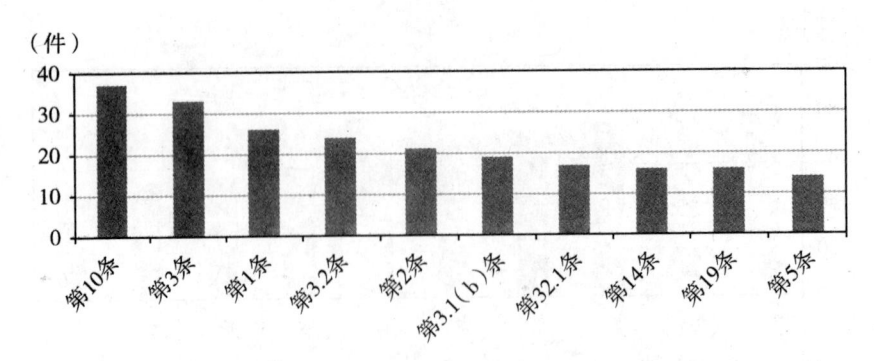

图 10-18 1995~2013 年 WTO 争端涉及《补贴与反补贴协议》排名前 10 位的条款的案件数
资料来源：根据 WTO 官网 www.WTO.org 数据整理。

不同，越来越多的参与者通常意味着更多的摩擦和争端。然而，上述特征事实表明，在此期间，WTO 记录在案的争端案件总数却呈整体下降的趋势（见图 10-1）。据此，我们有以下几点思考：

（1）WTO 争端解决机制取得了一定成就。如果一方或多方成员发现另一方成员违反了 WTO 相关规定，则向 WTO 争端解决机制提请申诉，如经调查认定应诉方违反 WTO 相关规定属实，则 WTO 争端解决机构会要求并监督应诉方采取相应措施，以使其行为与 WTO 相关规定相符，如果应诉方拒绝执行，将会面临来自经济和/或政治方面的国际压力。有研究表明，WTO 规则的确在促使美国政府在制定和执行国内贸易政策时履行其 WTO 承诺起到了积极作用。此外，WTO 的最惠国待遇原则确保其他成员同样可以享受在争端解决过程中，应诉方承诺给申诉方的贸易优惠条件。另一方面，被申诉后，不仅应诉国家（地区）在进行类似贸易时会更加注意是否违反了 WTO 相关规定，其他成员也能从中吸取教训避免遭遇类似的争端。从某种意义上讲，WTO 争端解决机制阻止了多边贸易中的争端发生。

（2）成员在从事国际贸易的过程当中，遵守规则的意识逐渐增强。

（3）不能排除这种可能，即尽管贸易争端虽然随着成员增多而增加，但是处于高额申诉成本的考虑，一些成员选择不向 WTO 争端解决机构申诉。

（4）1995 年后加入 WTO 的新成员大多是发展中国家，这些发展中国家在国际社会上的经济和政治地位有待加强，不熟悉 WTO 规则，再加上国际贸易量相对较小，因此在 WTO 争端解决机制中并不活跃。

（二）争端产生和解决的决定因素

我们总结了在 WTO 争端解决体系中较为活跃的成员一些共同特征，发现决定争端的发生和解决的因素有：

1. 经济规模

大多数在 WTO 争端中活跃的成员或者为发达的工业化国家，如美国、欧盟、加拿大、澳大利亚和日本等；或者为经济高速发展的发展中国家，如中国、印度、巴西和泰国。表

10-3 中的数据表明 33.3% 的 WTO 成员属于高收入国家（地区），这些成员应诉案件占 WTO 争端案件总数的 63.1%，申诉案件占 WTO 争端案件总数的 61.2%。

表 10-3　　　　1995~2013 年 WTO 争端参与成员收入情况和进出口情况　　　　单位：%

WTO 成员按收入分类	WTO 成员百分比	WTO 争端案件应诉方占比	WTO 争端案件申诉方占比	WTO 成员总贸易量（出口+进口）占比
高收入国家（地区）	33.3	63.1	61.2	66.8
中高收入国家（地区）	25.0	26.4	26.1	19.6
中低收入国家（地区）	23.7	10.5	12.5	5.0
低收入国家（地区）	17.9	0.0	0.2	0.2
合计	100.0	100.0	100.0	91.5

注：(1) 取 1995~2013 年所有 WTO 记录在案的争端案件；(2) 贸易值取自 2012 年的货物和服务贸易总和；(3) 欧盟只计外部贸易；(4) 按照世界银行 2012 年的指标对 WTO 成员进行收入分类；(5) "WTO 成员百分比（%）"依据 2013 年统计数据计算。

一方面，富裕国家借助其经济优势，在 WTO 争端裁决中得到更多特许权；另一方面，小部分发展中国家，如中国、巴西和印度，越来越积极地参与到 WTO 争端解决中，积累相关经验。然而，大多数发展中国家在国际争端中的谈判力量薄弱，原因之一就是其经济实力不强，其报复不足以对经济发达的应诉国家产生实质性威胁，在贸易过程中，应诉方违反 WTO 相关规定的成本不高；另外，一些小的发展中国家因害怕失去来自发达国家的经济援助或优惠贸易条件，即便发现发达国家在贸易中有违反 WTO 相关规定的行为，也不愿向 WTO 争端解决机构申诉。

2. 对外贸易量和出口多样化

大多数在争端中较活跃的成员都拥有大额对外贸易量。图 10-3 表明 33.3% 的高收入成员占所有成员净出口贸易总量的 66.8%。就 2012 年的货物贸易而言，在 WTO 争端解决中相对活跃的欧盟、中国、美国、日本、韩国、印度、澳大利亚和巴西的出口量在全球的排名分别是第 1、2、3、4、5、8、14、15 和 16 名，其进口量在全球的排名分别是第 2、3、1、4、6、8、7、13 和 16 名。就服务贸易而言，上述成员的出口量在全球的排名分别是第 1、3、2、5、8、10、4、12 和 18 名，进口量在全球的排名分别是第 1、3、2、4、6、7、5、11 和 10 名。

高贸易额既是贸易自由化的成果，也对贸易自由化提出了更高的要求，有效地解决各成员之间的贸易摩擦和争端为贸易自由化创造了条件。此外，出口品和出口国家（地区）更加多样化的成员面临争端的可能性越大。

3. 经济自由度

在 WTO 争端解决中活跃的成员一般国内（地区）都有很大的经济自由度。据研究教育机构 Heritage 基金会报告，2014 年澳大利亚、加拿大、美国、日本和韩国的经济自由度在全球有统计的 165 个国家中排名分别为第 3、6、12、25 和 31 名。28 个欧盟成员国中的 12 个排名均在前 30 名。这里，经济自由度由 10 个统计指标来衡量，这些指标分为以下 4 组：(1) 法律，包括产权和反腐败；(2) 政府，包括财政自由度和政府支出；(3) 政策效率，包括商务自由度、劳动力自由度和货币自由度；(4) 开放市场，包括贸易自由度、投资自由度和金融自由度。①

4. 民主

在争端解决中活跃的成员大多是民主国家。《经济学家》报道 2008 年澳大利亚、加拿大、日本和美国被评为全世界最民主国家前 20 名，另外，前 20 名最民主国家中有 12 名国家都是欧盟成员国。统计表明 WTO 成员的民主度和其参与 WTO 裁定之间有很高的关联度。从一定程度上，民主机构会促使国内利益团体承担更多的责任，对违反 WTO 相关规定的行为进行监督和申诉，从而增加对 WTO 裁决的整体需求。

5. 语言

在 WTO 争端解决中活跃的成员大多是英语国家。英语是美国、加拿大、澳大利亚和印度的官方语言，而中国和日本的官方语言虽然不是英语，但其国内对英语的重视和教育普及程度相当高。尽管没有官方规定，但是英语已默认成为各成员处理包括争端解决在内的 WTO 相关事务的通用语言。

6. 经验

争端解决中活跃的成员大多都具有相对丰富的 WTO 争端解决经验。高额的 WTO 争端解决程序启动成本阻止了很多成员对 WTO 争端解决机制的有效利用，但是一旦成员解决了初始投入成本问题，积累相关经验，接下来争端案例的应诉或申诉成本就会大大降低。

（三）WTO 争端解决机制潜在问题

1. 关于执行期限的问题

执行期限过于冗长。被诉方可以合理利用过长的时间推迟履行责任，而 DSU 却没有成文可以阻止这一行为。在此期间，申诉方必须继续遭受因应诉方违反 WTO 相关规定而带来的经济损失，而 WTO 争端解决机构并没有提供相应的措施来保护受损成员的经济和贸易利益。此外，即便 WTO 争端决议最终得以执行，在此之前申诉方已遭受的损失也不能得到任何补偿。

2. 关于 DSU 条款的问题

首先，部分 DSU 条款用词和表述不够精准，以致理解存在歧义。例如，DSU 第 21.5 条款指出"如在是否存在为遵守建议和裁决所采取的措施或此类措施是否与适用协定相一致的问题上存在分歧，则此争端也应通过援用这些争端解决程序加以决定，包括只要可能即求

---

① 关于经济自由度的详细信息可参见 http://www.heritage.org。

助于原专家组。"然而，DSU 并未就如下问题提供任何相应解释，如"这些争端解决程序"究竟指什么？具体何时援引"这些争端解决程序"？由谁来援引？

其次，部分 DSU 条款之间存在对应性差的问题。例如，DSU 第 22 条第 6 款指出如果败诉方未能使被认定与适用协议不一致的措施符合该协定，或未能在合理期限结束期满之日起 20 天内议定令双方满意的补偿，则应请求，DSB 应在合理期限结束后 30 天内，给予中止减让或其他义务的授权，除非 DSB 经协商一致决定拒绝该请求，或者败诉方就中止额度提交仲裁。如原专家组成员仍可请到，则此类仲裁应由原专家组做出，仲裁应在合理期限结束之日起 60 天内完成。在仲裁结果发布后，则应请求，DSB 应根据仲裁决定授权中止减让。由此可见，DSU 第 22 条第 6 款在考虑"否定协商一致"原则时遵循一个详细的时间表。然而，如何使这个时间表与依据 DSU 第 21 条第 5 款进行潜在的延长合规性审查的时间表相一致，DSU 并没有相关规定。

3. 关于成本的问题

发展中国家参与 WTO 争端解决的障碍之一就是成本，有研究表明，1 件 WTO 案件的法律费用在 30 万~100 万美元之间。如果申诉成本超出申诉成功可获得的收益，没有成员会通过 WTO 争端解决机制来解决贸易摩擦。发展中国家面临的另一个阻碍是缺乏熟悉 WTO 争端解决机制的专家。很多发展中国家在 WTO 都未设全职代表，大多数在 WTO 设有全职代表的发展中国家也没有足够的人手。

1995~2004 年，WTO 记录在案的 324 起争端案件中有 33% 起案件被标识为待定，其中约有 1/4 是真的待定，其余最终都不了了之。来自欠发达小成员方的申诉很难得到解决。很多申诉得不到后续跟进，一方面是因为申诉方发现申诉结果并不能为其带来足够的利益，另一方面是因为这些欠发达小成员方缺乏资源和知识去推动争端案件的进程。第二个原因对 WTO 争端解决机制的警示尤为重要，如果大多数未解决争端是因为发展中国家缺乏资源或 WTO 相关知识而造成，那么必须质疑 WTO 争端解决机制对发展中国家有很严重的偏见。

4. 专家组和上诉机构的问题

WTO 没有相关规定对专家小组和上诉机构可能的滥用权限的行为进行阻止。在美国与马来西亚的海虾海龟争端中，上诉机构的决议会使得争端涉及 WTO 协议向所有该协议的当事人都未预料的方向发展。在一些争端案件中，一些超法律的影响和压力会被施加在专家小组或上诉机构上。上诉机构通常不会强烈地违反 WTO 强势成员方的意愿。在选举上诉机构成员时，一些强势成员方有权否决那些它们认为不合适的候选人，这些候选人有可能会制定对它们不利的条款。

WTO 事实上并不支持反对意见。截至 2006 年 12 月的 105 起争端案件中，仅有 6 个不同意见。上诉机构做出的 66 个决定中仅有 1 个反对意见。反对意见应该得到更多鼓励，因为反对意见能够促使 WTO 争端解决机构获取不同观点，使得专家小组和上诉机构的决定更加合理。反对意见也为法理学家重审争端案件的不足之处提供参考意见。同时，反对意见本身是对 WTO 相关规定模糊之处的体现，促进对这些规定的模糊之处进行必要的修订。

5. 关于报复的问题

首先，如果败诉方拒不执行 WTO 争端解决机构的建议，申诉方除报复外，没有其他有效的措施可用。然而，报复最有效的是其对败诉方的威胁，一旦真的实施报复，效果却反而不那么明显。如果败诉方可以容忍报复的程度，那么报复对争端的解决就没有期望中的效果了。

其次，报复是一个"两败俱伤"的选择。实施报复方的消费者不得不为进口品或进口替代品支付更高的价格。报复只是一个暂时性的措施，可以暂缓争端双方之间的紧张态势。长期来看，如果败诉方都选择接受报复，而不遵守专家小组或上诉机构的建议使得其行为与 WTO 规定相符，WTO 争端解决机制的威信就会受到质疑。如果强势成员方处于自身利益的考虑可以不遵守 WTO 相关规定，那么欠发达成员方为什么要遵守呢？

再次，报复是 WTO 争端解决机制的一种"平衡"手段。受损方可以中止败诉方的"最惠国待遇"等优惠政策，报复的额度应该与受损程度相一致。然而，WTO 缺乏一个有效地评估机制去"平衡"报复额度和受损方的损失额度。WTO 对受损方损失的估计只能是一个约数，报复的程度很难准确反映出败诉方违反 WTO 相关规定的成本。

最后，通常报复措施在败诉方拒绝执行 WTO 专家小组或上诉机构建议的一段合理时间后才得以实施，在此之前败诉方因违反 WTO 相关规定给申诉方带来的损失却得不到补偿。虽然对将来的可能损失有抑制作用，报复措施却不能对申诉方已遭受的损失给予追偿。所以报复无法有效估计并弥补由于应诉方违反 WTO 规定给申诉方带来的全部损失。

（四）对 WTO 争端解决机制进一步改革的建议

1. 设立合理执行的时间表

应该根据争端案件的性质、参与方、争端标的、涉及的协议和条款等制定与其相匹配的时间表。还应明确奖惩措施，对于拖延执行 WTO 争端解决机构建议的成员给予惩罚，同时对按照时间表积极有效执行建议的成员给予奖励。首先，在 DSU 的裁决执行中，规定败诉方若提前履行义务，则可相对减轻一些义务，这对义务履行方将会是极大的激励，而权利方为了早日实现权利，减少损失，相信也会同意给予一定的激励的。这样一来，即可实现双赢。而执行难的问题也就不大可能会出现了。其次，对于合理期限的使用要有所限制，如果发现恶意利用该期限实际逃避履行义务则给予惩罚。对此，就必须要建立起定期审查机制，规定即使是在合理期限内，义务履行一方也应该定期向 DSB 报告为履行裁定所做的准备工作，权利方也可要求其向 DSB 报告或自行反映，这样，当上诉方发现被诉方有明显的不可能执行裁定的迹象时可以提请 DSB 提前终止合理期间的持续，而改用别的措施，这样，即使最后得不到补偿或者履行，也可以减少因为等待合理期间的完毕而遭受的期间损失。

2. 完善 DSU 相关条款的建议

对表述模糊和前后内容不一致的条款应给予修正。可考虑建立讨论机制，鼓励成员国就 DSU 条款的不合理之处进行讨论，提出具有社会和经济意义的修正意见。

3. 降低争端解决成本的建议

一方面要降低争端诉讼成本，另一方面要向 WTO 成员提供专业的法律咨询服务。WTO 下设的 WTO 法律咨询中心（ACWL）就是一个专业的服务机构。截至 2005 年，ACWL 向 2001 年以来的 20% 的争端案件当事人提供了法律协助，其中大多数案件都是由发展中国家成员申诉的。

4. 减少专家组或上诉机构"偏见"行为的建议

增加争端解决程序的透明度是抑制"偏见"行为的有效方法。要增加透明度，就必须坚持法制，譬如依法增加争端解决的办法，如调解或仲裁等；依法设立审查机构，对 WTO 相关法规和争端解决过程进行监督和审核，及时发现并阻止"偏见"行为的发生。WTO 的贸易政策审核机制（TPRM）对增加 WTO 运行机制的透明度起到了很好的促进作用。

应鼓励专家小组和上诉机构多提不同意见，这些不同意见有助于 WTO 成员增进对 WTO 相关制度的理解，并促进 WTO 相关协议的修订，从而加强对专家小组和上诉机构的管理和监督。

5. 关于有效执行专家组和上诉机构建议的几点建议

（1）建立"可追溯报复"机制，如果败诉方拒不执行专家组和上诉机构的建议或者拖延执行，那么从败诉方违反 WTO 相关协议起，直到其遵循建议履行其 WTO 承诺为止，给申诉方带来的所有损失，允许申诉方在报复措施中追回。这一机制对于败诉方迅速执行专家组和上诉机构建议起到了激励作用。

（2）精心挑选报复清单所涉产品，对其征收高关税，产品所属产业范围很窄，但是都涉及很重要的产业部门。这种做法的目的，是通过对一定范围产品有针对性的报复而动员重要的出口利益集团对其政府施加政治压力从而促使其遵守义务。

（3）引入集体报复机制。如果一个争端案件有多个申诉方，那么所有申诉方可共同向败诉且不实施 WTO 建议的成员实行报复，报复总额应与 WTO 授权总额相符。集体报复制度的主要特点就是变单一国家（地区）的"自力救济"为所有 WTO 成员的"集体救济"。WTO 为了实现世界贸易利益最大化，势必将限制一国的贸易政策，而绝大多数 WTO 成员正好趁"集体救济"的机会保护本国（地区）的产业，当然也认识到，若它成为被报复方时，亦会遭受集体报复的巨大损失，于是便自觉走上遵守 WTO 规则的道路。

（4）采用货币量化的方法进行惩罚。WTO 传统报复机制授权申诉方停止对不执行 DSB 建议的败诉方的贸易优惠政策，然而，由于 WTO 成员在经济和贸易上实力悬殊，以致这样的威胁只对经济欠发达的成员有用，而对经济强势方的制约作用不大。如果允许申诉方以货币的形式对违约方进行报复，也即对败诉方征收罚款，更能保证报复威胁性较小的申诉方获得补偿。

第二节 中国与 WTO 争端解决

历经 15 年的艰苦谈判，中国于 2001 年 12 月 11 日正式成为 WTO 成员。随着中国经济的飞速发展，中国与主要贸易伙伴的摩擦越来越频繁和多样化，中国产品在海外市场上频繁遭遇反倾销、反补贴等非关税壁垒，贸易伙伴越来越多地抱怨中国国内市场不够开放。近年来，中国在 WTO 争端解决机制中也越来越活跃。本节首先介绍了 1995～2013 年中国在 WTO 争端解决中的一些特征事实，并据此总结出中国参与 WTO 争端解决的一些特点，并提出一些政策建议。

一、中国在 WTO 争端解决中的特征事实

（一）中国 WTO 争端解决概述

自 1995 年 WTO 成立以来，中国以申诉方、应诉方和第三方的身份参与 WTO 争端案件共 148 起。中国从中积累了大量的 WTO 争端解决经验，对 WTO 相关协议和规定越来越熟悉。图 10-19 表明中国在加入 WTO 之前就以第三方的身份积极参与到 WTO 争端解决中来，加入 WTO 之后，参与度更是大幅度提高。2009 年，WTO 争端解决机构共受理 14 起新案件，其中以中国为申诉方或应诉方的案件就有 7 起。如果将中国以第三方身份参与的案件也计算在内，那么涉及中国的案件占 2009 年总案件数的 93%。

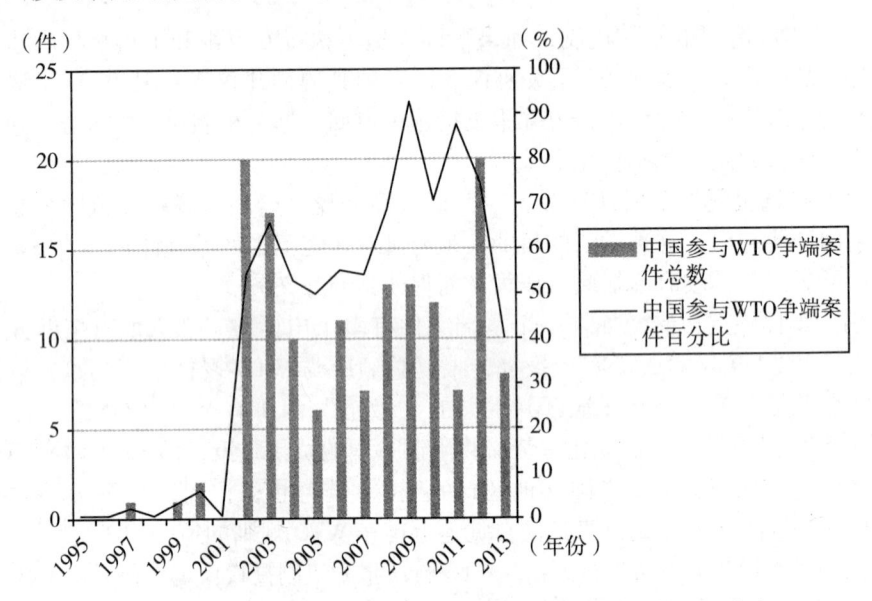

图 10-19　1995～2013 年中国参与 WTO 争端案件总数和百分比

资料来源：根据 WTO 官网 www.WTO.org 数据整理。

（二）中国 WTO 争端案件的参与方

在中国参与的 148 起争端案件中，中国为申诉方的有 12 起，中国为应诉方的有 31 起，中国为第三方的有 105 起。图 10-20 表明在绝大多数年份里，中国均是以第三方或应诉方的身份参与 WTO 争端解决。中国为申诉方的 12 起争端案件中，应诉方只有美国和欧盟，

第十章　WTO争端分析

75%的案件的应诉方为美国，另外25%为欧盟（见图10-21）。在中国为应诉方的31起争端案件中，由美国提起申诉的案件有15起，占总数的48%，接着是欧盟（23%）、墨西哥（13%）、加拿大（7%）、日本（6%）和危地马拉（3%）（见图10-22）。在中国为第三方的105起争端案件中，申诉方涉及30个成员，其中欧盟和美国是出现次数最多的国家，分别占总案件数的16%和15%（见图10-23）；应诉方涉及22个成员，美国和欧盟同样是出现次数最多的国家，分别占案件总数的37%和23%（见图10-24）。中国的积极参与使得其在WTO争端解决中的影响日益深广，也逐渐增强了发展中国家在一系列WTO争端中的谈判力量。

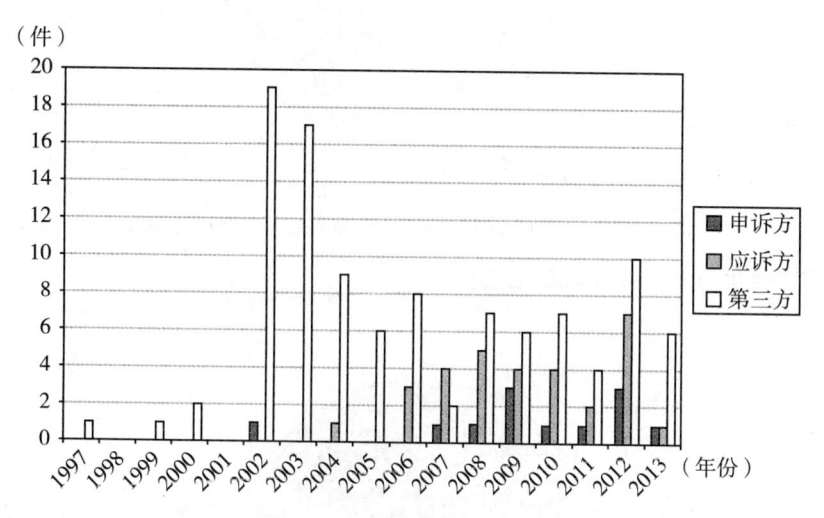

图10-20　1995~2013年中国分别以申诉方、应诉方和第三方身份参与WTO争端案件总数
资料来源：根据WTO官网www.WTO.org数据整理。

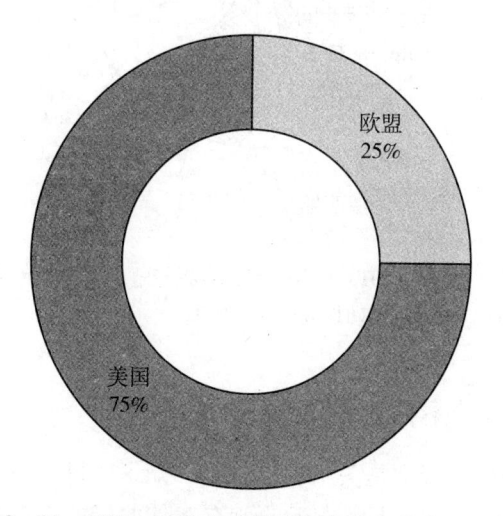

图10-21　1995~2013年中国申诉争端案件应诉方组成
资料来源：根据WTO官网www.WTO.org数据整理。

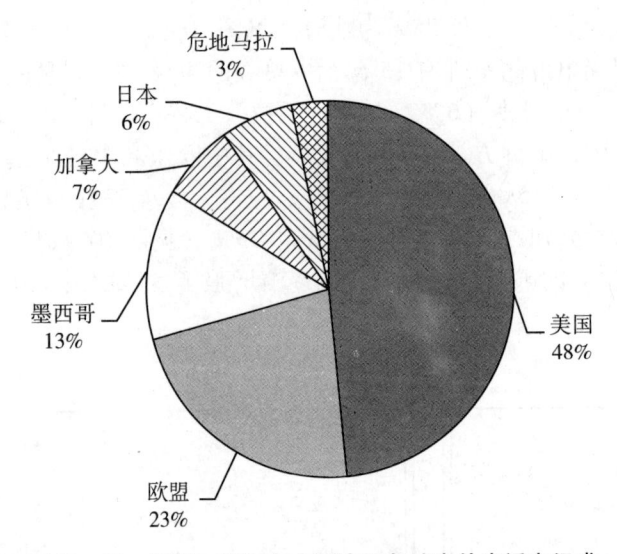

图 10-22　1995~2013 年中国应诉争端案件申诉方组成

资料来源：根据 WTO 官网 www.WTO.org 数据整理。

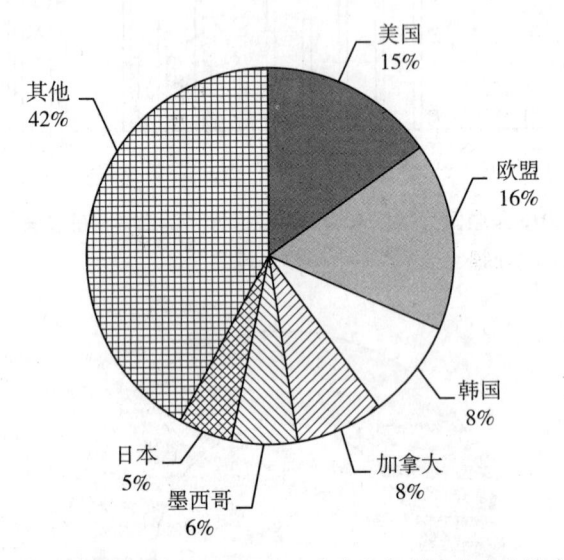

图 10-23　1995~2013 年中国第三方参与争端案件中申诉方组成

资料来源：根据 WTO 官网 www.WTO.org 数据整理。

（三）中国 WTO 争端案件标的

大约 90% 的中国 WTO 争端都是关于货物贸易，知识产权贸易和服务贸易争端的占比分别是 6% 和 4%（见图 10-25）。中国申诉的所有案件的标的都有关货物贸易，主要标的物有钢铁制品、无涂层纸板、家禽、钢铁紧固件、轮胎、鞋、虾等。中国作为应诉方的案件中，25 起关于货物贸易，主要标的物有汽车零部件、稀土、原材料等；5 起关于服务贸易，

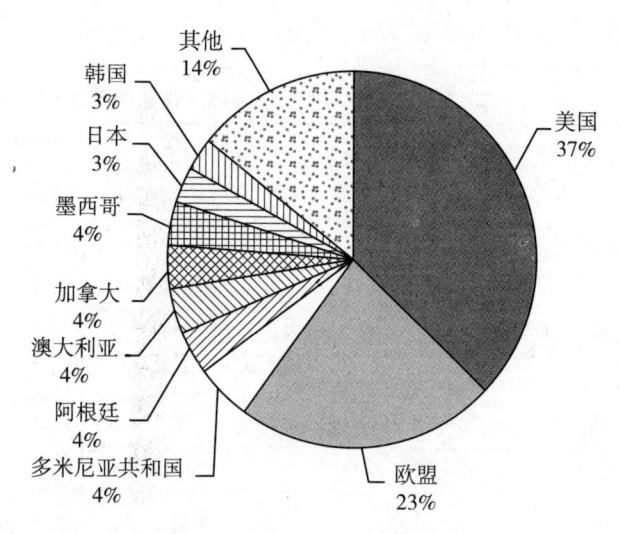

图 10-24　1995~2013 年中国第三方参与争端案件中应诉方组成

资料来源：根据 WTO 官网 www.WTO.org 数据整理。

主要标的物有金融信息服务、货物配送服务和电子支付服务。

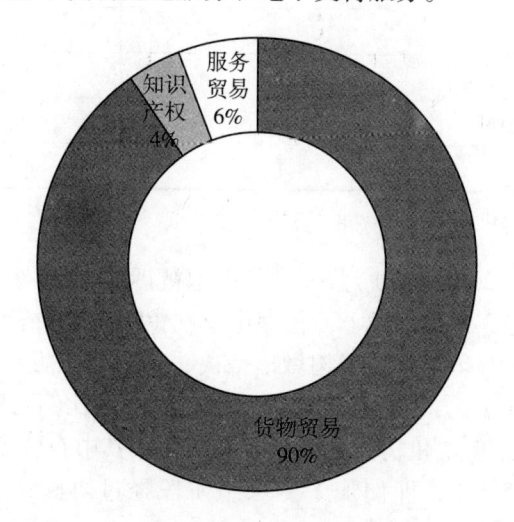

图 10-25　1995~2013 年中国参与 WTO 争端案件标的物组成

资料来源：根据 WTO 官网 www.WTO.org 数据整理。

（四）中国 WTO 争端案件的现有状态

大多数与中国相关的 WTO 争端目前的状态是：应诉方已执行 DSB 建议。具体来讲，有 19 起案件成立了专家小组，19 起案件的专家小组或上诉机构报告已被采纳，DSB 采纳报告中所提建议，另有 14 起案件已解决或终止，12 起案件的专家小组或上诉机构报告已被采纳，应诉方无须进一步行动，还有 12 起案件 DSB 同意成立专家小组，但成员尚未选定，11

起案件处在磋商阶段（见表10-4）。

表10-4　　　　1995~2013年中国参与WTO争端案件状态统计　　　　单位：件

争端案件所处阶段	中国作为应诉方	中国作为申诉方	中国作为第三方	合计
应诉方已执行DSB建议	9	4	26	39
成立专家小组	6	2	11	19
专家小组或上诉机构报告已被采纳，DSB采纳报告中所提建议	3		16	19
已解决或已终止	6		8	14
专家小组或上诉机构报告已被采纳，应诉方无须进一步行动		3	9	12
DSB同意成立专家小组，成员尚未选定			12	12
磋商	7	3	1	11
争端各方已达成协议			6	6
合规审查程序正在进行			5	5
专家小组被中止，12个月后未重新启动			3	3
授权申诉方实施报复措施			2	2
申诉方向DSB申请实施报复措施			2	2
合规审查程序已结束，发现违规			2	2
上诉机构审核专家小组报告			2	2

资料来源：根据WTO官网 www.WTO.org 数据整理。

统计数据表明，截至2011年10月31日，中国被诉的23起案件中，还有9件未结案，目前分别处于磋商中、专家组程序或上诉程序中。在14起已经结束的案件中，有9起以和解结案，占比约64%，5起争端解决机构做出裁决，结果为中方败诉或部分败诉。与WTO争端解决案件的总体情况相比，中国被诉案件以和解结案的比例明显偏高。根据WTO统计，1995~2008年，WTO争端解决机构共受理390起案件，其中在磋商阶段通过协商达成和解结案的共61起，占比15.6%，即使加上专家组阶段经过协商达成和解的案件（共计75起），也仅占案件总数的19%。

（五）中国WTO争端案件涉及协议和条款

中国WTO争端中涉及最多的协议是《GATT 1994》，《补贴与反补贴协议》和《反倾销协议》（见图10-26）。具体而言，在涉及《GATT 1994》的争端中，主要提起的条款有第Ⅲ：4条、第ⅩⅠ：1条、第Ⅰ：1条和第Ⅹ：3条（见图10-27）；在涉及《补贴与反补贴协议》的争端中，共60个条款被提及，主要有第10条，第1条，第3.2条、第2条和第14条（见图10-28）；涉及《反倾销协议》的案件中，共86个条款被提及，主要有第1条，第2.4条，第2.1条，第9.3条和附录第2条（见图10-29）。

第十章 WTO 争端分析

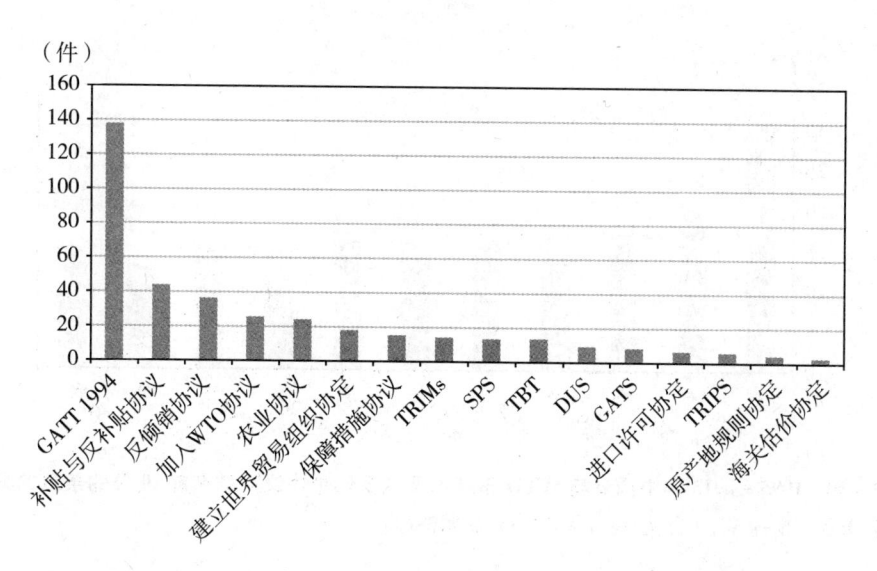

图 10-26　1995~2013 年中国参与 WTO 争端案件涉及协议统计
资料来源：根据 WTO 官网 www.WTO.org 数据整理。

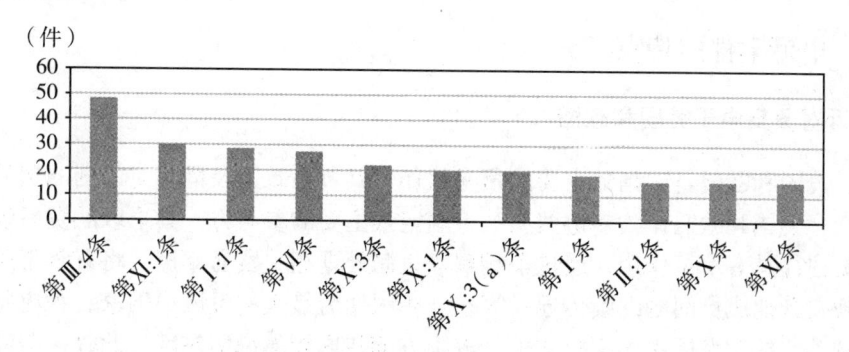

图 10-27　1995~2013 年中国参与 WTO 争端涉及《GATT 1994》排名前 10 位的条款的案件数
资料来源：根据 WTO 官网 www.WTO.org 数据整理。

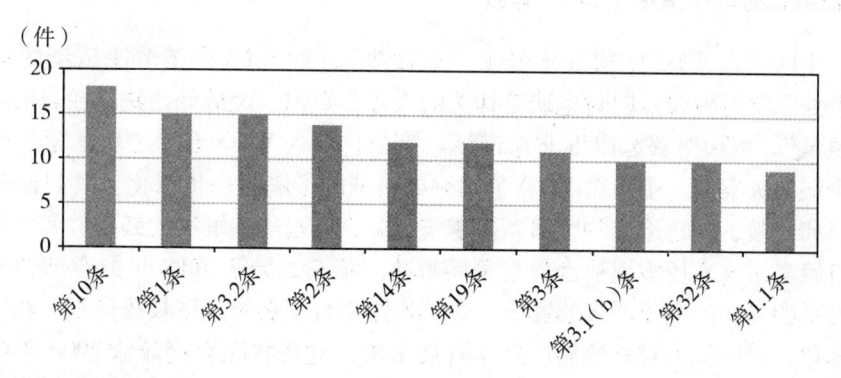

图 10-28　1995~2013 年中国参与 WTO 争端涉及《补贴与反补贴协议》排名前 10 位的条款的案件数
资料来源：根据 WTO 官网 www.WTO.org 数据整理。

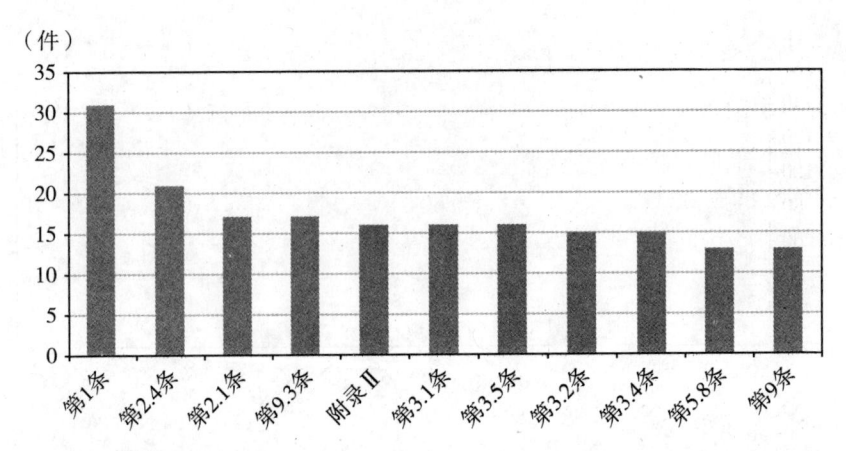

图 10-29 1995~2013 年中国参与 WTO 争端涉及《反倾销协议》排名前 10 位的条款的案件数
资料来源：根据 WTO 官网 www.WTO.org 数据整理。

二、中国参与 WTO 争端解决案件特点

（一）申诉案件的特点

1. 申诉对象集中于美国和欧盟

第一，美国和欧盟是中国最主要的贸易伙伴，其贸易政策及措施对中国的贸易利益影响最大；第二，美国和欧盟作为多边贸易政策制定最主要的参与方，其采取的贸易政策和措施对其他成员往往具有示范作用，通过争端解决机制处理相关贸易摩擦，将有利于阻止相关贸易政策措施在其他成员间的继续传导；第三，中国作为最大的发展中国家，为更好地维护发展中国家利益，在对发展中国家提起争端解决方面持比较谨慎的态度。此外，美欧作为中国申诉案件的主要对象，也是与其作为争端解决机制最主要参与方的总体情况相一致的。

2. 提出申诉的时间集中于 2007 年后

第一，中国加入 WTO 的前五年处于"过渡期"，对 WTO 争端解决机制的运用还很陌生，基本上处于学习阶段，同时也缺乏相关的人才、知识、经验等，缺乏独自提起争端解决案件的"底气"，因而对提起申诉非常谨慎。第二，加入 WTO 五年之后，通过作为第三方参与多起争端解决案件，中国对 WTO 争端解决机制的了解进一步深化，并且储备了相关的人才、知识和经验，加之遭遇的贸易摩擦越来越多，提起争端解决的必要性和可能性均已具备，因而开始尝试越来越多地独自提起争端解决。第三，始于 2008 年的全球性金融危机对国际经济贸易的发展产生了严重的影响，各国纷纷出台了各种经济救援计划，相应地贸易摩擦也更加激化，对中国的对外贸易产生了直接影响，这种状况直接导致 2009 年提起的申诉案件有较大幅度的增长。

3. 申诉标的都有关货物贸易，申诉事项集中于贸易救济措施

这一特点与中国作为全球贸易救济措施的主要制裁对象密不可分。中国自1995年至今，每年均是全球遭受反倾销调查最多的国家，1995~2010年，中国遭受的反倾销调查案件共804起，占同期全球反倾销调查总数（共3853起）的约21%。而中国自2004年开始遭受反补贴调查以来，至2010年年底，已经遭受了43起反补贴调查，占同期全球反补贴调查总数（共86起）的一半。

（二）应诉案件的特点

1. 美欧是主要的申诉方

这与其作为WTO争端解决机制最主要参与方的地位相一致。作为世界上最重要的经济体，与其他国家（地区）间的密切经贸关系使他们必然特别关注其他国家（地区）的贸易政策和具体做法；而作为多边国际规则的主要制定者，它们对于国际规则的运用和维护又拥有娴熟的技巧和丰富的经验。

2. 被诉事项涉及领域广泛

具体包括：最惠国待遇和国民待遇、进出口限制措施、补贴、知识产权、服务贸易、与贸易有关的投资措施及贸易救济措施等。其矛头直接指向国内法律、法规和政府各项措施，并且多涉及敏感领域。这些案件的审理结果对我国的经贸政策、法律体系产生了较大的影响。

3. 被诉案件中和解结案占较大比例

中国加入WTO后一直希望保持比较良好的贸易环境，"以和为贵"的谨慎心态，再加上经验缺乏，打官司没有必胜的把握等因素导致和解结案的比例较大。

三、政策建议

随着中国加入WTO，中国经济加速发展。加入WTO后，中国以第三方身份参与了105起WTO争端解决，从中吸取经验和教训，为自己积累了丰富的WTO相关知识和争端应对措施。同时，中国积极参与到WTO争端解决程序中来。在中国参与的WTO争端案件中，中国对WTO的权威表现出极大的尊敬，对WTO规则表达出遵守的意愿。对于中国WTO争端案件的处理，我们提出以下建议：

（一）积极运用WTO争端解决机制，维护自己的利益

中国加入WTO的一个重要目的就是利用WTO争端解决机制来解决贸易纠纷，制约贸易保护主义。但是，到目前为止，中国在有效运用WTO争端解决机制方面仍存在较大的发

展空间。中国应尽快摆脱在人才、观念和制度建设等方面各种因素的制约，最大化作为 WTO 成员的权利。中国政府不必在"有必胜的把握"下，才决定进行 WTO 争端解决。WTO 规则中存在着很多含糊之处，有很大的辩解空间。另外，WTO 争端解决并没有简单的输或赢。有时在裁定上输了，但在时间上赢了（争取到保护产业的时间）。根据 WTO 争端解决程序，在 WTO 进行诉讼并不中止被诉措施的执行，即便一项措施最终被裁定违法，在裁决最后通过后，被诉方还可以有一段执行的合理期间来执行裁决。这方面我们可以"借鉴"美国的经验。事实上，自中国加入 WTO 以来，中国一直在我们通过作为第三方参与 WTO 争端案件，积累了一定的经验。中国也通过积极申诉和应诉，积累了第一手的实战经验。只有在 WTO 诉讼中才会真正成熟。巴西、印度等的经验充分说明了这一点。

（二）加快培养本国的专业人才，加强对 WTO 规则和争端解决机制的学习

WTO 争端解决机制涉及面广泛，内容非常复杂，有学者称其为"迷宫"。从 WTO 已受理的争端看，有关案件在法律上和事实上日趋复杂，这需要越来越多的 WTO 法律与政策专家。解决这一问题的办法有两个：一是从国外律师事务所聘请人才；二是自己培养人才。从国外聘请人才对于具体争端案件的解决虽有立竿见影之效，但却存在两个问题：一是这些外国律师对于我国政策的细微差别及现实情况不甚明了，而且成本高也是一个非常重要的现实问题。因此，我国迫切需要培养出一批自己的精通国际贸易法律与实务的律师队伍。这批精通业务的律师将来可以受雇于政府，也可以成为政府律师，从而积极地参与到有关 WTO 的国际经贸纠纷案中来，充分利用法律专业技术来争取对本国最有利的裁决。

（三）继续加快国内体制改革进程，充分发挥行业组织的作用

中国政府与企业、律师界的沟通不顺畅，许多企业及律师把 WTO 诉讼看成是政府的工作。政府很难准确评估外国保护主义政策的影响，同时缺乏相关的数据与证据支持等，从而影响政府的判断与决策，政府官员对值不值得申诉缺乏信心。此外，利用 WTO 争端解决机制处理贸易纠纷，耗时长。而司法事务只是官员行政事务的一部分，如果诉讼占据官员大量时间，而使其政绩无法完成，从而不利于升迁。因此，贸易官员提起 WTO 诉讼的意愿就更低了。

在 WTO 争端解决机制下，每一项主张或反驳都必须有充分可靠的材料，而这些材料的取得单靠政府部门是极难办到的。尤其是当外国政府采取某项措施时，其是否对国内产业产生不利影响，只有代表该产业利益的行业组织才能够作出准确的判断。2012 年，日本、欧盟和美国联合上诉中国稀土案，称中国对稀土的出口配额政策违反了 WTO 协议。中国政府辩解称出口配额政策的目的是为了保护国内稀有资源和环境，保证可持续发展。2014 年，DSB 裁定中国的确违反了 WTO 相关规定，要求中国修改国内政策以便与 WTO 协议相符。更加行之有效的保护环境的政策可以是限制国内开采和生产，而不是出口配额。比较讽刺的是，国际稀土市场却存在过度供给的现象，国际稀土需求远远超出我国的稀土出口供给量，这样的出口配额其实并没有起到对国内稀土行业的保护作用。

许多国家的法律明确规定，行业组织是政府调查的法定申诉人，他们具有法定的职能，

也有能力提供准确而全面的信息。然而，我国的行业组织大多是政府有关部门的附属机构，缺乏独立性和自主性，得不到企业的认可。这不利于行业协会在协调社会与国家、企业与政府关系方面发挥作用，不利于协会在全球化经济竞争形势下为企业利益、行业利益服务。为此，我国应当明确现有的各行业组织的独立法律地位，尽快完善其功能，明确其在 WTO 争端解决中的职能，使行业组织有能力对本行业情况实行调查、能够适时组织有关专家、学者研究国外的产业政策以掌握充分论据，为我国运用 WTO 争端解决机制进行投诉和应诉方面的服务。

（四）进一步开放国内市场，更好地融入世界经济体系

WTO 争端解决机制较差的救济措施进一步降低了我国利用它的积极性。WTO 争端解决机构只是政府间的组织，其不具有强制执行力。争端解决机构的裁决依靠争端双方的协商解决，并由成员自觉遵守。如果败诉政府拒不执行，最后的救济措施是贸易制裁。但是，通常发展中国家的报复能力差，贸易制裁不具有威慑力，况且贸易制裁又是一种"两败俱伤"的手段。因此发展中国家通常不会采取这一手段。以"香蕉案"为例，虽然厄瓜多尔获得授权对欧盟实施 2.016 亿美元的报复措施，但它放弃了。

出口国的 GDP 值越高，接受的援助越少，提起 WTO 诉讼的次数越多。我国作为一个发展中国家，GDP 值相对比欧美发达国家的低，对美欧的贸易依存度高，这也制约了我国申诉的意愿。由于受到这些因素的制约，我国即使确信其权益受到侵害，或其他成员未履行义务，也很难将争端诉诸争端解决机构。这一问题大大影响了我国在该体系中的权利和义务的平衡，甚至助长了发达国家对我国滥用争端解决机制的可能。

市场越开放，竞争力就越强，安全性就越大。中国应加强全面对外开放，在确保经济安全的同时，进一步提高对外开放的水平，在国际经济体系中发挥积极的建设性作用，争取扮演具有主导意义的负责任大国角色，加强在 WTO 争端解决机制中的话语权，使得争端解决机制向着有利于中国的方向发展。

（五）建立专门的协调管理机构

世贸组织的管辖范围扩展至服务贸易、与贸易有关的投资及知识产权领域，还涉及劳工标准、环保等领域，这几乎涉及国内所有经济部门，而各方面、各部门的利益往往相互影响或相互冲突。因此，我国有必要在国内建立一个权威机构统一协调有关 WTO 法律事务，或明确授权某一政府部门进行统一协调与管理。这样做的好处体现在三个方面：一是调动各方面的资源用于 WTO 诉讼，包括企业和社会的资源，为开拓我国的出口市场而努力。二是在中国驻日内瓦代表团、中央政府和国内企业界建立长期制度化的联系，便利它们之间的协调与合作，包括收集资料、接受国内受影响的企业或行业组织的投诉、举行听证会等。三是有利于培养自己的 WTO 法律人才。该机构可以长期从事 WTO 法律的研究，并与国内外 WTO 法律研究机构及大学建立长期合作关系，以及资助国内大学从事 WTO 法律研究与国际交流等。巴西就在其首都建立了一个管理 WTO 争端解决事务的专门机构，并与其驻日内瓦代表团合作，同时又与国内企业界联系，形成一个处理 WTO 法律事务的"三足鼎立"的组织机

制。这对巴西活跃于 WTO 争端解决机构起着重要的促进作用。

(六) 转变观念，重视运用 WTO 争端解决机制

要充分认识 WTO 争端解决机制的重要性。一方面，随着在世界贸易中的地位不断上升，我国不可避免地与他国发生贸易争端。另一方面，将贸易争端的解决依赖于准司法机构的 DSB 是国际贸易环境改善的重要表现，是其法治化的巨大进步。WTO 争端解决机制是维护各国（地区）特别是弱国小国（地区）权益的最好工具。虽然不能断言 DSB 能否做到百分之百的公平，但至少可以避免强国（地区）单方面挑起贸易战这样的极端情况，有一个平等对话的平台。中国已成为最大反倾销受害国，其面临的反补贴及技术性贸易壁垒问题也越来越严重。贸易摩擦的高发给我国的企业及国外消费者都带来不利影响。中国本着解决问题的务实精神，以友善态度来处理贸易争端，不能简单地束缚于"和为贵"、"息讼"的传统观念。中国应努力为中国经贸开拓良好的发展空间，不惧怕纠纷，重视运用 WTO 争端解决机制。中国只有坚持在 WTO 框架下解决争端，方能确保贸易争端非政治化，以多边主义对抗他国的单边行为，更好地维护我国的经济利益。更值得注意的一个现象是，WTO 争端解决机制是一个倾向于投诉方的机制。在 WTO 争端解决实践中，投诉方胜诉的概率非常高，约占 90% 左右。因此，我国应多充当投诉方，而不是应诉方。

(七) 积极参与 WTO 争端解决机制的改革

中国在 WTO 争端解决机制改革的过程中，积极提出了自己的提案，就争端解决的迅捷性的问题（支持在不影响发展中国家现有权利的基础上，加快争端解决程序）、第三方和透明度问题（支持第三方参加实质性会议，但反对将实质性问题向公众公开）执行问题（支持加强对合理期间的管理）、上诉机构发回重审问题（不支持发回重审手段，因其可能导致案件久拖不决）、设立常设专家组问题（认为不是好的选择，但可以继续讨论）等发表了自己的看法。这些参与将更有助于我国运用这一机制解决问题。

第三节 WTO 争端案例

一、案例一：中美"双反措施"WTO 争端案件

(一) 基本信息

2008 年 9 月 19 日，中国政府就美国在 2008 年 6 月到 8 月对中国标准钢管、矩形钢管、复合编织袋和非公路用轮胎采取的反补贴和反倾销措施，提起了 WTO 争端解决项下的磋商请求。中国认为，美国商务部使用非市场经济地位方法来裁定反倾销中的正常价值，同时又对同样产品裁定反补贴税，美国没有提供充分的法律依据让美国商务部避免对同一产品征收反倾销税和反补贴税的双重救济。

（二）专家组裁定

由于中美双方就本案磋商不成，双方从而进入专家组程序。2010年10月22日，专家组公布其裁定。专家组裁定，中国没能证明美国的措施行为与《补贴与反补贴协定》第10条、第19.3条、第19.4条和第32.1条以及《GATT 1994》第6.3条不一致。《补贴与反补贴协定》第19.3条规定："如对任何产品征收反补贴税，则应对已被认定接受补贴和造成损害的所有来源的此种进口产品根据每一案件的情况在非歧视基础上收取适当金额的反补贴税，来自已经放弃任何所涉补贴或根据本协定的条款提出的承诺已被接受的来源的进口产品除外。任何出口产品被征收最终反补贴税的出口商，如因拒绝合作以外的原因实际上未接受调查，则有资格接受加速审查，以便调查主管机关迅速为其确定单独的反补贴税率"。《补贴与反补贴协定》第19.4条规定："对任何进口产品征收的反补贴税不得超过认定存在的补贴金额，该金额以补贴出口产品的单位补贴计算"（本协定使用"征收"应指最终或最后的合法课税或征税或收税）。

在分析《补贴与反补贴协定》第19.3条时，专家组认为：（1）反补贴税征收在"适当数额"范围中，没有超出被认定的补贴数额的范围；（2）按非市场经济国家方法计算而征收的反倾销税，对同时征收的反补贴税数额是否"适当"（Appropriate）没有影响；（3）《补贴与反补贴协定》起草者并没有想在第19.3条中规定双重救济问题。专家组认为，由于《GATT 1994》第6.5条的禁止明确限定在"出口补贴"潜在的双重救济范围内，WTO成员并没有想在国内补贴问题上禁止双重救济，《补贴与反补贴协定》第19.3条和第19.4条在条文上对此问题没有规定。专家组认为，《补贴与反补贴协定》第19.4条对任何潜在的同时征收反倾销税处于"遗忘"（Oblivious）状态，因此《补贴与反补贴协定》第19.4条没有表明"双重救济"情况。

中国对专家组有关"双重救济"的裁定提出了上诉。中国要求上诉机构：（1）认定专家组在解释《补贴与反补贴协定》第10条、第19.3条、第19.4条和第32.1条以及《GATT 1994》第6.3条时有错；（2）撤销专家组认为中国没有证明美国的行为与其义务不一致的认定；（3）完成分析并得出结论美国商务部行为与上述条款规定不一致，因为没有采取步骤来避免对同一补贴进行两次抵销。

中国认为，专家组对《补贴与反补贴协定》和《GATT 1994》的相关规定的解释是错误的。中国认为，进口成员有肯定性的法律义务确保其对同一产品不重复征收反补贴税和反倾销税。这一义务产生于：（1）《补贴与反补贴协定》第19.3条的规定，要求调查当局征收反补贴税要符合"适当数额"（Appropriate Amounts）；（2）《补贴与反补贴协定》第19.4条的规定，和《GATT 1994》第6.3条的规定；（3）《补贴与反补贴协定》第10条的规定，该条要求成员采取一切必要措施确保反补贴税的征收，与《GATT 1994》第6条的规定和《补贴与反补贴协定》规定相符；（4）《补贴与反补贴协定》第32.1条，该条规定："除依照由本协定解释的《GATT 1994》的规定外，不得针对另一成员的补贴采取具体行动"（本款无意排除《GATT 1994》的其他有关规定酌情采取行动）。

（三）上诉机构裁决

1. 关于对《补贴与反补贴协定》第 19.3 条中的"适当数额"的理解

上诉机构对《补贴与反补贴协定》第 19.3 条做了解释性分析。上诉机构对该条中的"适当数额"（Appropriate Amounts）这一关键词进行了分析。上诉机构先从词典定义入手，发现该词"不是一种自动性或绝对的标准，而是需要参考其他东西来说明的。""适当的"核心意思是"恰当的"（Proper），"符合的"（Fitting），"适当的"（Suitable），即根据特定情况要做调整的。

上诉机构注意到，专家组过多地倚重了第 19.4 条。该条规定对任何进口产品征收的反补贴税不得超过认定存在的补贴的金额，该金额以补贴出口产品的单位补贴计算。上诉机构认为尽管第 19.4 条是第 19.3 条的上下文，但不能仅以第 19.4 条来确定何时的税额是"适当的"。如果认为只要反补贴税数额没有超出补贴的数额则就是第 19.3 条指的"适当的数额"，那么第 19.3 条的要求就变得多余，因为第 19.4 条已经规定反补贴税不得超出被认定补贴数额。因此，上诉机构认为，第 19.2 条在该问题上更相关。该条首先给调查当局自由裁量权来决定反补贴税等于或小于补贴数额，接着该条希望反补贴税小于补贴金额，如果这样做足以消除对国内产业的损害。最后该条鼓励主管机关将反补贴税的实际数额与消除的损害相关联。上诉机构指出，一旦确定了补贴进口产品与损害之间的因果关系，则征收反补贴税绝缘于任何有关损害的考虑。上诉机构认为，反补贴税数额与补贴进口产品造成损害之间的关系，已经反映在第 19.3 条中。该条规定"对来自任何地方的，被认定是受到补贴并造成损害（Causing Injury）的产品无歧视地征收"。

上诉机构还从第 10 条、第 19.1 条、第 21.1 条和第 32.1 条中找到了上下文的支持。《补贴与反补贴协定》第 10 条是关于 1994 年关贸总协定第 6 条的适用的，该条规定："各成员应采取所有必要步骤以保证对任何成员领土的任何产品进口至另一成员领土征收反补贴税符合《GATT 1994》第 6 条的规定和本协定的规定。反补贴税仅可根据依照本协定和《农业协定》的规定发起和进行的调查征收。"该条在适用范围是强调："本协定第二部分或第三部分的规定可以与第五部分的规定平行援引；但是，对于进口成员内市场中一特定补贴的影响，仅可采取一种形式的补救（Only One form of Relief）（或是反补贴税，如满足第五部分的要求，或是根据第 4 条或第 7 条实行的反措施）"。本条对"反补贴税"一词的注释中提到，"反补贴税"应理解为指按《GATT 1994》第 6 条第 3 款的规定，为抵消（Offsetting）对任何商品的制造、生产或出口给予的直接或间接补贴而征收的一种特别税。这些黑体字表明了上下文的关联性。

《补贴与反补贴协定》第 32.1 条规定："除依照由本协定解释的《GATT 1994》的规定外，不得针对另一成员的补贴采取具体行动。"同时本款注释说明"本款无意排除根据《GATT 1994》的其他有关规定酌情（Where Appropriate）采取行动。"这表明，在肯定成员方有权依据《GATT 1994》的其他有关规定采取行动的同时，也认识到了并非所有此类行动都是"适当"的。

上诉机构认为，反补贴税的目的是为了对造成损害的补贴行为予以抵消（救济），如果对同一补贴行为征收的反补贴税和反倾销税金额总和超过了补贴金额，则就并非"适当"。在确定反补贴税金额时，对已经抵消（救济）了该补贴行为的反倾销税情况予以考虑的做法才是适当的。

2. 关于《GATT 1994》第 6.5 条的理解和上下文的作用

《GATT 1994》第 6.5 条规定："在任何缔约方领土的产品至任何其他缔约方领土时，不得同时征收反倾销税和反补贴税以补偿倾销或出口补贴所造成的相同情况"。上诉机构认为专家组对《GATT 1994》第 6.5 条未提及"国内补贴"的观点是机械的、反相的（Acontrario）推理。上诉机构认为，在不同文本中的省略可能有不同的含义，不一定是有倾向性的（Dispositive）。

上诉机构认为，第 6.5 条禁止对同一情况（the Same Situation）下的倾销或出口补贴同时适用反倾销税和反补贴税。按上诉机构的看法，"同一情况"才是理解这条背后的原理及该条未提及"国内补贴"问题的关键。在通常情况下，出口补贴会降低产品的出口价格，但不影响国内价格，进而抬高了倾销幅度；此时补贴和倾销为"同一情况"。在通常情况下，国内补贴同时影响国内价格和出口价格，进而不会影响到倾销幅度，不会对同一情况双重救济。但在依据非市场经济体方法计算倾销幅度的情况下，可能会出现同时对同一产品适用反倾销税和反补贴造成双重救济问题。

上诉机构认为，在解释《补贴与反补贴协定》第 19.3 条时，应该将《GATT 1994》第 6 条和《反倾销协定》作为上下文来考虑。尽管上诉机构同意专家组观点，即《补贴与反补贴协定》第 19.3 条和第 19.4 条是关于反补贴税的而非反倾销税，但上诉机构认为，这不能就此接受专家组所说的"遗忘"了任何潜在的同时征收反倾销税。上诉机构认为，专家组对《补贴与反补贴协定》和《反倾销协定》切割理解的解释方法难以符合 WTO 各协定之间的解释要协调一致的理念。成员方在依据某一协定采取行动时应对根据其他协定已经采取的行动予以考虑。按上诉机构的说法，如果不参考《反倾销协定》相关条文，就无法准确理解《补贴与反补贴协定》第 19.3 条中的"适当数额"。上诉机构认为，要使数额为"适当的"，调查机关在核算出反补贴税适当数额时，不能忽视已征收反倾销税对同一补贴的抵消作用。允许双重救济将构成对两协定中"适当"原则的规避。

3. 关于《东京回合补贴守则》的原有规定删除的法律含义

专家组认为，《东京回合补贴守则》第 15 条第 6 款没有写到《补贴与反补贴协定》中去，表明了《补贴与反补贴》第 19.3 条和第 19.4 条没有涉及是否允许双重救济问题。

上诉机构认为，《维也纳条约法公约》第 31 条没有提到前身的协议是否为上下文。《东京回合补贴守则》不构成解释第 19.3 条的相关上下文，而最多构成一种"补充解释的手段"。鉴于已经对 19.3 条本身及其上下文做出了解释，无须依赖于此"补充解释的手段"来确认此种解释。《东京回合补贴守则》禁止的是对非市场经济体成员同时适用反倾销税和反补贴税，而非禁止"双重救济"。删除了禁止"同时适用"反倾销税和反补贴税的规定并非意味着允许"双重救济"。

（四）上诉机构裁决结论

专家组在解释《补贴与反补贴协定》第19.3条时有错，没有赋予该条的每个词句具有含义和效力。当反补贴税已经代表了整个补贴数额时，至少在某种程度上是按同一补贴计算的反倾销税、同时征税以去除对国内产业同一损害时，这种反补贴数额是难以"适当的"。上诉机构因此撤销专家组对第19.3条的解释，以及由此得出的结论。

上诉机构裁决：双重救济的采用，即通过同时根据非市场经济方式征收反倾销税和反补贴税的方法，是与第19.3条相违背的。上诉机构撤销了专家组有关中国没有证明美国行为与《补贴与反补贴协定》第19.3条、第10条或第32.1条不一致的裁定。

上诉机构进而裁决：美国商务部在四个涉案调查中拒绝调查"双重救济"问题，该做法违反了美国于《补贴与反补贴协定》第19.3条下的义务，进而也违反了第10条和第32.1条下的义务。

（五）案件简要评析

1. 关于"双重救济"

近年来，美国商务部为迎合其国内贸易保护主义势力，自2007年起，改变了其长期不对中国发起反补贴调查的实践，频繁地对来自中国的产品发起反倾销和反补贴的所谓"双反"调查。"双反"调查对中国出口企业利益损害严重，而且还有越演越烈的势头。因此，我国政府和企业不得不采取法律诉讼等途径进行抗争。一方面，我国企业已联合美国进口商在美国国际贸易法院提出抗辩；另一方面，我国政府代表相关企业，在WTO就美国的"双反"提起了争端解决。

本案中，上诉机构首先对"双重救济"（Double Remedies）的概念做了界定，即反补贴税和反倾销税同时施加于同一进口产品。"双重救济"可能产生于用非市场经济国家方法计算倾销幅度的情况。在计算来自非市场经济国家的产品倾销幅度时，调查当局用正常价值与出口价格比较，而这种正常价值是基于第三方的替代成本或价格。在计算倾销幅度时，调查当局将产品的推定正常价值与产品的实际出口价格比较。这样，产生的倾销幅度是基于一种不对称的比较，通常高于其他情况下所得的结论。

根据《补贴与反补贴协定》第19.3条："当一种反补贴税是针对某种产品而征收时，这一反补贴税应以适当的税率"。《GATT 1994》4 第6条第3款也明确表明，反补贴税的征收金额不得超过补贴的估计金额。判断双重救济的存在，取决于国内补贴是否降低了产品的出口价格、降低程度如何以及调查机关是否采取了必要的调整。调查机关有义务确保其征收的反补贴税是适当的。上诉机构裁决报告推翻了此前专家组认为不存在"双重救济"的原有结论，主要依据就是《补贴与反补贴协定》第19.3条，并同时指出协议的第10、19.1、19.2、19.4、21.1、32.1等条款有助于该条款的正确理解，处以"适当税率"即不应重复计算。否定专家组对《GATT 1994》第6.5条的司法解释是本案的关键，该条款指出"任何缔约方领土的产品进口至任何其他缔约方领土时,不得同时征收反倾销税和反补贴税以补偿倾销或出口补贴所造成的相同情况"。专家组认为该条款中只声明不允许补偿出口补贴的反补贴税和反倾销税并征,但并未禁止补偿国内补贴的反补贴税和反倾销税并征。上诉机构明确指出,这是对条款的机械的、背道而驰的理解。该条款的重点在于"相同情况"一词,即指补贴和倾销在同一补助下被认定,如果同时征收两种税,就会造成补偿或抵减两次的情况。

中国在上诉阶段能够在"双重救济"问题上翻案,可以说是解决了美国对中国产品反补贴调查中反复出现的系统性问题。当然我们也不应过于乐观,对于出口企业来说,应对此种国际贸易摩擦诉讼,需要承担高额的时间和资金成本,同时需要及时的信息渗透以及规范的法律支持。这就要求政府、行业协会、企业三方面的有效合作,加强协调,依照国际组织相关法律维护我国企业的合法权益,抵制不公平贸易。与此同时,相关出口行业应加强行业自律,避免低价竞销,给予积极引导,努力开拓新市场,减少市场过度集中造成的风险。由于美国是判例法社会,所以此次上诉对我国抗辩的肯定,对于处理今后相似摩擦案件具有十分重要的借鉴意义,应对其透彻研究分析,灵活运用,从而更有力地维护我国出口企业的整体利益。

2. 关于"公共机构"

虽然中国在"中美双反措施案"中是申诉方,不需要根据 DSB 的建议修改国内法律、法规,但这并不意味着中国就没有必要根据 DSB 关于"公共机构"的裁定对其作相应的调整。虽然上诉机构在本案中推翻了专家组关于"公共机构"的判断标准以及将本案涉案中国国有企业认定为"公共机构"的裁定,但其仍然维持了专家组将中国国有商业银行界定为"公共机构"的裁定,理由之一是《中华人民共和国商业银行法》(以下简称《商业银行法》)以及中国银行《全球公开招股书》、天津市政府审核报告等多项中国国内法规和文件明确揭示了商业银行需按照国家政策开展贷款业务。这些法规和政策构成中国商业银行履行政府职能的直接证据。这一裁定对中国商业银行开展出口企业贷款业务十分不利。其原因在于,《商业银行法》规范的对象既包括国有商业银行,也包括其他非国有性质的商业银行。它们如果都要按照国家的政策来开展贷款业务,无疑使得非国有商业银行针对出口企业开展优惠贷款业务时同样面临构成《SCM 协议》第 1 条项下"公共机构"的风险。笔者建议,中国应及时修改或删除《商业银行法》第 34 条的规定,同时尽量在产业政策、宏观经济规划和各级政府相关文件中谨慎使用相关措辞,以免引起成员方对中国国有企业、商业银行与政府之间关系的不利推定,从而在外国调查机关认定出口补贴程序时授人以柄。

二、案例二:中国影响汽车零部件进口 WTO 争端案

(一) 案件背景

为规范和加强对汽车零部件的进口管理,促进汽车产业健康发展,海关总署、国家发展和改革委员会、财政部、商务部于 2005 年 2 月 28 日联合发布了《构成整车特征的汽车零部

件进口管理办法》（以下简称《办法》），自 2005 年 4 月 1 日起执行。

《办法》的核心内容是，对经核定构成整车特征的进口零部件，按照整车归类，并按照整车税率计征关税和进口环节增值税；对核定为不构成整车特征的，按照零部件归类，并按照零部件税率计征关税和进口环节增值税。按照《办法》规定，对等于或超过整车价值 60% 的零部件征收与整车相同的关税（28%），而不是中国加入 WTO 协议中规定的 10% ~ 14% 的税率。欧盟、美国和加拿大认为，中国对外国进口汽车配件的税收政策定有对中国市场和中国汽车产业"过度保护"之嫌，意在鼓励中国汽车厂商使用国内汽车配件，因为这一规定对汽车零部件进口到中国市场不利，使国外汽车制造商难以通过在华组建的合资企业进口汽车零部件，进而不得不从中国工厂购买汽车零部件。

（二）诉讼经过

此案在世界贸易组织（WTO）被称为中国影响汽车零部件进口争端案，诉讼双方为欧盟、美国、加拿大和中国。从 2006 年 3 月美欧上诉到 2008 年 12 月 WTO 上诉机构发布仲裁结果，前后历时 2 年零 9 个月。2006 年 3 月 30 日，欧盟和美国首次联合向 WTO 对中国提出投诉，欧美指责中国对进口汽车零部件维持非法贸易壁垒。按照 WTO 相关规定，争端各方需首先进行为期 2 个月的双边磋商。如果未能达成协议，争端方可以寻求世贸组织争端解决机构进行仲裁。4 月 7 日，中国表示接受欧、美对我国汽车零部件进口政策的磋商请求。

双方在 WTO 总部就 300 多个问题进行了为期 60 天的磋商，未能达成一致。2006 年 9 月 16 日，美国、欧盟和加拿大联合向 WTO 提出申诉，要求 WTO 专门成立专家组，对中国零部件关税政策进行调查，争端由此升级。10 月 26 日，WTO 争端解决机构设立 3 人专家组审理此案。双方经过近 1 年半的辩论和审理，2008 年 2 月 13 日，WTO 争端解决机构专家组首次裁定中国违反贸易规则，称其对进口汽车零部件征收大额关税的行为违背了中国 2001 年加入世贸组织的承诺，要求中国必须依照 WTO 原则立即终止这项政策。世贸组织认为，中国对汽车零部件所征收的关税阻碍了国内汽车生产商采用进口零部件，这将减少美国、加拿大以及其他欧盟国家汽车零部件生产企业提供的就业机会。

2006 年 7 月 18 日，专家组公布裁决报告，认为《办法》违反了 WTO 规则。9 月 15 日，中国向世贸组织上诉机构提出上诉。2008 年 12 月 15 日，WTO 上诉机构公布了关于中国与美国、欧盟和加拿大就中国《构成整车特征的汽车零部件进口管理办法》争端的仲裁结果。

（三）诉讼结果

根据 WTO 官方网站刊登的上诉机构的报告，上诉机构判定中国在争端措施中征收的费用是国内费，不是普通关税。上诉机构认为中国对进口汽车零部件征收了国内费用，而该费用对同样的国产零部件没有征收。对于一般意义下的进口汽车零部件而言，争端措施是矛盾的，中国对进口汽车零部件给予了比国产零部件少的优惠待遇。上诉机构建议争端解决机构（DSB）要求中国将这些措施调整为与加入 WTO 协定中的义务相符。同时，上诉机构认为专家组判定争端措施是对进口全散件（CDK）和半散件（SKD）征收费用是错误的。同时，据此推翻了专家组"对 CKD 和 SKD 采取的措施与中国应承担的义务是矛盾的"结论。

按照相关程序，上诉机构的裁决报告将在 30 天内由世贸组织争端解决机构批准并生效。裁决生效后，中国须在一定期限内修正违规措施，这个期限将通过当事方协商或由世贸组织仲裁来确定。

（四）案件简要评析

本次争端案不能简单地用胜或败来定论。对于诉讼双方而言，只不过是充分利用 WTO 规则维护了各自的权益而已。对美、欧、加来说，它们通过 WTO 争端解决机制使中国政府将不能再通过《办法》对构成整车特征的进口零部件进行管理，否则中国可能面临三国的贸易制裁。而中国政府却成功地将《办法》实施了 4 年多，并通过争端案熟悉了 WTO 的规则。

中国出台相关政策应该是针对那些利用我国关税政策漏洞而以汽车零部件（CKD）进口来逃避整车进口的关税差。在《办法》实施之前，随着中国加入 WTO，取消了国产化的要求，一些合资企业为加快进入中国的速度，采取了进口散件组装汽车的方式。这些散件以零部件方式进口，有的采取分散报关的方式，只交纳零部件的关税，逃避了海关的监管。一段时间内，"装上 4 个轮子就下线"的生产方式盛行。这种做法使此类企业逃避了整车关税，对其他正常经营的企业造成了不正当的竞争。而且，合资企业的外方通过此种方式，将巨额利润转移到国外，这也是部分合资企业长期效益不好甚至亏损的原因之一。对中国汽车产业而言，最初设想的"市场换技术"也难以实现。因此，中国政府出台《办法》的目的是为了防止不法分子利用整车和零部件的税差规避海关监督。

然而，如果要进行 WTO 争端解决，专家组首先考虑的不是中国有关规定措施的"立法目的"，而是这些规定措施的"客观效果"。《办法》中规定"对等于或超过整车价值 60% 的零部件征收与整车相同的关税"，这明显与我国在 WTO 的承诺之间存在一定的出入，如此措辞极易授人以柄。因此，以后我国在制定有关国际贸易规定时一定要考虑 WTO 规则，措辞要符合国际惯例。在国际案件中，我们也不能单纯地从法律的角度出发，要注意揣摩国际案件的特点，适当地考虑外交、政治甚至是经济的作用，以一个全方位的视角去看待这个案件，不断地总结进行国际案件的经验，积累诉讼技巧的经验。同时，应认识到专业人才参与立法的必要性。这里的专业人才包括两类：第一类是懂得 WTO 规则的人才，这些人比较熟悉 WTO 规则，具有较强的敏感度，可以对立法条文进行审查，使立法在尽量在 WTO 的范围之内，避免日后的诉讼麻烦；第二类是汽车专业人才，该办法涉及了比较细化的部门，汽车工业中涉及了很多专业的名词，如整车、零部件等，其内涵和外延都是非本专业人士很难界定清楚的，如果立法期间能够邀请有关行业人士介入，就会更好地规范立法的用词用语。以上两类专家的结合就会最大程度上的规范立法，使那些必须采取而又与 WTO 规则容易冲突的国内产业政策，既能实现国内的发展目标又不会赤裸裸地违反 WTO 规则。

此次 WTO 争端案的背后，实际上是中外在汽车技术主导权中的一场争夺战。中国企业如果想在中国市场获得长远的发展，必须掌握技术的主导权。这一点对合资企业也适用。欧、美、日、韩系车型在国内市场的竞争已经验证了这一点。部分合资企业外方为追求利润最大化，只顾从国外进口汽车零部件，长期忽视国内配套体系的建设，使产品成本居高不下，最终在市场上失败，市场份额每况愈下。而日系车企业却因为注重国内配套体系的建设，在降成本上下功夫，成为市场的赢家。

值得注意的是，应加强对WTO以往案件的借鉴与研究。在"汽车零部件案"之前，印度尼西亚案、日本案、阿根廷案、加拿大案已经存在，尤其是2000年的"印度尼西亚汽车案"该案经历了磋商、专家组意见等程序，对我们了解WTO裁决程序、掌握诉讼技巧有一定的借鉴意义。在印度尼西亚案中，广泛涉及了一些关键性的概念，如"整车""当地含量""相同产品"等重要概念，专家组就曾提出指引标准，如进口CKD的最终用途与整车就是相同产品。CKD的当地含量高低，以及大部分物件是否与整车相似和其物理特征是否相似等，意见中都给予了重要的解释或者澄清，我们在本案的研究中势必要澄清以上概念，才能取得专家组的谅解和支持，分清了概念的内涵与外延，无疑为"汽车零部件案"中我方的辩解有着极大的益处，同时我们更应该积极吸取印度尼西亚案中的教训，从而防微杜渐，避免类似的情况在我国立法中出现。

第十一章 WTO 新议题 I：WTO 多边贸易体制与气候变化

本章要点

1. 贸易对气候变化有哪些影响？
2. WTO 是如何应对气候变化的？
3. 什么是碳关税？它与碳税有何区别？
4. 碳关税的征收是否合理？对我国贸易有何影响？
5. 什么是碳标签？它与碳足迹、碳认证有什么关系？
6. 碳标签制度的实施对我国贸易有何影响？如何应对？
7. 什么是碳交易？有哪些机制？
8. 国内外碳交易市场的发展状况如何？

气候变化是国际社会到目前为止所面临并不得不解决的最大的可持续发展挑战。应对气候变化的措施需要与国际社会更广泛地合作，与经济增长和人类发展进步的需求相协调。

WTO 作为国际社会多边合作的一个体系，为促进全球贸易和贸易开放提供了一个规则框架。追求贸易自由化并不是目的，真正的目的是提高人们的生活水平，按照可持续发展的目标优化使用有限的世界资源，切实保护环境。

目前，气候变化问题还不是 WTO 正在进行的工作方案的一部分，也没有专门针对气候变化的 WTO 规则诞生。然而，在某些领域，气候变化的措施和政策与国际贸易已经产生了关联。首先，贸易开放有助于减缓和适应气候变化，例如，通过促进全球资源（包括天然资源）的有效配置，提高人们生活水平（和因此对更好的环境质量的需求）和改善对环境商品和服务的准入。其次，成员方层面旨在减缓和适应气候变化的措施可能对国际贸易产生影响（如它们可能修改贸易条件），并且可能会引起现行 WTO 规则的变化。就整体而言，WTO 规则提供了一个公平执行缓解和适应气候变化的措施和政策并确保其公开、透明、可预测的框架。

第一节 贸易开放对气候变化的影响

一、国际贸易的扩大

自 1950 年以来，世界贸易增长按照总量计算超过了 27 倍，同期全球 GDP 的增长上升了8倍。因此，国际贸易在世界 GDP 中的份额已从 1950 年的 5.5% 上升至 2006 年的 20.5%。国际贸易的迅猛发展主要得益于两大因素的推动：一是技术变革；二是更加开放的贸易与投资政策。

信息技术革命是国际贸易扩大的巨型发动机。在 20 世纪的后半期，引进喷气式发动机和集装箱化大大减少空中和海上运输的费用，从而扩大贸易的范围和数量，交易货物的成本也因此得以巨大降低。信息技术革命使得国际贸易在协调生产分工和供应链方面产生了革命性变化，使参与贸易的商品及其零部件和组件的生产和销售可以同时在许多个国家和地区同时进行。或者说，信息技术革命加剧了国际分工生产的精细化和贸易的便捷化。

第二个因素是更加开放的贸易和投资政策。参与贸易的国家开创性地建立和修正了自己的贸易制度，形成了单方、双边、区域和多边等多种方式的贸易互惠。征税、限制或禁止贸易的措施得以消除或大大减少。这些经济政策的变化不只是促进了贸易，也扩大了参与全球贸易扩张的国家的数量。尤其是来自发展中国家的贸易现在已经占世界总出口的 36%，相比其在 20 世纪 60 年代初期的份额翻了一番。

因此，技术革新以及贸易和投资政策的变化使贸易更容易"捆绑"生产。零部件和组件及最终产品可以分散在世界不同的地点、在全球各地制造。这些制造工厂大多都设在劳动力成本更低的发展中国家，从而使这些国家越来越多地融入全球供应链中。与过去相比，零部件和组件的生产和销售使得在生产和供应链的更多环节上以及最终产品的组装上都有国际贸易的身影，也使更多的国家能够参与这一进程。当然，由贸易引擎拉动的生产和制造全球化也引起对温室气体排放量越来越多的影响。

二、贸易对温室气体排放量的影响

经济学家制定了一个概念性框架以审查贸易开放对环境的影响。这一框架首先应用在北美自由贸易协定（NAFTA）中，将贸易自由化对环境的影响分成三个方面来考察，即规模效应、结构性影响和技术性效果。

"规模"效应是指自由贸易引起经济产出的增加对温室气体排放量的影响。一般来讲，贸易开放将会增加经济活动，从而耗费更多的能源。这种规模化的经济活动和能源使用量的增加将导致更大量的温室气体排放。

"结构性"影响是指一个国家因为贸易开放带来其生产方式转向那些具有比较优势的产品生产而产生的对温室气体排放的影响。基于贸易开放而重新分配资源以提高经济效率。对温室气体排放量的影响将取决于一个国家具有比较优势的部门的情况。如果这些具有比较优势的出口型生产部门不是能源密集型的生产部门，这对减少温室气体排放量产生显著效应。因此，贸易开放带来的产业结构变动难以提前预测是否构成更高或更低的温室气体排放量。

"技术性"效果是指贸易开放可能导致的能源效率的改进。主要体现在货物和服务的生产过程中产生更少的温室气体排放。这种减少排放强度可以通过两种方式实现。第一，自由贸易会提高可用性更强和成本更低的环境友好型产品、服务和技术的产出。尤其重要的是，自由贸易可以使那些国内产业没有能力生产或其生产能力达不到足够规模，或负担不起相应价格的国家也能享受到环境友好型产品、服务和技术带来的好处。对于出口国而言，更多的市场准入带来的可观利润可以为节能环保提供奖励措施，鼓励开发更多环境友好型的新产品、新服务和新技术，以减缓气候变化。第二，贸易带来的收入的增加会导致社会需求更多地偏好于更好的环境质量，即更大限度地减少温室气体排放量。

"规模"效应和"技术性"影响往往是相互抵消的，"结构性"影响则取决于国家的比较优势，因而不能事先确定贸易开放对温室气体排放量的总体影响，而要取决于三个效果的强度大小。

"技术性"效果反映的是贸易开放可以通过哪些途径帮助减缓气候变化，因此当前的多哈回合谈判主要关注环境友好型商品和服务的市场开放问题，旨在通过贸易提高环境友好型的货物、服务和技术的生产和出口提高能源效率，以满足减少温室气体排放缓解全球变暖的需要。

三、国际货物运输对温室气体排放量的影响

国际货物运输将货物从生产国运抵消费国。国际贸易的扩张会导致国际运输服务的成倍增长。世界运输市场所使用能源总量的95%来自石油。而石油消费是温室气体排放的一个重要来源。国际能源机构（IEA）估计，2004年，世界运输市场的温室气体排放占了与能源相关的温室气体排放量的23%。不同运输方式产生的温室气体排放量的大小又不同。约74%的能源相关型二氧化碳排放来自公路运输，12%来自航空运输。

据国际海事组织估计，约有90%的全球商品贸易通过海路运输实现。国际能源署2007年研究显示，在全部运输部门排放的燃料燃烧型二氧化碳总量中，国际海洋运输的排放只占8.6%。

在国际运输碳足迹中，"食品里程"是一个新兴的概念，它涉及粮食长距离运输到达最终消费者过程中二氧化碳排放量的计算。因此，有人主张食品应该尽可能多地本地采购，食品的标签应包括其原产地信息。

但是，国产与进口食品真正的"碳足迹"是非常复杂的。运输模式（空运、陆运、海运或铁路）和距离并不是食品碳足迹唯一的重大来源，产品的生命周期、生产方法（如温室大棚与露天生产，能源密集型现代技术与手工劳动）也扮演了重要角色。

一些研究表明，关于贸易的"碳里程"往往与大家看到的相反。例如，肯尼亚鲜花空运到欧洲会比在荷兰种植产生更少的二氧化碳排放；新西兰羊肉运到英国会比在英国养羊少排放70%的二氧化碳。因此，"食品里程"问题需要通过个案分析和实证检验。

四、应对气候变化措施与WTO规则体系的关系

缓解气候变化的应对措施如果关系到贸易，应遵守WTO规则和程序。反过来，WTO设计气候变化的应对方案，需要考虑到对世界贸易的潜在影响以及WTO成员的权利和义务。

除了监管措施外，国家、区域或多边应对气候变化的倡议，涉及了各国政府基于价格的

措施，包括税收和关税、市场机制，以及各种其他措施，包括补贴。概括地说，凡是涉及环境问题的 WTO 规则和判例，都跟气候变化有关。根据 WTO 规则，只要有助于实现某些政策目标并且数量和程度可控，一定程度的贸易限制是可以接受的。

梳理 WTO 规则体系，与减缓气候变化的措施相关的规则包括：
- 关税（边境措施）
- 边境配额的禁止
- 一般非歧视原则，包括最惠国待遇和国民待遇原则
- 补贴
- 技术法规和标准以及具体的措施，如卫生和植物检疫措施
- 服务贸易规则，涉及成员方的一般承诺以及水平承诺的条款
- 与贸易有关的知识产权规则。有关发展和缓解气候变化的技术和诀窍的转让。

第二节　WTO 应对气候变化挑战的工作进展

建立世界贸易组织的《马拉喀什协定》明文约定，WTO 成员携手共进，旨在推进可持续发展和有纪律的贸易自由化，以确保市场开放与环境和社会目标的实现。正在进行的多哈回合谈判发起首次以多边贸易和环境为主题的谈判，旨在促进贸易开放实现可持续发展，为减缓和适应气候变化做出积极贡献。WTO 常设机构及其日常工作为处理贸易与气候变化提供平台。

一、开放环境产品市场

正在进行的谈判旨在促进贸易开放与环境保护的互动。WTO 成员正在努力消除有益于环境的货物和服务的贸易壁垒。为这些产品和服务提供便利有助于提高能源利用效率、减少温室气体排放量，对空气质量、水、土壤和自然资源养护产生积极的影响。环境商品和服务谈判取得圆满成功会为 WTO 成员获得环境、贸易和发展的"三赢"。

环境商品涵盖了许多有利于缓解气候变化的关键技术。减少或消除环境商品的进口关税和非关税贸易壁垒有助于降低其售价，使它们更易于被消费者接受。竞争加剧将促进保护环境和应对气候变化的相关领域的技术创新。根据世界银行最近的研究，消除关税和非关税贸易壁垒，促进使用有利于缓解气候变化的清洁技术，可能导致全球贸易增长 14%。

政府间气候变化问题小组确定了一系列有助于减缓和适应气候变化挑战的技术。这些技术涉及许多多哈回合谈判目前正在磋商的产品。包括风电和水电涡轮机、太阳能热水器、生产沼气，为碳排放和垃圾填埋场甲烷收集衬垫。2007 年 12 月，欧洲共同体和美国提出建议，在 WTO 谈判中，优先对气候友好型货物和服务开展谈判。这些气候友好型产品约占确定所提交谈判环境商品的 1/3。

第十一章 WTO新议题 I：WTO多边贸易体制与气候变化

二、消除环境商品和服务的贸易壁垒

2001年，多哈部长级宣言指示成员为消除环境商品和服务的贸易壁垒而开展谈判，就是要实现贸易、环境和发展的"三赢"。这些谈判志在减少或消除催化转换器、空气过滤器或废水管理的咨询服务等环境产品和服务的关税和非关税障碍。

（一）赢得多赢

首先，谈判可以通过减少或消除关税和非关税贸易壁垒（非关税壁垒）推动贸易发展。国内买家，包括所有各级政府，都将能够获得较低成本的环境技术。此外，环境商品贸易自由化将鼓励使用环境友好型技术，从而刺激创新和技术转让。

谈判还可以通过提高国家获得高质量环境商品的能力来改善环境质量。这样，可以为所有国家的公民提供更清洁的环境和更好地获得安全用水、卫生设施或清洁能源。此外，环境商品的使用，使能源的使用效率更高，可以减少有害于环境和危害人体健康的各项活动（经济学家称之为"负外部性"）的破坏。

最后，通过环境商品和服务贸易的自由化，有助于发展中国家获得处理环境优先关键事项所需的工具，推进持续发展战略的实现。

（二）货物和服务

由于所提供的服务往往依赖于相关的商品的使用，环境服务贸易与货物贸易密切相关。例如，废水管理，包括家庭、商业及工业污水和其他废污水的清除、处理和处置，在许多情况下，都需要使用废物管、污水渠、排水渠、污水池或化粪池等物品。

（三）环境服务自由化

在对环境服务谈判中，世贸组织成员正在寻求与旨在减缓气候变化的政策直接有关的、服务贸易总协定中的具体承诺。

在乌拉圭回合谈判期间，列出了在环境服务部门的服务部门分类清单（mtn. GNG/W/120）。其中，重点是污水处理服务、垃圾处置服务和卫生服务。其他环境服务，通常理解为涵盖按"其他"类别列在此清单中的内容，以便在有限的时间里能吸引人们的注意。其中，如"尾气清洁"服务和"自然和风景保护服务"是直接相关的气候变化缓解措施。尾气清洁包括排放监测和服务，旨在控制和降低空气中污染物的水平，主要针对来自于由化石燃料的燃烧所造成的移动或固定式的污染源。自然和风景的保护服务涉及旨在保护生态系统的各项服务，以及环境和气候之间的相互关系的研究。

近年来，这些"其他"环境服务由于日益严格的环境保护法规而扩大了，在环境和经济方面都获得了突出的地位。它们主要由企业对企业的方式来提供，并为小型和中型企业开展此类业务提供了市场机会。这些环境服务现已列为谈判内容，有望能列入新的《服务贸易总协定》的承诺清单。

三、推进多边环境协定（MEAs）成为多哈回合谈判任务

（一）多边环境协定（MEAs）和 WTO 的关系

WTO 成员目前正在通过多边谈判，讨论如何在保护环境的各项协定与确保 WTO 规则和具体贸易义务之间实现和谐共存。在应对气候变化上，鉴于目前达成的共识，为了维护贸易和环境制度之间的和谐关系，体现国际社会的多边主义和协调一致的行动，这些谈判的重要性无论如何强调都不会过分。

虽然，到目前为止，还没有贸易和环境制度之间的冲突的证据，但是，如果这些谈判获得圆满结果，将会加强两种法律制度之间的关系。谈判者来自不同国家，他们有谈判和执行多边环境协定（MEAs）的本国经验。他们正在寻求方法以改善和协调相关国家在这方面的合作。这种机制可能是在国家和国际层面成功开展减缓和适应气候变化努力的核心。

此外，WTO 和《联合国气候变化框架公约》这两套规则并不是相互孤立的。第一，《联合国气候变化框架公约》第 3 条第 5 款和《京都议定书》第 2 条第 3 款提出，应对气候变化所采取的措施不应对国际贸易的实施构成任意或不合理歧视或变相的限制，以尽量减少不良影响，包括对国际贸易和对其他缔约方的社会、环境和经济影响。此外，WTO 的规则留下足够的政策空间，以容纳需要在特定条件下使用的贸易措施来保护环境。

在组织机构层面，各成员方还在 WTO 秘书处和多边环境协定秘书处之间探索加强信息交流和合作的方式，以改善或补充现有的做法和合作机制。这种信息交流延伸到信息交流会议、联合技术援助和能力建设活动等领域，双方组织人员参加各自的会议。可喜的是，WTO 与《联合国气候变化框架公约》机构之间的合作已经展开。《联合国气候变化框架公约》机构参与了 WTO 贸易和环境（CTE）委员会的会议，并且向 WTO 贸易与环境委员会负责具体的贸易与环境谈判工作组派驻特别观察员。WTO 秘书处也参加《联合国气候变化框架公约》缔约方会议的会。

（二）多哈回合谈判的任务

这些谈判的目的是要重申贸易和环境政策同步生效的重要性，尤其要理清成员方在履行 WTO 规则承诺与履行多边环境协定缔约方义务之间的关系。

（三）世贸组织与多边环境协定之间的关系规则

目前生效的有超过 250 个涉及处理各种环境问题的多边环境协定（MEAs）。其中，约 20 个规定可以影响贸易活动。例如，它们可能包含禁止某些物种或产品的贸易，或允许国家在某些情况下采取限制贸易的措施。

一个可能出现的问题是，一项多边协定的措施是否符合 WTO 规则。例如，一项多边协定可以授权某一特定产品只能在其缔约方之间开展贸易，禁止在非缔约方之间开展贸易。这实际上不符合 WTO "最惠国待遇"原则，而应该给予相关国家同等待遇，允许其从任何 WTO 成员进口同类产品。另一方面，WTO 规则允许成员在某些情况下（如保护天然资源的

需要）减免其义务。

到目前为止，还没有涉及多边环境协议项下的某项措施的争议已正式提交到 WTO 争端解决机构来处理。然而，环境和贸易规则之间的复杂性关系在"智利箭鱼"案例中已经得以突出显示。

在 2001 年多哈部长级会议上，WTO 成员同意就 WTO 规则与多边环境协定特别是那些包含"具体贸易义务"（STOs）的内容进行谈判。这些谈判放在 WTO 贸易与环境委员会的特别会议里进行，同意这些谈判的范围限于 WTO 规则对已经签署了多边环境协议的 WTO 成员的适用性上。谈判开始以来，讨论集中于关于谈判任务（包括具体贸易义务的定义）的范围和潜在谈判结果。同时，成员也在分享各自在多边环境协定下开展谈判和行使贸易措施的国家经验。

（四）农业和非农业谈判

应对缓解和适应气候变化的好处，能间接地有利于农业谈判和非农产品市场准入。第一，消除关税和非关税壁垒、减少发达国家的农业支持有利于全球资源和生产更有效的分配。

第二，贸易谈判将促进发展中国家从发达国家获得更多贸易机会增加本国收入和收益。收入增加可以使贫穷国家能够有钱投资于灌溉，以减少其气候变化带来的不利影响。长远来说，可以增强贸易的可预测性与发展中国家履行 WTO 成员承诺的能力。

应对气候变化的挑战也有利于生物燃料行业的发展。正如许多国家看到的，生物燃料可以帮助它们在履行其《京都议定书》下的温室气体减排承诺。因为生物燃料的生产主要集中在消费方，生物燃料贸易当前不是很大。生物柴油的生产和消费目前主要集中在欧盟，贸易往往发生在欧盟国家之间。然而，生物乙醇贸易最近几年日益繁荣，而巴西是主要出口国。2000 年以来，针对生物燃料的 37 项措施已进入 20 个 WTO 成员的技术贸易壁垒协议中。

生物燃料的 HS 分类已对 WTO 规则如何适用于这些产品的国内措施产生影响。生物柴油和生物乙醇一直被当作农业产品来交易。2005 年，世界海关组织决定把"生物柴油"归入第六章"化学和相关工业的产品"（HS382490）。但生物乙醇仍被列入 HS220 的第 22 章"饮料、酒精和醋"。期待多哈谈判农业和非农业市场准入的最新成果能应用于生物燃料行业，以解决目前的混乱分类。

四、气候变化问题进入 WTO 常规工作

（一）技术贸易壁垒委员会（TBT）

技术性贸易壁垒委员会提供了重要的机制，讨论通过了由各国政府承诺的减轻气候变化的技术法规。要求在商品上注明与气候变化相关的技术规格和标签说明已经不是新举措了。事实上它们完全属于《技术性贸易壁垒协定》技术性规定。此外，为了避免不必要的贸易障碍，《技术性贸易壁垒协定》要求各成员分享可能对贸易产生影响的有关技术法规的

信息。

近年来,一些产品标准和标签说明要求针对能源效率或排放控制来做。技术性贸易壁垒协定委员会要求关注产品说明中有关气候变化的技术标准规则,包括:汽车的燃料经济型标准;产品的能源使用生态设计要求;消费产品的能源效率方案和柴油发动机的排放极限值。

至于国际标准,国际标准化组织(ISO)采用了四个标准(14064——1、2、3 和 14065:2007),包括温室气体排放和减少所需经费的量化和报告。这些标准与相关的合格评定程序,并不包括对任何特定产品的排放水平的要求。越来越多的私营部门将生产标准或产品标签要求与减缓或适应气候变化的既定目标相联系。它们这样做可能会影响一系列产品市场准入条件。

(二) 关于贸易与环境(CTE)委员会

贸易与环境(CTE)委员会的工作方案涵盖了贸易和环境的交叉领域。一些与气候变化间接有关的问题,如在 CTE 中讨论了消除能源和林业部门的贸易限制以及关于能源效率标签与市场准入的关系。委员会作为思想摇篮和"点子"孵化器,为推动贸易和环境议程而出谋划策,是促进相关成员进一步探讨气候变化和贸易联系的平台。

第三节 多边贸易体制与碳关税

一、碳关税

碳关税(Carbon Tariff),这一概念最早由法国前总统希拉克于 2007 年提出,其最初目的是希望欧盟国家应针对未遵守《京都协定书》的国家课征商品进口税,否则在欧盟碳排放交易机制运行后,欧盟国家所生产的商品将遭受不公平的竞争,特别是境内的钢铁业及高耗能产业。但碳关税一词真正受到大众关注是由 2009 年 6 月 26 日美国众议院所通过的《清洁能源与安全法案》,该法案规定美国有权对包括中国在内的不实施碳减排限额国家的进口产品征收碳关税,计划从 2020 年起开始实施。

碳关税是国际贸易与国际气候变化合作领域的新名词,也是欧盟、美国等工业化国家近年来频繁针对中、印等新兴市场国家提出的一项基于气候保护的贸易限制措施。由于缺少权威性的政府文件定义,国内外学术界与政界往往使用不同的术语或概念,目前出现的提法包括"碳边境税收调节"、"碳边境调节"、"边境碳调节"、"碳关税"、"进口产品的碳税"、"京都关税"等。所谓"碳关税",从狭义上讲,是以商品碳排放为税基的关税形式,指对高耗能的产品在进口时征收特别的二氧化碳排放关税,其主要征税对象是铝、钢铁、水泥、玻璃等碳密集型产品。不过,尽管碳关税名为"关税",其还是与传统关税有所区别,因为其目的不像一般关税那样对进口产品施加一种额外的负担,而是为了保证国内外产品承担相同的碳排放成本,从而确保国内产品的国际竞争力并防止碳泄漏。所以碳关税在本质上是一种边境调节措施(Border Tax Adjustments,BTAs),BTAs 是指任何全部或部分采纳目的地原

第十一章　WTO 新议题 I：WTO 多边贸易体制与气候变化

则征税的财政措施，它使一国进口产品与在国内生产的并在国内市场销售的类似产品相比，能够全部或部分地免除其在出口国已经征收过的税费，同时进口国向销售给国内消费者的进口产品，征收与国内产品相似的全部或部分税收。概括地讲，BTAs 包括两方面内容，一是对进口产品征收国内税，二是免除以出口为目的的国内产品的国内税。因此，从广义上讲，碳关税是碳排放交易制度、碳税等国内碳减排措施的延伸与拓展，指实施排放交易机制或碳税制度的国家，根据进口产品在生产过程中所排放的二氧化碳总量，或者根据进口产品来源地国家所排放的二氧化碳排放总量或所削减的二氧化碳总量而对相关产品采取的一种边境税调整机制，此项基于碳的边境调节措施，给来自未承担温室气体减排责任国家的进口产品增加一层成本，为其本国国内相似产品创造"公平的竞争环境"。

具体来说，被征收碳关税的商品应当具有以下特征：（1）在国外（非强制减排区）生产时不产生碳成本；（2）在国内（强制减排区，如 EUETS（European Union Emissions Trading Scheme）框架下）生产时会产生碳成本；（3）商品从国外进口后要与本国生产的类似产品在国内市场共同竞争。

从碳关税的含义可以看出，这样的关税，征收需具备两个起码的条件：其一，必须确切了解产品生产时的碳排放量，即基于产品生命周期的碳足迹。这要求对各种产品进行碳排查，且实施碳排查的机构必须具备权威性，能够得到世界各国的认同。其二，必须制定出合理的产品碳排放标准，即制定出适当的边境调节水平。由于边境调节措施的目的是要消除国内市场上同类产品的成本差别，因此合理地制定起征的碳排放标准至关重要，直接决定了能否在消除成本差别的同时获得其他国家的谅解，以避免其他国家的报复和贸易战。

碳关税目前世界上并没有征收范例，但是欧洲的瑞典、丹麦、意大利，以及加拿大的不列颠和魁北克在本国范围内征收碳税。2009 年 6 月底，美国众议院通过的一项征收进口产品"边界调节税"法案，实质就是从 2020 年起开始实施"碳关税"——对进口的排放密集型产品，如铝、钢铁、水泥和一些化工产品，征收特别的二氧化碳排放关税。目前，还没有国家征收碳关税。

二、碳关税与碳税

碳税与碳关税是完全不同的两个概念，它们的功能也不尽相同。

从概念特征上看，所谓碳税，碳税也叫二氧化碳税，是一种污染税，根据化石燃料燃烧后碳排放量的多少，针对化石燃料的生产、分配或使用来征收税费。政府部门先为每吨碳排放量确定一个价格，然后通过这个价格换算出对电力、天然气或石油的税费。其纳税人主要是指排放二氧化碳的企业。课税范围主要是用于生产流通中的化石燃料。污染税的计税依据有 4 种，从环境经济学理论看，因二氧化碳的排放量与燃料的含碳量直接相关，因此按含碳量征税较之按含热量征税更为合理。目前各国的碳税税率不一样，我国也没有出台明确的标准，一般情况下认为 20 元每吨的二氧化碳税比较适合我国国情。

而碳关税是指主权国家或地区对高耗能产品进口征收的二氧化碳排放特别关税，其本质上属于碳税的边境税收调节。碳关税的纳税人主要是指不接受污染物减排标准的国家，其高耗能产品出口到其他国家时的发货人、收货人或者货物所有人。课税范围主要是一国（没有承担《联合国气候变化框架公约》下的污染物减排标准的国家）出口到其他国家的高耗能产品，如铝、钢铁、水泥和一些化工产品。碳关税征税的依据是按照产品在生产过程中排放碳的数量来计征的，主要以化石能源的使用数量换算得到。碳关税的税率目前还没有国家具体出台相关规定，但根据相关研究，应与一国国内碳税税率一致。

碳关税具备战略性贸易政策工具进口关税的功能特点，即保护本国产品。碳税是碳关税的国内税收形式，两者除征税对象和纳税人有重合外，其要素形式和税收功能均发生了变化。但是碳税的用途和战略性贸易政策工具中的补贴在作用上具有相似点。此外，高耗能产业或者温室气体污染产业受到贸易标准的严格限制，属于不完全竞争产业，满足了战略性贸易政策应用的前提。

另外，从作用途径和方式来看，碳税作为一种庇古税，是使温室气体排放费用内部化的有效手段，它可以提高化石燃料的价格，刺激部门采取节能措施。同时，通过碳税收入的再分配加大投资力度，促进消费模式的转移。由于我国目前的税收基础较大，因此碳税不应该作为增加财政收入的工具，而应该作为调节经济结构的手段，满足税收收入分配的中性原则，将碳税收入用于抵消其他扭曲性的税收以减少征税的福利成本，或用来资助环保项目及减免税额，补贴出口产品的价格。碳税也可以用于补贴节能产品的投资，抵消个人所得税和公司所得税等。因此，碳税实际上可以看做一种专项补贴。

而碳关税被许多发达国家和地区如美国、欧盟和日本所偏好，征收对象主要集中在不参与减排额度的发展中国家，如中国和印度。发达国家首先可以依靠碳关税获得财政收入，补贴国内的减排损失；其次，以美国为代表的发达国家本身拥有很好的减排技术，在限制进口发展中国家高耗能制造品的同时，可以向发展中国家以各种形式转售已拥有的减排技术，获得经济利益或者以 CDM（清洁发展机制）的形式达到国内的减排额度承诺。

三、碳关税的影响要素

尽管碳关税合理性不确定，但西方学术界认为对碳关税的实施方案进行适当地设计与调适，极有可能使之与现有的 WTO 规则兼容，甚至 WTO 官员也多次表达了同样的态度。因此，目前提出碳关税动议的国家围绕碳关税制度实施的基本要素进行了大量的讨论。这些要素包括：(1) 碳排放量的计算标准；(2) 碳关税措施的类型与实施方式；(3) 国别征收范围；(4) 产品覆盖范围；(5) 碳价格及税、费水平；(6) 税款的使用；(7) 缓冲期。其中，碳排放量的计算标准和碳价格及税、费水平这两个要素是最重要的，也是碳关税设计的关键和难点，另外，缓冲期是发展中国家比较关注的要素，下面重点讨论以上三个要素：

1. 碳排放量的计算标准

理论上，碳关税制度涉及的碳排放量最优计算方法应该具备以下条件：(1) 考虑到各国的不同情况和需求，尤其是发展中国家的特殊情况，如经济水平、发展阶段等，因此碳排放量的计算方法应能够兼顾各国的利益；(2) 制定综合的碳排放量测算指标。

考虑历史排放、人均排放等统计指标。实践中，若基于本国同类产品生产过程的实际碳排放量或进口产品的实际碳排放量，将导致高昂的行政成本；若基于标准化的进口税（或购买排放配额），则面临不能真实反映产品碳排放量的问题。因为不同国家同类产品生产过程所排放的温室气体水平大相径庭，甚至一国国内不同生产商的同类产品的排放量也不尽相同。国际标准化组织计划在2011年颁布产品碳足迹计算标准，如果该测算方法公平、合理，国际社会便可以以此测算产品碳排放量，从而避免各国单独制定标准造成的计算方法混乱以及可能由此带来的贸易保护主义。

2. 碳价格及税、费水平

碳价格的决定因进口国实施碳关税的基础不同而存在差异。"在碳税制度下，碳排放价格是固定的，均衡的排放数量由市场决定；在总量控制与排放权交易机制下完全不同，先确定排放总量，之后由市场上的供求关系决定排放价格。"在碳税制度下，进口产品根据其碳排放量按照进口国国内同类产品的税赋水平缴纳碳关税，税率是固定的。而在总量控制与排放权交易制度下，进口商需要在排放权交易市场上根据其产品的碳排放量购买配额，而市场上供需关系随时变化，因此配额的价格也相应波动，而不是固定不变的。从构建国际碳关税制度角度探讨，技术上进口国政府能够基于对发展中国家的特殊情况的考虑对国内碳税制度进行相应调整兼顾发展中国家的利益；而在总量控制与排放权交易制度中，进口国国内碳排放权交易市场上运行的"供求决定价格"的机制意味着工业化国家和发展中国家的同类产品在进口国市场上面对统一的碳价格，这直接违反了《联合国气候变化框架公约》规定的"共同但有区别的责任"原则。另外，目前，宣称征收碳关税的进口国还向国内能源密集型企业免费发放碳排放配额，这使发展中国家的相关企业处于更为不利的竞争地位。公平合理的国际碳关税制度应建立在"共同但有区别的责任"原则和"特殊与差别待遇"原则基础上，以兼顾各国的不同情况和利益诉求差异，尤其是发展中国家的情况。

3. 发展中国家的缓冲期

发展中国家与工业化国家在人口、自然资源禀赋、经济发展阶段、技术水平、能源结构及环保政策等方面大相径庭。对发展中大国来说，其产业结构层次较低，能源结构偏重于煤炭等化石能源，产品的碳强度较高，实施减排的经济社会成本大于发达国家。值得注意的是，碳关税对那些实施以出口为导向的外向型经济发展战略的发展中国家的打击更大。一方面，碳关税短期内将阻止其产品进入工业化国家市场，使其经济发展难以实现；另一方面，被迫减排，意味着巨额的资金投入，拖累GDP增长。

碳关税从根本上削弱了发展中国家的传统比较优势，使之无法通过国际贸易提高经济发展水平，改善本国的福利；更严重的是，变相强迫其参与量化减排，限制了其未来的发展空间。因此，从公平和合理的角度出发，国际碳关税制度应该为发展中国家设定缓冲期，具体年限视各国的经济、技术条件的差异而区别对待。

四、征收碳关税的依据

目前，针对碳关税的呼声主要来自发达国家，这些国家的学者主要用以竞争力损失和碳泄露为核心的平整竞技场理论作为碳关税实施的法理依据。

所谓的竞争力损失是指非均衡碳减排所带来的产业竞争力受损。一国因实施应对气候变化政策导致二氧化碳排放成本增加，而另一国并没有实施导致二氧化碳排放成本增加的类似制度，那么实施了强制性二氧化碳减排制度国家的国内产业将遭受国际市场份额或利润的丧失，进而会给该国的经济发展和就业水平带来不利影响。特别是在经济下行时期，由于气候政策会给碳密集型产业带来影响，而这些产业本身正面临国际竞争的压力，尤其是面临来自在现有机制下没有减排义务的中国、印度、巴西等新兴经济体的竞争，因此，在实施国内气候立法的同时，政策制定者们需要寻求一些有效手段以避免将国内碳密集型产业置于与没有类似气候政策国家的产业竞争时的劣势地位。

而碳泄漏是指如果一些国家（承担了强制性二氧化碳减排义务的发达国家）减排二氧化碳，而另一些国家（主要指发展中国家）没有实施减排二氧化碳的措施，那么原本位于（实施了二氧化碳减排措施的）发达国家境内的高能耗产业为规避增加的碳排放成本会将其生产基地转移到没有实施二氧化碳减排措施的发展中国家境内，从而导致发达国家实施减排措施而取得的减排量被发展中国家因为这种迁移而新增的排放量所抵消。在这种情况下，虽然在实施了严格的二氧化碳排放国内税收机制或排放交易机制的国家或地区内部二氧化碳的排放量减少了，但在没有实施或没有严格的二氧化碳排放国内税收机制或排放交易机制的国家或地区，二氧化碳排放又出现了正常增长以外的增加，对于同一生产企业而言，其二氧化碳排放量在实施了限制二氧化碳排放的强制性措施前后没有什么大的变化，只不过是换了一个地方排放而已，从而使得限制二氧化碳排放的国内税收机制或排放交易机制在全球范围内缺乏效率（因为这种异地排放使得全球总的二氧化碳排放量没有减少），这不仅会造成全球二氧化碳排放的减排目标难以实现，同时还会带来工作机会的转移，即产业（尤其是二氧化碳排放密集型产业）的转移必然带来工作机会的转移与减少，从而影响一国的经济发展。

但是实际的研究数据并不能很好地支持上述两种说法。国际能源署（IEA）的学者（Reinaud，2005）针对欧盟钢铁、造纸、水泥、印刷和制铝业等的一项研究表明，短期来看EU ETS对上述碳排密集型产业成本上升的影响非常有限；国际著名咨询机构麦肯锡和（McKinsey and Ecofys，2006）为欧盟提供的一项咨询报告中也有类似结论。他们发现，如果假设厂商能够将成本传递给消费者，同时碳排配额的95%来自免费分配，除了铝初加工、纸浆与造纸行业，ETS制度对绝大多数产业竞争力影响不大；（Peterson. S and Klepper. G，2008）运用多部门、多地区CGE模型DART软件包评估了欧盟为实现截至2020年碳排放比1990年减少30%，可替代能源比重占20%所采取的政策措施所带来的欧盟产业国际竞争力的变化。他们发现整体影响并不大，能源密集型产业的损失可被制造业所弥补，而欧盟各国之间所遭受的影响则各有不同，大多数产业竞争力影响不大。而对于"碳泄漏"这一说法就更值得商榷了，碳泄漏通常是从国际贸易中的"隐含碳"（Embodied Carbon）计算加以检验的。(Wyckoff and Roop, 1994) 研究了 1984~1986 年 6 大 OECD 国家（英、法、德、日、美、加）进口产品中的内涵能源，说明其国内减排政策的效果可能要打折扣，因为进口产品在国内消费中占有较大的比例；(Shui and Harriss, 2006) 利用 Economic Input Output Life Cycle Assess-ment 软件中提供的美国对华出口货物的碳排放系数为基准，进而计算了 1997~2003 年中美贸易中的碳排放，指出我国碳排放总量的 7%~14% 间接出口到美国并最终被美国人所消费；韦伯等（Weber et al., 2008）运用环境投入产出分析技术，对中国 2005 年出口的隐含碳总量进行了计算，指出大约为 16.7 亿吨，占当年中国全部排放的 30%。这说明，如果从最终消费角度来看待，所谓的碳泄漏实际上是发展中国家为发达国家民众的消费承担了二氧化碳的排放，以此作为碳关税征收的理由显然不合情理。

此外，我国学者也对碳关税基本持有否定态度，大部分都认为这是一种披着"绿色外衣"的新型贸易壁垒。有分析认为，在环境保护的外壳下，发达国家提出碳关税背后的主要目的有以下几点：

一是提高本国竞争力，维护经济霸权，削弱中国、印度、巴西等发展中大国的制造业出口竞争力。受此轮金融危机重创，美国政府希望以绿色产业带动美国经济复苏，继续引领世界经济发展方向。提出严格的碳排放标准，对拥有世界先进减排技术的美国和欧洲、日本等发达国家具有明显优势，有利于其在全球新一轮竞争中，在节能环保领域和新能源领域抢占新兴产业和新兴技术的制高点，遏制新兴国家的崛起。

二是通过征收碳关税，维护其国家经济利益。征收碳关税不仅可以获得高额财政收入，减少贸易赤字，同时，美国通过对碳排放较高产品征收关税，将使该类产品进口量减少，导致该类产品国际市场价格降低，美国将能以更低价格进口，获得更大贸易利益。

三是转嫁环境治理责任和成本。美国至今没有签署《京都议定书》。美国通过向发展中国家进行产业转移，转嫁环境污染较高产业应承担的减排成本，同时通过提高减排标准迫使发展中国家向其购买先进减排技术，使发展中国家承担了减排成本和费用。

四是碳关税的征收有利于美国在全球气候变化谈判中处于有利地位。目前针对 2013 年后全球减排目标和减排机制正在进行国际谈判，将决定后京都时代的全球主导权。征收碳关税不仅将改变美国过去在全球减排方面的消极做法和国际形象，增强其国际谈判筹码，而且很可能会以"碳关税"为由要求我国对外承诺减排量。

五、多边贸易体制下碳关税的合理性

对于碳关税合理性，国内学者在 WTO 框架下进行了大量研究，大多倾向于认为碳关税在现阶段多边贸易体制下不合理，但随着具体实施过程对制度细节的调整可能会最终趋向合理，我国应早做打算。

张向晨（2009）认为，因为征收碳关税的基本前提就是要求进口产品的排放标准或成本不能高于本国成本，而目前的碳追踪技术无法达到为每一个产品制定碳排放的标准和成本计算，其结果只能是制定一个平均标准，如对某一个和国家征收碳关税，这样的结果必然使进口国的产品受到歧视，违反了 WTO 成员对进口和国内产品给予同样待遇的基本原则，即

便存在 WTO 中环境例外的条款，要证明对进口产品没有歧视，也必须回到碳排放的标准问题上，所以只要这种标准是单个国家的单边措施，就不可能实现。

黄文旭（2010）从 WTO 规则的视角对碳关税进行合法性分析，从 WTO 的宗旨方面来看，碳关税违反了 WTO 自由贸易的宗旨，但符合 WTO 保护环境的宗旨；从 WTO 的具体规则来看，碳关税的征收违反了国民待遇原则和最惠国待遇原则，但是借助环境例外的条例，可以使之符合 GATT 1994 第 20 条（b）项的规定和第 20 条（g）项的规定，同时，从 WTO 争端解决实践来看，很多案例中保护环境的措施被认为符合 GATT 1994 第 20 条的规定，因此碳关税并不当然违反 WTO 规则，但碳关税要符合 WTO 规则，必须受到一定的限制。

罗延林（2012）从客观角度肯定了碳关税在协调环境和贸易关系上所发挥的积极作用，同时从 WTO 体制下国民待遇、最惠国待遇等原则以及 GATT 相关规则角度探讨了碳关税的合法性问题，认为从现行 WTO 体制来看，碳关税制度既与 GATT、WTO 的基本原则和具体要求相违背，也不符合 GATT 第 20 条环保例外的规定，但同时也指出由于 WTO 体系缺乏具体规则的约束以及碳关税制度的可完善性，碳关税的合法性取决于其今后具体制度细节与 WTO 的一致性程度。

沈可挺（2010）在分析碳关税争端国际背景的基础上，对美国政策转向的深层次原因以及碳关税与 WTO 规则的冲突问题进行了深入探讨，分析表明，尽管碳关税政策违背 UNFCCC 的基本原则和 WTO 的国民待遇原则，但欧美国家正试图利用 WTO/GATT 的一般例外条款加以推动。

也有认为，依据 WTO 规则，"碳关税"的合法性是不明确的。由于 WTO 法律区别产品税和过程税，即对最终产品的税和针对包含在产品生产中投入而征收的关税，产品税的征收是合法的，而过程税则需进一步区别。过程税包含在最终产品中仍保留物理成分的投入的征税和对未被融入最终产品的投入的征税。前者是符合 WTO 规则的。由于"碳关税"是针对未被融入最终产品的投入征收的，属于后者，"碳关税"是被禁止的。然而，至今尚无争端专家组裁决过针对诸如未被融入最终产品的能源的投入征税的合法性问题。

当然，根据 GATT 第 20 条，"碳关税"可能是合法的，该条允许在某些情况下基于环境理由的贸易限制。这一贸易限制是实现环境目标所"必需"的。如果争端专家组认为"碳关税"的目的不是减少温室气体排放，而是弥补国内碳税的损失，那么"碳关税"就不是必需的。但如果专家组的认定正好相反，认定"碳关税"是必需的，则中国等国家就无法通过 WTO 争端解决机制反对美国"碳关税"的征收。

世界贸易组织总干事拉米说过，"一项涵盖了所有主要温室气体排放者的多边环境协定，也是指导类似 WTO 的其他机构的最佳工具"。这意味着若想真正解决全球减排问题，还需要各国通力合作，任何单边的措施，如边境调节税等都只会被贸易保护主义所利用而无法实现真正的目的。

六、碳关税的立法实践

在美国，早在 2007 年 10 月，旨在全美建立一个全国性的温室气体限制和交易机制

第十一章 WTO 新议题 I：WTO 多边贸易体制与气候变化

（Cap-and-trade Scheme）的《美国气候安全法案》（America's Climate Security Act of 2007）就有征收"碳关税"的动议。该法案第 1311 节（Section 1311）规定，国内进口商如果购买产自没有采取减排措施或减排措施不力的国家的产品的话，应当购买相应"国际储备配额"（International Reserve Allowances），而配额的具体标准则是以出口国相关产业的能源强度为基础制定的。同年通过的《低碳经济法案》（Low Carbon Economy Act of 2007）也规定，国内进口商购买的进口产品如果产自没有实施减排措施或减排措施不力的国家，则应当购买相应的"排放许可"（Emissions Permits）。最引人注目的要数在 2009 年 6 月 26 日，以 219 票比 212 票的微弱优势获得美国众议院通过的《美国清洁能源与安全法案》（American Clean Energy and Security Act of 2009）。该法案规定，从 2012 年 1 月 1 日起，建立一个全美范围的碳排放交易制度，目的是确保美国在 2050 年的温室气体排放量只有 2005 年的 17%；并计划建立一个《国际储备配额计划》（International Reserve Allowance Program），从 2020 年 1 月 1 日起，对来自没有采取与美国相当的温室气体减排措施国家的高能耗、初级进口产品，征收类似"碳关税"的"国际储备配额"。

为了帮助成员国更有效率地履行《京都议定书》对附件 I 国家规定的强制性减排义务，欧盟在 2003 年就以 Directive 2003/87/EC 为基础，建立了欧盟排放交易机制（European Union Emissions Trading Scheme，EUETS）。2005 年 1 月 1 日，EU ETS 正式运行，现在正处于第二期（Phase II：2008-2012），其所覆盖的国家不仅包括欧盟所有 27 个成员国，还包括挪威、冰岛和列支敦士登三个非欧盟成员国。EU ETS 是当今世界上规模最大的温室气体排放交易机制，仅仅在能源和工业领域，就有超过 1 万家企业加入了这一机制。为了更好地配合 2012 年以后 EU ETS 的具体运作，2009 年 Directive2003/87/EC 被 Directive 2009/29/EC 所取代。根据 Directive 2009/29/EC 的规定，到 2020 年，欧盟要实现减排 21% 的目标；为了实现这一目标，该指令第 28 条规定，可以采取"其他任何措施"，从而为欧盟今后采取类似"碳关税"的措施提供了法律依据。

尽管正式的碳关税形式和文件目前还没有在任何国家出台，但碳关税的制定与实施这种趋势在发达国家已经日趋明显，在未来的 WTO 多边贸易中，碳关税必将是无法回避，成为发达国家与发展中国家在国际贸易博弈的主要战场。

七、碳关税对我国贸易的影响及应对

碳关税在一定程度上会刺激国内低碳技术的进步，对产业结构优化调整也会有一定的推动作用。但是对于像我国这样的外向型经济体，一方面对发达国家出口过度依赖；另一方面缺少相应的低碳技术，碳关税的征收在短期内对我国贸易所产生的影响可想而知。我国现今已成为全球第一大碳排放国，每百万美元 GDP 所消耗的能源数量是美国的 3 倍、德国的 5 倍、日本的近 6 倍。2007 年美国进口的高碳商品中，有 11% 来自中国，包括 15% 的进口钢铁、6% 的进口铝制品、12% 的进口纸品、19% 的进口混凝土（吴玲琍，2009）。

沈可挺（2010）在分析中国工业品出口的隐含碳排放量的基础上，采用动态可计算一般均衡模型（CGE）测算了碳关税对中国工业生产、出口和就业的可能影响，模型的评估

结果表明，每吨碳 30 美元或 60 美元的关税率可能使中国工业部门的总产量下降 0.62% ~ 1.22%，使工业品出口量分别下降 3.53% 和 6.95%，同时使工业部门的就业岗位减少 1.22% 和 2.39%，而且以上冲击可能在 5 ~ 7 年甚至更长时期内产生持续影响。尤其值得注意的是，通常被认为不属于能源密集型或碳密集型行业的机械制造业出口和就业可能面临较大冲击。

李伟、杨青（2010）认为碳关税的实施对我国经济可遇见的冲击主要表现在以下方面：

（1）我国出口额将大幅缩减。美欧等发达国家是我国主要的出口对象，碳关税一旦开征将使我国的企业受到整体上的打击。能达到国外环境技术标准的企业需要采用减排技术，投入更多的研发成本和设备，竞争力有所减弱；对无法达到国外环境技术标准的企业来说，碳关税将封闭其国外出口市场。

（2）我国制造业整体将受到冲击。碳关税虽直指高耗能产业，如造纸、钢铁、水泥、化肥等，但这些产业的变化将影响其上下游产业的利益，因此我国若不能找到新产业来替代原先的高耗能、高排放产业，则制造业产业链条将出现断裂，以及制造业整体将受到冲击。

（3）我国就业率将呈下降趋势发展。我国产业多是劳动密集型产业，依靠低廉的劳动力获取竞争优势。而碳关税的实施势必会改变未来国际贸易格局，我国企业将不得不进行产业升级，这势必会减少企业对劳动力的需求，影响我国就业率。

（4）导致贸易保护主义的"多米诺"效应。碳关税很可能引起发达国家的迅速效仿。同时，碳关税很有可能引起发展中国家的报复性贸易壁垒，从而进一步助长贸易保护主义的滋生，导致国际贸易规则的失灵以及贸易格局的混乱，影响我国对外贸易的健康有序发展。

根据上面的分析，我国应该从国内国外两个层面提前做好应对：

从国内层面上来说，政府应该积极调整产业结构，优化贸易结构。企业应当在政府引导下，自主实现升级改造，逐渐加大新能源技术的研究开发，积极开发绿色新能源，从根本上减少温室气体的排放量，在顺应国际趋势的前提下提高自身的产品竞争力。同时，政府还应该鼓励新能源和新材料产业发展，降低产品碳排放密集度，实现国家产业整体向低能耗、低排放、高附加值、高技术含量的转化，以绕开国际贸易壁垒。此外，我们还应当注意，我国的外贸依存度偏高，而经济增长应依靠国内经济的发展，只有把握住国内需求，才能提高我国对外贸易抵御外部风险能力，充分发挥消费增长这驾马车对经济增长的拉动作用。

从国际层面来说，在未来谈判中我国必须掌握一定的话语权，必须坚持以下基本立场：第一，坚持和进一步落实"共同但有区别的责任"原则（黄志雄，2010）。由于发达国家在经济积累的阶段也有过高排放、高耗能的阶段，根据"污染者付费"原则，发达国家理应承担比发展中国家更多的减排要求，因此我国不能接受与发达国家相当的强制减排义务。第二，反对少数发达国家企图在"后京都"国际协定谈判中为采取单边贸易措施提供便利，坚定维护自由贸易的立场。由于尚不存在温室气体减排的统一标准，与环境相关的贸易措施的实施会增加贸易壁垒，对全球经济造成不利影响。

因此，我国在进行贸易时必须谨慎对待碳关税。

第十一章　WTO新议题 I：WTO多边贸易体制与气候变化

第四节　碳标签

一、碳标签

所谓碳标签（Carbon Labelling），就是指把产品在生命周期（即从原料、制造、储运、废弃到回收的全过程）中的温室气体（Green House Gas，GHG）排放用可量化的指数标示出来，以产品标签的形式告知消费者有关产品碳排放的信息。利用在商品上加注碳足迹标签的方式，既可以促使碳排放的来源透明化和促进企业采取相关措施减少对环境产生的不良影响，又可以引导消费者选择更低碳排放的商品，从而达到减少温室气体的排放和缓解气候变化的目的。

碳标签概念源自于20世纪90年代关于"食物里程"（Food Miles）的探讨。所谓"食物里程"指的是消费者饮食消费与食物原产地之间的距离，用来评估食物在运输过程中对环境造成影响。英国政府环境与乡村事务部（Defra）在2005年的一项研究报告指出，1978~2002年，使用货车运送食品的比率增加23%，其运输距离也增加达50%之多。结论表明食物的运输阶段对全球暖化有着较为明显的影响。因此，碳标签的作用主要是呈现产品或服务对全球暖化的冲击信息，作为消费者选购产品或服务的参考依据。

碳标签只是鼓励消费者和生产者支持保护环境和气候的一种方法，更多地取决于消费者和生产者的社会道德和责任感。碳标签的实施需要核定生产过程中导致的温室气体排放量，会给厂商带来额外成本，消费者也要因此承担一部分的加价。因此，碳标签的实施对于消费者而言可能更多的只是一种消费习惯和行为方式的改变，但对企业而言，却意味着面临巨大低碳经济时代的市场竞争压力。

二、碳标签、碳足迹与碳认证

"碳足迹"主要是指人类在生产和消费活动中所排放的与气候变化相关的气体总量，这个概念缘起于"生态足迹"。一是指产品或服务在整个生命周期过程（从原材料的获取，到生产、分销、使用和废弃后的处理）中释放的二氧化碳和其他温室气体的总量，又叫做产品碳足迹；二是仅指公司生产过程中导致的温室气体的排放，又称为公司碳足迹。

通过对产品全生命周期碳排放的计算分析，企业可将其产品的碳足迹以贴上"碳标签"的方式告知消费者，从而引导消费者的市场购买行为。所以说，碳标签就是产品碳足迹的量化标注，"碳"耗用得多，导致地球暖化的二氧化碳也制造得多，碳足迹就大，标注在产品上的碳标签也就越大；反之，碳标签就小。

低碳产品认证，即碳认证，是以产品为链条，吸引整个社会在生产和消费环节参与到应对气候变化。通过向产品授予低碳标志，从而向社会推进一个以顾客为导向的低碳产品采购和消费模式。以公众的消费选择引导和鼓励企业开发低碳产品技术，向低碳生产模式转变，最终达到减少全球温室气体的效果。正是由于低碳产品认证的这种作用，国外低碳产品认证项目在近两三年如雨后春笋，不断涌现，目前，已经有德国、英国、日本、韩国等十几个国家开展低碳产品认证。

三、碳标签认证标准

目前，在碳足迹盘查中，针对产品的盘查标准，除了日本和德国使用自己的标准外，其他国家均采用2008年10月由英国标准协会（BSI）发布的PAS 2050标准（《产品与服务在生命周期内温室气体排放评估规范》）。PAS 2050是首部通过统一方法评估组织产品生命周期内温室气体排放的标准，对产品碳足迹的定义、温室气体排放相关数据以及如何评价产品碳足迹进行了详尽的分析介绍，属于公开可获得规范，每两年进行定期重审后公布所有修改，目前可在BSI官方网站下载免费的英文版本。该标准已在百事可乐、可口可乐、法国达能等多家企业约75种产品中试行。按照该标准，企业除了测定和降低产品的碳足迹之外，还可以针对公众对环保产品的选择、使用和处理产品提供建议。此外，针对组织机构的碳足迹盘查标准是ISO14064—1，针对项目的盘查标准是ISO14064—2。

四、碳标签：潜在的新型贸易壁垒

碳标签无论从研究进度还是实际应用来看目前还仅仅处于初级阶段，但随着社会各界对环境保护和气候变化关注的日益加深，对国际贸易商品的碳足迹进行统一测度，推广碳标签的使用指日可待。假若碳标签像其他标签如生态标签一样普遍应用在国际贸易商品中，就有可能会被某些国家或商家滥用来设置技术贸易壁垒。从而碳标签成为贸易保护的有力工具，特别是发展中国家可能会受到来自发达国家强制加注碳标签的要求，引发更多的贸易摩擦。

在对碳标签的摸索过程中，由于发达国家环保意识较强，相对发展中国家较早掌握低碳核心技术并发展出碳足迹测算标准，因此有可能率先完成较完善的强制性的碳标签准入制度，要求所有公开待售的商品披露碳足迹并在外包装上附加碳标签。这对后跟进的发展中国家很不利。发展中国家不仅需要向发达国家购买低碳技术，而且需遵循先有的基于发达国家国情的碳足迹测算标准。同时，一旦发展中国家能够接受上述标准，而发达国家在此基础上提出要提高标准，那么发达国家的企业较发展中国家的企业在减排上更具成本优势。这些都将使得很多发展中国家在国际市场上失去竞争优势。

从长远来看，碳标签的真正实施，会对整个产品制造与供应链形成巨大压力。发达国家可通过规定进口产品的碳足迹标准，对不符合规定标准的产品课以罚款或高额关税。目前，碳标签正从一个公益性标志变成商品的国际通行证。毫无疑问，随着气候问题解决方案的完善，碳标签将成为国际贸易的新门槛，成为新的非关税壁垒。

因此，为了应对这一新型贸易壁垒的挑战，为了避免在未来世界贸易竞争中受制于人，我国需要尽快建立国内的商品碳标签制度。

第十一章 WTO新议题 I：WTO多边贸易体制与气候变化

五、碳标签的国外实践

从2006年起，发达国家的政府、行业协会就对碳标签的推广做了大量的实践工作，各知名厂商如Casino、百事、Timberland、达能等也纷纷响应，在各自产品上提供相应的碳标签信息。

在英国，2006年，英国碳基金（Carbon Trust）推出全球第一个碳标签。2007年，英国环境部公布了一项计划，建议商家在商品标签上注明该商品在生产、运输和配送等过程中所产生的碳排放量，以告知消费者该商品对环境的损害程度。2007年1月，英国最大的零售商Tesco宣布开始对其经营的70000种商品上加注碳标签，披露商品在生产、运输和消费过程中的碳排放量，并从2008年4月开始在20种商品上进行试点。Marks和Spencer也于2007年初宣布将在5年内实现碳减排目标，并于2007年3月在20种空运进口的食品贴上了碳标签。

日本紧随英国，鼓励本国企业自愿推出所售产品碳足迹信息。2008年，日本经济产业省成立"碳足迹制度实用化、普及化推动研究会"。2009年，日本开始推动碳标签试行计划，其国内的Sapporo啤酒厂、Lawson、Panasonic等企业宣布加入；2010年，标有碳标签的产品在超市内全面上市；2011年4月，将对农产品开始实施碳标签制度，要求摆放在商店的农产品通过碳标签向消费者展示其生产过程中排放的二氧化碳量。

韩国的碳标签由其环境部主管，2008年7月，韩国政府宣布，市场上部分指定商品将贴上标有碳足迹排放量的标签，在实验阶段约有10种商品会贴上碳足迹标签，包括Asiana航空公司、LG洗衣机、Livart衣柜、Pulmuone豆腐等产品，若实施效果明显，则广泛应用。环境部表示，为了最后的批准认证，自8月起将进行产品核查检验，此机制也于2009年正式引进。假如此方案能为韩国民众所接受，碳标签将可让消费者选择最小量碳足迹的商品，并且能够就当地所生产的产品和进口商品、有机产品与传统农产品进行比较。

在美国，Carbon Fund公司于2008年推出美国第一个适用于碳中和产品的零碳标签——Carbonfree。2010年，全球最大的零售商Wal-Mart已经要求10万家供应商必须完成碳足迹验证，并贴上不同颜色的碳标签，以使消费者对其减排努力一看便知。加利福尼亚州代表Ira Ruskin提交了一项名为《2009—碳标签法》的法案，该法案要求州空气资源委员会，制定并实施自愿评估和验证程序，以此规范该州销售的消费类产品的碳足迹。Carbon Label California公司负责管理碳标签，而碳标签主要包括三种形式：低碳封印、碳评分和碳评级。

除此以外，法国、德国、瑞典，即便是泰国也推出了相应的碳标签政策并实施，由此可见，建立碳标签制度已经是大势所趋，我国也应该加快出台相关政策和措施。

六、碳标签对我国的影响及应对

碳标签的实施需要碳排放标准的制定和认定。标准是国际贸易的技术纽带，而世界贸易组织技术性贸易壁垒协定鼓励成员在国际贸易中使用国际标准。如果国际标准化组织或发达国家制定的碳排放标准上升为国际标准，其对国际贸易和投资的影响不容忽视。

第一，碳标签以促进"低碳"为幌子，更具隐蔽性，可能成为技术性贸易壁垒。世界贸易组织认为"国际标准和合格评定程序能为提高生产效率和便利国际贸易作出重大贡献"。发达国家在国内推行碳标签渐成潮流，对其国内生产和消费将带来越来越大的影响。跨国公司在生产环节通过供应链控制碳排放，公众认可和接受低碳和绿色消费。发达国家由于具备较高的技术水平，西方消费者对低碳产品有需求偏好，在碳排放方面有能力出台高于国际标准的国家标准。随着这些国家标准的国际化，未来有可能发展成新型的技术性贸易壁垒，给国际贸易带来冲击和损害，尤其是经济上过度依赖对发达国家的出口且碳标签制度滞后的新兴经济体，如我国。

第二，实施碳认证可能对我国制成品出口带来重大影响。目前，碳认证主要以产品生命周期分析为基础，计算产品从原料、生产、流通、消费到再回收整个周期的碳排放。国际贸易意味着更多、更长距离的运输和相应碳足迹的增加。据报道，英国从新西兰进口1000克奇异果的二氧化碳排放量为1000克，而在英国境内产销，则仅为50克。按照目前国际产业分工，我国加工贸易比重还可能继续增加。如果整个加工生产过程的碳排放都算在我国产品上，对我国的碳排放量显然会严重高估。一旦欧美消费者接受了碳标签和碳认证的理念，他们倾向于购买地理位置更近的产品，这既有助于发达国家实现制造业回归，又削弱了我国产品的市场份额。

第三，可能影响跨国投资流向和效率。碳标签等将有效阻止碳密集行业生产转移至境外减排立法和碳标准较低的国家，原来以规避国内严格环保立法限制为目的的在华投资，为符合严格的碳标准或躲避碳关税，将可能重新考虑将资金逆向回流至投资来源地。跨国公司可能会采取缩短供应链、减少内部贸易、根据他国减排方案调整海外投资分配等应对措施。此外，欧美通过加大低碳技术研发力度，借以推行严格的碳标准，迫使我国部分制造业企业为规避碳关税或为利用发达国家的绿色技术，在欧美国家加工制造，这会形成发展中国家对发达国家的资本倒流，降低全球跨国投资效率。

当然，碳认证和碳足迹标准也是以产品为链条，吸引整个社会在生产和消费环节参与应对气候变化，对我国扩大消费、提升产品质量、促进企业低碳生产等也有益处。通过对产品授予低碳标志，为消费者提供更多的信息，帮助其在消费过程中进行判断和选择低碳产品，向社会推进以顾客为导向的低碳产品采购和消费模式。随着碳标准、碳标签的推广和低碳生活方式的不断普及，与价格和质量一样，产品的碳含量将成为消费者做出购买决策的第三重要考虑因素，西方消费者会首先形成优先选择低碳产品的消费心理预期，会对在减排方面相对落后的发展中国家和我国产品形成不利的环境。另外，就国内而言，消费通过流通反作用于生产，低碳消费将倒逼生产厂商更多地考虑开发低碳产品、降低能源消耗，以公众的消费选择引导和鼓励企业开发低碳产品和技术，也有助于我国加快向低碳生产模式和低碳经济转变。

2009年10月中国环保部宣布将实施产品碳足迹计划，符合的产品加贴低碳标签，当然，碳足迹评价及低碳标签均是自愿性的。目前，产品低碳评价标准和认证方法正在开发中。与此同时，环保部环境发展中心与德国技术合作公司签署了中德低碳产品认证合作备忘录。2010年5月，由环境认证中心和德国技术合作公司（GTZ）共同举办的中德低碳产品标准第一次专家研讨会在北京召开，双方就中国低碳产品认证的实践和德国气候友好标志标准及认证体系进行了深入的交流，并一致同意选定彩色电视机和多功能一体机两类产品制定中国环境标志低碳产品标准。

2010年中国质量认证中心承担了低碳产品认证研究项目，在该项目中将研究如何建立我国低碳产品认证制度，包括：碳足迹与低碳产品认证的关系、认证模式、与现有节能认证、能效标识等关系、产品目录等。

2013年2月，由国家发改委和国家认证认可监督管理委员会共同制定的《低碳产品认证管理办法（暂行）》和相关技术支撑文件发布，全国统一推行的、自愿性的低碳产品认证制度正式实施，这标志着我国建立起统一的低碳产品认证制度，也意味着低碳产品认证活动将有章可循，有利于引导低碳生产和消费，促进我国低碳产业发展。

碳标签作为一种环境管理工具，不仅对当前的碳排放进行有效的定量化分析和评价，而且对产品生产的全过程所涉及的碳排放进行评价。在全球气候逐渐恶化及我国城市化进程不断加速的背景下，碳标签的实施和应用在理论上可以探索并建立我国具有自主知识产权的碳标签评价方法和体系，促进低碳经济的发展；在应用上可以让企业积极采用节能减排技术，帮助企业降低产品或服务的碳排放，提高企业竞争力。同时，随着环保意识的不断增强，碳标签的应用可以引导消费者的消费观念，选择更加环保的商品，以达到减少温室气体的排放、缓解气候变化的目的。中国是一个发展中的大国，有组织、有计划、科学地建立并实施碳标签体系可以使中国的低碳经济发展进入一个新的历史阶段，有着深远的意义和影响。

第五节 碳交易

一、碳交易

碳交易的全称是碳排放权的交易，这一概念来自于排污权交易。所谓排污权，是指在一定区域内，在污染物排放总量不超过允许排放量的前提下，内部各污染源之间通过货币交换的方式相互调剂排污量，从而达到减少排污量、保护环境的目的。排污权交易的主要思想就是建立合法的污染物排放权利即排污权（这种权利通常以排污许可证的形式表现），并允许这种权利像商品那样被买入和卖出，以此来进行污染物的排放控制。

碳交易就是人类在应对全球温室气体排放实践中基于排污权交易思想应运而生的一种市场手段。按照世界银行的定义，碳交易是指在国际公法《京都议定书》框架下，为促进全球减少温室气体排放，"一方凭购买合同向另一方支付以温室气体排放减少或获得既定量的温室气体排放权的行为。"在6种被要求排减的温室气体中，二氧化碳（CO_2）为最大宗，所以这种交易以每吨二氧化碳当量（tCO_{2e}）为计算单位，所以通称为"碳交易"。其交易市场称为碳市场（Carbon Market）。

世界上比较有名的碳交易市场体系有：欧盟排放权交易制（European Union Greenhouse Gas Emission Trading Scheme，EUETS）；英国的英国排放权交易制（UK Emissions Trading Group，ETG）；美国的芝加哥气候交易所（Chicago Climate Exchange，CCX）；澳大利亚的澳大利亚国家信托（National Trust of Australia，NSW）。目前全球最大的碳排放权交易市场是欧盟排放权交易体系，采用总量限制和排放交易结合的管理和交易模式。

由于美国非《京都议定书》成员，所以只有欧盟排放权交易制及英国排放权交易制是国际性的交易所，美国的交易所只有象征性意义。

从经济学的角度看，碳交易遵循了科斯定理，即以二氧化碳为代表的温室气体需要治理，而治理温室气体则会给企业造成成本差异；既然日常的商品交换可看做是一种产权交换，那么温室气体排放权也可进行交换；由此，借助碳排放权交易便成为市场经济框架下解决污染问题最有效率方式。这样，碳交易把气候变化这一科学问题、减少碳排放这一技术问题与可持续发展这个经济问题紧密地结合起来，以市场机制来解决这个科学、技术、经济综合问题。

从现实背景角度来看，2007年12月《联合国气候变化框架公约》缔约方通过的《京都议定书》，要求发达国家在2008～2012年的承诺期内，温室气体排放量在1990年的基础上平均减少5.2%，其中欧盟8%，美国7%，日本6%。由于发达国家能源利用效率高，能源结构优化，新的能源技术被大量采用，进一步减排的成本较高，难度较大。而发展中国家能源效率低，减排空间大，成本也低。这就导致了同一减排单位在不同国家之间存在着不同的成本，形成了高价差。发达国家需求很大，发展中国家供应能力很大，碳交易市场由此产生。

需要指出的是，碳交易本质上是一种金融活动，一方面金融资本直接或间接投资于创造碳资产的项目与企业；另一方面来自不同项目和企业产生的减排量进入碳金融市场进行交易，被开发成标准的金融工具。在环境合理容量的前提下，政治家们认为规定包括二氧化碳在内的温室气体的排放行为要受到限制，由此导致碳的排放权和减排量额度（信用）开始稀缺，并成为一种有价产品，称为碳资产。碳资产的推动者，是《联合国气候框架公约》的100个成员方及《京都议定书》签署方。这种逐渐稀缺的资产在《京都议定书》规定的发达国家与发展中国家共同但有区别的责任前提下，出现了流动的可能。由于发达国家有减排责任，而发展中国家没有，因此产生了碳资产在世界各国的分布不同。另外，减排的实质是能源问题，发达国家的能源利用效率高，能源结构优化，新的能源技术被大量采用，因此本国进一步减排的成本极高，难度较大。而发展中国家，能源效率低，减排空间大，成本也低。这导致了同一减排单位在不同国家之间存在着不同的成本，形成了高价差。发达国家需求很大，发展中国家供应能力也很大，国际碳交易市场由此产生。

二、碳交易机制

为实现低碳经济的长远发展目标，各国最终需要通过低碳技术的进步来降低温室气体的排放。但要求发达国家近期内、在现有减排技术上再次实现突破还存在一定难度。因此，在

第十一章 WTO新议题I：WTO多边贸易体制与气候变化

技术商业化尚不成熟而减排压力较大的形势下，《京都议定书》建立了三种补充性的"灵活机制"，来帮助各国降低实现减排目标的成本，包括排放交易（ET），联合履行（JI）及清洁发展机制（CDM）。这三种机制促成了包括供需、成本、价格等一系列影响因素在内的碳交易机制，极大地促进了各经济主体通过创新的发展模式赢取竞争优势。这三种都允许联合国气候变化框架公约缔约方国与国之间，进行减排单位的转让或获得，但具体的规则与作用有所不同。

排放交易（Emissions Trade，ET）：同为缔约国的发达国家将其超额完成的减排义务指标，以贸易方式（而不是项目合作的方式）直接转让给另外一个未能完成减排义务的发达国家。《京都议定书》第十七条规范的"排放交易"，是在附件一国家的国家登记处（National Registry）之间，进行包括"排放减量单位"、"排放减量权证"、"分配数量单位"（Assigned Amount Unit，AAUs）、"清除单位"（Removal Unit，RMUs）等减排单位核证的转让或获得。"排放交易"详细规定于第18/Cp.7号决定"《京都议定书》第十七条的排放量贸易的方式、规则和指南"。

联合履行（Joint Implementation，JI）：同为缔约国的发达国家之间通过项目合作，转让其实现的减排单位（EUR）。《京都议定书》第六条规范的"联合履行"，系附件一国家之间在"监督委员会"（Supervisory Committee）监督下，进行减排单位核证与转让或获得，所使用的减排单位为"排放减量单位"（Emission Reduction Unit，ERU）。联合履行详细规定于第16/Cp.7号决定"执行《京都议定书》第六条的指南"。

清洁发展机制（Clean Development Mechanism，CDM）：履约的发达国家提供资金和技术援助，与发展中国家开展温室气体减排项目合作，换取投资项目产生的部分或全部的"核证减排量"（CERs），作为其履行减排义务的组成部分。同时，发展中国家根据"共同但有区别的责任"，可利用清洁发展机制（CDM）和自愿减排机制（VER）参与国际碳交易市场，自行开展减排。《京都议定书》第十二条规范的"清洁发展机制"针对发展中国家与非发展中国家之间在清洁发展机制登记处（CDM Registry）的减排单位转让。旨为使非附件一国家在可持续发展的前提下进行减排，并从中获益；同时协助附件一国家透过清洁发展机制项目活动获得"排放减量权证"（Certified Emissions Reduction，CERs，专用于清洁发展机制），以降低履行联合国气候变化框架公约承诺的成本。清洁发展机制详细规定于第17/Cp.7号决定"执行《京都议定书》第十二条确定的清洁发展机制的方式和程序"。

我国是发展中国家，所以只能参与CDM机制。在发达国家的技术支持或者资金支持下，我国企业能减少二氧化碳的排放，而对方则可以获得二氧化碳的排放权，他们可以用来扣减自己的减排目标或者是再卖给其他的买方，从中获得差价。而且因为我国减排潜力大，所以成为CERs的主要卖方。

三、国际碳交易市场

（一）国际碳交易市场分类

总体而言，国际碳交易市场可以简单地分为配额交易市场和自愿交易市场。配额交易市场为那些有温室气体排放上限的国家或企业提供碳交易平台，以满足其减排；自愿交易市场则是从其他目标出发（如企业社会责任、品牌建设、社会效益等），自愿进行碳交易以实现其目标。

1. 配额碳交易市场

配额碳交易可以分成两大类：一是基于配额的交易，买家在"总量管制与交易制度"体制下购买由管理者制定、分配（或拍卖）的减排配额，譬如《京都议定书》下的分配数量单位（AAUs）和欧盟排放交易体系（EU-ETS）下的欧盟配额（EUAs）；二是基于项目的交易，买主向可证实减低温室气体排放的项目购买减排额，最典型的此类交易为清洁发展机制（CDM）以及联合履行机制（JI）下分别产生核证减排量（CERs）和减排单位（ERUs）。

（1）欧盟碳排放配额。

欧盟碳排放配额简单地说就是欧盟国家的许可碳排放量。欧盟所有成员国都制定了国家分配方案（NAP），明确规定成员国每年的二氧化碳许可排放量（与《京都议定书》规定的减排标准相一致），各国政府根据本国的总排放量向各企业分发碳排放配额。如果企业在一定期限内没有使用完碳排放配额，则可以出售；一旦企业的排放量超出分配的配额，就必须从没有用完配额的企业手中购买配额。

《京都议定书》的减排目标规定欧盟国家在 2008~2012 年平均比 1990 年排放水平削减 8%，由于欧盟各成员国的经济和减排成本存在差异，为降低各国减排成本，欧盟于 2003 年 10 月 25 日提出建立欧盟排放贸易体系（EU-ETS），该体系于 2005 年 1 月成立并运行，成为全球最大的多国家、多领域温室气体排放权交易体系。该体系的核心部分就是碳排放配额的交易。

欧盟排放贸易体系共包括约 12000 家大型企业，主要分布在能源密集度较高的重化工行业，包括能源、采矿、有色金属制造、水泥、石灰石、玻璃、陶瓷、制浆造纸等。航空业可能在 2011 年加入这个体系中。

（2）协商确定排放配额。

《联合国气候变化框架公约》（UNFC-CC）附件 1 缔约方国家（发达国家）之间协商确定排放配额（AAU）。这些国家根据各自的减排承诺被分配各自的排放上限，并根据本国实际的温室气体排放量，对超出其排放配额的部分或者剩余的部分，通过国际市场购买或者出售。

协商确定的排放配额只分配给附件 1 缔约方国家（发达国家），因此很多东欧国家特别是俄罗斯、乌克兰、罗马尼亚等近年来由于制造业的衰退，成为排放配额市场的净出口国与最大受益国。东欧国家的排放配额盈余被称为"热空气"，由于这些"热空气"并非来自节能与能效提高而是来自产业缩水，所以大部分国家不愿意购买这些"热空气"，因为花钱购买这些配额似乎并不具有减排意义。

（3）核证减排量。

核证减排量（CER），指的是附件 1 缔约方国家（发达国家）以提供资金和技术的方式，与非附件 1 国家（发展中国家）开展项目级合作（通过清洁发展机制），项目所实现的核证减排量可经过碳交易市场用于附件1国家完成《京都议定书》减排目标的承诺。核证减排量是碳交易配额市场中最重要的基于项目的可交易碳汇。

(4) 排放减量单位。

指联合履行允许附件1国家通过投资项目的方式从同属于附件1的另外一个国家获得排放减量单位（ERU）。附件1国家在2000年1月1日之后开始的项目可以申请成为联合履行机制项目，但是联合履行机制产生的排放减量额只在2008年1月1日之后开始签发，因此联合履行机制比起清洁发展机制，发展相对不够充分。

2. 自愿碳交易市场

自愿减排交易市场早在强制性减排市场建立之前就已经存在，由于其不依赖法律进行强制性减排，因此其中的大部分交易也不需要对获得的减排量进行统一的认证与核查。虽然自愿减排市场缺乏统一管理，但是机制灵活，从申请、审核、交易到完成所需时间相对更短，价格也较低，主要被用于企业的市场营销、企业社会责任、品牌建设等。虽然目前该市场碳交易额所占的比例很小，不过潜力巨大。

从总体来讲，自愿市场分为碳汇标准与无碳标准交易两种。自愿市场碳汇交易的配额部分，主要的产品有芝加哥气候交易所（CCX）开发的CFI（碳金融工具）。自愿市场碳汇交易基于项目部分，内容比较丰富，近年来不断有新的计划和系统出现，主要包括自愿减排量（VER）的交易。同时很多非政府组织从环境保护与气候变化的角度出发，开发了很多自愿减排碳交易产品，例如，农林减排体系（VIVO）计划，主要关注在发展中国家造林与环境保护项目；气候、社区和生物多样性联盟（CCBA）开发的项目设计标准（CCB），以及由气候集团、世界经济论坛和国际碳交易联合会（IETA）联合开发的温室气体自愿减量认证标准（VCS）也具有类似性。至于自愿市场的无碳标准，则是在《无碳议定书》的框架下发展的一套相对独立的四步骤碳抵消方案（评估碳排放、自我减排、通过能源与环境项目抵消碳排放、第三方认证），实现无碳目标。

（二）国际碳交易市场发展

2005年2月16日，《京都议定书》正式生效，为了促进各国完成温室气体减排目标，议定书规定可以采用绿色开发机制，促使发达国家和发展中国家共同减排温室气体。买家在"限量与贸易"体制下购买由管理者制定、分配（或拍卖）的减排配额，买主向可减低温室气体排放的项目购买减排额。

清洁发展机制双赢机制的出现，在发达国家和发展中国家间开启了一个巨大的碳交易市场。根据《联合国气候变化框架公约》网站公布的数据，截至2007年6月11日，全球共有696个CDM项目成功获得在UNFCCC执行理事会（EB）注册，预期可产生的年均减排量可达到1.5亿吨二氧化碳当量。印度、巴西、中国和墨西哥是全球CDM项目注册数目最多的4个国家，占据了全球CDM项目总数的75%。从项目的年均减排量来看，中国每年可以产生6477万吨二氧化碳当量，占全球总额的44%。

到2008年，活跃在CDM交易市场的买家主要来自欧洲和日本、加拿大。根据2006年的统计数据，在 CDM 交易市场的买家类型分布中，基金占 34%、私营企业占 58%、政府占 8%。市场上最活跃的买家来自英国，他们大部分属于私营的金融机构；其次是意大利，主要是意大利电力公司。

日本和欧美等发达国家及地区已通过碳交易取得了显著的环境和经济效益。如英国通过"以激励机制促进低碳发展"的气候政策来提高能源利用效率，降低温室气体排放量；德国通过碳排放权交易管理，做到了经济与环境双赢；美国堪萨斯州农民通过农田碳交易，获得了新的农业收入来源；日本则把碳排放权交易看做是"21 世纪第一个巨大商机"，通过在世界各地大量购买和销售碳排放权，获得了巨大的经济收入。此外，印度、泰国等发展中国家和地区也看到了全球变暖带来的商机，陆续进入全球碳交易市场"淘金"。

从国际碳交易市场的金融属性来看，目前有现货市场、期货市场和期指市场。从碳交易市场上的品种来看，品种较多，均不是一般意义上的有形产品，既有强制市场上的联合履约（JI）减排单位 ERUs、清洁发展机制（CDM）的经核证的减排单位 CERs、自愿减排交易单位 VERs、欧盟排放交易单位 EUAs、国家分配的配额单位 AAUs。

从碳市场市值来看，近年来全球碳交易市场增长迅速。2009 年成交量达到 87 亿吨二氧化碳当量，比 2005 年增加了 11 倍，年均增长率为 87%。2010 年碳市场总值达到 1420 亿美元。其中，欧盟配额市场依然占据全球碳市场的主导地位，2010 年欧洲排放交易体系（EU－ETS）的配额占全球碳市场价值的 84%，如果再加上 CDM 二级市场的交易额，由 EU ETS 驱动的市场额占全球的 97%。

从碳交易市场的发展趋势看，应对气候变化的碳交易体系将越来越多，其中较为突出的是将于 2012 开始运行的美国加州限额交易体系，其他的碳交易体系也在巴西、中国、印度等新兴经济体中积极孕育。另外，根据德班会议，如果《京都议定书》的第二承诺期于 2013 年开始生效，新的气候保护协议会在不远的未来将包括中国等发展中国家在内的更多国家纳入强制减排体系。

四、对碳交易的质疑和展望

如果市场不是自发产生而是通过政治干预人为创造出来，那么市场参与各方对潜在利益的追求就会影响该制度的设计过程和设计结果，从而使其中涉及的各方商业利益和政治利益获得平衡。碳交易贸易就是一个被设计出来的市场，对这一新生事物的质疑之声始终存在。这些质疑的声音既引发了人们对此制度的再思考，也促进了这一制度的完善。

1. 是否能够实现清洁发展

对发达国家而言，碳交易市场的潜在商业利益在于助其延缓代价高昂的产业结构转变，高能耗高排放企业短期内至少可以通过购买碳汇维持；此外，碳交易将刺激发达国家向某些地区输入技术和资源，促进国际技术转让。因此，企业将在市场经济中通过各种方式影响碳市场的设计和执行，并通过集团游说等方式影响国家相关政策。

然而，大部分从碳交易市场和清洁发展机制项目中获益的公司似乎都是污染环境的公司。它们通过向发展中国家购买碳汇获得了在本国的合法生产机会,这同时也意味着获得了在本国合法排放的权利;或者,它们将高排放企业转移至没有排放限额的发展中国家即可获得巨大的盈利机会。这种相当于污染合法转移的结局确实能够实现清洁发展吗?抑或只是给大公司提供了合法排放或者合法污染的权利和机会?从这一点来看,"共同有区别的责任"受到质疑有其合理性,完全不对发展中国家设置排放限额,会使得这种制度本身随着时间的流逝备受诟病。

2. 自发市场的问题

碳交易自发市场不受《京都议定书》管制,自发补偿的产生同样不受《京都议定书》管制,因此出现了在没有实现真正减碳时通过欺骗手段获取自发补偿的案例,对这一信用体系产生了破坏。然而自发市场比重较小,对整个碳交易市场影响相对有限,同时自发市场对强制排放市场形成了补充,其实践经验对强制排放市场亦有裨益。当碳交易市场趋于稳定成熟后,自发市场也将随之成熟。

3. "总量限额交易"(Cap and Trade)问题

碳交易市场成立的最根本的基础,是必须对排放总量设置限制,即设置总量指标,并对初始排放权进行分配。不设置总量控制的排放权交易是没有意义的。在供给相对稳定的市场中,需求方的情况对价格有很大的决定作用。对每个企业进行总量目标的设定会直接影响企业的排放余额,即直接影响企业对市场碳汇的需求。较严格的总量指标相对放宽松的总量指标而言,会造成企业对碳汇产生较多的市场需求,从而市场需求增加,引起碳汇价格上升。如果此时管理机构不能严格设置总量上限,增加了排放总量上限,那么会直接造成企业对市场碳汇余额的需求减少,进而造成市场价格随这种非市场因素造成的需求下降而下降,并因此令市场参与各方失去市场信心而使市场难以为继。因此,一个运行良好的碳交易市场首先需要对交易制度进行绝密设计,并设立专门机构对排放配额进行分配。如果未来形成一个世界性碳交易市场,无疑就需要类似 WTO 这样的组织对其进行总量分配和管理。

目前,世界上的碳交易市场都是区域性市场,如果通过未来与《京都议定书》承接的新国际协议达成世界性市场,那么总量排放限额及其分配必然成为有待解决的关键问题。考虑到发展中国家目前正处于工业化过程中,将对任何排放限制持非常慎重的态度,这也就决定了国际气候谈判的艰难性,以及未来会由于碳关税等一系列可能的措施使现行国际贸易规则和格局发生一定改变。

五、我国碳交易状况和展望

我国煤炭、钢铁、金属和再生能源等许多行业,都具有开展 CDM 项目的巨大潜力。我国仅 2008 年 CDM 项目产生的核证减排量就已占世界总成交量的 84%。我国的实体经济企业虽然为国际碳交易市场创造了大量的减排额,但自身却仍处在整个碳交易产业链的最底端。当前 CDM 机制下,主要认证机构都来自欧洲,而国内的金融机构对碳交易知之甚少。由于没有相应的碳交易市场规则与制度，无法建立属于自己的碳交易市场。又因没有自己的交易体系，从而被迫丧失了相应的定价权。因此，我国产出的CERs的价格一直被发达国家人为压低，并被大量买入后再通过其金融机构重新包装、开发成为价格更高的金融产品、衍生产品。而从长期看，碳减排问题更是一个争夺未来新兴碳金融市场话语权的战略问题。

在应对气候变化、建设低碳经济的大背景下，探索利用市场机制以合理成本有效减排成为世界各国的首选。"十二五"期间，我国将通过开展碳交易试点，逐步建立碳排放权交易市场。在2011年11月召开的国家碳排放交易试点工作启动会上，北京、广东、上海、天津、重庆、湖北和深圳七省市被确定为首批碳排放交易试点，并提出2013年全面启动以上区域的总量限制碳排放交易。根据规划，国家计划在2015年前建立全国碳交易市场。截至目前，深圳、北京、上海三个城市已经正式上线碳排放权交易，广东和天津碳交易试点将于2013年12月底前上线，湖北、重庆将在2014年启动碳排放交易市场。

据有关机构预计，如果7个碳交易试点全面展开，到2014年中国每年对碳减排量的需求量将在7亿吨左右，有望成为全球第二大碳排放交易市场。目前，欧盟碳交易市场、美国碳交易市场、韩国碳交易市场是国际三大碳交易市场。

第六节 案 例

2008年11月19日，欧盟通过法案决定将国际航空领域纳入欧盟碳排放交易体系（ETS）并于2012年1月1日起实施。欧盟声称采取此项措施是为了对抗全球气候变暖。也就是说，从2012年1月1日起，所有在欧盟境内飞行的航空公司其碳排放量都将受限，超出部分必须掏钱购买。据估算，到2020年，各航空公司可能要因欧盟实施上述法案支付200亿欧元（约合260亿美元），而往返于欧洲及美国间的单张机票价格可能增加50~90美元。欧盟气候行动发言人还表示，长期拒缴航空"碳税"的航空公司或面临被禁止使用欧洲机场的惩罚，并且还将面临每吨碳排放100欧元的罚款。

欧盟根据欧洲空管局提供的数据和各航空公司提供的燃油消耗信息，并考虑了辅助动力装置的使用，计算出2004~2006年全球航空公司往返欧洲经济区的所有航班产生的年均碳排放量，并将航空公司在2012年的碳排放总量限制在平均值的97%，将2013年以后的碳排放总量限制在平均值的95%。而具体到航空公司碳排放额度的分配，82%的额度将免费分配给航空公司，15%的额度将进行拍卖，3%将分配给市场上的新竞争者和快速增长的航空公司。

根据法案，欧盟对各国航空公司按一定规则给出碳排放的免费额度，超出部分将公开交易。一大争议之处在于，欧盟对航空业的碳排放限额是以2004~2006年全球航空排放量为基础确定的。当年约85%的排放量免费，其余部分由航空公司在欧盟ETS体系中购买。航空公司普遍认为，这一标准已经过时，这样向欧盟交"买路钱"太冤枉。而对于欧洲航线"基数低、增长快"的中国航企而言，这样的标准更是被指不合理。

第十一章 WTO新议题I：WTO多边贸易体制与气候变化

欧盟此项措施一经推出便遭到大多数与欧盟有航空服务贸易往来国家的抵制。包括美国、中国、俄罗斯、印度在内的国际民航组织（ICAO）36个成员方中的26个明确表示反对欧盟的航空碳税。

2009年年底，美国航空运输协会、美国航空公司、大陆航空公司、美国联合航空公司称，欧盟征收航空"碳税"具有歧视性，并提起诉讼。2011年12月21日，欧洲法院做出裁定：欧盟做法既不违反相关国际关税法，也不违反有关领空开放的协议，美国对欧盟碳税诉讼失败。随后，中、美、俄等40多个国家纷纷宣布拒绝加入该交易系统。

2012年1月1日，欧盟碳排放交易体系正式实施，据国际航空运输协会估计，若要遵守欧盟的碳排放法规，航空公司在当年得缴纳12亿美元，到2020年，这数字将上升至36亿美元。随后，在1月底，廉价航空亚洲航空旗下经营长途航线的亚洲航空X有限公司宣布，取消欧洲航线，而该公司也被视为全球第一家以取消航线对抗欧盟碳排放交易体系的航企。

2012年2月6日，中国民航局发布国务院授权公告，禁止中国的航空公司参与该交易系统。据悉，包括中国国际航空公司、东方航空、南方航空等在内，中国共有33家航空公司在征收名单之内，如果征收碳税，从国内出发，飞机满客飞欧洲每个客人单程将多付300元左右。

2012年2月7日，美国参院通过了价值630亿美元航空法案，为未来四年美国的航空项目提供资金，授权政府采取措施实现空运系统现代化。与此同时法案明确表示，反对欧盟向飞经欧洲的航班征收碳排放税。

2012年2月21日，中国、美国、俄罗斯及印度等26个国家在莫斯科召开会议，共同商议应对欧盟航空碳排放交易体系的对策。次日，来自全球29国的与会代表发表联合宣言，提出了反对欧盟单方面向他国航空公司征收"碳排放税"的具体措施。措施包括：利用法律禁止本国航空公司参与碳排放交易体系；修改与欧盟国家的"开放天空"协议；暂停或改变有关扩大商业飞行权利的谈判。

2012年11月，备受争议的欧盟ETS计划峰回路转。为了给2013年ICAO全体会议就限制航空碳排放替代方案的谈判进程创造一个积极的环境，欧盟委员会提议，将原本要求飞离和进入欧盟境内机场的航空公司支付碳排放费用的相关规则暂停实施一年时间。欧盟气候专员康妮·赫德嘉德还强调："如果我们的让步没有收到成效，即如果2013年ICAO全体会议达成全球碳排放统一方案的会谈失败，那么欧盟的碳排放交易体制会'自动'在暂停期结束后恢复航空公司碳排放税的收取。"

2013年10月初，国际民航组织（ICAO）在加拿大蒙特利尔举行的全体会议上，批准制定一项旨在减少全球航空业碳排放的市场机制，同时否决欧盟要求单方面征收航空碳税的提案。由于没有达到预期的目的，欧盟委员会半个月后就无视ICAO全体会议的决定，提出修改ETS的提案，从2014年起增加对往返欧洲经济区外的航班在欧洲空域内的航段征收碳税。

ICAO全体会议的讨论刚结束，就有分析专家指出，欧盟可能拒绝ICAO的方案，这将进一步提高发生贸易战的风险。果不其然，欧盟在ICAO全体会议结束不到两周就提议修改

ETS，将 ETS 的适用范围限制在欧洲空域内，即在继续对欧洲经济区内机场起降的航班征收碳税的同时，从 2014 年起，对往返欧洲经济区外的航班在欧洲空域内的航段征收碳税。此外，欧洲空域外的航段和所有连接国际航班吨公里收入不足全球 1% 的发展中国家的航班均不在 ETS 适用范围内。而此前，欧盟 ETS 由于计划对飞往欧盟航线的全部排放量进行征税，使其对非欧盟空域的航空器碳排放实施了管辖，因而被指责"侵犯他国主权"。

针对欧盟的新提案，代表欧洲主要网络型航空公司利益的欧洲航空公司协会就表示，虽然不反对根据空域来收取碳税，但考虑到 ICAO 要求在区域性的基于市场的措施机制方面采用"协商一致"的原则，对欧盟的单边行动很吃惊。同时，该协会的发言人还表示："我们认为，如果欧盟执意实施这一计划，可能引发新一轮的反对浪潮，甚至遭到第三国的报复。此外，欧盟的提案增加了对全球碳排放的征税范围，可能对通过 ICAO 建立全球性的减排计划不利。"

自欧盟决定将航空业纳入 ETS 以来，各国政府、航空公司和国际组织就在细数 ETS 的"罪状"。在法律方面，《国际民用航空公约》第十五条明确规定，任何缔约国对另一缔约国的任何航空器不得仅因给予通过或进入（离开）其领土的权利而征收任何费用。根据欧盟修改后的提案，如果第三国往返欧洲经济区的航班在欧洲空域内的碳排放超过了免费配额，必须购买额度，这在实质上构成了收费行为，违反了上述国际公约的规定。

在合理性方面，欧盟提案并未兼顾快速发展的新兴航空市场和民航发达国家的差异，在碳排放额度分配方面有失公平。欧盟 ETS 根据全球航空公司"历史"碳排放量来分配额度，历史上排放得多，就可以获得更多的免费额度。发达国家的航空业在 2004～2006 年时已几近饱和，而发展中国家的航空业是近几年才开始迅速增长的，目前正处在快速增长期。以历史指标作为免费配额的标准只会限制发展中国家国际航空业的发展，其不公平性是显而易见的。

中国和沙特阿拉伯等国家呼吁 ICAO 承认《联合国气候变化框架公约》中确定的"共同但有区别责任"的原则，要求发达国家对减排承担更大的责任。美国、澳大利亚和欧洲一些国家对此持保留意见，认为建立全球碳排放交易市场的框架将使这一原则与 ICAO 规定的"非歧视原则"相矛盾。他们还表示，发展中国家也开始步入航空大国之列，越来越多竞争力强的航空公司来自发展中国家，若坚持"共同但有区别责任"的原则，可能造成市场扭曲。

同时，中国、俄罗斯等国家对 2020 年实现碳中和增长的目标持保留意见。有专家指出，绝大多数民航发达国家的航空市场需求已进入缓慢发展期，部分国家甚至出现下滑趋势，而中国、印度、巴西等新兴国家的航空业仍然有较大的发展空间。据预测，至 2020 年，中国民航业仍将保持年均 10% 以上的增速。要求这些航空业正处在高速增长期的国家在 2020 年实现碳中和增长，既有失公平，也很不现实。

根据国际航协的数据，2012 年燃油成本占全球航空公司运营成本的 32%，预计 2013 年也将占到 31%。从航空公司的角度讲，节能减排本身是降低运营成本的一大途径。即使在没有任何强制性措施的情况下，全球航空公司也会致力于此。他们不仅努力更新机队，提高燃油效率，还大力投资新技术和生物燃料开发。为了促进全球航空业的良性发展，全球性的

第十一章　WTO 新议题 I：WTO 多边贸易体制与气候变化

解决方案才是碳税问题的解决之道，任何单边的区域性的解决方案只会破坏航空公司减排的意愿，从而阻碍全球 MBM 方案的制定。

☞ **思考**

1. 欧盟征收航空碳税符合 WTO 原则吗？为什么？
2. 欧盟航空碳税的征收将对我国造成什么样的影响？如何应对？

第十二章 WTO新议题 II

本章要点

1. 什么是政府采购?
2. GPA的基本内容包括哪些?
3. GPA的主要成就是什么?
4. WTO-GPA的发展前景怎么样?
5. 什么是TRIMs?
6. TRIMs的基本内容包括哪些?
7. 近年来TRIMs谈判焦点有哪些?
8. TRIMs的发展趋势如何?

第一节 政府采购协议（GPA）

《政府采购协议》（Agreement Government Procurement，GPA），WTO《政府采购协议》是世界贸易组织多边贸易体系中的一个重要协定和规范缔约方政府采购的多边框架协议。它由世界贸易组织的成员自愿参加，目前多为经济发达国家。《政府采购协议》由序言、条款、附录和原文注释组成。中国正在积极加入WTO《政府采购协议》以进一步规范国内的政府采购市场。

一、政府采购概述

（一）政府采购的概念概述

采购，是指采购人或采购单位基于各种目的和要求购买商品和劳务的交易行为。采购依据采购的目的可以分为商业采购和公共物品采购。采购的主体可分为政府和私人两种。政府采购（Government Procurement）是以政府机构或履行政府职能的部门为采购主体；私人采购则是以自然人或企业为采购主体。一般来说，政府采购属于公共物品采购，一般又称为公共采购，而私人采购则属于商业采购，商业采购是以营利为目的的交易行为。国际上至今对政府采购还没有统一的定义，世界贸易组织的《政府采购协议》中将政府采购定义为：成员方的中央政府、次中央政府租赁、购买货物、服务、工程及公共设施的购买营造。世界各国都结合本国的实际情况对政府采购进行定义。

我国理论界关于政府采购的内涵界定，主要学者观点如：边俊杰（2001）认为，政府采购是各级国家机关和实行预算管理的政党组织、社会团体、事业单位，使用财政性资金获取货物、工程或服务的行为。又如，杨灿明、李景友认为，政府采购是公共部门利用财政资金取得货物、工程和服务的行为"。刘慧（2001）、肖北庚（2004）给政府采购做出如下界定：政府采购是公共资金支配者（如各级政府和公共组织），为了公共利益的需要（如提供公共服务等），以法定的方式，利用公共资金购买货物、服务和工程的行为。朱建元等（2000）将政府采购定义为："一国政府部门及政府机构或其他直接或间接受政府控制的企事业单位，为实现其政府职能和公共利益，使用公共资金获得货物、工程和服务的行为。"杨汉平（2002）指出政府采购是指各级国家机关、事业单位和团体组织，使用财政性资金采购集中采购目录以内的或者采购限额标准以上的货物、工程和服务的行为。钟晓敏（2006）给出了更为详细的界定：政府采购是指各级政府为了开展日常政务活动或为公众提供公共服务的需要，在财政部门的监督下，以法定的方式、方法和程序，利用财政性资金和政府借款，从国内外市场为政府部门或所属的公共部门购买所需的商品、工程及服务的一种经济行为。《政府采购法》认为"政府采购是指各级国家机关、事业单位和团体组织，使用财政性资金采购依法制定的集中采购目录以内的或者采购限额标准以上的货物、工程和服务的行为"。

比较上述几种不同的定义，可以看出：前几种观点都是把政府采购定义为一种制度下的购买行为。而《政府采购法》观点由于是法律条文，它对制度约束的对象做了严格的规定，仅限于集中采购目录以内和采购限额标准以上的政府采购行为，笔者认为这个定义过分限制了政府采购的广泛性，排除了不在集中采购目录以内的采购、一些采购限额标准以下的政府采购行为。

因此，本书认为政府采购的定义有其狭义和广义之分，狭义上的定义就是《政府采购法》中的定义，对我国政府采购实践活动具有法律约束力和指导意义；广义上的定义，笔者认为：政府采购，就是各级政府及其纳入预算管理的公共部门使用财政性资金购买货物、工程和服务的一种经济行为。

（二）政府采购的产生背景及现实意义

WTO 的宗旨之一是促进贸易自由化。第二次世界大战后，各国急于恢复国内经济，面对美国产品的强大竞争力，纷纷采取贸易保护主义。因此，虽然各国关税总水平在不断下降，但非关税壁垒却不断增多，据统计，仅仅世界贸易组织成员的非关税保护措施就有1200多种，政府采购更是铜墙铁壁。各国都强调政府采购对民族产业支持的重要性，特别是 20 世纪 60～70 年代，幼稚产业保护论和进口替代论等流行时。

由于政府采购的规模越来越大，如何评价第 8 款的政府采购规定，早就在关贸总协定引起各国争论。在总协定第七轮多边谈判中，政府采购问题终于被纳入东京回合谈判范围。经过分析，关贸总协定最后达成共识：应该形成一个政府采购的国际行为准则，在非歧视性政策和国民待遇问题上，就法律程序、规则、政府采购的透明和公开、争议的解决及为发展中国家制定一个特殊和优惠的规定等一系列问题上，制定一个协议。

在 1946 年成立的联合国经济社会理事会（ECOSOC）首次会议上，美国建议召开联合国贸易与就业协议，为建立国际贸易组织（ITO）草拟章程，并且在其草拟的 ITO 草案中提出了对政府采购进行规制的问题。但美国的提议未得到采纳。1947 年，通过一个临时性的《关税和贸易总协定》（GATT），虽然其中明确了国民待遇原则（GATT 第 3 条第 4 款），但对于政府采购是作为例外被排除在其约束范围之外的（GATT 第 3 条第 8 款）。

1964 年，经济合作与发展组织（OECD）设立专门小组，致力于研究如何确保政府采购的最大公平性并促使各国及地区减少对外国供应的歧视措施，研究小组草拟了关于政府采购规制的一些准则，在随后的几年里，发达国家对政府采购展开了一系列的谈判。1976 年，经济合作与发展组织将几年来讨论意见汇总形成《政府采购政策、程序和规则草案》，转交 GATT，由各国及地区在 GATT 中继续谈判。该文件对政府采购提供了具体解决方案，并为 GATT "东京回合"谈判讨论政府采购市场的开放提供了素材。

随着各方面制度的完善和政府工作人员素质的提升，政府采购越来越趋于成熟，但在具体运作过程中还存在着这样那样的问题。这就需要通过完善政府采购制度来规范政府的采购行为、加强对政府财政支出的管理、提高政府财政资金的使用效益、促进政府宏观调控水平的提高，使政府采购制度发挥其应有的意义。同时制定本法，也有利于贯彻依法行政方针，推进政府采购规范管理；提高财政性资金使用效率，维护国家利益和社会公共利益，从源头上防止腐败；有利于政府采购宏观调控经济政策功能的发挥；将公共财物的采购纳入"阳光下的交易"，使采购人，供货商、采购中心三者的行为置于公开透明的监督之中，树立政府的良好形象。也能保护政府采购当事人的合法权益，促进廉政建设。

二、《政府采购协议》（GPA）

《政府采购协议》（Agreement Government Procurement，GPA），WTO《政府采购协议》是世界贸易组织多边贸易体系中的一个重要协定和规范缔约方政府采购的多边框架协议。它由世界贸易组织的成员自愿参加，目前多为经济发达国家。《政府采购协议》由序言、条款、附录和原文注释组成。

WTO《政府采购协议》于 1979 年 4 月 12 日在日内瓦签订，1981 年 1 月 1 日生效，1993 年 2 月缔约方在关贸总协定"乌拉圭回合"多边谈判中就制订新的政府采购协议达成了意向，并于 1994 年 4 月 15 日在马拉喀什签署了新的政府采购协议，1996 年 1 月 1 日开始实施。其基本内容有：

（一）《政府采购协议》的目标

（1）建立一个有效的政府采购的法律、规则、程序，以及权利和义务的多边框架，

第十二章 WTO 新议题 II

扩展世界贸易和促进世界贸易的自由化，协调和改善世界贸易运行的国际环境和国际框架。

（2）各成员方政府的采购法律法规不应对国内产品与服务的供应商提供保护，并与国外产品与服务的供应商实行差别待遇。

（3）各成员方政府应提高政府采购的透明度。

（4）建立通知、磋商、监督和解决争端的国际秩序，维持权利与义务的平衡。

（5）考虑发展中国家特别是不发达国家的需要。

（二）《政府采购协议》的适用范围

（1）采购主体。各国政府在加入协议时要提交一份清单，列出国内服从政府采购协议的全部实体的名单，名单以外的实体可以不受协议的约束。名单列入《政府采购协议》的附录一。

（2）采购对象。《政府采购协议》适用于任何合同形式的采购，包括购买、租赁、期权购买等。

（3）采购限额。《政府采购协议》适用于合同价大于《政府采购协议》附录一规定的限额的任何采购。合同价包括一切形式的酬金、奖金、佣金、利息等。《政府采购协议》第23条规定了协议不适应的例外情况，如采购武器、弹药和维护公共安全，生命、知识产权、慈善，残疾人和劳改产品的特殊措施。

（三）《政府采购协议》的原则

（1）国民待遇和非歧视性待遇。《政府采购协议》第3条规定，各国对国外提供的产品、服务和供应商的待遇应该不低于对国内产品、服务和供应商提供的待遇，也不低于对任何其他一方所提供的产品、服务和供应商提供的待遇。

（2）发展中国家的特殊待遇和差别待遇。《政府采购协议》第5条详细规定了应该对发展中国家特别是最不发达国家特殊待遇和差别待遇，保证这些国家的国际收支平衡，有充足的外汇，发展国内工业，农业和落后地区家庭手工业和其他经济的发展。《政府采购协议》从适用范围、例外条款、技术援助、抵偿和审议等方面为发展中国家特别是最不发达国家提供特殊待遇和差别待遇。

（3）透明度原则。《政府采购协议》第17条规定协议成员方应该鼓励本国实体公开本国采购政策受理非成员方的投标的条件，采购要求和诉讼的条件，保证程序的透明度。

（四）招标程序的规定

《政府采购协议》第7条至第14条规定了详细的招标程序，其中第8条为供应商资格审查程序，第9条为招标邀请，第11条为招标和交货期限，第12条为招标文件，第13条为投标、接标、开标和授予合同，第14条为谈判。协议规定了三种招标程序，包括公开招标、选择性招标（第10条）和限制性招标（第15条）三种程序。

（1）公开招标时全部感兴趣的供应商均可投标。

（2）选择性招标指符合《政府采购协议》第10条第3款的规定，由招标实体邀请特定的供应商投标。

（3）限制性招标指符合《政府采购协议》第15条的规定，招标实体可以与各供应商个别联系。

（五）招标公告和招标时间

《政府采购协议》第9条规定，公开招标的招标公告必须刊登于《政府采购协议》附录二所列的刊物上。《政府采购协议》第11条规定公开招标的招标时间从刊登广告至提交投标书的截止时间为40天，选择性招标为25天。

（六）授予合同

《政府采购协议》第13条规定，只有在开标时符合招标文件的基本要求的供应商才能中标。如果供应商的投标价异常低，可以要求该供应商对遵守合同条件和履行合同的能力作出保证。合同应该授予确信有能力履行合同的供应商，并且其投标无论从国内和国外获得的产品和服务都是最有竞争力的投标，或者按照招标文件规定的评标标准衡量被确认为最具优势的投标。

（七）投诉，磋商和争端解决

《政府采购协议》第20条规定，投诉应优先采用磋商的方式解决，供应商应在知悉或应知悉投诉事项起的10天内提起投诉，并通知采购机构。投诉案件应由法院或与采购结果无关的独立公正的审议机构进行审理。争端可以通过争端解决机构（DSB）的专家组审查、建议和裁决，监督建议和裁决的执行。

（八）加入GPA的程序

只有WTO成员才可以申请加入GPA。申请方向WTO政府采购委员会提出加入申请后，一方面要就国内政府采购体制接受审议，并根据GPA修改国内相关法律；另一方面要与GPA成员就开放清单进行谈判。国内政府采购体制审议主要包括的步骤见图12-1。若有需要，再进行非正式的双边/诸边谈判，审议申请方最后开价。WTO秘书处建议国内体制审议工作在18个月内完成。开放清单谈判工作主要包括的步骤见图12-2。

上述两方面工作可以同时进行，但委员会只有在全部完成后才正式作出同意加入的决定。这个时间表不具强制性，事实上大部分成员加入谈判时间很长。例如，阿尔巴尼亚谈判历时7年尚未结束。

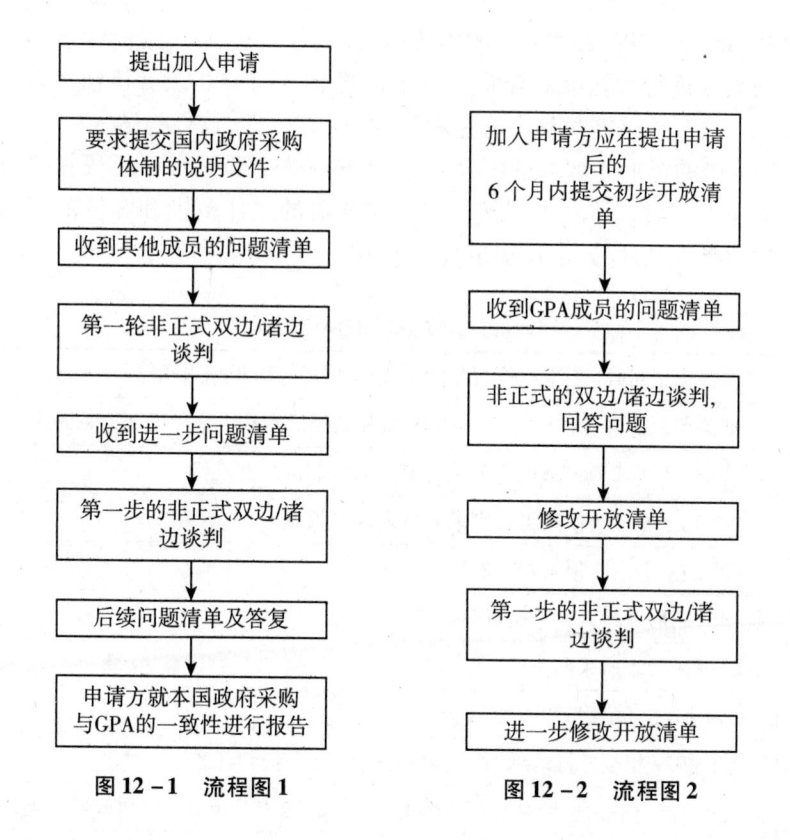

```
提出加入申请
    ↓
要求提交国内政府采购
体制的说明文件
    ↓
收到其他成员的问题清单
    ↓
第一轮非正式双边/诸边
谈判
    ↓
收到进一步问题清单
    ↓
第一步的非正式双边/诸
边谈判
    ↓
后续问题清单及答复
    ↓
申请方就本国政府采购
与GPA的一致性进行报告
```

图 12－1　流程图 1

```
加入申请方应在提出申请
后的
6 个月内提交初步开放清
单
    ↓
收到GPA成员的问题清单
    ↓
非正式的双边/诸边谈判，
回答问题
    ↓
修改开放清单
    ↓
第一步的非正式双边/诸
边谈判
    ↓
进一步修改开放清单
```

图 12－2　流程图 2

三、《政府采购协议》的历史演进

第一次《政府采购协议》是于 1979 年签署并于 1981 年生效。协议首次将政府采购纳入国家法制规则的轨道，为政府采购国际规制法展奠定了理论和实践基础。这是 1987 年经修正后，与此 1988 年生效的修订版本。

与 GPA 1979 相比，GPA 1988 作了以下七个方面的修改：

（1）将购买改为采购；（2）将租赁合同包括在协议管辖范围内；（3）受协议管辖的采购合同的门槛降低；（4）增加信息方面的透明度；（5）若采购机构向供应商就制定采购规范寻求厂商协助将妨碍竞争，则采购机构不应寻求此种协助；（6）将非歧视待遇原则适用于在国内设置但有外国股份的供应商；（7）加长等标期。

1994 年 4 月 15 日，作为建立世贸组织协定正式签署了在马拉喀什《政府采购协议》。

与 GPA 1988 相比，GPA 1994 主要作了如下修改：

（1）对采购方式进行详细规定，调整招标中有关程序期限；（2）对采购合同的估价做出更严格的规定；（3）扩大受协议约束的政府采购范围；（4）增设法律救济制度；（5）取消"在缔约各方之间不适用原产地规则"的规定；（6）引入争端解决机制。

随着经济增长、通货膨胀和覆盖范围的扩大和协定的成员的覆盖范围已大大扩展。2006 年 12 月，WTO 政府采购委员会暂行通过《政府采购协定》的修订文本（GPA 2007）。

与 GPA 1994 相比，GPA 2007 主要作了如下修改：

（1）对正文条款进行大幅度的合并、删除和调整；（2）扩大并澄清了发展中国家适用的过渡措施；（3）将政府采购过程中避免利益冲突和打击腐败行为纳入序言中；（4）增加了易混淆的专门术语的标准化解释的内容；（5）在序言里鼓励电子手段在政府采购实践中的应用；（6）附录1中设置了六个附件，使法律覆盖的主体范围和客体范围以及进入的门槛更为明了。《政府采购协议》的历史进程如表12-1所示。

表12-1　　　　　　　　　　《政府采购协议》的演进时间

1946 年	美国提出了对政府采购进行规制的问题，但提议未得到采纳
1947 年	根据关贸总协（GATT）第3条第8款和被排除在约束之外的政府采购
1964 年	经合组织（OECD）草拟了关于政府采购规制的一些准则
1971 年	GATT 第七轮多边谈判将政府采购纳入谈判议题
1973 年	GATT 成立专门小组谈判政府采购问题
1976 年 7 月	提出《政府采购谈判条文草案》
1979 年 4 月	在日内瓦《政府采购协议》签订
1981 年 1 月	《政府采购协议》1979 年生效
1983 年 11 月	《基于1979年全球行动纲领》第 IX：6（b）条谈判开始
1986 年 11 月	《协定的议定书》包括对文章的修正一、二、四、五和第六的《政府采购协议》1979 年
1987 年 2 月	第一次大幅度修改《政府采购协议》
1988 年 2 月	修正 GPA 79 生效
1994 年 4 月	《政府采购协议》于1994年在马拉喀什正式签署
1996 年 1 月	《政府采购协议》1994 年生效
1997 年 2 月~正在进行	1994 年 GPA 谈判的筹备工作
2006 年 12 月	暂行通过《政府采购协议》修订本（GPA 2007）
2011 年 12 月	《关于协定》（GPA/112 重新谈判结果的部长级决定）
2012 年 3 月	正式通过《政府采购协议》

政府采购委员会在2011年3月9日举行了一次正式会议，由尼古拉斯·尼格利（Nicholas Niggli）（瑞士）担任主席。这些会议的焦点主要集中在加入协议，《政府采购协议》（GPA，以下简称"协议"）第24：7条谈判以及其他问题上。

截至2011年年末，协议涉及下列WTO成员：亚美尼亚、加拿大、欧盟（27个成员）、中国香港、冰岛、以色列、日本、韩国、列支敦士登、荷兰王国及阿鲁巴岛、挪威、新加坡、瑞士、中国台北和美国。

22个WTO成员拥有政府采购委员会的观察员身份：阿尔巴尼亚、阿根廷、澳大利亚、巴林岛、喀麦隆、智利、中国、哥伦比亚、克罗地亚、格鲁吉亚、印度、约旦、吉尔吉斯共和国、摩尔多瓦、蒙古国、新西兰、阿曼、巴拿马、沙特阿拉伯、斯里兰卡、土耳其和乌克兰。协议还涉及如下 4 个政府间组织，即国际货币基金组织（IMF）、国际贸易中心、经济合作与发展组织（OECD）、联合国贸易和发展会议（UNCTAD），也拥有观察员身份。

截至 2011 年年末，GPA 包含 15 个缔约方，代表了 WTO 的 41 个成员：亚美尼亚、加拿大、欧盟 27 个成员、中国香港、冰岛、以色列、韩国、列支敦士登、荷兰、阿鲁巴岛、挪威、新加坡、瑞士、中国台北和美国。

2011 年，加入协议工作取得了重大进展，尤其是对加入协议悬而未决的工作依旧是委员会的重要关注点。亚美尼亚在 2011 年 9 月 15 日成为协议的缔约方。约旦和乌克兰分别在 2000 年 7 月 19 日、2011 年 2 月 9 日提交了加入 GPA 的申请，委员会希望 2012 年他们在加入 GPA 问题上能有显著地进展。

中国是在 2007 年 12 月 28 日申请加入 GPA。缔约方在 2008 年 1 月 7 日传阅了中国的首次申请。2010 年 7 月 9 日，中国提交了修改后的出价。在 2011 年 3 月、5 月和 9 月举行的会议中，缔约方对中国准备在 2011 年年底前提交第二次修正案付出的努力以及中国在加入过程中持续做出的承诺表示热忱的感谢和敬意。他们同时指出，2011 年改进后申请的提交对于中国的加入过程是最重要的。在 2011 年，中国还从一些缔约方和 WTO 秘书处获得了技术上的帮助。随后，中国指出，缔约方和秘书处的帮助对于正在准备的加入协议谈判的完成和协议的实现都是很有帮助的。委员会认为，中国加入 GPA 对 GPA 和世界经济都具有非常显著的意义，而且对新兴经济体是一个很重要的信号。在 2012 年 3 月 30 日，正式通过决定的《政府采购协议》。

目前，GPA 共有 44 个成员，主要是发达国家和地区，即美国、加拿大、欧盟 32 国、荷属阿鲁巴、列支敦士登、瑞士、冰岛、挪威、以色列、日本、韩国、新加坡、中国香港。GPA 共有 25 个观察员。其中，中国、格鲁吉亚、约旦、阿尔巴尼亚、保加利亚、摩尔多瓦、阿曼、巴拿马、吉尔吉斯、新西兰和乌克兰等 11 个成员正在开展加入 GPA 的谈判，中国台北已基本完成谈判工作；中国、亚美尼亚、克罗地亚、马其顿、蒙古国等 5 个成员在加入 WTO 时承诺要加入 GPA，但尚未提出加入申请。

在全球化几乎停滞的艰难时刻，新 GPA 的达成可以说是全球贸易自由化的重大突破。新 GPA 主要有 3 个方面的改进：(1) 对 GPA 文本进行了新的修订；(2) 各参加方扩大了采购实体的覆盖范围；(3) 对 GPA 未来工作方向进行了规划。

四、中国加入《政府采购协议》问题

（一）我国政府采购的现状

由于长期以来没有统一的政府采购法典和专门的政府采购管理机构或部门，虽然有一些有关政府采购行为的立法规范，但是政府采购的大部分领域都处于无章可循的状态，我国政府对外没有统一的政府采购政策，我国没有开放政府采购市场，但由于国际金融机构的介入，部分政府采购市场事实上已经打开。这一方面使我国的政府采购市场受到外国供应商的冲击；另一方面，我国企业没有足够的能力与外国企业展开竞争，进入国际政府采购市场。同时，因为无章可循，我国的政府采购行为由有关部门进行行政审批，有的采购允许外国供应商参加投标，有的只在本地招标，有的实行自行采购，很不规范，这不仅造成大量政府采购的货物、工程和服务质次价高，同时也造成了大量的浪费和腐败。

(二) 我国加入《政府采购协议》的利与弊

随着经济全球化的进一步发展，政府采购市场的开放化趋势日益明显，中国已经不可能继续封闭国内政府采购市场。来自国际社会的压力和自身发展的需要使加入《政府采购协议》成为中国的必然选择。中国在加入WTO时就作出了加入GPA的承诺，并在2007年年底提交了出价清单，正式开始了加入GPA谈判。

加入GPA将是我国加入WTO以后开放的最大市场。加入GPA可以给中国带来广阔的国际政府采购市场，提高政府采购的效率和质量，促进国内企业竞争力的提高。还可以利用加入GPA的机会，了解国际政府采购先进制度和经验，并且学习利用GPA规则保护自身利益。GPA的目的就是通过政府采购领域的自由化，促进国际贸易。协议对于促进参加方政府采购体制建设，提高财政资金使用效率，促进经济发展，特别是中小企业发展，防止腐败，树立良好的政府形象有着积极的推动作用。但是作为发展中国家，中国加入GPA这个"富人俱乐部"会面临极大挑战。在一定程度上增加了国内的竞争，对国内政府采购政策的制定增加更多的约束。中国企业的实力与国际相比还有很大差距，取消了政府的保护，在激烈的市场竞争中势必会处于不利地位，极有可能丧失国内市场，部分企业将会面临生存和发展危机。中国的产业结构也会受到极大挑战，一些稚嫩和弱势产业将受大冲击。同时，中国的政府采购相关制度也较为落后，在加入GPA之后更难以发挥其保护作用。

但是，从长远发展的观点来看，中国加入GPA是利大于弊的，它将带给中国政府采购制度巨大的变革和发展的机会。因此，把握好加入GPA的机会，在分享国际政府采购开放化利益的同时，着重本国经济利益和安全的保护显得尤为重要。

(三) 我国加入《政府采购协议》的必要性

首先是有利于节约政府经费的开支。政府采购的目的是以尽可能经济的方式和可接受的质量标准获得商品或服务，促进政府采购的经济性是各国和国际政府采购规则所确立的首要目标，完善的《政府采购协议》必将保证政府采购资金得到有效的利用。

其次是有助于防治腐败。公开招标、投标等竞争方式的实行，保证交易实体质量的同时，能够有效地防止各种幕后交易、暗箱操作，抑制回扣、折扣及各种贿赂政府官员行为的发生，保证政府的廉洁性、维护政府的公信度。在我国政府采购过程中腐败现象时有发生，而且有的十分严重，造成国家财产和人民生命的巨大损失。如果不对专门的采购部门进行监督可能导致比旧的采购办法更腐败的现象产生。一旦产生腐败，所涉巨大的金额不但会影响国有资金的正常流转，更会影响政府在民众中的公信度。

最后是有强制性的制度保障，有利于合理实现政府财政预算，有利于政府采购计划的合理实现，完成国家产业经济发展的总体规划。我国以前对政府采购的控制方法是所谓的

"集团购买"制度，政府所须采购的产品是由国家或军队自己的企业直接生产和供应的，财政预算跟着计划走，具有相当的盲目性，物不符值、重复购置现象十分严重。而在政府采购制度中，提供货物、服务的实体或价格主要受市场机制的主导，生产者、销售者或服务者都具有各自独立的利益需求，这与中国过去的政企不分有关。国家统筹规划定价的政府采购条件有了极大的不同，较之从前经费的使用有了更大的自由空间，使用的合理性要求更高，这就需要新的采购规则来规范。《政府采购协议》的竞争机制能够保证采购实体以最合理的价格购买到其所需的商品和服务，最大限度上合理地实现政府财政预算。

（四）我国加入《政府采购协议》应采取的法律对策

1. 确定我国政府采购立法的基本原则

许多协议方在制定本国有关政府采购法案时，都首先确定立法的原则，即该政府采购法案所要达到的目标及所遵守的操作界线。由此笔者认为我们也应明确我国在现有社会及经济状况下所要达到的目标，以及在不违背WTO《政府采购协议》原则的前提下制定适应我国国情的操作界线原则。我国的《政府采购法》应将目标明确在尽可能使本国企业进入国外政府采购市场，与此同时极力保护本国市场也应把扶持我国民族产业，促进国内企业发展作为政府采购立法的明确目标。在操作界线原则上，我国应先以WTO《政府采购协议》的原则为基础，在此基础上再就我国的国情作添改。《政府采购协议》的基本原则是国民待遇原则和非歧视性原则。参照别国立法经验结合我国国情，笔者认为我国《政府采购法》的基本原则应是（1）国民待遇原则；（2）非歧视性原则；（3）公开、公平、公正操作原则；（4）物有所值原则；（5）保护和扶持本国企业原则。

2. 尽快完善我国的政府采购法律体系

我国《政府采购法》已经颁布实施，但各地依当地经济状况的不同，所制定的地方性法规或政府规章标准也不尽相同，与WTO《政府采购协议》更是有差距。由于标准和规范不尽一致，在实务的操作以及纠纷的处理中常常遇到难以克服的障碍。特别是各地政府借此推行地方保护主义，保护当地的企业，使得参与竞争的各方经济实体得不到事实上的公平机会。规制政府采购行为，宜先进行国内立法，既有利于建立和完善国内政府采购制度，又有利于对本国产业给予极大支持，同时也有利于我国加入WTO后，在加入《政府采购协议》或签订其他与之有关的协议中处于优势，取得优惠待遇。在我国出台统一的《政府采购法》后，与之相配套的法规、实施细则以及保障诉权的程序法等也应跟上，对现有的有关政府采购的法规、规章进行修改和完善，使其与《政府采购法》的规定相一致，统一标准和规范，实现管理法制化，避免和正确处理政府采购领域的各种纠纷，完善我国政府采购制度的法律体系。

3. 建立、健全我国的政府采购管理体制

为了使我国政府采购制度尽快与国际政府采购市场接轨，在制定全国统一的《政府采购法》、完善我国政府采购法律体系的同时，我们应当依法尽快建立、健全我国的政府采购管理体制。随着国际经济的一体化，随着我国加入《政府采购协议》的临近，开放我国政府采购市场已是大势所趋。我们只有完善政府采购法和与之相配套的法律体系，建立健全政府采购管理体制，兴利除弊，才能尽快使我国政府采购制度适应 WTO《政府采购协议》的要求，加快与国际政府采购市场的接轨。

（五）我国政府采购未来趋势展望

1. 我国政府采购市场规模达到空前的水平

分析市场规模主要是按照种类统计汇总和按照部门统计汇总两种方式。由于我国的经济统计系统中还没有专门对政府采购进行单独统计，因此只能通过部门从事的政府采购汇总中分析政府采购规模。目前，除了财政部正式统计和发布政府采购的数据之外，我们还必须注意到其他部门没有纳入统计数据中的政府采购。这里分析的政府采购市场，包括财政部方面的、使用财政性资金进行的政府采购和对其他部门估算出的政府采购规模。

2. 大力进行制度建设，推进政府采购的公开与透明

世界贸易组织成立后的 8 年来，一直从各个角度推进政府采购的透明化。一是不遗余力地推动《政府采购协议》在其成员方中的加入运动；二是建立政府采购透明化工作组形成和完善《政府采购透明化协议》的条款；三是通过《服务贸易总协定》中的有关条款的修改，将政府采购服务贸易自由化。

《政府采购协议》把透明度原则规定在协议第十七、十八和十九条中。主要包括五个方面的内容，即：政府采购规则和程序的公开；政府采购政策、法规和措施的公开；政府采购信息传递的渠道的一致性；有效的监督机制和审查机制。《政府采购透明化协议》要求公开采购信息、政府采购规章与法律、采购程序和质疑诉讼机构、渠道等。但所有这些，都是在参加方签字和承诺条款的基础上的。也就是说，只有参加了《政府采购协议》的成员方才有义务执行该条款；只有《政府采购透明化协议》对所有 WTO 成员方都适用后，我们才有义务执行政府采购透明化的规范。

3. 国际形势和 WTO 新动向预示着我国政府采购的发展方向

我国是世界经济一体化的组成部分，随世界潮流而动是经济发展的必然规律，也是政府采购发展的必然规律。作为 WTO 的成员方，我国今后将面临《政府采购协议》的加入问题，也将面对《政府采购透明化协议》的内容达成问题。《政府采购透明化协议》可能包含的内容主要是协议未来条款的基石。这 12 个要点分别是：政府采购透明化的定义和协议的适用范围；政府采购透明化协议规定的采购方法；本国法律和程序信息的公布；采购机会、招标和资格审查程序；期限；采购商资格审查决定的透明化；授予合同决定的透明化；国内审查程序；与透明化相关的其他事务；公告（向外国政府提供的信息）；WTO 争端解决机制；技术合作及发展中国家特殊和差别待遇。其中对我国利益影响较大的未来条款主要集中在：适用范围、国内审查程序、信息技术、反贿赂和反腐败、WTO 争端解决机制、技术合作、发展中国家特殊和差别待遇等方面。

五、WTO《政府采购协议》的未来

由于政府采购领域在国际贸易中是一个最为特殊的领域，它的开放受多重因素的影响和制约，涉及经济贸易问题，更涉及政治和社会问题。目前，关于政府采购协议的热点问题主要有以下几方面：

（一）政府采购国际市场开放进程

有关各方认为，世界各国政府采购已占全世界 GNP 的 15% 左右，开放将会极大地促进国际贸易的发展，更大范围地实现国际市场公平竞争，同时，还能开辟一个向发展中国家提供优惠待遇的新领域。在 WTO 所有协议中，政府采购与服务贸易协议的达成是最坎坷的，然而，服务贸易领域如果排除政府干预的成分，其市场开放会简化许多：争议主要集中在发展中国家与发达国家间的差距方面，也就是说，根本上还是经济发展程度的问题。而政府采购的争议则是全方位的：发展中国家与发达国家之间、发达国家之间，以及发展中国家之间。矛盾的焦点在于：每个国家、地区都以其政治制度、行政结构和政府管理手段的自身规律强调其特殊性，市场开放问题因而错综复杂。

（二）协议管辖的范畴——是经济问题还是政治问题

政府采购的开放问题一直是世界贸易组织的一个极其敏感的领域。与其说这是一个政府经济管理领域，不如说它更接近政治范畴。政府采购市场不仅包括货物、工程、服务各个方面，而且，国家大规模采购又对国民经济产生重要影响。政府采购除了满足政府部门消费和公共服务的需要之外，还可以用来支持某个行业、地区或部门的发展，甚至服从于政治目标：保证国内就业，社会稳定、民族政策和社会平等。所以政府采购一向被各国看做实现经济、社会政策目标的有力工具，是国家政治权利的重要手段。如果开放政府采购市场，首先受到冲击的不是国内产业，而是各级政府部门以及公共事业部门，直接受到约束和规范的也是各级政府采购部门以及相关的法规、政策。因此，政府采购市场的开放不是单纯的经济贸易问题，而是涉及国家宏观政策的执行乃至政治、社会问题，甚至是国家主权的问题。

（三）协议的性质——"双边"、"诸边"还是"多边"

国际规则走的是一条从"双边"到"诸边"，再到"多边"的发展道路。多边协议和规则是国际经济组织存在的基础。双边协议强调特殊，互相给惠，所享受的利益具有排他性；多边协议要求规则统一，平等竞争，共担责任，利益均沾。同类双边协议的横向增加、参与方的增加促使国际共同协议的诞生，这已成为国际组织的发展规律。换言之，诸边协议向多边协议的转化是世界贸易组织成熟的标志。《政府采购协议》则与多边化原则相悖，以双边谈判的形式完成了诸边协议的达成。近年来，上述特点有所改变。WTO 建立后，《政府采购协议》被要求在 WTO 的体系内运作，接受 WTO 总理事会的管理，需要"定期将其活动通知总理事会"。总之，WTO 的诸边协议与总协议之间的关系比 GATT 诸边协议与总协定之间关系更为密切，其组织与运作机制在实际上已纳入了 WTO 体系，成为 WTO 框架内性质较为特殊的领域。这一变化标志着诸边协议逐渐朝着多边化方向发展。

（四）协议的前途——更宽松还是更严格的执行机制

目前，在协议的执行上有两大对立观点，它成为 WTO 新一轮多边贸易谈判开始之前，在历次部长级会议上争论的主题之一。

第一种观点认为，协议下一步工作是使规定更加严格，并应增加新的条款进行约束，如政府服务合同的采购问题、地方政府和其他公共组织采购机构范围的问题等。其理由是，由于条件过于灵活，造成现有的缔约方之间承担责任不平衡，或者，由于双边谈判的不同结果使得权利义务不平等。

第二种观点是，不要再增加新规定或细化现有规则，而是考虑以适当宽松的条件吸引更多的发展中国家加入协议。更宽松的条件则是为了解决促使 WTO 其他成员方尽快加入该协议的问题。目前，协议的缔约方仅占世贸组织全体成员的 19%，而占 WTO 大多数的发展中国家都不是该协议的签字方。显然，对政府采购委员会来说，促成更多的发展中国家的加入、推动协议朝着多边化发展的工作显得更为重要。

（五）协议的原则——透明度适用范围的外延

WTO 建立以来，政府采购透明化问题得到各方面广泛重视，透明化的进程加快。乌拉圭回合上所达成的《政府采购协议》增加的透明度条款不但在内容上填补了以往没有的空白，而且，为那些暂时不考虑加入协议、但愿意参照协议执行的国家开了"方便之门"。协议的"透明度"条款提出了技术规格、发布公告和遵守事先约定采购条件等三方面要求，并指出，执行上述要求的非缔约方可以成为观察方。需要说明的是，这三方面要求恰恰是协议的最核心的规定。也就是说，协议已经把适用范围扩展到各观察方。

WTO 近几年还通过推动政府采购信息电子化、网络化解决透明度的技术问题。对于已经有网络化基础的发达国家，政府采购信息的处理在技术上已经过关，在成本上已达到递减阶段，并不会构成太大的负担。但是对于发展中国家来说，一切从零开始建设，政府开支的负担会骤然增加，技术问题和资金问题都会使政府采购的成本因此而加大。为此，WTO 至今没有贸然提出以电子信息加速透明化的议题。

面临世界金融危机和经济形势的萧条，政府采购的未来怎样发展和应对，是做好当前以及今后一个阶段政府采购工作的关键。就当前形势，笔者认为对未来政府采购发展说之以下几大趋势：

1. 竞争性招标采购仍是主要的采购方式，但比重逐渐下降

从国际实践来看，在一个国家内部，实行竞争性招标采购的方式的范围在缩小，比例下降。其主要原因，一方面是由于竞争性招标采购方式费时费力，有些采购方式如竞争性谈判采购方式既有竞争性招标采购方式的优点，又能克服其缺点，可以替代竞争性招标采购方式。另一方面，采用其他采购方式还可以规避国民待遇原则和非歧视性原则，为国内供应商提供更多的中标机会。但是，国际性或区域性经济组织对竞争性招标采购却日益重视起来。如在世界贸易组织的《政府采购协议》中，强制规定中央政府在采购的商品、服务和工程价值达到一定金额时，必须实行竞争性招标采购。国际性或区域性经济组织的这些强制性规定，是由于各国更多的是使用其他采购方式，这些方式客观上成为一种非关税贸易壁垒，使政府采购市场不能彻底地得到开放。更深层次的原因，是一些发达国家欲借此成功占领发展中国家政府采购市场的途径。

2. 竞争性谈判采购方式逐步占据主导地位

除竞争性招标采购以外，还有很多的采购方式，包括限制性招标采购、单一或国际组织都不主张过多地采用这些方式。在竞争性招标采购方式比重不断下降的同时，限制性招标采购和竞争性谈判采购所占的比重不断提高，尤其是竞争性谈判采购在很多国家非常流行。

3. 采购手段的发展趋势

信息产业的高速发展和信息产品的普遍应用，将会为传统的采购手段带来一次彻底的变革，今后的采购手段以电子化为主，通过电子媒体发布采购信息并进行交易。电子贸易将会最大限度地节约人力和财力，缩短采购周期，加快采购进度。目前，在发达国家基本上已经实现了采购电子化。

六、相关案例

☞ **案例一：**

2008年11月下旬，某招标公司发出招标公告，开始就项目所需的检测检验仪器进行公开招标。可招标文件发出后不久，招标公司每天就有接不完的质疑电话："不欢迎外地供应商，你们应该在招标公告中事先明确，或者是我们来购买招标文件的时候，给我们说一声也好。买了招标文件才发现根本就没有中的可能，这不是蒙我们吗？""我们没为采购人提供过服务，但也不能说明我们没有供货能力啊，为什么一开始就有种被排挤的感觉。早知道我们就不买招标文件了"。

据了解，导致质疑不断的原因是，招标公司在招标文件的评标细则中规定，本地供应商的投标报价未超过市场平均价5%的可以优先考虑，超过5%的不予考虑；为采购人供过货的供应商，在同等条件下可以优先考虑。看了招标文件后，很多购买了招标文件的供应商都认为，采购单位已经有了"心仪"的对象，公开招标只是在走形式。"如果在我们购买招标文件前，给予我们一些暗示，我们就不会花买招标文件的这个冤枉钱，当然也就不会这么气愤。"某供应商如是说。

☞ 思考

1. 在政府采购活动中可否优先考虑本地企业？
2. 是否优先考虑为采购人供过货的供应商？

☞ 案例二：

2007年3月下旬的一天，某市政府宾馆突然入住了大量IT设备生产厂商。原来，两天后，该市的市、县联动办公自动化设备协议供货开标仪式即将在这里举行。在这两天里，厂商们为投标进行着最后的准备，他们的准备活动之一就是按照招标文件的要求对投标文件进行密封。

早在项目采购的调研阶段，接受委托的该市政府采购中心就了解到，有意向参与此次办公自动化设备协议供货招标的厂商将达到50家以上。为了节省开标时间、方便主持人唱标，采购中心在招标文件中要求供应商把开标一览表和投标文件分开密封。"不仅如此，每包10万元的投标保证金还要一并放入装有开标一览表的密封袋，不能分别放在每包投标文件里。"一供应商有些无奈地说："我们在密封时，还真得仔细、认真才行。"转眼就到了开标的时间。主持人宣布开标纪律之后，邀请两名投标人代表和现场监督人员一同检查投标文件的密封情况。

这时，意外发生了——有两家供应商只有投标文件的密封袋，却不见开标一览表的密封袋。经过现场询问才知道，这两家供应商并非忘记提交开标一览表，而是没有仔细阅读招标文件的投标人须知，把开标一览表、投标保证金和投标文件密封在了一起。

于是，有投标人代表当场便对这两家供应商的投标有效性提出异议。为保证招标的公平性，在与现场监督人员商讨之后，采购中心宣布这两家供应商的投标为无效投标。这两家供应商均感到十分委屈："为了这次投标，我们披星戴月，全力以赴，没想到最后却因密封的问题把参与评标的资格给丢了"。

☞ 思考

1. 文件密封要求严格究竟是为了什么？
2. 投标文件的密封要求是不是越严格越有利于项目采购？

第二节 与贸易有关的投资措施协议（TRIMs）

《与贸易有关的投资措施协议》（Agreement on Trade-Related Investment Measures，TRIMs）是WTO管辖的一项多边贸易协议。它由序言和9项条款及1个附件组成。其条款主要有：范围、国民待遇和数量限制、例外、发展中国家成员、通知和过度安排、透明度、与贸易有关的投资措施委员会、磋商与争端解决、货物贸易理事会的审议等。TRIMs是世界上第一个专门规范贸易与投资关系的国际性协议，它将GATT中的国民待遇等原则引入国际

第十二章 WTO 新议题 II

投资领域，要求取消限制贸易的投资措施，对各国的外资立法影响很大。

一、TRIMs 协议的出台背景

（一）TRIPs 协议的历史背景

第二次世界大战后，尤其是 20 世纪 70 年代以来，以跨国公司为主体的国际直接投资活动日益频繁，年直接投资额和直接投资累积存量不断扩大，直接投资对各国经济和国际贸易产生了重要的影响。与此同时，投资国和东道国以及投资者和东道国之间围绕着直接投资方面的矛盾与纠纷也不断增多。为了减少和克服困难与纠纷，为了促进国际投资活动的健康发展和积极作用的更大发挥，迫切需要加强国际协调与合作。为此，国际社会在近几十年间曾做出了多方面的努力，曾起草或制定了一些规则和协议。这些规则和协议有的实施了，有的并未付诸实施（卢进勇，1997）。

从 20 世纪 70 年代起，在联合国经社理事会所属的原跨国公司委员会的组织下，开始起草《联合国跨国公司行为守则》，于 80 年代初提出草案。该《守则》草案的内容分为 6 章，分别是：序言和目标；跨国公司的定义和《守则》的使用范围；跨国公司的活动及其对东道国的态度；跨国公司的待遇；各国政府为实施《守则》的合作；各国和国际上为实施《守则》所应采取的行动。《守则》草案提出后，进行了多次讨论和修改，但由于发达国家与发展中国家在跨国公司受东道国法律管辖、征收与国有化的赔偿标准、投资者与东道国政府争议的解决以及外汇汇出的限制等问题上存在分歧，致使有关谈判久拖未果。

为了协调国际直接投资关系，其他一些国际组织或机构也做出了积极的努力。1965 年 3 月 18 日世界银行制定了《东道国与其他国家国民之间投资争议解决公约》（Convention on the Settlement of Investment Disputes between States and Nationals of Other States，以下简称《公约》），并根据《公约》于 1966 年在世界银行内设立了"解决投资争议国际中心"。该《公约》的制定，使国际投资争议除通过政府的外交途径解决之外，又开辟了一个新的调解和仲裁的途径。但该《公约》仅涉及投资争议的解决问题，而对如何清除争议产生的原因以及国际投资方面的其他问题并未触及。1992 年 9 月 21 日，世界银行又同国际货币基金组织一起在征询了有关国家政府和国际组织（如国际法协会）的意见后，公布了《关于外国直接投资的待遇准则》（Guidelines on the Treatment of Foreign Direct Investment，以下简称《准则》），并要求"世界银行"和"基金"的各国会员把《准则》作为其在其领土内对外国私人直接投资的进入和待遇的参照尺度。但这一《准则》是非强制性的，完全是自愿执行的。1976 年 6 月 21 日经济合作与发展组织在巴黎公布了《关于国际投资和多国企业宣言》（Declaration on Investment and MNE，以下简称《宣言》）。《宣言》共分 5 个部分：《多国企业准则》（Guidelines for MNE），这是《宣言》的主要内容，载于其附则中；国民待遇；鼓励和抑制投资；政府间磋商程序；检查。《多国企业准则》较长，包括序言和 7 章内容（总政策、信息公开、竞争、融资、税收、就业与工业关系、科学与技术）。上述经合组织的《宣言》和《多国企业准则》均属"建议"性质的，对成员方没有约束力。国际社会在国际直接投资方面所进行的协调活动还包括：1980 年 12 月 5 日联合国第 35 届大会通过《关于管制限制性商业做法的公平原则与规则的多边协议》（这项多边协议时自愿执行的）；1970年12月31日安第斯条约组织通过《对外资、商标、专利、许可协议和提成和共同待遇的第24号决议》（在5个成员间实行，于20世纪80年代对之做了较大的改动）；1977年11月16日国际劳工组织通过《关于多国企业和社会政策原则的第三方宣言》（只是一个建议，无约束力）；国际商会分别于1972年和1977年公布《国际投资准则》及《对付勒索和贿赂行为守则》（这两个文件未被世界各国和跨国企业广泛接受）。

以上简要介绍了一些国际组织或机构为协调国际投资关系所作出的努力。从中不难看出，这些协调活动的范围和领域不全面，仅是部分国家或国际投资的个别领域。另外，已经付诸实践的规则或协议缺乏权威性和约束力，难以发挥较大的作用。

国际协调的目的是为了减少矛盾和纠纷，是为了制定和执行一些各国都能遵守的国际规范，以推动国际直接投资业务的扩大。由于以往的协调不是成功和很有效，再加上在关贸总协定的执行过程中也出现日益增多的与贸易有关的投资措施方面的争议，因此，在乌拉圭回合谈判中，将"与贸易有关的投资措施"列入议题之内。联合国原跨国公司中心编制的与贸易有关的投资措施一览表包括20多项，后来列入谈判议程讨论的是其中的14项。经过谈判，在最后达成的协议中，列出了5项属于禁用之列的与贸易有关的投资措施。应当说，尽管TRIMs的内容不够全面，但它仍然是迄今为止国际社会所指定和实施的第一个具有全球性和约束力的国际直接投资方面的协议。它的实施，将对各国的外资政策和跨国企业的贸易活动产生影响。

（二）TRIMs协议出台的现实意义

《投资措施协议》是世界贸易组织就投资问题达成的协议，该协议仅适用于与货物有关的特定投资措施；《投资措施协议》将关贸总协定中的国民待遇等原则引入国际投资领域，这对于国际投资法的发展无疑具有十分重要的影响。

对东道国而言（龙伟，2006），国际直接投资的流入有利于东道国经济的快速发展，而大量的外资涌入也会给东道国的经济带来不可预料的冲击。

（1）发展东道国。作为发展中国家的东道国而言（何智蕴，姚利明，2005），投资措施是维护国家经济主权的重要手段，投资措施在国际经济活动中至少具有保护、刺激、引导和管制功能和影响。

（2）发达东道国。作为发达国家东道国而言，从根本上反对在国际贸易中实施投资措施，他们认为投资措施是一种政府对市场的不合理干预，扰乱了国际投资和国际贸易的自由化进程。20世纪80年代以来，以美国为代表的发达国家，特别是美国，不断表现出明确反对投资措施或履行要求的立场。美国认为，非歧视待遇、国民待遇和最惠国待遇，并未给投资者提供充分的保护，东道国还应该为投资者提供特别的待遇（田贵明，2003）；必须保证投资者免受投资措施和履行要求的困扰。

一般认为，跨国公司主要是指发达国家的一些大型企业为获取巨额利润，通过对外直接投资，在多个国家设立分支机构或子公司，从事生产、销售或其他经营活动的国际企业组织形式。正因为跨国公司是一个跨国（境）界投资的公司，所以与贸易有关的投资措施首当其冲的是影响跨国公司（帕拉·哈拉得伊夫·多兹，2001）。

（1）对跨国公司的积极影响。与贸易有关的投资措施协议对跨国公司的影响主要是东道国政府为了本国利益，通过投资措施千方百计地限制跨国公司的自由，影响投资的相对成本或投资风险来引导和迫使跨国公司的投资为本国的经济政策服务（毛蕴诗，2001）。

随着世界贸易组织《与贸易有关的投资措施协议》的实施，WTO 各成员在与投资相关的政策和信息方面的透明度得到了进一步的提高，各发展中国家（地区）都尽可能地公布和转播本国（地）在国际直接投资政策上相关的信息和有关的财政管理措施，为跨国公司根据自己的战略和投资目的，选择目标国（地）进行投资和经营活动提供了帮助。特别是 WTO 成员方都不得实施与 GATT 的国民待遇条款和一般取消数量限制条款不相符合的与贸易有关的投资措施，这就大大地降低了跨国公司的投资风险（张锡暇，2000）。

（2）对跨国公司的消极影响。在《与贸易有关的投资措施协议》中列举的不得实施与 GATT 的国民待遇条款和一般取消数量限制条款不相符合的与贸易有关的投资措施仅有 5 条，它是《与贸易有关的投资措施》中的很少的一部分，其涵盖面有限。东道国可以通过其他的投资措施来限制跨国公司的投资活动。

二、TRIMs 协议的基本内容概述

（一）TRIMs 协议的基本内容

与贸易有关的投资措施是指由东道国政府通过政策法令直接或间接实施的与货物（商品）贸易有关的对贸易产生限制和扭曲作用的投资措施。需要注意的是，不要把与贸易有关的投资措施理解为东道国政府对外商投资所采取的一切管理措施，它仅是指对货物贸易（不包括服务贸易）的自由进行产生负面影响的那些投资措施。

《TRIMs 协议》作为"乌拉圭回合"多边贸易谈判最终成果的一揽子协议中的一项重要协议，是一篇简短的框架性文件，由序言、正文与目录三部分组成（丁伟，1999）。

1. 序言部分

《TRIMs 协议》的序言部分首先宣告了其订立的法律根据——埃斯特角部长宣言的授权，并阐明了该协议的宗旨：期望促进世界贸易的扩展和逐步自由化，并便利跨国投资，以在确保自由竞争的同时，促进所有贸易伙伴尤其是发展中国家成员方的经济增长。

2. 正文部分

《TRIMs 协议》的正文部分包括 9 个条文，规定了以下内容：
（1）适用范围。
《TRIMs 协议》第 1 条规定："本协定仅适用于与贸易有关部门的投资措施"。但协议并未规定何为"与贸易有关的投资协议"。
（2）国民待遇和数量限制。
《TRIMs 协议》第 2 条第 1 款对该协议所规范的 TRIMs 作了概括性的规定：在不损害

GATT 1994 项下的其他权利与义务的前提下，任何一成员方不得实施与 GATT 1994 第 3 条（国民待遇）或第 11 条（取消数量限制）的规定不符合的任何 TRIMs。该条第 2 款则与附录相呼应，进一步说明第 1 款所指的 TRIMs 列于附录解释性清单内。

（3）发展中国家与例外规定。

《TRIMs 协议》第 3 条为"例外条款"，规定"GATT 1994 项下的所有例外均应适用于本协议的规定。"第 4 条又规定发展中国家根据 GATT 1994 第 18 条（关于维持国际收支平衡）、GATT 1994 收支协议以及 1979 年 11 月 28 日采纳的"为收支实施的贸易措施的 1979 年宣言"规定的范围和方式，有权暂时背离《TRIMs 协议》第 2 条所规定的义务。

（4）通知与过渡性安排。

《TRIMs 协议》第 5 条共 5 款，规定了各成员方取消 TRIMs 的具体期限、步骤和方法。第 1 款规定，在《世界贸易组织协定》生效后的 90 日内，各成员方应向货物贸易理事会通知其所有正在实施但与本协议规定不符的 TRIMs。在通知此类普遍或特定适用的 TRIMs 时，应随同告知其主要特征第 2 款规定，发达国家成员方应在《世界贸易组织协定》生效后 2 年期限内取消这类 TRIMs 发展中国家成员方的期限为 5 年，最不发达国家成员方的期限为 7 年。第 3 款则规定，货物贸易理事会应发展中国家成员方的请求，可以延长其过渡期限，但要求方必须证明执行该协议时的特殊困难。但第 4 款又规定，在《贸易组织协定》生效前 180 天之内开始实施且与《TRIMs 协议》不符的 TRIMs 不享受过渡期，应立即取消。第 5 款最后规定，在过渡期内，为不使已建立的受上述通知的任何 TRIMs 约束的企业处于不利地位，可对一项新投资适用相同的 TRIMs，但必须具备两项条件：①这种投资的产品与已建立的企业的产品同类；②为避免扭曲新投资与已建立的企业之间的竞争条件所必需。

（5）透明度要求。

《TRIMs 协议》第 6 条规定：有关各成员方应重申其在 GATT 1994 第 10 条（贸易条例的公布与实施）项下承诺的透明度和通知义务，并遵守 1979 年 11 月 28 日实施的"关于通知、协商、争议解决与监督协议"以及"通知程序部长决议"中所包含的"通知"义务。各成员方还应向世界贸易组织秘书处通告可以找到 TRIMs 的出版物，包括各级政府所使用的相关出版物。但各成员方可以不公开有碍法律实施并对公共利益及特定企业的合法商业利益造成损害的信息。

（6）建立与贸易有关的投资措施委员会。

《TRIMs 协议》第 7 条规定，应设立一个对世界贸易组织所有成员方开放的"与贸易有关的投资措施委员会"。该委员会应选举自己的主席、副主席，每年至少集会一次，或根据任一成员方的请求召开会议。委员会还应履行货物贸易理事会分配的职责，并向成员方提供机会，以磋商与本协议的运行和执行相关的任何事宜。委员会并应监督本协议的运行和执行，并且每年向货物贸易理事会汇报。

（7）磋商与争端解决。

《TRIMs 协议》第 8 条规定：GATT 1994 第 22 条和第 23 条规定的"争端解决谅解"应适用于本协议项下的磋商和争端解决。

（8）货物贸易理事会的审查。

《TRIMs 协议》第 9 条规定：在《世界贸易组织协定》生效的 5 年内，货物贸易理事会应审查本协议的运行情况，并在适当的时候向部长会议提交文本的修改建议。在审查中，货物贸易理事会应考虑是否需要对有关投资政策和竞争政策做补充规定。

3. 附录部分

《TRIMs 协议》附录为解释性清单，采用概括性与列举性相结合的方法，列举了与 GATT 1994 第 3 条第 4 款和第 11 条第 1 款不符的五项 TRIMs：

（1）要求企业购买或使用本国用品或来源于国内渠道的产品，不论这种具体要求是规定特定产品、产品的数量或价值，或规定购买与使用当地产品的数量或价值的比重。

（2）限制企业购买或使用进口产品的数量，并把这一数量与该企业出口当地产品的数量或价值相联系。

（3）一般限制企业进口其产品所使用的或与其生产有关的产品，或将进口量限于企业出口其产品的数量或价值。

（4）通过对使用外汇的控制，限制企业进口其生产所使用的或与其生产有关的产品，即将企业用汇额度限定在其出口净得的外汇之内。

（5）限制企业出口其产品或为出口销售其产品，不论具体规定产品、产品的特定数量或价值，还是规定其在当地生产的数量或价值的比重。

在上述五项 TRIMs 中，前两项属与 GATT199 第 3 条第 4 款规定的国民待遇义务不相符的 TRIMs，我国不少学者据此认为《TRIMs 协定》将国民待遇原则引入了国际投资领域，甚至有学者称"国民待遇制度的引入，在某种意义上，可以说是突破了国际投资法领域关于投资待遇问题的长期争执的僵局"。这种将《TRIMs 协定》国民待遇完全等同于国际投资领域国民待遇的观点是不准确的（郭晓茹，2010）。

GATT 国民待遇原则主要用于调整进口产品与本国产品在国内市场的关系，它规定各缔约方政府对于其他缔约方产品进入该国境内后，在国内税费、国内法律规章方面，应给予和本国产品相同的待遇，保证进口产品在入境通关后，在国内市场上享有与本国产品平等的地位上的条件，也就是说，对于来自其他缔约国的产品，除了要缴纳关税和履行必要的手续之外，不得对其有任何歧视，以便进口国产品能在平等的环境中与国内产品进行公平竞争。由此，GATT 国民待遇适用对象是进口产品，而不涉及外国投资者及外国投资的待遇问题；其适用的阶段也只是在产品进入国内市场之后。国际投资领域的国民待遇是指东道国给予外国投资和外国投资者的待遇应不低于其给予本国投资和投资者的待遇。国际投资领域的国民待遇原则目前只在区域性多边投资跳跃和双边投资协定中实行。如我国 2003 年 3 月 27 日签订的《中华人民共和国政府和圭亚那共和国关于促进和保护投资协定》第 3 条规定："在不损害其法律法规的前提下，缔约一方应给予缔约另一方投资者在其境内的投资、收益及与投资有关活动不低于其给予本国投资者的投资、收益及与投资有关活动的待遇"。国际投资领域的国民待遇的适用对象是外国投资者、外国资本、外国投资者在东道国的投资行为。

所以贸易领域的国民待遇和投资领域的国民待遇适用对象及目标功能上都是不同的，不能将两者混为一谈。客观上讲，《TRIMs协定》禁止使用的投资措施，通常是东道国要求外国投资者承诺承担特定义务作为批准外资进入或经营的前提条件的措施，这些措施也确实增加了外资进入或经营的难度和成本，使内、外资处于不平等的竞争环境，造成了对外资的歧视，但这并不是《TRIMs协定》禁止某些投资措施的原因，也不是《TRIMs协定》所要解决的问题。正如其序言所表明的，《TRIMs协定》只是为了避免投资措施给贸易带来的不利影响，期望促进世界贸易的扩展和逐步自由化，其禁止某些投资措施只是因为这些投资措施造成了对进口产品的歧视性待遇，对贸易造成了影响。GATT国民待遇条款不是为了保护外国投资者的利益，而是为了保证产自任何其他缔约方的产品能享受到不低于国内产品的待遇，既然《TRIMs协定》直接引用了GATT国民待遇的规定，判断特定投资措施是否违反《TRIMs协定》就要看其是否对进口产品造成了歧视性待遇，而非是否对外国投资者或其投资造成了歧视性待遇（郭晓茹，2010）。

后三项属与GATT 1994第11条第1款规定的普遍取消数量限制义务不符的TRIMs。GATT第11条第1款规定："任何缔约方不得对任何其他缔约方领土产品的进口或向任何其他缔约方领土出口或销售供出口的产品设立或维持除关税、国内税或其他费用外的禁止或限制，无论此类禁止或限制通过配额、进出口许可证或其他措施实施。"这是取消数量限制的一般原则。政府通过数量限制直接干预进出口数量和流向，干扰了国际贸易的正常进行，GATT原则上禁止以配额、进口许可证或其他措施来限制或禁止产品进出口。数量限制主要是通过配额制度和许可证制度实施的。

仔细分析可以发现，在附件第一点和第二点中，有一项要求基本相同，即贸易（外汇）平衡要求。因此，可以说TRIMs附件中所列举的属于禁用之列的投资措施主要是4项，即当地成分要求、贸易平衡要求、进口用汇限制和国内销售要求。该解释性清单还一般规定，这些TRIMs包括按国内法或行政命令属义务性或强制性的措施，或为取得优势地位或优惠所必需的措施。此外，由于《TRIMs协议》采用概括性与列举性相结合的规范，国内有的学者认为《TRIMs协议》所限制的TRIMs不应限于上述五项，而应包括所有与GATT 1994第3条、第11条不相符的投资措施（单文华，1996）。

（二）与贸易有关的投资措施的例外及对发展中国家的特殊待遇

《TRIMs协定》第3条规定："GATT 1994项下的所有例外均应酌情适用于本协定的规定。"GATT 1994项下的例外主要指一般例外、安全例外、保障国际收支平衡例外、保护幼稚工业例外、保障措施例外以及边境贸易优惠等。

考虑到发展中国家的特殊情况，《TRIMs协定》专门制定了发展中国家成员方条款。协定第4条规定，发展中国家成员方有权以GATT 1994第18条（政府对经济发展的援助）、《关于1994年关税与贸易总协定国际收支条款的谅解》和《关于为国际收支项目的而采取措施的宣言》允许的程度和方式，暂时偏离GATT国民待遇原则和一般取消数量限制原则。此外，对发展中国家的特殊待遇还体现在过渡期延长的规定上。协定第5条规定，各成员应在《WTO协定》生效之日起90天内，向货物贸易理事会通知其正在实施的、与《TRIMs协定》不一致的投资措施，发达国家应在《WTO协定》生效之日起2年内取消通知的投资措施,发展中国家和最不发达国家则分别获得 5 年和 7 年的过渡期,此外,如果发展中成员以及最不发达成员可以证明其在实施《TRIMs 协定》方面存在特殊困难,可以请求货物贸易理事会延长其取消投资措施的过渡期,后者在考虑申请的特殊发展、财政和贸易需要后酌情决定是否准许(郭晓茹,2010)。

（三）对《TRIMs 协定》评析

《TRIMs 协定》的产生有着国际投资和国际贸易不断发展及相互影响加深的重要背景,其以 WTO 协定的形式将本属于国际投资法调整范围的投资措施纳入世界贸易组织框架内,为今后在 WTO 框架下讨论投资问题奠定了基础。

但是,也应当看到,《TRIMs 协定》从诞生伊始就一直为人所诟病。

（1）协定存在模糊和弹性规定,对何为"与贸易有关的投资措施"、如何认定投资措施与贸易有关以及对于何为协定禁止的"为获得一项利益而必须遵守的措施"中的"利益"等均未做出明确规定,在实践中遭遇不少争议。

（2）协定限制范围有限,并未禁止所有对贸易有限制或扭曲影响的投资措施,而只是禁止与 GATT 1994 第 3 条的国民待遇义务或第 11 条的普遍取消数量限制义务不一致的投资措施,例如,普遍认为对贸易有直接且重大影响的出口履行要求就没有受《TRIMs 协定》禁止;协定只是禁止东道国采取某些与贸易有关的投资措施,对于资本输出国的限制措施和跨国公司的限制性商业管理未加约束,更加重了国际投资立法的不平衡性。

（3）《TRIMs 协定》第 2 条对 GATT 1994 条款的直接引用使《TRIMs 协定》的独立性遭到了众多质疑。在 WTO 涉及《TRIMs 协定》的争端中,申诉方在主张正义措施违反《TRIMs 协定》的同时,都无一例外地也主张统一措施同时也违反了 GATT 第 3 条或第 11 条,在进入专家组程序的涉及《TRIMs 协定》案例中,只有印度尼西亚影响汽车工业措施案专家组对正义措施与《TRIMs 协定》相符性问题进行了裁定,其余案件专家组均以对相关措施是否违背了《TRIMs 协定》为由没有审查《TRIMs 协定》相符性问题。欧共体香蕉案专家组甚至毫不隐讳地指出,《TRIMs 协定》实质上是解释和澄清了 GATT 第 3 条（以及 GATT 第 11 条）,并没有在 GATT 之外增加或减损任何义务,因此没有必要专门就针对《TRIMs 协定》的主张作出裁定（郭晓茹,2010）。

《TRIMs 协定》先天的不足以及其在 WTO 法律框架中的几乎被"架空"的尴尬决定了其只能独立地存在,当时的谈判组也认识到了协定修改和完善的必要性,因此在《TRIMs 协定》第 9 条授权货物贸易理事会在不迟于《WTO 协定》生效之日起 5 年内审议协定的运用情况,并酌情建议部长级会议修正协定的文本,同时应在审议过程中考虑是否应在《TRIMs 协定》之上补充有关投资政策和竞争政策的规定。这成为在 WTO 框架内更进一步讨论投资措施问题的法律依据。

（四）中国与《TRIMs 协定》

长久以来,国内学界主张根据《TRIMs 协定》修改我国外商投资法、取消或调整其中为《TRIMs 协定》所禁止的当地成分要求、贸易平衡要求等措施的呼声不断。在加入 WTO

前夕，我国对《中外合资经营企业法》、《中外合作经营企业法》、《外资企业法》以及相关的事实调理进行了一系列修改，删除了涉及当地成分要求、贸易平衡要求等的相关规定。如将原《中外合资经营企业法》第15条"所需原材料、燃料、配套件等应尽先在中国购买"的规定修改为"合营企业在批准的经营范围内所需的原材料、燃料的物资，按照公平、合理的原则，可以在国内市场或者在国际市场上购买"；删除原《外资企业法》第18条"外资企业应当自行解决外汇收支平衡"的规定；删除了《中外合资经营企业法实施条例》第14条报批企业合同需写明"产品在中国境内和境外销售的比例"的规定等。对作为外资法体系核心的三部外商投资企业法的修改，是我国加入WTO，根据《TRIMs协定》及其他相关规定调整投资措施、承担WTO义务的积极举措。至此，在关于外商投资的基本法律层面，与《TRIMs协定》不符的规范基本得以修改或删除。

考察《投资措施协议》的规定，同时比较我国现行外资法律和政策，不难发现我国现行外资法律和政策与《投资措施协议》还是有许多不符之处。

1. 与国民待遇原则不符的与贸易有关的投资措施

国民待遇是世贸组织奉行的基本原则之一，并有其特定的适用范围，它只适用于从外国进口的商品，即：一缔约方在其境内对来自其他缔约方的产品，应给予与本国生产的同类产品在国内税收和国内规章方面的同等待遇（蔡庆辉，1998）。《投资措施协议》将国民待遇原则引入投资领域，使之在投资领域有了新的含义，即一国对于来自其他国家的直接投资在其资本运作的各方面及各环节的待遇与其给予本国的同类投资的待遇相同。在投资领域中实行国民待遇原则能够保证国内资本和外国资本在同等条件下公平竞争。《投资措施协议》以国民待遇原则为标准来约束缔约方适用于国民待遇原则不符的与贸易有关的投资措施。

考察我国的外资法律与政策，尽管国内法及一些双边协定中规定或承诺了在某些领域给予外国投资者享受国民待遇，但还是存在着许多可能对贸易产生扭曲和限制作用并且违背了国民待遇的与贸易有关的投资措施。

（1）超国民待遇的与贸易有关的投资措施。

我国为了吸引外资，往往通过立法和政策为外国投资者的经营活动提供各种便利与优惠，使外国资本的待遇在某些方面比本国同类资本的待遇更为优厚，这些"超国民待遇"的鼓励性投资措施包括：

① 所得税优惠。内外资企业所得税税率均为33%，但外商投资企业的所得税根据设立地区（经济特区、经济技术开发区、高新技术产业开发区等）、企业性质（如生产性企业）和所属行业（如基础设施、第一、第二、第三产业）等方面的不同，按30%、24%或15%，甚至更低的税率征收，并且还可以享受"免二减三"的优惠就地方税而言，各地方基本上对外资免征地方税。另外，外资企业还享受在投资退税等方面的税收优惠。与之形成鲜明对照的是内资企业不论设立在何处，其所得税加地方税均为33%。

② 流转税优惠。从1994年实行新税制后，增值税、消费税和营业税统一适用于内外资企业，但1993年前批准设立的外商投资企业因征收增值税、消费税和营业税而增加税负的，可退还多缴纳的税款，而内资企业则无此项优惠。

③ 关税优惠。根据《中外合资经营企业法实施条例》第71条,国务院《关于鼓励外商投资的规定》第13条以及海关有关关税规定,外商投资企业可以依法免税进口生产设备、零部件及为生产出口产品而进口的原材料、辅料、元器件、零部件及包装物料等,这是内资企业所享受不到的。

④ 进出口经营权和免领进口许可证优惠。根据我国外资法及有关商品进出口的规定,外商投资企业普遍享有进出口经营权,可以直接进口生产所需的原材料、机器设备,可以直接出口自己生产的产品。在现行外贸体制下,除法律规定或被依法授权的有进出口经营权的企业外,内资企业一般不得自行办理进出口业务,而只能根据外贸代理制的规定委托有进出口经营权的单位代理。同时,根据我国法律的规定,外商投资企业进口自用的生产物品,企业所需的设备、原材料和其他物资,出口企业生产的产品,均免予办理进出口许可证。这些特殊的优惠是众多内资企业可望而不可即的。

上述四项主要是"超国民待遇"的与贸易有关的投资措施,都违背了国民待遇原则,但它们都不属于投资措施协议及其附件所明令禁止的与贸易有关的投资措施,发生争议时应作个案处理。

(2) "低于国民待遇"的与贸易有关的投资措施。

我国为了维护国民经济的正常发展,外国投资符合我国经济发展的客观要求,在积极吸收外资的同时,对外资在进入生产经营领域等方面又作出一定的限制性规定,使外国资本享受的待遇在某些方面低于本国同类资本的待遇。这些所谓的"低于国民待遇"的限制性投资措施包括:

① 当地成分要求。当地成分要求是指东道国政府为保持其对外收支平衡,要求外商投资企业必须购用一定数量或价值的东道国产品作为其自身的生产投入。当地成分要求在《投资措施协议》附件中是被明令禁止的。在我国外资法中,当地成分要求的规定颇多。《中外合资经营企业法》第9条规定:"合营企业所需原材料、燃料、配套件等应尽先在中国购买,也可由外资企业自备外汇,直接在国际市场上购买。"《中外合资经营企业法实施条例》第57条更加具体地表述:"合营企业所需的机器设备、原材料、燃料、配套件、运输工具和办公用品等(以下简称物资),有权自行决定在中国购买或向国外购买,但在同等条件下,应尽先在中国购买。"此外,《外资企业法》第15条和《中外合作经营企业法》第19条的内容也都基本相同。国务院批准发布的《外商投资产业指导目录》(1995年6月经国务院批准发布,1997年12月经国务院批准修订并发布),把出租汽车服务业列为限制类的外商投资产业,同时规定,使用的出租汽车限于国内购车,显然,这也构成一项作为外资准入条件的当地成分要求。另外,我国审批机构在审批外商投资企业时,也往往会设立某种当地成分要求作为外资准入的条件。比较典型的是国产化要求,即要求企业提供国产化进程和时间并承诺在一定时间内实现国产化,对达到国产化要求的企业给予一定优惠,如上海桑塔纳轿车,现在国产化率已达85%,要求以后能达到100%(王尧田,1993)。

② 贸易平衡要求。贸易平衡要求是指东道国为防止外汇净流出,要求外商投资企业为进口所需的外汇不得超过其出口额一定比例贸易平衡要求也是《投资措施协议》附件中明令禁止的。贸易平衡要求目的在于限制进口,以免外汇净流失,造成对外收支不平衡。《中

外合资经营企业法实施条例》第 75 条规定："合营企业的外汇收支一般应保持平衡。"《外资企业法》第 18 条规定："外资企业应自行解决外汇收支平衡。"外汇体制改革以后，外商投资企业用汇逐步放宽，但外资法对外资企业的外汇平衡要求仍是有效的，在审批时也将其作为一项审批条件。

③ 出口实绩要求。出口实绩是指东道国要求外国投资者将其一定比例的产品用于出口。我国外资法以限制性或优惠引导性方法规定的出口实绩要求较多。《外资企业法实施细则》第 3 条规定，设立外资企业的法定条件之一是该企业出口的产值应达到当年产品产值 50% 以上。《中外合资经营企业法实施条例》第 14 条和《中外合作经营企业法实施细则》第 12 条规定，报批的合资企业合同应写明在中国境内和境外销售产品的比例。我国外商投资企业的审批机关通常也把外商投资企业的产品是否具有一定比例的外销作为审批条件。而国务院颁布的《关于鼓励外商投资的规定》则将外商投资企业的产品出口与税收优惠挂钩，规定产品出口的外商投资企业可以享受更为优厚的减免税收的待遇。出口实绩要求不属于《投资措施协议》附件所明令禁止的与贸易有关的投资措施，只有在个案处理时才有意义。

④ 当地股权要求。当地股权要求是指东道国政府为限制外国投资所有权，要求外商投资企业或项目中必须有东道国政府或其私人参股。1995 年 6 月经国务院批准发布的《指导外商投资方向暂行规定》第 4 条第 3 款规定，《外商投资产业指导目录》可以列明不允许外商独资经营以及应当由国有资产占控股地位或者主导地位（即国有资产应占外商投资注册资本 51% 以上）的外商投资项目。当地股权要求属于限制性投资措施，对于这种投资措施的作用和影响争议颇大。在《投资措施协议》附件中被明令禁止。

2. 与废除数量限制原则不相符的与贸易有关的投资措施

（1）替代进口的数量要求（或叫进口替代要求）。

替代进口的数量要求是指东道国政府要求外国投资者必须符合其进口替代发展战略的需要。《投资措施协议》附件中定义为："限制企业进口用于当地生产或与当地生产有关的产品数量。这种数量限制是普遍的，或者把它与该企业出口当地产品数量或价值联系起来。"

中国一些外资立法对外商投资企业的产品规定了"以产顶进"的要求，例如，1987 年《关于中外合资、合作经营企业产品以产顶进办法》第 8 条第 2、3 款规定："凡经批准实行以产顶进的产品，国内用户在同等条件下，应优先选用。各级进口管理部门和进口审查部门，对合资、合作企业已能生产并符合以产顶进条件的产品，应指导和鼓励国内用户优先采购"。又如，1987 年《中外合资、合作经营企业机电产品以产顶进管理办法》第 5 条规定，对"以产顶进"的产品，可由中国机电设备招标中心（或经国家经贸委批准的招标公司）按国家有关规定在国内组织招标，指导用户在国内选购，以代替进口。

当地成分要求的实际效果是替代进口，无论是当地成分要求还是进口替代要求均是《投资措施协议》附件所明令禁止的。

（2）通过进口用汇限制实施的替代进口。

《投资措施协议》附件定义为："限制企业用于当地生产或与当地生产有关的产品，这种限制是把企业取得的外汇，以及其带来的外汇流入联系起来。"这项与贸易有关的投资措施主要发生在货币不能自由兑换的国家，由于我国人民币不能自由兑换外汇，有关部门通常根据内部规定对外商投资企业实施外汇管制。替代进口的数量要求比当地成分要求规定得更为直接，对贸易的扭曲和限制作用也更为明显，因而被《投资措施协议》附件明令禁止。

（3）国内销售要求。

国内销售要求是指东道国政府要求外国投资者必须将其一定数量的产品以低于国际市场价格的价格在东道国内销售。国内销售要求也是《投资措施协议》附件所明令禁止的。

根据《中外合资经营企业法实施条例》第14条第7款规定，合营企业合同应写明原材料购买和产品销售方式，产品在中国境内和境外销售的比例。《中外合资经营企业法实施条例》第6条进一步规定："合营企业生产的产品，属于中国急需进口的，可以以中国国内市场销售为主。"

三、近年来TRIMs谈判进展及焦点

（一）TRIMs谈判进展

2011~2012年，与贸易有关的投资措施委员会举办的投资措施的会议内容如下：

（1）2011年5月，美国对印度的"贾瓦哈拉尔·尼赫鲁国家太阳能计划"表示关切并就此展开讨论；美国与欧盟就尼日利亚在"为石油和天然气产业中尼日利亚份额的增长提供行动计划"中的措施提出质疑并展开讨论；欧盟与日本对"印度尼西亚在电信部门的投资中的当地成分要求"提出后续问题并展开讨论；欧盟、日本与美国对"印度尼西亚的能源部门的当地成分要求"提出质疑并展开讨论；委员会对中国在TRIMs协议下承诺的实施情况进行了第九次审查和最终审查。

（2）2012年5月，欧盟、美国就"阿根廷——与进口相关的当地设施建设和利润汇回的赔偿义务"提出质疑并展开讨论；欧盟、美国就"巴西——电信部门的当地成分规定"提出质疑并展开讨论；欧盟、美国就"印度——偏好国产电子产品"提出质疑并展开讨论。

（3）2012年10月，澳大利亚、欧盟就"巴西——对国产汽车的税收优惠"提出质疑并展开讨论；美国就"中国——钢铁行业的投资措施"提出质疑并展开讨论；欧盟就"乌克兰——10183号法律草案中当地成分规定"提出质疑并展开讨论。

（二）TRIMs谈判的焦点问题

1. 印度的当地成分要求引质疑

美国和日本对印度的"加瓦哈拉尔·尼赫鲁国家太阳能计划"（JNNSM）甚为关切，并就此展开讨论。印度于2009年发起JNNSM，旨在促进可再生能源发电的扩散并将印度建设成太阳能领域的全球性领导者。2010年7月，印度新能源和再生能源（MNRE）部公布了JNNSM下第1阶段的指导方针。该指导方针将尽可能从国内制造商处采购项目组件：基于晶体硅技术的光伏项目的指导方针要求所有开发人员都要使用国产模具；基于太阳能技术的项目指导方针要求30%的工厂和设施必须在印度当地制造；采购项目组件的总体指导原则

为印度应该解释这些措施是如何符合 TRIMs 协议要求的。根据当地成分要求规定，想要使 JNNSM 项目下的太阳能项目合法，投资者就应该使用国产太阳能设备。在这种情况下印度应该解释这里的当地成分要求并不是用来获得某种优惠并需要购买当地产品的强制性措施。

日本代表认为该太阳能计划的当地成分要求并不符合 TRIMs 的规定，这一规定是分别为该计划下的进料关税计划的实施引进的。日本大致上同意进料关税计划的引进将促进可再生能源的使用。另外，日本十分担心增加当地成分要求的规定将导致保护主义措施的扩展，并鼓励印度政府就这个项目的相关要求进行解释。

印度代表表示，JNNSM 是印度政府在促进生态可持续增长的同时强调印度的环境安全的倡议。它将是印度在迎接环境变化的挑战上为世界做出的贡献。环境发展一直是 WTO 的目标，而且太阳能在产生电能或热能的同时不会产生废气排放，因而是环保的。JNNSM 的目标是为这个国家创造一个太阳能技术全面发展的环境。印度认为，GATT 在国民待遇原则上允许豁免以特殊目的采购政府指定用途的产品。因此该方案与 TRIMs 的规定并无不符之处。在印度看来，当地成分要求并不是为了获得某种优势，因此并不在 TRIMs 的示例清单内。

2. 尼日利亚的当地成分要求引质疑

美国与欧盟就尼日利亚在"为尼日利亚扩大其石油和天然气产业中的份额所进行的计划"中采取的措施表示担心并提出问题。日本同样对此表示忧虑。尼日利亚坚称被质疑的措施符合 TRIMs 的要求，并指出尼日利亚在此议题上正和美国进行双边协商，而且将就提出的问题提供书面答复。这是该议题首次被提上委员会的议事日程。

2001 年 4 月尼日利亚为增加石油与天然气产业中的本国比例通过了一项正式法案试图"改变尼日利亚的石油与天然气的商业规模"，特别通过推动商业的本土化。该法优先考虑尼日利亚所产商品的总体原则、对指定的商品类型中具体商品的最低当地成分要求以及强制性地使用尼日利亚制造的商品，这些要求似乎都构成了购买或使用国产或原材料来源于国内商品的措施。因此该法似乎要为尼日利亚的石油和天然气行业广泛使用的商品和服务设立强制性的本地采购和当地成分要求。美国、欧盟、加拿大、日本纷纷就此表示关注。尼日利亚方面表示这一议题已于 2011 年 6 月在上一次的尼日利亚的贸易政策审议文案中提出：尼日利亚和美国代表团之间就这些问题举行了双边协商，并将于下次委员会会议前向美国与欧盟提交相关问题的回应。

3. 印度尼西亚的当地成分要求问题引质疑

欧盟与日本就印度尼西亚在电信部门的投资中的当地成分要求提出了后续问题，并在会议上得到了加拿大与美国的支持。印度尼西亚称宣被质疑的措施与 TRIMs 一致，并承诺尽快提供答复。此议题之前在 2009 年 5 月 20 日、2009 年 10 月 16 日与 2010 年 10 月 1 日已被提上议事日程。日本认为印度尼西亚的答复涉及"政府采购"的问题，这是违反相关法律法规的，因此该答复并不足以令人信服。根据印度尼西亚的回答，政府采购的范围是不明确的。加入印度尼西亚继续在与政府项目有关的、未在 GATT 相关条款规定范围内的采购问题

第十二章 WTO 新议题 II

上实施当地成分要求,将导致其与 GATT 以及 TRIMs 的相关条款不符。日本还就电信设备和工具的采购问题提出了质疑。欧盟也认为印度尼西亚的答复需要进一步澄清。与普遍观点一样,欧盟要求收到关于电信部门规定的最新情况并认为对目前的规则框架有个总体的认识甚为必要。印度尼西亚的公共政策目标(特别包括就业与减少贫穷)在向竞争(包括外国竞争)开放时才能得到更好的实现。而且开放、透明与可靠地法规框架将明显有利于吸引更多外国直接投资。加拿大、美国对此也纷纷表示关注。美国认为,印度尼西亚电信部门十分有活力,其发展既为印度尼西亚也为其他国家提供了巨大的市场机会。因此美国一直十分关注对这一问题的讨论。美国认为印度尼西亚制定的规则很可能阻碍自身的投资与创新。这些阻碍投资的措施虽然短期内可能对经济的某部门有所裨益,但对实现印度尼西亚的总体发展目标是相当不利的。对此,印度尼西亚代表指出:印度尼西亚在通信领域的法律法规是不会在本地与外国的竞标商之间形成歧视的。他宣称,该法规并不适用于任何政府采购计划外的服务商。而且印度尼西亚也不是 WTO 中《政府采购协议》的签署国。

欧盟、日本与美国对印度尼西亚的能源部门(采矿石油与天然气)的当地成分要求提出了质疑。印度尼西亚宣称这些措施与 TRIMs 一致。应欧盟、日本与美国的要求,此议题已于 2009 年 10 月 16 日和 2010 年 10 月 1 日提上了委员会的议事日程。美国对印度尼西亚现有的应用于采矿业、采煤业部门的法律法规抱有疑虑,并特别就 TRIMs 与 GATT、GATAS 下的规定提出了问题。美国代表指出印度尼西亚的《2009 年采矿法》规定:经营者需要为当地人、商品和服务的使用的优先次序排序。根据印度尼西亚对美国的问题的答复以及相关法律法规等材料,可以很明显地看出这些措施的政策意图是通过优先购买印度尼西亚产品、优先考虑印度尼西亚供应商来促进国内生产与就业。根据提供的信息,美国代表要求就这些措施的实施得到更充分的解释。在这一方面美国要求印度尼西亚定义"优先排序"这一术语,它决定能否获得当地商品与服务,而且能决定外更会给予青睐?在实践中,进口产品与已经在印度尼西亚销售的进口产品是否存在差异?美国代表指出,印度尼西亚在石油与天然气部门同样有着类似的法律法规。美国希望印度尼西亚能就此给予答复。

作为初步回应,印度尼西亚提出第 2/2009 号总统令规定任何政府采购计划都应该最大限度地使用国内商品和服务。印度尼西亚产业部部长已经发布了国内商品和服务的详细目录,该目录可以用来作为想要参与政府购买计划的公司的参考。采矿与矿物部实施当地成分要求,这符合国内商品、服务的适用性,符合投资者所需要的当地人力的专业技能、技术要求或专场以及价格竞争力。他解释:当地成分水平该由投资者与相关政府部门共同协商并达成一致。印度尼西亚石油部已经发布了在石油与天然气部门进一步规范实施第 2/2009 号总统令的指导原则。当国内商品和服务无法满足投资者的需求时,这一法规为投资者从国外进口所需商品和服务开启了方便之门。

4. 对中国的国度审议

委员会对中国在 TRIMs 下承诺的实施情况进行了第九次审查和最终审查。美国代表表示,尽管中国加入世贸组织以来在经济上已采取了许多卓有成效的改革措施,但仍存在诸多不足。为了促进和保护国内产业和国有企业的发展,中国过于依靠政府干预的产业政策,从而使贸易被扭曲，导致贸易摩擦不断。中国从计划经济向市场经济的国度仍不完全，特别在关于投资措施的发展上。中国加入世贸组织谈判成功后，不仅要承担 TRIMs 的义务，同样做出了 WTO 成员想要限制中国使用一系列投资限制的额外承诺。例如，同意取消出口实绩要求、当地成分和外汇平衡要求，或不执行任何富有这些要求的合同等。另外，中国同意将不再以这些要求或者如技术转让和补偿的要求为批准进口或投资的条件。

此外，中国加入世贸组织前后修订了许多关于外资企业的法律法规，以取消在出口实绩要求、当地成分要求、外汇平衡和技术转让上与 WTO 不一致的要求。然而，美国代表认为，一些修订后的法律法规以非官方的形式继续"鼓励"技术转让或利用当地成分规定。另外，据美国和其他成员方的企业报告，即使法律法规没有明确鼓励，一些中国官员在审核投资申请并决定是否批准一项投资时，仍然会考虑技术转让和当地成分要求。为了保护中国企业在中国加入 WTO 后的 10 年里不受国外竞争威胁，美国在中国市场上特别受投资限制和相关政策打击的部门就是汽车产业。这些政策中包括了似乎与中国的 WTO 义务相冲突的指导方针。另外，尽管中国已经承诺修订汽车部门的产业政策，使之符合 WTO 规定，中国在 2004 年签订的修改过的政策加入了不利于汽车零部件的进口和鼓励使用国内技术的规定。它还要求新的汽车和汽车发动机工厂研发设施上吸引大量投资，尽管其承诺不以研发作为投资条件。在中国修订后的汽车产业政策中，2005 年出台的某项法规歧视进口汽车零部件并阻碍当地汽车生产商在组装过程中使用进口汽车零部件。2006 年，在说服中国撤回其规定的双边谈判以失败告终后，美国、欧盟和加拿大以中国法律法规不符合某些 WTO 条款为由向中国提起了 WTO 诉讼。WTO 专家组和上诉机构都裁决表示支持美国和其他不满的成员方。中国在 2009 年撤销了这一规定。

美国代表还解释说，中国最近采取的一系列关于"新能源汽车"（New Energy Vehicles, NEVs）的措施也十分有争议。例如，中国国家发展和改革委员会于 2007 年和信息产业部于 2009 年颁布的规定都要求外国制造商在中国的新能源汽车投资要服从于项目许可。美国代表还表示，钢铁行业是自中国加入世贸组织以来另一个被投资限制影响较深的部门。例如，中国在 2005 年颁布的钢铁部门的政策就要求外国投资者在钢铁加工商拥有专有技术或知识产权。

最后，美国代表敦促中国尽快根据其 WTO 承诺审查其现有的投资措施（尤其是汽车和钢铁产业），并在必要时作出适当的修正。

近年来，日本普遍欢迎中国致力于简化投资项目的审批过程，包括实现权力分散、自由化和提高透明度。然而，要使外国中小企业核实过程的实施仍有困难，从这个意义上说，外国投资者希望可以进一步提高审批投资项目过程的透明度与可预见性。

此外，对于中国在投资审批过程和出台影响投资的新的法律法规方面提高透明度的所有努力，欧盟也表示欢迎。然而欧盟也指出投资批准在中国仍然是一个非常艰难地过程，而且目前还没有执行这些批准程序的明确的一站式机构，因此如果能进行进一步的机构改革将再好不过。2011 年，中国政府发布了外国投资行业指导目录的修订草案，这部修订草案列出了外国直接投资范围，在这个范围内鼓励、限制或禁止外国投资并更新了目录的 2007 年版。然而令欧盟遗憾的是，在草拟的版本中修改的目录并没有明显地削减部门限制，甚至在禁止的部门清单中增加了一些如邮政和快递服务这样的部门。最后,欧盟代表表示将密切关注这些问题。他相信委员会将在其职权范围内继续提供适当的讨论机会来激励 WTO 成员,确保他们的贸易机制完全符合多边贸易体系的规则,这对 WTO 的所有成员都是有益的。

针对上述质疑,中国代表解释说,对于新能源汽车的特定规定规则和随后与中国有关当局的协商,其他成员显然对中国的某些措施政策产生了误解。这些规则本身并没有提出与 TRIMs 不符的强制性的技术转让要求。国内外制造商在这一领域确实应有自己的核心技术,但这并不意味着外国投资者必须转让技术。因为这个行业相对较新,仍然处于技术开发和产业化的早期阶段。这些规定对于保证产品的安全和质量是必要的。

中国代表还提到了在过去的 10 年里中国实施 TRIMs 相关承诺中所付出的努力。正如中国根据中国的加入世贸组织协定书提交给委员会的所有九份文件中所反映的那样,中国已经认真履行了 TRIMs 下的承诺。此外,中国也持着对 TRIMs 开放和坦诚的宗旨下与 WTO 成员进行了讨论和磋商,以期使这些措施的实施符合 TRIMs 的要求。中国将继续认真履行 WTO 成员的义务,包括 TRIMs 项下的内容。另外,中国是一个代表广大中国人民利益的主权国家,承担着实现经济发展与社会进步的重要任务,因此有权制定关于外国投资的制度。然而,在这一过程中,中国和其他 WTO 成员应该共同遵守包括 TRIMs 这样的 WTO 的一般规则和原则。中国也愿意就这些一般规则和原则与成员继续展开讨论。中国将继续扩大对外国投资的开放,而且在这方面的最新举措在最近提交给委员会的 G/TRIMs/W/90 文件中有所体现。中国正在修订其外国投资行业的指导目录,并且在此修订中,中国将进一步对外国投资开放一些行业。最后,中国的这次过渡审核并不意味着中国与其他成员沟通的结束。中国将以开放与合作的精神参与到委员会的活动中来。

5. 阿根廷利润汇回本国规定引质疑

阿根廷非官方的贸易平衡的政策规定:进口方应该等量甚至更多地出口,或在阿根廷建立生产设施。欧盟代表认为这些政策直接影响了进口和海外利润汇回。许多厂商不得不做出这样的贸易平衡承诺,并提交进口平衡计划。尽管没有官方命令,但政府曾以改善贸易平衡的名义公开支持这些措施。日本方面也不赞成阿根廷官方公开支持限制进口汽车零部件以保护或内厂商的行为。美国认为阿根廷的进口许可制度(包括贸易平衡要求)极大地限制了阿根廷从美国等其他成员方市场的进口。这一制度尤其将进口商承诺等量出口或对国内投资作为进口许可与清关的条件。尽管货物贸易委员会(CTG)和进口许可程序(IL)委员会的 22 个成员提出了这些问题,但由于阿根廷否认其存在而并没有得到解决。

阿根廷代表不同意其贸易政策限制了进口的说法,也不赞同阿根廷现在的体制阻碍了进口、扭曲了贸易的说法。实际上在 2011 年,阿根廷把提出质疑的这些国家的进口酒提高了 24%。然而,由于在这些国家面临了较高的关税壁垒与配额等限制措施,阿根廷的出口相对于其进口表现反而并不算出色。阿根廷同样拒绝其他论坛与组织想要使其承担的义务和承诺,并强调 WTO 机构想使其履行的义务应该仅限于 WTO 框架下的义务,而不是 G20 这样的集团中的义务。阿根廷强调其贸易政策(包括其投资措施)一向透明,而且符合 WTO 的规则与承诺要求。

四、TRIMs 未来趋势展望

尽管 TRIMs 的演进充满荆棘，但它作为一个对国际投资法及各国外资立法的发展起到了重要的促进与向导作用的国际法典，必然仍会继续有效地发挥作用。随着各国政治与荆棘力量对比关系的变化，TRIMs 协议必将逐步消除种种缺陷，在谈判中逐步完善，更有效地发挥维护及促进贸易与投资自由化的积极作用。在对协议演进和展望的探讨中，我们得出以下三个结论：

（一）TRIMs 协议演进方向的确定性

投资自由化义务的不断加强是协议发展的方向。投资自由化是协议演进的最终推动力。TRIMs 协议纪律的加强和协议扩大是投资自由化影响下的总趋势。

从历史的角度看，投资自由化推动了 TRIMs 协议的出现。随着国际投资协议的目的由投资保护转变为投资自由化，取消投资措施作为投资自由化的重要内容，开始成为国际社会管制的中心。TRIMs 作为一种变相的非关税壁垒进入 GATT 的管辖范围，是实现国际管制的代表之作。TRIMs 协议对国际贸易和国际投资的自由化发展起到了推动作用。电讯、化工、汽车、制药等行业的国际直接投资是本协议最大的受益者，该领域的外资将获得比其他行业更快的发展。

但是作为国际投资自由化立法进程的开端，TRIMs 协议不能视为一个全面取消各种扭曲贸易的投资措施的成功的自由化协议。TRIMs 协议第 9 条暗示着由 TRIMs 协议发展为多边投资框架的可能，多边投资框架谈判一旦启动，WTO 将会基于方便管理和协议一致性的目的将 TRIMs 协议规则并入多边投资框架。WTO 贸易与投资关系工作组已经为协议向更高自由化的发展提供组织基础，它建立的意图就是继承 TRIMs 协议的衣钵，将投资自由化的理念进行到底。

投资自由化的最大阻力——发展中国家，也不能抵挡这一趋势，而将一步步地接受越来越高的投资自由化义务。认识到外国直接投资在促进经济发展上的价值，特别是对资源配置、国际收支情况和产业发展等的长期效益，发展中国家在多哈回合并没有像在乌拉圭回合一样，完全反对禁止 TRIMs，仅仅只是讨论在符合东道国的发展目标的前提下，例外地对某些 TRIMs 豁免协议纪律的可能性。发展中国家也可能将最终接受多边投资框架。

（二）协议演进过程的曲折性

发展中国家与发达国家的矛盾是协议演进呈现曲折性的主要原因，这一矛盾也决定了 TRIMs 协议中投资自由化义务的渐进性。以下从三个方面阐述发展中国家与发达国家这对矛盾。

首先，发展中国家与发达国家的矛盾是协议发展的关键。

以美国、欧盟、加拿大、日本为达标的发达国家和以印度、巴西和非洲国家团体为代表的发展中国家在 TRIMs 协议上展开了针锋相对地激烈辩论。乌拉圭会议协议的产生式这对

第十二章　WTO 新议题 II

矛盾的妥协，多哈会议协议执行问题的谈判时这对矛盾的调整，而坎昆会议协议谈判的毫无进展则是发达国家与发展中国家矛盾无法调和的结果。

矛盾根源在于不同经济发展水平的国家在经济利益上的不同。代表跨国公司利益的发达国家站在加强投资保护、提高投资待遇的基础上，当然主张限制投资措施，建立多边投资框架更强的自由化义务；而作为大多数外资的东道国的发展中国家站在实现国家经济发展战略，防范外资消极影响的基础上，当然主张不受限制地使用投资措施，反对多边投资框架谈判的启动。而且投资协议与贸易协议相比较而言，发展中国家与发达国家间的这种在投资关系方面的不对称关系不同于它们在国际贸易中彼此间既是出口国又是进口国的对称关系。因此它们在投资问题上的矛盾远远大于在贸易领域。

其次，矛盾的双方呈现不平衡性，发达国家对矛盾的发展起着主导作用。

乌拉圭会议本身就是发展中国家对发达国家的妥协，因为协议本身只规定了东道国取消 TRIMs 的义务，在一定程度上加剧了投资领域国际立法的不平衡性。而且由于资本输出国的不断施压，发展中国家可能处于越来越不利的地位。TRIMs 协议帮助经济实力雄厚的发达国家进一步充分地利用自己的资本输出优势，反映了发达国家的利益。而发展中国家却作为资本输入方进一步受到 TRIMs 协议的约束。

客观上说，由于发达国家经济实力强，它们在 WTO 谈判中往往处于有利地位，自然也对 WTO 的发展具有主导作用，而发展中国家相应地处于不利地位。在 WTO 投资问题的谈判的谈判中也是这样，谈判本身存在法律对称与经济不对称的矛盾。WTO 强调公平竞争使经济实力强的国家能够获得更大的好处，对发达国家更有利。由此产生的后果是发达国家与发展中国家经济差距的进一步扩大，造成事实上的更不平等。

WTO 的一揽子交易更使发展中国家在 TRIMs 协议谈判中的作用更加有限。贸易协定中处理投资问题是发达国家有利，因为发达国家在国际投资协议上没有明显的优势，但发展中国家却在国际贸易关系中对发达国家的依赖性很强，发达国家在多边贸易协议中拥有更多的发言权，它们可以通过一揽子方案实现他们在投资自由化上的目标。为了换取发达国家对农业和纺织品贸易谈判的支持，发展中国家不得不在 TRIMs 协议上做出妥协。但发达国家在农业问题上还只是做出了很小的让步，对纺织品和服装协议的实施也采取了拖延的态度，发达国家和发展中国家在利益分配中处于严重的不均衡状态。

最后，发展中国家对矛盾的影响力增强。

虽然发达国家占据优势，但发展中国家在谈判中的影响力仍不可低估。这一点从乌拉圭会议到坎昆会议，已经愈来愈明显。例如，乌拉圭会议缔结协议之时，发展中国家担心设立 TRIMs 协议委员会的目的是奖励在 GATT 的监督机制之外，建立为资本输出国服务的投资全球规制机构，因此反对 TRIMs 协议委员会的设立。这种反对态度导致协议仅仅为 TRIMs 协议委员会规定有限的职能。而坎昆会议时发展中国家对矛盾的影响力更加强大。该会议因为发展中国家不满发达国家在执行问题上态度消极而最终无法达成妥协。

为了避免被动地接受发达国家所制定的投资规则，发展中国家将更为主动地参与到相关谈判中去，通过国际投资协定中的灵活性安排尽量为自己争取更多利益。在发展中国家对 WTO 决策影响程度提高的情况下，WTO 采用协商一致决策方式越来越容易引起 WTO 机制的失灵，协议的进展也愈加曲折。

坎昆的失败已经敲响了警钟，要求 WTO 在未来谈判中更多考虑发展中国家的利益。

（三）未来协议演进中发展目标的主导性

协议在自由化进程中确保对发展中国家的发展目标的考虑将是减轻协议发展曲折性的关键，所以未来协议演进中发展目标将占据主导作用。

发达国家要为外国投资者寻求法律安全和投资政策的可确定性，而发展中国家要为东道国争取充分的灵活度来规制投资活动以实现它们的发展目标。前面讨论过发达国家与发展中国家这对矛盾的不平衡性，发达国家在这对矛盾中处于优位。只有恢复矛盾平衡性的多边协议，才能得到一致的接受。这一解决模式的关键是在于发展中国家发展目标的充分实现。

事实上，发展问题一直是 WTO 的核心问题。《马拉喀什建立世贸组织协定》序言和 TRIMs 协议序言中明确将"便利发展中国家经济增长"与"保证发展中国家在国家贸易增长中获得与经济发展需要的相当的份额"的发展目标作为 WTO 和 TRIMs 协议的目标。

同时，协议在发展中越来越重视发展目标。多哈回合不同于以往任何一轮多边贸易谈判之处就在于，多哈回合是以发展问题为中心的发展回合，它已明确将发展中国家的利益放在了突出的地位。发达国家必须真正关注发展中国家的发展问题，在与后者利益紧密相关的问题上，认真考虑发展中国家的要求。只有这样，才能在发达国家在 WTO 事务中占据主导地位的情况下，使谈判结果体现双赢或多赢的原则。多哈回合谈判的指导思想已由单纯的自由化演变为发展模式和自由化并重。

从执行问题来看，多哈回合的 TRIMs 协议谈判时对执行问题的谈判，更确切地说是如何在执行 TRIMs 协议中保证发展中国家的差别待遇的谈判。多哈部长会议倡导发展目标和对发展中国家特殊情况的考虑，发展中国家主张应用发展模式重新解释和修改 TRIMs 协议。在未来投资框架的设计中，贸易与投资关系工作组的研究也集中在发展中国家关心的发展问题的研究上。从发展的角度创建全球性统一投资规范将是多边投资框架立法的选择。

综合上述，协议将在发展中国家和发达国家的矛盾对立中曲折地向更高的自由化目标迈进，确保对发展中国家的发展目标的尊重是加快这一进程的关键。无论未来如何发展，只有一个真正为 WTO 成员提供了一个务实和可行的模式的多边协议，才能得到一致的接受。只有一个平衡投资者与东道国利益的 TRIMs 协议，才是真正的世界性的国际投资法制的起点！

第十三章 WTO 新议题 III

本章要点
1. 区域经济一体化有几种主要形式？
2. 当前区域经济一体化的主要特点是什么？
3. 试论区域经济一体化对经济的影响。
4. 电子商务归类为服务还是货物对发达国家和发展中国家产生的冲击有很大不同，其根本原因是什么？
5. 试论在 WTO 框架下，我国利用 WTO 的保护性原则，采取对策应注意什么？
6. 劳工标准的含义是什么？

第一节 WTO 多边贸易体制与区域经济一体化

WTO 第七次部长级会议 2009 年 11 月在总部日内瓦举行。在金融危机和不利经济形势的大背景下，这次会议的主题被定为"世界贸易组织、多边贸易体系和当前全球经济形势"。

其中一项重要的议题是"关于自由贸易协定"。随着全球化的发展，双边和多边贸易体系发展迅速，同时也对 WTO 的自由贸易协定构成了严重的挑战。特别是随着近年来西方经济的整体下滑，金融危机还没有"烟消云散"之时，欧美发达国家的贸易保护主义的"大棒"政策下，如何将 WTO 多边贸易体制与区域贸易协定之间，既存在相互竞争和替代的关系，又具有相互补充和促进的关系协调好是世界各国和国际组织的重要课题。

一、区域经济一体化与多边贸易体制

（一）世界经济中的区域经济

WTO 多边贸易体制的核心是最惠国待遇和国民待遇多边贸易原则。

无论是关贸总协定，还是 WTO，在促进贸易自由化的进程中发挥了不可替代的重要作用。而在全球一体化过程中区域经济一体化的发展也是重要的推力。

区域经济一体化是指，地理上邻近的国家（地区），相互间通过契约或协定在区域内逐步消除成员方之间的贸易和非贸易壁垒，进而协调成员方之间的社会经济政策，形成一个超越国界的商品、资本、人员和劳动力自由流动的统一经济区域的过程。目的是为了通过区域

经济组织，在成员方之间进行分工协作，更有效地利用成员方的资源，获取国际分工的利益，促进成员方经济的共同发展和繁荣。

经济一体化的形式根据不同标准可分为不同类别。美国著名经济学家巴拉萨把经济一体化的进程分为四个阶段：（1）贸易一体化，即取消对商品流动的限制；（2）要素一体化，即实行生产要素的自由流动；（3）政策一体化，即在集团内达到国家经济政策的协调一致；（4）完全一体化，即所有政策的全面统一。

经济一体化组织也可以根据市场融合的程度，分为以下 5 类：自由贸易区（Free Trade Area，FTA）、关税同盟（Customs Union）、共同市场（Common Market）、经济联盟（Economic Union）和完全经济一体化组织（Complete Economic Integration）。

（1）自由贸易区，是指两个以上的主权国家或单独关税区通过签署协定，在世贸组织"最惠国待遇"基础上，相互进一步开放市场，分阶段取消绝大部分货物的关税和非关税壁垒，改善服务和投资的市场准入条件，从而形成的实现贸易和投资自由化的特定区域。第一个自由贸易区是 1960 年由英国、澳大利亚、挪威、瑞士等国倡导建立的欧洲自由贸易协定（EFTA），另一个典型自由贸易区是由美国、加拿大、墨西哥在 1993 年建立的北美自由贸易协定（NAFTA）。2011 由我国倡导形成的"中国—东盟自由贸易区"（CAFTA）也属于自由贸易区，也是我国加入的最重要的双边贸易体系。

（2）关税同盟，是指两个或两个以上国家（地区）缔结协定，建立统一的关境，在统一关境内缔约方相互间减让或取消关税，对从关境以外的国家或地区的商品进口则实行共同的关税税率和外贸政策。关税同盟的成员方取消了各成员之间的商品和服务贸易壁垒，使之可以在成员方之间自由流动，此外，关税同盟比起自由贸易区最大的不同点在于成员方之间采取共同的对外贸易政策，采取统一外部关税，非成员方向关税同盟的任何一个成员方出口货物时，均使用相同的关税，同时，税收收入按预先确定的方法在各成员方之间进行分配。例如，比利时、荷兰和卢森堡于 1920 年建立的比荷卢关税同盟；美洲的安第斯条约组织；2003 年建立的海湾关税联盟。

（3）共同市场，是指两个或两个以上的国家（地区）之间通过达成某种协议，不仅要实现共同市场的目标，还要在共同市场的基础上，实现成员方经济政策的协调。共同市场是更深层次的经济一体化形式。与关税同盟相似，在各成员方之间不设置任何形式的贸易壁垒，并采用共同的对外贸易政策。除此以外，共同市场还允许生产要素在各成员方之间自由流动。这些生产要素包括劳动力、资本和技术。因此，在共同市场内部完全取消了对移民和跨国投资所设置的限制性措施。欧盟在统一货币之前的阶段是迄今为止唯一成功的共同市场；南美共同市场包括阿根廷、巴西、乌拉圭组成的南美共同市场也正向着更加开放的方向发展。

（4）经济联盟，是指成员方之间除了商品与生产要素可以进行自由流动及建立共同对外关税之外，还要求成员方实施更多的统一的经济政策和社会政策，如财政政策、货币政策、产业政策、区域发展政策等，如欧盟。

（5）完全经济一体化，是经济一体化的最高级组织形式。区域内各成员方在经济联盟的基础上，全面实行统一的经济和社会政策，使各成员方在经济上形成单一的经济实体。而该经济实体的超国家机构拥有全部的经济政策制定和管理权。

(二) 区域贸易协定的发展趋势及其特点

(1) 世界上的大多数国家,包括传统意义上依赖多边贸易自由化的国家,开始把制定区域贸易协定(Regional Trade Agreements,RTAs)作为对外政策的重点。

20世纪90年代以来,区域贸易协定呈现蓬勃发展的态势。根据WTO的数据,至2007年7月,向该组织备案的区域贸易协定有380个,其中205个区域贸易协定正在实施。WTO预计到2011年区域贸易协定的总数将达到400个。它们的成立与发展对以WTO为代表的多边贸易体制产生了重要影响。

区域贸易协定以自由贸易协定(Free Trade Agreement,FTA)、经济联合协定(Economic Partnership Agreement,EPA)等形式在欧洲、北美洲、南美等国家开始在世界范围内迅速增长。由于历史、政治、地缘等问题区域贸易协定推进较慢的东亚地区进入21世纪以后迅速成为在RTAs新一轮扩张趋势中,谈判活动的中心也发生了变化,亚太地区正在成为新的增长点。日本已经与新加坡、墨西哥、马来西亚、菲律宾、印度尼西亚、智利等国签订了经济联合协定。美国也积极开展进军亚洲策略,与韩国签订了韩美自由贸易(FTA)协定。

(2) 区域贸易协定相邻国家(地区)之间签订的较多,虽然,随着交通业、信息服务业的发展,距离的时空感也来越淡化,但是,短时间内区域贸易协定的重要趋势还是围绕相邻地区或国家之间展开。

"贸易吸引力"原理也告诉我们相邻国家(地区)间的人文、历史、物流优势比较突出。因此,区域贸易协定对于市场开拓能力有限、产品国际竞争力相对较弱的国家或地区更有条件发展双边或三边区域贸易地区或邻近国家而言,自由贸易区有利于进一步发挥经贸合作的地缘优势。因此,邻近国家和地区间具有更多的有利条件来扩大和加深经济合作以获得互利双赢的效果,其效果比参加多边贸易体系带来的利益要更明显一些。

(3) 区域经济一体化的合作内容越来越广泛。

传统的区域贸易自由协定目的在于实现区域贸易自由化、使区域贸易更加便利和区域间贸易政策的操作上更加灵活。其使用策略上重视降低关税壁垒的协商和制度调节、对于非关税壁垒只是加以限制没有提出明确的目标,因此,谈判主要集中在货物贸易领域。在服务贸易越来越受到各国重视的背景下,RTAs在继续推进货物贸易自由化进程的同时,更加关注服务贸易领域的协调和制度安排,并尽可能地扩大其他相关议题的合作。

(4) 不同经济发展水平间的"垂直型"互惠贸易协定有所增加,发展中国家随着经济的整体实力的提高,对于单向的非互惠贸易优惠体系的依赖逐渐减少。

发展中国家之间的贸易互惠协定发展发展迅速,这也是"南—南贸易"发展迅速的一个重要体现。其中比较典型的是中国主导的"中国—东盟自由贸易区"以及"南美自由贸易区"(SAFTA)。

(5) RTAs区域性的扩张趋势明显,其整体实力越来越强。

以亚太经合组织为例,已经形成了包括澳大利亚、文莱、加拿大、智利、中国、中国香港、印度尼西亚、日本、韩国、马来西亚、墨西哥、新西兰、巴布亚新几内亚、秘鲁、菲律宾、俄罗斯、新加坡、中国台湾、泰国、美国和越南等 21 个成员。成员占世界总人口 40%，占世界国内生产总值 56%，占全球贸易量 48%。人均 GDP 为 6529 美元，比世界人均 GDP 高 1854 美元，是全球最大的区域经济组织。

这说明区域贸易组织正在不断突破传统意义上的"区域"、"相邻地区"间的协定概念范畴。它正不断在随着科学技术革命，特别是信息技术、交通业的发展不断地扩大和加强深化合作。各个国家（地区）也伴随着跨国经济和国家贸易发展努力实现现有的框架，寻求跨区、跨洲、跨洋的合作伙伴。

（6）以欧盟、北美自由贸易区和亚太经合组织为中心的全球区域一体化格局突显。

"冷战"结束后，在世界政治多极化和经济全球化背景下，区域经济利益贸易协定增加。以大国为中心的区域经济一体化和世界经济的主导双边贸易进一步增强。欧盟、北美自由贸易区取得重大进展的形势下，亚太经合组织于 20 世纪 80 年代末正式建立，这是亚太地区特别是西太平洋国家利地区为适应世界经济多极化区域经济一体化趋势、维护本地经济利益和加强集体地位而做出的重要决定。欧盟、北美自由贸易区和亚太经合组织两大区域经济组织的形成和发展无疑将对区域一体化的世界经济的发展产生深远影响。

二、WTO 中有关区域贸易协定的规定

世界经济一体化成为一种不可抗拒的潮流和趋势。但是一体化进程中有两种途径可以选择。一种是全球经济一体化，另一种是区域经济一体化。两者之间的既有联系又有区别。重要的区别在于，前者是通过在 WTO 体制下，经过多边贸易谈判协商解决各种关税、非关税壁垒及成员方共同制定多边贸易体系规则来实现逐步世界经济自由化和一体化。后者则是通过区域性的优惠贸易制度规则和建立经济贸易集团来实行关税的减免、生产要素流动性等实现经济的最终自由化。但是，区域经济一体化下区域内成员方作为经济主体对外都有排他性，势必对多边贸易体制下的世界经济一体化和全球化造成一定的冲击。如 WTO 体制下的"最惠国待遇"在区域贸易集团内就是个最大的"例外"。

"最惠国待遇"原则是世界贸易组织各成员必须遵守的基本原则，是 WTO 多边贸易体制的核心。但在区域贸易协定范围内，WTO 规则允许成员超越"最惠国待遇"的原则，即通过区域贸易安排，给予一部分成员更多优惠的贸易待遇安排。

WTO 有关区域贸易安排相关规定

WTO 有关区域贸易协定的现有规定包括如下：一是 1979 年东京回合的授权条款；二是 1994 年通过《关税与贸易总协定》（GATT）第 24 条及乌拉圭回合谈判中签署的《关于解释 1994 年关税与贸易总协定第 24 条的谅解》；三是主要适用在国际服务贸易领域经济一体化的《服务贸易总协定》（GATS）第 5 条。这些条款是多边贸易体制下区域贸易协定存在的法律基础。

（1）1994 年关税与贸易总协定（GATT 1994）第 24 条"适用的领土范围—边境贸易—关税同盟和自由贸易区"的规定中，把区域贸易协定作为适用 GATT 规则的例外。但要注意

第十三章 WTO 新议题 Ⅲ

的关税领土是，为一个与其他领土之间的大部分贸易保持着单独税率或其他单独贸易规章的领土。该条共 12 款，涉及区域贸易协定的主要是第 5 款至第 10 款，内容包含：不影响非区域贸易协定成员的待遇的制度安排；实现区域内众多贸易的自由化；加强透明度等方面的规定。

（2）《关于解释 1994 年 GATT 第 24 条的谅解》对区域贸易协定的规定为增加成员方之间的贸易，同时避免对非成员方的贸易壁垒，要求必须增加用于评估新的或扩大的协定的标准和程序，如提高所有根据第 24 条签署的协定的透明度，谅解中补充到，第 24 条第 5 款（C）项所指的"合理持续时间"只有在例外情况下方可超过 10 年。如属一临时协定参加方的成员认为 10 年不够，它们应向货物贸易理事会提供需要更长期限的全面说明，从而加强货物贸易理事会在审议根据第 24 条作出通知的协定方面所起作用的有效性。

乌拉圭回合谈判中各个 GATT 缔约方国家签署的《关于解释 1994 年 GATT 第 24 条的谅解》主要内容如下：①不得高于或严于未建立同盟或临时协定时各组成的关税领土所实施的关税；②制定了形成关税同盟的成员提议提高约束关税时所应遵循的程序；③对于导致关税同盟形成的临时协定而从关税削减中获益的成员，GATT 并不施加任何义务要求向同盟成员领土提供补偿性调整；④缔约方全体对关税同盟和自由贸易区的审查；⑤对争端解决程序的解释；⑥对缔约方采取合理措施保证遵守 GATT 各项规定的解释。

（3）东京回合达成的"授权条款"有关区域贸易协定的规定。1979 年在 GATT 的第 7 轮多边贸易谈判——"东京回合"会议期间，签署了《关于发展中国家差别、更优惠、互惠和较全面参与的决定》。由于该协定中注明要求发达国家给予发展中国家更优惠的待遇，并且给予发展中国家之间如果建立区域贸易将被安排免除 GATT 第 1 条规定的"最惠国待遇"的适用的义务，因此，通称为"授权条款"。"授权条款"主要有以下三项内容：①发达国家在贸易谈判中对发展中国家的贸易所承诺的减让或撤除关税和其他壁垒的义务，不享有得到互惠。②发展中国家之间采取的一些优惠减让可以不给予发达国家。③由发达国家向发展中国家提供普惠制待遇。"授权条款"对发展中国家之间签订区域贸易协定规定的条件：①在不妨碍其他 WTO 缔约方的贸易难度及设置不必要的贸易壁垒的前提下，促进发展中国家之间的贸易。②不得构成依据"最惠国待遇"原则进行的削减或取消关税的障碍，或者对贸易的其他限制。③增加信息的透明度。协定当事方必须提前通知缔约方全体，提供其认为适当合理的信息，且要积极回应有利害关系的缔约方的要求，提供及时进行磋商的适当机会。

根据"授权条款"签订的区域贸易协定，无需将这类协定按 GATT 第 24 条的规定审批或按 GATT 第 25 条"豁免义务"程序来审批和贸易规章的一般限制水平的解释。但是在附加条件中特别指出：促进发展中国家的贸易发展的同时保证对区域协定外国家的贸易不能产生负面影响，在"最惠国待遇"的基础上削减贸易壁垒。

（4）《服务贸易总协定》（GATS）第 5 条对区域贸易协定的规定。

WTO《服务贸易总协定》（GATS）第 5 条规定了区域服务贸易协议必须符合的条件，与 GATT 第 24 条一样，属于"最惠国待遇"原则的例外。GATS 第 5 条"经济一体化"规定："本协定不得阻止任何成员参加或达成在参加方之间实现服务贸易自由化的协定"。

主要内容如下：

① 一体化必须涵盖众多服务部门。

② 在上述部门取消现有歧视措施，禁止采取新的或更多的歧视性措施。

③ 对发展中国家参加区域服务贸易协议在条件方面给予灵活性，对区域服务贸易协议只涉及发展中国家的，参加方的自然人所拥有或控制的法人可给予更优惠的待遇。

④ 要在协定生效时或在一合理时限内实现一体化。

⑤ 任何协议应有利于该协议参加方之间的服务贸易，对该协议外的任何成员方，不应提高在各个服务部门或分部门中在该协议之前已适用的服务贸易的壁垒水平。

⑥ 区域性服务贸易协议的订立、扩大或任何重大修改，有关成员想要撤销或要对原承诺表中所列条件作出不相一致的修改时，应于上述修改或撤销的90天前发出通知，并按GATS第21条、第2、3及4款所规定的程序进行。

⑦ 区外WTO成员按协议参加方的法律所设立的法人，在该协议参加方领土上从事实质性商业经营，应享受该协议项下的待遇。

⑧ 参加任何协议的一个成员，对其他成员从此项协议中可能增加的贸易利益不得谋求补偿。

从内容和整体上看，《GATS》第5条的规定与1994年GATT第24条基本上的方向是一致的，都是在不允许提高贸易壁垒总体水平的前提下，有利于WTO成员之间的贸易往来，促进国际贸易的快速发展。区别只是在于，由于GATS不涉及关税和数量限制等贸易壁垒，而是更加隐蔽的非贸易壁垒形式出现，所以没有使用关税同盟和自由贸易区这一称谓，使用的是"经济一体化"的概念。相对于GATT的24条规定，GATS第5条规范更为宽松，政策解读的弹性比较大。例如，第5条仅要求取消"大多数行业的大部分歧视性措施"，而GATT第24条则是"实质上所有贸易"。

（5）多哈回合谈判达成的《区域贸易协定透明度机制》。

2001年11月在卡塔尔多哈举行的"多哈回合"中，WTO规则谈判专家小组在区域贸易协定程序性问题的谈判中达成了一致，在2006年12月的WTO理事会通过了《区域贸易协定透明度机制》的决议。这是第一次通过决议的形式来管理和指导世贸组织成员间达成的区域贸易协定的审议工作。根据该透明度机制，WTO区域贸易协定委员会将依据GATT第24条和GATS第5条对区域贸易协定进行审议。同时WTO贸易和发展委员会将根据授权条款对区域贸易协定进行审议。根据此机制，区域贸易协定的成员需要履行的义务主要有预通报、通知、履行透明度程序义务以及后续通知及报告义务。该决议还规定了负责执行的机构及对发展中国家的技术支持等问题。

三、区域贸易协定对WTO多边贸易体制的严重挑战

由于政治、经济、文化和历史传统的原因，地区区域贸易集团得到了蓬勃发展，典型的例子就是欧盟，其是全球最大的经济体，囊括了27个国家和地区，并发行了统一货币欧元，这些都对WTO多边贸易体制形成了强大的挑战（郭丽，2005）。

第十三章　WTO 新议题 Ⅲ

（一）区域贸易集团的发展将使谈判方的力量增大，这可能导致因单个谈判方力量的强大使 WTO 多边贸易体制谈判难以相互妥协从而导致多边谈判停滞不前

由于成立时的小集团利益与多边贸易体制的原则和制度不一致，往往影响多边贸易体制的充分实施。如有发达国家组成的区域经济联盟随着经济和影响力膨胀，形成垄断力量，在重大议题上对自身发展有力的 WTO 的决策实施负面影响。

（二）区域贸易集团的发展构成了对 WTO 的基石——"最惠国待遇"原则的严重挑战

"最惠国待遇"（Most Favored Nationtreatment，MFN），是国际经济贸易关系中常用的一项制度，是国与国之间贸易条约和协定的法律待遇条款，在进出口贸易、税收、通航等方面互相给予优惠利益、提供必要的方便、享受某些特权等方面的一项制度，又称"无歧视待遇"。它通常指的是缔约国双方在通商、航海、关税、公民法律地位等方面相互给予的不低于现时或将来给予任何第三国的优惠、特权或豁免待遇。条约中规定这种待遇的条文称"最惠国条款"。

"最惠国待遇"原则也有可以不执行的例外情况：

第一，某发达国家给予发展中国家出口的工业品及半成品以更加优惠的差别的关税待遇；在非关税措施方面给予发展中国家更为优惠的差别的待遇；发展中国家之间实行的优惠关税；对最不发达国家的特殊优惠；可不给予其他发达国家成员。

第二，自由贸易区、关税同盟及边境贸易所规定的少数国家享受的待遇和经济一体化组织内部的待遇，可不给予其他世贸组织成员。

第三，一些成员为保障动、植物及人民的生命、健康、安全或一些特定目的对进出口采取的所有措施，不受"最惠国待遇"的约束。

第四，当一国的国家安全受到威胁时，可以不受"最惠国待遇"的约束。

第五，反补贴、反倾销及在争端解决机制下授权采取的报复措施，不受"最惠国待遇"的约束。

第六，货物贸易中的政府采购不受世贸组织管辖，所以不受"最惠国待遇"的约束。

第七，不属世贸组织管辖范围的诸边贸易协议中的义务。主要指在民用航空器贸易、奶制品及牛肉贸易等方面，世贸组织成员彼此间可以不给予"最惠国待遇"。在服务贸易中，根据"最惠国待遇"原则，WTO 规定在服务和服务的提供者方面，各成员应该立即和无条件地给予任何其他成员的服务及服务提供者相同的待遇。

（三）区域贸易协议对 WTO 多边贸易体制的主要争论

《1994 年关税与贸易总协定 24 条谅解》第 12 条明确规定，区域贸易集团实施过程中产生的任何事项，均适用于 WTO 争端解决机制。然而，WTO 现行的争端解决机制能否完全解决这一问题却令人怀疑。

世界贸易组织教程

1. "实质上所有贸易"问题

GATT 第 24 条 8 款规定，自由贸易区或关税同盟必须满足成员方之间"实质上所有贸易"实行自由贸易政策。但是这一表述比较模糊，没有明确它的标准。数值上没有量化，也没有明确它的计算方法。因此各个国家对"实质上所有贸易"的理解有很大的偏差。这种含糊的表述隐含的动机是各个自由贸易成员协定的成员之间有一定的自由度存在。根据 WTO 协定中附件 2《关于争端解决谅解书》（DSU）第 32 条之规定，WTO 成员应该按照解释国际公法的规则解释 WTO 现有规则。由于 1969 年《维也纳条约法公约》第 31、32 条在解释条约相关的国际规则习惯。因此，在 WTO 专家及上诉机构裁决中基本肯定上述规定所称之《解释国际公法的习惯规则》。因此，根据 DSU 第 32 条规定，有关《WTO 规定》可以参照《维也纳条约法公约》第 31 条款解释。

《维也纳条约法公约》第 31 条款规定如下：

条约应依其用于按照上下文并参照条约之目的及宗旨所具有通常意义，善意解释。因此，《维也纳条约法公约》第 31、32 条的规定，成为解释 WTO 协定条款的法律依据。《维也纳条约法公约》第 31 条规定："条约应依其用语按其上下文并参照条约之目的及宗旨所具有之通常意义，善意解释之"，由此确定了 WTO 协定条款解释的以下三个基本原则：

第一，善意解释原则；条约的解释要有根据实际整体情况进行适当调整后解释，它的原则是整体性、和谐性、平稳性。实践中根据条约语言过于松散，缺乏明确定义，缺少使用性和操作性。

第二，用语解释原则；条约的用语解释原则要求对条款的解释以条约用语为基础。按照这个原则对条约条款进行的法律解释，应当是在条约用语通常含义的基础之上，考虑条款的上下文含义，并参照条约的目的和宗旨。而条约签订历史只有在用语解释仍然不能清楚解释条款规定含义的情况下作为参考适用。

第三，条约的有效解释原则。条约的有效解释原则要求对条款的解释赋予条款所有的规定内容以意义。当对某一条款用语进行解释出现两个不同的结果时，条约的有效解释原则要求选择赋予条款所有规定以意义的那一个解释。

对于如何细化解释"实质上所有贸易"的问题上，澳大利亚提出，应尽快确定"实际上所有贸易 World Trade Organization Focus No. 1, 2003 世界贸易组织动态与研究 2003 年第 1 期（substantiallyallthetrade）"。认为，该定义是 WTO 有关的关税同盟和自由贸易区规则的关键所在。大多数成员支持尽快确定客观和清晰的标准，但对于"实质上所有贸易"解释存在一定分歧。主要分为两类主张：

（1）贸易额（日本、EU 主张）。

日本等国家主张实质上所有贸易应该是贸易额的 90% 的关税的废除。但是这也有很多批评的观点认为：贸易额较少的产品容易被忽视。并且，容易受到贸易额的变动影响，减免关税产品可能忽视现在正在贸易的产品，而对于潜在贸易商品被忽视。定量方法需要定义统计标杆，如 RTA 成员之间贸易的一定比例，来说明一个 RTA 包含的产品满足实质上所有贸易的要求。反对者认为单一的数量上的规定或分界不能满足"实质上"这一措辞不同的内

第十三章 WTO 新议题 Ⅲ

容，不管所包含的贸易数量有多少，必然有一定量的贸易被排除在外。

欧盟认为自由化贸易量达总贸易量 80%，即应视为符合实质上所有贸易的规定，需要考虑各个 RTA 的特点，不应设立统一的百分比。

（2）产品名录（澳大利亚为代表）。

澳大利亚提出，将 RTA 与实质上所有贸易要求的可比性与以某种比例表示的产品范围挂钩，而不仅以贸易流量来表示。分界线是以协调编码体系 6 位数中 95% 为准；辅之以 RTA 不同阶段贸易流量的评估。如果采用澳大利亚的基准，日本与新加坡签订的经济联盟协定就将违反 WTO 协定。

以商品名录的关税废除标准的问题是贸易额较大的商品没有被废除的情况下，关税往往不会有大的变化。即在产品分类较多的情况下，废除相关商品的关税对于关税废除率影响越小。通常应该以世界通用标准的统一分类（HS）6 位数为准，但是如《韩国和智利贸易协定》中规定，两国的关税废除率将按照本国的关税分类进行。而定性方法，实质上所有贸易意味着没有部门（或至少没有主要的部门）排除在 RTA 内部贸易自由化之外。所以这意味着不应该排除即使在 RTA 形成之前贸易很小的任何部门，但是即使 RTA 将所有部门都列入自由化名单中，也不一定能满足第 24 条第 8 款的要求，因为这样并不能自动达到自由贸易。

2. 对于 RTAs 的审查问题

在签署 RTAs 时，签署方有义务向 WTO 通报。这项制度是 WTO 对 RTA 的协调性和合理性的审查，设立有地区贸易协定委员会的专门审查机构（Committee on Regional Trade Agreements，CTRA）。同时，对于发展中国家的 RTA 由贸易与发展委员会来审议（Committee on Trade and Development，CTD）。审查的重点是是否符合 GATT 的惯例和准则，如果认为违反了相关 WTO 规定，将进行警告。但是，这项制度多流于形式，很难有效地监督和管理 RTA。问题主要有三点：

（1）通报的 RTAs 是少数。

（2）审查有名无实，没有约束力。截至 2007 年，通报到 WTO 的 RTA 是 180 件，只有 22 件根据授权条款通报。并且，这 22 件是 RTA 即将生效的一个月以内进行的通报。审查通常只能在协定生效后进行。因为审查需要一定的周期，并且专门委员会的报告书不被采用的情况较多。

（3）审查开始时，RTA 成立已经成为既成事实。虽然《关贸总协定》第 24 条和《服务贸易协定》第 5 条对区域贸易协定从程序和实质要件上都作出了规定，但无论是过去的 GATT，还是现在的 WTO，对于区域贸易协定的监管一直是软弱和低效率的。参与区域贸易协定的 WTO 成员一般只是按照程序要求向 WTO 履行通知义务，至于所缔结的区域贸易协定的内容与实际运作是否符合实质要件（如透明度、内部贸易自由化的程度、与外部非缔约方之间贸易的中立性和壁垒水平），在多边贸易体制的半个多世纪中一直存在着不同的解释，没有一个明确的结论。

虽然 WTO 成立后于 1996 年在组织上对区域贸易协定的审查进行了改进，即：成立区域贸易协定委员会（Committee on Regional Trade Agreements，CRTA）统一对所有区域贸易协定进行审查，但是这个新设的专门机构在其四年的工作中成效甚微：尽管审查了已通知到WTO的180种多项区域贸易协定（其中区域贸易协定的最新趋势及其对多哈发展议程的负面影响绝大多数源于GATT时期），但由于在一系列问题上存在政治和法律问题。没有对任何一种区域贸易是否符合WTO规定作出最终的结论。正是由于GATT/WTO长期以来对于区域贸易协定这个"烫手的山芋"审而难决，RTA被否定情况很难出现。如果协调还不能达成共识，根据WTO第9条规定就采用通过多数原则进行投票表决，实际上目前为止还没有使用过的先例。

3. 废除优惠关税的"妥当的期限"的解释比较模糊，容易产生歧义

对于发展中国家由于经济和技术和政策的操作性方面不够成熟，应对加入WTO的冲击力有所欠缺，WTO对于加入世贸组织的发展中国家有一个10年的缓冲期。同时，也指出有"特例的情况"。但是，对于"特例的情况"要求有足够的理由和"充分的说明"。但是，对于"充分的说明"和"充足的理由"没有进一步详细的解释。因此，一部分RTA利用这一"特例的情况"的规则，把10年期限进行延长。但是，由于审查制度不够健全监管机构形同虚设。

现在以EU、中国积极呼吁对发展中国家进行10年以上的期限延长的措施。但是与此相反，澳大利亚等国要求加入WTO协定生效日为止对于70%以上的关税进行废除。

四、WTO体制下的区域经济一体化的实现与发展对策

对于来自区域一体化的挑战不断增多的现实情况下，WTO多边贸易体制必须在维护全球贸易公平、促进经济协调发展、贸易体制的高效运转上承担更多的责任。因此，必须在以下几个方面进行积极的改革。

（1）完善贸易争端机制，加强WTO在解决争端中的影响力。

（2）对区域贸易协定中的有争议的内容同有不同解释的当事方进行积极探讨，进行统一的规则和内涵解释。

（3）WTO规则的严格执行与完善。

（4）应该不断加强WTO的吸引力和凝聚力，确立其在国际贸易中的权威地位。

五、案例

厄瓜多尔、美国等国诉欧盟"香蕉案"

关贸总协定（GATT）第一条规定对于原产或出口不同国家（地区）的同类产品进行贸易歧视。反映了"最惠国待遇"原则，即所有成员方在进出口方面享有同等权利。但是"最惠国待遇"有例外的情况。如区域经济一体化组织在（自由贸易区、关税同盟）对待成

第十三章　WTO新议题 Ⅲ

员方和非成员方时实行一定差异的政策，但是内外有别的政策实施受到严格的限制，要求必须符合WTO组织的例外的规定，否则将受到有关成员方和WTO的制裁。

[案情起因] 欧盟有着世界上最大的香蕉消费市场，每年约进口香蕉390万吨，价值近60亿美元。欧盟市场上的香蕉主要有三部分来源：一是直接隶属于某些欧盟国家的海外领土，如加勒比地区的英联邦成员，法国的海外省等；二是通过《洛美协定》（Lomi Convention）同欧盟保持特惠经贸关系的非洲、加勒比和太平洋地区的国家（简称"非加太国家"）；三是中美和南美洲国家。

1993年2月，欧盟颁布了理事会规则404/93，成立了香蕉共同市场，统一了欧盟的香蕉进口、销售政策。

首先，该规则根据香蕉的不同来源制定了不同的配额体系：

（1）来自欧盟成员国海外领土的香蕉进口配额为854000吨/年，配额内进口免税，配额外进口加征750ECU/吨的关税；

（2）来自非加太国家香蕉进口配额为857700吨/年，配额内进口免税，配额外进口加征750ECU/吨的关税；

（3）来自其他第三国家的香蕉进口配额为2553000吨/年，配额内进口加征75ECU/吨的关税，配额外进口加征750ECU/吨的关税。

其次，欧盟的香蕉进口规则还规定，所有进口都要履行进口许可程序。

非加太国家之外的其他香蕉出口国，尤其是中南美洲的香蕉出口国认为，1993年生效的欧盟"香蕉共同市场政策"损害了他们的利益。

因此，1995年，危地马拉、洪都拉斯和墨西哥联合把欧盟告到了WTO。

由于中南美洲国家的许多香蕉种植园均为美国公司的投资，美国也同时成为第四个申诉方。后来，厄瓜多尔和巴拿马也相继加入了申诉方的行列。

[案情经过] 最初美国等国要求与欧盟磋商，但磋商失败。1996年5月8日，负责解决该争端的专家小组成立。经过调查，1997年5月22日，专家小组认定欧盟的香蕉进口政策违背了WTO的"最惠国待遇"原则和其他有关规则。

【专家小组报告】1997年4月29日，专家小组作出最终报告并分发给各个成员方。

专家小组报告主要围绕以下问题进行了分析和裁决：（1）《GATT 1994》第1条、第3条、第10条和第13条；（2）《进口许可程序协议》第1条；（3）《服务贸易总协定》第2条、第17条。

（1）专家小组认为，欧盟香蕉体制的"经营者类别"的规定，对来自非ACP国家的香蕉进口所要求提供的资料多于来自ACP国家的香蕉进口，为经营来自ACP国家的香蕉进口提供了优势和利益，违背了《GATT 1994》第1条第1款（"最惠国待遇"）。

（2）专家小组认为，欧盟香蕉进口的经营者类别规则的规定，B类许可证占到配额的30%，并且可以有偿转让（B类经营者销售欧盟及非加太国家的香蕉），这一规定事实上将诱导经营者购买欧盟的香蕉，违反了《GATT 1994》第3条（"国民待遇原则"）。

（3）欧盟的香蕉进口许可程序对来自不同国家的香蕉采取区别对待的歧视性做法，明显与该条规定不符（贸易条例的公布和实施）。

377

(4) 欧盟通过 BFA 向没有实质利害关系的国家分配了关税配额，而不向其他国家分配，与《GATT 1994》第 13 条不符。

考虑到洛美协定的因素，1994 年 12 月，缔约国全体免除了欧盟在洛美协定到期日 2000 年 2 月 29 日前 GATT1947/1.1 下的义务，允许欧盟为从 ACP 国家进口的产品提供优惠关税待遇。

综合上述意见，专家小组认为欧盟的香蕉进口体制违背了《GATT 1994》、《进口许可程序协议》、《服务贸易总协定》的有关规定，建议 DSB 要求欧盟修改其香蕉进口体制。

【裁决与实施】1997 年 6 月 11 日，欧盟不服专家小组的裁定，到上诉机构上诉。1997 年 9 月 9 日，上诉机构做出报告，基本维持专家小组的裁定。1997 年 9 月 25 日，WTO 争端解决机构通过了上诉机构的报告，要求欧盟改变其香蕉进口政策。1998 年 1 月 14 日，欧盟制定了香蕉进口政策修正案，但申诉方不满意，要求争端解决机构（DSB）在再次审议欧盟新的相交进口政策，并要求实行报复。WTO 争端解决机构分别于 1999 年 4 月 19 日和 2000 年 5 月 18 日，授权美国和厄瓜多尔对欧盟实行报复。2000 年 7 月 27 日，欧盟声明将继续执行争端解决机构的裁定。2001 年 4 月 11 日，欧共体与美国就解决香蕉贸易争端达成最终协议。2001 年 4 月 30 日，欧盟和厄瓜多尔就解决香蕉贸易争端达成最终谅解。

[评论]

欧共体和美国这两大贸易巨头利用 WTO 规则相互较量，不仅展示了 WTO 争端解决机制的强项和弱项，而且暴露了欧共体和美国这两个 WTO 的超级成员对 WTO 多边贸易体制政策的真面目，还有助于我们进一步认清 WTO 对我国带来的挑战与机会。本案例中有一些启示：

(1) 世界贸易组织争端解决程序中的诉权的保护的广泛性、特殊性。

本案中的一个申诉方是美国。根据现有的情况以及美国的自然地理条件，美国并不出口香蕉，而且在短时间内也不会出口香蕉，专家组和上诉机构并没有考虑国内法律制度的要求，而是考察了 DSU 的相关规定，从驳回了欧共体提出的这一要求。多边贸易制度保护的不是贸易量，而是对贸易机会的预期。本案中的上诉机构指出，美国作为香蕉的生产国，不排除其具有潜在的出口利益。这一认识即是对贸易机会预期的保护。

(2) 世贸组织下的法律制度的延续性。

本案的一个特点是既涉及货物贸易又涉及服务贸易。某一措施，如经销措施，既是货物贸易行为，又是服务贸易行为。是适用 GATT 还是适用 GATS 问题。从本案的裁定结果看，欧共体的香蕉体制被裁定的同时违反了许多协议，这表明世界贸易组织制度下的法律义务是并存的、累积的，违反了某一协议并不必然排除对其他协议的违反。某一措施是否违反了不同的协议，要根据该措施的具体情况进行考查，任何先验性地排除某一协议的适用都是不适当的。

(3) 争端解决机制的多边性、公平性。

本案中在实施建议、中止减让的阶段，也必须遵循多边制度原则，无论是申诉方还是被诉方都不得单方面确定自己的行为、自己的要求是否适当。这就使各成员的贸易行为受到了多边纪律的约束，从而极大地稳定了各成员之间的贸易关系，在一定程度上避免了单方行为对国际贸易制度带来的不稳定性和危害。在本案中，无论是财小力弱的厄瓜多尔，还是财大势强的美国，或者是作为本案输方的包括15个成员的欧共体，他们提出的要求都一视同仁地受到了多边的审查。如果不通过多边制度，不要说厄瓜多尔与欧共体之间的争议可能会根据实力原则来解决，即使是欧共体与美国之间的分歧的解决结果也可能不能公平公正的解决。

第二节　WTO多边贸易体制与电子商务

电子信息技术引入商务活动引起了商业运行机制的革命，尤其对于国际贸易的分工和国际贸易生产关系产生了不可估量的影响。其中，WTO规则也受到了电子商务的重大的冲击，在不断地进行探讨和革新中完善。

在1998年5月新加坡举行的部长级会议上，WTO将电子商务有关的规则的事宜提上了议事日程。WTO的各成员部长们同意研究WTO框架下的全球电子商务贸易规则问题，这个声明旨在指导WTO总领事会制订详尽的工作计划以便指导全球电商发展迅速发展的形势下的电子商务给WTO贸易规则带来的新难题。在此背景之下，本章对电子商务对WTO货物贸易协定（GATT）、服务贸易总协定（GATS）与贸易有关的知识产权协定（TRIPs）进行深入探讨。

一、WTO框架下的电子商务发展

人类社会跨过20世纪，经济全球化成为这个时代的主旋律。推动经济全球化的原因有多方面，由比较优势和规模经济所产生的贸易利得是其根本性原因，科学技术的迅猛发展为其提供了必要的物质条件，跨国公司、国际组织以及英美等发达国家扮演极其重要的促进角色。

其中，电子商务为经济全球化继续拓展提供了坚强的技术支持。但对于电子商务这种新鲜事物，原有WTO规则对其并无特别考虑，由此引发WTO规则应如何适用于电子商务的问题。以信息技术和网络技术发展起来的电子商务扩大了世界市场的内涵与外延，改变了传统的贸易方式，不仅因24小时的连续交易使国际贸易信息传输和资金周转加速，还简化了国际贸易的手续和过程，降低国际贸易成本，还大大增进国际贸易机会，这些都是电子商务发展带来的。其中，WTO是推动经济全球化的最重要国际机构，它所建立起来的一整套以贸易自由化为核心的国际贸易规则对经济全球化的进程发挥出有力的鼓励和引导作用。但是，对于电子商务这种新鲜事物，原有WTO规则对其并无特别考虑，由此也引发WTO的规则该如何适用于电子商务的问题。

近年来由于互联网的猛速增长，WTO相关机构也逐渐察觉乌拉圭回合谈判对电子商务重要性的估计明显不足的问题。1996年在新加坡召开的WTO第一次部长级会议正式谈论电子商务问题，并且会议通过了《贸易与信息技术产品部长宣言》（ITA）。在这份宣言中提出,"世界范围内信息技术产品贸易自由的最大化"。该宣言取消了一系列信息和电讯产品的税收,其中还包括许多与电子商务息息相关的基础设施产品,占世界信息技术产品交易额高达93%的国家签署了该宣言,达到了42个国家。1998年在日内瓦召开的WTO第二次部长级会议上,部长们通过了《全球电子商务宣言》并敦促总理事会"制定一个全面的工作计划以考察所有与电子商务相关的贸易问题"。在1998年9月的特别会议上,建立了有关电子商务的工作计划,并将由以下WTO的机构的服务贸易理事会、货物贸易理事会、与贸易有关的知识产权理事会、贸易和发展委员会来执行。并要求每个机构都将考察各自范围内与电子商务相关的问题,提交有关其工作计划的报告或信息。

原本按照议程在西雅图部长级会议上探讨的电子商务议题,由于发达国家强烈要求将劳工标准、环境标准等内容塞入WTO新一轮谈判议题,引发发达国家与发展中国家之间的巨大分歧,导致该部长级会议没有达成任何共识,电子商务议题被搁置。这种情况持续到2001年11月的多哈会议才重新启动。毋庸置疑,WTO在电子商务领域启动多边谈判以及WTO规则将适用于电子商务已是确定事实,但究竟是适用现有的《1994年关贸总协定(GATT)》、《服务贸易总协定(GATS)》,或两者皆适用,还是另外达成一个全新的法律规则至今仍然是一个悬而未决的疑问。

对于电子商务而言在WTO的框架下,规则的适应将对贸易各国都会对其产生重大影响。对于发达国家而言,多边谈判所决定适用的规则的设计是否科学与合理必然会对其发展产生反差巨大的结果;对于发展中国家而言,如何适用1994年关贸总协定或服务贸易总协定将对其国内经济政策产生不同影响,特别是在税收管辖和市场准入方面的自主权保留程度上产生重大影响。因此,对WTO规则适用电子商务的研究已显颇为迫切与必要。

二、电子商务的主要含义及内容

电子商务主要是通过电子信息技术、网络互联技术和现代通信技术,使得交易涉及的各方当事人借助电子方式联系,实现整个交易的电子化。由于信息技术的逐渐完善和国际贸易的日益发展,电子商务应运而生。

从电子商务产生后随着国际贸易发展而在不断发展完善,并将逐渐成为国际贸易发展的重要方式。关于电子商务的定义,至今世界上还未形成一个统一的认识。其中代表性的定义如下。

"电子商务是在货物和服务的储存、交易、广告、销售和支付等过程中一切利用电子通讯方式的活动,它是基于数字化信息传输,包括文本、声音和可视图像一切形式的商业活动,它是以电子格式进行的服务交易活动"(美国国际贸易委员会)。

"电子商务是指与商务活动有关的一切基于数字化信息的加工和传输的交易活动"(经济合作与发展组织,1997)。在前欧共体理事会把电子商务分为间接电子商务和直接电子商务,其中间接电子商务即电子定购有形货物,但必须通过传统的有机或货运渠道实现物理形式的交货;而直接电子商务则是一种在全球范围内实现的网上定购、支付和交付无形货物和服务,包括计算机软件、娱乐内容和信息服务等。

但是电子商务的定义至少在 WTO 各成员中已经达成了共识。认为"电子商务是贸易的一个新领域，涉及产品以电子方式跨越边境的问题。即通过电信网络进行产品的生产、广告、销售和分销"的经济活动。

尽管电子商务在我国的发展速度很快，但也相应的存在一些问题。如网络基础设施、支付手段、安全认证、电子物流配送等诸多问题。要解决这些棘手的问题，政府还需在各方面必须给予大力扶持，为企业应用电子商务创造良好的环境；应用电子商务的企业自身也需要注重效益分析，人才引进和培养等，才能真正使电子商务更好地为企业服务。我们应根据自己的财力、国力，制定长远的规划，分步、分阶段实施电子商务，走有中国特色的电子商务发展道路。总之，电子商务应用后的经济效益是可观的。其应用发展的趋势也是不可低估的。它的未来必将更加完善，并更好地为我国的企业服务。

三、WTO 规则下的电子商务涉及的关键问题及争论

对于电子商务如何适应 WTO 的各种规则在专家组中有几种不同方案选择：一种是《1994 年关贸总协定（GATT）》；另一种是《服务贸易总协定（GATS）》；或另外订立不同于两者的一套全新规则。孰优孰劣，以下分别作出讨论。

如果把电子商务的贸易活动中产生的有形产品和无形产品都归为适用 GATT 规则关税免征协议，无疑等于协议缔约各方必须承担网上交易全面自由化的义务，这是因为"国民待遇"和"最惠国待遇"是 GATT 规则的一般性义务。通过接受 GATT 的规则进而适用国民待遇，成员方就需要放弃它们对通过互联网进口的产品在国内税方面实行歧视待遇的权利。此外，关税免征还使协议缔约各方对通过互联网进口的商品的税率约束在较低或零关税的水平。由此带来对各方国内经济带来的冲击效应没有准确的量化分析，成员方间很难达成统一的协议。

虽然在乌拉圭回合谈判中一些成员方对电子商务作出了一些具体承诺，就是通过互联网交易的产品是服务而不是货物，换句话说，通过互联网的产品只能限定在服务产品中，而不能对传统的货物贸易进行影响。

相反，如果将其视为既不同于传统的货物也不同于原有意义的服务，从而抛弃 GATT 或者 GATS 规则，再为网上贸易设计一套全新的规范。这种方案几乎没得到过任何成员方拥护，也是因为电子商务寻找全新的法律规范完全不合情理。包括网络服务提供商（ISP）和接入服务在内的互联网服务已经分别由 GATS 及其附件即《信息技术协议》所涵盖。所有基于互联网的电子商务在货物贸易或服务贸易中都可以找到相应的对应物。由此，在 GATT 和 GATS 中都可以找到规范互联网交易必需的法律规范。

由此可见，目前比较现实的方案是将 GATS 适用于所有的通过网络传输的电子商务贸易，而这种选择并不仅仅是因为其他方案的不合理性，还因为其本身在不断和完善中得到缔约方各国（地区）的支持。

首先，将所有电子商务定义为服务明显比定义为货物更为合理。电子商务的贸易品具有无形性的服务产品的特性。电子商务贸易产品是没有空间形态的，它是无形的、不可视的。

一方面，服务提供者通常无法向顾客介绍空间形态上的服务样品；另一方面，服务在消费者购买服务之前，往往不能感知服务，因为它没有被生产；在购买之后，消费者也只能察觉到它的结果而不是本身。例如，接收方继续以数字形式存储这些电子信息使其成为直接在屏幕上阅读的书籍或者在计算机上播放的音乐。

其次，电子商务贸易归为服务有利于将国家（地区）间关于这类问题的争端减少。究竟将电子商务归类为服务还是货物将直接影响国家（地区）间贸易争端发生时的适应WTO多边贸易协定的不同条款的问题，对争端的处理方式和结果有重大的影响，必然产生严重的分歧。例如，在处理任何涉及互联网贸易的争端时，专家组不得不首先判定争议标的究竟是货物还是服务，因为这是决定是适用GATT还是GATS的前提条件。这样无疑会增加纠纷的复杂性与解决纠纷的烦琐度，既不利于国际贸易的交流，又将增加解决争端成本和时间。

最后，GATS的《基础电信协议》的达成以及在这些服务领域贸易自由化承诺的取得为电子商务基础设施的发展打下重要的基础，而这正是参与电子商务的前提条件。欧美各国及经济合作组织在建立全球性电子商务框架的建议中强调指出，对《基础电信和ITA协议》的有效执行将对电子商务的技术基础设施及由此带来的贸易效果将给世界各国的经济和贸易发展带来正面的助推作用。该两项协议都构建了进一步将电子商务贸易纳入其中的框架体系。例如，《基础电信协议附件》就可以进一步扩展以规范网上交易。

基础电信协议谈判于1994年5月开始，最初参加方为33个。谈判原定于1996年4月结束，但后来由于种种原因又延长到了1997年2月15日。在谈判的最后时刻，总共有69个WTO成员（欧共体成员国单独算）提交了55份关于基础电信的具体承诺减让表。1997年4月15日，WTO服务贸易理事会通过了《服务贸易总协定》第四议定书，该议定书于1998年2月15日生效。

在1997年2月15日前，69个成员有63个成员提交的减让表将管制原则的承诺纳入其中，这些国家覆盖了94%的世界电信市场。其中57个成员全盘接受了《基础电信协议》的附件《参考文件》或仅做细微修改，以保证市场准入承诺的切实执行。

另外，随经济全球化与自由化的迅猛发展，近几年反全球化势力迅速扩张，甚至成为西雅图会议启动新一轮多边服务贸易谈判失败的重要原因。除少数狭隘民族主义与闭关自守思想外，随着全球化发展得到经济发展红利的国家多为发达国家，而发展中国家的经济日益贫困化与边缘化、资源枯竭化、金融泡沫化、环境恶劣化等催生出反全球化运动。所以全球化若要得到继续与顺利发展，全球化的负面影响得不到既得利益国家各国的足够重视，必将影响多边自由化谈判中发展中国家的放开市场的热情和决心。超出发展中国家实际承受能力的协议是很难得到各方的支持。因而，对于广大的电子商务发展相对落后的发展中国家来说，将电子商务视为服务并适用《服务贸易总协定》比用《关贸总协定》是更现实的选择。因为GATS的国民待遇原则并不是一般性义务，发展中国家可以通过市场准入与准入模式选择实现对跨国电子商务的有效控制，在税收管辖方面也拥有比适用GATT更多的自主权。相反，假若将电子商务视为货物或采取混合性定义而使GATT的国民待遇与关税约束这种一般性义务得以适用将削弱发展中国家经济主权和控制力，势必受到发展中国家的强烈反对，这将不利于电子商务的推广和发展。

在 WTO 的讨论电子商务是否归为服务过程中，主要基于以下四个理由：

（1）GATS 是技术中立的；

（2）传送和交换的是信息而不是制造品；

（3）电子传输是个性化的，并不是标准化的产品；

（4）数字化的信息是无形的形式，这与服务的无形性是相通的。

电子商务归类为服务还是货物对发达国家和发展中国家产生的冲击有很大不同，其根本原因在于 GATT 和 GATS 的相关协定的区别，WTO 的秘书处归纳出以下四个方面：

（1）GATT 下的国民待遇是全面的义务，而 GATS 下是各部门所作的承诺而定。

（2）GATT 禁止采取数量限制措施，而 GATS 规定，在政府希望保持对市场准入的限制时，允许使用数量限制措施，这将有利于政府对电子商务的控制力。

（3）在 GATT 下，成员如没有将其关税水平约束至零，对进口就要征收关税，而 GATS 除了指出任何税收体制都必须与成员在具体承诺减让表中就国民待遇做出的承诺相一致之外，就不再涉及关税或一般税费。

（4）GATT 的重点是跨境的货物贸易，而 GATS 除涉及跨境贸易外，还将在外国司法管辖权下的商业存在和自然人的流动等问题作为服务贸易的一部分来加以考虑。

四、我国适应 WTO 框架下的电子商务发展对策

在 WTO 框架下，我们必须充分地考虑我国现在的电子商务市场容量、基础设施的现实情况、社会文化传统的影响等因素，利用 WTO 的保护性原则，采取谨慎的对策。我国具体的相应对策可以如下：

（1）在不违反 WTO 相关规定的前提下，完善我国的电子商务法及相应的配套立法，并积极参与有关的国际立法，否则法律制度这一重要的软环境就会造成我国电子商务发展的瓶颈。

（2）合理构筑擦边球——"非关税壁垒"。例如，在电子商务的基础产业电信领域，我国可以合理设置关于电信业务经营许可证取得的壁垒。随着近年来新一轮贸易保护主义的兴起，绿色贸易壁垒逐渐成为一种新兴的贸易保护措施。目前，国家对经营基础电信业务和增值电信业务均实行许可证制度。我国主要采用的是申请与审批制来颁发基础或增值电信业务许可证，即由符合条件的提供电信服务的企业提出申请，国家电信主管部门按照电信法规的条件、程序、时限进行审批。但是随着电信服务市场的开放和竞争的日趋激烈，电信服务经营许可证的颁发应当考虑先取得基础电信或增值电信"建设许可证"，然后再通过招标的方式，取得电信业务的经营许可证，但在另外一些与电子商务相关的领域，一些传统的许可证取得方式、技术标准、资格要求等已不能很容易地适应电子商务的操作流程，也需要我们认真地思考和创新，并且积极地参与到 WTO 关于这些方面的讨论中去。

（3）政府应该通过地区性的或跨地区的组织以保证公平竞争，提高本国电子商务以及相关产业的竞争力。

（4）建立合理的市场准入制度。我国政府在中国电信拆分、中国联通重组、设立中国

网通、组建中国铁通的同时，虽然陆续颁布并实施了一系列的行政法规与行政规则，如《中华人民共和国电信条例》、《公用电信网间互联管理规定》等。但是，我国的市场准入规则仍然比较欠缺，没有系统的国内法规和条列出台，也没有充分透明的市场准入规则，并且在《中华人民共和国电信条例》中并没有对外国组织与个人在中国境内投资与经营电信业务做出规定。因此，在市场准入方面，我们自己也需要进一步完善，以建立合理的科学的市场准入制度。

五、小结

当今的多边贸易体制日益呈现着一种高速发展的趋势，发展中国家应该在这个多变的框架下，通过增加参与、谈判和区域集体努力来争取获得更多的收益。电子商务作为一种积极的贸易工具，一种填补发达国家与发展中国家之间知识鸿沟的有效工具，对于发展中国家来说，电信设施和技术的落后局面必须受到重视，努力为电子商务的发展创造一个良好的产业物质基础，并营造一种有效率和允许适度竞争的国内电子商务的发展环境，同时要以教育为手段改变落后意识，鼓励接受先进的国际化的商业形式，大力发展电子商务发展的"软环境"，尤其是电子商务的法律环境。

第三节　WTO与国际劳工标准

经济全球化已成为当代世界经济发展的基本态势。在经济全球化的背景下，世界范围内的劳资关系的变动更为广泛和深刻。经济全球化的一个主要表现形式就是资本全球化、劳动的全球化。因此，在世界范围内，资本与劳动的关系已打破了原有的结构和平衡。劳资关系的倾斜、劳资矛盾的加剧和劳工权益的保护已经成为一个全球性广受关注的问题。

《国际劳工组织宪章》的序言所指出，"现有的劳动条件使大量的工人遭受不公正、苦难和贫困"，而不公正"造成了如此巨大的不安定，竟使世界和平与和谐遭受危害"。各国学者及政府部门都认为，随着WTO多边贸易自由化的过程还需要伴以最低限度的，以共同价值为基础的国际劳工标准的制定，使劳工能得到其为之作出贡献的所创造财富相匹配的权益。

本节对国际劳工标准的一些基本问题，国际劳工标准的制定背景、理论争论和案例进行讨论和分析。

一、国际劳工标准制定背景

贸易与劳工标准的制定背景

在20世纪70年代开始美国开始研究劳工标准问题，并将劳工标准与贸易联系起来。美国最早1890年开始禁止因犯生产的产品出口到美国，后来将禁止范围扩大到所有强制性劳工生产的产品。随后西班牙、英国、澳大利亚等国也开始对进口"恶劣雇佣条件"下进行生产的产品征收特别关税。

第二次世界大战前虽然有将贸易与劳工标准挂钩的制度或条例，但只是个别国家的个别行为，并没有形成国际层面上达成共识的制度性协议或条例。直到20世纪40年代末，国际贸易组织宪章中首次提出了的"公平的劳工标准"（宪章第7条）。从这以后，在GATT时期发达国家多次提出将《劳工标准》纳入总协定的框架。由于在多边贸易谈判中未能得到发展中国家的支持而形成正式协议性文件条款，但也阐明了劳工标准问题的重要性。

学术界将贸易与劳工问题联系在一起进行研究的论文始于《社会条款和国际贸易》。该书探讨了劳工标准和国际贸易之间关系的由来的原因及问题、如何选择的贸易政策措施等。

随着经济全球化进程加快，各国贸易往来频繁，全球化的负面影响渐渐被各国政府及民间组织和学者们认识，开始关注劳工问题，文献研究也开始增多，成熟的研究成果纷纷问世。研究群体也不断扩大，有国际劳工组织、世界贸易组织、经合组织、各国工会以及学者。它们从理论和实证的角度研究和探讨几个重要问题：第一，贸易与劳工标准之间的关系问题；第二，劳工标准水平对于直接投资流入和贸易的影响；第三，什么样的手段是推行劳工标准的恰当手段；第四，在经济发展过程中劳工标准发挥什么作用；第五，贸易措施是否是执行劳工标准的有效手段；第六，是否应该设立统一的劳工标准，还包括如何监督和评估劳工标准的执行情况等。

随着关注劳工标准问题的升温，WTO多边贸易谈判也将劳工标准问题提上了会议议程。第一次是在1996年12月在新加坡举行的WTO首届部长级会议上，以美国为核心的发达国家在维护人权、保证公平竞争的口实下，坚持对国际劳工标准进行讨论，并放在"部长宣言"的显要位置。在美国和欧盟支持下，日内瓦第二次部长会议和西雅图第三次部长会议都讨论了劳工标准问题，但它们均未形成提案通过。

在国际劳工组织内部，从20世纪90年代中期开始，围绕着"社会条款"和"社会标签"等问题展开了激烈的辩论。经过长期的酝酿和辩论，在1998年6月召开的第86届国际劳工大会上通过了《关于工作中的基本原则和权利宣言及其后续措施》。2006年6月16日在日内瓦闭幕的第95届国际劳工大会表决通过了《职业安全与卫生公约》、《职业安全与卫生建议书》和《雇佣关系建议书》等三个新的国际劳工标准（常凯，2007）。

二、国际劳工标准主要内容

有关劳工标准的含义

劳工权益（Worker's Rights），即劳动者权益，又称劳工权利或劳权，在现代，这是在国际劳工公约和各国国家劳动立法中的一个基本概念，指法律规定或认可的处于社会劳动关系中的劳动者在履行劳动义务的同时所享有的与劳动有关的权益。从现代完整的意义上讲，劳工权益的概念包含着以下几层含义：其一，劳工权益的具体内容必须是法律规定或认可的；其二，劳工权益的主体是劳动关系中的劳动者；其三，劳工权益所涉及的是以劳动权利为基础的更为宽泛的社会权利。

作为负责国际劳工问题的联合国专门机构组织的国际劳工组织组要负责国际劳工的立法，到 2006 年共颁布了公约 185 个，建议书为 194 个。

国际劳工组织将这些公约归纳为结社自由、强迫劳动、消除歧视和童工劳动等四个方面。

（1）结社自由和集体谈判。结社自由，又称团结权或组织权。一般是指劳动者为实现维持和改善劳动条件之基本目的，而结成暂时的和永久的团体并使其运作的权利。主要内容包括：①工人应享有充分的保护，以防止在就业方面蒙受任何排斥工会的歧视行为。②工人组织和雇主组织均应享有充分的保护，以防止在组织的建立、开展活动或内部管理等方面，发生一方直接或通过代理人或会员干涉另一方的任何行为。③对雇主或雇主组织同工人组织之间进行自愿谈判的机制，政府应当采取适合本国国情的措施鼓励，并促进其充分地发展与运用，以使双方通过签订集体协议来规定工人的就业条件。④关于军队和警察是否适用以及如何适用本公约的问题。

（2）废除强迫劳动。国际劳工组织又通过了《废除强迫劳动公约》（第 105 号公约）中规定：批准国应逐步废除一切形式的强迫劳动。我国《劳动法》、《就业促进法》就相关责任进行了规定。

（3）禁止就业歧视。国际劳工组织大会在 1951 年 6 月举行的日内瓦第 34 届会议上通过了《同工同酬公约 1951》，要求对男女同等值劳动支付同等值报酬。我国政府相继也批准和颁布了《职业康复和就业公约》、《妇职工劳动保护条例》、《残疾人就业条例》等。

（4）童工保护。为了保护未成年，国际劳工大会第 87 届会议上通过了《禁止最恶劣形式的童工劳动公约》，该公约要求：允许就业的最低年龄不得低于完成义务教育的年龄，在任何情况下不得低于 15 岁。我国签署了《确定准许儿童在海上工作的最低年龄公约》、《禁止和立即行动消除最恶劣形式的童工劳动公约》、《在海上工作的儿童及未成年人的强制体格检查公约》等相关公约和法律。同时并以《刑法》的"使用童工罪"来严厉打击使用童工的犯罪行为。

作为一种社会权利，劳工权益的内容所涉及的不仅是劳动领域。还包括与劳动者有关的更为广阔的社会领域。在经济全球化进程中，一些社会问题日益凸显。其中，劳工权益问题引起了国际社会的广泛关注。经济全球化对于劳工权益、劳工运动产生了重大的冲击。生产要素的全球性流动以及全球性分工体系的形成不仅加剧了劳动力对资本的过度依赖性，也强化了资本对劳工的控制，导致劳工利益受损，而且加剧了反全球化运动的兴起。以市场竞争为中心的经济全球化的非人格化（Impersonality）负面影响在劳工问题上表现得越来越明显。

三、国际劳工标准与国际贸易联系

国际劳工标准随着工会运动及经济的发展越来越得到各国政府及学术界的关注。经过各国学者及政府的不停探索国际劳工标准方面的研究成果已经非常丰富和成熟。尽管如此，在国际劳工标准问题上各国仍然存在着较大分歧。尤其是随着全球经济一体化的不断推进，有关劳工标准问题的探讨已演变为发达国家与发展中国家关于劳工标准与贸易之间关联问题的博弈。因为劳工标准和国际贸易均涉及本国经济的发展，在经济一体化背景下，一国经济政策同时又受多边贸易规则约束，因此一部分发达国家主张，为提高发展中国家国内劳工标准，促进国际贸易的公平竞争，应当将国际劳工标准纳入 WTO 框架体系。围绕着这一论题，在 WTO 多边贸易体制框架内发达国家与发展中国家展开了激烈的博弈。发达国家以"公平竞争"、"人权保障"为由主张在 WTO 框架体系下建立劳工标准与贸易之间的平衡点；发展中国家则主张国际贸易与国际劳工标准不存在实质性的关联，在 WTO 框架建立这一联系只是发达国家实现贸易保护主义的手段而已。基于这一互不相容的主张，发达国家与发展中国家在这一问题上的对立正逐年加深。

四、国际劳工标准与贸易的联系的理论论争

劳工标准是否应与贸易挂钩一直是个存有较大争议的问题。自 WTO 成立以来，劳工标准问题一直成为困扰 WTO 发展的难点之一。争论的两个阵营分别为：坚持劳工标准与贸易挂钩的以美欧为主的国家；以印度为主的持反对意见的发展中国家（曾炜，2007）。

（一）支持方的主要观点

发达国家认为劳工标准与出口之间存在必然的关联，表现为反比例关系。因此，他们坚持将劳工标准同贸易相联系，即对低劳工标准的国家通过贸易制裁来迫使其提高劳工标准。他们的主要观点有："人道主义论"、"贫困进化论"、"移民压力论"、"社会倾销论"等几种观点，但其主流观点是"社会倾销论"。

（1）人道主义论。

该理论认为，一些发展中国家劳工标准低下，普遍存在着使用童工、强迫劳动、妇女就业遭受歧视等非人道行为，因此公平、公正的世界贸易体系应考虑纳入"社会条款"，规定适用于各国的最低限度的标准，以消除上述非人道行为。

（2）社会倾销论。

该理论认为应将劳工标准和国际贸易挂钩，对低劳工标准的国家予以贸易制裁，而不能仅仅是发展中国家获得利益。同时将劳工标准与国际贸易挂钩，以贸易制裁促进劳工标准的提高是防范不正当竞争、恢复和维护公平竞争局面所必需的。

（3）贫困化进口论。

该理论认为，发展中国家的比较优势在于生产劳动密集型产品，工人的技能越来越成熟而影响发达国家的非熟练工人的失业。因此，应通过制定"社会条款"，促使发展中国家工人的工资上涨和劳动密集型产品的价格上升，从而改善发展中国家的贸易条件，有利于发达国家的贸易劣势。

（4）低标准驱逐高标准论。

该理论认为，从发展中国家进口廉价产品所造成的长期影响会使发达国家的工资水平下降，并向发展中国家看齐，从而出现"低标准驱逐高标准"现象。他们希望通过贸易制裁来提高低标准国家的劳工标准，进而保护本国产业工人的利益。

(5) 移民压力论。

该理论认为，各国劳工标准参差不齐会加大劳动力国际移动的压力。由于发展中国家对工人生活及工作条件缺乏应有的保护，福利待遇水平较低，致使这些国家的工人、知识分子纷纷涌入发达国家，加剧了发达国家的失业问题和财政负担。

(6) 战略性寻租论。

该理论认为，在某些国家重点战略发展行业发展过程中，一国政府可以通过补贴或政策倾斜，使本国寡头或垄断厂商在与外国厂商竞争中以低廉的生产成本为国际竞争力掠取部分或全部经济利益。因此，为阻止这种战略性租金转移，有必要制定"社会条款"来消除政府补贴或忽略行径的影响，产生企业中性经济行为。

此外，仉长霞（2005）认为，将劳工标准与贸易挂钩有助于我国及广大发展中国家经济的长远发展。原因有：发展中国家在劳动监督和执法方面力度远远不够，在自身不能有效解决问题的情况下，国际社会的介入是必要的。如果不通过多边协商来解决劳工标准问题而任由发达国家制定自己的单边劳工标准，将会对发展中国家更加不利。劳工标准与贸易挂钩有利于改善发展中国家的贸易条件，使之避免陷入"比较优势陷阱"之中。把劳工标准纳入贸易协定也能使非贸易部门工人受益。

（二）反对方的主要理论

发展中国家认为由于经济发展阶段不同，各国出现劳工标准的多元化是自然存在的现象，发达国家要求在全球实行统一的劳工标准是不现实的。反对方的理论观点主要有：

(1) 比较优势论。

大卫·李嘉图的比较优势论的可以总结为"两优择其重，两劣取其轻"。发展中国家劳动力成本低廉是其比较优势的源泉，而发达国家要求发展中国家提高劳工标准，就是试图以此削弱发展中国家在劳动力资本上的比较优势，此举是变向的贸易保护主义的体现。

(2) 要素禀赋论。

赫克歇尔—俄林的 H-O 理论认为，随着资源禀赋差异的国家间的贸易的开展，在商品价格趋同的同时，生产要素的价格也会产生均等化作用。因此，自由公正的国际贸易可以使劳工标准较低的发展中国家的劳工标准得以逐步提高，而不需要政府的过多干预。

(3) 投资区位调整论。

该理论认为，发达国家厂商对外直接投资是其自身的经济动机、特定优势、竞争战略所致，并不是发展中国家的出口劳动密集型产品所迫。那种把劳动密集型产品出口认定为"社会倾销"的观点是站不住脚的。相反，发达国家正是利用发展中国家劳动力成本优势，通过投资而获取了丰厚的利润和更多的市场份额。

(4) 生产力差异论。

弗拉纳根（Flanagan）通过研究劳动生产力和劳动力成本之间的关系得出结论：一国的劳工标准是由其生产力的发展水平决定的，生产力越低，劳工标准也就越低。因此，发达国家将劳工标准同贸易相联系只会阻碍生产力的提高，并使得低劳工标准国家的劳工标准得不到提高。

(5) 自由贸易论。

麦思克斯（Maskus，1997）认为，发达国家若能坚持自由贸易的原则，这对于双方都将会是一种双赢的结局，而且发展中国家的劳工标准也能得到提高。发达国家将劳工标准同贸易相联系只会阻碍发展中国家的经济增长和劳工标准的提高。

综上所述，反对方认为，一国的劳工标准主要是由一国的生产力水平决定的。在国际贸易与劳工标准的关系中，正是由于发达国家对发展中国家的长期不公平贸易造成了劳工标准差异的扩大化，而不是发展中国家利用低劳工标准对发达国家实行不公平贸易。

五、国际劳工标准对我国贸易的影响

(1) 调整劳工标准被动地使出口产品的生产成本提高，不利于贸易出口。

从经济学上讲，劳动力是一种非常重要的生产要素，劳动资源的流动、配置直接关系到世界贸易的首要问题——商品价格。商品价格的基础在于商品的成本，商品成本包括生产成本和销售成本，而两者都包含了劳动力成本。劳动力成本的经济含义是指维持劳动力生产和再生产的一切必要费用，包括劳动者及其所供养人口的必需生活费用、医疗保健费用及其他社会保障费用、劳动力的教育培训费用以及流动迁移费用等。

我国众多劳动密集型出口生产企业的劳动标准还不能达到发达国家所提出的国际劳工标准的要求。将直接导致我国整体劳动密集型产品出口的生产成本大幅攀升，并使许多实力较弱的中小型出口生产企业无法承受。

(2) 劳工标准使反倾销贸易摩擦风险增加。

据世贸组织统计，2011年，155起反倾销调查共涉及41个国家（地区）。其中，涉及中国的49起，占比31.6%；其次是韩国，为11起，占比7.1%；居第三位的是美国，为10起，占比6.4%。我国是世界上遭受反倾销数量最多的国家。我国出口产品屡遭反倾销虽然原因是多方面的，但是其中一个不可忽视的原因是我国劳动密集型出口生产企业，违反国际劳工标准，损害劳工权益，过分压低劳动力成本，从而得以十分低廉的价格出口产品，给发达国家的贸易保护主义者、工会组织和进口竞争行业的企业对我国实施贸易制裁提供口实。

中国加入世贸组织后，不断增长的对外贸易成为推动我国经济持续、高速发展的重要因素，但与此同时，对外贸易摩擦也在加剧。近年来，我国频频遭遇与劳工标准有关的贸易纠纷。

(3) 劳工标准使出口受限。

我国产品出口竞争力最主要集中在劳动力成本的低廉的产业。而劳动力低廉的内在含义就是劳动者低廉的加班费、医疗保险、养老保险、失业保险没有保障，加上工作条件艰苦。美国、欧盟提出要求进口产品时提出将劳工权利与订单挂钩，而受国际劳工标准约束的主要是劳动密集型行业，如服装、制鞋、化工原料、纺织等，而我国出口的显性优势是劳动密集型行业，因此，经常有受到欧美等国的被调查甚至被取消供应商资格的危险。

六、案例

美国对中国彩电发起的反倾销调查与国际劳工标准

[**反倾销发起**] 美国对中国彩电发起的反倾销调查始于 2003 年 5 月 2 日。美国五河电子公司与电子工人国际兄弟会,电子产品、家具和通讯国际工会劳工组织,向美国商务部和美国国际贸易委员会(International Trade Commission,ITC)提出针对中国和马来西亚彩电的反倾销诉讼,涉案金额 4.8 亿美元,是中国机电产品出口中遇到的涉案金额最大的反倾销案。

[**反倾销诉讼**] 美国国际贸易委员会准予立案;5 月 22 日,美国商务部正式立案;5 月 23 日,美国国际贸易委员会举行听证会,长虹、厦华等企业和中国机电商会参加诉讼。2003 年 6 月 4 日,美国商务部决定将印度视为中国产品的替代国;6 月 16 日,美国国际贸易委员会就中国和马来西亚彩电出口美国对美国彩电产业造成"实质性侵害"做出了肯定性初步裁决,由生产正常价值比较法得出倾销幅度,中国为 81.17%(马来西来为 46%)。该案随后移交美国商务部进行倾销幅度的调查。

[**诉讼结果**] 2004 年 5 月 14 日,美国国际贸易委员会终裁认定,中国企业对美国彩电业"造成了实质性损害或存在实质损害的威胁",并于 5 月 22 日做出终审裁决:应诉的中国彩电厂家将被加征 29%~25% 的反倾销税。其中,四川长虹为 26.37%;TCL 为 21.25%;康佳为 9.69%;厦华电子为 5.22%。而中国总体企业税率则高达 78.45%。

评论:欧美等国家一直把中国视为反倾销大国,而主要发起人就是发达国家国内的劳工组织。他们的目的在于保护本国工人的就业机会,极力阻止贸易自由化的发展。因此,他们游说本团体的代言人向出口地国家施压。

欧美发达国家始终不承认中国的市场经济国家地位;同时认为,中国彩电的价格之所以低,是因为中国用低于成本的价格在向欧盟倾销彩电。

中国彩电的价格低的原因是中国的人工成本低廉,但美国和欧盟都不承认中国在对外贸易中的这个相对优势。而是否承认一个国家在国际贸易中有"比较优势",正是国际社会,尤其是在一些相关的国际组织中,如 WTO、IMF、OECD 在 20 世纪 90 年代以来争论不休的一个焦点问题,它并没有因为中国加入世贸组织而承认中国在人工成本上的相对优势。

此外,某些西方国家借口中国或其他国家某些企业出口的产品是劳改犯生产的,即这些产品是"劳改犯产品",号召抵制中国的"劳改犯产品"。西方国家也指责中国的某些出口产品使用了童工,即"童工产品"。这个贸易争端同贸易有关,又同相关的国际劳工公约有关。

我们从中可以得出,随着国际贸易竞争日益激烈,贸易保护主义愈演愈烈,反倾销原则及规定、国际劳工标准在实践中已被西方发达国家歪曲和滥用,成为各国实行贸易保护主义的重要手段。

自从 1979 年我国出口的糖精在欧共体遇到首起反倾销调查,截至 2012 年,我国出口商

第十三章 WTO新议题 Ⅲ

品在国外遭受反倾销调查案件已超过200起,除对方主动撤诉外,相当数量案件是以进口国征收反倾销税或我国出口公司承担提价,减少出口量而结束。反倾销已成为困扰我国出口贸易的一个严重问题。

近些年我国出口商品遭受反倾销指控具有以下特点:

(1) 对我国出口商品反倾销的国家不断增加,既有美国、欧盟、加拿大等发达国家,又有韩国、印度、墨西哥、巴西、智利、委内瑞拉等发展中国家。

(2) 我国遭受反倾销指控的商品越来越多。国外反倾销措施涉及纺织、服装、轻工、家电、五金、农产品等各大类出口商品。

(3) 有的商品连续在几个主销市场受到指控。目前,我国大中型企业正抓紧转换经营机制,越来越多的企业直接面向国际市场,参与国际分工和国际交换。但我国出口产品在国外不断遭受反倾销指控,极大地影响了我国出口贸易的发展。因此掌握反倾销法规的主要内容,熟悉反倾销案件的审理程序,想办法冲破反倾销措施的限制,对于发展我国出口贸易是十分重要的。

通过本案例的分析研究,有助于研究美国反倾销诉讼的问题不仅仅是经济问题,还涉及劳工权益问题,为今后国内劳动法制建设、反倾销应诉提供有益的经验。

第十四章　中国与 WTO

本章要点

1. 中国加入 WTO 应遵守什么样的准则？
2. 中国加入 WTO 议定书涉及哪些主要方面内容？
3. 中国加入 WTO 后的经济表现如何，在经济增长、就业、投资、对外贸易方面取得了怎样的成绩？
4. 加入 WTO 后，哪些国内产业面临着较大的竞争压力？这些产业在何种程度上受到了贸易自由化的冲击？
5. 加入 WTO 以后，中国的对外贸易结构发生了怎样的变化？
6. 加入 WTO 十余年来，中国融入世界经济的程度如何？还面临哪些挑战？

世界贸易组织（WTO）成立于 1995 年 1 月 1 日，其前身是成立于 1947 年的关贸总协定（GATT），中国是关贸总协定的创始国之一。1984 年 1 月 18 日，中国正式成为总协定下属的国际纺织品贸易协议的成员。1993 年 2、5、9 月的中国问题工作组会议在继续审议中国经贸体制的同时，开始讨论中国恢复议定书的框架，然而到 1995 年成立 WTO 时，中国复关谈判仍没有最终完成。

至此，到 2001 年中国正式加入世贸组织的那一刻，中国经历了长期而艰苦的加入世贸组织谈判，这与我国的自身情况密不可分。以发展中国家身份复关和加入世贸组织是中国复关和加入世贸组织的三个基本原则之一[①]，中国在原则问题上坚持 15 年，时间久与艰难正好说明中国为维持自身利益付出了巨大努力。不可否认，加入 WTO 对中国这样一个发展中国家而言，在开拓海外市场、技术和管理的引进吸收、促进国内产业升级、提高居民收入和消费福利等方面具有重要的促进作用，同时，也不可避免地面临着国外产品冲击、贸易壁垒限制等多方面的问题。因此，在加入世贸组织谈判的过程中，不少人曾经质疑：中国加入 WTO 会不会使得其国内产业崩溃？任何事情都有其两面性，加入 WTO 对中国的意义也不例外。

到 2013 年，中国加入世贸组织已有 12 年，回顾这 10 余年的经济发展经历，中国发生了翻天覆地的变化：GDP 总量跃居世界第二，人民收入水平显著提升；中国制造的产品正

[①] 这三个原则是：（1）根据权利和义务平衡的原则，承担与自己经济发展水平相适应的义务；（2）中国愿意以"乌拉圭回合"协议为基础与有关世贸组织成员进行双边和多边谈判，公正合理地确定加入世贸组织条件；（3）中国是一个低收入的发展中国家，应享受发展中国家待遇。

享誉全球；越来越多的中国企业从引进吸收向跨国投资迈进；越来越多的中国企业依照国际贸易的准则办事。当然，也要看到，中国加入世贸组织以来也面临了许多问题，部分产业面临着较大冲击。例如，越来越多的针对中国产品的贸易保护壁垒，铺天盖地的反倾销调查使得以纺织业为代表的劳动密集型产业步履维艰。不仅如此，中国技术密集型产业起步较晚，应对国际竞争的能力不强。银行业、计算机产业、电信业、汽车业等产业都可能受到较大冲击。

2011年12月7日，国务院发布《中国的对外贸易》白皮书（中华人民共和国国务院新闻办公室，2011）。它指出，截至2010年，中国加入世界贸易组织的所有承诺全部履行完毕。世界贸易组织所倡导的非歧视、透明度、公平竞争等基本原则已经融入中国的法律法规和有关制度。市场意识、开放意识、公平竞争意识、法治精神和知识产权观念等在中国更加深入人心，推动了中国经济进一步开放和市场经济体制进一步完善。中国进一步降低关税，外贸经营权全面放开。中国进口商品关税总水平从2001年的15.3%降低到2010年的9.8%。自2004年7月起，中国政府取消外贸经营权审批，促进了国有企业、外商投资企业和民营企业多元化外贸经营格局的形成。2010年，国有企业、外商投资企业和民营企业进出口分别占中国进出口总额的20.9%、53.8%和25.3%。在世界贸易组织服务贸易分类的160个分部门中，中国开放了100个，开放范围已经接近发达国家的平均水平。2010年，中国服务业新设立外商投资企业13905家，实际利用外资487亿美元，占全国非金融领域新设立外商投资企业和实际利用外资的比重分别为50.7%和46.1%。

那么，加入世贸组织后中国经济的表现究竟怎样？人民的生活水平又经历着何种变化？国内产业的发展有着哪些机遇，同时遭受着哪些冲击？上述问题非常重要，这也是本章致力于回答的问题。

第一节 中国加入世贸组织议定书的主要内容

2001年11月11日，中国政府正式签订了《中国加入世界贸易组织议定书》，这标志着中国正式加入WTO。因此，研究中国在加入WTO后的经济表现，就有必要先对《中国加入世界贸易组织议定书》有一个较为系统的认识。

《中国加入世界贸易组织议定书》包括三个部分，第一个部分是总则，其中又包含18条具体条款；第二个部分是减让表；第三个部分是最后条款。本节将从第一条开始，介绍《中国加入世界贸易组织议定书》的主要内容，并进行重点解读，力求为读者呈现出一个基本框架。

一、加入WTO应遵守的准则

《中国加入世界贸易组织议定书》约定，中国加入WTO应遵守诚信、透明的准则，并需要有独立的司法审查制度和程序。相关具体条款为《中国加入世界贸易组织议定书》第一部分第二条：贸易制度的实施。它主要包含以下四点：

（一）统一实施

（1）《WTO协定》和本议定书的规定应适用于中国的全部关税领土，包括边境贸易地区、民族自治地方、经济特区、沿海开放城市、经济技术开发区以及其他在关税、国内税和法规方面已建立特殊制度的地区（统称为"特殊经济区"）。

（2）中国应以统一、公正和合理的方式适用和实施中央政府有关或影响货物贸易、服务贸易、与贸易有关的知识产权（"TRIPs"）或外汇管制的所有法律、法规及其他措施以及地方各级政府发布或适用的地方性法规、规章及其他措施（统称为"法律、法规及其他措施"）。

（3）中国地方各级政府的地方性法规、规章及其他措施应符合在《WTO协定》和本议定书中所承担的义务。

（4）中国应建立一种机制，使个人和企业可据以提请国家主管机关注意贸易制度未统一适用的情况。

上述条例要求中国政府必须在WTO框架内，建立起统一的贸易体系，并且这种贸易体系不得违反WTO的一般性原则。因此，这就督促中国政府逐步理顺和规范国内的货物贸易、服务贸易体系，特别是对知识产权的保护体系。

（二）特殊经济区

（1）中国应将所有与其特殊经济区有关的法律、法规及其他措施通知WTO，列明这些地区的名称，并指明界定这些地区的地理界线。中国应迅速，且无论如何应在60日内，将特殊经济区的任何增加或改变通知WTO，包括与此有关的法律、法规及其他措施。

（2）对于自特殊经济区输入中国关税领土其他部分的产品，包括物理结合的部件，中国应适用通常适用于输入中国关税领土其他部分的进口产品的所有影响进口产品的税费和措施，包括进口限制及海关税费。

（3）除本议定书另有规定外，在对此类特殊经济区内的企业提供优惠安排时，WTO关于非歧视和国民待遇的规定应得到全面遵守。

这要求我国明确那些可以享受优惠政策的特殊经济区，避免一般贸易地区和特殊经济区的混淆。在我国，存在深圳、珠海等经济特区，还存在一些享受特殊经济政策的国家级开发区（如浦东新区、滨海新区、两江新区等）。那么，这些地区的增减就必须如实地告知WTO，并且接受WTO的监督。

（三）透明度

（1）中国承诺只执行已公布的且其他WTO成员、个人和企业可容易获得的有关或影响货物贸易、服务贸易、TRIPs或外汇管制的法律、法规及其他措施。此外，在所有有关或影响货物贸易、服务贸易、TRIPs或外汇管制的法律、法规及其他措施实施或执行前，应请求，中国应使WTO成员可获得此类措施。在紧急情况下，应使法律、法规及其他措施最迟在实施或执行之时可获得。

（2）中国应设立或指定一官方刊物，用于公布所有有关或影响货物贸易、服务贸易、TRIPs 或外汇管制的法律、法规及其他措施，并且在其法律、法规或其他措施在该刊物上公布之后，应在此类措施实施之前提供一段可向有关主管机关提出意见的合理时间，但涉及国家安全的法律、法规及其他措施、确定外汇汇率或货币政策的特定措施以及一旦公布则会妨碍法律实施的其他措施除外。中国应定期出版该刊物，并使个人和企业可容易获得该刊物各期。

（3）中国应设立或指定一咨询点，应任何个人、企业或 WTO 成员的请求，在咨询点可获得根据本议定书第 2 条（C）节第 1 款要求予以公布的措施有关的所有信息。对此类提供信息请求的答复一般应在收到请求后 30 日内作出。在例外情况下，可在收到请求后 45 日内作出答复。延迟的通知及其原因应以书面形式向有关当事人提供。向 WTO 成员作出的答复应全面，并应代表中国政府的权威观点。应向个人和企业提供准确和可靠的信息。

这要求中国要在更加透明的机制下进行国际贸易。一是要加大发布的信息量，二是要建立动态而规范的信息发布机制，三是要强化政府的信息公开职能。其目的就在于给予所有在 WTO 框架内参与贸易、投资的个体或法人，以平等的知情权，防止因公共信息不对称所引发的贸易争端和金融风险。

（四）司法审查

（1）中国应设立或指定并维持审查庭、联络点和程序，以便迅速审查所有与《1994 年关税与贸易总协定》（"GATT 1994"）第 10 条第 1 款、GATS 第 6 条和《TRIPs 协定》相关规定所指的法律、法规、普遍适用的司法决定和行政决定的实施有关的所有行政行为。此类审查庭应是公正的，并独立于被授权进行行政执行的机关，且不应与审查事项的结果有任何实质利害关系。

（2）审查程序应包括给予须经审查的任何行政行为影响的个人或企业进行上诉的机会，且不因上诉而受到处罚。如初始上诉需向行政机关提出，则在所有情况下应有选择向司法机关对决定提出上诉的机会。关于上诉的决定应通知上诉人，作出该决定的理由应以书面形式提供。上诉人还应被告知可进一步上诉的任何权利。

从上述条款不难看出，诚信（Good Faith）是其体现的一个根本原则，这直接限制了 WTO 成员滥用权利，又保护了 WTO 成员的合理利益不受侵犯。任何 WTO 成员都不能根据本国政府或商业团体的需要，行使某种限制贸易的权利，以实现市场竞争的优势，或者损害有关 WTO 成员的条约权利。WTO 法下的诚信义务包括条约履行、争端解决以及履行裁决的诚信义务。例如，上述条款规定，WTO 成员必须承担一般的诚信任务，其要求各国制定的政策不与 WTO 法的法规相冲突，与 WTO 成员承担的义务相一致。在争端解决中，WTO 的诚信义务要求各方在提出争端解决前作出诚信的考量，在争端解决中遵守正当程序、不得损害他人维护自身利益的能力等诚信义务。WTO 法的诚信义务的适用可能给各方带来利益寻租的机会，因而在适用诚信原则时必须坚持透明度、效能取向以及一致性，在衡量相关利益时采取程序取向的方法（曹阳，2007）。

另外，透明，也是一个重要的原则。这意味着，中国政府颁布实施的法律、行政性法规、地方性法规、行政规章，以及各级司法结构做出了裁决、裁定、司法解释等，都必须遵守透明原则。这一原则的重要之处还体现在，它大力削减了行政许可的范围。另外，它还对信息公开制度进行了规定。除了涉及国家安全的法律、法规和措施，以及与汇率和货币政策相关的政策措施外，其他相关法律规定都必须公开。

在司法审查方面，它强调了：①保证受影响的个人或企业有向司法机关上述的权利；②上述内容是影响个人或企业的"任何行政行为"；③司法机关有最终裁决的权力。

二、非歧视原则

"第3条　非歧视

除本议定书另有规定外，在下列方面给予外国个人、企业和外商投资企业的待遇不得低于给予其他个人和企业的待遇：

（a）生产所需投入物、货物和服务的采购，及其货物据以在国内市场或供出口而生产、营销或销售的条件；

（b）国家和地方各级主管机关以及公有或国有企业在包括运输、能源、基础电信、其他生产设施和要素等领域所供应的货物和服务的价格和可用性。"

这一条款对于我国具有重要意义。国民待遇原则是WTO的基本原则之一，它强调一种平等精神，要求WTO成员之间相互给予对方的自然人、法人和其他经济组织、商船、产品、投资、服务、知识产权等相同待遇。

并且，这一条款还包含了普惠制的原则。普惠制是WTO中发达国家给予发展中国家的一种优惠待遇，是最惠国待遇的例外，它有利于发展中成员方向发达成员方的产品输出；但它不是发达成员方的义务，对他们不具有法律上的约束力。普惠制的优惠包括：（1）发达成员方给予发展中成员方在非关税措施方面更优惠的待遇；（2）允许发展中成员方互相进行区域性及全球性优惠，而不必把这种优惠延伸到发达成员方；（3）对最不发达成员方的特别待遇。当然，普惠制也有其自身的局限性（张发坤，2005）：（1）普惠制不具有法律上的约束力，给惠国即发达成员方没有一定要承担给予发展中成员方普遍优惠待遇的法律上的义务；（2）普惠制中包含有非常详细、全面的保护措施，而且这些保护措施在实施时难以把握，全凭发达成员方认定；（3）受惠产品、直运规则和原产地规则等方面的严格规定和限制；（4）"劳工标准"和"毕业条款"的限制。

当今世界，各国经济联系日益紧密，许多跨国公司在各国普遍设立有分公司、子公司或者办事处各成员方给予其他成员方的企业或个体平等的国民待遇是一项重要的承诺。那么，如何在现实中履行这种承诺并妥善处理由此可能带来的对国内企业的挑战，是中国政府需要面对的一个重要问题；在另一个层面上，也会加剧企业间的竞争，是中国企业在应对国际竞争中所需要应对的重要问题。

三、贸易权与国家垄断

"第5条 贸易权

（1）在不损害中国以与符合《WTO协定》的方式管理贸易的权利的情况下，中国应逐步放宽贸易权的获得及其范围，以便在加入后3年内，使所有在中国的企业均有权在中国的全部关税领土内从事所有货物的贸易，但附件2A所列依照本议定书继续实行国营贸易的货物除外。此种贸易权应为进口或出口货物的权利。对于所有此类货物，均应根据GATT 1994第3条，特别是其中第4款的规定，在国内销售、许诺销售、购买、运输、分销或使用方面，包括直接接触最终用户方面，给予国民待遇。对于附件2B所列货物，中国应根据该附件中所列时间表逐步取消在给予贸易权方面的限制。中国应在过渡期内完成执行这些规定所必需的立法程序。

（2）除本议定书另有规定外，对于所有外国个人和企业，包括未在中国投资或注册的外国个人和企业，在贸易权方面应给予其不低于给予在中国的企业的待遇。"

第5条意味着，对于实行自由贸易的商品或服务，政府应该给予所有企业（无论国内或者国外企业）以同等待遇，即同等的国民和最惠国待遇。同时，对于加入世贸组织时界定的需要逐步过渡取消保护的商品或服务，应在过渡期之后取消保护，同时完成这些产品的相关立法程序。例如，《中国加入世界贸易组织议定书》规定，加入世贸组织3年后，应逐步取消4种天然橡胶产品、28种木材产品、3种胶合板、9种羊皮产品、18种腈纶产品、223种钢材产品的贸易权限制。这实质上是中国由计划经济向市场经济过渡进程中，对计划经济体制下贸易限制残余的一种逐步消除措施。这有助于促进资源型产品的流入、降低国内价格，但同时，也会对国内的同类型产品或替代性产品产生冲击。最后，与贸易权平等相悖的国内法律、法规，都需要得到相应的修正。

"第6条 国营贸易

（1）中国应保证国营贸易企业的进口购买程序完全透明，并符合《WTO协定》，且应避免采取任何措施对国营贸易企业购买或销售货物的数量、价值或原产国施加影响或指导，但依照《WTO协定》进行的除外。

（2）作为根据GATT 1994和《关于解释1994年关税与贸易总协定第17条的谅解》所作通知的一部分，中国还应提供有关其国营贸易企业出口货物定价机制的全部信息。"

第6条专门就国有部门经济的贸易进行了规定。中国是典型的国有经济占主导的国家，许多重要行业的领导者都是国有企业，因此，该条例对中国具有相当重要的意义。一是规范了国有经济部门要按照WTO准则来参与贸易，杜绝特权的产生；二是要求国有经济部门和其他非国有经济部门享有相同的竞争地位。另外，对于国家垄断的贸易，第 6 条还进行了专门的规定。即，中国应保证经办国家垄断贸易的单位或企业的进口购货程序完全透明，遵守《WTO 协定》。这具体包括：①针对专营或者政府垄断性经营的产品，其进口购货程序需完全透明，禁止歧视性的、掺入政治意图的交易；②遵守《WTO 协定》，即对于政府垄断经营对国际贸易产生的影响，成员方有责任进行自我控制；③提供定价信息，防止纵向价格垄断的发生。

四、进出口许可规则

"第 7 条　非关税措施

（1）中国应执行附件 3 包含的非关税措施取消时间表。在附件 3 中所列期限内，对该附件中所列措施所提供的保护在规模、范围或期限方面不得扩大或延长，且不得实施任何新的措施，除非符合《WTO 协定》的规定。

（2）在实施 GATT 1994 第 3 条、第 11 条和《农业协定》的规定时，中国应取消且不得采取、重新采取或实施不能根据《WTO 协定》的规定证明为合理的非关税措施。对于在加入之日以后实施的、与本议定书或《WTO 协定》相一致的非关税措施，无论附件 3 是否提及，中国均应严格遵守《WTO 协定》的规定，包括 GATT 1994 及其第 13 条以及《进口许可程序协定》的规定，包括通知要求，对此类措施进行分配或管理。

（3）自加入时起，中国应遵守《TRIMs 协定》，但不援用《TRIMs 协定》第 5 条的规定。中国应取消并停止执行通过法律、法规或其他措施实施的贸易平衡要求和外汇平衡要求、当地含量要求和出口实绩要求。此外，中国将不执行设置此类要求的合同条款。在不损害本议定书有关规定的情况下，中国应保证国家和地方各级主管机关对进口许可证、配额、关税配额的分配或对进口、进口权或投资权的任何其他批准方式，不以下列内容为条件：此类产品是否存在与之竞争的国内供应者；任何类型的实绩要求，如当地含量、补偿、技术转让、出口实绩或在中国进行研究与开发等。

（4）进出口禁止和限制以及影响进出口的许可程序要求只能由国家主管机关或由国家主管机关授权的地方各级主管机关实行和执行。不得实施或执行不属国家主管机关或由国家主管机关授权的地方各级主管机关实行的措施"

"第 8 条　进出口许可程序

1. 在实施《WTO 协定》和《进口许可程序协定》的规定时，中国应采取以下措施，以便遵守这些协定：

（a）中国应定期在本议定书第 2 条（C）节第 2 款所指的官方刊物中公布下列内容：

－按产品排列的所有负责授权或批准进出口的组织的清单，包括由国家主管机关授权的组织，无论是通过发放许可证还是其他批准；

第十四章 中国与WTO

——获得此类进出口许可证或其他批准的程序和标准,以及决定是否发放进出口许可证或其他批准的条件;

——按照《进口许可程序协定》,按税号排列的实行招标要求管理的全部产品清单;包括关于实行此类招标要求管理产品的信息及任何变更;

——限制或禁止进出口的所有货物和技术的清单;这些货物也应通知进口许可程序委员会;

——限制或禁止进出口的货物和技术清单的任何变更;用一种或多种WTO正式语文提交的这些文件的副本应在每次公布后75天内送交WTO,供散发WTO成员并提交进口许可程序委员会。

(b) 中国应将加入后仍然有效的所有许可程序和配额要求通知WTO,这些要求应按协调制度税号分别排列,并附与此种限制有关的数量(如有数量),以及保留此种限制的理由或预定的终止日期。

(c) 中国应向进口许可程序委员会提交其关于进口许可程序的通知。中国应每年向进口许可程序委员会报告其自动进口许可程序的情况,说明产生这些要求的情况,并证明继续实行的需要。该报告还应提供《进口许可程序协定》第3条中所列信息。

(d) 中国发放的进口许可证的有效期至少应为6个月,除非例外情况使此点无法做到。在此类情况下,中国应将要求缩短许可证有效期的例外情况迅速通知进口许可程序委员会。

2. 除本议定书另有规定外,对于外国个人、企业和外商投资企业在进出口许可证和配额分配方面,应给予不低于给予其他个人和企业的待遇"。

第7条实际上对中国的非关税贸易壁垒作出了明确的规范。一是要求中国取消非关税贸易壁垒,包括配额、进口许可证等,并且这些措施不能扩大适用范围;二是要求中国对相关产品的非关税壁垒作出明确的减让时间表,在《中国加入世界贸易组织议定书》的限期内进行减让;三是杜绝新的非关税壁垒的产生。

第8条对进出口程序进行了较为严格的规定,使之符合WTO的一般性原则。在实行货物贸易自由化方面,WTO既注重关税减让,又注重消除非关税壁垒。而进出口许可,则是非关税壁垒的最常见形式。在《中国加入世界贸易组织议定书》的附件中,有将近400种产品与进口配额、进口指标、进口许可有关,而这些产品的进口限制都是在中国加入WTO两到三年内逐步取消。同时,条款对于管理进出口许可的行政机关、行政程序等内容也做了较为详细的规定,以使得相关程序更加透明,对于信息披露制度也进行了解释。对于非本国企业,条款还规定成员方必须予以其国民待遇。

五、农产品贸易与技术性贸易壁垒

"**第12条 农业**

(1) 中国应实施中国货物贸易承诺和减让表中包含的规定,以及本议定书具体规定的《农业协定》的条款。在这方面,中国不得对农产品维持或采取任何出口补贴。

(2) 中国应在过渡性审议机制中，就农业领域的国营贸易企业（无论是国家还是地方）与在农业领域按国营贸易企业经营的其他企业之间或在上述任何企业之间进行的财政和其他转移作出通知。"

"第13条 技术性贸易壁垒

(1) 中国应在官方刊物上公布作为技术法规、标准或合格评定程序依据的所有正式的或非正式的标准。

(2) 中国应自加入时起，使所有技术法规、标准和合格评定程序符合《TBT 协定》。

(3) 中国对进口产品实施合格评定程序的目的应仅为确定其是否符合与本议定书和《WTO 协定》规定相一致的技术法规和标准。只有在合同各方授权的情况下，合格评定机构方可对进口产品是否符合该合同的商业条款进行合格评定。中国应保证此种针对产品是否符合合同商业条款的检验不影响此类产品通关或进口许可证的发放。

(4)（a）自加入时起，中国应保证对进口产品和本国产品适用相同的技术法规、标准和合格评定程序。为保证从现行体制的顺利过渡，中国应保证自加入时起，所有认证、安全许可和质量许可机构和部门获得既对进口产品又对本国产品进行此类活动的授权；加入1年后，所有合格评定机构和部门获得既对进口产品又对本国产品进行合格评定的授权。对机构或部门的选择应由申请人决定。对于进口产品和本国产品，所有机构和部门应颁发相同的标志，收取相同的费用。它们还应提供相同的处理时间和申诉程序。进口产品不得实行一种以上的合格评定程序。中国应公布并使其他 WTO 成员、个人和企业可获得有关其各合格评定机构和部门相应职责的全部信息。

（b）不迟于加入后18个月，中国应仅依据工作范围和产品种类，指定其各合格评定机构的相应职责，而不考虑产品的原产地。指定给中国各合格评定机构的相应职责将在加入后12个月内通知 TBT 委员会"。

对农业的补贴和技术壁垒，是近年来 WTO 争议最多的领域，由此而引致的贸易诉讼量巨大。中国在加入 WTO 时，也进行了相关约定。农产品贸易，对于我国这样一个农业大国而言，其重要性是不言而喻的。在早期的《关贸总协定》中，就很少包括农产品贸易的相关条款，亦不存在关税减让协议。发达国家经过长期的发展，已进入了较为成熟的工业化社会、城市化水平较高，发达国家政府有财力补贴农业生产。而我国是一个传统的农业大国，农业人口占比仍然很大，农业对我国国民经济发展具有不可替代的重要性。对此，在附件的《农业协定》中，中国就小麦、大米、大豆、牛肉、牛奶等主要农产品的关税减让机制进行了详细的约定。对于近年来争议较多的农产品价格补贴，条款还与中国进行了特别的约定，即规定了不允许中国通过国有企业等方式来变相实施农业补贴，这实际上要求中国增加农产品价格形成的透明度。

从世界范围内的贸易战来看，一是倾销，二是技术性贸易壁垒。技术性贸易壁垒，又被称作"绿色壁垒"。以欧盟为例，涉及安全、健康、环境等方面的标准就有10万条之多。

因此，在兼顾与协调环境与贸易的问题上，发展中国家与发达国家之间存在着尖锐的矛盾。由于技术水平落后，包括中国在内的相当多发展中国家的产品是以牺牲环境为代价的，因此在相当长的一段时期内，产品的环保标准难以满足发达国家的要求；而一些发达国家往往以此作为限制发展中国家贸易的工具，实行有针对性的技术性壁垒。中国是世界上最大的发展中国家之一，拥有巨大的人口总量和市场容量，中国产品技术性标准的高低与世界范围内的技术性贸易壁垒设置密切相关。在环境保护越来越受到关注的背景下，产品环保标准正普遍提高，由此也要求各国实施清洁生产、绿色生产，降低产品的污染性和能耗。在这方面，中国有责任率先提高产品质量和安全标准，促进经济增长和环境保护的协调。并且，这也成为发展中国家应对发达国家技术性贸易壁垒的必然途径。

六、对倾销和补贴的认定

"第 15 条　确定补贴和倾销时的价格可比性

GATT 1994 第 6 条、《关于实施 1994 年关税与贸易总协定第 6 条的协定》（《反倾销协定》）以及《SCM 协定》应适用于涉及原产于中国的进口产品进入一 WTO 成员的程序，并应符合下列规定：

（a）在根据 GATT 1994 第 6 条和《反倾销协定》确定价格可比性时，该 WTO 进口成员应依据下列规则，使用接受调查产业的中国价格或成本，或者使用不依据与中国国内价格或成本进行严格比较的方法：

（i）如受调查的生产者能够明确证明，生产该同类产品的产业在制造、生产和销售该产品方面具备市场经济条件，则该 WTO 进口成员在确定价格可比性时，应使用受调查产业的中国价格或成本；

（ii）如受调查的生产者不能明确证明生产该同类产品的产业在制造、生产和销售该产品方面具备市场经济条件，则该 WTO 进口成员可使用不依据与中国国内价格或成本进行严格比较的方法。

（b）在根据《SCM 协定》第二、三及五部分规定进行的程序中，在处理第 14 条（a）项、（b）项、（c）项和（d）项所述补贴时，应适用《SCM 协定》的有关规定；但是，如此种适用遇有特殊困难，则该 WTO 进口成员可使用考虑到中国国内现有情况和条件并非总能用作适当基准这一可能性的确定和衡量补贴利益的方法。在适用此类方法时，只要可行，该 WTO 进口成员在考虑使用中国以外的情况和条件之前，应对此类现有情况和条件进行调整。

（c）该 WTO 进口成员应向反倾销措施委员会通知依照（a）项使用的方法，并应向补贴与反补贴措施委员会通知依照（b）项使用的方法。

（d）一旦中国根据该 WTO 进口成员的国内法证实其是一个市场经济体，则（a）项的规定即应终止，但截至加入之日，该 WTO 进口成员的国内法中须包含有关市场经济的标准。无论如何，（a）项（ii）目的规定应在加入之日后 15 年终止。此外，如中国根据该 WTO 进口成员的国内法证实一特定产业或部门具备市场经济条件,则(a)项中的非市场经济条款不得再对该产业或部门适用。"

倾销和反倾销,已经成为 WTO 规则下出现最多的贸易争议。一般而言,凡一项产品从一国进入另一国的出口价格低于在正常交易过程中旨在供出口国消费的相同产品的可比价格,即被认为以低于正常价值销入另一国的商业领域,构成倾销。然而,争议的焦点就在于"正常价值"的认定。中国加入 WTO 时,其市场经济程度还有待提升,那么如何针对中国产品来进行整场价值的认定,这需要作出详细的规定。并且,在加入 WTO 之初,许多国家对中国的市场经济地位提出了质疑。这样,基于中国国内成本和加成利润所计算出的产品正常价值,就难以被其他国家所接受。如不按上述办法计算,则只能寻找相近的第三国产品正常价值进行推算。例如,对中国产品的正常价值推算,经常采取和新加坡等国家的产品价格进行比较,这无疑会使中国产品陷入不利的境地。上述问题的存在,往往是引致我国和他国产生国际贸易纠纷的重要原因。尽管我国政府和企业对此问题已引起高度重视并制定了相应的应对之策,但要想有效地解决这个问题,还需要在 WTO 规则中不断摸索。

因此,只有进口成员方认定中国属于完全市场经济地位国家,上述条款才有可能废止。对此,我国大力向有关国家展开争取"市场经济地位"的交涉工作。不仅如此,在对补贴的认定中,也是需要在以市场充分竞争条件下的股金、贷款、担保以及提供货物或服务等的"正常价格"作基准,来和政府所提供的东西作比较。

第二节 中国加入世贸组织后的经济表现

2001 年 12 月 11 日,中国正式成为 WTO 第 143 个成员。总体而言,自加入世贸组织以来我国经济实现了持续较快的增长。

一、加入世贸组织以来我国的宏观经济情况

(一) 经济增长

加入世贸组织后,我国经济取得了快速的发展。GDP 总量从 2001 年的 10 万亿元,增长到 2010 年的 40 万亿元,翻了两番(见图 14-1)。即使从人均 GDP 来看,我国人均 GDP 也从 2001 年的 8622 元增长到 2010 年的 29992 元,也基本完成了翻两番的目标(见图 14-2)。

从人均 GDP 的增长率来看,加入世贸组织时正是全球经济陷入低迷的时刻,我国积极进行宏观经济政策的调整,自加入世贸组织(2001 年)开始,国内经济表现逐渐回升。2001~2010 年,我国实现了约年均 8% 以上的高速增长率(见图 14-3),这在世界经济发展史上是比较罕见的。特别是随着外贸出口的快速增长,我国 GDP 增长率保持平稳较快增长,到 2007 年时达到了 13.6%。虽受 2008 年国际金融危机的冲击,我国 GDP 增速有所回落,但总体而言仍保持了平稳较快的增长。

第十四章 中国与WTO

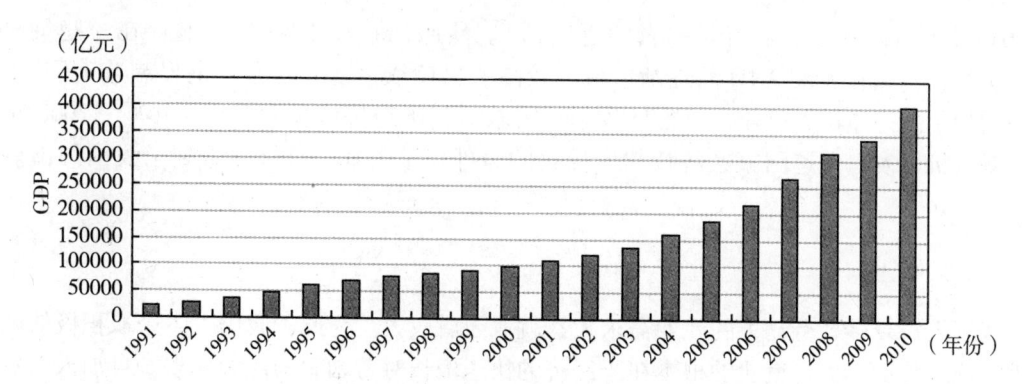

图 14-1　1991~2010 年我国 GDP 走势

资料来源：《中国统计年鉴2010》。

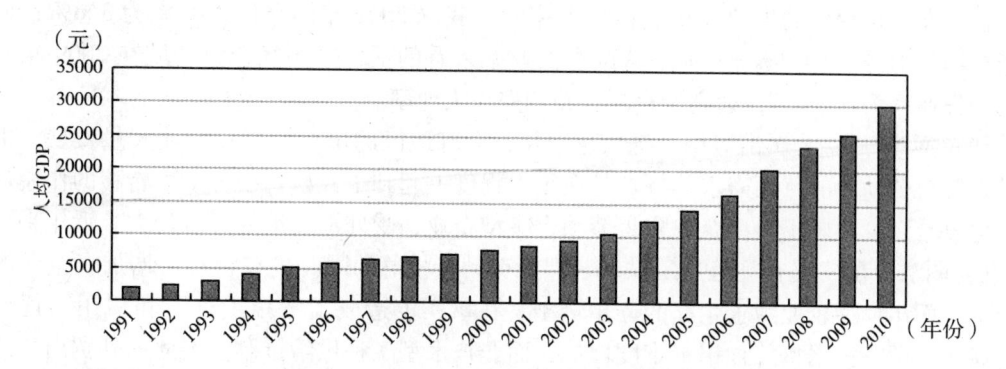

图 14-2　1991~2010 年我国人均 GDP 走势

资料来源：《中国统计年鉴2010》。

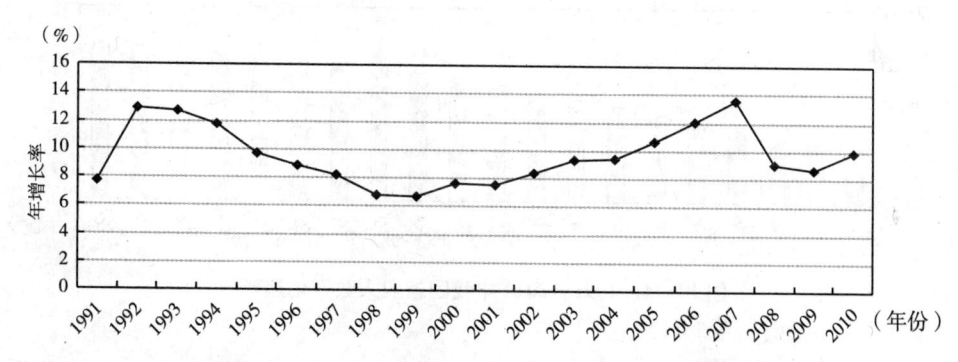

图 14-3　1991~2010 年我国人均 GDP 年增长率走势

资料来源：《中国统计年鉴2010》。

中国经济的高速增长与加入 WTO 是密不可分的。自加入 WTO 以来，中国对外贸易水平有了很大的提升。2001 年，中国的进出口总额为 42183 亿元人民币，而到了 2010 年达到了201722亿元人民币，后者是前者的近四倍①。然而，加入 WTO 也可能存在一些负面影响。例如，我国在加入 WTO 后逐渐形成了较高的出口依存度，成为"世界制造工厂"，这虽然增加了国内生产和就业，但也导致国外需求对我国经济增长有着重要影响。2008 年国际金融危机爆发，发达国家经济疲软所导致的海外订单下降，直接冲击到了我国的出口型企业。

（二）就业

我国人口众多，劳动力的就业需求大，就业矛盾较大。为此，我国一直采取积极的就业促进措施。然而，促进就业的根本在于经济的快速增长对劳动力的巨大需求。自加入世贸组织以来，我国劳动力就业人数明显处于快速上升阶段。但是，我国存在大量的农村剩余劳动力需要向非农产业转移，以及城镇地区庞大的人口基数所带来的每年新增城镇劳动力，致使我国仍存在一定程度的失业。从登记失业率看，我国 2001 年的登记失业率为 3.6%，而这一指标到 2010 年为 4.1%②。如果从调查失业率来看的话，中国社会科学院在 2009 年公布的调查失业率为 9.8%③，远高于官方公布的登记失业率。

加入 WTO 后，我国出口型经济快速增长，沿海地区的出口型加工企业大量发展，由此也带来了对劳动力的巨大需求，特别是在很大程度上起到了农村剩余劳动力转移的作用。但是，也要看到，我国出口型企业多是劳动密集型企业，受外汇波动的影响较大。近年来，新《劳动合同法》的实施在规范用工秩序、保障劳动者权益的同时也在客观上增加了企业的用工成本，而出口型企业为求生存的逐步转型，在事实上造成了"招工难"和"用工荒"并存的局面。即，技术型工种招工难度增加，而非技术型工种供给过剩。因此，外贸出口的逐步转型，也对我国的劳动力供给结构提出了更高的要求（见图 14-4）。

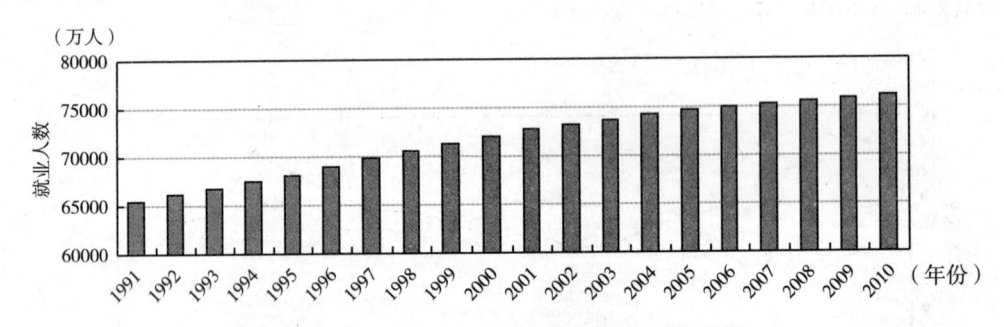

图 14-4 1991~2010 年我国就业人数变化趋势

资料来源：《中国统计年鉴 2011》。

---

① 资料来源：《中国统计年鉴 2011》。
② 由于登记失业率的统计方式较为繁杂且存在较长的时间滞后期，因此，学术界普遍认为其不能反映出真实的失业水平。一种较为真实的数据来自于调查失业率，但遗憾的是，官方尚未公布该数据。
③ 参见 http：//money.163.com/09/0105/08/4USMSG1900252G50.html。

(三) 固定资产投资

2001年是我国加入 WTO 的元年。对比加入世贸组织前后，不难发现，2001年以前我国固定资产投资总额处于较低水平，到2000年也只有32917.7亿元，并且固定资产投资年增长率也只是在10%以下的低位徘徊。而自加入世贸组织以来，由于对外贸易的兴起和外商直接投资的更多涌入，固定资产投资增长率稳步提升，2003~2010年年均投资增长率在20%以上。随着固定资产投资水平的不断升高，其在 GDP 中的比例也不断攀升。1997年，固定资产投资占 GDP 的比例仅为30%左右，而到了2010年，固定资产投资占 GDP 的比例则达到了70%。这意味着，固定资产投资已成为拉动我国经济增长的主要引擎。

随着固定资产投资的不断加快，我国于2004年出现了短暂的经济过热现象。对此，我国积极实施了宏观调控政策进行控制，将积极的财政政策调整为稳健的财政政策，表现为2005~2008年的固定资产投资总额有明显降低。而2009年全球金融危机后，又使得我国固定资产投资增长速度相对放缓。总体而言，我国固定资产投资在宏观调控政策下，实现了平稳的增长（见图14-5）。

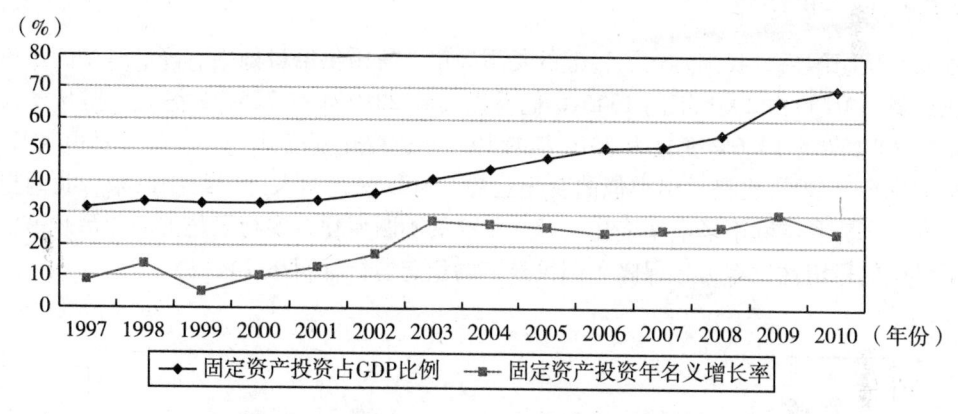

图 14-5 1997~2010 年我国固定资产投资状况

资料来源：《中国统计年鉴2011》。

(四) 居民收入

加入世贸组织后，我国城乡居民收入水平延续了快速增长的态势，城镇居民人均可支配收入由2001年的6589元增长到2010年的19109元，后者是前者的3倍多；农村居民人均纯收入由2001年的2253元，增长到2010年的5519元，也翻了一番。但是，也应该注意到，城乡居民收入差距并没有出现缩减趋势。城乡居民收入比（城镇居民人均可支配收入÷农村居民人均纯收入）在2001年年末为2.92:1，这一比例到2010年为3.46:1，城乡收入差距有进一步拉大趋势。这说明，我国在加入世贸组织后城乡发展不平衡的局面仍然没有打破（见图14-6）。

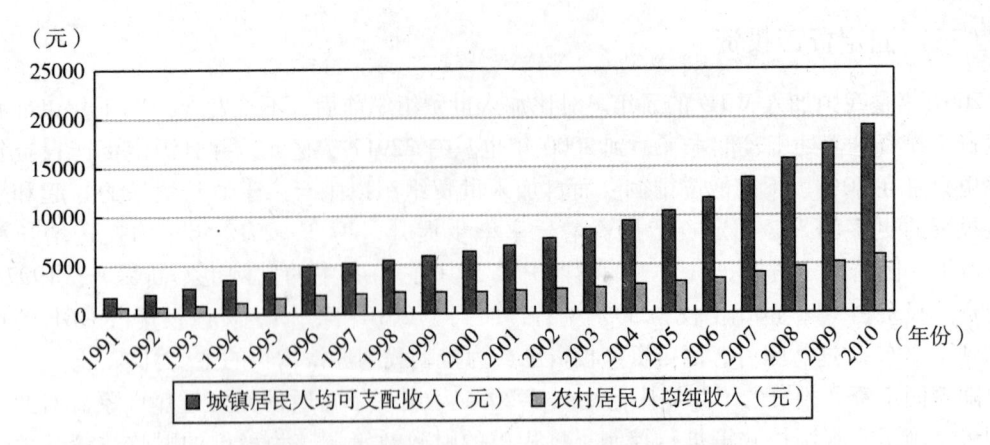

图 14-6　我国 1991~2010 年城乡居民收入趋势

资料来源：《中国统计年鉴 2011》。

（五）货币供给量

加入世贸组织后，我国延续了稳健的货币政策，货币供给量稳中有降。其中，虽然广义货币供给量（M2）由 2001 年的 134610 亿元提高到 2010 年的 725744 亿元；但从增长率来看，却由 2001 年的 17.6% 变化为 2010 年的 19.7%，变化幅度并不大。狭义货币（M1）和流通中的现金（M0）也呈现出类似的变化趋势。可以说，加入世贸组织以来，我国根据国内经济发展态势和国际市场汇率变化、贸易状况的不断变化，实行了稳健的货币政策，保证了货币供应的稳定性，有力地保障了国民经济的稳定运行（见图 14-7）。

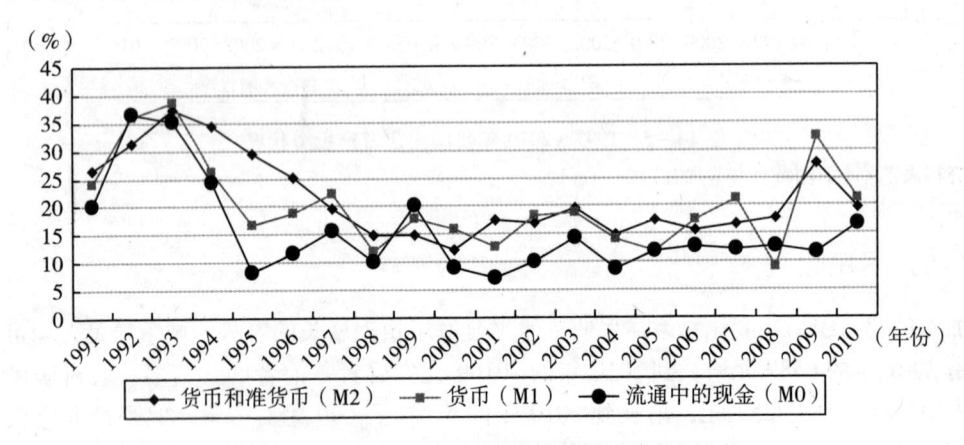

图 14-7　我国 1991~2010 年货币供给量变化趋势

资料来源：《中国统计年鉴 2011》。

（六）物价水平

加入世贸组织前，我国物价水平在 1994 年达到了最高点，物价上涨速度较快。此后，随着我国经济成功实现软着陆,到1997年前后基本实现了物价的平稳变动。而1997年亚洲金融危机的冲击,还一度使我国陷入通货紧缩的局面。2001年加入世贸组织以来,我国经济增长进入快车道,在稳健货币政策和财政政策的调控下,物价水平保持了平稳波动,通货膨胀水平基本保持在了可控范围内。虽然近年来,受国际原材料市场价格高涨的冲击以及国际金融危机的影响,通货膨胀的压力逐渐加大,也屡次出现过较大的物价变动,但总体而言仍然显得较为平稳(见图14-8)。

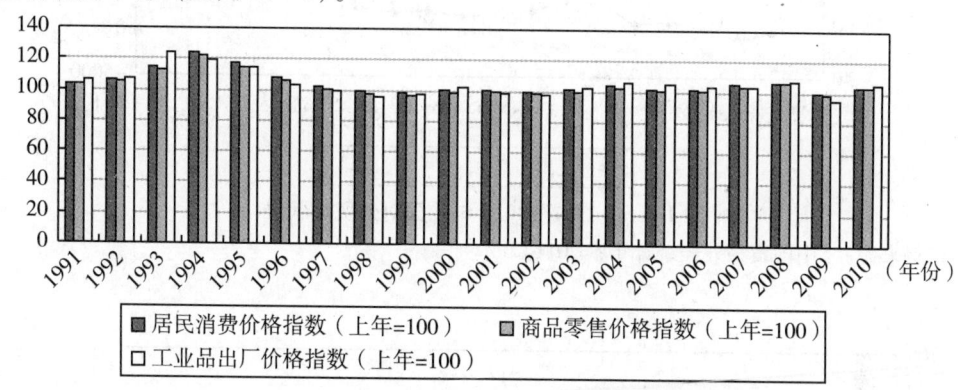

图14-8 我国1991~2010年物价变动趋势

资料来源:《中国统计年鉴2011》。

二、加入世贸组织以来我国对外经济运行概况

(一)对外贸易

在2001年加入WTO以前,我国对外贸易额一直呈现出较低的增长态势。图14-9表明,自2001年后,我国进出口总额增长迅速,2001年进出口总额为42183亿元人民币,而到了2010年达到了201722亿元人民币,后者是前者的近四倍。除了2009年因为国际金融危机冲击,导致进出口总额有大幅度下降外,其余年份进出口总额都保持了快速递增的态势。而从净出口额看,总体而言,近20年间我国一直处于贸易顺差。特别是自加入世贸组织以来,贸易顺差的程度越来越深,到2010年,贸易顺差已达到了2万亿元人民币,这也是我国近年来外汇储备增长迅速的主要原因。

图14-10更清晰地呈现出我国1991~2010年进出口总额的变化趋势。在2001年之前,我国进出口总额的增长率较低,普遍处于20%以下。而自2001年以后,这一指标普遍高于20%,某些年份甚至达到了30%以上(如2003年的33%、2004年的35%)。可以说,加入世贸组织10年来我国的对外贸易发展非常迅速。

图14-11表明,中国出口额占GDP的比重由2001年的20.1%上升到2010年的26.7%,在2007年曾经达到最高值35.2%。这说明,近年来出口对于我国经济增长具有巨大的拉动作用,这与加入WTO之前的状况有明显的不同。而就世界范围内看,中国出口额占世界出口总额的比例稳步攀升,到2010年已达到10%以上,在世界贸易领域中已有着举足轻重的地位。

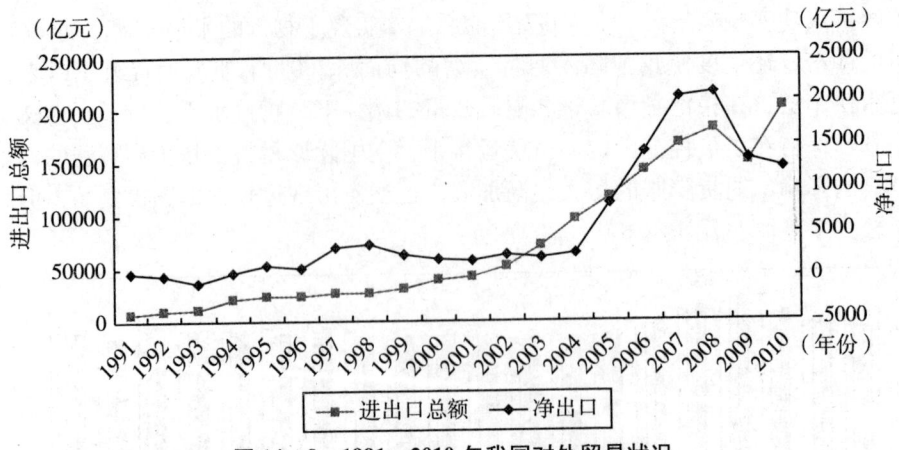

图 14-9　1991～2010 年我国对外贸易状况

资料来源：《中国贸易外经统计年鉴 2011》。

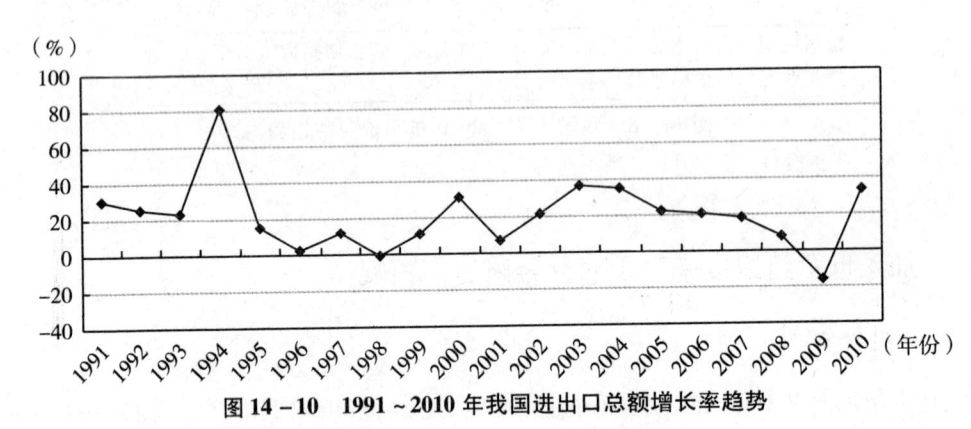

图 14-10　1991～2010 年我国进出口总额增长率趋势

资料来源：《中国贸易外经统计年鉴 2011》。

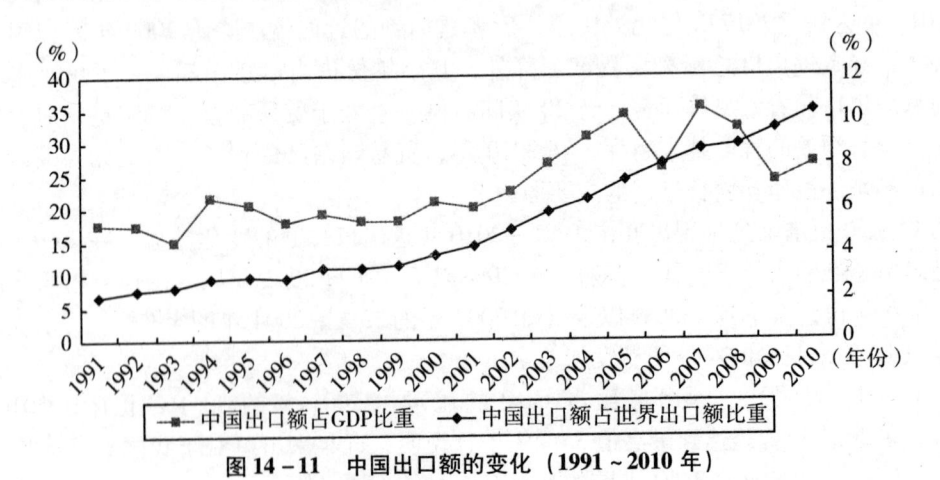

图 14-11　中国出口额的变化（1991～2010 年）

资料来源：《中国贸易外经统计年鉴 2011》。

第十四章 中国与WTO

因此，上述分析表明，中国加入世贸组织10年来，迅速地融入了WTO，对外贸易总额不断扩大，对外贸易在国民经济中的地位日渐显著，中国在世界贸易领域已成为不可获或缺重要组成部分。

（二）外资利用

外商直接投资（Foreign Direct Investment，FDI）反映出一个国家或地区吸引境外资本的能力，也反映出一国或地区的经济活力。一般而言，FDI总额越大，说明该国家或地区经济发展越迅速。图14-12表明，2001年以前我国外商直接投资总额一直稳定在"400亿美元/每年"的水平，而自此以后，随着我国在世界经济地位的提升以及自身经济活力的不断增强，外商直接投资总额出现了快速增长。2004年达到了600亿美元，较2001年增长50%；而2010年更是达到了创纪录的1057亿美元。中国，无疑已经成为国际投资资本的一片"热土"。

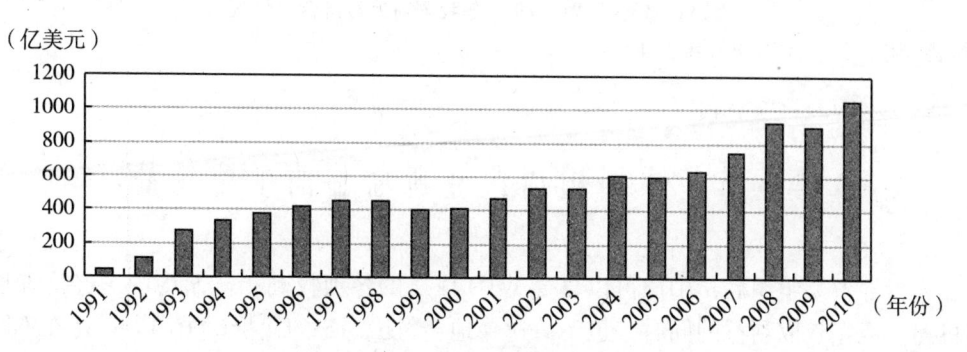

图14-12 1991~2010年我国FDI变化趋势

资料来源：《中国贸易外经统计年鉴2011》。

（三）对外经济合作

在引进外资的同时，中国也越来越注重"走出去"战略。许多跨国企业开始走出国门，到海外去寻找投资机会，参与国际经济合作。从图14-13不难看到，加入世贸组织前我国对外经济合作，无论是合同数目还是合同金额，都长期处于一种较低的增长态势。而转折点发生在加入世贸组织两年后，自2004年始，我国对外经济合作的合同数和合同金额都双双呈现出较快增长态势，到2010年，对外经济合作合同数达到了246387个、合同金额为1430.92亿美元。在这个过程中，越来越多的中国企业展开跨国经营，成为行业中的跨国企业；并且，也有越来越多的中国居民开始走出国门，随着中资机构在海外的扩张，到世界各国去工作。可以说，加入WTO以后，中国的对外开放达到了历史上最高的水平。

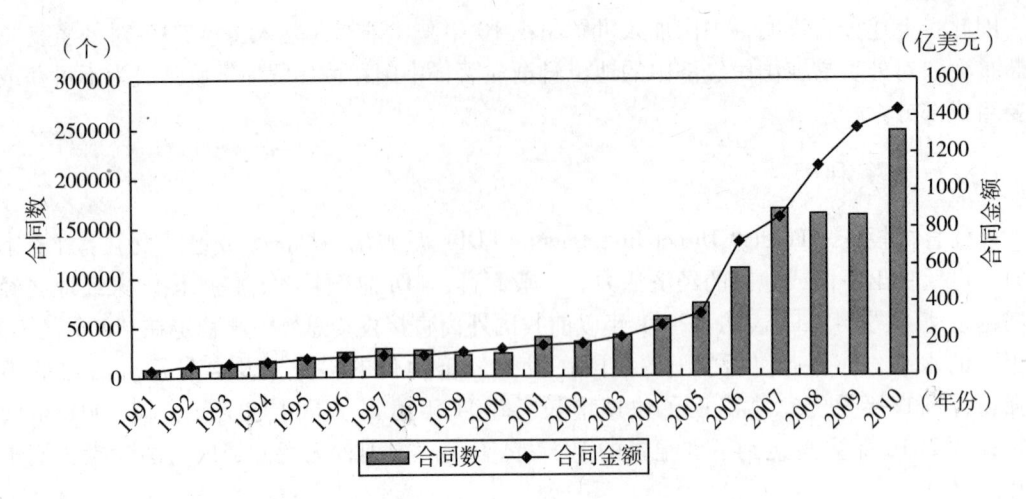

图 14-13　1991~2010 年我国对外经济合作情况

资料来源：《中国贸易外经统计年鉴 2011》。

第三节　中国国内产业所面临的主要挑战

加入世界贸易组织后，中国可以享受 WTO 成员的各项权利，从而为中国经济发展带来诸多机遇。但在获取利益的同时，也不可避免地会付出一定的代价，国内各产业在不同程度上面临着加入世贸组织带来的挑战和冲击。

首先，加入世贸组织后我国农业和服务业将面临较大冲击。加入世贸组织后随着农产品进口配额限制措施的逐步减少和取消，我国一些基本农产品如小麦、大米、棉花、大豆的生产可能会由于国外农产品的竞争而减少或萎缩，由此可能使农业生产的萧条。另外，国外农产品严格的技术标准，也会使得我国农产品出口面临着一些暂时性困难。

其次，加入 WTO 后，随着我国关税不断降低和非关税壁垒似的逐步减少乃至取消，我国一些长期受保护的技术密集型和资本密集型幼稚产业，如汽车、化学和医药等行业，也受到较大冲击。原因在于这些行业起步晚，生产没有达到一定规模而成本较高，同时技术水平与国外相比存在较大差距。特别是随着我国加入世贸组织后关税和非关税保护措施的逐步取消，这些行业将会面临严峻的考验。

最后，由于我国的金融、保险、电信等现代服务业长期处于保护和垄断状态，竞争力较差。随着我国加入世贸组织后市场的逐步开放，外资会大量涌入这些行业，享受我国的国民待遇，我国相当一部分服务业可能就会因为成本高、技术水平低、管理落后和服务质量差而在激烈的市场竞争中处于劣势，面临较大的压力和挑战。

不仅如此，加入世贸组织后我国所面临的挑战还表现在其他方面：①随着我国银行、证券、外汇等市场的全面开放，我国国民经济受到国际金融市场和国际资本流动的影响加大，政府对宏观经济的调控力以及对人民币币值的控制能力可能被削弱；②由于我国是发展中家，许多政策法规和企业行为与世贸组织的协定规则不一致，因而在利用世贸组织的争端解决机制处理与贸易伙伴的贸易摩擦和争端时可能会处于不利地位；③由于我国生产力和科技水平与发达国家存在较大差距，发达国家可能会利用其技术和经济优势对我国实施歧视性待遇，损害我国的经济利益。

总的来说，加入世贸组织对我国经济发展各个层面均将产生不同程度的影响，我国各产业也面临着各种挑战，本节将以某些典型行业为例来进行阐述。

一、加入世贸组织对我国农业的冲击

（一）我国在农业领域的加入世贸组织承诺

我国在农业领域的加入世贸组织承诺主要包括农产品的关税减让、关税配额、出口补贴等内容。

1. 关税减让

加入世贸组织后对所有农产品的关税均实行上限约束，并且将算术平均关税率由加入世贸组织时的21%降低到2004年的17%。特别是在对美国、欧盟有重大利益的一些商品上，我国承诺对关税做更大幅度的削减：例如肉类、园艺产品和加工食品的平均税率到2004年下降为14.5%。关税削减采取在执行期内每年按相等比例的方式，到2006年，我国农产品关税平均税率下降到16.2%，到2011年仍然在执行这一标准。

2. 实行关税配额制度

对于过去实行外贸计划管理的重要农产品，我国在加入世贸组织后将继续保留国营贸易制度，但采取关税配额制度进行管理。对配额内的进口征收低关税，同时在执行期内逐步降低配额外关税，这一措施涉及粮食、植物油、棉花、羊毛、食糖和橡胶等产品。

在进口配额管理方面，我国承诺逐年增加配额量。政府需要在每年年初将一定比例的配额量发放给具有资格的非国有企业，到每年9月中旬，如果获得进口配额的国有企业没有用完配额，剩余部分将收回，重新对所有具有资格的企业进行再分配。

根据2003年公布的《中国进口关税配额管理暂行办法》，我国农产品关税配额的方式为全球配额，实施进口关税配额管理的农产品品种为：小麦（包括其粉、粒，以下简称小麦）、玉米（包括其粉、粒，以下简称玉米）、大米（包括其粉、粒，以下简称大米）、豆油、菜籽油、棕榈油、食糖、棉花、羊毛以及毛条。农产品进口关税配额将根据申请者的申请数量和以往进口实绩、生产能力、其他相关商业标准或根据先来先领的方式进行分配。

3. 在出口补贴方面所做的承诺

在出口补贴方面，我国早在1997年加入世贸组织谈判期间，就郑重地向世界贸易组织承诺：将在加入世贸组织后停止使用农产品出口补贴。在1999年中国与美国达成的双边协议中，我国承诺在加入世贸组织后立即取消农产品出口补贴，在最终达成的加入世贸组织议定书中，我国再次重申了对农产品出口不实行补贴的承诺。事实上，中国自加入 WTO 之日起，就同意取消农产品出口补贴，并承诺将国内支持中的"黄箱补贴"上限限制在 8.5%，低于其他发展中国家；在实际的农产品出口中，中国在加入 WTO 后对所有农产品均已不再给予出口补贴。

（二）加入世贸组织承诺对我国农业的竞争压力

1. 关税减让的影响

关税下降，将会导致农产品进口量增加，必然冲击我国国内农业市场。我国农产品与国际市场相比仍存在价高质低、商业竞争优势不强的弱点，农产品进口管制的放松将在一定程度上影响到农民的收入。但总体而言，这种影响是有限的。原因在于：第一，中国农产品进口未使用配额外关税税率，关税税率下降对原有贸易方式影响不大；第二，近几年来国际农产品市场价格一直处于较高价位，这在一定程度上对我国农产品的生产和出口起到了保护作用。

2. 关税配额的影响

中国承诺对小麦、大米、玉米、棉花、豆油、食糖、羊毛、天然橡胶等重要农产品实行关税配额管理。其中，小麦、大米、玉米的进口量由加入 WTO 后第一年的 1638 万吨增加到 2004 年的 2216 万吨，该进口量大约占到消费量的 5.7%～8.8%。配额内税率在 1%～10%，配额外税率在 10%～80%。就棉花生产和贸易而言，关税配额的影响可能更大。因为配额与以往实际进口量相比增加较多，而且配额相当于国内产量的 15% 以上。

在新的关税配额制度下，随着配额数量的增加和私营贸易的配额比例提高，这会给国内农产品市场价格造成越来越大的影响。所以国际农产品价格波动会直接或间接地影响国内农产品市场。从直接效应看，由于国外粮棉油糖等农产品价格较低，一旦进入中国市场，就会给同类产品造成竞争压力、失去国内市场；从间接影响看，加入 WTO 后人民币汇率的波动将相对频繁，这也会对农业生产资料和农产品进出口带来影响，造成国内农产品价格的波动。

3. 出口补贴承诺的影响

出口补贴是农业保护措施的重要内容。中国承诺放弃发展中国家可以享有的对出口农产品加工、仓储、运输的补贴的权利，并承诺今后不再使用农产品的出口补贴。然而，其他农产品主要出口国还都不同程度地给予出口补贴。虽然农产品协议对出口补贴进行约束和削减，但由于发达国家此基数比较大，即使削减后，仍可保留大量的出口补贴。与发达国家削减 36% 后的水平相比，我国出口补贴的零水平对我国农产品的出口将产生极为不利的影响。出口补贴的取消将对以前享受补贴的农产品诸如玉米、棉花等的生产和流通以及市场价格等方面产生一定不利影响。

与中国完全取消农产品出口补贴相比，一些农产品主要出口国还不同程度地给予出口补

第十四章 中国与WTO

贴,这使得中国农产品在国际竞争中处于不平等的竞争地位。另外,考虑到我国在农业服务方面缺乏相关人才、相关经验和管理方法,农产品出口的整体竞争力相对较低。相比而言,外国企业在这方面可以说有着丰富的经验和雄厚的资金支持,随着政策的不断放开,加上国内市场对农业服务的需求日益增加,外国企业必然会进一步地进军中国市场。

☞ 案例:

中日农产品贸易争端

加入世贸组织后,中国启动WTO争端解决机制的第一案是中日农产品贸易争端,最终通过双边协商得以解决。2001年12月21日,在日本对中国大葱、香菇、蔺草席出口启动为期一年的反倾销调查的最后一天,也就是说日本政府必须就是否对中国这三种农产品进口正式设限做出决定的当天,中日双方就解决农产品贸易争端达成协议。

2000年12月22日,日本宣布对大葱、香菇、蔺草席等三种主要从中国进口的商品是否构成倾销进行调查,并进行产业损害调查,以决定是否最终实行长达四年的全面进口限制。

2001年4月11日,日本驻华使馆致函中国政府,通告将于4月23日起对从中国进口的上述三种农产品实施临时保障措施。

4月12日,中方发言人指出,中日农产品贸易是根据日本市场的实际需求,在两国业界的共同努力下发展起来的,中国农产品在日本市场深受消费者欢迎。日方无视这一事实,在未经充分协商,未能得出客观公正、实事求是的调查结论的情况下,启动临时保障措施,对三种农产品提高了进口关税,背离了日方一贯主张的贸易自由化原则。这一措施不仅严重损害了中国出口企业、生产者和农民的利益,也损害了日本相关业界和广大消费者的利益。

4月17日,日本政府内阁会议正式决定,从4月23日起对从中国进口的这三种农产品实施临时保障措施,实施关税配额管理,对超过限量的进口征收高额关税,期限为200天。

6月22日,中国针对日本的贸易保护行为采取相应的措施,开始对原产于日本的汽车、手机和空调实施100%的惩罚性关税。

6月26日,中国外经贸部提出希望中日双方通过磋商妥善解决贸易争端。

7月3日~12月19日,中日两国政府和民间的代表分别在北京、上海、多哈、东京为解决贸易争端举行了多次磋商,均未取得实质性进展。但双方均表示愿意从维护两国经贸合作大局出发,协商解决有关问题。

在此期间,因日本对这三种农产品进口设限,使中国以种植生产出口这三种农产品为主的农民利益受到严重损害。日本对华出口的汽车等产品数量也大幅度下降,10月天津保税区海关验放一辆日产三菱帕杰罗吉普车,成为自6月22日中国对原产于日本的汽车加征100%的特别关税后首辆进口的汽车,该车比加征特别关税前多交纳税款25万余元。

12月11日,中国成为WTO成员。对于中日农产品争端,穆尔强调,"两国都可以自由引用WTO原则,保护自己的利益"。由此,人们预计,中日之间的贸易摩擦很可能最终要提交 WTO 的争端解决机构来解决。

12 月 21 日，双方达成最终协议，日方决定不启动对从中国进口的三种农产品的正式保障措施，中方决定撤销对日本三种商品的特别关税措施。

资料来源：王曙光等．农产品贸易争端案例．经济日报出版社，2011．

二、加入世贸组织对我国纺织业的冲击

（一） WTO 保障措施的影响

加入世贸组织以后，我国纺织业出口受到巨大的挑战。虽然我国的纺织品配额可以到在 2005 年 1 月 1 日被取消，但根据中国加入 WTO 议定书中的纺织品保障条款，从中国加入 WTO 之日起，到 2008 年 12 月 31 日止，由于市场扰乱，世贸组织成员方可以对来自中国的纺织品服装实行配额限制。甚至在 2012 年 12 月 31 日前还可以通过"特别产品过渡保障条款"对我国出口较快，并构成对进口国同类产品的国内产业造成实质损害的特定产品继续进行配额限制。其具体影响体现在以下几个方面：

1. 限制我国出口贸易量增长

实施保障措施对发达国家和发展中国家的影响截然不同。发达国家外向型经济发展历史悠久，占领了广大的国际市场份额，因此其出口增长速度相对较低。但对于需要扩大出口贸易的发展中国家来说却起到限制出口增长速度的作用。特别地，对于发展中国家具有国际竞争力的商品出口来说，保障措施实际上就是限制发展中国家出口的工具。

2. 损害我国出口企业的利益

第一，造成出口企业利润下降。由于出口数量的限制，涉及我国的众多企业。出口企业要么选择放弃对该市场的产品出口，要么选择应对特别保障措施，要么重新开拓新的出口市场或者提高产品的技术含量和附加值。但无论采取上述何种策略，都会直接或间接地增加中国出口企业的成本，导致利润水平下降。

第二，由于针对中国的特别保障措施被频繁发起，这种随意性打击了我国企业出口积极性，并导致国外订单大量转移。具体表现为：为了抵御出口产品潜在危险，一些企业在接受国外订单时会表现得慎之又慎，以免出口的大量增加而招致欧美依据关于保障措施及特保措施的规定发起更多的保障措施调查，导致出口的持续被动。由此一来，使得国内出口企业对市场反应迟钝，逐渐丧失市场活力和竞争力。

3. 易形成连锁反应

当某一 WTO 成员方对我国产品发起保障措施调查后，由于对此出口市场的限制，其他国家（地区）可能会担心我国的产品出口的市场转移，造成产品进口的剧增，影响到国内相关产业的生存和发展，而相继对我国的同类商品发起保障措施调查，最终导致我国的纺织品出口进一步受限。

（二）其他措施的影响

纺织进口国在实施保障措施的同时还利用反倾销、非法转口、进口品质检验等措施对我国纺织品服装出口实施限制。另外，我国纺织业还面临着自由贸易区新贸易保护主义的挑战。例如，欧盟和北美自由贸易区内部贸易的比重很高，自由贸易区成员方享有一系列双边和多边贸易互惠措施。中国加入 WTO 后，虽然取消了配额，但与自由贸易区内国家和地区相比仍有关税和原产地保护的区别。这些都是我国纺织服装业进入国际市场的阻力。

（三）纺织品贸易争端

2010 年我国纺织出口总额为 2065 亿美元，较 2005 年的 1175 亿美元增长 75.72%，较 2000 年的 560 亿美元增长了 268.75%。我国纺织品服装出口占全球市场比重达 32.71%，比重进一步提高，这表明在新形势下，我国纺织工业的国际竞争优势不仅是保持，而且在提升（中国纺织工业协会，2011）。

在快速发展的背后，纺织品贸易争端也在不断涌现。据中投顾问发布的《2010~2015 年中国化纤行业投资分析及前景预测报告》显示，2001~2008 年，国外对我国纺织品共发起 55 起特别保障措施。2009 年，全球针对中国纺织品服装出口产品的各种贸易保护案件量更达到历史新高。

反倾销措施是 WTO 规则认可的有效保护本国市场免遭非正常竞争的合法措施，但长期以来，该措施却充当了进口国实施贸易保护的"保护伞"。而纺织服装制品作为我国出口的传统优势产品，由于其相对的敏感性，加之价格低廉，更成为国外"反倾销"调查的重中之重。特别是 2005 年配额取消后，纺织业"首当其冲"成为受反倾销最多的行业。据统计，2009 年全球对中国纺织品服装反倾销有关的案件共 45 起。其中涉及化纤长丝、化纤短纤、窗帘、织带、电热毯、帘子布、棉纱、床单、亚麻、窄幅织机等自原料至终端的一系列产品（姚兰，2011）。

前面已经谈到了中美关于纺织品贸易的争端。自 2005 年 1 月 1 日以来，美国以中国纺织品对美出口激增为由，对从中国进口的纺织品和服装进行调查，从而确定是否需要重新实施配额限制，以保护美国国内纺织服装业制造商的利益。2005 年 4 月，美国启动了对中国纺织品的特保调查程序；并且，美国在没有和中国举行任何磋商的情况下，于 2005 年 5 月 23 日和 27 日单方面先后对中国 7 种纺织品实施配额限制；直到当年 11 月，中美在进行七次磋商之后才最终达成协议，美国对中国输往美国的纺织品出口增长率进行了明确的限制。这表明，加入 WTO 虽为我国纺织品的出口带来了巨大的国外市场，但与此同时，我国还可能受到国外的冲击。这提示我们，出口产品遭遇国际贸易冲突是难以避免的，关键是要积极运用 WTO 规则来保护本国产品的利益，作出积极的应对。当然，也要看到，中美纺织品争端的背后，是美国国内纺织业比较优势的丧失。在更具价格和品质竞争力的中国产品面前，美国国内纺织业的比较优势逐渐丧失，被中国产品所取代符合经济规律。

世界贸易组织教程

☞ 案例：

中欧纺织品贸易争端

案例回顾：

2005年1月1日，长达数十年的纺织品配额体制终结。

4月8日，欧盟纺织业警告，中国纺织品对欧盟出口激增，欧盟纺织业将出现大量失业。为此，欧盟贸易委员曼德尔森促请中国自主限制纺织品出口。

4月24日，欧委会宣布对9种中国纺织品进行调查。

5月17日，欧盟发出最后通牒，要求中国限制纺织品出口，否则欧盟将对中国纺织品采取特别限制措施。

5月20日，中国宣布对74种纺织品进一步加征出口关税。

5月30日，为应对欧美对中国纺织品的设限措施，中国宣布取消拟征收的纺织品出口关税。

6月10日，经过长达10小时的马拉松式谈判，中国和欧盟就纺织品出口问题达成协议，规定2005～2007年中国输欧10类纺织品的年增长率为8%～12.5%，欧盟中止对中国纺织品进行调查，协议自7月12日起生效。该协议在欧盟内受到欢迎，被当作一次成功的休战。

7月21日，协议生效还不到两周，中国套头衫出口就已达到配额。超出配额的纺织品开始在欧盟海关积压。

8月11日，欧盟零售商猛烈攻击欧盟委员会限制中国纺织品出口，称海关封存的纺织品，对其造成的损失高达数亿欧元。

8月17日，德国经济部长致信曼德尔森，称纺织品限制使德国制造业和贸易有遭受重大损害的危险。

8月18日，荷兰、丹麦、瑞典和芬兰的贸易部长警告说，欧盟限制中国纺织品出口造成的零售业问题，不仅将损害消费者，而且会导致就业岗位减少，因为大量欧洲贸易公司可能因此破产或出现巨额亏损。

8月22日，6种中国纺织品——T恤衫、套头衫、男裤、女士衬衫、胸衣和亚麻纱——均已达到或超过2005年全年配额，大量纺织品堆积在欧盟海关，愤怒的欧盟进口商和零售商要求欧盟委员会立即采取措施，解决纺织品积压危机。

事态演变说明，在经济日益全球化的现代社会，推行贸易保护主义，日益陷入困境。越来越多的欧洲公司深深地介入了它们进口商品的生产过程，它们在其他国家设立了生产工厂，或者把那些已经无利可图的产品生产外包出去，将重点转到设计、组织全球生产和营销等方面。通过上述做法，专注它们有竞争优势的活动，这些公司得以生存下来，而且通常生意兴隆。在经济全球化的条件下，重新设置配额，实行贸易保护主义，势必会切断这些公司的供应链，无异于搬起石头砸自己脚。

欧盟为何执行贸易保护主义：中欧签署协议前，有关中国服装的争论已在欧盟25个成员国造成分化。法国、意大利、西班牙、波兰等 10 多个国家对曼德尔森施加了强大压力,强烈要求对中国出口品采取紧急措施。北欧诸国、荷兰和英国对限制中国纺织品,持保留甚至反对态度,认为欧盟不要在推动多哈回合全球贸易谈判的关键时刻,站在保护主义的立场。两种力量较量结果,支持设限的国家占了上风。配额制度取消后,生产商很快感受到来自中国的竞争压力。他们抱怨,从中国进口的急剧增长有可能摧毁欧洲剩余的大多数纺织品工业。因此,他们对欧委会的游说非常积极。进口商和零售商由于无法掌握全盘数据,当时预计不到配额将很快用光,纺织品会大量积压在海关。因此当时反对的声音不大。而当积压情况日趋严重,证据显示,仅被禁止进口的毛线衫,就将使零售商秋冬季节的销售损失 8 亿欧元,进口商和零售商愤怒了,并对欧委会展开猛烈攻击。

欧盟从中欧协议中赢得了什么:通过签署协议,限制中国纺织品出口,欧盟为自身的纺织业赢得了喘息时间。但配额如同止痛药,只会暂缓欧盟纺织企业在与成本低廉的中国同行竞争时感到的痛苦,毫无治疗效果可言。重新对某些中国纺织品和服装产品实施进口配额,不会挽救欧洲剩余的纺织业。欧盟等于是在牺牲时装设计师和服装增值企业的利益,来帮助保护没有竞争力的欧洲纺织品制造商。的确,配额措施会减缓中国纺织品进口,但那只会把相应的就业机会推到亚洲其他国家,如柬埔寨、越南以及其他地区,如拉丁美洲、非洲。而且,贸易保护还会阻挠结构变革,不利于引导欧盟纺织业进行调整,并惩罚欧盟的低收入消费者。

对我国的启示:我国要警惕大零售商转移订单的风险。面对纺织品积压危机,不同规模的零售商,受到影响的情况也不一样。对规模较大的服装公司来说,困难似乎并不那么严重,因为它们能在短时间内将一些生产转移到其他低成本国家。以德国的 Gerry Weber 服装集团为例,这家年销售额达 4 亿欧元的服装集团表示,它们正在同印度尼西亚和柬埔寨的制造商洽谈 2006 年夏季的产品订货,而不是中国制造商。Gerry Weber 公司称,这些国家也有很强的生产能力,并且不受配额限制。瑞典的大零售集团 Hennes and Mauritz 有 30% 的服装采购自中国。该公司表示,它已找到"解决问题的办法",主要是将生产订单转移到其他亚洲国家,并将更多服装发往欧盟以外国家的商店,如挪威、瑞士和加拿大等国的商店。大量规模稍小的零售商则完全陷入困境,它们不具备大零售商所拥有的从其他国家采购和重新安排生产的灵活性。这样无形之中就形成一种选择机制。能力强的大零售集团,纷纷将订单转向其他国家,我国保留的是无能力转移订单的中小零售商,这将对我国明年及以后的纺织品出口,造成深远影响。对此趋势,我国应高度警惕。

资料来源:商务部网站,http://www.mofcom.gov.cn/aarticle/s/200510/20051000535767.html,2005 - 10 - 11,作者:李岩。

三、加入世贸组织对我国汽车产业的冲击

加入 WTO 以后,随着我国国内市场的全面开放,国际知名汽车跨国公司必将大举进入,这意味着依靠关税和非关税壁垒保护的国内汽车企业,直接面对更为激烈的竞争。而我国汽车工业水平,无论从价格还是品质上,在加入 WTO 之初都远远落后于国外发达工业化国家。

不难看到，我国现有的海内外市场份额及国内部分品种的市场份额将会出现被进一步挤占的趋势。主要表现在：

1. 降低关税和取消配额许可证的影响

加入世贸组织后，汽车及零部件关税大幅度降低，这将对各类汽车及零部件生产商产生不同程度的影响。2005年1月1日取消许可证和配额，使得更多的国外汽车得以进口，从而对国产汽车产品造成冲击。与世界发达国家的汽车工业相比，加入世贸组织初期我国汽车工业是在高关税保护下的幼稚企业。国产汽车与进口汽车存在着明显的差距，两者在技术水平、质量水平、需求水平、售后水平等方面差距明显。所以价格和质量的双重冲击，使得国内汽车企业危机重重。

首先，技术含量高的发动机、变速箱及关键零部件将受到最为严重的冲击。其次，是高档的重型载货汽车，而对微型汽车、中型载货汽车和大中型客车的影响程度相对较小。随着加入WTO以后，汽车零部件进口平均关税由35%下降到10%，将会对国内汽车配件供应商产生不利影响。

2. 开放汽车服务贸易的影响

加入世贸组织后，将对外开放汽车进口和分销服务、经营性运输公司、汽车分期付款和融资租赁等服务贸易领域。汽车服务贸易是WTO的一项重要内容，一个现代化的汽车工业必须建立在现代化的服务贸易基础上。而在我国，汽车服务贸易产业起步更晚，相对于汽车制造业而言显得更加稚嫩。由于国际通行的销售和服务模式是建立在汽车销售代理制基础之上的，而中国的品牌代理经营尚处于初级阶段，在综合服务保证和四位一体功能方面尤其欠缺。外国企业来华直接销售和汽配、汽修、汽车消费信贷、车辆保险等一系列业务的开展都会给中国传统的汽车销售服务体系带来冲击。当然，这也是中国传统汽车服务贸易领域借鉴外资先进经验，实现赶超的一个重要机遇。

3. 取消国产化政策的影响

汽车产品国产化优惠政策对吸引外商投资零部件、加快国产化、促进汽车及零部件工业的发展具有积极作用。加入世贸组织后，将取消鼓励汽车产品国产化的优惠政策，尽管有利于建立公平公正的市场竞争环境，逐步打破市场分割，但对吸引外资发展关键零部件，提高技术水平，促进产品更新换代，有一定影响和冲击。

4. 汽车产业技术局限性

加入WTO后，我国汽车技术的开发面临艰难抉择。一方面，在基础研究、技术储备上缺乏开发带头人，汽车研发的边际成本大大高于国际汽车企业；另一方面，在家用乘用车市场，大多数产品采用外国的品牌，中国自主产品牌的竞争力和市场份额都有待较大提升。因此，在这种情况下，如何在"合作、引进"与"自主、开发"中进行抉择，就成为国内汽车厂商所面临的主要问题。而对汽车的研发，往往又是一个长期的过程，是典型的"投入周期长、见效时间长"的工程。随着贸易壁垒的降低，没有自主开发能力的中国汽车工业是不可能在市场开放的条件下生存的，而依赖外国产品必将导致组织独立性的丧失。

☞ 案例：

WTO 裁决"汽车零部件贸易争端中国败诉"

2008 年 12 月 16 日，世界贸易组织上诉机构裁决中国政府《构成整车特征的汽车零部件进口管理办法》（简称《办法》）违反了该组织的国民待遇原则，至此，这起长达三年的争端告一段落。

起因：2005 年 5 月 19 日，欧盟方面在昨日正式形成了一份关于中国汽车进口机制的调查结果。欧盟方面表示，欧盟汽车制造商在中国仍然面临各种障碍，其中包括偏袒国内生产商、投资限制、国产化限制，以及知识产权执法不力。中欧此次纠纷涉及中国 4 月 1 日起执行的《构成整车特征的汽车零部件进口管理办法》。按照《办法》规定，国产化率达不到 60% 就要按 30% 多的整车关税来收税，如果国产化率达到 60% 则按 10% 交税。之所以对这一条例"耿耿于怀"，一方面是因为，欧洲汽车企业的零部件采购大多依赖完全独立的零部件制造商，整车制造商对零部件制造商选择在哪里建厂、生产，没有绝对决定权，一些零部件不得不主要依赖进口，而日韩系汽车企业则陆续将全套零部件体系搬到了中国，因此欧洲汽车所受影响较大。另一方面，由于近年来欧洲汽车制造商在全球汽车市场上的经营状况不佳，中国市场的重要性日益凸显，欧盟担心在中国市场的利益遭受损失。目前，包括宝马、大众、戴-克、菲亚特等欧洲汽车企业在中国市场都遭遇不同程度的困境。

争端升级：2006 年 3 月 30 日，美国加入对中国汽车贸易的诉讼。

中国为何反对 CKD 模式（进口全散件组装）：国内汽车产业此前 CKD 生产方式的盛行，一方面造成了国内企业大量以散件名义变相进口汽车整车的逃税行为；另一方面加剧了国内企业对进口零部件的依赖，阻碍了核心零部件的国产化，抑制了国内零部件产业的发展。

加入世贸组织以来中国在汽车产业的开放程度：整车进口关税由最高时超过 100%，到 2006 年下降到 25%，零部件进口关税降到了 10%。一方面，中国完全彻底履行了加入世贸组织承诺；另一方面，合资品牌在中国市场占据了七成以上的市场份额是不争的事实。

败诉对中国的影响：①今后的引进产品将基本不受起步国产化率的制约，更多新品将加快进入中国市场的速度。这实际上让国内消费者有了进一步与国际汽车市场新品接轨的可能同时，也势必大大加剧国内汽车市场的竞争激烈程度。②也是最重要的一点是很多关键零件或涉及各个汽车厂商核心技术的部件，未来根本不需要在中国生产，这就使得技术不外泄给中国潜在对手的可能性大大增加。尤其是一些关系到未来汽车产业核心竞争力的清洁能源与低排放、混合动力、电子控制、智能化主被动安全设施等技术，这些是目前领跑全球汽车市场厂商们的心头肉，也是最终与中国自主品牌决胜的关键所在。③最后，这个裁定对处于发展关键阶段的自主品牌们不是一个好消息，他们所要面对的国内市场环境更激烈和险恶。

资料来源：根据腾讯网（http://auto.qq.com/zt/2008/WTO_Tariff/）相关材料整理。

四、加入世贸组织对我国房地产业的冲击

(一) 加入世贸组织加剧我国房地产市场的国际竞争

房地产业在中国是成长性产业，具有巨大的发展空间。加入WTO对于我国企业来说，市场竞争环境将发生根本变化，国内外房地产企业将与国内企业一样享受国民待遇，必然导致大量跨国公司进军中国房地产业，新增的市场需求及原有的市场份额将有部分面临被国外同行其抢占的可能。与国外房地产开发商的资金实力、管理经验、技术水平相比，我国房地产开发项目的策划水平不高、产品定位不准、融资手段有限等方面的问题就会暴露显现出来，使企业不得不面对日益强烈的竞争压力。

2008～2010年，我国房地产业利润总额为3619亿元、4944亿元、6235亿元，短短三年内房地产市场扩张异常迅速。在WTO背景下，房地产业逐步实现了对外开放，越来越多的国外资本进入我国房地产市场。图14-14表明，加入WTO后我国房地产市场上不再是内资企业一家独大，越来越多的外商投资房企进入我国房地产市场。2008年，我国房地产市场中外商投资企业的数量达到2364家，为加入WTO以来的最高峰。近年来，随着我国对房价高企、房地产泡沫问题的重视，相关宏观调控政策陆续出台并实施，避免了房地产行业的过度膨胀。所以近年来我国房地产市场外商投资企业数有所降低，但总体仍保持了较高水平。

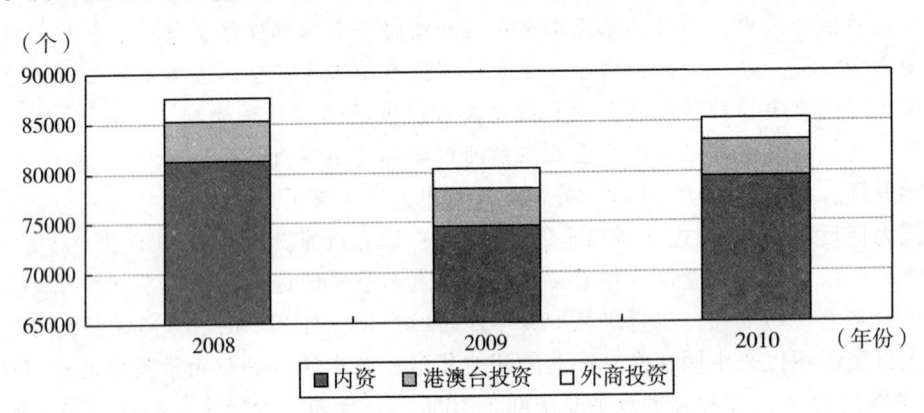

图14-14 2008～2010年我国房地产企业构成

资料来源：《中国房地产统计年鉴2011》。

(二) 房地产开发企业面临多方面压力

1. 价格挑战

境外房地产企业具有成熟的管理经验、先进的建造技术、优质价廉的建筑材料和较高的工作效率，这些都有助于降低开发成本。并且，境外房地产商资金较国内同行要雄厚许多，充足的资金进行大规模成片、成区开发可以产生规模效应。上述两个原因对于外资房产商而言是不言而喻的优势。国内企业和外资企业，在城市化的过程中，都会面临着土地价格高

涨、房价波动等情况，如何在这一过程中保持价格上的竞争力，成为国内企业和外资企业竞争的焦点。

2. 管理技术困境

在房地产综合经营管理方面，国外的房地产发展商是在市场经济环境中成长的，善于开拓市场，具有较高的市场敏锐度、专业化程度、管理水平；并且，外资房产企业在建筑设计技术、社区型的房地产成片开发方式等方面积聚了丰富的经验，将形成强大的市场竞争力。相对而言，我国许多中小房地产发展商还缺乏市场竞争力和规模扩张能力，在建筑的新技术方面更是存在较大差距。特别是在高档写字楼、酒店、高档公寓等项目中，国内开发商往往显得经验不足，在走向国际化的过程中，国内开发商的综合技术能力确实还有相当大的提升空间。

3. 企业融资压力

房地产开发企业的特点是周期长、投入大、收效慢，在开发前期需投入大批资金运作房地产项目，对于任何一个企业而言，都离不开银行资金的支持。加入世贸组织后，有大量外资银行进入中国市场，但融资难度却丝毫没有降低。因为大多数外资银行更倾向于贷款给那些与其有过更多关联业务史的开发商，国内的开发商在外资银行面前，多数没有足够的资信，故造成房地产开发商贷款形势越来越难。近年来，我国房地产金融保险业务随着房地产业的发展也得到了较快发展，但仍存在房地产金融产品单一，筹资、融资渠道不畅等问题。更谈不上对房地产金融衍生产品的开发，银行短存长贷的矛盾突出，缺乏房地产抵押贷款证券市场和房地产证券化机制，房地产抵押贷款担保和房地产保险机制也未有效介入，因此国内融资也存在较大困难。

（三）房地产中介等相关行业面临考验

近年来，国内房地产中介服务业虽有一定发展，但基础仍显得薄弱。尤其是我国目前的房地产咨询（法律、技术、政策等）、信息、经纪代理、评估以及置换、拍卖等中介服务还不是很发达，从业经验、作业规范、分析手段和知识创新能力等都与国际上先进水平有一定差距。加入WTO后，一些国际著名的中介服务机构必然会进入国内，会对本土机构构成冲击。

同时，国外的房地产抵押、担保、评估、中介代理、保险机构和设计单位等与房地产相关行业也会迅速进入我国，一些实力雄厚的国外物业管理公司也瞄准了中国内地市场。这些境外房地产相关行业同样管理经验丰富、资金雄厚、技术先进、效率高。他们的进入会使我国国内的物业、评估、抵押、咨询等行业面临巨大挑战。

五、加入世贸组织对我国金融业的冲击

根据WTO有关协议，中国将逐步取消对于涉及外资银行"商业存在"的保护性措施，

取消外资银行经营人民币业务的地域限制，即由目前开放的 25 个城市扩展到全国；取消外资银行经营人民币业务的对象限制，向外资银行开放国内居民个人人民币业务；取消现有的限制所有权，经营及外国金融机构法律形式的任何非审慎性措施。

在证券业方面，根据 WTO 协议，中国证券业的开放包括以下内容：（1）允许外国证券机构直接从事 B 股交易，加入后 3 年内，允许设立中外合资证券公司，从事 A 股承销、B 股和 H 股以及政府和公司债券的承销和交易，但外资比例不超过 1/3；（2）允许设立中外合资的基金管理公司，外资比例在加入时不超过 33%，加入后 3 年内不超过 49%。

上述材料表明，加入 WTO 后中国必将面临更为严峻的金融业竞争。相比国外较为发达的金融企业，我国金融企业的市场化改革才刚刚起步，本土金融企业的市场适应力和竞争力较低。如何应对外来竞争，将成为我国金融企业的一道难题。

（一）国内金融市场面临巨大挑战

1. 国内金融业综合竞争能力不足

外资金融机构的资本充足率高，经营管理机制先进，风险防范机制健全，在金融服务方面经验丰富，产品品种多。相比而言，我国金融业还存在许多短板，主要表现在：（1）外资金融机构市场化水平较高，对复杂多变的市场环境适应性很强；而目前我国国有金融机构处于政策保护中，市场适应力较差。（2）资产质量方面，与进入我国经营的外资金融机构相比，内资金融机构尤其是国有独资的金融机构不良资产比率偏高，财务风险凸显。（3）在规模方面，进入我国外资金融机构大多在国际上比较著名，有的是金融业的超大型企业，建立了广泛的国际网络，跨国进行低成本筹资的能力很强；而国内金融机构的实力明显不足。

2. 国内金融市场份额被挤占

加入 WTO 后，外资银行利用自身优势，会逐渐从外汇及人民币储蓄存款、贷款发放、中间业务等方面抢占市场份额。随着对外资银行吸收存款限制的逐步放开，国内银行会面临着日益增大的存款转出、市场份额降低风险。在人民币储蓄存款业务中，外资银行通过高质量的服务、先进的技术手段和不断推陈出新的金融工具，将吸引国内相当数量的企业存款和居民储蓄。在贷款业务中，外资银行会选择经营业绩优良、信誉好、发展前景广阔、资产规模大的企业作为贷款客户，而国内企业会选择服务方式灵活、效率高、态度好的外资银行。另外，外资银行还将获得金融衍生产品交易业务以及投资银行业务很大的市场份额。

（二）宏观调控难度加大

1. 加大国内金融波动风险

随着国内金融市场的逐步放开，我国金融业将处于一个高速变化的环境中，面临更大的不确定性。外资金融机构国际业务量占比大，其对于国际金融市场的波动非常敏感，很有可能成为国际经济危机与国际金融动荡的一个传导渠道。国际金融市场上的波动会引起金融业经营的不稳定，进而对国民经济的发展造成影响。同时，我国中央银行的监督管理工作落后于形势发展，监管技术尚不完善，面对金融业可能出现的波动和变化，我国中央银行面临的任务艰巨，必须迅速适应市场的要求，以维护金融秩序的稳定。

2. 金融监管面临严峻考验

加入WTO后，外资金融机构的业务范围将会逐渐展开，诸如金融租赁、投资组合、商业代理、保险中介以及消费信贷和金融衍生工具等新金融业务将会出现越来越多的外资银行身影。这虽增加了金融市场的活力，却也给金融风险的防范与控制增加了难度，谨慎性监管的成本也将随之加大。

3. 加大金融宏观调控难度

首先，由于外资银行可以通过从国际金融市场上筹措资金来抵制货币政策的影响，从而弱化货币政策的效应。而且，外资银行进入我国货币市场可能强化国际金融市场波动传导机制，将进一步加大中央银行的调控难度。其次，因外资银行可在国际金融市场上进行低成本融资，我国的各类企业则可通过外资银行融资，使本币与外币的融通、国际资本的流入流出更加频繁，中央银行对资本流动风险控制的难度加大。最后，在我国金融监管措施尚不够严密的情况下，当人民币汇率出现波动时，持有大量人民币资产的外资银行有可能推波助澜，加剧汇率波动，影响人民币汇率的稳定性。

（三）金融业人才的流失

金融业作为现代服务业的典范，其核心竞争力在于人才。外资金融机构进入后，需要大批本土化的从业人员。相对于本土金融机构而言，外资金融机构凭借其优厚的薪金、良好的工作环境以及市场化的管理体制，容易吸引高素质金融人才的加盟，对于国内本土金融机构的骨干也有着较大的吸引力。这些本土金融机构的业务骨干，往往是拥有众多客户关系的业务人才，这些人才的流失会使国内金融机构在竞争中处于不利地位。

☞ 案例：

中国与欧盟、美国关于金融资讯争议的解决

2008年3月，欧盟和美国分别就"中国影响金融信息服务和外国金融信息提供商的相关措施"（DS372、DS373）向世贸组织提起诉讼。而事实上，2006年9月，当中国重新确定了新华社的垄断地位，致使国外金融信息提供商无法与其中国客户直接进行交易时，欧美就已开始准备就此诉至世贸组织。根据中国相关规定，外国数据供应商要想在中国运营，不能直接与客户进行交易，而必须透过新华社旗下的分支机构来开展业务。但新华社于2006年推出金融信息服务后，与外国资讯提供商形成竞争关系。

欧盟表示，2008年11月13日，欧、美、中三方就此争端在日内瓦签署了一项谅解备

忘录，且中方同意从2009年6月1日起实施调整后的、新的框架协议。根据该协议，此前新华社监管外国金融信息提供商的职权将由一个新的、独立的监管机构承担，且有关国外金融信息提供商的服务必须通过代理机构进行的规定将被取消。

欧盟和美国表示，已与中方就中国有关限制国外金融信息提供商在其境内工作的世贸争端达成一致。未来，路透社、彭博摄以及道琼斯等金融信息提供商将从这项新的框架协议中获益。该协议将确保所有（金融信息）经营者在中国市场处于同等的竞争地位。

同时，美国也对此项协议表示赞赏。美国贸易代表施瓦布表示，我们乐于看到世贸组织争端解决机构授权争端当事方（自行）达成满意的解决方案。中国有关在该领域设立一个独立的监管机构的承诺是极其重要的，该独立的监管机构对于确保建立一个避免潜在利益冲突的合法（服务）环境至关重要。

资料来源：根据中金在线相关资料整理，http://news.cnfol.com/081114/101,1278,5055012,00.shtml,2008-11-14。

第四节 中国在出口市场所面临的主要问题

对外贸易对一国经济增长有重要的推动作用，被一些经济学家称为"经济增长的发动机"。一个国家通过出口可以实现规模经济，增加就业，同时提高进口能力；通过进口可以获得国内紧缺资源和先进技术。我国自改革开放30多年以来，特别是加入WTO以后，对外贸易迅速发展，推动了我国经济的高速增长，进出口总额占国内生产总值的比重逐年提高。然而，我国出口贸易取得巨大成绩的同时，也面临着发展中的难题，我国出口贸易所遇的发展困境日益凸显：我国出口长期以来过多依赖外部经济使得我国应对外部需求风险能力差，国内经济发展受世界经济波动的影响甚大，这成为时下影响我国出口的主要问题。许多国家都把中国高速增长的出口贸易看成是他们自身发展的威胁，进而加大了对我国的贸易制裁，诸如绿色壁垒、技术壁垒成为时下其采用的最新形式，尤其在当前国际经济下滑，国际贸易量减少，贸易保护主义抬头的形势下，该问题正考验着我国出口贸易的发展；我国传统的出口模式造成了我国自然资源消耗严重、环境污染严重，这些都在一定程度上阻碍了我国经济的持续发展；此外，我国长期以来重视发展出口而忽视发展内需，造成了经济的不健康发展，尤其当我国出口外部需求减弱，而内需的不足难以消化过剩的生产力时，如何平衡内需与出口显得尤为重要。

一、较高外贸依存度

（一）我国的对外贸易依存度

对外贸易依存度也被称为"对外贸易依存率"或"对外贸易系数"[①]，指在一国通过对

[①] 一般用对外贸易额即进出口总值在国内生产总值中所占比重来表示。其中，外贸依存度又可分为出口依存度和进口依存度。出口依存度＝出口总额/国内生产总值；进口依存度＝进口总额/国内生产总值。

第十四章 中国与WTO

外贸易与整个世界经济发生联系的程度以及它与本国GDP的关系。它是经济开放度的参考指标之一，能在一定程度上反映一国对外贸易在其国民经济中的重要性。对外贸易依存度越高，说明一国的对外贸易对经济增长的促进作用增大；反之，则说明对外贸易的促进作用越小。

改革开放以来，我国的对外贸易依存度（见表14-1）呈现不断上升的趋势，大致可分为三个阶段。第一阶段是1978~1993年，随着我国改革开放政策的实施，对外贸易迅速发展，出口依存度也有了较快的增长。第二阶段是1994~1999年，由于人民币汇率的波动和亚洲金融危机的影响，我国的对外贸易依存度波动较大，出口市场遭受一定影响，增长较为缓慢。第三阶段是从2000年至今，我国加入WTO以后更广泛地参与到世界经济活动中去，对外贸易蓬勃发展，在国民经济中发挥着越来越重要的作用，出口依存度保持大幅度增长，在2006年达到最高值35.9%。

表14-1　　　　　　　　1980~2010年中国出口依存度

年份	国内生产总值（亿元）	出口额（亿元）	出口依存度（%）
1980	4545.6	271.2	6
1981	4891.6	367.6	7.5
1982	5323.4	413.8	7.8
1983	5962.7	438.3	7.4
1984	7208.1	580.5	8.1
1985	9016	808.9	9
1986	10275.2	1082.1	10.5
1987	12058.6	1470	12.2
1988	15042.8	1766.7	11.7
1989	16992.3	1956	11.5
1990	18667.8	2985.8	16
1991	21781.5	3827.1	17.6
1992	26923.5	4676.3	17.4
1993	35333.9	5284.8	15
1994	48197.9	10421.8	21.6
1995	60793.7	12451.8	20.5
1996	71176.6	12576.4	17.7
1997	78973	15160.7	19.2
1998	84402.3	15223.6	18
1999	89677.1	16159.8	18

续表

年份	国内生产总值（亿元）	出口额（亿元）	出口依存度（%）
2000	99214.6	20634.4	20.8
2001	109655.2	22024.4	20.1
2002	120332.7	26947.9	22.4
2003	135822.8	36287.9	26.7
2004	159878.3	49103.3	30.7
2005	184937.4	62648.1	33.9
2006	216314.4	77597.2	35.9
2007	265810.3	93563.6	35.2
2008	314045.4	100394.9	32
2009	340902.8	82029.7	24.1
2010	401202	107022.8	26.7
2011	472881.6	123240.6	26.06

资料来源：《中国贸易外经统计年鉴2012》。

当然，我国出口依存度的上升也不可避免地带来一系列的消极影响。出口依存度提高意味着本国经济增长对国际市场依赖程度增大，这种依赖程度越大，潜藏的风险也就越大：如对外部力量过度依赖、缺乏主动权、宏观经济调控的难度增大、经济安全受到影响等。

（二）出口依存度过高带来的问题

对外贸易依存度的上升将进一步增加我国宏观经济调控的难度，加大我国所面临的国际经济和政治风险。在经济全球化的影响下，任何一个国家的内部失衡都会反映为外部失衡，进而会很快影响到与其有紧密经济联系的国家。而且，当今世界的政治经济局势动荡起伏，突发事件较多，致使国际经济环境存在较大的不确定性。所以外需波动已成为经济运行中不得不面对的风险；事态严重时，甚至会影响我国独立决策的能力（余元明，2008）。

1. 影响了对外贸易主动性

我国的出口对外部力量的依赖性很强，主要体现在两个方面：一方面，对主要出口市场依赖程度较大；另一方面，出口商品的经营主体过度依赖外资企业（徐欢、王献，2006）。我国对外贸易出口主要集中在少数国家，增大了对这些国家市场的依赖性，一旦这些国家出现政治或经济上的动荡，将会影响到我国的对外贸易发展，从而影响到我国国内经济增长的稳定性。对主要贸易伙伴出口依存度过高，不仅会限制我国对外开放的回旋余地，而且容易在主要贸易伙伴内部形成针对我国的贸易保护主义环境，使我国出口增长面临困难，也会使贸易双方的经济和政治关系受到影响。

2. 加重了中国与世界经济体的贸易摩擦

我国的对外贸易主要基于欧盟、美国、日本、东盟等几个发达的国家。对外贸易集中在少数区域，会对本国经济产生不好的影响，这些贸易大国经济发展的高低，会直接影响到本国贸易经济发展速度的快慢；这些国家如果在贸易中出现些许的滑坡，就会将责任归咎于中国，进而对中国展开贸易战。近年来中美之间愈演愈烈的反倾销、纺织品贸易争端和知识产权保护问题以及美国频频对人民币升值施加压力便是最好的证明。由此可见，中国对外贸易的发展和外贸依存度的不断提高，已经使中国对外贸易不可避免地进入了国际经济摩擦的时代。

3. 加大了出口产品市场和劳动力市场的波动性

我国是一个人口众多的国家，劳动力资源丰富，在劳动密集型产品方面具有比较优势，以前我国最多的出口商品主要集中在玩具、服装、纺织、鞋类等商品上。由于这些产品对外部市场的依赖程度较高，一旦国际市场发生动荡或者倾销，这类产品市场将会受到很大冲击。另外，虽然外贸的快速增长，可带动相关行业就业岗位的增加，但贸易摩擦的增加很容易导致我国出口下降，就业岗位减少。例如，我国服装出口下降1个百分点，全国服装生产就要下降0.5个百分点，约3.6万人将因此失业（刘新民，2005）。因此，外贸依存度过高会造成劳动力市场波动，甚至引发社会不稳定。

4. 降低了中国经济的安全系数

首先，随着我国外贸依存度的不断提高，外需波动已经成为经济运行中不得不面对的风险，当世界经济出现剧烈波动时，我国经济将受到难以预测的冲击。其次，外贸依存度的不断提高会加剧财政风险，国际投资、国际贸易、国际市场等的变化都会反映到财政上，这会增加财政运行的不确定性；长期鼓励出口的政策导致财政在出口补贴和出口退税方面支出巨大，加重财政负担。最后，重要资源、能源、关键产品和技术等对特定国家的依存度过高，更加大了经济安全的动荡性。

二、出口贸易结构单一

从国内市场结构看，主要集中在东南沿海地区，但其内部占比变动趋势不一。从出口企业经营所在地市场结构看，中国出口主要集中在东南沿海地区十省市，表现出明显的省际失衡特征。中国前十位出口省份几乎全部集中在东南沿海地区，而且其出口占据着全国出口的绝大部分，2005年东部地区的出口额占全国的比例达到历史最高的92.3%。2009年，受全球金融危机和国家宏观调控政策影响，东南沿海地区十省市出口全国占比有所下降，到2009年降低为90.3%，但仍然占据我国出口市场的绝大多数部分（杨丽花、马向东，2009）。

从国际市场结构看，主要集中在发达国家和亚洲新兴国（地），但呈现出多元化发展趋势。从表14-2不难看出，美国、欧盟、中国香港、日本、韩国是最主要的贸易伙伴，2002年它们累计占到了出口市场比重的75.3%，此后这一比例逐渐降低，到2010年下降到63.5%。这说明我国出口市场正呈现出多元化的特征。

表14-2　　　　　2002~2010年中国主要出口市场出口额比重　　　　　单位：%

国（地区）别	2002年	2003年	2004年	2005年	2006年	2007年	2008年	2009年	2010年
合计	75.3	74.7	73.4	72.4	70.7	67.4	64.7	64.5	63.5
美国	21.5	21.1	21.1	21.4	21.0	19.1	17.6	18.4	18.0
欧盟	16.3	18.0	18.3	19.1	19.6	20.1	20.5	19.7	19.7
中国香港	18.0	17.4	17.0	16.3	16.0	15.1	13.3	13.8	13.8
日本	14.9	13.6	12.4	11.0	9.5	8.4	8.1	8.1	7.7
韩国	4.8	4.6	4.7	4.6	4.6	4.6	5.2	4.5	4.4

资料来源：《中国贸易外经统计年鉴2011》。

从出口商品结构来看，我国贸易顺差主要来源于工业制成品，其对贸易顺差的贡献在160%以上，制成品的比重在出口中的比重从1995年的84.0%提高到了2003年的90.6%。但是与货物贸易相反，20世纪90年代后，我国服务贸易一直为逆差，而且有加大的趋势（吴章碧，2011）。从表14-3可以看出，随着我国出口额的不断攀升，出口贸易产品结构中工业制成品的比重不断增加。进入21世纪以来，工业制成品比重一直在90%以上，而且该比重有不断增加的趋势。在工业制成品中，机电产品和高新技术产品的比重不断攀升并占据了主导地位，这是一个好的趋势，说明我国出口产品中高附加值产品占比逐渐提升。按主营产品划分，2003年机电及高新技术产品类企业在出口额最大的200家企业中的比重占54.5%，在各类企业中位居首列。在出口企业排名中，尤以电子信息类企业排名位次上升最快。但是，中国的出口贸易结构不断优化，机电产业的出口竞争力明显增强，但这种变化主要是外资"输入式推动"的结果，以加工贸易为主的出口增长很大程度上是一种"虚假的繁荣"（刘建丽，2009）。

表14-3　　　　　　　　　　我国出口商品结构　　　　　　　　　　单位：%

年份	初级产品比重	工业制成品比重	机电产品/工业制成品	高新技术产品/工业制成品
1995	14.4	85.6	29.5	6.8
1998	11.2	88.8	36.2	11
1999	10.2	89.8	39.5	12.7
2000	10.2	89.8	42.3	14.9
2001	9.9	90.1	44.6	17.5
2002	8.7	91.3	48.2	20.8

续表

年份	初级产品比重	工业制成品比重	机电产品/工业制成品	高新技术产品/工业制成品
2003	7.9	92.1	51.9	25.2
2004	6.8	93.2	54.5	27.9
2005	6.4	93.6	56	28.6
2006	5.8	94.2	60	30.7
2007	5.1	94.9	60.6	30.1

资料来源：刘建丽．中国出口贸易结构、竞争力变动与贸易政策分析［J］．经济体制改革，2009（1）：12-16．

从资源禀赋来看，贸易的主要推动因素因不同国家的要素禀赋而不同。发达国家趋向于资本密集型产品的生产，而发展中国家趋向于劳动密集型产品的生产。作为世界工厂的中国一般被认为主要以廉价的劳动力加工和出口劳动密集型产品为优势。如果一个国家要素投入增加，但是劳动生产效率不提高，只能在短期内实现规模增长。目前我国出口产品的增长主要还是依靠低附加值的产品，以简单的规模扩大和廉价的劳动力成本作为竞争优势。但随着近年来国内劳动力价格的不断提升，以往的出口产业模式已显得越来越不适应需求。

在如何提升出口贸易结构方面，不少学者进行了深入的研究。例如，赵红、周艳书（2009）运用1980~2007年相关数据，就影响中国出口商品结构升级的因素进行了实证研究。产业结构、外商直接投资、要素禀赋状况、技术水平以及贸易开放度均为影响中国出口商品结构升级的主要因素。国内产业结构仍然是影响中国对外贸易结构升级的最重要因素；外商直接投资和技术水平对提升中国出口商品结构有显著正效应；贸易开放度越高，越有利于出口商品结构升级；对要素投入比率进行分析，发现中国目前的出口贸易结构尚处于从劳动密集型向资本密集型的转变时期。

三、出口贸易的可持续性挑战

国际贸易可持续发展是当前国际贸易领域关注的热点，主要包含以下几个方面的内容：对外贸易量保持稳定增长的能力、贸易资源保持持续稳定的供给、对外贸易商品结构不断优化。当前中国处于经济转型时期，转变旧的外贸发展战略，制定我国外贸可持续发展战略，是我国国民经济可持续发展的要求，也是我国对外贸易本身发展的内在要求，关系到我国国民经济和对外贸易能否高效、稳定、长期发展。

改革开放以来我国出口贸易取得了巨大成就，出口额占世界出口总额的比例达到10%。但是，我国出口贸易所遇的发展困境日益凸显。总体而言，存在以下几点：

第一，我国长期以来过多依赖外部经济使得我国应对外部需求风险能力较差，国内经济发展受世界经济波动的影响甚大。

第二，许多国家都把中国高速增长的出口贸易看成是他们自身发展的威胁，进而加大了对我国的贸易制裁，诸如绿色壁垒、技术壁垒成为时下其采用的最新形式，尤其在当前国际经济下滑，国际贸易量减少、贸易保护主义抬头的形势下，该问题正考验着我国出口贸易的发展。

第三，我国传统的出口模式造成了我国自然资源消耗严重、环境污染严重，这些都在一定程度上阻碍了我国经济的持续发展。

长期以来，我国外贸出口走的是外延式、粗放型增长和以绝对数量取胜来换取出口的发展道路，这虽然能获得较快的增长速度，却是建立在大量消耗原材料、能源以及恶化生态环境基础上的。这种"输出资源，输入污染"的出口模式显然不可持续，对国内的资源环境压力日益加大。虽然我国地域宽广，资源总量大，但由于我国拥有众多的人口，人均占有的资源量常常是严重的不足。我国人均国土面积不足世界平均水平的1/3，在世界144个国家中排在110位以后；人均耕地面积不到世界平均水平的1/4，排在126位以后；45种矿产资源潜在价值排序在80位以后，由于长期粗放型发展，能源利用率十分低下（张曙霄、王爽，2006）。

从资源禀赋来看，任何国家都有其限度，即使是可再生资源，也有个生态环境动态平衡的保护问题。粗放型的增长方式虽然推动了外贸出口绝对额的增大，但效益不高。在投入产出比例低、经济效益差情况下的高速增长，实际上是一种浪费，带来了严重的污染，破坏了可持续发展。

从能源使用效率看，我们仍然属于粗放型，能源利用率十分低下，资源的低利用率更加剧了我国资源短缺的现状。

另外，我国生态环境总体在恶化。生态环境的恶化使得人们的福利水平降低，并严重制约我国经济的进一步发展。我国粗放的经济发展模式以及这种高能耗、低效益的出口扩张方式受到了我国资源和环境的制约，要使得我国出口贸易的可持续发展则必须放弃当前我国的这种出口模式。根据发展经济学理论和各国的经验，如果在经济处于迅速增长的阶段，经济效益不高，下一阶段的经济增长就会缺乏基础和动力。对外贸而言，调整出口结构，提高出口产品的经济效益，不仅是实现外贸增长方式转变的要求，也是国内经济长期持续发展的要求。

第四，我国长期以来重视发展出口而忽视发展内需，造成了经济的不健康发展，尤其当我国出口外部需求减弱，而内需的不足难以消化过剩的生产力时，如何平衡内需与出口显得尤为重要。

第五，出口效益不高。我国出口虽然增速很快，但贸易条件不断恶化，出口质量和效益并没有同步提高。我国出口效益不高主要体现在：（1）我国出口大部分为加工贸易，企业利润主要来自于微薄的加工费。尽管近年来我国电子信息产品出口异军突起，但其中很大部分是为一些跨国巨头所做的贴牌加工，自主品牌产品所占比重很低。（2）中国出口规模的扩张是通过出口数量的快速增长来实现的，而数量的扩张基本上是靠资源投入和低价格优势取得的。反映在外贸出口经营上，由于我国缺乏拥有自主知识产权的高附加值出口商品，主要是粗放经营，竞争方式落后，以价格竞争为主。一些生产同类产品的企业为了出口产品，竞相对外商降价，使得一些产品的利润空间几乎为零。出现了一部分产品贸易量增幅大，贸易值增幅小的现象。后果是，出口贸易效益低下、产品形象受损和竞争对手报复等。同时，低下的出口效益给我国经济带来了多方面的副作用,其中突出问题之一是许多出口企业只能依靠出口退税生存,给政府财政造成了沉重的压力。

第六,区域贸易不平衡。与其他发展中大国相类似,我国区域经济发展不平衡程度较大。由于长期以来的历史、地理、人缘和政策等因素的影响,东、中、西三大地区发展极不平衡,在地域空间上呈现出明显的从东向西梯度递减的特征。这主要是由于东部地区本身具有特殊优势,以及对外开放和市场化改革时间较早,吸引了国外资金和先进技术大规模进入,外商实际直接投资占了全国的绝大部分。这在增强东部经济实力的同时,更提高了其技术水平和层次,制成品生产的优势更加突出,东部出口规模和比例越来越大,从中得益也更大,形成了有利于东部地区的良性循环。中西部地区则相反,从中获益也较小,这实际上导致了东部地区与中西部地区经济差距的扩大。

随着我国经济的不断深化,这种内部区域的不平衡越来越成为阻碍我国经济健康、稳定、全面发展的因素,同时也加深了我国外贸区域结构性风险。首先,区域经贸差异的存在和变化诱导区域经济主体行为利己化。面对区域经贸差异扩大的事实,相对发达的区域想继续保持领先地位,而相对落后的区域则要想方设法地追赶相对发达区域。因此,在发展贸易时,各区域就会以本区域经贸利益的得失来进行发展决策和管理。沿海经贸相对发达的区域总是想维持或利用区域经贸差异来保持自己在经贸发展上优势,保护自己的既得利益。而广大内地省区的政府在制定决策时往往被"赶超"心理左右,掺杂了许多不理性因素,对内急功近利,对外实行地方保护。其次,区域经贸差异的存在和变化刺激并强化了各区域发展经贸的短期行为,降低了全国经贸发展的总体效率,加剧了国民经济的不稳定性。各区域在调整产业结构时,不顾区域的具体情况,只以当前获利能力的高低作为选择与淘汰产业的标准,结果造成了区域之间产业结构趋同,重复建设不断,使得国内一些资源得不到效利用。而区域之间的重复建设使得国内有限资源的配置趋于分散化和小型化,损失了国民经济发展中应有的规模经济;同行业之间的过度竞争使得市场提前饱和,大量生产能力严重过剩,同时各区域之间的比较优势也无法发挥。最后,外贸内部区域结构的不平衡也使我们偏离了共同富裕的目标,制约着我国对外贸易的健康发展,削弱了我国对外贸易的整体优势。

参考文献

[1] 埃索军. 对发展中国家的特殊和差别待遇——以 WTO 有关区域贸易安排的规定为视角 [J]. 国际贸易问题, 2007 (7): 55-59.

[2] 柏杰, 苏竣. 加入 WTO 对我国信息技术产业的影响和对策 [J]. 清华大学学报(哲学社会科学版), 2000 (4), 15: 22-23.

[3] 边俊杰. "政府采购"新论 [J]. 财政与税务, 2001 (1).

[4] 蔡庆辉. 《与贸易有关的投资措施协议》与我国的外资法 [J]. 国际贸易问题, 1998.

[5] 曹阳. 诚信原则在 WTO 法中运用的理论与实践 [J]. 重庆工学院学报(社会科学版), 2007 (6): 91-96.

[6] 常凯, 乔建. WTO 劳工权益保障 [M]. 中国工人出版社, 2007.

[7] 陈咏梅. 贸易政策评审机制法律问题研究 [M]. 中国检察出版社, 2009: 35.

[8] 陈泽勇. 碳标签在全球的发展 [J]. 信息技术与标准化, 2010 (11).

[9] 崔毅. 利益平衡论 [J]. 科技与法律, 1996: 26.

[10] 戴红. WTO 与中国信息技术产业 [J]. 中国标准化, 2000 (7).

[11] 单文华. 世界贸易组织协定中的国际投资规范评析 [J]. 法学研究, 1996.

[12] 丁伟. 《与贸易有关的柚子措施协议》评价 [J]. 法学论坛, 1999.

[13] 杜青林. 积极推动 WTO 新一轮农业谈判 促进农产品公平贸易 [N]. 人民日报, 2003-9-9.

[14] 高静. 从边境调节税初探"碳关税"法律制度 [J]. 研究生法学, 2010, 25 (3).

[15] 龚柏华. "中国影响汽车零部件进口措施" WTO 争端解决案评析 [J]. 法学, 2006 (11).

[16] 龚柏华. 中美"双反措施" WTO 争端案上诉机构有关双重救济裁决述评 [J]. 国际商务研究, 2011 (3): 45-51.

[17] 关兵. ITA 的未来走向及我国信息技术产业面临的挑战 [J]. 世界贸易组织动态与研究, 2012 (6): 12-16.

[18] 郭东. WTO 进口许可程序协定相关问题分析 [J]. 商场现代化, 2008.05: 17-18.

[19] 郭磊. 国际劳工标准与全球化背景下的中国 [J]. 江淮论坛, 2008 (06): 124-130.

[20] 郭丽. 全球多边贸易体制的前景分析 [J]. 北方经贸, 2005 (4): 46-50.

参考文献

[21] 郭秀明. 中华人民共和国电信条件与WTO基础电信协议 [J]. 世界电信, 2001.

[22] 何智蕴, 姚利民. 大型跨国公司在华投资结构研究 [M]. 科学出版社, 2005.

[23] 洪德钦. WTO法律与政策专题研究 [M]. 中国人民大学出版社, 2004: 86.

[24] 侯华亮. 中国影响汽车零部件进口WTO争端案评述 [J]. 汽车工业研究, 2009 (7).

[25] 胡莹菲, 王润, 余运俊. 中国建立碳标签体系的经验借鉴与展望 [J]. 经济与管理研究, 2010 (3).

[26] 黄东黎. 国际贸易法 [M]. 法律出版社, 2003: 114.

[27] 黄建设. WTO中装船前检验制度及相应对策建议 [J]. 航海技术, 2002.05: 16 - 17.

[28] 黄文旭. 碳关税的合法性分析——以WTO为视角 [J]. 时代法学, 2010, 8 (6).

[29] 黄志雄. WTO体制内的发展问题与国际发展法研究 [M]. 武汉大学出版社, 2005: 34.

[30] 黄志雄. 国际贸易新课题: 边境碳调节措施与中国的对策 [J]. 中国软科学, 2010 (1).

[31] 吉尔伯特·E. 梅特卡夫, 张进铭, 陶然编译. 美国控制温室气体排放的市场化政策选择 [J]. 经济社会体制比较, 2010 (1).

[32] 贾抒, 阎峰, 张培发. 碳标签将抬高出口门槛 [N]. 南方日报, 2010 - 01 - 19.

[33] 金乐琴, 刘瑞. 低碳经济与中国发展模式转型 [J]. 经济问题探索, 2009 (1).

[34] 靳蓉蓉. 《技术性贸易壁垒协议》研究 [D]. 西南政法大学, 2005.

[35] 李荣鑫. 低碳经济——碳交易.

[36] 李帅, 张晨阳, 赖福建. 技术性贸易壁垒协议评析 [J]. 世界贸易组织动态与研究, 2004 (6): 18 - 22.

[37] 李双元, 李欢. 公共健康危机所引起的药品可及性问题研究 [J]. 中国法学, 2004 (06).

[38] 李伟, 杨青. 碳关税对我国贸易的影响及应对策略 [J]. 商业时代, 2010 (16).

[39] 李雁玲, 任丽明. 全球电子商务与WTO国际贸易规则 [J]. 经贸知识, 2000 (9): 47 - 50.

[40] 刘华, 周莹. TRIPs协议弹性下发展中国家的知识产权政策选择 [J]. 知识产权, 2009 (110).

[41] 刘辉群. 关于WTO《海关估价协议》的思考 [J]. 中国物价, 2003.03: 15 - 17.

[42] 刘慧. 我国政府采购市场开放研究 [J]. 科学管理, 2001 (1).

[43] 刘建丽. 中国出口贸易结构、竞争力变动与贸易政策分析 [J]. 经济体制改革, 2009 (1): 12 - 16.

[44] 刘新民. 我国外贸依存度过高的原因、影响与建议 [J]. 经济前沿, 2005 (10): 4 - 8.

[45] 刘勇，朱瑜. 碳关税与全球性碳排放交易体制 [J]. 现代国际关系，2010 (11).

[46] 龙伟. 浅议与贸易有关的投资措施及其影响 [J]. 武汉商业服务学院，2006.

[47] 卢进勇. 从《与贸易有关的投资措施协议》到《多边投资协议》[J]. 世界经济，1997.

[48] 吕西萍. 由《纺织品与服装协议》所引发的思考 [J]. 武汉科技学院学报，2003，(2)：24-27.

[49] 罗晓霞，葛海. 知识产权国际利益平衡机制之法理分析 [J]. 湖南农业大学学报，2005 (06).

[50] 罗延林. WTO 体制下碳关税法律制度研究 [D]. 广东商学院，2012.

[51] 麻桂梅.《信息技术协议》对我国信息技术产业的影响和对策 [J]. 情报杂志，2003 (10)：31-33.

[52] 马冀. 碳税、碳关税及其在战略性贸易中的运用 [J]. 价格月刊，2011 (4).

[53] 马迁. WTO 技术贸易壁垒协议的启示 [J]. 企业活力，2005 (9)：60-61.

[54] 毛蕴诗. 跨国公司战略竞争与国际直接投资 [M]. 中山大学出版社，2001.

[55] 慕亚平，李伯侨. 世界贸易组织对区域贸易协定的规范及对我国的影响 [J]. 区域经济一体化与 CEPA 的法律问题研究，2010.

[56] 穆忠和. 印度诉美国羊毛衫进口保障措施案简析 [J]. WTO 经济导刊，2003，(03)：49-50.

[57] 倪晓宁. 低碳经济背景下的国际贸易发展问题 [M]. 中国经济出版社，2011.

[58] 齐俊妍.《技术性贸易壁垒协议》及其实际执行状况分析 [J]. 国际经贸探索，2002 (2)：52-55.

[59] 裘晓东. 各国地区碳标签制度浅析 [J]. 轻工标准与质量，2011，(1).

[60] 沈栋琴，华鹏伟，曹敏慧. 五个碳交易试点年底前启动，新能源环保借"碳元年"东风 [EB/OL]. http：//stock. caijing. com. cn/2013-12-13/113685912. html，2013-12-13.

[61] 沈可挺，李钢. 碳关税对中国工业品出口的影响——基于可计算一般均衡模型的评估 [J]. 财贸经济，2010 (1).

[62] 沈可挺. 碳关税争端及其对中国制造业的影响 [J]. 中国工业经济，2010，(1).

[63] 石广生. 中国加入世界贸易组织知识读本（一）[M]. 人民出版社，2001.

[64] 时雨田. 世界经济概论 [M]. 东北财经大学出版社，2010：51-52.

[65] 史文才，杨长海. 区域贸易集团对 WTO 多边贸易体制形成挑战 [J]. 学术界，2005 (111)：249-258.

[66] 世界贸易组织秘书处. 贸易走向未来——世界贸易组织（WTO）概要 [M]. 法律出版社，1999.9.

[67] 世界银行，郭兆晖译. 2011 年碳市场状况和发展趋势分析 [M]. 石油工业出版社，2012.

[68] 宋海云，蔡涛. 碳交易：市场现状、国外经验及中国借鉴 [J]. 生态经济，2013 (1).

参考文献

[69] 宋明顺,耿金凤.WTO《原产地规则协议》及对世界贸易影响 [J].国际经贸探索,2001.08:12-14.

[70] 谭静.加入《政府采购协议》的利弊及对策分析.中央财经大学,2000-1.

[71] 田贵明.跨国公司对外直接投资与东道国激励政策竞争 [M].中国经济出版社,2003.

[72] 万莉.中国与美、欧纺织品贸易争端探析 [J].价格月刊,2006,(2):31-32.

[73] 万璐.反倾销反补贴措施与双重救济问题研究——基于WTO对中国诉美双反措施案的裁决报告 [J].国际经济合作,2011(10):28-32.

[74] 汪小雯,白玲.《农产品协议》的主要内容及其与WTO其他协议的关系 [J].天津商学院学报,2003,(5):37-41.

[75] 王怀宁,高成兴.加入世贸组织,世界上没有免费的午餐——机遇、挑战与对策 [M].中国审计出版社,2000:65-68.

[76] 王慧.美国气候安全法中的碳关税条款及其对我国的影响——兼论我国的诉讼对策 [J].法商研究,2010(5).

[77] 王俊.从制度设想到贸易政策:美国碳关税蜕变之路障碍分析 [J].世界经济与政治,2011(1).

[78] 王丽娜."汽车零部件案"的争端及其对中国的启示 [J].法制与社会,2008(2):161-162.

[79] 王曙光等.农产品贸易争端案例 [M].经济日报出版社,2011.

[80] 王涛生,郭双焦等.WTO规则解析与应用 [M].国防科技大学出版社,2006.

[81] 王文先、王孝松.WTO规则与案例 [M].清华大学出版社,2007.06.

[82] 王先林.竞争法视野的知识产权问题论纲 [J].中国法学,2009(4).

[83] 王小燕.民用航空器进口管理法律制度研究 [D].西南政法大学,2009:32-34.

[84] 王晓红.WTO规则运用与案例分析 [M].河南人民出版社,2002.

[85] 王鑫,陈迎.碳关税问题刍议——基于欧盟案例的分析 [J].欧洲研究,2010(6).

[86] 王尧田.关税与贸易总协定新论 [M].立信会计出版社,1993,185.

[87] 王毅刚.中国碳排放交易体系设计研究 [D].中国社会科学院,2010.

[88] 温珊林.卫生与植物卫生措施协议简介 [J].世界标准信息,2000(11):25-27.

[89] 吴洁,蒋琪.国际贸易中的碳标签 [J].国际经济合作,2009,(7).

[90] 吴天锡.乌拉圭回合农业协议的评价和展望(上)[J].世界农业,1995,(6):3-5.

[91] 吴喜梅.对WTO《实施卫生与植物卫生措施协议》主要条款的分析 [J].河南财政税务高等专科,1998(3):11-12.

[92] 吴友明.与贸易有关的知识产权协议(TRIPs)研究 [D].湖北武汉大学,2001(5).

[93] 吴章碧.我国出口贸易结构不合理的症结和对策研究——源于追求贸易顺差导向

的分析 [J]. 时代金融, 2011 (11 期下旬刊): 62.

[94] 希瑟·格林, 克里·卡佩尔, 陈建超译. 碳的迷惑 [EB/OL]. http://www.Kcarbonneutral.net.cn/read.php/497.htm.

[95] 夏璐. 国际法框架下碳关税合法性分析 [J]. 法制与社会, 2010 (3).

[96] 肖北庚. 政府采购的概念分析 [J]. 河北法学, 2004 (7).

[97] 肖冰. 《进口许可程序协议》的适用及相关问题研究 [J]. 河北法学, 2002.09: 41-44.

[98] 肖嵘. WTO 框架下我国信息技术产业发展研究 [D]. 华中农业大学, 2001.

[99] 熊焰. 碳标签的挑战与机遇 [N]. 21 世纪经济报道, 2010-11-10.

[100] 徐欢, 王献. 解析我国的对外贸易依存度 [D]. 对外经济贸易大学硕士学位论文, 2006.

[101] 徐玖平, 卢毅. 低碳经济引论 [M]. 科学出版社, 2011.

[102] 徐清军. 碳关税、碳标签、碳认证的新趋势, 对贸易投资影响及应对建议 [J]. 国际商务, 2011 (7).

[103] 徐晓亮. 关于政府采购基本理论述评 [J]. 财会研究.

[104] 薛荣久, 赵玉焕. 世界贸易组织 (WTO) 教程 [M]. 对外经济贸易大学出版社, 2003.

[105] 薛荣久. 世界贸易组织 (WTO) 教程 [M]. 对外经济贸易大学出版社, 2003.

[106] 薛荣久. WTO 多哈回合与中国 [M]. 对外经济贸易留大学出版社, 2004.

[107] 杨灿明, 李景友. 政府采购问题研究 [M]. 经济科学出版社, 2004.

[108] 杨国华. 中国与 WTO 争端解决机制专题研究 [M]. 中国商务出版社, 2005: 76.

[109] 杨汉平. 政府采购法律制度理论与实务 [M]. 西苑出版社, 2002.

[110] 杨红菊, 何蓉. 从 TRIPs 的谈判历程看知识产权国际规则的制定 [J]. 知识产权, 2008 (2).

[111] 杨丽花, 马相东. 中国出口贸易结构演进: 1978~2009 [J]. 新视野, 2009 (6): 52-55.

[112] 杨丽梅, 陈春华. 贸易与劳工标准研究文献综述 [J]. 商业时代, 2008, (3): 30-31.

[113] 杨鹏飞, 洪民荣. WTO 法律规则与中国农业 [M]. 上海财经大学出版社, 2000: 52-53.

[114] 杨荣珍. 中国参与 WTO 争端解决十年述评 [J]. 国际贸易, 2011 (12): 26-32.

[115] 杨志, 郭兆晖. 碳交易市场的现状发展与中国的对策 [J]. 中国经济报告, 2009 (4).

[116] 姚兰. 加入 WTO 十周年纺织业遭遇贸易摩擦不断升温 [N]. 纺织服装周刊, 2011.11.25.

[117] 姚瑶. 简析 WTO《原产地规则协议》[J]. 法制与社会, 2006.12: 54-55.

参考文献

[118] 易小娟.《信息技术协议》及对我国相关工业发展的影响和对策 [J]. 世界机电经贸信息, 1998 (3): 11-12.

[119] 余元明. 中国出口导向型工业发展战略的反思与调整 [D]. 华中师范大学硕士学位论文, 2008.

[120] 虞慧兰. 技术性贸易壁垒问题探讨 [D]. 东北财经大学, 2003.

[121] 袁振. 世界贸易组织《政府采购协议》变迁背景与历程 [J]. 国际贸易.

[122] 曾炜. 贸易与劳工标准问题：文献综述 [J]. 社科纵横, 2007 (1): 61-63.

[123] 占勇. 世界贸易组织（WTO）规则 [M]. 东北财经大学出版社, 2009.

[124] 张宝均. 倾销与反倾销的博弈论分析 [J]. 商业研究, 2004.8.

[125] 张宝均. 最优反倾销税的概念与计算 [J]. 数量经济·技术经济研究, 2004.5.

[126] 张德修. WTO：规则·运行·案例 [M]. 中国发展出版社, 2009.08.

[127] 张发坤. 论WTO的普惠制原则 [J]. 马克思主义与现实, 2005 (4): 148-150.

[128] 张海东. 世界贸易组织概论 [M]. 上海财经大学出版社, 2006.

[129] 张军旗. 论WTO的贸易政策审议机制 [A]. 北大国际法与比较法论丛, 2002：23.

[130] 张曙霄, 王爽. 关于我国外贸增长方式与可持续发展的探讨 [J]. 财经问题研究, 2006 (10): 86-91.

[131] 张蔚蔚. WTO第八届部长级会议成果简述 [J]. 世界贸易组织动态与研究, 2012 (3).

[132] 张锡嘏. 世界贸易组织简介 [M]. 对外经济贸易大学出版社, 2000.

[133] 张向晨. 碳关税是否符合WTO规则 [J]. WTO导刊, 2009, 77 (12).

[134] 张晓君. 实施世界贸易组织规则争端典型案 [M]. 厦门大学出版社, 2007：67.

[135] 张昕宇. 碳关税的基础理论探析 [J]. 商业时代, 2012 (6).

[136] 张云鹏. 对《装船前检验协议》的思考 [J]. 中国商检, 1995, 01：13-14.

[137] 赵红、周艳书. 影响中国出口贸易结构升级因素的实证分析 [J]. 重庆大学学报（社会科学版）, 2009 (3): 39-43.

[138] 赵田田. TRIPs协议下发展中国家与发达国家的利益冲突与协调 [D]. 中国海洋大学, 2008 (05).

[139] 赵维田等. WTO的司法机制 [M]. 上海人民出版社, 2004：76.

[140] 赵学清, 曾国平. WTO经典案例精析 [M]. 经济日报出版社, 2003.

[141] 郑国伟.《信息技术协议》及对我国相关工业发展的影响和对策 [J]. 世界机电经贸信息, 1998 (3): 11-12.

[142] 郑展鹏.《技术性贸易壁垒协议》理性认知及中国的政策选择研究 [J]. 经济问题探索, 2012 (4): 93-97.

[143] 中国纺织工业协会. 2010/2011中国纺织工业发展报告 [M]. 中国纺织出版社, 2011.

[144] 中华人民共和国国务院新闻办公室 [R]. 中国的对外贸易, 2011-7.

[145] 钟晓敏. 地方财政学 [M]. 中国人民大学出版社, 2006.

[146] 周乔亮. 中国政府采购网, 2009 年 9 月.

[147] 周永群. WTO 信息技术协议的意义及影响 [J]. 广东金融电脑, 2000 (2): 7-9.

[148] 朱榄叶. 关税与贸易总协定国际贸易纠纷案例汇编 [M]. 法律出版社, 1995.

[149] 朱榄叶. 世界贸易组织国际贸易纠纷案例评析 [M]. 法律出版社, 2000: 45.

[150] 邹书利, 王亚芳. 国际劳工标准对我国外贸的影响研究 [J]. 改革发展, 2008 (3): 8-10.

[151] Aghion, Philippe, and Peter Howitt. (1992). "A model of Growth Through Creative Destruction," Econometrica 60: 2.

[152] Akamatsu K. (1962). "A historical pattern of economic growth in developing countries". Journal of Developing Economies, 1 (1): 3-25, March-August.

[153] Ali, A., M., LL. (2003). Non-compliance and ultimate remedies under the WTO dispute settlement system. Journal of Public and International Affairs, 14.

[154] Anirudh Shingal. Services Procurement Under the WTO's Agreement on Government Procurement: Whither Market Access? [R]. NCCR Trade Regulation Working Paper No. 2011/02, 2011.

[155] Axel Berger, Matthias Busse, Peter Nunnenkamp and Martin Roy. Do Trade and Investment Agreements Lead to More FDI? Accounting for Key Provisions Inside the Black Box [R]. WTO staff working papers, ERSD-2010-13.

[156] Axel Berger, Matthias Busse, Peter Nunnenkamp and Martin Roy. More Stringent BITs, Less Ambiguous Efects on FDI? Not a Bit! [R]. WTO staff working papers, ERSD-2010-10.

[157] Bagwell, Kyle and Robert W Staiger. (2004). The Economics of The World Trading System, MIT Press.

[158] Bagwell, Kyle and Staiger, Robert W. (1999). "An Economic Theory of GATT." American Economic Review, 89 (1), pp. 215-48.

[159] Bernard Hoekman, 1995, "Tentative First Steps-An Assessment of the Uruguay Round Multilateral Agreement on Services". The World Bank Working Paper 1455.

[160] Bernard, Andrew B., Jonathan Eaton, J. Bradford Jensen, and Samuel S. Kortum. (2003). "Plants and Productivity in International Trade," American Economic Review 93 (4): 1268-1290.

[161] Bernhard Zangl. (2006). "Courts Matter! A Comparison Of Dispute Settlement Under Gatt And The Wto" Iniis-Arbeitspapier Nr. 34.

[162] Bickerdike, C. F. (1907). "Review of A. C. Pigou's Protective and Preferential Import Duties." Economic Journal 17, pp. 98-108.

[163] Bickerdike, C. F. (1906). "The Theory of Incipient Taxes", Economic Journal, vol XVI pp. 529-535.

[164] Bown, P. (2003). Developing countries as plaintiffs and defendants in GATT/WTO

trade disputes. The World Economy, 27 (1): 59-80

[165] Brambilla, Irene, Amit K. Khandelwal, and Peter K. Schott. "China's experience under the multi-fiber arrangement (MFA) and the agreement on textiles and clothing (ATC)." China's Growing Role in World Trade. University of Chicago Press, 2010. 345-387.

[166] Broda, Nuno Limão and D. E. Weinstein. (2006). "Optimal tariff: the evidence", NBER Working Paper 12033.

[167] Carmen Otero Garcia-Castrillon, An Approach to the WTO Ministerial Declaration on the TRIPs Agreement and Public Health, Journal of International Economic Law (JIEL) 5 (1), 2002 (3), pp. 212-220.

[168] CASS, DEBORAH, Z. The Constitutionalization of the World Trade Organization: Legitimacy, Democracy and Community in the International Trading System [M]. New York: Oxford University Press, 2005: p. 21.

[169] Castel-Fodor, K. (2013). Providing a release valve: The U.S. - China experience with the WTO dispute settlement system. Case Western Reserve Law Review, 64 (1): 201-238.

[170] Choukroune, L. (2012). China and the WTO dispute settlement system. China Perspectives, 1: 49-57.

[171] Clemens, Michael, and Williamson, Jeffrey, "Why did the Tariff-Growth Correlation Change after 1950?" Journal of Economic Growth, (2004) 5-46.

[172] Cynthia M. Ho. An Introduction to TRIPs [R]. Loyola University Chicago School of Law Research Paper No. 2011-021, 2011.

[173] Danielle M. Conway. State and Local Government Procurement [R]. American Bar Association, 2012.

[174] Davis, C. (1999). Who files? Developing country participation in GATT/WTO adjudication. Economics and Politics, 11 (2): 1033-1049.

[175] de Paiva Abreu, Marcelo. "Trade in manufactures: the outcome of the Uruguay Round and developing country interests." The Uruguay Round and the developing countries (1996): 59.

[176] Dixit, Avinash K. and Victor Norman. (1980). Theory of International Trade. Cambridge: Cambridge University Press.

[177] Edgeworth, F. Y. (1894). "The Theory of International Values." Economic Journal, 4, pp. 35-50.

[178] Edward Lee. Measuring TRIPs Compliance and Defiance: The WTO Compliance Scorecard [J]. Journal of Intellectual Property Law, Vol. 18, No. 2, 2011.

[179] Finger, Joseph M., "Legalized backsliding: safeguard provisions in GATT". The Uruguay Round and the developing countries (1996): 285.

[180] Frederick M. Abbott, Are the Competition Rules in the WTO TRIPs Agreement Adequate, Journal of International Economic Law 7 (3), 2004 (09), pp. 687-703.

[181] GATT Panel Report, Canada-Measures Affecting the Sale of Gold Coins, L/5863, 17 September 1985, unadopted.

[182] GATT Panel Report, EEC-Restrictions on Imports of Apples from Chile, L/5047, adopted 10 November 1980, BISD 27S/98.

[183] GATT Panel Report, Japan-Customs Duties, Taxes and Labelling Practices on Imported Wines and Alcoholic Beverages, L/6216, adopted 10 November 1987, BISD 34S/83.

[184] GATT Panel Report, Thailand-Restrictions on Importation of and Internal Taxes on Cigarettes, DS10/R, adopted 7 November 1990, BISD 37S/200.

[185] Grame B. Dinwoodie and Rochelle C. Dreyfuss. A Neofederalist Vision of TRIPs: The Resilience of the International Intellectual Property Regime [R]. Oxford Legal Studies Research Paper No. 12/2012, 2012.

[186] Grossman, G. M., Helpman, E. (1994). "Protection for Sale." The American Economic Review, Volume 84, Issue 4, September: 833-850.

[187] Grossman, Gene M., and Elhanan Helpman. (1991). "Innovation and Growth in Global Economy, Innovation and Growth in the Global Economy." Cambridge: MIT Press.

[188] Harrovan Asselt, Thomas Brewer, Michael Mehling. Addressing Leakage and competitiveness in US Climate Policy: Issues Concerning Border Adjustment [EB/OL]. http://papers.ssrn.com/sol3/papers.cfm?abstract_id=1354571, 2009-3-6.

[189] Hathaway, Dale E., and Merlinda D. Ingco. "Agricultural liberalization and the Uruguay Round." World Bank Discussion Papers (1995): 1-24.

[190] Hejing Chen and John Whalley. The WTO Government Procurement Agreement and its Impacts on Trade [R]. NBER Working Paper No. w17365, 2011.

[191] Heng Wang. China, Free Trade Agreements and WTO Law: A Perspective on the Trade in Services [R]. European University Institute Max Weber Programme Working Papers, 2012.

[192] Henning Grosse Ruse-Khan. Protecting Intellectual Property under BITs, FTAs and TRIPs. Conflicting Regimes or Mutual Coherence? [M]. in K. Miles, C.

[193] Hoekman, B., Mavroidis, P. (2000). WTO disputes Settlement, transparency and surveillance. The World Economy, 23 (4): 527-542.

[194] Hornbeck, S. K. "The Most-Favored-Nation Clause in Commercial Treaties", Bulletin of the University of Wisconsin, (1910).

[195] Ingco, Merlinda D. "Tariffication in the Uruguay Round: how much liberalisation?" The World Economy 19.4 (1996): 425-446.

[196] Irwin, Douglas A. "The GATT in historical perspective." The American economic review (1995): 323-328.

[197] Irwin, Doulas A. "Multilateral and Bilateral Trade Liberalization in the World Trading System, A Historical Perspective," in Jaime de Melo and Arvind Panagariya, eds., New dimen-

参考文献

sions in regional integration. New York: Cambridge University Press, 1993, pp. 90 – 119.

[198] Ji, W., Huang, C. (2011). China's experience in dealing with WTO dispute settlement: A Chinese perspective. Journal of World Trade, 45 (1): 1 – 37.

[199] Jiahua Che and Gerald Willmann. The Economics of a Multilateral Investment Agreement [R]. CESifo Working Paper Series No. 2562, 2009.

[200] John Jackson: The Jurisprudence of GATT and the WTO Insight on Treaty Law and Economic Relations, Cambridge University Press 2000: 35.

[201] Joscelyn Magdeleine and Andreas Maurer. Measuring GATS Mode 4 Trade Flows [R]. WTO staff working papers, ERSD – 2008 – 05.

[202] Klepper Gernot, Peterson Sonja. The competitiveness effects of the EU climate policy [EB/OL]. http://dspace.cigilibrary.org/jspui/handle/123456789/29017, 2010 – 7 – 10.

[203] Krugman, Paul R. (1979). "Increasing Returns, Monopolistic Competition, and International Trade," Journal of International Economics 9 (4), November: 469 – 480.

[204] Krugman, Paul R. (1992). "Does the New Trade Theory Require a New Trade Policy?" The World Economy 15 (4), July: 423 – 442.

[205] Krugman, Paul. (1991). Geography and Trade. Cambridge: MIT Press.

[206] Lee, K. (2011). Improving remedies in the WTO dispute settlement system. Working Paper, https://www.ideals.illinois.edu/bitstream/handle/2142/24121/Lee _ KilWon.pdf?sequence = 1.

[207] Lucas, Robert E., Jr. (1988). "On the Mechanics of Economic Development," Journal of Monetary Economics 22: 1, 3 – 42.

[208] Markus Pohlmann. The European Union Emissions Trading Scheme in Le-gal Aspects of Carbon Trading: Kyoto, Copenhagen, and Beyond [M]. London: Oxford University Press, 2009.

[209] Martin Roy. Endowments, power, and democracy: political economy of multilateral commitments on trade in services [R]. WTO staff working papers, ERSD – 2010 – 11.

[210] Martin Roy. Services Commitments in Preferential Trade Agreements: An Expanded Dataset [R]. WTO staff working papers, ERSD – 2011 – 18.

[211] Melitz, Marc J. (2003). "The Impact of Trade on Intra-Industry Reallocations and Aggregate Industry Productivity," Econometrica 71 (6): 1695 – 1725.

[212] Molly Land. Rebalancing TRIPs [J]. Michigan Journal of International Law, Vol. 33, 2012.

[213] Naumann, Eckart. "The Multifibre Agreement-WTO Agreement on Textiles and Clothing." Tralac Working Paper 4 (2006).

[214] OECD, 2001, "Trade in Services: A Roadmap to GATS MFN Exemptions," Paris: Working Party of the Trade Committee (TD/TC/WP (2001) 25/FINAL).

[215] Oliver Hilger, 2005, "Pros and Cons of the General Agreement on Trade in Serv-

ices", European School of Business Working Papers 2005 – 03.

［216］ Peter K. Yu. The TRIPs Enforcement Dispute ［J］. Nebraska Law Review, Vol. 89, 2011.

［217］ Peter K. Yu. TRIPs Enforcement and Developing Countries ［J］. American University International Law Review, Vol. 26, 2011.

［218］ Pham Thi Hong Hanh. Does WTO Accession Matter for the Dynamics of Foreign Direct Investment and Trade? ［J］. Economics of Transition, Vol. 19, No. 2, 2011.

［219］ Philip Chang, Guy Karsenty, Aaditya Mattoo, Jürgen Richterin, 1998, "GATS, The Modes of Supply and Statistics on Trade in Services", Working Paper, WTO Secretariat.

［220］ Procurement ［R］. GPA/110. 16 November 2011.

［221］ Pugel, Thomas, International Economics McGraw-Hill/Irwin 13th edition (2007).

［222］ Quamrul Alam, Mohammad Abu Yusuf and Ken A. Coghill. Unilateral Liberalisation and WTO GATES Commitments: The Telecommunications Sector in Selected Countries ［J］. Asia-Pacific Economic Literature, Vol. 24, No. 1, May 2010.

［223］ Rafael Leal-Arcas. International Trade and Investment Law; Multilateral, Regional and Bilateral Governance ［R］. Edward Elgar Publishing, 2010.

［224］ Raymundo Valdes and Runyowa Tavengwa. Intellectual property provisions in regional trade agreements ［R］. WTO staff working papers, ERSD – 2012 – 21.

［225］ Report on the Withdrawal by the United States of a Tariff Concession under Article XIX of the General Agreement on Tariffs and Trade, GATT/CP/106, adopted 22 October 1951.

［226］ Reynolds, K. (2007). Why are so many WTO disputes abandoned? No 2007 – 05, Working Papers from American University, Department of Economics, http://nw08.american.edu/~reynolds/Consultations.pdf.

［227］ Robert D. Anderson, Philippe Pelletier, Kodjo Osei-Lah and Anna Caroline Muller. Assessing the Value of Future Accessions to the WTO Agreement on Government Procurement (GPA): Some New Data Sources, Provisional Estimates, and an Evaluative Framework for Individual WTO Members Considering Accession ［R］. WTO staff working papers, ERSD – 2011 – 15.

［228］ Romer, Paul M. (1990). "Endogenous technological Change," Journal of Political Economy, October, Part 2: 98: 5.

［229］ Romer, Paul, M. (1986). "Increasing Returns and Long-Run Growth" Journal of Political Economy, October: 94: 5.

［230］ Rose, Andrew. "Do We Really Know That the WTO Increases Trade?" American Economic Review, 2004: 98 – 114.

［231］ Rovert D. Anderson, Steven L. Schooner and Collin D. Swan. The WTO's Revised Government Procurement Agreement-An Important Milestone Toward Greater Market Access and Transparency in Global Public Procurement Markets ［J］. The Government Contractor, Vol. 54, No. 1, January 2012.

参考文献

[232] Rudolf Adlung and Marta Soprana. SMEs in Services Trade-A GATES Perspective [R]. WTO staff working papers, ERSD-2012-09.

[233] Rudolf Adlung, 2004, "The GATS Turns Ten: A Preliminary Stocktaking", World Trade Organization Staff Working Paper ERSD-2004-05.

[234] Rudolf Adlung, Peter Morrison, Martin Roy and Weiwei Zhang. Fog in GATES commitments-Boon or bane? [R]. WTO staff working papers, ERSD-2011-04.

[235] Rudolf Adlung, Sebastien Miroudot. Poison in the wine? Tracing GATS-minus commitments in regional trade agreements [R]. WTO staff working papers, ERSD-2012-04.

[236] Rudolf Adlung. Services Liberalization from a WTO/GATS Perspective: In Search of Volunteers [R]. WTO staff working papers, ERSD-2009-05.

[237] Srinivasan, T. (2007). The dispute settlement mechanism of the WTO: A brief history and an evaluation from economic, contractarian and legal perspectives. The World Economy, 30 (7): 1033-1068.

[238] Subramanian, Arvind, and Shang-Jin Wei. "The WTO Promotes Trade, Strongly but Unevenly." Journal of International Economics 72. 1 (2007): 151-175.

[239] Sung jin Kang. Carbon Border Tax Adjustment from WTO Point of View [EB/OL]. http://papers.ssrn.com/sol3/papers.cfm? abstract_id=1628718, 2010-7-22.

[240] Susan K. Sell. TRIPs: Fifteen Years Later [J]. Journal of Intellectual Property Law, Vol. 18, No. 2, 2011.

[241] Teksten, Ryan, 2010, "A Comparative Analysis of GATS and GATT", http://ssrn.com/abstract=1664584.

[242] Valeria Guimaraes de Lima e Silva. The Revision of the WTO Agreement on Government Procurement: To What Extent Might it Contribute to the Expansion of Current Membership? [J]. Public Procurement Law Review, Vol. 17, No. 2, February 2008.

[243] Vandenbergh, M. P. Cliamate Change: The China Problem [J]. Southern California Law Review, Vol. 81, 2008.

[244] Vernon, R. (1966). "International Investment and International Trade in the Product Cycle", Quarterly Journal of Economics, 80: 2.

[245] World Trade Organization. "Comprehensive Report to the Council for Trade in Goods on the Implementation of the Agreement on Textiles and Clothing During the Second Stage of the Integration Process", Textiles Monitoring Body, 31 July 2001. Geneva: WTO.

[246] WTO, 2001, "Market Access: Unfinished Business" (Special Studies 6). Geneva: WTO Publications.

[247] WTO. Annual Report 2012 [EB/OL]. WTO 网站. http://www.wto.org/english/res_e/publications_e/anrep12_e.htm, 2012.

[248] WTO. Annual Report 2012 [EB/OL]. WTO 网站. http://www.wto.org/english/res_/publications_e/anrep12_e.hem, 2012.

[249] WTO. Annual Report 2012 [EB/OL]. WTO 网站. http://www.wto.org/English/res_e/publications_e/anrep12_e.htm, 2012.

[250] WTO. Committee on Trade-Related Investment Measures. Minutes of the meeting held on 3 October 2011 [EB/OL]. WTO 网站. http://docsonline.wto.org, 2012.

[251] WTO. Committee on Trade-Related Investment Measures. Transitional review mechanism pursuant to paragraph 18 of the protocol of the People's Republic of China o the Word Trade Organization [EB/OL]. WTO 网站. Http://docsonline.wto.org, 2012.

[252] WTO. Government procurement [EB/OL]. WTO 网站. http://wto.org/english/tratop_e/gproc_e/gproc_e.htm, 2012.

[253] WTO. Report (2011) of the Committee on Government Procurement [R]. GPA/110. 16 November 2011.

[254] WTO. Report (2012) of the committee on trade-related investment measures [EB/OL]. WTO 网站.

[255] WTO. Services Trade [EB/OL]. WTO 网站. http://wto.org/English/tratop_e/serv_e/serv_e.htm, 2012.

[256] WTO. Trade and Investment [EB/OL]. WTO 网站. http://wto.org/English/tratop_e/invest_e/invest_e.htm, 2012.

[257] Xiaozu Wang, Lixin Colin Xu and Tian Zht. Foreign Direct Investment Under Weak Rule of Law; Theory and Evidence fromChina [R]. World Bank Policy Research Working Paper No. 5790, 2011.

[258] Ziemblicki, B. (2009). The controversies over the WTO dispute settlement system. Working Paper, http://www.bibliotekacyfrowa.pl/Content/32203/0014.pdf.